青岛市图书馆馆藏旧版日文文献总书目

(下册)

编　　译　于　婧
编译成员　于　婧　曲　玲　张晶辉
　　　　　王　璇　刘　华

中国海洋大学出版社
·青岛·

图书在版编目(CIP)数据

青岛市图书馆馆藏旧版日文文献总书目：全2册／
于婧等编译．—青岛：中国海洋大学出版社，2014.5
 ISBN 978-7-5670-0609-6

Ⅰ.①青…　Ⅱ.①于…　Ⅲ.①日文－文献－图书馆目录－青岛市　Ⅳ.①Z822.052.3

中国版本图书馆CIP数据核字(2014)第092536号

出版发行	中国海洋大学出版社		
社　　址	青岛市香港东路23号	邮政编码	266071
出 版 人	杨立敏		
网　　址	http://www.ouc-press.com		
电子信箱	ouccll@163.com		
订购电话	0532—85902478(传真)		
责任编辑	陈琳琳	电　　话	0532—85901092
印　　制	青岛海蓝印刷有限责任公司		
版　　次	2014年7月第1版		
印　　次	2014年7月第1次印刷		
成品尺寸	210 mm×285 mm		
印　　张	79.75		
字　　数	1800千		
总 定 价	320.00元		

前 言

青岛曾遭到日本帝国主义的两次侵略。日军第一次占领青岛是1914年至1922年,日本通过日德战争,占领了垂涎已久的青岛,从此开始了对青岛长达8年的殖民统治。1938年1月10日起,日本第二次占领青岛,直至1945年。沦陷后的青岛,日本除驻军外,还设立若干政治机构,组建各种伪民间团体,对青岛实施军事、政治、经济、文化等全方位的控制,实行残酷的殖民统治。

为了达到对中国的长期占领、统治和掠夺,日本侵华期间,针对青岛、山东乃至全中国的各种概况进行了全面调查和统计,在青岛留下了约两万册日文文献,有图书、画册、地图、年鉴、连续出版物等。从内容上看,类目繁多,涉及政治、经济、军事文化、哲学宗教、历史地理、民族、风俗习惯、工农业生产、医学、百科等,可谓包蕴百科。从时间上看,出版年代久远,跨越日本的明治年、大正年、昭和年,即从19世纪至20世纪中叶。从版本上看,装帧形式多样,精装本居多,有的文献装订相当考究。既有现代版本,也有线装古籍,有印刷本、插图本、手抄本、油印本、画册等。从文献体裁上看,有通讯报道、写真纪实、论述、调查资料、统计报告、地图、美术作品等。这其中有许多文献已成为孤本或珍本。1945年抗日战争胜利后,日本侵略者未能将保存于青岛的这些图书文献带走或毁坏,后由当时国民党政府接管,1949年新中国成立后,由青岛市军管会接收,并移交给青岛市图书馆。

这批日文文献是近现代史、中日关系史的资料库,价值珍贵,有些资料可填补历史空白。主要体现在:一、文献是日本人亲自收集、书写的侵华史料,展示在世人面前的是代表日本人真实立场的,自己书写、记录报道、拍摄、描绘的,在军事、政治,经济上的侵华证据。其所形成和收藏的大量档案、调查报告和图书文献,更能为日本当年侵华罪行提供铁证,还历史真面目。特别是涉及日本侵华的一些重大事件的记载,能把真实的中日关系史留给世界,昭示过去,启迪后人。二、由于这些资料有相当数量是对我国的自然资源和社会资源的调查报告,他们当时的目的是为日本帝国主义对中国进行殖民统治和掠夺资源财富服务。例如:对矿产、森林、水源、生物、山川、地形、城市、道路、港口等的调查。但是其中仍有对当前经济建设有价值的、值得开发利用的信息资料,发掘其中有用的东西,为我们的经济建设服务,产生直接的经济效益和社会效益。三、这批资料内容涉及的范围非常广泛,对世界各地的政治、外交、经济、社会、风俗习惯以及文化历史等情况都有调查和搜集,特别是对我国农村社会经济的调查材料占的比例最大,是对中国当时社会政治、经济状况的写照。四、这些旧日文资料中的某些图书或期刊详略不等地记载了当时中国、山东及青岛的内政、外交、经济、军事、文化、教育、社会风情等情况,这些史实的记载,对了解当时中国、山东及青岛发生的重大事件及研究中国现代史、国际关系史、山东及青岛史等,都提供了一定的信息和线索,长期以来为研究政治、经济、社会发展、人文科学的专家学者和修史编志人员所青睐。

由于这些日文文献是在日本侵华时期出版印刷的,有些词语和表述难免带有浓重的殖民色彩和歧视性观点,例如:书目日文文献名称中,"支那"、"满洲国"等,严重伤害了中国人的尊严和感情,但站在尊重历史的立场,以及为了真实准确地揭露当时日本军国主义企图灭亡中国的野心,我们在编辑这些文献资料时,遵循保留原文表述的原则,维持原日文书名的用法。

限于水平,我们在编辑中可能存在不足,敬请各位专家和读者提出批评与指正。

编 者
2013.8

凡 例

一、本书文献是按《中国图书分类法》22大类分类,著录按《中国文献编目规则》和《西文文献著录条例》规定格式。

二、本书著录项目主要包括题名项、责任者项、版本项、出版者项、出版年项、中文提要。具体格式为:

正题名:副题名/责任者. —版本. —出版地:出版者,出版日期

页数(册);尺寸

三、本书为了尊重历史文献的本来面目,尽量在著录文字中采用原始文献中所用文字和词语。

四、本书文献均收藏于青岛市图书馆。

五、本书正文按《中国图书馆分类法》排列,后附按以五十音图顺序排序的日文假名及日文汉字的书名索引,读者可通过书名索引的检索途径查找本书。

目 录

A 马克思主义、列宁主义……
B 哲学、宗教 ………………………………………………………………… (1)

C 社会科学总论 ……………………………………………………………… (63)

D 政治、法律 ………………………………………………………………… (81)

E 军事 ………………………………………………………………………… (193)

F 经济 ………………………………………………………………………… (211)

G 文化、科学、教育、体育 …………………………………………………… (413)

H 语言、文字 ………………………………………………………………… (441)

I 文学 ………………………………………………………………………… (471)

J 艺术 ………………………………………………………………………… (553)

K 历史、地理 ………………………………………………………………… (579)

N 自然科学总论 ……………………………………………………………… (737)

O 数理科学和化学 …………………………………………………………… (749)

P 天文学、地球科学 ………………………………………………………… (783)

Q 生物科学 …………………………………………………………………… (799)

R 医药、卫生 ………………………………………………………………… (817)

S 农业科学 …………………………………………………………………… (859)

T 工业技术 …………………………………………………………………… (879)

TB 一般工业技术
TD 矿业工程
TF 冶金工业 …………………………………………………………………………… (885)

TG 金属学与金属工艺
TH 机械、仪表工业
TJ 武器工业
TK 能源与动力工程 ………………………………………………………………… (895)

TM 电工技术
TN 电子技术、通信技术 …………………………………………………………… (913)

TQ 化学工业 ………………………………………………………………………… (923)

TS 轻工业、手工业、生活服务业 ………………………………………………… (939)

TU 建筑科学 ………………………………………………………………………… (961)

TV 水利工程 ………………………………………………………………………… (981)

U 交通运输 ………………………………………………………………………… (985)

V 航空航天
X 环境科学、安全科学 …………………………………………………………… (995)

Z 综合性图书 ……………………………………………………………………… (1001)

题名索引 ……………………………………………………………………………… (1028)

附录 旧版日文中有关青岛方面的文献提要 ………………………………………… (1198)

附录题名索引 ………………………………………………………………………… (1265)

《中国图书馆分类法》类目

N 自然科学总论

N/1
自然科学序論/中澤毅一著. —東京:前野書店,昭和15年[1940]
139,26頁;22 cm

N/2
科学メモ/科学主義工業社編. —東京:科学主義工業社,昭和17年[1942]
8,5,424,17頁;18 cm

N/2-2
科学メモ/科学主義工業社編. —2版. —東京:科学主義工業社,昭和17年[1942]
8,5,424,17頁;18 cm

N/3
自然と人/山極一三編. —13版. —京都:人文書院,昭和17年[1942]
342頁;19 cm

N/3-13
自然と人/山極一三編. —13版. —京都:人文書院,昭和17年[1942]
342頁;19 cm

N/4
技術の本質/宮城音五郎著. —東京:明治書房,昭和18年[1943]
225頁;18 cm

N/5(2)
近代科学. 第二卷,技術小史/佐藤信衛著. —東京:日本評論社,昭和18年[1943]
3,376頁;18 cm

N/6
世紀の科学/竹内時男著. —東京:畝傍書房,昭和15年[1940]
5,279頁;22 cm

N/7(1)
技術と社会. 第一卷/馬場敬治著. —東京:日本評論社,昭和11年[1936]
7,11,447頁;22 cm

N/8
伸びる科学/渡邊軍治著. —東京:三省堂,昭和18年[1943]
281頁;18 cm

N/9
学習と研究新しい物象の学び方:初級用/田辺秀雄著. —東京:木村書店,昭和19年[1944]
2,10,262頁;18 cm

N/10-10
化学と人生/亀高徳平著. —10版. —東京:丁未出版社,昭和8年[1933]
4,32,812頁;23 cm

N/11
自然科学の最後:新しき世界観の誕生/櫻澤如一著. —京都:無双原理講究所,昭和16年[1941]
285頁;18 cm

N/12
科学と社会/J・ハックスレー著. —東京:帝國大學新聞社,昭和17年[1942]
15,326,336頁;21 cm

N/13
自然科学概論/石原純著. —東京:岩波書店,昭和4年[1929]
3,6,480,12頁;22 cm

N/14
地寶と人生/池田謙三著. —東京:河出書房,昭和16年[1941]
2,10,278頁;18 cm

N/15
東京帝國大学学術大観. 工学部. 航空研究所/東京帝國大学学術大観刊行会編. —東京:帝國大学新聞社,昭和19年[1944]
13,539頁;23 cm

N/16
　科学の活動/R. ウエイドライン,A. ハアマー著.—東京:日本学術振興会,昭和16年[1941]
　　6,339,23,17頁;21 cm

N/17
　自然科学思想/石原純,恒藤恭,三木清編.—東京:河出書房,昭和13年[1938]
　　236頁;18 cm

N/18
　キネマ新話科学の奇蹟/ジユル・ロオメエン著.—東京:第一書房,大正14年[1925]
　　239頁;19 cm

N/19
　現代の自然科学:原子・地球・銀河系/J. S. アレン等著.—東京:恒星社,昭和15年[1940]
　　476頁;22 cm

N0/1
　現代の自然科学/石原純著.—東京:岩波書店,大正13年[1924]
　　306頁;19 cm

N0/2
　科学教育の革新/三島新吉著.—東京:南北社,昭和17年[1942]
　　3,3,5,314頁;18 cm

N0/2-2
　科学教育の革新/三島新吉著.—2版.—東京:南北社,昭和17年[1942]
　　3,3,5,314頁;19 cm

N0/3
　科学評論/會田軍太夫著.—東京:白水社,昭和18年[1943]
　　329頁;17 cm

N-44/1-3
　受験本位の博物通論/三省堂編輯所編.—3版.—東京:三省堂,昭和6年[1931]
　　17,308頁;19 cm

N-49/1
　化学発明の驚異/河崎文珠次郎,若杉吉五郎編.—東京:高山書院,昭和17年[1942]
　　7,338頁;18 cm

N01/1
　科学は独占を破る/アントン・チシユカ著.—東京:那珂書店,昭和18年[1943]
　　2,3,365頁;15 cm

N02/1-4
　科学史の哲学/下村寅太郎著.—4版.—東京:弘文堂書房,昭和18年[1943]
　　5,2,344頁;22 cm

N03/1
　科学と方法/ポアンカレ著.—東京:岩波書店,大正15年[1926]
　　3,2,461,31頁;19 cm

N05/1
　科学と歴史/坂田徳男著.—大阪:船場書店,昭和18年[1943]
　　6,222頁;19 cm

N05/2
　科学技術の新体制/宮本武之輔編.—東京:中央公論社,昭和16年[1941]
　　184頁;18 cm

N09/1
　発明五十年史/中村幸八著.—東京:東京出版株式会社,昭和19年[1944]
　　17,429頁;18 cm

N09/2
　少年自然科学史六千萬年/木村徳蔵著.—東京:新生堂,昭和5年[1930]
　　228頁;19 cm

N09/4-3
　科学史/ダブリュー.リビー著.—3版.—東京:黎明閣,大正12年[1923]
　　3,4,241,10頁;18 cm

N09/5-2
　近世科学史/原種行著.—2版.—東京:山雅房,昭和15年[1940]
　　203頁;21 cm

N09/6(3)
　大自然科学史.第三巻/ダンネマン著.—東京:三省堂,昭和16年[1941]
　　1,8,411頁;19 cm

N09/6(4)
　大自然科学史.第四巻/(独)ダンネマン著.—東京:三省堂,昭和16年[1941]
　　465頁;19 cm

N09/6(5)
　大自然科学史.第五巻/(独)ダンネマン著.—東京:三省堂,昭和17年[1942]
　　3,8,5,418頁;19 cm

N09/6-2(1)
　大自然科学史.第一巻/ダンネマン著.—2版.—東京:三省堂,昭和16年[1941]
　　7,382頁;19 cm

N09/6-2(2)
　大自然科学史.第二巻/ダンネマン著.—2版.—東京:三省堂,昭和16年[1941]
　　6,362頁;19 cm

N09/6-2(3)
　大自然科学史.第三巻/ダンネマン著.—2版.—東京:三省堂,昭和17年[1942]
　　2,8,5,411頁;18 cm

N09/7
　最近の自然科学/田邊元著.—東京:岩波書店,大正4年[1915]
　　12,338,16頁;18 cm

N09/8-5
　科学史/(英)テイラー著.—5版.—東京:創元社,昭和18年[1943]
　　14,8,10,388,23頁;18 cm

N09/9
　科学史と新ピューマニズム/サートン著.—東京:岩波書店,昭和13年[1938]
　　255頁;18 cm

N09/10
　科学逸話史/吉岡修一郎著.—東京:三雅房,昭和17年[1942]
　　338頁;22 cm

N09/11
　科学の歴史/永野為武著.—東京:三笠書房,昭和18年[1943]
　　9,337頁;18 cm

N091/1-11
　自然科学發達史/額田晋著.—11版.—東京:日新書院,昭和16年[1941]
　　7,308,8頁;19 cm

N092/1
　支那の自然科学/能勢岩吉著.—東京:聯合出版社,昭和18年[1943]
　　4,240頁;18 cm

N092/2
　北支の自然科学/高野正男著.—東京:第一書房,昭和17年[1942]
　　2,282頁;18 cm

N092/3
　支那自然科学思想史/アルフレット・フォルケ著.—東京:生活社,昭和14年[1939]
　　2,3,12,363,6頁;22 cm

N093.12/1
朝鮮科学史/洪以燮著. —東京:三省堂出版株式会社創立事務所,昭和19年[1944]
8,452頁;21 cm

N093.13/1
日本科学道/岩付寅之助,渡辺市郎著. —東京:目黒書店,昭和20年[1945]
456頁;22 cm

N093.13/2
科学の新体制/日本技術協会編. —東京:新紀元社,昭和16年[1941]
4,2,301頁;18 cm

N093.13/3
日本科学史物語/田制佐重著. —東京:啓文社,昭和17年[1942]
2,10,227頁;22 cm

N093.13/4
現代日本科学史/富成喜馬平著. —東京:三笠書房,昭和16年[1941]
267頁;18 cm

N093.13/5
科学日本の偉力/寺島柾史著. —東京:日本公論社,昭和15年[1940]
2,4,312頁;18 cm

N093.13/6
日本科学史/山本成之助著. —東京:肇書房,昭和19年[1944]
194頁;19 cm

N093.13/7-2
少年日本科学史.進歩の巻/神田丈三著. —2版. —東京:畝傍書房,昭和17年[1942]
162頁;cm

N093.131/1
日本技術史話/東條恒雄著. —東京:興亜書房,昭和17年[1942]
4,4,162頁;18 cm

N095.16/1
ナチ政治と我が科學技術/森川覚三著. —東京:岡倉書房,昭和17年[1942]
258頁;18 cm

N1/1
列國科学技術の戦力化/後藤正夫著. —東京:大日本出版株式会社,昭和19年[1944]
6,4,268頁;19 cm

N1-151.2/1
ソ聯の最新科学/平岡雅英著. —東京:天然社,昭和18年[1943]
294頁;18 cm

N131.3/1
科学の動員/宮本武之輔著. —東京:日本出版配給株式会社,昭和16年[1941]
2,4,380頁;18 cm

N19/1
発明と科学/河崎分球次郎著. —東京:高山書院,昭和17年[1942]
217頁;18 cm

N19/2(3)
最近に於ける注目すべき発明考案.第三輯/特許局長官官房指導課編. —東京:高山書院,昭和19年[1944]
2,9,244頁;18 cm

N19/3
最近趣味の発明界:現代文明の概観/松平道夫著. —東京:太陽堂書店,大正13年[1924]
2,21,336頁;22 cm

N19-49/1
發明發見物語/竹内時男著. —東京:大日本雄辯会講談社,昭和15年[1940]
4,218頁;22 cm

N19-49/1-3
發明發見物語/竹内時男著. —3 版. —東京：大日本雄辯会講談社,昭和 16 年[1941]
218 頁；19 cm

N3/1-20
科学への道/石本巳四雄著. —20 版. —東京：柁谷書院,昭和 18 年[1943]
4,253 頁；18 cm

N3/1-22
科学への道/石本巳四雄著. —22 版. —東京：柁谷書院,昭和 19 年[1944]
3,253 頁；18 cm

N34/2
北支経済調査所分析試験及鑑定規則：社告第四三号/満鉄北支経済調査所広務課編. —謄写版. —[不詳]：[満鉄北支経済調査所広務課],昭和 15 年[1940]
12 頁；26 cm

N4/1-5
科学論策/林髞著. —5 版. —東京：厚生閣,昭和 16 年[1941]
441 頁；19 cm

N49/1
少年科学物語/大島正満著. —東京：大日本雄弁会講談社,昭和 16 年[1941]
282 頁；21 cm

N49/2
紙は生きている/山田七五三太著. —東京：一杉書店,昭和 18 年[1943]
182 頁；21 cm

N49/3
発明工夫の教室/佐治克巳著. —東京：大日本雄弁会講談社,昭和 17 年[1942]
5,198 頁；21 cm

N49/4
科學動員/枝元長夫著. —東京：北光書房,昭和 18 年[1943]
8,318 頁；18 cm

N49/5
科學のこころ/菅井準一著. —東京：中央公論社,昭和 16 年[1941]
3,292 頁；19 cm

N49/6
光の四季/福本喜繁著. —東京：羽田書店,昭和 17 年[1942]
256 頁；18 cm

N49/7
私達の日常科学/石原純著. —東京：新潮社,昭和 16 年[1941]
3,4,282 頁；20 cm

N49/8
自然観察の方法とその實例/福井玉夫著. —東京：東文社,昭和 18 年[1943]
2,2,254 頁；18 cm

N49/9
科学随筆 毒/伊澤凡人著. —大阪：葛城書店,昭和 18 年[1943]
246 頁；18 cm

N49/9-2
科学随筆 毒/伊澤凡人著. —2 版. —大阪：葛城書店,昭和 19 年[1944]
246 頁；18 cm

N49/10-10
寸鉄科学/今井喜孝著. —10 版. —東京：三省堂,昭和 17 年[1942]
257 頁；18 cm

N49/11
科学する子供たち/アンリ．フアーブル著. —東京：フタバ書院,昭和 16 年[1941]

271 頁;18 cm

N49/12
街頭の理科研究/近藤太郎著.―東京:研究社,昭和 16 年[1941]
235 頁;18 cm

N49/13
最新子供科学読本/金山秀一著.―東京:文化書房,昭和 7 年[1932]
2,2,5,10,327 頁;19 cm

N49/13(2)
最新子供科学讀本.続編/金山秀一著.―東京:文化書房,昭和 7 年[1932]
2,5,15,428 頁;19 cm

N49/14
科学春秋/林喬,藤島亥治郎編.―東京:力書房,昭和 18 年[1943]
6,399 頁;18 cm

N49/15
生活と科学の交渉/クローサー著.―東京:東和出版社,昭和 18 年[1943]
3,162 頁;18 cm

N49/16
気象と国民生活/大谷東平著.―東京:羽田書店,昭和 18 年[1943]
2,1,269 頁;18 cm

N49/17-3
機械科学の驚異/加藤弁三郎著.―3 版.―東京:偕成社,昭和 17 年[1942]
15,241 頁;21 cm

N49/18(4)
ファーブル虫物語.第 4 巻/須崎邦武著.―東京:厚生閣書店,昭和 6 年[1931]
2,4,4,328 頁;19 cm

N49/19
ひかりの話/二神哲五郎著.―東京:誠文堂新光社,昭和 16 年[1941]
5,186 頁;19 cm

N49/20
ディーツ科学物語/ディーツ著.―[不詳]:畝傍書房,[不詳]
4,10,512 頁;18 cm

N49/21-26
家庭實用品の作り方/本間清人著.―26 版.―東京:誠文堂新光社,昭和 14 年[1939]
3,6,200 頁;17 cm

N49/22
私たちの科学生活/弘田芳弘著.―東京:冨士書店,昭和 17 年[1942]
3,230 頁;21 cm

N49/23
生活の物理/三石巌著.―東京:羽田書店,昭和 17 年[1942]
2,6,289 頁;

N49/24
綴方と自然科学/林襄著.―東京:羽田書店,昭和 16 年[1941]
2,2,188 頁;17 cm

N49/25(1.1)
市民の科学.上巻.第一部,どうやつて時間と空間とを測ってきたか/ランスロット.ホグベン著.―東京:日本評論社,昭和 17 年[1942]
8,9,477,8,6 頁;22 cm

N49/26
科学への隘路に立ちて/中村左衛門太郎著.―東京:恒星社厚生閣,昭和 19 年[1944]
290 頁;19 cm

N49/27
科学見学記/紙左馬著.―東京:興亜文化協

会,昭和 18 年[1943]

6,267 頁;18 cm

N49/28

科学に培ふ/菅井準一著.—東京:天然社,昭和 19 年[1944]

320 頁;18 cm

N49/29-3

少年少女科学理学篇/鈴木三重吉,中谷宇吉郎著.—3 版.—東京:冨山房,昭和 16 年[1941]

4,301 頁;18 cm

N49/30-7

科學の不思議/アンリイ.ファブル著.—7 版.—東京:アルス,大正 13 年[1924]

4,4,7,455 頁;18 cm

N49/31-10

百萬人の科学/竹内時男著.—10 版.—東京:三教書院,昭和 17 年[1942]

3,5,304 頁;18 cm

N49/31-16

百萬人の科学/竹内時男著.—16 版.—東京:三教書院,昭和 15 年[1940]

3,5,304 頁;18 cm

N49/32

學び方の科學/相良守次著.—東京:羽田書店,昭和 17 年[1942]

3,4,256 頁;18 cm

N49/33

放馬録:科学随筆/走尾一三著.—東京:冨山所,昭和 19 年[1944]

2,4,310 頁;22 cm

N49/34-2

科学千一夜/竹内時男著.—2 版.—東京:青年書房,昭和 17 年[1942]

2,6,253 頁;18 cm

N49/35

日本の農家の話/和田傳著.—東京:柴山教育出版社,昭和 19 年[1944]

2,241 頁;18 cm

N49/36

林間の科学者/牧澤伊平著.—大阪:宋栄堂,昭和 18 年[1943]

235 頁;18 cm

N49/37-36

最新知識子供の聞きたがる話.発明発見の巻/原田三夫著.—36 版.—東京:誠文堂,大正 15 年[1926]

6,288 頁;18 cm

N49/38

科学のあとくち/纐纈理一郎著.—東京:三省堂,昭和 19 年[1944]

5,282 頁;18 cm

N49/39

科学随筆 日米自動車合戦/中根良介著.—大阪:立誠社,昭和 18 年[1943]

4,278 頁;18 cm

N49/40-2

生きている機械/藤岡亀三郎著.—2 版.—東京:誠文堂新光社,昭和 17 年[1942]

9,340 頁;18 cm

N49/41

科学のふるさと/杉靖三郎著.—東京:畝傍書房,昭和 18 年[1943]

459 頁;18 cm

N49/42

科学の興味/江口芳樹著.—東京:青年書房,昭和 18 年[1943]

3,6,355 頁;18 cm

N49/43

科学教育の建設/日本児童社会学会編.—東

京:刀江書院,昭和 15 年[1940]

270 頁;22 cm

N49/44

生命と科学/杉靖三郎著.—東京:目黒書店,昭和 16 年[1941]

5,3,321 頁;19 cm

N49/45

發明發見物語/西村眞次著.—東京:アルス,昭和 2 年[1927]

4,250 頁;19 cm

N49/46

新しい物象の学び方/田辺秀雄[等]著.—東京:木村書店,昭和 19 年[1944]

10,262 頁;18 cm

N49/48

科学入門/赤木健介編.—東京:白揚社,昭和 17 年[1942]

3,8,259 頁;18 cm

N49/49

技術論入門/相川春喜著.—東京:三笠書房,昭和 17 年[1942]

4,6,308 頁;19 cm

N49/50

東亜技術体制論/松前重義著.—東京:科学主義工業社,昭和 16 年[1941]

180 頁;22 cm

N49/51-3

科学と人生/柳宗悦著.—3 版.—東京:籾山書店,大正 5 年[1916]

335 頁;19 cm

N49/52

緑地生活/井下清著.—東京:羽田書店,昭和 18 年[1943]

3,2,264 頁;19 cm

N49/53-3

家庭児童自然観察の記/大西伍一著.—3 版.—東京:帝教書房,昭和 18 年[1943]

2,5,235,4,2 頁;18 cm

N49/54

火と焔/白井俊明著.—東京:誠文堂新光社,昭和 15 年[1940]

2,5,270 頁;19 cm

N49/55

科学制覇への道/加藤興五郎著.—東京:畝傍書房,昭和 17 年[1942]

880 頁;18 cm

N49/56

ゑれきてる物語/長濱重麿著.—東京:河出書房,昭和 18 年[1943]

2,5,202 頁;18 cm

N49/57

研究所風景/東恒人著.—東京:誠文堂新光社,昭和 17 年[1942]

4,6,188 頁;18 cm

N49/58

技術論/オイゲン・ディーゼル著.—東京:天然社,昭和 17 年[1942]

376 頁;21 cm

N49/59

科学への憧憬/林龝著.—東京:協力出版社,昭和 17 年[1942]

2,341 頁;18 cm

N49/60

科学の動員/モーリス・バレス著.—東京:帝國大學新聞社,昭和 17 年[1942]

274 頁;21 cm

N49/61

自然科学南と北/挾間文一著.—東京:力書房,昭和 18 年[1943]

3,5,261 頁;18 cm

N49:R/1
　　診療薄余白/人文閣編輯部編.―東京:人文閣,昭和 16 年[1941]
　　　　3,5,269 頁;18 cm

N52/1
　　学術通俗講演集/東京数学物理学会編.―東京:大日本図書株式会社,明治 42 年[1909]
　　　　1 冊;22 cm

N61/1(1)
　　萬有科学大系:普及版.第一巻/仲摩照久著.―普及版.―東京:新光社,昭和 6 年[1931]
　　　　3,346 頁;26 cm

N61/1(2.4)
　　萬有科学大系:普及版.続篇第四巻/仲摩照久編.―東京:新光社,昭和 7 年[1932]
　　　　6,372 頁;26 cm

N61/1(2.15)
　　萬有科学大系:普及版.続篇第十五巻/仲摩照久編.―東京:新光社,昭和 6 年[1931]
　　　　6,389 頁;26 cm

N61/1(4)
　　萬有科学大系:普及版.第四巻/仲摩照久著.―[不詳].―東京:新光社,[不詳]
　　　　4,266 頁;26 cm

N61/1(7)
　　萬有科学大系:普及版.正篇第七巻/仲摩照久編.―東京:新光社,昭和 6 年[1931]
　　　　6,372 頁;26 cm

N61/1(11)
　　萬有科学大系:普及版.正篇第十一巻/仲摩照久編.―東京:新光社,昭和 7 年[1932]
　　　　6,372 頁;26 cm

N61/1(12)
　　萬有科学大系:普及版.正篇第十二巻/仲摩照久編.―東京:新光社,[不詳]
　　　　4,325 頁;26 cm

N61/1-2(1.4)
　　萬有科学大系:普及版.正篇第四巻/仲摩照久編.―2 版.―東京:新光社,昭和 10 年[1935]
　　　　4,267 頁;26 cm

N61/3-20
　　英語科学論文用語辞典/黒屋政彦,冨田軍二編.―20 版.―東京:朝倉書店,昭和 50 年[1975]
　　　　2,321 頁;23 cm

N812.9/1
　　物語シベリヤ征服史/(露)デ・サドーフニコフ著.―東京:白林書房,昭和 17 年[1942]
　　　　2,236 頁;18 cm

N816.6/1
　　探険ものがたり南極と北極/白瀬矗著.―東京:越後屋書房,昭和 19 年[1944]
　　　　190 頁;18 cm

N816.61/1
　　南氷洋/内橋潔著.―東京:日本機動艇協会「舵」發行所,昭和 18 年[1943]
　　　　3,286,10 頁;18 cm

N816.61/2(2)
　　南極の征服.下巻/(諾)ロアルト・アムンセン著.―東京:淡海堂出版株式会社,昭和 18 年[1943]
　　　　265 頁;18 cm

N817.12/1
　　アリューシャン探検/I.W.ハッチスン著.―東京:新潮社,昭和 17 年[1942]
　　　　5,324 頁;18 cm

N818.1/1
　　太平洋の發見/永田寛定著.―東京:十一組

出版部,昭和17年[1942]

3,295頁;18 cm

N851.2/1

カムチャッカ発見とベーリング探検/エリ.エス.ベルグ著.—東京:龍吟社,昭和17年[1942]

2,4,414頁;21 cm

N851.2/2(1)

勘察加調査書.第一編/南満洲鉄道株式会社庶務部調査課編.—大阪:大阪毎日新聞社,昭和2年[1927]

441頁;23 cm

N851.2/2(2)

勘察加調査書.第二編/南満洲鉄道株式会社庶務部調査課編.—大阪:大阪毎日新聞社,昭和3年[1928]

244頁;23 cm

N851.2/2(3)

勘察加調査書.第三編/南満洲鉄道株式会社庶務部調査課編.—大阪:大阪毎日新聞社,昭和3年[1928]

370頁;23 cm

N851.2/2(4)

勘察加調査書.第四編/南満洲鉄道株式会社庶務部調査課編.—大阪:大阪毎日新聞社,昭和3年[1928]

210頁;23 cm

N851.2/2(5)

勘察加調査書.第五編/南満洲鉄道株式会社庶務部調査課編.—大阪:大阪毎日新聞社,昭和3年[1928]

374頁;23 cm

N851.2/2(6)

勘察加調査書.第六編/南満洲鉄道株式会社庶務部調査課編.—大阪:大阪毎日新聞社,昭和3年[1928]

359頁;23 cm

N871.2/1

キャプテン クック太平洋航海記.第一.第二航海篇/東亜研究所編.—東京:大日本出版株式会社,昭和18年[1943]

11,3,408頁;18 cm

N9-61/1-4

博物辞典/伊藤武夫編.—4版.—東京:弘道閣,昭和10年[1935]

1冊頁;18 cm

N9-64/1-2

改訂増補日本博物学年表/白井光太郎著.—東京:大岡山書店,昭和9年[1934]

6,3,437頁;22m

N91-61/1

博物辭典/藤本治義,岡田彌一郎,三輪知雄編.—東京:三省堂,昭和13年[1938]

3,1080頁;22 cm

《中国图书馆分类法》类目

数理科学和化学

O-49/1
　理化実験の遊戯/田村明一著.—東京:慶安堂書店,昭和2年[1927]
　　2,10,158 頁;19 cm

O-49/1-4
　理化実験の遊戯/田村明一著.—4版.—東京:慶安堂書店,昭和2年[1927]
　　2,10,158 頁;19 cm

O-61/1-2
　理化学辞典/石原純編.—東京:岩波書店,昭和14年[1939]
　　14,1666,84,190 頁;19 cm

O081.2/1-41
　認識論/紀平正美著.—41版.—東京:岩波書店,大正11年[1922]
　　397,29 頁;18 cm

O1/1-2(1.1)
　新制数学.第一類.上巻,甲類/西内貞吉著.—2版.—東京:博多成象堂,昭和18年[1943]
　　211,7 頁;22 cm

O1/1-26
　数学諸論大要/渡辺孫一郎著.—26版.—東京:裳華房,昭和16年[1941]
　　3,240 頁;21 cm

O1/2
　數學と數學史/末綱恕一著.—東京:弘文堂書房,昭和19年[1944]
　　2,201 頁;18 cm

O1/3(1)
　百萬人の数学.数学上の発明の社会史的背景に立脚せる数学入門書.上巻/ランスロット.ホダベン著.—東京:日本評論社,昭和14年[1939]
　　7,378 頁;22 cm

O1/3(2)
　百萬人の数学.数学上の発明の社会史的背景に立脚せる数学入門書.下巻/ランスロット.ホダベン著.—東京:日本評論社,昭和17年[1942]
　　380〜754,7,13 頁;21 cm

O1/4-2(2.1)
　新制数学.第二類,甲類.上巻/西内貞吉著.—2版.—東京:博多成象堂,昭和19年[1944]
　　157,3 頁;22 cm

O1/5-7
　實践数学/柴垣和三雄著.—7版.—東京:丸善株式会社,昭和17年[1942]
　　4,12,636 頁;21 cm

O1/6-3
　挽近代数学の展望/秋月康夫著.—3版.—東京:弘文堂書房,昭和18年[1943]
　　190 頁;17 cm

O1/7-4
　綜合数学提要/濱田吉三著.—4版.—東京:前野書店,昭和18年[1943]
　　309 頁;21 cm

O1/8-2
　ばん(左が車右が免)近数学一班/岡田良知著.—2版.—東京:積善館,昭和2年[1927]
　　4,6,303,9,17 頁;22 cm

O1/9
　経済学研究のための基礎数学/寺尾琢磨著.—東京:慶應出版社,昭和14年[1939]
　　6,2,191 頁;18 cm

O1/10
　数学発展の跡をたづねて/清野耕治著.—東京:三省堂,昭和19年[1944]
　　274 頁;18 cm

O1/11-2
数学/吉江琢兒著.—2版.—東京:三省堂,昭和18年[1943]
5,321頁;22 cm

O1/12-4
計算實驗新實用数学/内田浩著.—4版.—東京:三省堂,昭和13年[1938]
2,5,213頁;21 cm

O1/12-5
計算實驗新實用数学/内田浩著.—5版.—東京:三省堂,昭和14年[1939]
2,5,213頁;22 cm

O1/13
面白く獨習出来る数学書:上級程度/三矢七八著.—東京:航研書房,昭和19年[1944]
2,1,303頁;18 cm

O1/14
数学とは何か/小野勝次著.—東京:弘文堂書房,昭和18年[1943]
1,1,109頁;16 cm

O1/15-30
商業数学/佐々木道雄著.—30版.—東京:千倉書房,昭和15年[1940]
2,8,324頁;22 cm

O1/16(1)
現代数学の基礎概念.上/彌永昌吉著.—東京:弘文堂書房,昭和19年[1944]
4,2,154頁;22 cm

O1/17-3
不定解析論/林鶴一著.—3版.—東京:大倉書店,昭和3年[1928]
5,192頁;22 cm

O1/18
國民の数学.数量編/村上茂之著.—東京:校風閣,昭和18年[1943]
346頁;18 cm

O1/19
實用数学.上/吉田洋一,入江盛一著.—東京:岩波書店,昭和18年[1943]
67頁;26 cm

O1/20
生活と数学/中村茂守.—大阪:文進堂,昭和18年[1943]
8,226頁;19 cm

O1/21-10
詳解計算尺の使ひ方/坂元左馬太著.—10版.—東京:鉄道図書局,昭和17年[1942]
2,4,116頁;18 cm

O1/22
数学通論/荒又秀夫,末綱恕一著.—東京:岩波書店,昭和17年[1942]
2,7,284,7頁;18 cm

O1/23-13
数学.学習の友:初級向/鍋島信太郎著.—13版.—東京:大修館書店,昭和17年[1942]
12,505頁;18 cm

O1/24
数学随筆 数とロマンス/吉岡修一郎著.—東京:誠文堂新光社,昭和14年[1939]
2,6,397頁;18 cm

O1/25
生活数学研究/数学研究会編.—東京:修文館,昭和10年[1935]
250頁;22 cm

O1/26
未開人の数学/矢野健太郎著.—東京:誠文堂新光社,昭和17年[1942]
3,3,137頁;18 cm

O1-09/1
算術と數學の歷史/吉岡修一郎著. —東京：誠文堂新光社,昭和16年[1941]
6,8,289頁;19 cm

O1-09/2-14
數學史物語/清水英一著. —14版. —東京：東洋圖書株式合資會社,昭和4年[1929]
2,12,20,331,26頁;19 cm

O1-09/3
学術の日本/桑木厳翼編. —東京：中央公論社,昭和17年[1942]
1册;21 cm

O1-42/1-5
数学教育論/石井掬著. —5版. —東京：玉川学園出版部,昭和6年[1931]
5,200頁;18 cm

O1-42/2
数学教育史：一つの文化形態に関する歴史的研究/小倉金之助著. —東京：岩波書店,昭和7年[1932]
4,4,7,356頁;21 cm

O1-43/1(3)
数学. 3/中等学校教科書株式会社著. —東京：中等学校教科書株式会社,昭和18年[1943]
92頁;22 cm

O1-43/2-268(2)
改訂最新代数学精義/岩切晴二著. —268版. —東京：培風館,昭和15年[1940]
2,4,3,433頁;19 cm

O1-44/1-2
最近商業算術問題詳解/實文館編輯所編. —2版. —東京：實文館,大正13年[1924]
1册;22 cm

O1-44/2-43
学習受験登龍算術.全/松室隆光著. —43版. —東京：廣文館,昭和16年[1941]
2,6,513頁;18 cm

O1-44/3-2
数学講義録：幾何学之部/東京数学院編. —2版. —東京：東京数学院,明治35年[1902]
328頁;22 cm

O1-49/1
数学茶話/吉岡修一郎著. —東京：青年書房,昭和17年[1942]
6,433頁;18 cm

O1-49/1-2
数学茶話/吉岡修一郎著. —2版. —東京：青年書房昭光社,昭和18年[1943]
6,433頁;18 cm

O1-49/2-32
百萬人の数学/竹内時男著. —32版. —東京：三教書院,昭和17年[1942]
5,7,217頁;18 cm

O1-49/3-2
数学随筆数のユーモア/吉岡修一郎著. —2版. —東京：誠文堂新光社,昭和14年[1939]
2,7,476頁;18 cm

O1-49/4
数学小景/高木貞治著. —東京：岩波書店,昭和18年[1943]
2,2,231,3頁;18 cm

O1-49/5
数学千一夜/吉岡修一郎著. —東京：青年書房,昭和16年[1941]
2,8,344頁;18 cm

O1-49/6
数学随筆数のシーズン/吉岡修一郎著. —東京：誠文堂新光社,昭和15年[1940]
3,6,440頁;18 cm

O1-49/7-3
　数学閑話/大上茂喬著.—3版.—東京:文明社,昭和4年[1929]
　　2,2,430頁;18 cm

O1-49/8-5
　趣味の数学遊戯/滑徳市著.—5版.—東京:三共社,昭和13年[1938]
　　19,316頁;18 cm

O1-53/1
　純粋数学の世界/彌永昌吉著.—東京:弘文堂書房,昭和17年[1942]
　　2,3,211頁;21 cm

O1-61/1
　解法適用数学辞書/長澤亀之助著.—東京:郁文舎,明治38年[1905]
　　4,867頁;18 cm

O1-61/1-26
　解法適用数学辞書/長澤亀之助著.—26版.—東京:[不詳],大正7年[1918]
　　6,1081頁;18 cm

O1-64/1-24
　新訂数学公式/藤田外次郎,刈屋他人次郎,梶島二郎著.—24版.—東京:山海堂,昭和8年[1933]
　　2,13,510,58,30頁;18 cm

O1-64/2-2
　計算精表/田中増太郎著.—2版.—東京:東洋図書株式合資会社,昭和6年[1931]
　　4,316頁;22 cm

O1-64/3
　工業用計算対数表/保田栄著.—東京:知進社,昭和16年[1941]
　　4,249,29頁;18 cm

O1-644/1-14
　五桁ノ對數表及三角函数表附用法/にふ.げい.がうす著.—14版.—東京:三省堂,大正7年[1918]
　　75,29頁;23 cm

O1-644/1-21
　五桁ノ對數表及三角函数表附用法/にふ.げい.がうす著.—21版.—東京:開新堂,明治37年[1904]
　　1冊;23 cm

O1-8/1-2
　計算尺詳解.第八分冊,第三編計算尺活用ノ實際.其四,建築編/宮崎治助著.—2版.—東京:逸見製作所,昭和14年[1939]
　　2,88,13頁;22 cm

O11/1-2
　改訂数学史/コワレフスキー著.—東京:八元社,昭和19年[1944]
　　3,3,365,13頁;21 cm

O11/2
　数学と数学史/末綱恕一著.—東京:弘文堂書房,昭和19年[1944]
　　2,201頁;18 cm

O11/3-4
　数学文化史/吉岡修一郎著.—4版.—東京:河出書房,昭和14年[1939]
　　12,363,8頁;19 cm

O11/4
　数学史:大数学者傳/コワレフスキー著.—東京:八元社,昭和16年[1941]
　　3,365,13頁;21 cm

O11/5-5
　数学史/ぼあいえ原著.—5版.—東京:大倉書店,昭和3年[1928]
　　2,230頁;22 cm

O11/6
　数学思想史:数学者の科学的理想/ピエル.

O11/7
ブートゥルー著.—東京:岩波書店,昭和18年[1943]
　3,4,2,358,12頁;19 cm

O11/7
近世数学史談/高木貞治著.—東京:河出書房,昭和17年[1942]
　2,2,216頁;18 cm

O11/8
数学史/(米)D・E・スミス著.—東京:紀元社,昭和19年[1944]
　5,5,8,589,25頁;22 cm

O11/9
初等数学史概要/W・リーツマン著.—東京:三省堂,昭和18年[1943]
　2,5,174頁;22 cm

O11-49/1
零の発見:数学の生ひ立ち/吉田洋一著.—東京:岩波書店,昭和14年[1939]
　4,165頁;18 cm

O11-49/1-3
零の発見.数学の生ひ立ち/吉田洋一著.—3版.—東京ウ:岩波書店,昭和14年[1939]
　4,1,165頁;17 cm

O112/1
李厳 支那数学史/李厳著.—東京:生活社,昭和15年[1940]
　6,222頁;21 cm

O113.13/1
日本の数学/小倉金之助著.—東京:岩波書店,昭和15年[1940]
　4,3,170頁;17 cm

O113.13/2-2
林鶴一博士和算研究集録.下巻/林博士遺著刊行会編.—2版.—東京:東京開成館,昭和18年[1943]
　2,6,937,28,66頁;21 cm

O113.13/3
戦時下の数学/小倉金之助著.—東京:創元社,昭和19年[1944]
　3,4,248頁;18 cm

O12/1
数と図形/山崎三郎著.—東京:創元社,昭和16年[1941]
　7,321,6頁;18 cm

O121/1
計算尺/坂入俊雄著.—東京:創元社,昭和18年[1943]
　79頁;18 cm

O121.4/1
診断学的暗算の實践体系/中島安治郎著.—東京:モナス,昭和11年[1936]
　7,669頁;21 cm

O121.5/1
珠算の理論と方法/石川新次著.—東京:大紘書院,昭和19年[1944]
　260頁;19 cm

O121.5/2
増補明解珠算要訣/川村貫治著.—東京:春陽堂,昭和17年[1942]
　4,335,16頁;14 cm

O121.5/3
挽近商業珠算/川村貫治著.—東京:春陽堂書店,昭和17年[1942]
　263頁;21 cm

O121.5/5
改訂輓近商業珠算/川村貫治著.—東京:春陽堂書店,昭和17年[1942]
　263頁;24 cm

O121.5/6
　新式珠算上達速成法/安部利一郎著.—東京:松栄堂書店,昭和 11 年[1936]
　　2,6,302 頁;18 cm

O121.5/7
　珠算講義教材/山崎與右衛門著.—東京:南雲堂書店,昭和 9 年[1924]
　　4,138 頁;22 cm

O121.5/8(1)
　川村珠算講座.第一編/川村貫治著.—東京:春陽堂書店,昭和 15 年[1940]
　　2,117 頁;22 cm

O121.5/9-2
　珠算応用の基礎知識/原口吉蔵著.—2 版.—東京:同文館,昭和 16 年[1941]
　　2,3,150 頁;17 cm

O122/1-9
　数学教育名著叢書.第二編,ボレル代数学/エミルボレル著.—9 版.—東京:山海堂出版部,昭和 17 年[1942]
　　15,9,554 頁;21 cm

O122/2-6(2.2)
　算術四則問題.第二ノ二/林鶴一,國枝元治著.—6 版.—東京:大倉書店,昭和 2 年[1927]
　　503 頁;22 cm

O122/2-16(2.1)
　算術四則問題.第二ノ一/林鶴一,國枝元治著.—16 版.—東京:大倉書店,大正 15 年[1926]
　　657 頁;22 cm

O122/2-17(1)
　算術四則問題.第一/林鶴一著.—17 版.—東京:大倉書店,昭和 2 年[1927]
　　4,435,4 頁;22 cm

O122/3-425
　三訂最新代数学精義.上卷/岩切晴二著.—425 版.—東京:培風館,昭和 17 年[1942]
　　4,504 頁;18 cm

O122-43/1-116(1)
　最新代数学精義.上卷/岩切晴二著.—116 版.—東京:培風館,昭和 9 年[1934]
　　2,2,4,4,404 頁;19 cm

O122-44/1
　代数学問題通解/数学研究会編.—東京:春畝堂,明治 43 年[1910]
　　26,8,2,3,788 頁;18 cm

O122-44/2-240
　代数のあたま/石野勝五郎.—240 版.—東京:有精堂,昭和 15 年[1940]
　　15,546,61 頁;19 cm

O122-44/2-273
　受験研究代数のあたま:新訂版/石野勝五郎著.—273 版.—東京:有精堂出版部,昭和 17 年[1942]
　　15,544,58 頁;19 cm

O122.2/1-4(1)
　方程式.第一/林鶴一,國枝元治著.—4 版.—東京:大倉書店,明治 42 年[1909]
　　2,2,277 頁;21 cm

O122.2/1-4(2)
　方程式.第二/林鶴一,國枝元治著.—4 版.—東京:大倉書店,明治 44 年[1911]
　　413 頁;22 cm

O122.2/1-5(1)
　方程式.第一/林鶴一,國枝元治著.—5 版.—東京:大倉書店,明治 43 年[1910]
　　2,277 頁;22 cm

O122.2/1-19(1)
　方程式.第一/林鶴著.—19 版.—東京:大倉書店,昭和 4 年[1929]
　　2,2,277 頁;23 cm

O122.3/1-9
不等式/林鶴一. 刈屋他人次郎著.—9版.—東京:大倉書店,昭和4年[1929]
2,173頁;22 cm

O122.3/2
方程式論/園正造著.—東京:至文堂,昭和4年[1929]
3,8,482頁;22 cm

O123/1
模範解幾何学總さらへ/永野末治著.—東京:先進堂,昭和5年[1930]
7,536頁;18 cm

O123.1-44/1-72
学習受験最新幾何学精義/岩切晴二著.—72版.—東京:培風館,昭和13年[1938]
650頁;19 cm

O123.1-44/2
受験研究幾何のあたま/石野勝五郎著.—新訂版.—東京:有精堂,[不詳]
268頁;18 cm

O123.1-44/2-260
受験研究幾何のあたま/石野勝五郎著.—260版.—東京:有精堂,昭和16年[1941]
572,36頁;18 cm

O123.2/1
立体幾何学/杉村欣次郎著.—東京:裳華房,昭和12年[1937]
3,101頁;22 cm

O124/1
ボレル平面三角法/ボレル著.—東京:山海堂出版部,昭和17年[1942]
25,7,346,13頁;21 cm

O124/2-2
高等三角法/高須鶴三郎,加藤平左門著.—2版.—東京:裳華房,昭和9年[1934]
2,5,233頁;23 cm

O124/3
三角最大速成法講義/武藤鉄吉著.—東京:数理専修学院,[不詳]
321頁;21 cm

O124.1/1-2
高等平面三角法/渡邊秀雄著.—2版.—東京:共立社,昭和4年[1929]
290,85頁;22 cm

O124.1/2-7
平面三角法講義/遠藤又蔵著.—7版.—東京:光風館書店,明治42年[1909]
1册;22 cm

O124.1/3-2
高等平面三角法:附録/渡邊秀雄著.—2版.—東京:共立社,昭和4年[1929]
81頁;22 cm

O124.1/4
高等平面三角法/川本武司著.—大阪:駸々堂,昭和18年[1943]
2,8,290,21,35頁;19 cm

O124.2/1
球面三角法/市東佐四郎著.—東京:東京数理書院,明治18年[1995 1886]
8,246,96,4頁;19 cm

O13/1-5
文科の数学/白石早出雄著.—5版.—東京:共立社,昭和16年[1941]
2,9,345,8頁;21 cm

O13/2(2)
高等数学.下巻/長尾晋志朗著.—再版.—東京:慶応義塾出版局,
124頁;19 cm

O13/3-4
工業数学:高等数学/奧野保著.—4版.—東京:修教社書院,昭和18年[1943]
323頁;21 cm

O13/4
高等数学概要/[不詳].—[不詳]:[不詳],[不詳]
82,134,342,234頁;25 cm

O13/5-2
高等数学公式/藤澤義男著.—2版.—東京:東京図書出版株式会社,昭和19年[1944]
2,261頁;18 cm

O13/6
高等数学講義方程式論/松村定次郎著.—東京:博文館,明治43年[1910]
3,298頁;18 cm

O13/7-11
遞試参考高等数学/門一郎著.—11版.—東京:オーム社,昭和17年[1942]
7,434頁;22 cm

O13/8
手軽に解かる高等数学/森本清吾著.—東京:彰文館,昭和17年[1942]
246頁;22 cm

O13/9
算術教育基礎知識高等数学の話/小坂正行著.—東京:モナス,昭和10年[1935]
7,320頁;23 cm

O14/1
数理哲学/児山敬一著.—東京:モナス,昭和12年[1937]
3,3,591,2頁;23 cm

O144/1
集合論/辻正次著.—東京:共立社書店,昭和8年[1933]
5,202頁;22 cm

O15/1
代数学演習/大上茂喬著.—東京:文明社,昭和6年[1931]
2,425頁;22 cm

O15/1-33
代数学演習/大上茂喬著.—33版.—東京:文明社,昭和17年[1942]
3,424,14頁;21 cm

O15/2-8(1)
代数学学び方考へ方と解き方.上巻/藤森良蔵,藤森良夫著.—8版.—東京:考へ方研究会,昭和11年[1936]
400頁;18 cm

O15/2-36(1)
代数学学び方考へ方と解き方.上巻:要説新版/藤森良蔵,藤森良夫著.—36版.—東京:考へ方研究会,昭和17年[1942]
4,400頁;18 cm

O15/2-407(1)
代数学学び方考へ方と解き方.上巻/藤森良蔵著.—407版.—東京:山海堂出版部,昭和11年[1936]
386頁;18 cm

O15/3
高度代数学 全/ベンリ.ビーファイン著.—東京:大日本図書株式会社,昭和3年[1928]
6,412頁;21 cm

O15/4(1)
代数学講義.Ⅰ/高木貞治著.—東京:共立社,昭和5年[1930]
9,477頁;22 cm

O15/5-2(1)
代数学の綜合的研究.上/高津巖著.—東京:

旺文社,昭和18年[1943]

2,4,366頁;18 cm

O15/6-75

採点急所を指摘せる代数の突破/室由之著.—75版.—東京:芳文堂,昭和14年[1939]

2,2,10,680頁;19 cm

O15/7-23(1)

登龍代数学.上巻/松室隆光著.—23版.—東京:広文館,昭和12年[1937]

7,490頁;19 cm

O15/8

代数最大速成法講義/武藤鉄吉講述.—東京:数理専修学院,[不詳]

602頁;21 cm

O15/9

代数学及幾何学/山内恭彦著.—東京:河出書房,昭和18年[1943]

3,264頁;22 cm

O15/10(12)

代数学.第拾二号/竹貫登代多著.—東京:博文館,明治37年[1904]

1册;22 cm

O15/11

採点急所を指摘せる幾何の突破/室由之著.—東京:芳文堂,昭和11年[1936]

2,2,2,9,637頁;18 cm

O15/11-97

採点急所を指摘せる幾何の突破/室由之著.—97版.—東京:芳文堂,昭和16年[1941]

637頁;18 cm

O15/12-3

代数学及幾何学/山内恭彦著.—3版.—東京:河出書房,昭和18年[1943]

2,3,272頁;22 cm

O15/13

受験.補習代数学の問題演習/工藤祐基著.—東京:白林社,昭和6年[1931]

3,2,211頁;19 cm

O15/14-3

代数的考へは如何に展開するか:初めて代数を学ぶ者の為に/小野勝次著.—3版.—東京:大化書院,昭和18年[1943]

5,313頁;18 cm

O15/15

最新研究代数学詳解講義:最新版/臼井幸之丞著.—東京:山海堂出版部,昭和17年[1942]

4,147頁;18 cm

O15-64/1-17

問題解法代数学辞典/長澤亀之助著.—17版.—東京:成美堂,大正13年[1924]

1092頁;18 cm

O151.22/1-2

行列式/林鶴一著.—2版.—東京:大倉書店,明治42年[1909]

2,3,288頁;22 cm

O153/1

抽象代数学/正田建次郎著.—東京:岩波書店,昭和13年[1938]

2,3,7,389,29頁;22 cm

O17/1

解析概論:微分積分法及初等函数論/高木貞治著.—東京:岩波書店,昭和13年[1938]

10,600頁;26 cm

O17/2

増訂解析概論:微分積分法及初等函数論/高木貞治著.—東京:岩波書店,昭和18年[1943]

3,7,548頁;26 cm

O17/3

ヴェクトル解析学/河口商次著.—東京:共

立社書店,昭和8年[1933]

219頁;22 cm

O172/1-2

積分学講義/寺澤寛一著.—2版.—東京:大盛堂,大正11年[1922]

4,324頁;22 cm

O172/2-12

微分積分早わかり/秋山武太郎著.—12版.—東京:高岡書店,昭和2年[1927]

2,2,234頁;18 cm

O172/2-62

微分積分早わかり/秋山武太郎著.—62版.—東京:高岡書店,昭和17年[1942]

3,2,262頁;20 cm

O172/3-3

きーぱーと積分学/吉田好九郎訳.—3版.—東京:冨山房,大正8年[1919]

7,746頁;22 cm

O172/4-3(1)

高等微分積分学.上巻/高須鶴三郎,加藤平左エ門著.—3版.—東京:裳華房,昭和13年[1938]

3,4,223頁;22 cm

O172/4-3(2)

高等微分積分学.下巻/高須鶴三郎.加藤平左エ門著.—3版.—東京:裳華房,昭和14年[1939]

5,326頁;22 cm

O172/5-7

微積分学ノ基礎/林鶴一著.—7版.—東京:大倉書店,大正12年[1923]

2,4,252頁;22 cm

O172/6

微分方程式要論/蟹谷乗養著.—東京:丸善株式会社,昭和17年[1942]

2,4,258頁;22 cm

O172/7-12(1)

わかる微積分.上巻/秋山武太郎著.—12版.—東京:高岡本店,昭和17年[1942]

14,532,92,16,9頁;21 cm

O172/8-4

基準応用微積分学/神谷金剛著.—4版.—東京:前野書店,昭和18年[1943]

9,207頁;22 cm

O172/9-4

高等教育微積分学/坂井英太郎著.—4版.—東京:東京開成館,大正3年[1914]

338頁;21 cm

O172/10-2

高校生の微分学/松室隆光著.—2版.—東京:廣文館,昭和19年[1944]

4,402頁;22 cm

O172-2/1

積分学演習/大上茂喬著.—東京:文明社,昭和3年[1928]

2,397頁;21 cm

O172-2/1-45

積分学演習/大上茂喬著.—45版.—東京:文明社,昭和17年[1942]

2,368,13頁;21 cm

O172. 2/1-3

リーマン積分よりルベック積分へ/中野秀五郎著.—3版.—東京:考へ方研究社,昭和17年[1942]

152,2頁;19 cm

O172. 2/1-4

リーマン積分よりルベック積分へ/中野秀五郎著.—4版.—東京:考へ方研究社,昭和18年[1943]

2,2,152,2頁;19 cm

O172.2/2
　　積分方程式論/池田芳郎著.―東京:岩波書店,昭和3年[1928]
　　　2,2,274 頁;21 cm

O174/1
　　一般函数論/掛谷宗一著.―東京:岩波書店,昭和5年[1930]
　　　2,580,12 頁;21 cm

O174/2(2)
　　函数論:問題解説.下巻/竹内端三,佐藤正孝著.―東京:裳華房,昭和12年[1937]
　　　1 冊;22 cm

O174/2-2(1)
　　函数論:問題解説.上巻/竹内端三,佐藤正孝著.―2版.―東京:裳華房,昭和14年[1939]
　　　309,50,8 頁;22 cm

O174/3
　　一次函数.その応用/松本敏三著.―東京:冨山房,昭和15年[1940]
　　　3,234 頁;21 cm

O174/4-3
　　函數.その表現/松本敏三著.―3版.―東京:冨山房,昭和17年[1942]
　　　2,3,415,8 頁;22 cm

O174/5
　　応用函数論/蟹谷乗養著.―東京:丸善株式会社,昭和18年[1943]
　　　5,303 頁;22 cm

O174/6
　　函数論/吉田洋一著.―東京:岩波書店,昭和13年[1938]
　　　5,320,7 頁;18 cm

O174/7
　　三角法学び方考え方と解き方/藤森良蔵著.―47版.―東京:山海堂出版部,大正11年[1922]
　　　6,2,2,279 頁;19 cm

O174/8
　　校修三角法教科書/根津千治編.―東京:山海堂出版部,昭和5年[1930]
　　　4,144,14 頁;19 cm

O175/1-4
　　微分積分学/渡邊義勝著.―4版.―東京:裳華房,昭和18年[1943]
　　　320 頁;21 cm

O175/2
　　積分学/掛谷宗一著.―東京:岩波書店,昭和11年[1936]
　　　5,221 頁;17 cm

O175/3-9
　　最近微分積分學精義/河野徳助著.―9版.―東京:高岡書店,大正7年[1918]
　　　3,18,582 頁;22 cm

O175/4
　　初等微分幾何学/窪田忠彦著.―東京:岩波書店,昭和9年[1934]
　　　252,7 頁;19 cm

O175/5-6
　　微分積分学の初歩/馬杉肇著.―6版.―東京:斯文書院,昭和4年[1929]
　　　3,2,6,224 頁;18 cm

O175/6
　　初等微積分ノ概念トソノ応用/中川千之助著.―東京:修学館,昭和18年[1943]
　　　2,3,166,5 頁;22 cm

O18/1
　　非リーマン幾何学/矢野健太郎著.―東京:文政社,昭和18年[1943]
　　　4,223,12 頁;21 cm

O18/2
　　統一付けられたる幾何の学習と解法の正しき途/平川仲五郎著.―東京:中文館書店,昭和17年[1942]
　　　4,456頁;18 cm

O18/3-72
　　学習と受験幾何の征服/青山勇著.―72版.―大阪:三精堂出版部,昭和11年[1936]
　　　535頁;19 cm

O18/3-104
　　学習と受験幾何の征服/青山勇著.―104版.―大阪:三精堂出版部,昭和14年[1939]
　　　535頁;19 cm

O18/4-2
　　幾何学基礎論/ヒルベルト著.―2版.―東京:弘文堂書店,昭和18年[1943]
　　　254頁;18 cm

O18/5
　　根底明示.要点總括能率幾何/芳形俊一著.―大阪:受驗研究社,昭和12年[1937]
　　　6,581頁;18 cm

O18/6
　　近世綜合幾何學/高須鶴三郎著.―東京:共立社書店,昭和7年[1932]
　　　2,3,448,16頁;22 cm

O18/7-3
　　非ゆうくりっど幾何学/梶島二郎著.―3版.―東京:内田老鶴圃,大正12年[1923]
　　　3,8,246頁;22 cm

O18/8
　　幾何学/竹貫登代多編.―東京:博文館,明治37年[1904]
　　　1册;22 cm

O18/9-2
　　高等立体幾何学/高須鶴三郎,加藤平左エ門著.―2版.―東京:裳華房,昭和8年[1933]
　　　2,2,129頁;22 cm

O18/10-13
　　初等解析学:解析幾何学及び微積分学/中川千之助著.―13版.―東京:山海堂出版部,昭和19年[1944]
　　　14,277,36頁;22 cm

O18/11-166
　　代数の講義/天野一之丞著.―166版.―東京:樫村書店,昭和16年[1941]
　　　1册;18 cm

O18/12
　　青年技術者の幾何学/矢野健太郎,黒田孝郎著.―東京:大紘書院,昭和18年[1943]
　　　6,375頁;22 cm

O18/13-18
　　幾何学精講/青山勇著.―18版.―大阪:三精堂出版部,昭和14年[1939]
　　　373頁;18 cm

O18/14-50
　　受驗幾何学の綜合整理/欧文社指導部.―50版.―東京:欧文社,昭和14年[1939]
　　　517頁;17 cm

O18/15-2
　　高等立体図学.下卷,透視図　補遺/久保田圭右著.―2版.―東京:丸善株式会社,明治44年[1912]
　　　146頁;22 cm

O18/16-6
　　分り易い最新幾何学粋/臼井幸之丞著.―6版.―東京:慶文堂書店,昭和15年[1940]
　　　5,686頁;19 cm

O18/17-2
　　工業数学幾何/織田隆著.—2版.—東京:修教社書院,昭和16年[1941]
　　　　7,266頁;23 cm

O18/18
　　高等科一・二・三幾何の教授法及問題詳解/岩下吉衛,高木佐加枝著.—東京:モナス,昭和5年[1930]
　　　　4,3,411,6頁;23 cm

O18/19(2)
　　中等幾何三角法教科書.基本課程.下巻/竹内端三著.—東京:三省堂,昭和12年[1937]
　　　　2,204,19頁;18 cm

O18-43/1-2
　　幾何学教科書:師範学校用/伊達木稔著.—2版.—東京:培風館,大正12年[1923]
　　　　5,122,99,37頁;19 cm

O18-44/1-20
　　受験の幾何学/笹部貞市郎著.—20版.—東京:培風館,昭和10年[1935]
　　　　2,5,10,507頁;18 cm

O182/1
　　高等解析幾何学/高須鶴三郎著.—東京:裳華房,昭和16年[1941]
　　　　8,442頁;22 cm

O182/2-6
　　初等解析幾何学/渡邊孫一郎著.—6版.—東京:裳華房,昭和9年[1934]
　　　　4,211頁;22 cm

O182/2-17
　　初等解析幾何学/渡邊孫一郎著.—17版.—東京:裳華房,昭和17年[1942]
　　　　218頁;22 cm

O182/3-2
　　新撰解析幾何学教科書/中川銓吉,竹内端三著.—東京:冨山房,大正10年[1921年]
　　　　431頁;22 cm

O182/3-4
　　新撰解析幾何学教科書/中川銓吉,竹内端三著.—4版.—東京:冨山房,昭和2年[1927]
　　　　9,442頁;22 cm

O182/3-18
　　新撰解析幾何学教科書/中川銓吉,竹内端三著.—18版再訂版.—東京:冨山房,昭和15年[1940]
　　　　9,442頁;22 cm

O182/4-10
　　初等解析幾何学/渡邊孫一郎著.—10版.—東京:裳華房,昭和12年[1937]
　　　　211頁;22 cm

O182/5-7(1)
　　解析幾何学演習.第一巻/大上茂喬,松屋隆光著.—7版.—東京:文明社,昭和9年[1934]
　　　　2,8,220頁;22 cm

O182/6-8
　　解析幾何学講話/根津千治著.—8版.—東京:高岡書店,昭和2年[1927]
　　　　4,119頁;18 cm

O182/7-2
　　高等解析特論/坂井英太郎著.—2版.—東京:共立出版株式会社,昭和18年[1943]
　　　　280頁;18 cm

O182.1/1
　　曲線ト方程式/溝口好忠著.—東京:丸善株式会社,昭和15年[1940]
　　　　84頁;22 cm

O182.2/1
　　平面立体解析幾何学/杉村欣次郎著.—東京:裳華房,昭和8年[1933]
　　　　7,297頁;22 cm

O182.2-44/1
　平面立体幾何学演習/秋山武太郎著.―東京:共立社,昭和10年[1935]
　　2,3,386頁;22 cm

O185/1-2
　高等立体図学.上巻,緒説,投象図/久保田圭右著.―2版.―東京:丸善株式会社,明治43年[1910]
　　3,136頁;22 cm

O185.1/1
　投影図法の基礎/杉山甚一著.―東京:元宇館,昭和19年[1944]
　　4,4,196頁;18 cm

O185.1/2
　射影幾何学/細川藤右衛門著.―東京:岩波書店,昭和18年[1943]
　　349,7頁;22 cm

O185.2/1
　平面幾何画法集成/阿部七五三吉,久保田豊治郎著.―東京:培風館,昭和4年[1929]
　　16,203頁;22 cm

O185.2/2-8
　基礎図学/崎田喜太郎著.―8版.―東京:有象堂出版部,昭和18年[1943]
　　2,138頁;22 cm

O186.1/1
　微分幾何学/窪田忠彦著.―東京:岩波書店,昭和15年[1940]
　　3,471,13頁;21 cm

O189/1-2
　位相数学/小松醇郎著.―2版.―東京:弘文堂書房,昭和18年[1943]
　　3,2,159頁;18 cm

O21/1
　計数の統計学/近藤忠雄著.―東京:岩波書店,昭和19年[1944]
　　3,3,211,6頁;21 cm

O211/1-13
　確率及最小自乗法/北村友圭著.―13版.―東京:高岡本店,昭和15年[1940]
　　2,4,209頁;22 cm

O212/1-16
　順列組合より確率まで:統計数学への道/藤森良夫著.―16版.―東京:考へ方研究社,昭和17年[1942]
　　31,187頁;18 cm

O24/1
　計算法及び計算器械/小平吉男著.―東京:岩波書店,昭和4年[1929]
　　1冊;22 cm

O24/1-2
　計算法及び計算器械:増訂版/小平吉男著.―東京:岩波書店,昭和6年[1931]
　　5,260頁;21 cm

O241/1
　数値計算/林桂一著.―東京:岩波書店,昭和16年[1941]
　　383頁;22 cm

O241.2/1
　最小自乗法及統計/渡邊義勝著.―東京:丸善株式会社,昭和18年[1943]
　　578頁;26 cm

O241.4/1(1)
　数値積分法.上巻/日高孝夫著.―東京:岩波書店,昭和11年[1936]
　　4,221頁;22 cm

O243/1-8
　図計算及ビ図表/小倉金之助著.―8版.―東

京：山海堂出版部，昭和10年[1935]
21，164 頁；22 cm

O243/1-20
図計算及ビ図表/小倉金之助著．—20 版．—東京：山海堂出版部，昭和17年[1942]
21，164 頁；22 cm

O3/1-6
最新力学及材料強弱学/飛永甚治著．—6版．—東京：工業図所株式会社，昭和12年[1937]
10，258 頁；21 cm

O3/2
一般力学/山内恭彦著．—東京：岩波書店，昭和16年[1941]
4，313 頁；21 cm

O3/3-3
マッハ力学の發達とその歴史的批判的考察/マッハ著．—3 版．—東京：内田老鶴圃，昭和16年[1941]
1 冊；23 cm

O3/4-3
質点ノ力学/玉城嘉十郎著．—3 版．—東京：内田老鶴圃，昭和19年[1944]
5，344，26 頁；22 cm

O3/5-2
応用初等力学/福井俊三著．—2 版．—東京：太陽堂書店，昭和15年[1940]
2，10，170 頁；22 cm

O3/6-6
力学：高等教育/野邑雄吉著．—6 版．—東京：東洋図書株式合資会社，昭和7年[1932]
6，323 頁；22.5 cm

O3/6-14
図解力学/平野正雄著．—14 版．—東京：丸善株式会社，昭和17年[1942]
4，8，312，3，14 頁；22 cm

O3/7
一般力学/山内恭彦著．—東京：岩波書店，昭和16年[1941]
2，4，313 頁；22 cm

O3/8
落下・上昇・浮游の諸現象/栗原嘉名芽著．—東京：河出書房，昭和16年[1941]
2，2，107 頁；15 cm

O31/1
機関車に必要なる基礎力学/小河善治著．—東京：鉄道時報局，昭和18年[1943]
2，4，162 頁；22 cm

O311．1/1
質点及び剛体の力学．下/田丸卓郎著．—東京：岩波書店，昭和4年[1929]
1 冊；22 cm

O311．1/2
質点及び剛体の力学/田丸卓郎著．—東京：岩波書店，昭和4年[1929]
1 冊；22 cm

O343/1-2
弾性学/佐々木達治郎著．—2 版．—東京：共立社，昭和14年[1939]
3，98，2 頁；21 cm

O39/1-2（2）
応用力学．下巻，土性力学並液体力学編/瀧澤和一著．—2 版．—東京：工業図書株式会社，昭和14年[1939]
184 頁；21 cm

O39/1-4（1）
応用力学．上巻，固体力学編/瀧澤和一著．—4 版．—東京：工業図書株式会社，昭和14年[1939]
12，187 頁；21 cm

O39/2-8(2)

应用力学. 第二编, 水力学及び水力機械/田中不二著. —8 版. —東京:丸善株式会社,昭和 8 年[1933]

258,267 頁;25 cm

O39/3

応用力学/清水篤麿著. —東京:工学研究会,昭和 2 年[1927]

9,361 頁;21 cm

O4/1

物理学ノート/藤岡由工夫著. —東京:河出書房,昭和 17 年[1942]

5,390 頁;18 cm

O4/1-3

物理学ノート/藤岡由夫著. —3 版. —東京:河出書房,昭和 18 年[1943]

3,5,390 頁;18 cm

O4/2

エネルギーと物質/チャールス. ビー. バゾニ著. —東京:小川書房,昭和 18 年[1943]

321,11 頁;18 cm

O4/3-7(1)

物理学本論. 上巻/木多光太郎著. —7 版. —東京:内田老鶴圃,昭和 17 年[1942]

8,208,10 頁;22 cm

O4/3-7(2)

物理学本論. 下巻/本多光太郎著. —7 版. —東京:内田老鶴圃,昭和 17 年[1942]

11,653,15 頁;21 cm

O4/4(1)

高等物理学. 上巻/竹内潔編. —東京:岩波書店,昭和 14 年[1939]

12,400,6,9,20 頁;21 cm

O4/4(2)

高等物理学. 下巻/竹内潔著. —東京:岩波書店,昭和 16 年[1941]

12,401~812,20 頁;21 cm

O4/5-6

参考物理学/正木修著. —2 版. —東京:冨山房,昭和 19 年[1944]

12,928,93,20 頁;21 cm

O4/6-4

小さい物理学/河路甲午郎著. —4 版. —東京:廣文館,大正 14 年[1925]

14,264 頁;18 cm

O4/7

昭和新版物理学詳解講義/本多光太郎著. —東京:内田老鶴圃,[不詳]

2,17,364 頁;22 cm

O4/7-54

昭和新版物理学詳解講義/本多光太郎著. —54 版. —東京:内田老鶴圃,昭和 14 年[1939]

2,17,559,14 頁;22 cm

O4/8

物理学粋/高田徳佐著. —東京:慶文堂書店,昭和 17 年[1942]

2,11,802 頁;18 cm

O4/8-414

物理学粋/高田徳佐著. —414 版. —東京:慶文堂書店,昭和 15 年[1940]

2,14,704,21 頁;19 cm

O4/9

医科物理学/藤村信次著. —東京:金原商店,昭和 14 年[1939]

411,5 頁;21 cm

O4/10-8

理論實驗物理学講義/高田徳佐著. —修訂 8 版. —東京:大日本出版株式会社,昭和 17 年[1942]

16,700,13,16 頁;22 cm

O4/11-2
　　存在の理法/湯川秀樹著.―2版.―東京:岩波書店,昭和19年[1944]
　　　4,244頁;20 cm

O4/12-6
　　現代の物理学/藤岡由夫著.―6版.―東京:岩波書店,昭和18年[1943]
　　　3,5,306,8頁;21 cm

O4/13
　　物理学/財団法人國民工業学院編.―東京:財団法人國民工業学院,昭和14年[1939]
　　　10,192,3,22頁;18 cm

O4/14
　　現代物理学の基礎理論/石原純著.―東京:中央公論社,昭和18年[1943]
　　　162頁;18 cm

O4/15-4
　　よくわかる物理学/中等教育会著.―4版.―東京:日本出版社,昭和16年[1941]
　　　11,309,15頁;18 cm

O4/16
　　物理学概論/石原純著.―東京:岩波書店,昭和4年[1929]
　　　1冊;22 cm

O4/17-4
　　極微の世界/湯川秀樹著.―東京:岩波書店,昭和17年[1942]
　　　5,3,196頁;18 cm

O4/19
　　物理の基礎/藤村信次著.―東京:学習社,昭和18年[1943]
　　　4,4,216頁;21 cm

O4/20
　　新物理学と量子/ルイ・ドゥ・ブロイ著.―東京:南北社,昭和19年[1944]
　　　333頁;17 cm

O4/21(2)
　　物理学概説.Ⅱ,熱学/芝亀吉著.―東京:岩波書店,昭和6年[1931]
　　　2,6,294,9,7頁;22 cm

O4/22
　　高等物理学補習/竹内潔著.―東京:岩波書店,昭和4年[1929]
　　　15,340頁;22 cm

O4/23-7
　　物理学提要/田尻彦幸著.―7版.―東京:前野書店,昭和17年[1942]
　　　12,345頁;22 cm

O4/24
　　物理学提要/村上忠敬著.―東京:三省堂,昭和17年[1942]
　　　12,249頁;21 cm

O4/25
　　物理学原論/宮西通可著.―東京:裳華房,昭和14年[1939]
　　　8,297頁;26 cm

O4/26-2
　　物理学通論/本多光太郎,川北清著.―2版.―東京:内田老鶴圃,大正7年[1918]
　　　434,17頁;26 cm

O4/26-10
　　物理学通論/本多光太郎著.―10版.―東京:内田老鶴圃,昭和2年[1927]
　　　14,562,19頁;26 cm

O4/26-16
　　物理学通論/本多光太郎著.―16版.―東京:内田老鶴圃,昭和8年[1933]
　　　415,9頁;26 cm

O4/26-18
物理学通論/本多光太郎著.—18版.—東京：内田老鶴圃,昭和15年[1940]
　415,9頁;26 cm

O4/27
実用工業理科.物理編/日本技能教育研究会第八分科研究部著.—東京：斯文書院,昭和19年[1944]
　4,140頁;21 cm

O4/28
物理学的次元解析学/福本正人著.—東京：三省堂,昭和15年[1940]
　2,5,202頁;22 cm

O4/29
物質の構造/菊池正士著.—東京：創元社,昭和16年[1941]
　2,4,178,5頁;18 cm

O4/30-382
甲表乙表準據物理学粋/高田徳佐著.—382版.—東京：慶応堂書店,昭和14年[1939]
　654,21頁;18 cm

O4/31
歴史的に観た物理学/高木純一著.—東京：東京前野書店,昭和17年[1942]
　2,5,299頁;21.5 cm

O4/32
化学粋.全/高田徳佐著.—東京：慶文堂書店,昭和17年[1942]
　12,636頁;19 cm

O4/33-10
最新物理学問題集/太田資郎著.—10版.—東京：山海堂出版部,昭和17年[1942]
　3,122頁;18 cm

O4/34-4
学習教導基本物理学/鎌田正宣,松田榮著.—4版.—東京：大明堂,昭和18年[1943]
　2,9,504,7,15頁;18 cm

O4/35
物質と言葉/寺田寅彦著.—東京：岩波書店,昭和10年[1935]
　2,3,377頁;19 cm

O4/36-15
明説物理学/三浦幸平著.—15版.—東京：有朋堂,昭和18年[1943]
　16,480,4,17頁;18 cm

O4/37-509
錬成物理学粋/高田徳佐著.—509版.—東京：慶文堂書店,昭和17年[1942]
　2,11,802頁;17 cm

O4-33/1
實驗測定法及び實驗器械/大久保準著.—東京：岩波書店,昭和4年[1929]
　1冊;22 cm

O4-33/2
物理實驗/白井俊二著.—[不詳]：[不詳],昭和12年[1937]
　102頁;22 cm

O4-33/3
物理實驗/市原用著.—大阪：駸々堂書店,昭和17年[1942]
　7,197頁;18 cm

O4-43/1-2
最新實業物理学教科書/森總之助著.—2版.—東京：積善館,大正13年[1924]
　4,177頁;22 cm

O4-44/1-6
新制物理学問題解法粋/中学教育会著.—6版.—東京：慶文堂書店,昭和2年[1927]
　540頁;19 cm

O4-44/3
物理学問題正解/福本嘉繁著.—東京:山海堂出版部,昭和14年[1939]
269,12,12 頁;18 cm

O4-44/4-78
新選物理問題集/三省堂編輯所編.—78版.—東京:三省堂,昭和14年[1939]
4,7,126,15 頁;18 cm

O4-44/5(1.1)
物理学及び化学.物理学.1,科外特別題目.1/岩波茂雄編.—東京:岩波書店,昭和4年[1929]
1 冊;22 cm

O4-44/5(2)
物理学及び化学.物理学.BⅡ,流体力学,航空力学/岩波茂雄編.—東京:岩波書店,昭和5年[1930]
4,108 頁;22 cm

O4-44/5(2.1)
物理学及び化学.物理学.2,科外特別題目.1/岩波茂雄編.—東京:岩波書店,昭和4年[1929]
1 冊;22 cm

O4-44/5(3.1)
物理学及び化学.物理学.3,科外特別題目/岩波茂雄編.—東京:岩波書店,昭和4年[1929]
1 冊;22 cm

O4-44/5(4.1)
物理学及び化学.物理学.4,科外特別題目.1/岩波茂雄編.—東京:岩波書店,昭和5年[1930]
1 冊;22 cm

O4-44/5(6.1)
物理学及び化学.物理学.6,科外特別題目.1/岩波茂雄編.—東京:岩波書店,昭和5年[1930]
1 冊;22 cm

O4-44/5(7.1)
物理学及び化学.物理学.7,科外特別題目.1/岩波茂雄編.—東京:岩波書店,昭和5年[1930]
1 冊;22 cm

O4-44/6-13
高等物理学演習/造賀常一著.—13版.—東京:培風館,昭和17[1942]
2,206 頁;22 cm

O4-44/7-135
受験参考答案式物理学粋/中学教育会著.—135版.—東京:慶文堂書店,大正15年[1940]
12,400 頁;18 cm

O4-53/1-3
熱輻射論と量子論の起原:ウィーン,プランク論文集/天野清译.—3版.—東京:大日本出版株式会社,昭和18年[1943]
χ,203,211,261 頁;21 cm

O41/1
近代物理学概観/佐藤充,庄司彦六著.—東京:改造社,大正14年[1925]
2,8,223 頁;22 cm

O41/1(2)
物理数学.第二巻,球函数,圓壔函数,Fourierの級数/小平吉男著.—東京:岩波書店,昭和8年[1933]
13,868 頁;28 cm

O411/1(1)
物理数学.第一巻,常微分方程式,Fourierの級数,圓壔函数/小平吉男著.—東京:岩波書店,昭和6年[1931]
487 頁;24 cm

O412/1-2
相對性原理/石原純著.—2版.—東京:岩波

書店,大正11年[1922]

394頁;22 cm

O412/2

特殊一般相対性原理/池邊常刀著.—東京:岩波書店,大正11年[1922]

1冊;20 cm

O412.1/1(4)

アインスタイン全集.第四巻/石原純,山田光雄,遠藤美寿,阿部良夫訳.—東京:改造社,大正12年[1923]

429頁;22 cm

O413.1/1

量子力学/菊池正士著.—東京:岩波書店,昭和8年[1933]

2,4,245頁;22 cm

O413.1/2

量子力学の基礎:並びに 原子論に於ける単電子,多電子問題への応用/エギル・アー・ヒレロス著.—東京:内田老鶴圃,昭和12年[1937]

3,5,189,3,3頁;22 cm

O414/1(1)

物理学に応用する数学.上/寺澤寛一著.—東京:岩波書店,昭和4年[1929]

170頁;22 cm

O414/1(2)

物理学に応用する数学.下/寺澤寛一著.—東京:岩波書店,昭和4年[1929]

171～330頁;22 cm

O414.1/1

熱力学/坂井卓三著.—東京:岩波書店,昭和4年[1929]

99頁;22 cm

O414.1/2

熱及熱力学/宮城音五郎著.—東京:丸善株式会社,昭和18年[1943]

4,179頁;22 cm

O414.1/2-2

熱及熱力学通論/大賀悳二著.—2版.—東京:北原出版株式会社,昭和19年[1944]

6,391,8頁;22 cm

O429/1-8

蓄音機とレコード通/あらえびす著.—8版.—東京:小野部印刷所,昭和六年[1931]

2,7,166頁;15 cm

O436/1(2)

波動光学.下;物質の光学的性質/山田幸五郎著.—東京:岩波書店,昭和4年[1929]

1冊;22 cm

O44/1-5

電磁氣学要論/内藤卯三郎著.—5版.—東京:培風館,昭和17年[1942]

4,10,6,564頁;21 cm

O441/1-15

最新電気磁気学/山本勇著.—15版.—東京:電気之友社,昭和18年[1943]

12,317頁;21 cm

O441/2-4

電気物理電磁界及び空中線/岩片秀雄著.—4版.—東京:修教社書院,昭和18年[1943]

2,9,461頁;21 cm

O441/3

實用電気磁気学並交流理論/木名瀬松壽著.—東京:日本放送出版協会,昭和19年[1944]

13,260頁;22 cm

O441.1/1

静電氣学/遠藤美寿著.—東京:岩波書店,昭和4年[1929]

1冊;22 cm

O46/1(1)
電子物理学.A/杉浦義勝著.—東京:共立社,昭和12年[1937]
2,98頁;22 cm

O462/1
電子現象/鈴木重夫著.—東京:有象堂出版部,昭和18年[1943]
3,6,252頁;22 cm

O462/1-3
電子現象/鈴木重夫著.—3版.—東京:有象堂出版部,昭和19年[1944]
3,6,252頁;20 cm

O469/1
図解説明自動車知識と操縦法/山田嘉一著.—東京:香蘭社書店,昭和15年[1940]
11,256頁;18 cm

O48/1
磁氣と磁石/宮原將平著.—東京:白水社,昭和18年[1943]
162頁;18 cm

O482.41/1
ピエゾ電気と其応用/松村定雄著.—東京:共立社,昭和12年[1937]
2,3,115,3頁;18 cm

O5/1
原子及び原子核/井田光雄,森本彌三八著.—大阪:日本出版社,昭和17年[1942]
6,292頁;22 cm

O551.2/1-2
温度測定法/大石二郎著.—2版.—東京:工業圖書株式會社,昭和14年[1939]
7,241頁;22 cm

O552.3/1
氣体論/芝亀吉著.—東京:岩波書店,昭和5年[1930]
1冊;22 cm

O552.4/1
溶液論/芝彦一著.—東京:岩波書店,昭和5年[1930]
115頁;22 cm

O552.5/1-3
最近の物質観/湯川秀樹著.—3版.—東京:弘文堂書房,昭和18年[1943]
2,2,148頁;17 cm

O56-49/1-2
原子の話/鳩山道夫著.—修正.—東京:誠文堂新光社,昭和15年[1940]
5,278頁;18 cm

O57/1
原子物理学/菊池正士著.—東京:河出書房,昭和18年[1943]
8,362頁;22 cm

O57/2
物質の究極/藤岡由夫著.—東京:河出書房,昭和19年[1944]
2,4,176頁;18.5 cm

O571/1
原子核物理学/中村清二等著.—東京:河出書房,昭和16年[1941]
8,521頁;22 cm

O571/2
原子核の一般的性質/宮島龍興編.—東京:共立出版株式会社,昭和34年[1959]
5,207,8頁;22 cm

O571/3
核物理学の基礎/福田信之編.—東京:共立出版株式会社,昭和34年[1959]
4,222,5頁;22 cm

O572.1/1
　宇宙線/關戶彌太郎著. —東京:河出書房,昭和 19 年[1944]
　　6,240,10 頁;18 cm

O572.1/2
　宇宙線/竹內時男著. —東京:三省堂,昭和 12 年[1937]
　　2,132 頁;22 cm

O59/1
　繊維物理学/俣野仲次郎著. —大阪:紡織雑誌社,昭和 19 年[1944]
　　140 頁;22 cm

O6/1
　物とは何か/(英)ブラッグ著. —東京:創元社,昭和 17 年[1942]
　　186,6 頁;19 cm

O6/2(3.1)
　物象:高等女学校四年制用.3.第一類/中等学校教科書株式会社著. —東京:中等学校教科書株式会社,昭和 18 年[1943]
　　2,84 頁;18 cm

O6/2(3.2)
　物象.3/山本慶治著. —東京:中等学校教科書株式会社,昭和 18 年[1943]
　　2,163 頁;21 cm

O6/2(4.1)
　物象:高等女学校四年制用.4.第一類/中等学校教科書株式会社著. —東京:中等学校教科書株式会社,昭和 19 年[1944]
　　2,138 頁;18 cm

O6/3(1)
　化學實驗學.總論.第一卷,化學實驗總論/大幸勇吉著. —東京:河出書房,昭和 15 年[1940]
　　13,474 頁;22 cm

O6/3(1.2.1)
　化学実験学.第一部　第 2 卷,物理化学.Ⅰ/大幸勇吉著. —東京:河出書房,昭和 16 年[1941]
　　12,558 頁;22 cm

O6/3(1.4.3)
　化学実験学.第一部　第 4 卷,物理化学.Ⅲ/大幸勇吉著. —東京:河出書房,昭和 15 年[1940]
　　9,584 頁;22 cm

O6/3(1.5.4)
　化学実験学.第一部　第 5 卷,物理化学.Ⅳ/大幸勇吉著. —東京:河出書房,昭和 17 年[1942]
　　8,666 頁;22 cm

O6/3(1.6.5)
　化学実験学.第一部　第 6 卷,物理化学.Ⅴ/大幸勇吉著. —2 版. —東京:河出書房,昭和 18 年[1943]
　　12,713 頁;22 cm

O6/3(1.8.2)
　化学実験学.第一部　第 8 卷,無機化学.Ⅱ/大幸勇吉著. —東京:河出書房,昭和 16 年[1941]
　　10,384 頁;22 cm

O6/3(1.9.1)
　化学実験学.第一部　第 9 卷,分析化学.Ⅰ/大幸勇吉著. —東京:河出書房,昭和 16 年[1941]
　　14,558,715 頁;22 cm

O6/3(1.10.2)
　化学実験学.第一部　第 10 卷,分析化学.Ⅱ/大幸勇吉著. —東京:河出書房,昭和 17 年[1942]
　　13,658 頁;22 cm

O6/3(1.12)
　化学実験学.第一部　第 12 卷,地球化学/大幸勇吉著. —東京:河出書房,昭和 16 年[1941]
　　13,707 頁;22 cm

O6/3(2.2)
化学實驗学.第二部 第2卷,基本操作篇.Ⅰ/大幸勇吉著.—東京:河出書房,昭和15年[1940]
18,644 頁;22 cm

O6/3(2.3.2)
化学實驗学.第二部 第3卷,基本操作篇.2/大幸勇吉著.—東京:河出書房,昭和16年[1941]
16,807 頁;22 cm

O6/3(2.4.1)
化学實驗学.第二部 第4卷,反応篇.Ⅰ/大幸勇吉著.—東京:河出書房,昭和16年[1943]
17,800 頁;22 cm

O6/3(2.5.2)
化学實驗学.第二部 第5卷,反応篇.Ⅱ/大幸勇吉著.—東京:河出書房,昭和17年[1942]
13,1024 頁;22 cm

O6/3(2.6.1)
化学實驗学.第二部 第6卷,合成篇.Ⅰ/大幸勇吉著.—東京:河出書房,昭和16年[1941]
11,531 頁;22 cm

O6/3(2.7.2)
化学實驗学.第二部 第7卷,合成篇.Ⅱ/大幸勇吉著.—3版.—東京:河出書房,昭和18年[1943]
21,690 頁;22 cm

O6/3(2.8.3)
化学實驗学.第二部 第8卷,合成編.Ⅲ/大幸勇吉著.—東京:河出書房,昭和18年[1943]
9,650 頁;22 cm

O6/3(2.9.1)
化学實驗学.第二部 第9卷,天然物取扱法.Ⅰ/大幸勇吉著.—東京:河出書房,昭和16年[1941]
566 頁;22 cm

O6/3(2.10.2)
化学實驗学.第二部 第10卷,天然物取扱法.Ⅱ/大幸勇吉著.—3版.—東京:河出書房,昭和18年[1943]
18,595 頁;22 cm

O6/3(2.11.3)
化学實驗学.第二部 第11卷,天然物取扱法.Ⅲ/大幸勇吉著.—東京:河出書房,昭和17年[1942]
15,799 頁;22 cm

O6/3-2(1.8.2)
化学實驗学.第一部 第8卷,無機化学.Ⅱ/大幸勇吉著.—2版.—東京:河出書房,昭和18年[1943]
10,384 頁;22 cm

O6/3-2(2.12)
化学實驗学.第二部 第12卷,微生物及び酵素實驗法/大幸勇吉著.—2版.—東京:河出書房,昭和18年[1943]
18,818 頁;22 cm

O6/3-3(2.4.1)
化学實驗学.第二部 第4卷,反応篇.Ⅰ/大幸勇吉著.—3版.—東京:河出書房,昭和17年[1942]
17,800 頁;22 cm

O6/3-3(9.1)
化学實驗学.第二部 第9卷,天然物取扱法.Ⅰ/大幸勇吉著.—3版.—東京:河出書房,昭和18年[1943]
13,565 頁;22 cm

O6/3-4(2.2.1)
化学實驗学.第二部 第2卷,基本操作篇.Ⅰ/大幸勇吉著.—4版.—東京:河出書房,昭和19年[1944]
18,644 頁;22 cm

O6/3-4(2.6.1)
化学實驗学.第二部 第6卷,合成篇.Ⅰ/大幸勇吉著.—4版.—東京:河出書房,昭和18年[1943]
11,531 頁;22 cm

O6/3-5(2.4.1)
化学實驗学.第二部 第4卷,反応篇.Ⅰ/大幸勇吉著.—5版.—東京:河出書房,昭和19年[1944]
17,800 頁;22 cm

O6/4
化学/千谷利三著.—東京:朝日新聞社,昭和18年[1943]
256 頁;18 cm

O6/5
解説化学通論/飯島俊一郎著.—東京:共立出版株式会社,昭和18年[1943]
12,359 頁;21 cm

O6/6(6.2)
化学特許總覽.6.下/大沼正吉著.—東京:発明公報協会,昭和17年[1942]
879～2307 頁;26 cm

O6/6(8.1)
化学特許總覽.8.上/大沼正吉編.—東京:発明公報協会,昭和19年[1944]
1497 頁;26 cm

O6/6(8.2)
化学特許總覽.8.中/大沼正吉編.—東京:發明公報協会,昭和19年[1944]
1499～2685 頁;26 cm

O6/6(8.3)
化学特許總覽.8.下/大沼正吉編.—東京:發明公報協会,昭和19年[1944]
4028 頁;26 cm

O6/7-50
短期必勝受驗化学の要点/澄谷泉著.—50版.—東京:歐文社,昭和15年[1940]
199 頁;18 cm

O6/8
生体物理化学/菅原健著.—東京:岩波書店,昭和5年[1930]
110 頁;22 cm

O6/9
基礎化学理論/森一郎著.—大阪:文進堂,昭和19年[1944]
12,440,5,15 頁;21 cm

O6/10-6
最新科学通説/亀高徳平,樫本竹治著.—6版.—東京:東京開成館,昭和14年[1939]
10,261,14 頁;22 cm

O6/11
科外特別題目.化学者伝記.編輯雜記/岩波茂雄著.—東京:岩波書店,昭和4年[1929]
1 冊;22 cm

O6/12
化学論:实用工業理科/日本技能教育研究会第八分科研究部著.—東京:斯文書院,昭和19年[1944]
;20 cm

O6/13-12
改訂增補化学通論/青木芳彦著.—12版.—東京:丸善株式会社,昭和15年[1940]
2,4,2,2,6,463,8 頁;23 cm

O6/13-15
改訂增補化学通論/青木芳彦著.—15版.—東京:丸善株式会社,昭和17年[1942]
2,6,463,8 頁;21 cm

O6/14(13)
实験化学講座.第13卷,トレーサー技術/日

本化学会編.—[不詳]:丸善株式会社,[不詳]
4,555,7 頁;22 cm

O6/14(18.2.1)
実験化学講座.第 18 巻,有機化合物の反応.
II(上)/日本化学会編.—[不詳]:丸善株式会社,
[不詳]
556,9,356,5 頁;21 cm

O6/15(1)
現代の化学.第一輯/千谷利三,漆原義之
編.—東京:共立出版株式会社,昭和 17 年[1942]
240 頁;22 cm

O6/16-2
改訂増補化学提要/田尻彦幸,南種康博
著.—2 版.—東京:警眼社,昭和 14 年[1939]
7,234 頁;22 cm

O6/17
増訂化学通論/鮫島實三郎著.—東京:岩波
書店,昭和 18 年[1943]
347 頁;18 cm

O6/18-2(1)
物理学講演集.1/学術研究会議編.—2 版.—
東京:丸善株式株式会社,昭和 17 年[1942]
6,288 頁;26 cm

O6/18-2(2)
物理学講演集.2/学術研究会議編.—2 版.—
東京:丸善株式会社,昭和 17 年[1942]
4,221 頁;26 cm

O6/19
常識の化学/トルコット・ボルトン著.—東
京:増進社出版部,昭和 17 年[1942]
2,2,215 頁;18 cm

O6/20-27
改版増補化学講義/池田清著.—27 版.—東
京:金刺流芳堂,大正 10 年[1921]
13,748,102,22 頁;22 cm

O6/21-2
理論化学/箕作新六著.—2 版.—東京:裳華
房,大正 15 年[1940]
8,515 頁;22 cm

O6/22-37
最新研究化学の第一歩/藤村與市著.—37
版.—東京:文修堂,昭和 17 年[1942]
9,494,16 頁;18 cm

O6/23
受験学習力の化学/藤村與市著.—東京:文
修堂,昭和 11 年[1936]
3,256,44,7 頁;18m

O6/24-10
化学實験と化学遊戯/栗田常雄著.—10
版.—東京:誠文堂新光社,昭和 15 年[1940]
2,8,305 頁;18 cm

O6/25-2
化学汎論/箕作新六著.—2 版.—東京:共立
社,昭和 14 年[1939]
2,4,91 頁;22 cm

O6/26
化学/財団法人國民工業学院編.—東京:財
団法人國民工業学院,昭和 14 年[1939]
4,120 頁;22 cm

O6/27
化学通論/鮫島實三郎著.—東京:岩波書店,
昭和 10 年[1935]
293,16 頁;17 cm

O6/28-8
明説化学/三浦幸平著.—8 版.—東京:有朋
堂,昭和 17 年[1942]
510,16 頁;18 cm

O6/29-65
受験本位代数新指導/吉岡斗松著.—65

版.—東京:盛林堂,昭和 14 年[1939]

6,5,562 頁;18 cm

O6/29-85

受驗本位代數新指導/吉岡斗松著.—85 版.—東京:盛林堂,昭和 16 年[1941]

3,5,562 頁;19 cm

O6/30

最新理化学的療法/小山田謙編.—東京:金原商店,大正 5 年[1916]

12,498 頁;19 cm

O6/31-2

化学試驗問題の研究/亀高德平著.—2 版.—東京:東京開成館,昭和 9 年[1934]

2,11,183 頁;19 cm

O6/32-2

浸透劑及浸透性試驗法/尾川岸太著.—2 版.—東京:丸善株式会社,昭和 13 年[1938]

1 册頁;21 cm

O6/32-3

浸透劑及浸透性試驗法/尾川岸太著.—3 版.—東京:丸善株式会社,昭和 17 年[1942]

1 册;21 cm

O6/33

實習.受驗推考實力化学/山口正二著.—東京:工業図書株式会社,昭和 17 年[1942]

2,17,526 頁;21 cm

O6/34

理化学史物語/宮道馨著.—東京:東洋図書株式合資会社,昭和 2 年[1927]

3,10,12,344 頁;18 cm

O6/35-6

最新化学通説/亀高德平,樫本竹治著.—6 版.—東京:東京開成館,昭和 14 年[1939]

10,261,14 頁;22 cm

O6/36-4

最新實業化学/柴田榮一著.—4 版.—東京:中等学校教科書株式会社,昭和 18 年[1943]

6,174,18 頁;18 cm

O6/37

高等家事化学/伊南世燈編.—東京:培風館,昭和 5 年[1930]

2,13,473 頁;22 cm

O6/39

第一製造化学/栗原教授講.—手写.—[不詳]:[不詳],[不詳]

356 頁;21 cm

O6/40

化学通論/鮫島實三郎著.—東京:岩波書店,昭和 18 年[1943]

347 頁;18 cm

O6-09/1-2

化学思想小史/白井俊明著.—2 版.—東京:河出書房,昭和 16 年[1941]

2,4,219,10 頁;18 cm

O6-09/2

物質観の歴史:化学史を中心として/スヴェドベリー著.—東京:白水社,昭和 17 年[1942]

273,9 頁;18 cm

O6-09/3-5

世界化学史/中瀬古六郎著.—5 版.—京都:カニヤ書店,昭和 16 年[1941]

13,571,16 頁;22 cm

O6-09/4-2

化学発達史/植村琢,後藤泰一著.—2 版.—東京:修教社書院,昭和 18 年[1943]

2,358 頁;22 cm

O6-09/5

化学史及化学大家伝/久木田体伍著.—東京:多良木出版所,大正 5 年[1916]

1 册;22 cm

O6-093.13/1
日本化学の黎明/武谷琢美著.—大阪:增進堂,昭和 19 年[1944]
4,4,321 頁;22 cm

O6-3/1-2(9.1)
實驗化学講座.9,応用化学編.1/南條初五郎著.—再版.—東京:共立社,昭和 13 年[1938]
59,190,4,100 頁;22 cm

O6-3/2
有機化学實驗法/漆原義之著.—東京:岩波書店,昭和 4 年[1929]
1 册;22 cm

O6-3/3
基礎實驗化学/浅野三千三,兼松鉄雄著.—東京:科学書院,昭和 13 年[1938]
5,433,17,21 頁;22 cm

O6-42/1
模範答案化学問題粋/松本七郎著.—[不詳]日本評論社,[不詳]
15,240,16 頁;19 cm

O6-43/1-3
實業教育化学教科書/亀高徳平著.—3 版.—東京:東京開成館,昭和 2 年[1927]
4,2,242,10 頁;22 cm

O6-44/1(1)
科外特別題目(化学 1.)/岩波茂雄著.—東京:岩波書店,昭和 4 年[1929]
1 册;22 cm

O6-44/1(2)
科外特別題目(化学 2.)/岩波茂雄著.—東京:岩波書店,昭和 4 年[1929]
1 册;22 cm

O6-44/1(4)
科外特別題目(化学 4.)/岩波茂雄著.—東京:岩波書店,昭和 5 年[1930]
1 册;22 cm

O6-44/1(5)
科外特別題目(化学 5.)/岩波茂雄著.—東京:岩波書店,昭和 5 年[1930]
1 册;22 cm

O6-44/2-5
受験参考新制化学解義/今泉善夫著.—5 版.—大阪:文祥堂,昭和 4 年[1929]
8,357 頁;18 cm

O61/2
無機化学総論/富永斎著.—東京:裳華房,大正 15 年[1926]
307 頁;23 cm

O61/3-4
無機化学覽要/牧野鑑造著.—4 版.—東京:前野書店,昭和 18 年[1943]
17,500 頁;21 cm

O61/4-8
高等教育 無機化学の基礎/永海佐一郎著.—8 版.—東京:内田老鶴圃,昭和 17 年[1942]
7,363 頁;21 cm

O61/5-21
無機化学要論/石川清一著.—21 版.—東京:培風館,昭和 7 年[1932]
12,417 頁;18 cm

O61/6(1)
無機化学.I,非金属/柴田雄次著.—東京:岩波書店,昭和 11 年[1936]
8,178,14 頁;18 cm

O61/7(2)
無機化学概論.下/富永斉著.—東京:岩波書店,昭和 5 年[1930]

63～149 頁;22 cm

O61/8-5
　無機化学要説/越山季一著.—5 版.—東京:内田老鶴圃,昭和 19 年[1944]
　　5,206,12 頁;21 cm

O61/9-2
　理論無機化学/武原熊吉,四方敬一著.—訂正版.—東京:三省堂,昭和 15 年[1940]
　　2,10408,35,20 頁;21 cm

O61/9-4
　理論無機化学/武原熊吉,四方敬一著.—4 版.—東京:三省堂,昭和 17 年[1942]
　　2,10408,35,20 頁;21 cm

O61/10
　無機化学各論/富永斎編.—東京:裳華房,大正 15 年[1926]
　　4,307 頁;22 cm

O61/11(1)
　無機化学概論.上/富永斉,北岡馨著.—東京:岩波書店,昭和 4 年[1929]
　　1 册;22 cm

O61/12-16
　理論応用無機化学/亀高徳平編,樫本竹治編.—16 版.—東京:丸善株式会社,昭和 16 年[1941]
　　16,898,20,23 頁;21 cm

O61/13-10
　無機化学覽要/柴田雄次著.—10 版.—東京:南江堂,昭和 14 年[1939]
　　10,364,32 頁;22 cm

O61/14
　無機化学/石川總雄著.—東京:共立社書店,昭和 6 年[1931]
　　4,15,498 頁;22 cm

O61/15(1)
　無機化学の進步.第一輯/柴田雄次監.—東京:共立出版株式会社,昭和 18 年[1943]
　　2,161 頁;21 cm

O613.3/1
　重水の化学.上/小泉正夫著.—東京:續文堂,昭和 18 年[1943]
　　3,5,289 頁;18 cm

O614/1
　金属錯塩/柴田雄次著.—東京:岩波書店,昭和 4 年[1929]
　　2,94 頁;22 cm

O614.33/1
　稀土類元素/木村健二郎著.—東京:岩波書店,昭和 4 年[1929]
　　1 册;22 cm

O614.43/1
　ゲルマニウム/ゲルマニウム研究委員会編.—東京:朝倉書店,昭和 31 年[1956]
　　404 頁;25 cm

O614.8/1(4.2)
　化学.Ⅳ.B.,白金属元素/青山新一著.—東京:岩波書店,昭和 5 年[1930]
　　2,85 頁;22 cm

O615/1
　放射性元素/吉村徇著.—東京:岩波書店,昭和 5 年[1930]
　　80 頁;22 cm

O62/31-4(2)
　有機化学の進步.第一輯/小竹無二雄,赤堀四郎著.—4 版.—東京:共立社,昭和 17 年[1942]
　　3,283 頁;21 cm

O62/1
　有機化学/後藤格次著.—東京:朝倉書店,昭和 16 年[1941]

3,3,813 頁;23 cm

O62/1-2
有機化学/後藤格次著.—増補版.—東京:朝倉書店,昭和 18 年[1943]
3,3,873 頁;22 cm

O62/2-16
有機化学覧要/朝比奈泰彦著.—改定 16 版.—東京:南江堂,昭和 14 年[1939]
7,340,8 頁;22 cm

O62/3
構造有機化学/後藤格次著.—東京:岩波書店,昭和 13 年[1938]
574,23,18 頁;21 cm

O62/4
有機化学/山口四郎著.—東京:三省堂,昭和 16 年[1941]
9,524,14 頁;21 cm

O62/5-3
有機化学要説/越山季一著.—3 版.—東京:内田老鶴圃,昭和 16 年[1941]
6,254,13 頁;21 cm

O62/5-4
有機化学要説/越山季一著.—4 版.—東京:内田老鶴圃,昭和 17 年[1942]
6,325,16 頁;21 cm

O62/6-2
改訂有機化学大要/妻木徳一,菅原健,金田一雄.—2 版.—東京:三省堂,昭和 15 年[1940]
261 頁;21 cm

O62/7(1)
有機化学概論.上/小松茂著.—東京:岩波書店,昭和 5 年[1930]
87 頁;22 cm

O62/8-3(2)
有機化学の進歩.第二輯/小竹無二雄,赤堀四郎著.—3 版.—東京:共立社,昭和 16 年[1941]
8,509 頁;21 cm

O62/9
有機分子化合物/朝比奈貞一著.—東京:岩波書店,昭和 4 年[1929]
4,74 頁;22 cm

O62/10-9
新説有機化学/W. H. PERKIN, F. STANLEY KIPPING.—9 版.—東京:丸善株式会社,大正 8 年[1919]
3,12,667 頁;22 cm

O62/11
理論応用實驗有機化学提要/末次又二,植田高三著.—東京:科学書院,昭和 12 年[1937]
9,392 頁;22 cm

O62/11-2
理論応用實驗有機化学提要/末次又二,植田高三著.—2 版.—東京:科学書院,昭和 16 年[1941]
9,392 頁;20 cm

O62/12-4
わが有機化学/山岡望編.—4 版.—東京:内田老鶴圃,昭和 16 年[1941]
1 冊;25 cm

O62/13(1)
大有機化学.別巻 1,有機化学命名法/小竹無二雄監修.—[東京]:朝倉書店,昭和 32 年[1958]
2,173 頁;22 cm

O62/14
新稿有機化学.上下巻/石渡三郎著.—東京:[不詳],昭和 27 年[1952]
6,388 頁;19 cm

O62/15-12
　　理論応用有機化学/亀高徳平,樫本竹治編.—12版.—東京:丸善株式会社,昭和17年[1942]
　　　16,776,27頁;22 cm

O62/16(1)
　　ベルントゼン有機化学.上巻/A.ベルントゼン著.—東京:明光社,昭和19年[1944]
　　　517頁;22 cm

O62/17-6(2)
　　有機化学教科書.後編/掘鉞之丞,岩崎壽次郎著.—6版.—東京:六盟館,大正9年[1920]
　　　5,284,17頁;22 cm

O62/17-9(1)
　　有機化学教科書.前編/掘鉞之丞,岩崎壽次郎著.—9版.—東京:南江堂,大正15年[1926]
　　　2,4,314,15頁;22 cm

O62/17-9(2)
　　有機化学教科書.後編/掘鉞之丞,岩崎壽次郎著.—9版.—東京:南江堂本店,昭和2年[1927]
　　　5,284,17頁;22 cm

O62/18(1)
　　有機化学.Ⅰ/漆原義之著.—東京:岩波書店,昭和9年[1934]
　　　6,165頁;18 cm

O62/19-3
　　有機化学.上巻/小竹無二雄著.—3版.—東京:共立社,昭和14年[1939]
　　　6,559頁;27 cm

O62/19-3(2)
　　有機化学.下巻/小竹無二雄著.—3版.—東京:公立社,昭和14年[1939]
　　　7,1155,33頁;26 cm

O62/20-3
　　有機化学講義/松井元興著.—3版.—東京:裳華房,大正13年[1924]
　　　12,406,432頁;23 cm

O62/21
　　要説有機化学/亀高徳平,樫本竹治著.—東京:丸善株式会社,昭和6年[1931]
　　　4,4,11,460,9頁;21 cm

O62-3/1
　　有機化学實驗法/小竹無二雄著.—東京:山海堂出版部,昭和17年[1942]
　　　6,521,14頁;22 cm

O621.25/1
　　反応有機化学/後藤格次著.—東京:岩波書店,昭和16年[1941]
　　　2,7,646,14頁;21 cm

O629.1/1-2
　　炭水化物化学/武居三吉著.—2版.—東京:朝倉書店,昭和17年[1942]
　　　307頁;22 cm

O629.1/2
　　炭水化物概論/三宅捷著.—東京:岩波書店,昭和14年[1939]
　　　1冊;22 cm

O629.3/1
　　植物塩基化学:アルカロイド化学/落合英二著.—東京:岩波書店,昭和4年[1929]
　　　4,94頁;22 cm

O629.8/1
　　酵素/高橋偵造著.—東京:岩波書店,昭和4年[1929]
　　　1冊;22 cm

O63-43/1-19
　　A TEXT-BOOK OF PRACTICAL CHEMISTRY/堀鉞之丞,菅沼市蔵著.—19版.—東京:

六盟館,大正 10 年[1921]
10,271,5 頁;21 cm

O633.8-44/1-232
改訂化学粋/高田徳佐著.—232 版.—東京:慶文堂書店,昭和 7 年[1932]
11,365.18 頁;18 cm

O633.8-44/1-332
化学粋:甲表乙表準據/高田徳佐著.—332 版.—東京:慶文堂書店,昭和 15 年[1940]
12,558,22 頁;19 cm

O64/1(2)
化学.I.A.,物理化学概論.下/玉虫文一著.—東京:岩波書店,昭和 4 年[1929]
1 册;22 cm

O64/2-4
化学構造と生理作用の関係に就て/高瀬豊吉著.—4 版.—東京:カニヤ書店,昭和 11 年[1936]
98 頁;21 cm

O64/3(1)
物理化学概論/玉虫文一著.—東京:岩波書店,昭和 4 年[1929]
1 册;22 cm

O64/4(1)
無機物理化学.上巻/千谷利三著.—東京:工業図書株式会社,昭和 17 年[1942]
9,448,55 頁;21 cm

O64/4(2)
無機物理化学.下巻/千谷利三著.—東京:工業図書株式会社,昭和 17 年[1942]
827,55 頁;21 cm

O64/5-2
理論化学/上田武雄,下澤剛,深間内久雄著.—2 版.—東京:広川書店,昭和 11 年[1936]
6,301,5,19 頁;18 cm

O64/6(1.1)
生物物理化学叢書.第一編,分子運動論的物理化学通論.上巻/正路倫之助著.—東京:南江堂書店,大正 14 年[1925]
8,352 頁;22 cm

O64/7
物理化学ハンドブック/太陽堂編輯部編.—東京:太陽堂書店,昭和 6 年[1931]
2,17,542 頁;17 cm

O641/1
化学と量子/片山正夫著.—東京:岩波書店,昭和 5 年[1930]
60 頁;22 cm

O641/2
分子と電気/水島三一郎著.—東京:岩波書店,昭和 5 年[1930]
92 頁;22 cm

O641.1/1
化学量論/千谷利三著.—東京:岩波書店,昭和 5 年[1930]
82 頁;22 cm

O642.4/1
相律/鮫島實三郎著.—東京:岩波書店,昭和 4 年[1929]
1 册;22 cm

O643-62/1
触媒実験マニュアル/触媒学会編.—影印版.—東京:槇書店,昭和 46 年[1971]
6,346 頁;21 cm

O643.11/1(1.3)
化学.I.C.,化学反応速度論/佐々木申二著.—東京:岩波書店,昭和 5 年[1930]
2,98 頁;22 cm

O643.3/2-4
触媒化学 触媒作用の理論/堀場信吉著.—4版.—東京:修教社書院,昭和15年[1940]
4,14,468,22頁;21 cm

O644.1/1
光化学/塚本義之著.—東京:岩波書店,昭和4年[1929]
1册;22 cm

O645/1
溶剤/桑田勉著.—東京:丸善株式会社,昭和15年[1940]
3,390,11頁;22 cm

O646/1-3
有機電氣化學/松井元興著.—3版.—東京:裳華房,大正14年[1925]
4,3,147頁;22 cm

O647.11/1
化学.II.C.,界面化学,膠質化学/玉虫文一著.—東京:岩波書店,昭和5年[1930]
2,160頁;22 cm

O648/1-3
コロイド化学要論/金子英雄編.—3版.—東京:培風堂,昭和4年[1929]
3,9,342頁;22 cm

O65/1-6
標準定量分析法/加藤虎郎著.—6版.—東京:丸善株式会社,昭和14年[1939]
38,927,13頁;22 cm

O65/1-9
標準定量分析法/加藤虎郎著.—9版.—東京:丸善株式会社,昭和19年[1944]
38,927,15,13頁;22 cm

O65/2-12
定量分析法/波島里氏著.—12版.—東京:丸善書店,大正15年[1926]
2,6,333頁;20 cm

O65/3
定量分析/竹内千助著.—大阪:[不詳],昭和13年[1938]
11,339頁;22 cm

O65/4(1)
分析化学.卷一/國民工業学院編.—東京:財團法人國民工業学院,昭和15年[1940]
5,114頁;23 cm

O65/4(2)
分析化学.卷二/國民工業学院編.—東京:財團法人國民工業学院,昭和15年[1940]
4,115～282頁;23 cm

O65/5(2)
分析学.下編,定量分析.全/櫻井小平太編.—東京:半田屋医籍商店,明治40年[1907]
7,252頁;23 cm

O65/5-3(1)
分析学.上,定性分析.全/櫻井小平太編.—3版.—東京:半田屋医籍商店,大正元年[1912]
2,4,175頁;23 cm

O65/6
色染科用・分析化学/石田久著.—大阪:淀屋書店出版部,昭和12年[1937]
4,131頁;21 cm

O65/7-4
重量分析實驗指針:附電解分析法/石橋雅義著.—4版.—京都:カニヤ書店,昭和15年[1940]
7,158頁;18 cm

O65/8-9
分析化学原理:増補版/織田経二編.—9版.—東京:丸善株式会社,昭和14年[1939]
10,249頁;22 cm

O656.3/1-3
　有機微量小量定量分析法. 全/落合英二,津田恭介著. —3 版. —東京:科学書院,昭和 17 年[1942]
　　11,339 頁;21 cm

O657.32/1(1)
　實用比色分析. Ⅰ/松野吉松著. —東京:共立社,昭和 8 年[1933]
　　84 頁;22 cm

O659/1
　瓦斯分析法/山口文之助著. —東京:岩波書店,昭和 4 年[1929]
　　1 冊;22 cm

O69/2-6
　応用化学精義/友田宜孝著. —6 版. —東京:山海堂出版部,昭和 16 年[1941]
　　2,20,550,26 頁;22 cm

O95/1
　動物手帖/シートン著. —東京:三笠書房,昭和 16 年[1941]
　　4,10,258 頁;18 cm

O968.231.3/1
　日本昆虫記/大町文衞著. —大阪:朝日新聞社,昭和 16 年[1941]
　　354 頁;18 cm

《中国图书馆分类法》类目

P

天文学、地球科学

P/1-2
地球と地質学/(英)シャンド著.—2版.—東京:創元社,昭和18年[1943]
198,6頁;18 cm

P/2-15
地質.地震.気象/高田昭,那須信治,平田徳太郎著.—15版.—東京:アルス,昭和15年[1940]
14,396頁;22 cm

P/3
一般地質学/梶沼甫,宗田克己著.—東京:総合出版協会,[不詳]
6,284頁;21 cm

P/4-7(2)
地文学講義.下巻/石川成章著.—訂正7版.—東京:金刺芳流堂,大正6年[1917]
6,4,388,34,23頁;21 cm

P/4-8(1)
地文学講義.上巻/石川成章著.—8版.—東京:金刺芳流堂,大正6年[1917]
4,5,430,19頁;21 cm

P/4-16(2)
地文学講義.下巻/石川成章著.—16版.—東京:金刺芳流堂,昭和8年[1933]
6,4,404頁;22 cm

P/4-18(1)
地文学講義:改訂増補.上巻/石川成章著.—18版.—東京:金刺芳流堂,昭和8年[1933]
5,5,446,19頁;23 cm

P/5-17
最新地文学精義/小林房太郎著.—17版.—東京:教育図書普及会,昭和11年[1936]
25,749頁;22 cm

P/6
自然地質学/横山又次郎著.—2版.—東京:早稲田大学出版部,大正12年[1923]
2,9,452,14頁;22 cm

P/7-3
大日本地文学気界講話/矢津昌永著.—3版.—東京:丸善株式會社,大正2年[1913]
5,9,353,12頁;22 cm

P/8(2)
地理学通論.第二冊/高橋純一著.—東京:隆文館株式会社,昭和4年[1929]
6,257〜586頁;26 cm

P/8(3)
地理学通論.第三冊/高橋純一著.—東京:隆文館株式会社,昭和四年[1929]
5,587〜905頁;26 cm

P/8-3(1)
地理学通論/高橋純一著.—3版.—東京:隆文館株式会社,昭和7年[1932]
10,255頁;26 cm

P/9-3
気象学及び地球物理学/中村清二等著.—3版.—東京:河出書房,昭和19年[1944]
8,391頁;22 cm

P/10-2(3)
早稲田通俗講話.第三編,地文鉱物講話/種村宗八編.—2版.—東京:早稲田大学出版部,明治41年[1908]
115,45頁;22 cm

P/11
南方地理研究/地理学研究室編.—東京:立命館出版部,昭和17年[1942]
4,2,331頁;22 cm

P/12-13
最新地文学精義/小林房太郎著.—13版.—東京:南光社,昭和3年[1928]
25,8,705頁;22 cm

P-49/1
　空の神秘/遠山潤二郎著.—東京:新潮社,昭和 18 年[1943]
　　6,284 頁;18 cm

P-49/2
　僕の地質研究/鹿沼茂三郎著.—東京:研究社,昭和 19 年[1944]
　　2,8,232 頁;18 cm

P-49/3-27
　最新知識子供の聞きたがる話.天文地文の巻/原田三夫著.—27 版.—東京:誠文堂,大正 14 年[1925]
　　6,278 頁;18 cm

P1/1
　天文常識星の話/原口氏雄著.—大阪:天美社,昭和 13 年[1938]
　　7,136 頁;18 cm

P1/1-5
　天文常識星の話/原口氏雄著.—5 版.—大阪:天美社,昭和 17 年[1942]
　　7,136 頁;18 cm

P1/2
　天文と地象/村上春太郎著.—東京:恒星社厚生閣,昭和 19 年[1944]
　　312 頁;18 cm

P1/3-5
　大宇宙の旅:時間空間を貫きて/J. H. ジーンズ著.—5 版.—東京:恒星社,昭和 17 年[1942]
　　313 頁;18 cm

P1/4-2
　天文学概観/荒木俊馬著.—2 版.—東京:恒星社,昭和 17 年[1942]
　　376 頁;18 cm

P1/4-4
　天文学概観/荒木俊馬著.—4 版.—東京:恒星社,昭和 18 年[1943]
　　376 頁;18 cm

P1/5-5
　大宇宙のたび:時間空間を貫きて/J. Hジーンズ著.—5 版.—東京:恒星堂,昭和 17 年[1942]
　　313 頁;19 cm

P1/6
　天体の話/渡辺精一著.—東京:モナス,昭和 10 年[1935]
　　16,302 頁;19 cm

P1/7-2
　滅び行く宇宙及び人類/児王昌著.—2 版.—東京:洛陽堂,大正 5 年[1930]
　　2,4,444 頁;20 cm

P1/8-4
　増訂天文学痛論/関口鯉吉,鈴木敬信著.—4 版.—東京:地人書館,昭和 15 年[1940]
　　3,7,406,15,11 頁;26 cm

P1/9
　宇宙之進化/蘆野敬三郎著.—東京:博文館,大正 8 年[1919]
　　5,11,255,8,21 頁;22 cm

P1/10
　新天文講話/村上忠敬著.—東京:恒星社,昭和 16 年[1941]
　　145 頁;18 cm

P1/11-4
　改訂天文地学講話/横山又次郎著.—4 版.—東京:早稲田大學出版部,大正 9 年[1920]
　　2,14,356 頁;22 cm

P1/12-2
　天文大觀/新城新蔵著.—2 版.—東京:岩波書店,大正 8 年[1919]

2,4,236 頁;23 cm

P1/13
科学叢話自然の美と恵/愛知敬一著.—東京:丸善株式会社,大正 7 年[1918]
4,4,224,14 頁;21 cm

P1/14
少國民日本の星の本/野尻抱影著.—東京:研究社,昭和 19 年[1944]
9,205 頁;21 cm

P1/15
空間と時間/エミール・ボレル著.—東京:岩波書店,昭和 15 年[1938]
2,4,9,249 頁;17 cm

P1-09/1
東洋天文学史論叢/能田忠量著.—東京:恒星社,昭和 18 年[1943]
673 頁;21 cm

P1-09/2-2
東洋天文学史研究/新城新蔵著.—2 版.—東京:弘文堂書房,昭和 11 年[1936]
5,6,670 頁;22 cm

P1-092/1
支那の天文学/藪内清著.—東京:恒星社,昭和 18 年[1943]
271 頁;18 cm

P1-093.13/1
星の学者/稲垣足穂著.—東京:柴山教育出版社,昭和 19 年[1944]
317 頁;18 cm

P1-49/1
宇宙旅行/光川久著.—東京:誠文堂新光社,昭和 15 年[1940]
11,356 頁;19 cm

P1-49/2-5
子供の天文学/原田三夫著.—5 版.—東京:誠光堂,昭和 15 年[1940]
5,9,373 頁;18 cm

P11/1
地理実習機械器具解説/工藤暢須著.—東京:中興館,大正 14 年[1925]
2,4,156 頁;18 cm

P12/1
天体の驚異/仲摩照久編.—改装版.—東京:新光社,昭和 9 年[1934]
4,212,51 頁;25.5 cm

P13/1
天体力学.三体問題/松隈健彦著.—東京:岩波書店,昭和 5 年[1930]
1 冊;22 cm

P138/1
地球磁氣学/岡田武松著.—東京:岩波書店,昭和 5 年[1930]
1 冊;22 cm

P15/1-5
天文と宇宙/荒木俊馬著.—5 版.—東京:恒星社,昭和 15 年[1940]
3,11,491 頁;19 cm

P15/1-7
天文と宇宙/荒木俊馬著.—7 版.—東京:恒星社,昭和 16 年[1941]
3,11,493 頁;19 cm

P15/1-8
天文と宇宙/荒木俊馬著.—8 版.—東京:恒星社,昭和 17 年[1942]
3,11,493 頁;19 cm

P15/2-3
日本の星/野尻抱影著.—3 版.—東京:研究社,昭和 18 年[1943]

5,19,354 頁;18m

P15/3
遊星から恒星へ/竹田新一郎著.—東京:恒星社,昭和 15 年[1940]
259 頁;

P15/3-6
遊星から恒星へ/竹田新一郎著.—6 版.—東京:恒星社,昭和 19 年[1944]
11,259 頁;19 cm

P15/4-4
天文随筆星を語る/野尻抱影著.—4 版.—東京:研究社,昭和 9 年[1934]
4,259 頁;18 cm

P15/5
星座の話/山本一清著.—東京:偕成社,昭和 17 年[1942]
4,7,279 頁;18 cm

P15/6
星の宇宙/山本一清著.—東京:恒星社,昭和 17 年[1942]
228 頁;19 cm

P151/1
天体と宇宙/山本一清著.—6 版.—東京:偕成社,昭和 18 年[1943]
15,285 頁;21 cm

P151/1-4
天体と宇宙/山本一清著.—4 版.—東京:偕成社,昭和 17 年[1942]
15,285 頁;21 cm

P151/2
四季の星座/荒木俊馬著.—東京:恒星社,昭和 17 年[1942]
203 頁;18 cm

P151/3-2
フラムスチード天球図譜/恒星社編.—2 版.—東京:恒星社,昭和 18 年[1943]
15,221 頁;22 cm

P159/1
宇宙と光:超人間的尺度の話/堀健夫著.—東京:岩波書店,昭和 17 年[1942]
2,240 頁;18 cm

P159/2
宇宙/松隈健彦著.—東京:岩波書店,昭和 13 年[1938]
4,160,3 頁;17 cm

P159/3-2
膨張する宇宙/エッディントン著.—2 版.—東京:恒星社,昭和 14 年[1939]
228 頁;19 cm

P183/1
地球の生まれるまで/松山基範著.—大阪:綜文館,昭和 19 年[1944]
1,203 頁;18 cm

P183/2
地球の今昔/原田三夫著.—東京市:国民図書株式会社,昭和 4 年[1929]
6,6,319 頁;19 cm

P183/3
地球と人/和達清夫著.—東京:岩波書店,昭和 16 年[1941]
194 頁;18 cm

P184/1
月の科学/古川龍城著.—東京:新光社,大正 13 年[1924]
4,9,278 頁;18 cm

P185/1
彗星と流星/神田茂著.—東京:岩波書店,昭和 5 年[1930]

1册;22 cm

P185.82/1
流星の研究/小槇孝二郎著.—東京:恒星社,昭和10年[1935]
333頁;20 cm

P19/1-2
暦法及時法/平山清次著.—2版.—東京:恒星社,昭和18年[1943]
1册;18 cm

P19/2
暦の本質とその改良/能田忠亮著.—東京:日本放送出版協会,昭和18年[1943]
5,4,323頁;18 cm

P19/3
自然暦/川口孫治郎著.—東京:日新書院,昭和18年[1943]
7,186頁;18 cm

P194/1
暦と迷信/鈴木敬信著.—東京:恒星社,昭和16年[1941]
221頁;18 cm

P194/1-6
暦と迷信/鈴木敬信著.—6版.—東京:恒星社,昭和12年[1937]
221頁;19 cm

P194/2
暦/渡邊敏夫著.—東京:恒星社,昭和12年[1937]
298頁;24 cm

P195.2/1
天文暦法と陰陽五行説/飯島忠夫著.—東京:恒星社,昭和14年[1939]
354頁;22 cm

P195.2/2
隋唐暦法史の研究/藪内清著.—東京:三省堂,昭和19年[1944]
12,260頁;26 cm

P195.313/1-2
日本暦学史概説/荒木俊馬著.—2版.—京都:立命館出版部,昭和19年[1944]
9,236,29頁;18 cm

P2/1(1)
測量術講座.上巻/田村真太郎著.—東京:東京測量術研究所,昭和8年[1933]
7,412頁;22 cm

P2/1(2)
測量術講座.下巻/田村真太郎著.—東京:東京測量術研究所,昭和8年[1933]
8,413〜820,10頁;22 cm

P2/2-2
実用測量法講義/森田虎起著.—2版.—大阪:澱屋書店出版部,昭和8年[1933]
3,156頁;22 cm

P2/3-10
實地測量学講義/堀口勉一郎著.—10版.—東京:成光館出版部,昭和5年[1930]
16,452,94頁;21 cm

P2/4
測量の知識/森木清吾著.—東京:彰文館,昭和18年[1943]
2,97頁;21 cm

P2/5
手軽に解かる測量の知識/森本清吾著.—東京:彰文館,昭和18年[1943]
2,2,97頁;21 cm

P2/6-8(1)
居嶋大測量学.上巻/居嶋八郎著.—8版.—東京:丸善株式会社,大正13年[1924]

4,2,10,414,6 頁;22 cm

P2/8(3)
 高等土木工学.第三巻,測量学/関信雄著.—東京:常磐書房,昭和6年[1931]
 11,467 頁;21 cm

P21/1
 簡易測量/馬場一夫著.—東京:鐵道技術社,昭和18年[1943]
 2,7,90 頁;19 cm

P22/1
 普通測地学.下巻/野坂喜代松著.—東京:冨山房,明治45年[1912]
 11,266,8 頁;22 cm

P28/1
 地図の話/武藤勝彦著.—東京:岩波書店,昭和17年[1942]
 4,4,290,8 頁;19 cm

P28/2
 地図の科学/島之夫著.—京都:大雅堂,昭和19年[1944]
 106 頁;18 cm

P28/3-2
 略地図の描き方/三省堂編輯所編.—改訂版.—東京:三省堂,[不詳]
 67 頁;22 cm

P281/1-2
 日本地名の研究/阿瀬利吉著.—2版.—東京:東和出版社,昭和18年[1935]
 5,8,205,15 頁;18 cm

P281/2
 地名の起源/香川幹一著.—東京:南光社,昭和3年[1928]
 227 頁;23 cm

P283/1
 簡明と理解を主としたる地図ウの描き方/工藤暢須著.—東京:中興館,大正13年[1924]
 2,2,6,104 頁;22 cm

P284/1-2
 山の地形図/山口正著.—2版.—東京:宋栄堂,昭和19年[1944]
 120 頁;22 cm

P3/1
 地球物理学/寺田寅彦,坪井忠二著.—東京:岩波書店,昭和8年[1933]
 1 冊;18 cm

P3/2
 地球物理の話/松澤武雄著.—東京:力書房,昭和19年[1944]
 6,183 頁;18 cm

P3/3-4
 地球物理学/松澤武雄著.—4版.—東京:古今書院,昭和13年[1938]
 5,5,304 頁;22 cm

P3/4
 地球の起原と歴史/青山信雄著.—東京:大鐙閣,大正14年[1925]
 8,403,6 頁;23 cm

P311/1
 世界の起り/石井重美著.—東京:白揚社,昭和2年[1927]
 20,259 頁;19 cm

P315/1
 地震の科学/原田三夫著.—東京:新光社,大正12年[1923]
 2,4,204 頁;18 cm

P315/2
 地震の話/坪井忠二著.—東京:岩波書店,昭和16年[1941]

2,1,173 頁;18 cm

P315.1/1
断層地形論考/辻村太郎著.—東京:古今書院,昭和 17 年[1942]
3,3,397 頁;21 cm

P4/1
氣象と人生/藤原咲平著.—東京:鉄塔書院,昭和 5 年[1930]
258 頁;19 cm

P4/2
日本の気象:気象中の一断面/気象学史研究会編著.—京都:三一書房,1956 年
212 頁;17 cm

P4/3
氣象の知識/宮西通可著.—東京:大東亜出版株式会社,昭和 19 年[1944]
2,6,218 頁;21 cm

P4/4-7
気象/君島八郎著.—7 版.—東京:丸善株式会社,昭和 16 年[1941]
9,321 頁;20 cm

P4/5
改稿氣象学講話/岡田武松著.—東京:岩波書店,昭和 17 年[1942]
2,9,278,7 頁;19 cm

P4/6
氣象学講話/岡田武松著.—東京:岩波書店,昭和 3 年[1928]
2,15,310,13 頁;19 cm

P4/7-2
大陸氣象隨感/石丸雄吉著.—2 版.—東京:ささき書房,昭和 18 年[1943]
8,11,169 頁;

P4/8(2)
理論気象学.中巻/岡田武松著.—東京:岩波書店,昭和 18 年[1943]
7,357,8,3 頁;22 cm

P4/9(1)
氣象学礎石.上巻/岡田武松著.—東京:岩波書店,昭和 12 年[1937]
3,7,464 頁;26 cm

P4-49/1-2
補訂東亜氣象学/中村左衛門太郎著.—2 版.—東京:恒星社,昭和 17 年[1942]
263 頁;21 cm

P4-49/1-3
補訂東亜氣象学/中村左衛門太郎著.—3 版.—東京:恒星社,昭和 18 年[1943]
263 頁;22 cm

P401/1
大氣物理学/藤原咲平著.—東京:岩波書店,昭和 5 年[1930]
1 冊;22 cm

P423/1
温度の科学/福本喜繁著.—東京:山海堂出版部,昭和 17 年[1942]
194 頁;18 cm

P426.63/1
雪/中谷宇吉郎著.—東京:岩波書店,昭和 18 年[1943]
161 頁;17 cm

P427.3/1
空中電氣学/抜山大三著.—東京:岩波書店,昭和 5 年[1930]
1 冊;22 cm

P427.3/2
雷の話:雷の電気はどうして起こるか/中谷宇吉郎著.—東京:岩波書店,昭和 16 年[1941]

4,6,231,8 頁;18 cm

P45/1-7
　天氣図と天氣豫報/大谷東平著. —7 版. —東京:河出書房,昭和 17 年[1942]
　　2,4,126 頁;18 cm

P459.231.3/1
　日本氣象史料綜覽/田口龍雄編. —東京:地人書館,昭和 18 年[1943]
　　3,248 頁;20 cm

P459.231.3/2
　日本氣象学史/荒川秀俊著. —東京:河出書房,昭和 16 年[1941]
　　2,8,191 頁;19 cm

P459.231.3/2-2
　日本氣象学史/荒川秀俊著. —2 版. —東京:河出書房,昭和 17 年[1942]
　　2,9,192 頁;18 cm

P46/1
　氣候学/岡田武松著. —東京:岩波茂雄,昭和 18 年[1943]
　　156,5 頁;18 cm

P46/2
　大東亜の気候/荒川秀俊著. —東京:朝日新聞社,昭和 17 年[1942]
　　199 頁;18 cm

P46/3-2
　氣候学/福井英一郎著. —2 版. —東京:古今書院,昭和 14 年[1939]
　　2,3,11,566 頁;22 cm

P46-49/1-2
　児童の科学天気のお話/松山金次郎著. —2 版. —東京:古今書店,昭和 10 年[1935]
　　1 冊;19 cm

P5/1-3
　實用図解地質学/春日重樹著. —3 版. —東京:鉄道図書局,昭和 16 年[1941]
　　6,110 頁;21 cm

P5/2
　地形原論:岩石床説より観たる準平原論/三野與吉著. —東京:古今書院,昭和 17 年[1942]
　　517,44 頁;21 cm

P5/3
　普通地質学講義.全/横山又次郎著. —東京:冨山房,大正 3 年[1914]
　　2,9,398,21 頁;23 cm

P5/3-3
　普通地質学講義/横山又次郎著. —3 版. —東京:冨山房,昭和 6 年[1917]
　　9,398 頁;22 cm

P5/4
　地質学講話/望月勝海著. —東京:古今書院,昭和 12 年[1937]
　　2,172 頁;22 cm

P5/4-4
　地質学講話/望月勝海著. —4 版. —東京:古今書院,昭和 17 年[1942]
　　2,172 頁;22 cm

P5/5-2
　応用鉱物学/岩崎重三著. —2 版. —東京:内田老鶴圃,昭和 14 年[1939]
　　4,18,427,22 頁;23 cm

P5/6-2
　応用地質学/當山道三著. —2 版. —東京:共立出版株式会社,昭和 17 年[1942]
　　2,4,224 頁;22 cm

P5/7
　地中の資源/渡辺万次郎著. —東京:アルス,昭和 16 年[1941]

5,8,229 頁;17 cm

P5/8
陸文学講話/横山又次郎著.—東京:早稲田大学出版部,大正 2 年[1913]
8,314 頁;22 cm

P5/9
山はどうして出来たか:地球の生ひたち/大塚彌之助著.—東京:岩波書店,昭和 17 年[1942]
4,6,273,12 頁;18 cm

P5/11
新地質学概論/青山信雄著.—東京:古今書院,昭和 9 年[1934]
6,260 頁;21 cm

P5/12
随筆地質学/早坂一郎著.—台北:東都書籍株式会社台北支店,昭和 18 年[1943]
5,4,303 頁;18 cm

P5/13
日本石炭讀本/浅井淳著.—東京:古今書院,昭和 16 年[1941]
13,439 頁;19 cm

P5/14
世界鉱産統計:(1925-40)/東亜研究所編.—東京:東亜研究所,昭和 17 年[1942]
4,196 頁;26 cm

P5-09/1(1)
ウイリス支那地史の研究.上巻/菊池清著.—東京:岩波書店,昭和 19 年[1944]
3,10,30,514,28 頁;21 cm

P5-44/1-8
地質学教科書/横山又次郎編.—8 版.—東京:冨山房,明治 43 年[1911]
18,380 頁;23 cm

P512.3/1
大珊瑚海の自然:大堡礁学術探検報告/ヨング著.—東京:大日本出版株式会社,昭和 18 年[1943]
6,2,296 頁;21 cm

P512.3/2
珊瑚礁の驚異/江口芳樹訳.—東京:高山書院,昭和 19 年[1944]
4,297 頁;21 cm

P53/1
支那地質学発展史/章鴻釧著.—東京:人文閣,昭和 18 年[1943]
202,11 頁;18 cm

P53/1-4
地層学/今井半次郎著.—4 版.—東京:古今書院,昭和 16 年[1941]
3,1,12,546,14 頁;22 cm

P548.3/1
大東亜地体構造論/望月勝海著.—東京:古今書院,昭和 18 年[1943]
3.200 頁;18 cm

P562/1
支那地質調査報告類集/[不詳].—[不詳]:[不詳],[不詳]
11,110 頁;21 cm

P562/2
満洲北西部の地質及地誌/南満洲鉄道株式会社地質調査所編.—[不詳]:[南満洲鉄道株式会社地質調査所],昭和 12 年[1937]
124 頁;26 cm

P562.3/1
東三省鉱産地名簿/[不詳].—[不詳]:[不詳],[不詳]
186 頁;23 cm

P562.52/1(1)
　　大青島特別市之地質.第一編,現青島市街地之部/浅田亀吉著.―青島:山東産業館,昭和15年[1940]
　　　28頁;26 cm

P563.13/1
　　富士の地質/秋元憲著.―東京:田中宋栄堂,昭和17年[1942]
　　　45頁;22 cm

P57/1-3
　　鉱山の調査事項/粟津秀幸著.―3版.―東京:共立出版株式会社,昭和18年[1943]
　　　10,269,14頁;22 cm

P57/2
　　鉱山と鉱石の知識/石田一三著.―東京:昭和園書株式会社,昭和17年[1942]
　　　2,10,358頁;18 cm

P57/3
　　鉱山読本/科学書報編輯部編.―東京:誠文堂新光社,昭和15年[1940]
　　　224頁;18 cm

P57/4
　　闘ふ鉱物/熊谷忠三郎著.―東京:朝日新聞社,昭和19年[1944]
　　　4,268頁;18 cm

P57/5-3
　　実用鉱物学講義/岩崎重三著.―3版.―東京:内田老鶴圃,大正6年[1917]
　　　36,830,848,12頁;22.5 cm

P57/6
　　鉱物学概論/木下亀城,青山信雄著.―東京:古今書院,昭和8年[1933]
　　　2,6,313頁;21 cm

P57/7
　　浙江省杭江鉄路沿線ノ鉱産(抄訳)/満鉄.調査部編.―謄写版.―[不詳]:[満鉄.調査部],昭和13年[1938]
　　　37頁;27 cm

P57-62/1-7
　　鉱物岩石鑑定要覧:地質.鉱物.採鉱.冶金.土木.農業.林業.化学技術者及び学生用/大橋良一著.―7版.―東京:太陽堂書店,昭和14年[1939]
　　　183頁;19 cm

P57-62/2-7
　　實用工業鉱物便覧/内田義信編.―7版.―東京:昭晃堂,昭和17年[1942]
　　　12,487,13頁;18 cm

P571/1-4
　　地質鉱物学網要/田上政敏著.―4版.―東京:中興館,昭和6年[1930]
　　　331,24頁;22 cm

P571/1-5
　　地質鉱物学網要/田上政敏著.―5版.―東京:中興館,昭和10年[1935]
　　　331,24頁;22 cm

P575/1-13
　　鑛産物工業分析法/舩木勝三著.―13版.―東京:冨山房,昭和14年[1939]
　　　2,4,2,16,15,616頁;22 cm

P577.2/1
　　支那鉱産地/小山一郎著.―東京:丸善株式会社,大正7年[1918]
　　　1,1,11,424,548頁;18 cm

P577.31/1
　　東亜の鉱物資源/内田義信編.―東京:昭晃堂,昭和15年[1940]
　　　18,392,10頁;22 cm

P577.313/1-2
　　有用鉱物の産地及用途/吉村萬治,今泉敏

編.—2版.—東京:丸善株式会社,大正6年[1917]

2,8,300,32,14,5頁;18 cm

P578.1/1

元素原料鉱物/鈴木廉三九著.—東京:昭晃堂,昭和14年[1939]

455,39頁;22 cm

P578.3/1

螢石及螢石鉱床/門田重行著.—東京:共立出版株式會社,昭和18年[1943]

4,9,317頁;22 cm

P58/1-8

岩石地質学/佐藤傳蔵著.—8版.—東京:萩原星文館,昭和14年[1939]

11,534,39頁;22 cm

P59/1

地球化学/岡田家武著.—東京:岩波書店,昭和5年[1930]

2,71頁;22 cm

P61/1-7

新編鉱床地質学/加藤武夫著.—7版.—東京:冨山房,昭和15年[1940]

4,21,757,18頁;22 cm

P61/2(1)

鉱床学.上巻/木下亀城著.—東京:工業図書株式会社,昭和14年[1939]

13,503頁;22 cm

P61/3

新講鉱物資源の新研究/野中保一郎著.—東京:学生の友社,昭和17年[1942]

2,10,229頁;18 cm

P617/1

地下資源の物理探鉱/渡邊貫著.—東京:河出書房,昭和17年[1942]

241頁;19 cm

P617.2/1

支那の鉄・石炭と東亜/手塚正夫著.—東京:朱雀書林,昭和18年[1943]

6,370頁;18 cm

P617.2/2

支那タングステン鉱誌/江西地質鉱業調査所編.—東京:生活社,昭和15年[1940]

4,4,203頁;25 cm

P617.3/1

大東亞地下資源論/笹倉正雄著.—東京:中央公論社,昭和18年[1943]

2,3,128頁;18 cm

P618/1

石炭と鉄/石本恵吉著.—東京:通俗大學會,大正7年[1918]

2,6,100頁;18 cm

P618.11/1-3

石炭/岩崎重三著.—3版.—東京:內田老鶴圃,昭和15年[1940]

486,10,5頁;22 cm

P618.11/2-3

石炭/岡新六著.—3版.—東京:共立社,昭和15年[1940]

2,7,694,43頁;21 cm

P618.11/2-6

石炭/岡新六著.—6版.—東京:共立出版株式会社,昭和19年[1944]

2,694,43頁;22 cm

P618.11/3

支那石炭調査報告書/久保山雄三著.—東京:興亜院,昭和15年[1940]

3,13,455頁;22 cm

P618.11/4

絵讀本石炭を生む山/大宮昇著.—東京:学

習社,昭和 17 年[1942]

206 頁;21 cm

P618.11/5

華北土壤の石炭含量に就て/田村真有吾編.—謄写版.—[不詳]:華北産業科学研究所,昭和 17 年[1942]

22 頁;25 cm

P618.11/6

中国産石炭之化学的研究/北支事務所編.—謄写版.—[不詳]:[北支事務所],[不詳]

141 頁;27 cm

P618.5/1

北満金鉱資源:外蒙古金鉱資源・新疆金鉱石油資源/門倉三能著.—東京:丸善株式会社,昭和 11 年[1936]

16,6,449 頁;22 cm

P618.51/1

産金/山本勇三著.—10 版.—東京:ダイヤモンド社,昭和 16 年[1941]

8,256 頁;18 cm

P618.51/2-5

金鉱と金鉱床/渡邊萬次郎著.—5 版.—東京:新光社,昭和 9 年[1934]

2,7,327 頁;23 cm

P618.512/1

満洲国及北支の金鉱及砂金/小山一郎著.—東京:科学主義工業社,昭和 13 年[1938]

143 頁;22 cm

P62/1-2

改定増補 満洲の地質及鉱産/遠藤龍次著.—東京:三省堂,昭和 14 年[1939]

2,2,2,4,246 頁;22 cm

P62/2-3

バーネウィッツ.探鉱者必携/M. W. von Bernewitz 著.—3 版.—東京:工元社,昭和 17 年[1942]

2,341 頁;19 cm

P62/3-8

鉱物鑑識の實際と鉱山探検/谷山四方一著.—8 版.—東京:厚生閣,昭和 18 年[1943]

10,307 頁;18 cm

P62/4

物理地下探査法に就て/人古山勝夫著.—大連:南満洲鉄道株式会社,昭和 13 年[1938]

23 頁;22 cm

P62/5

満洲地質探検行/E・アーネルト著.—東京:武蔵書房,昭和 18 年[1943]

2,275 頁;19 cm

P641.62/1

満洲河川誌/満洲事情案内所編.—新京:満洲事情案内所,昭和 15 年[1940]

348 頁;22 cm

P7/1

海/野満隆治著.—東京:甲鳥書林,昭和 17 年[1942]

3,313 頁;18 cm

P7/10

海と人/日高孝次著.—東京:小山書店,昭和 18 年[1943]

7,5,287 頁;18 cm

P7/2

海洋学講話/横山又次郎著.—東京:早稲田大学出版部,明治 44 年[1912]

5,246 頁;21 cm

P7/3

海洋物語/ブリッジス著.—東京:天然社,昭和 19 年[1944]

266 頁;18 cm

P7/4
海の地学/新野弘著. —東京:天然社,昭和19年[1944]
142 頁;18 cm

P7/5
海/宇田道隆著. —東京:岩波書店,昭和14年[1939]
2,2,207 頁;15 cm

P7/6
海洋学/野満隆治著. —東京:興亜日本社,昭和17年[1942]
2,9,416 頁;18 cm

P7/7
海洋学/丸川久俊著. —東京:厚生閣,昭和7年[1932]
2,6,368 頁;23 cm

P7/8
海洋物語/山石一哉著. —大阪:受験研究社増進堂,昭和16年[1941]
215 頁;21 cm

P7-09/1-2
海の探求史/宇田道隆著. —新訂. —東京:河出書房,昭和18年[1943]
6,4,250 頁;19 cm

P72/1
科学七つの海/丸川久俊著. —東京:学習社,昭和17年[1942]
242 頁;22 cm

P721/1
太平洋の海洋と陸水/太平洋協会編. —東京:岩波書店,昭和18年[1943]
1 冊頁;22 cm

P722.3/1
大日本海:日本地理学史の研究/鮎澤信太郎著. —東京:京成社出版部,昭和18年[1943]
327 頁;19 cm

P724/1
印度洋/柴田賢一著. —東京:興亜日本社,昭和18年[1943]
4,279 頁;18 cm

P73-49/1
海の科学/野満隆著. —東京:アルス,昭和3年[1928]
10,238 頁;19 cm

P731.22/2
潮汐/ダーウィン著. —東京:古今書院,昭和17年[1942]
2,2,5,6,16,568 頁;21 cm

P731.23/1
潮汐/小倉伸吉著. —東京:岩波書店,昭和9年[1934]
2,5,252,10 頁;18 cm

P732/1
海上気象学概論.全/重松良一編. —[不詳]:水路部,大正7年[1918]
93 頁;22 cm

P733/1
海洋物理学/須田皖次著. —東京:岩波書店,昭和5年[1930]
1 冊;22 cm

P734/1
海の化学/岸春雄著. —東京:春陽堂,昭和19年[1944]
10,371,6,3 頁;21 cm

P74/2
海底サンプリングハンドブック/日本鉱業会編. —影印版. —東京:ラテイス,昭和50年[1975]
10,310 頁;21 cm

P9-49/1-5(5)
　　自然界の語.第五編,山.川.海/芳沢喜久著.—5版.—東京:目黒書店,大正15年[1926]
　　2,10,308頁;18 cm

P9-61/1-2
　　薬剤辞典:増補改訂再版/阿部賚夫著.—2版.—東京:同済号書店,明治41年[1908]
　　848,120頁;18 cm

P931/1-6(2)
　　新考地形学.第二巻/辻村太郎著.—6版.—東京:古今書院,昭和9年[1934]
　　4,598頁;22 cm

P931/1-7(1)
　　新考地形学.第一巻/辻村太郎著.—7版.—東京:古今書院,昭和9年[1934]
　　3,4,572頁;22 cm

P931/1-10(2)
　　新考地形学.第二巻/辻村太郎著.—10版.—東京:古今書院,昭和13年[1938]
　　4,598頁;22 cm

P931/1-13(1)
　　新考地形学.第一巻/辻村太郎著.—13版.—東京:古今書院,昭和15年[1940]
　　3,4,572頁;22 cm

P941.75/1
　　草原の研究/中野治房著.—東京:岩波書店,昭和19年[1944]
　　208頁;21 cm

P941.78/1
　　湖/田中阿歌磨著.—東京:岡倉書房,15年[1940]
　　2,257頁;19 cm

P942/1
　　北支の河川/秋草勳著.—東京:常磐書房,昭和18年[1943]
　　2,2,207頁;18 cm

P943.313/1-13
　　日本地形誌/辻村太郎著.—13版.—東京:古今書院,昭和7年[1932]
　　455頁;22 cm

P943.313/2
　　風景の科学/渡辺十千郎著.—東京:新光社,大正13年[1924]
　　2,12,320,14頁;18 cm

P966.81/1-2
　　熱帯の景観/ウォーレス著.—2版.—東京:創元社,昭和18年[1943]
　　5,4,291,6頁;18 cm

P983/1
　　東亜地理図集/西田興四郎,帷子二郎著.—大阪:東洋図書株式合資会社,昭和15年[1940]
　　5,236頁;22 cm

P983/1-2
　　東亜地理図集/西田興四郎,帷子二郎著.—2版.—大阪:東洋図書株式合資会社,昭和15年[1940]
　　5,236頁;22 cm

《中国图书馆分类法》类目

生物科学

Q/1-2
生物学實驗/長島和太郎著.—2 版.—東京：前野書店,昭和 18 年[1943]
220,14 頁;21 cm

Q/2
生物学入門/赤木健介著.—東京：白揚社,昭和 17 年[1942]
276 頁;18 cm

Q/3
全体性と生物学/デュルケン著.—東京：創元社,昭和 17 年[1942]
407,7 頁;19 cm

Q/4
生物学/井上清恒著.—東京：内田老鶴圃,昭和 18 年[1943]
4,524,31;26 cm

Q/5-3
生命論/永井潜著.—3 版.—東京：洛陽堂,大正 4 年[1915]
10,570 頁;22 cm

Q/6
生物学入門/湯浅明著.—東京：三省堂,昭和 16 年[1941]
2,4,323 頁;19 cm

Q/7
生物の世界/大日本文明協会編.—東京：大日本文明協会事務所,大正 2 年[1913]
5,6,4,10,552 頁;22 cm

Q/8(1)
生物学汎論.上巻/福井玉夫著.—東京：培風館,昭和 19 年[1944]
2,4,377 頁;21 cm

Q/9
生物学講話/丘浅次郎著.—東京：開成館,大正 5 年[1916]
8,756,6 頁;22 cm

Q/10-2
生物学通論/大島正満著.—改訂増補.—東京：冨山房,昭和 10 年[1935]
4,685 頁;22.5 cm

Q/11-2
生物の世界/A・R・ウオレス著.—2 版.—東京：東江堂,昭和 19 年[1944]
474 頁;19 cm

Q/12-30
生物学精義：再増補版/岡村周諦著.—30 版.—東京：大観堂書店,昭和 16 年[1941]
5,34,10,852,102 頁;21 cm

Q-06/1
生物学概論/湯浅明著.—東京：同文館出版部,昭和 18 年[1943]
204 頁;21 cm

Q-09/1
生物発達史/山口叡著.—東京：晃文社,昭和 18 年[1943]
3,6,285 頁;18 cm

Q-3/1
動物細胞学實驗法/小熊捍著.—東京：建文館,昭和 13 年[1938]
1 册;22 cm

Q-332/1(2)
生物統計学概論.下巻/川上理一著.—東京：金原商店,昭和 18 年[1943]
4,231,2,3 頁;22 cm

Q-34/1-11(5)
博物採集と標本の作り方/原田三夫著.—11 版.—東京：科学教材社,昭和 16 年[1941]
3,8,264 頁;18 cm

Q-43/1
自然科学教本/小松春三著.—東京:前野書店,昭和16年[1941]
5,171頁;21 cm

Q-43/1(3)
生物:高等女学校四年制用.3/中等学校教科書株式会社.—東京:中等学校教科書株式会社,昭和18年[1943]
150頁;20 cm

Q-49/1
海底物語/ウィリアムビーブ著.—東京:畝傍書房,昭和16年[1941]
4,4,4,437頁;17 cm

Q-49/2
生物手帖/今井喜孝著.—東京:学芸社,昭和18年[1943]
2,353頁;18 cm

Q-49/3
鬼の蜘蛛助:理科童話,理科劇,理科物語/崎山草多路著.—改装.—大阪:駸々堂,昭和13年[1938]
179頁;22.5 cm

Q-7/1
生物学讀書指針/岩波茂雄編.—東京:岩波書店,昭和8年[1933]
143〜150,1頁;22 cm

Q1/1
生命の世界/石田周三著.—東京:青木書店,昭和18年[1943]
250頁;18 cm

Q1/2
一般生物学の概略/福田邦三,大川真澄著.—東京:科学書院,昭和15年[1940]
156,10頁;22 cm

Q1/3(3)
ウェルズ生命の科学.第三巻/ウェルズ著.—東京:平凡社,昭和19年[1935]
6,1916頁;22 cm

Q1/3(4)
ウェルズ生命の科学.第四巻/ウェルズ著.—東京:平凡社,昭和16年[1941]
1919〜2605頁;22 cm

Q1/3(6)
ウェルズ生命の科学.第六巻/ウェルズ著.—東京:平凡社,昭和10年[1935]
4,3315〜3942頁;23 cm

Q1/4(2)
生命の科学.第二巻/石川千代松監修.—東京市:平凡社,昭和17年[1942]
4,449〜918頁;22 cm

Q1/4(3)
生命の科学.第三巻/石川千代松監修.—東京市:平凡社,昭和18年[1943]
4,907〜1374頁;22 cm

Q1/4(4)
生命の科学.第四巻/石川千代松監修.—東京:平凡社,昭和17年[1942]
1375〜1836頁;22 cm

Q1/4(5)
生命の科学.第五巻/石川千代松監修.—東京:平凡社,昭和17年[1942]
1837〜2276頁;22 cm

Q1/4(6)
生命の科学.第六巻/石川千代松監修.—東京:平凡社,昭和18年[1943]
2277〜2743頁;22 cm

Q1/4(9)
生命の科学.第九巻/石川千代松監修.—東京:平凡社,昭和18年[1943]

1 冊;22 cm

Q1/4(10)
生命の科学. 第十巻/石川千代松監修.―東京:平凡社,昭和18年[1943]
1 冊;22 cm

Q1/4(11)
生命の科学. 第十一巻/石川千代松監修.―東京:平凡社,昭和18年[1943]
1 冊;22 cm

Q1/4(12)
生命の科学. 第十二巻/石川千代松監修.―東京:平凡社,昭和18年[1943]
1 冊;22 cm

Q1/5
生命と進化/大行慶雄著.―東京:三笠書房,昭和18年[1943]
3,12,372 頁;18 cm

Q1/6-2(2)
教師の数学. 下巻/戸田清著.―2 版.―東京:積善館,昭和17年[1942]
3,6,266 頁;22 cm

Q1/6-4(1)
教師の数学. 上巻/戸田清著.―4 版.―東京:積善館,昭和18年[1943]
2,8,264,9 頁;21 cm

Q1/6-4(2)
教師の数学. 下巻/戸田清著.―4 版.―大阪:積善館,昭和19年[1944]
3,6,266 頁;21 cm

Q1/7
新生命論/永井潜著.―東京:春秋社公柏館,昭和15年[1940]
3,279 頁;18 cm

Q1/8(1)
生物学の進歩. 第一輯/野村七録,山羽儀兵著.―東京:共立出版株式会社,昭和18年[1943]
362 頁;22 cm

Q1/8(2)
生物学の進歩. 第二輯/野村七録,山羽儀兵著.―東京:共立出版株式会社,昭和19年[1944]
629 頁;22 cm

Q1/9
生命神秘論/小酒井光次著.―東京:洛陽堂,大正4年[1915]
11,304 頁;22 cm

Q1-0/1(1)
生命の科学. 第一巻/ヴェルズ著.―東京:平凡社,昭和10年[1935]
8,6,675 頁;22 cm

Q1-0/1(7)
生命の科学. 第七巻/ヴェルズ著.―東京:平凡社,昭和10年[1935]
4,4627 頁;22 cm

Q11/1
生物の進化/石田周三著.―東京:羽田書房,昭和17年[1942]
3,2,224 頁;18 cm

Q111/1
進化の学/トムソン著.―東京:大鐙閣,昭和10年[1935]
12,352 頁;22 cm

Q111/2-7
進化論講話/丘浅次郎著.―7 版.―東京:東京開成館,明治40年[1907]
8,8,628,4 頁;22 cm

Q111/3
人類の進化/大島正満著.―東京:河出書房,昭和16年[1941]

3,3,217 頁;18 cm

Q111/3-4
　人類の進化/大島正満著.—4 版.—東京:河出書房,昭和 16 年[1941]
　　3,3,217 頁;18 cm

Q111/3-6
　人類の進化/大島正満著.—6 版.—東京:河出書房,昭和 18 年[1943]
　　3,3,217 頁;18 cm

Q111/4-6
　進化と思想/松村松年著.—6 版.—東京:大日本雄弁会,大正 14 年[1925]
　　3,348 頁;20 cm

Q111.2/1
　ダーウィニズム:自然淘汰説の説明とその若干の応用/アルフレッド.ラッセル.ウォーレス著.—東京:大日本出版株式会社,昭和 18 年[1943]
　　3,263 頁;21 cm

Q14/1
　生物界之状態/近森虎治著.—東京:冨山房,明治 44 年[1911]
　　8,227,234 頁;22 cm

Q151.1/1(1)
　熱帯植物寫眞集.第一卷/工藤彌九郎著.—東京:明文堂,昭和 9 年[1934]
　　1 冊;25 cm

Q151.1/1(2)
　熱帯植物寫眞集.第二卷/工藤彌九郎著.—東京:明文堂,昭和 13 年[1938]
　　1 冊;25 cm

Q151.1/1(3)
　熱帯植物寫眞集.第三卷/工藤彌九郎著.—東京:明文堂,昭和 8 年[1933]
　　1 冊;25 cm

Q151.1/1(5)
　熱帯植物寫眞集.第五卷/工藤彌九郎著.—東京:明文堂,昭和 18 年[1943]
　　1 冊;25 cm

Q151.1/1(6)
　熱帯植物寫眞集.第六卷/工藤彌九郎著.—東京:明文堂,昭和 18 年[1943]
　　1 冊;25 cm

Q153.13/1
　民族生物学/古屋芳雄著.—東京:高陽書院,昭和 13 年[1938]
　　259 頁;19 cm

Q155.12/1
　樺太博物誌/玉貫光一著.—東京:弘文堂書房,昭和 19 年[1944]
　　452 頁;21 cm

Q178.53/1
　海とプランクトン/元田茂著.—東京:河出書房,昭和 19 年[1944]
　　8,235 頁;18 cm

Q178.53/2
　海の生物/岩田正俊編.—大阪:文祥堂,昭和 17 年[1942]
　　5,184 頁;21 cm

Q18/1-2
　改修最近寄生原蟲学/小泉丹著.—2 版.—東京:南山堂書店,大正 3 年[1914]
　　7,698 頁;25 cm

Q2/1
　生活の単位/湯浅明著.—東京:大日本雄弁会講談社,昭和 18 年[1943]
　　2,3,258,8 頁;18 cm

Q25/1
　細胞分裂誘起線/奥山美佐雄著.—東京:三

省堂,昭和13年[1938]

3,209頁;22 cm

Q3/1

最新遺伝論/丘浅次郎著.—東京:六盟館,大正8年[1919]

6,8,534頁;22 cm

Q3/2

増補遺伝之研究/渡辺喜三著.—東京:洛陽堂,大正8年[1919]

5,3,3,473頁;22 cm

Q3/3

遺伝の研究/村林仁八著.—東京:弘道閣,昭和8年[1933]

2,10,283頁;22 cm

Q3/4

遺伝学叢話/駒井卓著.—東京:甲鳥書林,昭和19年[1944]

491頁;18 cm

Q3/5-3

遺伝学概論/日野光平著.—3版.—東京:前野書店,昭和16年[1941]

6,184頁;22 cm

Q3/6

遺傳子説/モルガン著.—東京:綜合科学出版協会,昭和10年[1935]

4,3,271頁;23 cm

Q3/8

趨異遺伝及進化.全:RECENT PROGRESS IN THE STUDY OF VARIATION, HEREDITY, AND EVOLUTION/大日本文明協会編.—東京:大日本文明協会事務所,大正2年[1913]

2,6,4,2,374頁;22 cm

Q34/1

人間は若返る/倉上由一著.—東京:アルス,昭和9年[1934]

3,15,232頁;18 cm

Q39/1

日本人を主とした人間の遺伝/駒井卓著.—東京:創元社,昭和17年[1942]

322頁;18 cm

Q39/1-4

日本人を主とした人間の遺伝/駒井卓著.—4版.—大阪:創元社,昭和18年[1943]

322頁;18 cm

Q4/1

クロード.ベルナール:科学の方法についての思索/三浦岱栄著.—東京:富山房,昭和18年[1943]

13,416頁;18 cm

Q4/2-9

物理学の徹底的研究/江原廣,緒方信助著.—9版.—東京:欧文社,昭和10年[1935]

597,47,15頁;19 cm

Q4/3-12(1)

生理学.上巻/加藤元一著.—12版.—東京:南江堂,昭和15年[1940]

14,498,11頁;22 cm

Q4/3-12(2)

生理学.下巻/加藤元一著.—12版.—東京:南江堂,昭和15年[1940]

15,537,24頁;22 cm

Q4-33/1

類人猿の智慧試験/ケーレル著.—東京:岩波書店,昭和13年[1938]

1,4,306頁;22 cm

Q5/2-3

新医科学提綱/市原硬著.—3版.—東京:金原商店,昭和18年[1943]

15,304,13頁;21 cm

Q5/3-3
 新医学化学提綱/市原硬著.—3版.—東京：金原商店,昭和18年[1943]
  15,304,13頁;22 cm

Q5/4
 生化学的微量定量法/小金井良一著.—東京:丸善株式会社,大正13年[1924]
  5,2,190頁;18 cm

Q5/5(9)
 日本生化学会会報.第9卷 第4,5號/玉井正光編.—東京:日本生化学会,昭和10年[1935]
  [93～193,4]頁;26 cm

Q5/5(11)
 日本生化学会会報.第11卷 第5号/柿内三郎編.—東京:日本生化学会,昭和11年[1936]
  1册;23 cm

Q5/6
 有機生物化学/皆川豊作著.—東京:賢文館,昭和15年[1940]
  2,16,429頁;22 cm

Q5/11(1927)
 生化学提要.1972/柿内三郎著.—東京:克誠堂書店,昭和2年[1927]
  8,907頁;23 cm

Q5/11(1933)
 生化学提要.1933/柿内三郎著.—東京:克誠堂書店,昭和8年[1933]
  5,4,519,9頁;23 cm

Q50/1-2
 生物化学/鈴木文助,小幡彌太郎著.—2版.—東京:朝倉書店,昭和16年[1941]
  7,876頁;21 cm

Q50/1-3
 生物化学/鈴木文助,小幡彌太郎著.—3版.—東京:朝倉書店,昭和17年[1942]
  7,876頁;22 cm

Q5-33/1
 實驗生化学/柿内三郎著.—東京:克誠堂書店,昭和9年[1934]
  5,318頁;22 cm

Q56/1
 食糧・榮養・ビタミン/川崎近太郎著.—東京:科学書院,昭和18年[1943]
  6,205頁;18 cm

Q56/2
 栄養とビタミンの化学/川崎近太郎著.—2版.—東京:非凡閣,昭和19年[1944]
  5,290頁;18 cm

Q56/3
 ヴィタミンABC/エッチ・ボールスーク著.—大阪:朝日新聞社,17年[1942]
  5,4,253頁;18.5 cm

Q579.1/1
 性ホルモンの応用領域/碓居龍太著.—東京:金原商店,昭和11年[1936]
  36頁;19 cm

Q6/1
 生物電気/鈴木正夫著.—東京:創元社,昭和18年[1943]
  2,93頁;19 cm

Q6-49/1
 自然界の化学現象/安田又一著.—東京:岡崎,明治41年[1908]
  1册;22 cm

Q61/1(2)
 無機化學.II,金屬上/柴田雄次著.—東京:岩波書店,昭和15年[1940]
  9,365,17頁;18 cm

Q62/1
　基準有機化学實習法/森武雄著.—東京:昭晃堂,昭和10年[1935]
　　2,8,273,8頁;22 cm

Q648/1-7
　膠質化学/箕作新六著.—7版.—東京:山海堂出版部,昭和17年[1942]
　　2,2,241頁;24 cm

Q73/1
　脂質/根本六郎著.—東京:裳華房,昭和9年[1934]
　　3,8,248頁;22 cm

Q911.2/1
　化石の世界/早坂一郎著.—東京:誠文堂新光社,昭和15年[1940]
　　2,3,7,306頁;19 cm

Q911.2-64/1-2
　日本化石図譜/鹿間時夫著.—2版.—東京:日本鉱物趣味の会出版部,昭和19年[1944]
　　46,282頁;22 cm

Q93/1
　細菌/服部広太郎著.—東京:岩波書店,昭和9年[1934]
　　34頁;20 cm

Q93/2
　細菌の科学/福島伴次著.—東京:畝傍書房,昭和16年[1941]
　　3,10,425頁;18 cm

Q93/3
　發光微生物/中村浩著.—東京:岩波書店,昭和19年[1944]
　　197頁;21 cm

Q93-09/1
　細菌の歴史/貝原守一著.—東京:創元社,昭和18年[1943]
　　76頁;18 cm

Q93-331/1
　細菌鑑別掌典/綿引朝光著.—東京:明文館,明治45年[1912]
　　7,108頁;

Q939/1
　近世細菌学及免疫学/竹内松次郎著.—東京:金原商店,大正10年[1921]
　　12,680,21,13,14頁;26 cm

Q939/1-3(1)
　近世細菌学及免疫学.前編/竹内松次郎著.—3版.—東京:金原商店,昭和2年[1927]
　　3,513,13頁;27 cm

Q939/2-8
　近世細菌学及免疫学:各論/竹内松次郎著.—8版.—東京:株式会社金原商店,昭和15年[1940]
　　616,21頁;26 cm

Q939.1/1
　細菌への闘争/福島伴次著.—東京:大日本出版株式会社,昭和17年[1942]
　　3,3,296頁;18 cm

Q939.1/2-3
　細菌の驚異/瀧田順吾著.—3版.—東京:厚生閣,昭和17年[1942]
　　3,4,299頁;19 cm

Q939.1/3
　細菌の國/福島伴次著.—東京:時代社,昭和18年[1943]
　　2,4,168頁;19 cm

Q94/1
　教科参考最新植物学講座全/村上久義著.—東京:精文館,大正14年[1925]
　　2,14,212,25頁;18 cm

Q94/2-6
　一般植物学/田原正人著.—6版.—東京:裳華房,昭和11年[1936]
　　301頁;22 cm

Q94/2-8
　一般植物学/田原正人著.—8版.—東京:裳華房,昭和15年[1940]
　　301頁;22 cm

Q94/3
　植物記/牧野富太郎著.—東京:桜井書店,昭和18年[1943]
　　4,415頁;19 cm

Q94/4-11
　生物界之智嚢:植物篇/松山亮蔵著.—11版.—東京:中興館書店,大正9年[1920]
　　2,25,346,20頁;22 cm

Q94/5
　緑の魔術/ジュリイ.ケソリイ著.—東京:北隆館,昭和19年[1944]
　　9,263頁;18 cm

Q94/7-32
　植物学汎論/安田篤著.—32版.—東京:博文館,昭和6年[1931]
　　1册;22 cm

Q94/8-2（1）
　植物集説.上/牧野富太郎著.—2版.—東京:誠文堂新光社,昭和15年[1940]
　　1册;22 cm

Q94/8-2（2）
　植物集説.下/牧野富太郎著.—2版.—東京:誠文堂新光社,昭和16年[1941]
　　1册;22 cm

Q94/9（2）
　植物学通論.下巻/石川光春著.—東京:内田老鶴圃,年[?]
　　5,239～616,32頁;23 cm

Q94/9-2
　植物学通論.完/石川光春著.—増訂改刻版.—東京:内田老鶴圃,昭和9年[1934]
　　6,467頁;22 cm

Q94/10
　普通有毒植物誌/梅村甚太郎.—名古屋:名古屋丸善書店,大正6年[1917]
　　4,7,164,10頁;18 cm

Q94/11-4
　趣味の植物採集/牧野富太郎著.—4版.—東京:三省堂,昭和18年[1943]
　　5,206頁;18 cm

Q94/12-2
　受験学習明徴新々植物/田草川春重著.—2版.—東京:日本出版社,昭和17年[1942]
　　4,298,17,15頁;18 cm

Q94/13
　生物界之智嚢:動物篇/松山亮蔵著.—東京:中興館書店,大正5年[1916]
　　4,2,24,352,20頁;22 cm

Q94/13-10
　生物界之智嚢:動物篇/松山亮蔵著.—10版.—東京:中興館書店,大正9年[1920]
　　4,2,24,352,20頁;22 cm

Q94/14-2
　続植物記/牧野富太郎著.—東京:桜井書店,昭和19年[1944]
　　4,421頁;18 cm

Q94/15
　植物の雑種に関する實験:人為受精によって得たシャマコーゾリナ属の二三のく雑種について/グレゴア　メンデル著.—東京:大日本出版株式会社,昭和18年[1943]
　　165頁;22 cm

Q94/16-2
　　植物随筆集/牧野富太郎著.—2版.—東京：誠文堂新光社,昭和15年[1940]
　　　　15,532,25,16頁;24 cm

Q94-3/1-25
　　植物實驗と観察の仕方/小野一夫著.—25版.—東京:科学教材社,昭和16年[1941]
　　　　3,8,268頁;18 cm

Q94-3/2-25
　　植物実験と観察の仕方/小野一夫著.—25版.—東京:科学教材社,昭和16年[1941]
　　　　3,7,268頁;18 cm

Q94-44/1-46
　　新制植物学粋/柳川福一著.—46版.—東京:慶文堂書店,昭和11年[1936]
　　　　1冊;19 cm

Q94-49/1-10
　　植物園での研究/佐々木尚友著.—10版.—東京:研究社,昭和18年[1943]
　　　　2,4,242頁;18 cm

Q94-53/1
　　花シャウブの話/牧野富太郎著.—大阪:文友堂,昭和7年[1932]
　　　　31頁;23 cm

Q94-64/1
　　普通植物図解/山羽儀兵著.—東京:東京開成館,昭和19年[1944]
　　　　4,164頁;22 cm

Q944/1-4
　　植物形態学汎論/田原正人著.—4版.—東京:裳華房,昭和10年[1935]
　　　　3,213頁;25 cm

Q945/1-2
　　改訂植物生理化学/鈴木梅太郎著.—東京:朝倉書店,昭和17年[1942]
　　　　5,722頁;21 cm

Q945/2
　　植物生理の研究/鈴木須磨子著.—東京:北光書房,昭和19年[1944]
　　　　477頁;21 cm

Q945/3-10
　　生理植物学:一般植物学の生理学的解説/纐纈理一郎著.—10版.—東京:明文堂,昭和18年[1943]
　　　　2,22,896,22頁;22 cm

Q945/4
　　応用植物生理学大要/末松直次著.—東京:西ケ原刊行会,昭和9年[1934]
　　　　4,118頁;22 cm

Q946/1
　　植物ホルモン/住木諭介著.—東京:河出書房,昭和18年[1943]
　　　　3,287頁;18 cm

Q946/2-5
　　生活の中の植物/服部静夫著.—5版.—東京:河出書房,昭和18年[1943]
　　　　3,162頁;18 cm

Q946/3-3
　　新版大綱日本植物分類学/本田正次,向坂道治著.—3版.—東京:厚生閣,昭和18年[1943]
　　　　4,1,2,408頁;21 cm

Q948/1-2
　　食べられる野草/陸軍獸醫學校研究部著.—2版.—東京:毎日新聞社,昭和19年[1944]
　　　　5,241頁;18 cm

Q948.15/1
　　植物群落と其遷移/中野治房著.—東京:岩波書店,昭和8年[1933]
　　　　120,4頁;22 cm

Q948.52/1
　満洲の食用野生植物/民生部厚生司編.—東京:國民画報社,康徳11年[1944]
　　175頁;19 cm

Q948.53/1
　南方植物記/末松直次著.—東京:柏葉書院,昭和19年[1945]
　　4,207頁;19 cm

Q948.531/1
　東亜植物区景/中井猛之進著.—東京:岩波書店,昭和9年[1934]
　　56頁;20 cm

Q948.531.3/1
　霧ケ峯の植物/本田正次,飛田廣著.—東京:厚生閣,昭和16年[1941]
　　15,296頁;18 cm

Q948.531.3/2
　東亜植物/中井猛之進著.—東京:岩波書店,昭和10年[1935]
　　283,87頁;17 cm

Q948.531.3/3
　日本植物図譜/寺崎留吉著.—東京:春陽堂,昭和8年[1933]
　　4,2010,60頁;23 cm

Q948.531.3/4
　北方の植物/館脇操著.—東京:アルス,昭和19年[1944]
　　103頁;18 cm

Q948.531.3/5
　六甲山の植物/山鳥吉五郎著.—東京:新民書房,昭和19年[1944]
　　11,406,12頁;18 cm

Q948.531.3/6-3
　日本の高山植物/小西和著.—3版.—東京:二松堂書房,明治39年[1906]
　　3,2,5,165,14頁;16 cm

Q948.531.3-64/1-2
　日本植物図説集/牧野富太郎著.—2版.—東京:誠文堂新光社,昭和15年[1940]
　　2,482,6頁;24 cm

Q949/1(3)
　熱帯植物写真集.第三卷/工藤弥九郎著.—東京:明文堂,昭和8年[1933]
　　1冊;25 cm

Q949/1(4)
　熱帯植物写真集.第四卷/工藤彌九郎著.—東京:明文堂,昭和18年[1943]
　　1冊;25 cm

Q949/2-2(1)
　植物分類研究.上/牧野富太郎著.—2版.—東京:誠文堂新光社,昭和16年[1941]
　　16,503頁;24 cm

Q949/2-2(2)
　植物分類研究.下/牧野富太郎著.—2版.—東京:誠文堂新光社,昭和15年[1940]
　　513,41,26頁;24 cm

Q949/3(1)
　植物分類学.第一卷,裸子植物篇/早田文藏著.—東京:内田老鶴圃,昭和8年[1933]
　　20,886頁;24 cm

Q949/3(2)
　植物分類学.第二卷,被子植物篇總論/早田文藏著.—東京:内田老鶴圃,昭和10年[1935]
　　1冊;24 cm

Q949/4
　植物学各論:隠花部/安田篤著.—東京:博文館,明治44年[1911]
　　80,1222,7頁;22 cm

Q949.1-62/1
　　隠花植物分類一覧/安田篤著.—東京:博文館,[不詳]
　　　　1册;22 cm

Q949.36-64/1
　　日本羊歯類図鑑/伊藤洋著.—東京:厚生閣,昭和19年[1944]
　　　　12,512,14頁;21 cm

Q949.9/1
　　新編食用植物誌/梅村甚太郎著.—[不詳]:[不詳],[不詳]
　　　　4,11,611,11,16頁;22 cm

Q949.9/2
　　秋の七草の話/牧野富太郎講演.—大阪:文友堂,昭和7年[1932]
　　　　35頁;22 cm

Q949.94/1
　　繊維植物/木原芳次郎,中原彦之丞著.—東京:共立出版株式会社,昭和17年[1942]
　　　　23,444頁;22 cm

Q95/1
　　動物のくらし方の研究/堀七蔵,弘田芳弘著.—東京:皇国青年教育協会,昭和17年[1942]
　　　　8,186頁;18 cm

Q95/2-2
　　受験学習動物学の準備/杉浦寅之助著.—2版.—大阪:駸々堂,昭和14年[1939]
　　　　4,359,16頁;17 cm

Q95/3-6
　　動物採集保存法/武田丑之助著.—6版.—東京:成美堂書店,明治44年[1911]
　　　　2,3,7,179頁;22 cm

Q95/4-2
　　野生動物記/ヘスティングズ著.—2版.—東京:三笠書房,昭和17年[1942]
　　　　3,9,402頁;18 cm

Q95/5
　　動物園での研究/高島春雄著.—東京:研究社,昭和16年[1941]
　　　　2,2,224頁;19 cm

Q95/6-2
　　動物の雌雄性/内田亨著.—増訂版.—東京:岩波書店,昭和9年[1934]
　　　　132頁;22 cm

Q95/8-5
　　よくわかる動物学/中等教育会著.—5版.—大阪:日本出版部,昭和16年[1941]
　　　　28,19頁;18 cm

Q95/9-16
　　動物奇談/大島正満著.—16版.—東京:大日本雄弁会講談社,昭和16年[1941]
　　　　6,255頁;21 cm

Q95/10-5
　　疑問の理科僕等の動物界/金子淳一著.—5版.—東京:文教書院,昭和15年[1940]
　　　　4,7,304頁;18 cm

Q95/11-2
　　もつとも分り易き動物学/西山熊夫著.—訂正版.—大阪:日本出版社,昭和12年[1937]
　　　　12,472,20頁;19 cm

Q95/12
　　新撰動物学/阿部余四男著.—東京:同文書院,昭和11年[1936]
　　　　1册;21 cm

Q95-339/1
　　大阪の動物園/上田長太郎著.—大阪:輝文館,昭和19年[1944]
　　　　9,4,202頁;18 cm

Q95-34/1-22
　改訂趣味の昆虫採集/加藤正世著. ―22版. ―東京:三省堂,昭和16年[1941]
　　5,213,15頁;18 cm

Q95-34/2-22
　趣味の昆虫採集/加藤正世著. ―22版. ―東京:三省堂,昭和16年[1941]
　　213,15頁;18 cm

Q95-49/1-2
　動物園/小泉丹著. ―増訂版. ―東京:岩波書店,昭和9年[1934]
　　68頁;21 cm

Q95-49/2
　動物閑談/阿部余四著. ―東京:三省堂,昭和17年[1942]
　　8,268頁;18 cm

Q95-49/3
　動物園/石川千代松著. ―東京:アルス,昭和3年[1928]
　　238頁;18 cm

Q953/1
　動物育種遺傳学/田中義麿著. ―東京:養賢堂,昭和18年[1943]
　　3,4,308頁;21 cm

Q954/1
　動物學提要/飯島魁編. ―19版. ―東京:大日本圖書株式會社,昭和10年[1935]
　　18,950,30頁;26 cm

Q954.6-33/1
　動物学関係.第4卷,動物組織学実験法,動物形態学実験法,内分泌学実験法/入来重盛著. ―東京:建文館,昭和15年[1940年]
　　84,74,58,51頁;21 cm

Q954.6-33/2
　動物生理学實験法・動物生態学實験法/宮邊富太郎編. ―東京:建文館,昭和13年[1938]
　　4,125,2,110頁;22 cm

Q954.6-33/3
　動物学解剖学實験法・動物発生学實験法/宮邊富太郎編. ―東京:建文館,昭和12年[1937]
　　1冊;22 cm

Q958.53/1
　鮮満動物通鑑/村田懋麿著. ―東京:目白書院,[不詳]
　　8,6,192頁;26 cm

Q958.531.3/1-2
　北の鳥南の鳥/下村兼史著. ―改訂版. ―東京:三省堂,昭和17年[1942]
　　2,2,5,202,4頁;18 cm

Q958.531.3/2
　日本の鳥/内田清之助著. ―東京:大日本雄辯会講談社,昭和18年[1943]
　　2,188頁;18 cm

Q959/1
　動物分類総論/鈴木外岐雄著. ―東京:岩波講座,昭和8年[1933]
　　43頁;22 cm

Q959/2-2（2）
　動物分類学實験法　動物標本採集製作整理法.動物学関係.第二卷/宮邊富次郎編. ―2版. ―東京:建文館,昭和18年[1943]
　　1冊;21 cm

Q959-64/1（2）
　内外動物原色大図鑑.第二卷,哺乳類編/小野田勝造,小野田伊久馬著. ―東京:動物原色大図鑑刊行会,昭和12年[1937]
　　90,40,3頁;27 cm

Q959-64/1（3）
　内外動物原色大図鑑.第三卷,鳥類編/小野田勝造,小野田伊久馬著. ―東京:動物原色大図

鑑刊行会,昭和 11 年[1936]
84,28,5 頁;27 cm

Q959-64/1(8)
内外動物原色大図鑑.第八卷,昆蟲編/小野田勝造,小野田伊久馬著.—東京:動物原色大図鑑刊行会,昭和 11 年[1936]
112,43,5 頁;27 cm

Q959-64/1-2(9)
内外動物原色大図鑑.第九卷,昆蟲編/小野田勝,造野田伊久馬著.—2 版.—東京:動物原色大図鑑刊行会,昭和 11 年[1936]
182,43,10 頁;27 cm

Q959.155/1
條蟲類/森下薫著.—東京:岩波書店,昭和 8 年[1933]
31 頁;18 cm

Q959.4/1
魚/田中茂穂著.—東京:創元社,昭和 15 年[1930]
354 頁;18 cm

Q959.4/2
水産学全集.第一回,魚類学/田中茂穂著.—東京:厚生閣,昭和 7 年[1932]
2,7,343 頁;22 cm

Q959.4/3
魚の博物学/J.R.ノルマン著.—東京:大日本出版株式会社,昭和 18 年[1943]
5,2,11,561,12 頁;22 cm

Q959.4/5(1)
満洲主要鮭鱒族魚類の生態に関する調査研究.第一報/南満洲鉄道株式会社編.—大連:南満洲鉄道株式会社調査部,昭和 16 年[1941]
46 頁;22 cm

Q959.4-49/1
魚の生活/末広恭雄著.—東京:岩波書店,昭和 17 年[1942]
5,233,9 頁;19 cm

Q959.6/1
爬蟲類/岡田彌一郎著.—東京:岩波書店,昭和 9 年[1934]
61 頁;22 cm

Q959.7/1(2)
野の鳥の生態.Ⅱ/仁部富之助著.—東京:日新書院,昭和 17 年[1942]
3,6,2,323 頁;18 cm

Q959.7/1(3)
野の鳥の生態.Ⅲ,自然観察叢書/仁部富之助著.—東京:日新書院,昭和 18 年[1943]
3,6,325 頁;18 cm

Q959.7/1-3(2)
野の鳥の生態.Ⅱ/仁部富之助著.—3 版.—東京:日新書院,昭和 18 年[1943]
3,6,2,323 頁;18 cm

Q959.7/1-7
野の鳥の生態/仁部富之助著.—7 版.—東京:日新書院,昭和 16 年[1941]
8,278 頁;18 cm

Q959.7/2
脊椎動物大系:鳥類/内田清之助著.—東京:三省堂,昭和 12 年[1937]
392,12,17 頁;27 cm

Q959.7/3
野鳥裸記:生態観察/猪川城著.—京都:教育図書株式会社,昭和 17 年[1942]
307 頁;19 cm

Q959.7/4
高山の鳥/清棲幸保著.—東京:アルス,昭和 16 年[1941]
64,16 頁;18 cm

Q959.7/5-7
野鳥と共に/中西悟堂著. —7 版. —東京:日新書院,昭和 16 年[1941]
　　4,9,396 頁;18 cm

Q959.8/1
脊椎動物大系:哺乳類/黒田長禮著. —東京:三省堂,昭和 12 年[1937]
　　7,253,28 頁;27 cm

Q959.8/2
海獣/松浦義雄著. —東京:天然社,昭和 18 年[1943]
　　2,3,298 頁;19 cm

Q959.8/3
科学随筆 鼠/大内恒著. —東京:萬里閣,昭和 19 年[1944]
　　220 頁;18 cm

Q959.8-093.13/1
日本哺乳動物史/直良信夫著. —東京:養徳社,昭和 19 年[1944]
　　265 頁;21 cm

Q96/1(4.1)
日本生物誌. 第四卷,昆蟲. 上卷/古川晴男編. —東京:研究社,昭和 19 年[1944]
　　11,559 頁;18 cm

Q96/2
昆蟲/進士織平著. —東京:目黒書店,昭和 17 年[1942]
　　2,213 頁;21 cm

Q96/3-5
簡明寄生動物学/吉田貞雄,牧野金冬太著. —5 版. —東京:克誠堂書店,大正 15 年[1926]
　　8,16,261,14 頁;22 cm

Q96/4(4)
昆虫記.4/アンリ・フアブル著. —普及版. —東京:叢文閣,昭和 3 年[1928]
　　2,3,480 頁;22 cm

Q96/4-2(3)
昆虫記.3/アンリ・フアブル著. —2 版. —東京:叢文閣,昭和 3 年[1928]
　　2,5,581 頁;20 cm

Q96/5
昆虫の生活と環境/進士織平著. —東京:大日本出版株式会社,昭和 18 年[1943]
　　5,220,16 頁;18 cm

Q96/6
昆虫学最近の進歩/A.D.イムス著. —東京:三省堂,昭和 18 年[1943]
　　2,2,2,8,477 頁;22 cm

Q96/7(1)
昆虫写真生態.I/木下周太[等]著. —東京:西ケ原刊行会,昭和 8 年[1933]
　　476,8 頁;26 cm

Q96/7(2)
昆虫写真生態.II/木下周太[等]著. —東京:西ケ原刊行会,昭和 8 年[1933]
　　245,10 頁;26 cm

Q96-34/1
岸田中村昆蟲標本製作法/岸田久吉,中村倭著. —東京:綜合科学出版協会,昭和 5 年[1930]
　　9,206 頁;18 cm

Q96-49/1
フアブルの言葉/平野威馬雄訳. —東京:新潮社,昭和 18 年[1943]
　　4,6,384 頁;18 cm

Q96-49/2(1)
蟲の生活.上卷/クンリー著. —東京:偕成社,昭和 16 年[1941]
　　2,3,285 頁;19 cm

Q96-49/2(2)
蟲の生活.下巻/ケンリー著.—東京:偕成社,昭和16年[1941]
3,6,287 頁;18 cm

Q969.38/1-8
採集必携通俗脈翅類図説:トンボ類/岡崎常太郎著.—8 版.—東京:松邑三松堂,大正 14 年[1925]
2,3,4,100,5 頁;18 cm

Q969.4/1
蚊と蠅/石井信太郎著.—東京:東亞文化書房,昭和 19 年[1944]
1,155 頁;20 cm

Q969.4/1-2
蚊と蠅/石井信太郎著.—2 版.—東京:東亞文化書房,昭和 19 年[1944]
1,155 頁;20 cm

Q969.42/1
蝶蛾の研究/中川元次郎著.—東京:厚生閣,昭和 8 年[1933]
31,442,88 頁;22 cm

Q969.54/1
蜂の話/岩田久二雄著.—東京:三省堂,昭和 19 年[1944]
241 頁;18 cm

Q969.554.2-49/1
蟻の世界/矢野宗幹著.—東京:岩波書店,昭和 18 年[1943]
6,4,248,7 頁;19 cm

Q98/1
人類の由来及び雌雄淘汰よりみたる男女の関係/田中茂穂著.—東京:隆文館,明治 42 年[1909]
3,4,3,12,1090 頁;22 cm

Q98/2(1)
人間の由来.上/ダーウィン著.—東京:白揚社,昭和 13 年[1938]
13,617 頁;18 cm

Q98/2(2)
人間の由来.下/ダーウィン著.—東京:白揚社,昭和 14 年[1939]
8,621～1143 頁;18 cm

Q98/3
人類の科学/ソンレム著.—東京:大鐙閣,昭和 10 年[1935]
12,4,332 頁;21 cm

Q98/4
人間のからだ/長谷川正海著.—東京:伊藤書店,昭和 17 年[1942]
5,212,12 頁;18 cm

Q98/5(4)
人類学・先史学講座.第四巻,統計法,骨学,双生児の人類学,朝鮮人骨格,朝鮮人の生体計測/長坂金雄編.—東京:雄山閣,昭和 13 年[1938]
1 冊;22 cm

Q98/6
日本人種論変遷史/清野謙次著.—東京:小山書店,昭和 19 年[1944]
4,14,617 頁;22 cm

Q98/7
人類学概論/エドゥアルト.マイヤー著.—東京:六盟館,昭和 19 年[1944]
5,7,243 頁;19 cm

Q98/9
人類学研究/小金井良精著.—東京:大岡山書店,昭和 3 年[1928]
7,601 頁;21 cm

Q98/10
生体計測人類學の基礎/羽田宣男著.—東京:天佑書房,昭和19年[1944]
　　4,4,342頁;18 cm

Q98/11
人間生物学/高桑良興著.—東京:扶桑社,大正12年[1923]
　　20,628頁;18 cm

Q98/12-2
体格と性格/E・クレッチマア著.—2版.—東京:肇書房,昭和19年[1944]
　　421頁;15 cm

Q98/13(1)
人類学・先史学講座.第一卷/長坂金雄編.—東京:雄山閣,昭和13年[1938]
　　1冊;22 cm

Q98/13(2)
人類学・先史学講座.第二卷/長坂金雄編.—東京:雄山閣,昭和13年[1938]
　　1冊;22 cm

Q98/13(3)
人類学・先史学講座.第三卷/長坂金雄編.—東京:雄山閣,昭和13年[1938]
　　1冊;22 cm

Q98/13(5)
人類学・先史学講座.第五卷/長坂金雄編.—東京:雄山閣,昭和13年[1938]
　　1冊;22 cm

Q98/13(6)
人類学・先史学講座.第六卷/長坂金雄編.—東京:雄山閣,昭和13年[1938]
　　1冊;22 cm

Q98/13(7)
人類学・先史学講座.第七卷/長坂金雄編.—東京:雄山閣,昭和13年[1938]
　　1冊;22 cm

Q98/13-2(18)
人類学・先史学講座.第十八卷/長坂金雄編.—2版.—東京:雄山閣,昭和16年[1941]
　　1冊;22 cm

Q98/13-2(19)
人類学・先史学講座.第十九卷/長坂金雄編.—2版.—東京:雄山閣,昭和16年[1941]
　　1冊;22 cm

Q981/1-2
日本原人之研究/清野謙次著.—東京:荻原星文館,昭和18年[1943]
　　7,9,404頁;19 cm

Q982/1
人種の問題/J.ハックスリ,A.ハッドン著.—東京:岩波書店,昭和15年[1940]
　　184頁;18 cm

Q982/2
人種の衝突/ベシルマシウス著.—東京:開拓社,大正14年[1925]
　　3,3,4,195,14頁;18 cm

Q983/1
顔の人類学/山崎清著.—東京:天佑書房,昭和18年[1943]
　　4,9,552頁;21 cm

Q983/2
体質人類学/西村眞次著.—東京:早稲田大学出版部,大正15年[1926]
　　9,376頁;22 cm

Q987/1
遺伝と素質と体質/木田文夫著.—東京:白水社,昭和19年[1944]
　　275頁;19 cm

《中国图书馆分类法》类目

R

医药、卫生

R/1(1)
　實驗医報:第一年/松村寬治著.—[不詳]:實驗医報社,大正4年[1915]
　16,1038,10 頁;24 cm

R/1(2)
　實驗医報:第二年/松村寬治著.—[不詳]:實驗医報社,大正5年[1916]
　16,1050,13 頁;24 cm

R/1(4)
　實驗医報:第四年/松村寬治著.—[不詳]:實驗医報社,大正7年[1918]
　8,1022,8 頁;24 cm

R/1(5)
　實驗医報:第五年/松村寬治著.—[不詳]:實驗医報社,[不詳]
　12,1058,7 頁;24 cm

R/1(6)
　實驗医報:第六年/松村寬治著.—[不詳]:實驗医報社,[不詳]
　12,1014,8 頁;22 cm

R/1(7)
　實驗医報:第七年/松村寬治著.—[不詳]:實驗医報社,大正10年[1921]
　11,1098,9 頁;24 cm

R/1(8)
　實驗医報:第八年/松村寬治著.—[不詳]:實驗医報社,[不詳]
　1 冊頁;24 cm

R/1(9)
　實驗医報:第九年/松村寬治著.—[不詳]:實驗医報社,[不詳]
　13,1404,9 頁;24 cm

R/1(10)
　實驗医報:第十年/松村寬治著.—[不詳]:實驗医報社,[不詳]
　12,1492,7 頁;24 cm

R/1(12)
　實驗医報:第十二年/松村寬治著.—[不詳]:實驗医報社,大正14年[1925]
　127〜1492,10,14 頁;24 cm

R/1(13)
　實驗医報:第十三年/松村寬治著.—[不詳]:實驗医報社,[不詳]
　1 冊;24 cm

R/1(14)
　實驗医報:第十四年/松村寬治著.—[不詳]:實驗医報社,[不詳]
　14,1554,8 頁;24 cm

R/1(15)
　實驗医報:第十五年/松村寬治著.—[不詳]:實驗医報社,[不詳]
　14,1620,8 頁;24 cm

R/1(16)
　實驗医報:第十六年/松村寬治著.—[不詳]:實驗医報社,昭和5年[1930]
　16,1626,11 頁;24 cm

R/1(17)
　實驗医報:第十七年/松村寬治著.—[不詳]:實驗医報社,昭和6年[1931]
　16,1646,280,11 頁;24 cm

R/1(19)
　實驗医報:第十九年/松村寬治著.—[不詳]:實驗医報社,[不詳]
　16,1666,13 頁;24 cm

R/1(20)
　實驗医報:第二十年/松村寬治著.—[不詳]:實驗医報社,[不詳]
　1 冊;21 cm

R/1(21)
實驗医報:第二十一年/松村寬治著.—[不詳]:實驗医報社,昭和9年[1934]
1册;21 cm

R/1(22)
實驗医報:第二十二年/松村寬治著.—[不詳]:實驗医報社,昭和10年[1935]
1912,18,19頁;24 cm

R/1(26)
實驗医報:第二十六年/松村寬治著.—[不詳]:實驗医報社,昭和14年[1939]
1594,8頁;25 cm

R/2(1)
通俗医学講座.第一輯/刀彌館正雄編.—東京:東京朝日新聞發行所,昭和4年[1929]
266頁;19 cm

R/2(2)
通俗医学講座.第二輯/刀彌館正雄著.—東京:東京朝日新聞發行所,昭和4年[1929]
204頁;19 cm

R/2(3)
通俗医学講座.第三輯/刀彌館正雄編.—東京:東京朝日新聞發行所,昭和4年[1929]
200頁;19 cm

R/2(5)
通俗医学講座.第五輯/刀彌館正雄著.—東京:東京朝日新聞發行所,昭和4年[1929]
212頁;19 cm

R/3
病床道場/山縣正明著.—東京:弘文堂書房,昭和17年[1942]
255,4頁;18 cm

R/4
東京帝國大学医学部医学講習科講義録/石原忍編.—東京:鉄門俱楽部,昭和10年[1935]
429頁;26 cm

R/4(2)
東京帝國大学医学部医学講習科講義録.第二輯/石原忍編.—東京:鉄門俱楽部,昭和11年[1936]
2,413頁;26 cm

R/5
病氣をめぐって/緒方富雄著.—東京:羽田書店,昭和16年[1941]
3,215頁;18 cm

R/6-4(1)
実験細菌免疫及傳染病学.上卷/児玉豊治郎著.—第4版.—東京:吐鳳堂書店,大正10年[1921]
4,14,481,9頁;25 cm

R/8-16
病氣の正體:病氣とはどんなものか?/緒方富雄著.—16版.—東京:日本放送出版協會,昭和16年[1941]
155頁;17 cm

R/9
内出血/松井權平著.—東京:金原商店,昭和12年[1937]
2,2,86,3,2頁;22 cm

R/10
家庭医学/石川武美編.—東京:主婦之友社,昭和15年[1940]
8,382頁;18 cm

R/10-62
家庭医学/主婦之友社編輯局編.—62版.—東京:主婦之友社,昭和17年[1942]
8,382頁;18 cm

R/11-31
改訂增補家庭医学/糸左近著.—31版.—東京:金刺芳流堂,昭和5年[1930]

6,22,1302,19 頁;18 cm

R/12-3
福原伝染病及血清学各論/福原義柄著.―3 版.―東京:南江堂,大正 11 年[1922]
20,666 頁;26 cm

R/13
療魂記/(独)トルードー著.―東京:新潮社,昭和 18 年[1943]
4,369 頁;22 cm

R/14
医学序説/ジーゲリスト著.―東京:人文閣,昭和 18 年[1943]
228 頁;18 cm

R/15-3
細菌学血清学檢査法/中村豊著.―3 版.―東京:克誠堂書店,昭和 17 年[1942]
1329,28 頁;22 cm

R/16
熱診斷/市田賢治編.―東京:敬文社出版部,昭和 5 年[1930]
392 頁;26 cm

R/20
戰地から得た大陸の医学/中村光慶,稲垣是成著.―東京:人文閣,昭和 16 年[1941]
4,2,7,181 頁;18 cm

R-0/1
厚生醫学編/三宅静成著.―大阪:日新治療社,昭和 18 年[1943]
1,141,4 頁;18 cm

R-0/2
科学と信仰/小川勇著.―東京:大東亜公論社,昭和 18 年[1943]
5,323 頁;18 cm

R-02/1
医の哲学/高山坦三著.―東京:人文閣,昭和 18 年[1943]
2,2,259 頁;18 cm

R-09/1
科学随筆 医史叢談/富士川游著.―東京:書物展望社,昭和 17 年[1942]
8,407 頁;18 cm

R-091/1
西洋医術傳来史/古賀十二郎著.―東京:日新書院,昭和 17 年[1942]
2,5,12,475,23 頁;21 cm

R-091.313/1(1)
西医学東漸史話.上卷/関場不二彦著.―東京:吐鳳堂書店,昭和 8 年[1933]
472 頁;19 cm

R-091.313/1(2)
西医学東漸史話.下卷/関場不二彦編.―東京:吐鳳堂書店,昭和 8 年[1933]
476,23 頁;19 cm

R-092/1
支那医学史/陳邦憲著.―東京:大東出版社,昭和 15 年[1940]
2,113,7,350 頁;22 cm

R-093.13/1-2
日本疾病史/富士川遊著.―2 版.―東京:日本医書出版社株式会社,昭和 19 年[1944]
6,4,245 頁;26 cm

R-1/1(1)
医学の進步.第 1 輯/木下良順編.―東京:共立出版株式会社,昭和 17 年[1942]
9,702 頁;21 cm

R-1/1-2(1)
医学の進步.第 1 輯/木下良順編.―2 版.―東京:共立出版株式会社,昭和 18 年[1943]

9,702 頁;21 cm

R-44/1(5)
東京帝國大学医学部医学講習科講義録.第五輯/鉄門倶楽部編.—東京:鉄門倶楽部,昭和14年[1939]
2,374 頁;22 cm

R-44/2(4)
東京帝國大学医学部医学講習科講義録.第四輯/鉄門倶楽部編.—東京:鉄門倶楽部,昭和13年[1938]
417 頁;24 cm

R-49/1
私たちの呼吸/林たかし(左が高右の上が品下が木)著.—東京:偕成社,昭和19年[1944]
223 頁;18 cm

R-49/2
人体奇象/瀬川哲郎著.—東京:越後屋書房,昭和18年[1943]
312 頁;18 cm

R-49/3
厚生科学物語/J.D.ラトクリフ著.—東京:三省堂,昭和18年[1943]
5,9,423 頁;18 cm

R-49/4
医者の黒焼/高野六郎著.—東京:輝文堂書房,昭和18年[1943]
2,315 頁;19 cm

R-49/4-3
医者の黒焼/高野六郎著.—3版.—東京:輝文堂書房,昭和18年[1943]
4,315 頁;18 cm

R-49/5
健康増進叢書.美容篇/荒木利一郎編.—東京:日日新聞社,昭和4年[1929]
14,360 頁;18 cm

R-49/6
身体と食物/正木不如丘著.—東京:アルス,昭和3年[1928]
7,241 頁;18 cm

R-5/1(2)
稲田教授講演集.続編/稲田内科同窓会編.—東京:金原商店,昭和9年[1934]
3,672 頁;22 cm

R-5/1-2(1)
稲田教授講演集.前編/稲田内科同窓会編.—2版.—東京:金原書店,昭和5年[1930]
381 頁;22 cm

R-5/1-2(2)
稲田教授講演集.後編/稲田内科同窓会編.—2版.—東京:金原書店,昭和10年[1935]
4,591 頁;22 cm

R-51/1-2(1)
太平洋医学論業.第一輯/太平洋協会編.—2版.—東京:南江堂出版株式会社,昭和19年[1944]
2,5,378 頁;20 cm

R-52/1
家庭医学/岡本京太郎著.—東京:誠文堂,昭和2年[1927]
2,12,524,14 頁;18 cm

R-52/2
權田直助集/神崎四郎編.—東京:國民社創立事務所,昭和19年[1944]
359 頁;21 cm

R-53/1(3)
東京大学医学部医学講習科講義録.第三輯/石原忍編.—東京:鉄門倶楽部,昭和12年[1937]
411 頁;23 cm

R-53/2
　　稲田教授講演集.續編/稲田内科同窓會編.—東京:金原商店,昭和9年[1934]
　　　3,672頁;22 cm

R-61/1-2
　　國民医学大辞典/國民医学会編.—2版.—東京:文録社,昭和16年[1941]
　　　32,1246頁;21 cm

R-61/2-2
　　現代家庭医学精典:増補/厚生研究会編.—2版.—東京:国民図書協会出版部,昭和17年[1942]
　　　34,922頁;18 cm

R-7/1
　　日本医科器械目録/日本医科器械目録編纂所編.—大阪:村中兄弟商会,昭和12年[1937]
　　　520頁;26 cm

R1/1-8
　　簡明小衛生学/山田時一著.—第8版.—東京:富倉書店,昭和18年[1943]
　　　3,2,122頁;18 cm

R1/2
　　産業医学論集:民族發展と生産力増強のために/石川知福著.—東京:科学新興社,昭和19年[1944]
　　　5,274頁;20 cm

R1/3
　　国民病の豫防と撲滅/高野六郎著.—東京:保健衛生協會,昭和16年[1941]
　　　2,6,404頁;22 cm

R1/4-8
　　小衛生学/宮路重嗣,及川周著.—8版.—東京:金原商店,昭和15年[1940]
　　　3,169,4頁;22 cm

R1/5
　　衛生学/鯉沼茆吾著.—東京:金原書店,昭和12年[1937]
　　　4,261,14頁;22 cm

R1/5-2
　　衛生学/鯉沼茆吾著.—2版.—東京:金原書店,昭和16年[1941]
　　　4,295,11頁;22 cm

R1/6
　　國定教科書中生理衛生解説/越智眞逸著.—東京:文化生活研究会,大正15年[1926]
　　　7,41,736頁;21 cm

R1/8
　　生命の力/杉本清治著.—東京:大新社,昭和18年[1943]
　　　13,260頁;18 cm

R1-09/1
　　日本衛生史/藤浪剛一著.—東京:日新書院,昭和17年[1942]
　　　4,183頁;18 cm

R1-33/1-9
　　衛生試験法/小山哉編.—9版.—[不詳]:[不詳],明治45年[1912]
　　　4,12,1216,118,19頁;23 cm

R1-33/1-16(2)
　　衛生試験法.後編/小山哉編.—16版.—[不詳]:[不詳],昭和14年[1939]
　　　1册頁;21 cm

R1-33/1-18(1)
　　衛生試験法.前編,空気・水・土壌・飲食物/小山哉著.—18版.—[不詳]:[不詳],昭和14年[1939]

R11/1-24
　　生理衛生学粋/柳川福一著.—24版.—東京:慶文堂書店,昭和5年[1930]

9,4,203,21 頁;19 cm

R118/1
衛生材料消耗品解説/小林又七編.—[不詳]:[不詳],昭和 6 年[1931]
2,12,140 頁;22 cm

R12/1
環境衛生学/石川知福著.—東京:吐鳳堂,昭和 17 年[1942]
8,364,11 頁;21 cm

R122/1
空気の科学/庄司光著.—東京:績文堂,昭和 18 年[1943]
2,238 頁;18 cm

R122/1-2
空気の科学/庄司光著.—2 版.—東京:績文堂,昭和 19 年[1944]
2,2,3,288 頁;18 cm

R123/1
水の衛生/廣瀬孝六郎著.—東京:羽田書店,昭和 19 年[1944]
3,5,211 頁;18 cm

R124/1
塵芥と屎尿の科学/川畑愛義著.—東京:河出書房,昭和 19 年[1944]
281 頁;18 cm

R126/1-2
厚生住宅/平山嵩著.—2 版.—東京:河出書房,昭和 17 年[1942]
3,7,228,12 頁;18 cm

R126.4/1
家庭日常調剤寶鑑/越澤渦滿著.—東京:博文館,明治 45 年[1912]
3,38,604 頁;18 cm

R126.6/1-2
住宅問題/星野鉄男著.—2 版.—東京:金原商店,大正 15 年[1926]
56 頁;22 cm

R126.6/2-5
間違だらけの衛生/田中祐吉著.—5 版.—東京:大阪屋号書店,大正 9 年[1920]
268 頁;18 cm

R13/1
工場の保健衛生/中川義次著.—東京:金原書店,昭和 18 年[1943]
9,228 頁;22 cm

R13/2-3
労働衛生要解/石原修著.—3 版.—東京:金原商店,昭和 15 年[1940]
76 頁;22 cm

R13/3
月経と作業能力:女子運動と健民運動への一資料/桐原葆見著.—東京:東洋書館,昭和 18 年[1943]
2,14,394 頁;22 cm

R131/1
産業疲労/暉峻義等著.—東京:金原商店,大正 14 年[1925]
104 頁;22 cm

R135/1
産業と結核:その予防と治療対策について/宮本忍著.—大阪:朝日新聞社,昭和 18 年[1943]
8,276 頁;22 cm

R135.1/1
工業中毒/久保田重孝著.—東京:岩波書店,昭和 17 年[1942]
26 頁;25.5 cm

R15/1-2
食品の選択.榮養価計算早見書/繁富保雄,

北山義雄著.—2 版.—東京:糧友会,昭和 9 年[1934]

5,445 頁;22 cm

R15/2-3

栄養と調理/有本邦太郎著.—3 版.—東京:創文社,昭和 19 年[1944]

300 頁;19 cm

R15/3

榮養と食餌療法/横尾秋夫著.—東京:清水書房,昭和 17 年[1942]

2,8,248 頁;18 cm

R15/4-3

栄養新説/マッカラム著.—3 版.—東京:朝倉書店,昭和 17 年[1942]

2,735 頁;21 cm

R15/5-2

栄養/佐伯矩著.—改訂版.—東京:栄養社,昭和 17 年[1942]

3,6,365 頁;20 cm

R15/6

榮養と調理/有本邦太郎著.—東京:創文社,昭和 17 年[1942]

3,300 頁;20 cm

R15/7

僕らの栄養と食物/川島四郎著.—東京:誠文堂新光社,昭和 15 年[1940]

11,318 頁;18 cm

R15/8

食餌療法綱要/青木袈裟美編.—東京:陸軍軍医團,昭和 7 年[1932]

245 頁;22 cm

R15/9

國民食:栄養献立三百六十五日/加藤俊子著.—東京:早稲田図書出版社,[不詳]

2,2,3,331 頁;22 cm

R15/10

結核の食餌療法/片山量雄著.—東京:肇書房,昭和 17 年[1942]

8,353 頁;18 cm

R15/11-5

心身改造能力発現法/桧山鋭著.—5 版.—東京:研精社出版部,大正 8 年[1919]

11,226 頁;18 cm

R15/12

榮養知識發達史/高木和男著.—東京:山雅房,昭和 19 年[1944]

202 頁;19 cm

R15/13-3

食養療法学/宮川米次著.—3 版.—東京:克誠堂書店,昭和 13 年[1938]

8,438,8 頁;26 cm

R15/15

食品衛生学雑誌:總索引 著者索引 事項索引/日本食品衛生学会編.—東京:日本食品衛生学会,昭和 55 年[1980]

165 頁;25 cm

R151/1

研究の回顧/鈴木梅太郎著.—東京:輝文堂書房,昭和 18 年[1943]

6,4,366 頁;18 cm

R151/2-4

共同炊事/森川規矩著.—第四版.—東京:主義工業社,昭和 18 年[1943]

7,336 頁;21 cm

R151/3

栄養とビタミンの化学/川崎近太郎著.—東京:非凡閣,昭和 19 年[1944]

290 頁;21 cm

R151/4
正食・正眠・正排/高田隣徳著.—東京:日本電報通信社出版部,昭和17年[1942]
　12,240頁;20 cm

R151/5
戦時食生活入門/林勇記著.—東京:紙硯社,昭和17年[1942]
　2,4,200頁;18 cm

R151/6
食物と栄養/桜井芳人著.—東京:朝倉書店,昭和17年[1942]
　2,216頁;18 cm

R151/7
榮養学/井上兼雄著.—東京:朝日新聞社,昭和17年[1942]
　6,6,300頁;19 cm

R151/8
近代栄養学の革新/亘繁著.—東京:直霊出版社,昭和19年[1944]
　10,142,20頁;18 cm

R151/9-3
國民榮養を語る/原徹一著.—3版.—東京:啓文社,昭和19年[1944]
　3,6,211頁;21 cm

R151.2/1
栄養化学/鈴木梅太郎,二國二郎著.—東京:岩波書店,昭和10年[1935]
　7,240,6頁;17 cm

R151.2/1-2
栄養化学/鈴木梅太郎,二國二郎著.—東京:岩波書店,昭和16年[1941]
　12,295,9頁;17 cm

R151.2/2
栄養学上の蛋白質の問題/太黒薫著.—東京:岩波書店,昭和8年[1933]
　64頁;22 cm

R151.2/3
ビタミンと臨床/鈴木梅太郎,大森憲太編.—東京:金原商店,昭和16年[1941]
　11,489頁;24 cm

R151.3/1-10
栄養と食品の化学/有本邦太郎,藤巻良知著.—10版.—東京:丸善株式会社,昭和15年[1940]
　1冊;22 cm

R151.3/2-4
食物調理指導書/佐保会編.—4版.—東京:至誠堂,昭和10年[1935]
　8,199,12,22頁;19 cm

R151.3/3-12
栄養と食品の化学/藤巻良知,有本邦太郎著.—12版.—東京:丸善株式会社,昭和17年[1942]
　8,369,53,17頁;21.5 cm

R151.4/1-9
榮養食と治病食/篠田義市著.—9版.—東京:實業之日本社,昭和15年[1940]
　15,419頁;18 cm

R151.4/3
栄養企画書/有本邦太郎[等]著.—東京:柳原書店,昭和18年[1943]
　3,345頁;19 cm

R153/1-2
母と子の栄養学/大森憲太著.—2版.—東京:婦人之友社,昭和9年[1934]
　8,330,14,3頁;18 cm

R153.1/1
妊産乳婦の栄養と献立/藤本薫喜著.—東京:雄山閣,昭和18年[1943]
　14,366,13頁;21 cm

R153.1/2
　一般育児学/竹内茂代著.—東京:厚生閣,昭和17年[1942]
　　519頁;21 cm

R153.2/1-2
　乳児の栄養及栄養障碍/小山武夫著.—2版.—東京:診断と治療出版部,昭和9年[1934]
　　3,5,443,32頁;22 cm

R153.2/2-2
　児童と牛乳/岡田道一著.—2版.—東京:牛乳新聞社,昭和14年[1939]
　　130頁;18 cm

R153.2/3
　本邦乳幼児の急性栄養障碍に就て/戸川篤次著.—東京:金原商店,昭和13年[1938]
　　74頁;18 cm

R154/1
　栄養料理/服部七郎著.—大阪:増進社,昭和17年[1942]
　　8,13,378頁;20 cm

R155/1
　食物の中毒とその予防法/下田吉人著.—大阪:玄鹿洞書院,昭和18年[1943]
　　10,199頁;19 cm

R155/2-2
　食肉衛生警察/津野慶太郎著.—2版.—東京:長隆舎書店,大正2年[1913]
　　17,473,35頁;22 cm

R16/1-28
　夫婦の医学/高田義一郎著.—28版.—東京:鱒書房,昭和16年[1941]
　　159頁;18 cm

R16/2
　健康増進叢書.征病篇/三浦謹之助著.—大阪:大阪毎日新聞社,昭和4年[1929]
　　4,315頁;21 cm

R16/3
　健康の思索/教材社編輯部著.—東京:教材社,昭和18年[1943]
　　3,250頁;18 cm

R16/4-33
　理論応用西式触手療法と保健治病法/西勝造氏著.—33版.—東京:実業之日本社,昭和11年[1936]
　　12,506頁;18 cm

R16/5
　青年期の医学:男性篇/杉田直樹著.—東京:昭和書房,昭和18年[1943]
　　16,357頁;19 cm

R16/6
　自然の名醫:醫術に應用されたる靜坐/小林参三郎著.—東京:春秋社,大正13年[1924]
　　5,12,275頁;19 cm

R16/7
　中年期の醫學/藤井尚久著.—東京:昭和書房,昭和18年[1943]
　　4,8,212頁;18 cm

R16/8
　体力測定計算表/吉田章信,和田真利著.—東京:藤井書店,昭和17年[1942]
　　57頁;26 cm

R16-61/1
　家庭治療宝典/八代登編.—東京:主婦之友社,昭和9年[1934]
　　512頁;18 cm

R161/1
　健康禮讚/西川義方著.—東京:日本青年教育会出版部,昭和17年[1942]
　　342頁;19 cm

R161/3
　健康への道：完全正食の医学/二木謙三著.—東京：新紀元社，昭和17年[1942]
　　3,7,368頁；19 cm

R161/4-2
　老衰の原因及其豫防/アーノルド.ローランド著.—2版.—東京：南江堂，昭和13年[1939]
　　6,4,218頁；22 cm

R161/5
　現代生活群書/大行慶雄著.—東京：白揚社，昭和19年[1944]
　　3,5,350頁；18 cm

R161/6
　病氣は働きながら治る：人に備はる治病術とは何か/横尾秋夫著.—東京：青年書房，昭和14年[1939]
　　3,25,431頁；19 cm

R161/7-6
　光明の健康法/谷口雅春著.—6版.—東京：光明思想普及会，昭和17年[1942]
　　3,331頁；19 cm

R161/8
　四十からの健康法/柿崎茂著.—東京：紙硯社，昭和18年[1943]
　　2,4,174頁；18 cm

R161/9
　保健.厚生/深山あきら（上が日下が木）著.—東京：明治書房，昭和17年[1942]
　　9,269頁；18 cm

R161/10
　生活を医学する/倉上由一著.—東京：健康日本社，昭和17年[1942]
　　288頁；18 cm

R161/11
　百歳突破作戦/高田義一郎著.—東京：霞ケ関書房，昭和17年[1942]
　　318頁；18 cm

R161/12-2（1）
　絶対健康法.第一巻/山崎英治著.—2版.—東京：アルス，昭和11年[1936]
　　1册；18 cm

R161/13
　實踐國民保健大則/吉田章信著.—東京：中文館書店，昭和18年[1943]
　　2,97頁；22 cm

R161/14-2
　健康管理/山口正義著.—2版.—東京：河出書房，昭和19年[1944]
　　7,308,13頁；22 cm

R161/15
　病気予防健康法/長谷川基著.—東京：博聞堂，昭和17年[1942]
　　6,235頁；18 cm

R161/16-2
　一生無病のプラン/小田部荘三郎著.—2版.—東京：実業之日本社，昭和13年[1938]
　　2,6,296頁；18 cm

R161/17-2
　一日の保健生活の営み方/南崎雄七著.—2版.—東京：教材社，昭和18年[1943]
　　2,295頁；18 cm

R161/18
　ジャクソン式強体健康法/ロバート・G・ジヤクシシ著.—東京：今日の問題社，昭和15年[1940]
　　4,4,454頁；18 cm

R161/19-3
　保健長寿漢方治療皇漢医話.全/久米岩

著.—3版.—東京:下田文榮堂,昭和5年[1930]

2,8,324頁;18 cm

R161.1/1-4

心身鍛鍊深呼吸健康法/熊代彦太郎著.—4版.—東京:東亜堂書房,明治43年[1910]

2,14,212頁;22 cm

R161.1/2

筋骨薄弱者の体操/三橋体育研究所著.—東京:富士出版部,昭和19年[1944]

3,9,237頁;21 cm

R161.1/3

健康増進叢書:鍛鍊編/木下東作著.—東京:東京日日新聞社,昭和4年[1929]

248頁;19 cm

R161.1/4-6

ポイマテーブ　ジムナステック/ニュースブック著.—6版.—東京:南陽堂出版部,大正15年[1926]

146頁;19 cm

R161.6/1

早老を防ぐ條件/倉上由一著.—東京:健康日本社,昭和17年[1942]

215頁;18 cm

R161.6/2-8

四十からの無病生活法/式場隆三郎著.—8版.—東京:實業之日本社,昭和12年[1937]

4,7,346頁;18 cm

R161.7/1

健康長寿の秘決/平賀臨著.—東京:紙硯社,昭和18年[1943]

7,239頁;18 cm

R161.7/2

老人にならぬ健康法/佐藤壽著.—東京:小西書店,大正8年[1919]

6,242頁;18 cm

R161.7/3

長寿の科学的研究/(仏)E・メチニコフ著.—東京:科学主義工業社,昭和17年[1942]

4,23,12,463,22,24,23,6頁;18 cm

R163/1

身躯に及ぼす煙草の害毒/岡田道一著.—東京:子ごも衛生社,昭和11年[1936]

4,62頁;18 cm

R163/2

安眠の研究三十年新安眠法/増田静夫著.—大阪:増進堂,昭和17年[1942]

2,11,206頁;20 cm

R163/3-14

快食快眠快便/諸岡存著.—14版.—東京:實業之日本社,昭和14年[1939]

3,18,440頁;18 cm

R163/3-21

快食快眠快便/諸岡存著.—21版.—東京:実業之日本社株式会社,昭和17年[1942]

3,17,440頁;18 cm

R163/4

煙草と健康/宇賀田為吉著.—東京:羽田書店,昭和18年[1943]

4,4,225頁;18 cm

R163/5-15

療養新道/遠藤繁清著.—15版.—東京:実業之日本社,昭和5年[1930]

5,11,375頁;19 cm

R169.1/1

女と死:或る医学者の手記/入江光桜子著.—東京:昭和書房,昭和17年[1942]

6,224頁;18 cm

R169.1/2

指導者民族の優生的維新/池田林儀著.—大

阪:日本出版社,昭和 17 年[1942]
　　4,9,320 頁;22 cm

R169.1/3
　　増補優生結婚/安井洋著.—東京:廣文堂書店,昭和 17 年[1942]
　　2,4,168 頁;19 cm

R17/1
　　保健婦教本.予防篇/恩賜財団愛育会,中央社会事務協会編.—東京:刀江書院,昭和 18 年[1943]
　　8,431;21 cm

R17/1(3)
　　保健婦教本.第三巻,看護篇/恩賜財団愛育会,中央社会事業協会編.—東京:刀江書院,昭和 18 年[1943]
　　4,20,399;21 cm

R17/2
　　児童養護の理論と實際/木下東作著.—大阪:日本学童保険協会,昭和 11 年[1936]
　　7,530 頁;22 cm

R17/3
　　育児日記/高津忠夫著.—東京:協和書房,昭和 18 年[1943]
　　176,10,3 頁;19 cm

R174/1
　　育児實習書/斎藤文雄,小林彰著.—東京:右文館,昭和 18 年[1943]
　　8,281 頁;21 cm

R174/2
　　健康増進叢書.育児篇/瀬川昌世,木下正中著.—大阪:大阪毎日新聞社,昭和 4 年[1929]
　　13,306 頁;19 cm

R174/3
　　児童精神衛生学/P. M. サイモンズ著.—京都:教育図書株式会社,昭和 16 年[1941]
　　404 頁;21 cm

R174/4
　　赤ちゃんから両親へ/高田義一郎著.—東京:春陽堂,昭和 4 年[1929]
　　1,10,319 頁;18 cm

R174/5
　　母乳の科学/廣島英夫著.—大阪:全國書房,昭和 18 年[1943]
　　5,342 頁;18 cm

R174/6(1)
　　標準育児講座.第一巻,發育・榮養・育児/樋口正徳編.—大阪:朝日新聞社,昭和 15 年[1940]
　　8,352 頁;21 cm

R174/6(3)
　　標準育児講座.第三巻,救急・保健・便覧/樋口正徳編.—大阪:朝日新聞社,昭和 16 年[1941]
　　10,382 頁;22 cm

R174/7
　　乳幼児の養護/高橋みち著.—東京:朝日新聞社,昭和 17 年[1942]
　　13,297 頁;18 cm

R174/8-2
　　育児読本/田村均著.—2 版.—東京:婦人之友社,昭和 6 年[1931]
　　13,277,8 頁;18 cm

R174/9
　　子供の見方と躾方/相馬助治,唐澤杉三著.—東京:照林堂書店,昭和 17 年[1942]
　　4,7,330 頁;18 cm

R179/1(4)
　　國民学校学校病対策手當篇.第四輯/岡田道一編.—東京:明治図書株式会社,昭和 16 年[1941]

4,2,7,252 頁；18 cm

R18/1
東亜の伝染病．風土病/粟屋三四二著．—東京：厚生閣，昭和 17 年[1942]
249 頁；19 cm

R18/2
自然健康法/簑和田⑪二著．—京都：晃文社，昭和 18 年[1943]
3,8,308 頁；18 cm

R18/3(1)
健民と防疫．上巻/井口乗海著．—東京：文松堂書店，昭和 18 年[1943]
14,9,634 頁；23 cm

R18/3(2)
健民と防疫．下巻/井口乗海著．—東京：文松堂書店，昭和 19 年[1944]
8,653 頁；23 cm

R186/1
精製痘苗の皮下種痘法/矢追秀武著．—東京：金原商店，昭和 11 年[1936]
48 頁；19 cm

R186/2
日本種痘はじめ/鈴木三郎著．—東京：帝國教育会出版部，昭和 17 年[1942]
194 頁；18 cm

R188.11/1
南方生活と衛生上の対策/泰山弘道著．—東京：大同印書館，諸和 17 年[1942]
4,6,372 頁；18 cm

R188.11/2
熱帯環境医学/草間良男著．—東京：南山堂書店，昭和 19 年[1944]
2,4,231 頁；21 cm

R188.11/3
熱帯外科/桑原悟．—東京：南江堂出版株式会社，昭和 19 年[1944]
458,12 頁；18 cm

R188.11/4
南方医典/南方医典編纂委員会著．—東京：大東亜出版株式会社，昭和 19 年[1944]
2,2,10,286,7 頁；15 cm

R188.11/5
熱帯傳染病学/長野泰一著．—東京：克誠堂書店，昭和 18 年[1943]
262,12 頁；21 cm

R188.313/1
日本疫史及防疫史/山崎佐著．—東京：克誠堂書店，昭和 6 年[1931]
4,10,862,65,4 頁；21 cm

R19/1
健康教育の基準/中尾勇著．—東京：賢文館，昭和 14 年[1939]
2,10,366 頁；22 cm

R19-013.13/1
註解医事関係法令要覧：参照法令判例及行政實例附/亀山孝一,稲川鉚一著．—東京：巖松堂書店，昭和 9 年[1934]
590,15 頁；19 cm

R192/1
担架操法教練/喜多浦哲宗著．—東京：右文館，昭和 18 年[1943]
4,151 頁；18 cm

R192.3/1-7
医師開業術/立神正夫著．—7 版．—東京：吐鳳堂書店，大正 11 年[1922]
12,339 頁；18 cm

R192.5/1
産業保健指導員：生活指導者としての産業

保健婦/天達忠雄著.—東京:常磐書房,昭和 18 年[1943]

  6,6,354 頁;22 cm

R199.313/1

  保健大則/吉田章信著.—東京:中文館書店,昭和 16 年[1941]

  2,86 頁;21 cm

R199.313/2-2

  保健施設の理論と實際/中楯幸吉著.—2 版.—東京:南山堂書店,昭和 16 年[1941]

  2,19,468 頁;22 cm

R2/1

  日本儒医研究/安西安周著.—東京:龍吟社,昭和 18 年[1943]

  4,3,12,643,39,6 頁;22 cm

R212/1

  温泉と健康/西川義方著.—東京:南山堂書店,昭和 7 年[1932]

  2,6,442 頁;23 cm

R242/1

  経験漢方治療学/鮎川静著.—東京:春陽堂書店,昭和 17 年[1942]

  6,4,422,3 頁;21 cm

R242/1-2

  経験漢方治療学/鮎川静著.—2 版.—東京:春陽堂書店,昭和 19 年[1944]

  422,3 頁;21 cm

R245/1-32

  萬病に効くお灸療法/原志免太郎著.—32 版.—東京:實業之日本社,昭和 15 年[1940]

  7,289 頁;17 cm

R245/2-8

  灸法の医学的研究.國民保健の新提唱.結核治療の新福音/原志免太郎著.—8 版.—東京:春秋社,昭和 5 年[1930]

  2,8,254 頁;23 cm

R247.1/1-5

  食養療法/慶応医学部食養研究所編.—5 版.—東京:吐鳳堂,昭和 16 年[1941]

  8,352 頁;23 cm

R247.1/2-43

  食物だけで病気が癒る新食養療法/桜澤如一著.—43 版.—東京:實業之日本社,昭和 14 年[1939]

  8,286 頁;18 cm

R247.1/3-2

  食餌療法.食品学之部/佐々廉平著.—2 版.—東京:近世医学社,大正 10 年[1935]

  4,8,211 頁;18 cm

R247.1/4

  食事で病気を治す 健康食療法全書/栗山毅一著.—東京:婦人之友社,昭和 17 年[1942]

  18,352 頁;19 cm

R247.1/5-2

  食物による健康と幸福/桜澤如一著.—2 版.—東京:成史書院,昭和 15 年[1940]

  2,189 頁;19 cm

R28/1(2)

  薬物.Ⅱ/田内森三郎,大谷武夫著.—東京:厚生閣,昭和 17 年[1945]

  87 頁;22 cm

R282/1-3

  北支那の薬草/石戸谷勉著.—3 版.—東京:同仁会,昭和 17 年[1942]

  6,94,6 頁;21 cm

R282.7/1-2

  薬化学夜話/寺田文次郎著.—2 版.—東京:敞傍書房,昭和 17 年[1942]

  323 頁;18 cm

R282.71/1-2
　薬学叢書植物監基/津田恭介,宮木高明著.—2版.—東京:廣川書店,昭和15年[1940]
　　322頁;19 cm

R282.71/2-21
　薬用植物学/下山忠典著.—21版.—東京:南江堂,大正13年[1924]
　　2,6,375頁;22 cm

R282.71/2-28
　薬用植物学/下山順一郎著.—28版.—東京:南江堂,昭和10年[1935]
　　2,6,306,19,6頁;22 cm

R282.74/1
　昆虫本草:薬用食用昆虫解説/梅村甚太郎著.—名古屋:正文館書店,昭和18年[1943]
　　8,209頁;18 cm

R3/1-7
　細菌学免疫学講本/中村豊著.—7版.—東京:克誠堂書店,昭和19年[1944]
　　5,12,692,25頁;22 cm

R313/1-5
　医化学提要/隈川宗雄,柿内三郎著.—5版.—東京:克誠堂書店,昭和11年[1922]
　　10,10,792,12頁;26 cm

R313/2
　医化学/永山武美著.—東京:明文館書店,昭和8年[1933]
　　2,12,443頁;20 cm

R313/2-6
　医化学/永山武美著.—6版.—東京:明文館書店,昭和16年[1941]
　　13,541,25頁;20 cm

R313/2-7
　医化学/永山武美著.—7版.—東京:明文館書店,昭和18年[1943]
　　553,26頁;20 cm

R313/3-7
　新医化学/額田豊著.—7版.—東京:株式会社金原商店,昭和9年[1934]
　　4,421頁;23 cm

R313/4-8
　小医化学實習/須藤憲三著.—8版.—東京:瓜生済生館,大正12年[1923]
　　17,263頁;21 cm

R313/4-13
　小医化学實習/須藤憲三著.—13版.—東京:瓜生済生館,昭和2年[1927]
　　17,263頁;21 cm

R313-33/1-5
　医化学實験法/須藤憲三著.—5版.—東京:南江堂書店,昭和9年[1934]
　　20,625頁;21 cm

R32/1-5(2)
　組織学講本.下巻/ドクトルストヨール著.—5版.—東京:南江堂書店,大正2年[1913]
　　10,378頁;21 cm

R32/1-6(1)
　組織学講本.上巻/(獨)ドクトルストヨール著.—6版.—東京:南江堂書店,大正3年[1914]
　　7,8,366頁;23 cm

R32/2
　日本人の強さの研究/堀江憲治著.—東京:山雅房,昭和18年[1943]
　　261頁;18 cm

R321/1
　人体發生学/津崎孝道著.—東京:金原商店,昭和15年[1940]
　　2,4,280,36頁;20 cm

R321/2
　人体胚胎学図譜/拙社普编.—北京:人民衛生出版社,年[1965]
　　10,187 頁;27 cm

R322/1-14
　小解剖学/西成甫著.—14 版.—東京:金原商店,昭和 17 年[1942]
　　7,205,18 頁;22 cm

R322/2
　高木局所解剖学/高木耕三著.—東京:南山堂書店,昭和 18 年[1943]
　　8,373 頁;25 cm

R322/3-9(1)
　解剖學. 第一卷,細胞學. 組織學/岡嶋敬治著.—9 版.—東京:吐鳳堂,昭和 15 年[1940]
　　141 頁;26 cm

R322/4-17(2)
　近世解剖学. 下卷/二村領次郎著.—17 版.—東京:株式會社金原商店,昭和 17 年[1942]
　　3,395,24 頁;26 cm

R322/5-2
　解剖学實習用描写用図. 靭帯及筋学/長松英一著.—2 版.—東京:金原商店,昭和 17 年[1942]
　　113 頁;27 cm

R322-64/1-11
　小解剖学図譜/西成甫著.—11 版.—東京:金原商店,昭和 12 年[1937]
　　3,124,2 頁;22 cm

R322.85/1
　脳の話/平澤興著.—東京:畝傍書房,昭和 18 年[1943]
　　7,390 頁;18 cm

R324/1-4
　解剖生理学知識/吉田忠著.—4 版.—東京:肇書房,昭和 18 年[1943]
　　4,177 頁;21 cm

R324/1-23(3)
　實用解剖学. 卷三,血管学神経学/今田束著.—23 版.—東京:萬谷堂,大正 12 年[1923]
　　1 冊;23 cm

R329/1-7
　近世組織学/二村領次郎著.—第 7 版.—東京:金原商店,大正 13 年[1924 年]
　　4,250,11 頁;22 cm

R329/2-6
　小組織学/森於菟著.—6 版.—東京:株式会社金原書店,昭和 12 年[1937]
　　11,294,12,50 頁;22 cm

R329/3-3
　組織学實習提要/慶應義塾大学醫学部解剖學教室編.—3 版.—東京:南山堂書店,昭和 18 年[1943]
　　4,238 頁;26 cm

R329-64/1(2)
　組織学実習図譜. 下卷/中野由巳著.—東京:金原商店,昭和 17 年[1942]
　　179 頁;26 cm

R33/1-6
　生理学要綱/橋田邦彦著.—6 版.—東京:富倉書店,昭和 7 年[1932]
　　348,14;25 cm

R33/1-8
　生理学要綱/橋田邦彦著.—8 版.—東京:富倉書店,昭和 10 年[1935]
　　378,25 頁;25 cm

R33/2-38
　人体名所遊覽記/高田義一郎著.—第 38 版.—東京:霞ヶ関書房,昭和 18 年[1943]
　　5,328 頁;18 cm

R33/3
生理学概論/林躁著.—東京:広文堂,昭和15年[1940]
4,23,532 頁;21 cm

R33/4
体力の基礎科学/ .—東京:興風館,昭和18年[1943]
5,166 頁;21 cm

R33/5-11
生理学粋/[不詳].—11 版.—東京:南江堂書店,大正13年[1924]
8,385,8 頁;22 cm

R33/6-2
百萬人の生理学/林髞著.—2 版.—東京:三教書院,昭和16年[1941]
329 頁;18 cm

R33/7(1)
改訂生理学.上/橋田邦彦著.—東京:岩波書店,昭和14年[1939]
4,255 頁;18 cm

R33/7(2)
改訂生理学.下/橋田邦彦著.—東京:岩波書店,昭和9年[1934]
7,[257~501]頁;18 cm

R33/8
生理学の常識/加藤元一著.—東京:東京開成館,昭和18年[1943]
8,377 頁;21 cm

R33/9-6(1)
医用生理学.上巻,緒論.血液.循環/正路倫之助著.—6 版.—東京:南江堂,年[?]
2,6,299,18 頁;24 cm

R33/9-8(1)
医用生理学.上巻,緒論.血液.循環/正路倫之助著.—8 版.—東京:南江堂,昭和18年[1943]
2,6,299,18 頁;24 cm

R33/9-8(2)
医用生理学.中巻,呼吸・消化・尿排泄・体熱/正路倫之助著.—8 版.—東京:南江堂,昭和18年[1943]
6,263,16 頁;26 cm

R331.1/1
生きた反応:血清学史の一断面/秋元壽恵夫著.—東京:柏葉書院,昭和18年[1943]
4,3,292,4,18 頁;18 cm

R331.1/2
血液型と輸血/志賀達雄著.—東京:弘道館図書株式会社,昭和18年[1943]
3,122 頁;18 cm

R331.1/3
血液の科学/沼野井春雄著.—東京:青山書院,昭和19年[1944]
3,5,271 頁;19 cm

R331.1/4
血液記/林髞著.—東京:力書房,昭和19年[1944]
3,6,298 頁;19 cm

R332/1
呼吸・醱酵・腐敗/田中潔著.—東京:日本出版社,昭和18年[1943]
4,212,7 頁;19 cm

R335/1
脳下垂体:ホルモンの科学/竹脇潔著.—東京:青山書院,昭和19年[1944]
2,3,176 頁;18 cm

R338/1-4
自律神経系.完/呉建,冲中重雄著.—4 版.—東京:克誠堂書店,昭和19年[1944]
4,635 頁;26 cm

R36/1-5(1)
　病理学総論.上巻/木村哲二著.—5版.—東京:克誠堂書店,昭和5年[1930]
　　7,265頁;22 cm

R36/2-4
　改訂病理学知識/大村清二著.—4版.—東京:肇書房,昭和19年[1944]
　　4,10,241頁;21 cm

R36/3-9
　近世病理学總論/今裕著.—9版.—東京:南山堂書店,大正13年[1924]
　　8,264頁;23 cm

R36/3-19
　近世病理学總論/今裕著.—19版.—東京:南山堂書店,昭和18年[1943]
　　8,264頁;26 cm

R36/4
　病理学/大村清二著.—東京:健康図書出版部,昭和16年[1941]
　　4,10,233頁;22 cm

R36/5(1)
　標本図説病理組織学.前編/今村隼稲著.—東京:南江堂書店,明治45年[1912]
　　4,101頁;22 cm

R36/5(2)
　標本図説病理組織学.後編/今村隼稲著.—東京:南江堂書店,大正元年[1912]
　　4,102～202頁;23 cm

R36/6-4(2)
　病理学総論.中の巻/緒方知三郎[等]著.—4版.—東京:南山堂,昭和13年[1938]
　　544頁;25.5 cm

R36/6-4(3)
　病理学総論.下の巻/緒方知三郎[等]著.—4版.—東京:南山堂,昭和13年[1938]
　　5,[547～1072],22頁;26 cm

R36/7
　支那社会病理学:生活.保健.家族の諸問題に関する研究用資料書/H.D.ラムソン著.—東京:生活社,昭和16年[1941]
　　18,24,770,58頁;22 cm

R36/8-7
　教育病理学/笠原道夫講述.—7版.—京都:京都府教育会,大正3年[1914]
　　6,226頁;23 cm

R36/9-2
　近世病理組織学検査術式/佐藤清著.—2版.—東京:南山堂書店,大正13年[1924]
　　15,307,13頁;23 cm

R36-64/1-2
　病理学図譜/木村哲二著.—2版.—東京:克誠堂書店,昭和4年[1929]
　　2,28,245頁;22 cm

R361/1-12
　病理組織学を学ぶ人々に;実習を受ける学生と研究者のために/緒方知三郎,緒方富雄著.—12版.—東京:金原商店,昭和17年[1942]
　　672頁;21 cm

R361/2-6
　近世病理解剖学/今裕著.—6版.—東京:南山堂書店,大正13年[1924]
　　6,633,16頁;25 cm

R361/3-2(2)
　病理解剖各論.中巻/木村哲二著.—2版.—東京:克誠堂書店,昭和3年[1928]
　　169～327頁;22 cm

R361/3-4(1)
　病理解剖各論.上巻/木村哲二著.—4版.—東京:克誠堂書店,昭和7年[1932]
　　166頁;21 cm

R361/3-5(1)
病理解剖各論. 上卷/木村哲二著. —5 版. —東京:克誠堂書店,[不詳]
3,4,166 頁;18 cm

R363.1/1
病因と体質/佐野次郎著. —東京:山雅房,昭和 17 年[1942]
4,315 頁;21 cm

R37/2-6(2)
病原細菌学. 後編/佐々木秀一著. —6 版. —東京:南江堂書店,大正 12 年[1923]
8,491 頁;23 cm

R37/2-7(1)
病原細菌学. 前編/佐々木秀一著. —7 版. —東京:南江堂書支店,大正 13 年[1924]
374,6 頁;22 cm

R37/2-7(2)
病原細菌学. 後編/佐々木秀一著. —7 版. —東京:南江堂書店,大正 14 年[1925]
5,8,491 頁;22 cm

R37/2-8(1)
病原細菌学. 前編/佐々木秀一著. —8 版. —東京:南江堂書店,昭和 2 年[1927]
12,399 頁;22 cm

R37/3
人と細菌/押鐘篤著. —東京:羽田書店,昭和 17 年[1942]
2,4,283 頁;18 cm

R37/4-2
細菌學血清學檢查法:增訂 2 版・挿図 169 個/中村豊著. —2 版. —東京:克誠堂書店,昭和 13 年[1938]
5,4,23,1329,28 頁;23 cm

R37/5-3
實驗細菌学. 各論. 上卷/兒玉豊治郎著. —3 版. —東京:吐鳳堂書店,大正 9 年[1920]
4,365 頁;23 cm

R37/6-5(1)
增訂實習細菌学. 各論. 上/浅川範彦著. —5 版. —東京:南江堂書店,明治 36 年[1903]
22,398,8 頁;23 cm

R37/7-7
小細菌学/竹内松次郎著. —7 版. —東京:大阪,昭和 7 年[1932]
9,296,11 頁;23 cm

R37/8-3
黴毒. 全/林成夫編. —3 版. —福岡:九州帝國大学医学部学友会出版部,昭和 4 年[1929]
11,455 頁;21 cm

R371.7/1-2
石原血清学/石原房雄著. —2 版. —東京:吐鳳堂書店,大正 13 年[1924]
13,351,12,10 頁;23 cm

R373/1
ヴィールス疾患/里見三男著. —東京:克誠堂書店,昭和 15 年[1940]
178 頁;22 cm

R38/1-3
人体寄生蟲病診療／実際/田邊操著. —3 版. —東京:南山堂書店,昭和 7 年[1932]
227 頁;18.5 cm

R38/2-3
臨床寄生蟲卵図譜附寄生蟲概要/高橋操三郎著. —3 版. —東京:金原商店,昭和 15 年[1940]
2,3,104 頁;21 cm

R384/1(1)
医用昆虫学. 上卷/德永雅明著. —大阪:診療と経験社,昭和 18 年[1943]

3,851 頁;26 cm

R39/1
　國医薬物学研究/清水藤太郎著.—東京:広川書店,昭和 16 年[1941]
　　4,183 頁;19 cm

R392/1
　免疫治療及免疫豫防/高野六郎著.—東京:南山書店,大正 10 年[1921]
　　136,4 頁;22 cm

R392/2-2
　免疫学/松下禎二著.—2 版.—東京:崇学院,大正 14 年[1925]
　　35,922 頁;26 cm

R4/1(115)
　臨床医学講座.第一一五輯,児童の視力/中島實講述.—東京:金原商店,昭和 13 年[1938]
　　55 頁;19 cm

R4/1
　臨床医学講座.モルヒネ中毒.其療法/久保喜代二著.—東京:金原商店,昭和 15 年[1940]
　　49 頁;19 cm

R4/1(4)
　臨床医学講座.第四輯,医事法制の誤り易き諸点/山崎佐著.—東京:金原商店,昭和 10 年[1935]
　　55 頁;19 cm

R4/1(5)
　臨床医学講座.第五輯,脳溢血の診断と治療/西野忠次郎著.—東京:金原商店,昭和 10 年[1935]
　　50 頁;19 cm

R4/1(6)
　臨床医学講座.第六輯,血尿の鑑別診断と其の療法/高橋明著.—東京:金原商店,昭和 10 年[1935]
　　86 頁;19 cm

R4/1(7)
　臨床医学講座.第七輯,形態異常(畸形)の治癒成否/高木憲次著.—東京:金原商店,昭和 10 年[1935]
　　53 頁;19 cm

R4/1(8)
　臨床医学講座.第八輯,狭心症の診断と治療/大森憲太著.—東京:金原商店,昭和 10 年[1935]
　　53 頁;19 cm

R4/1(9)
　臨床医学講座.第九卷,産褥熱の療法/川添正道著.—東京:金原商店,昭和 10 年[1935]
　　73 頁;19 cm

R4/1(10)
　臨床医学講座.第十卷,結膜炎の診断と治療/石原忍 著.—東京:金原商店,昭和 10 年[1935]
　　26 頁;19 cm

R4/1(12)
　臨床医学講座.第十二輯,膿尿の診断及び治療/北川正惇著.—東京:金原商店,昭和 10 年[1935]
　　71 頁;19 cm

R4/1(13)
　臨床医学講座.第十三卷,膿皮症と其治療/太田正雄著.—東京:金原商店,昭和 10 年[1935]
　　48 頁;19 cm

R4/1(15)
　臨床医学講座.第十五卷,人口氣胸療法/熊谷岱蔵著.—東京:金原商店,昭和 10 年[1935]
　　52 頁;19 cm

R4/1(17.2)
　臨床医学講座.第十七輯,治療食餌.下卷/宮

川米次著.—東京:金原商店,昭和11年[1936]
　　53頁;19 cm

R4/1(21)
　　臨床医学講座.第二十一輯,肺炎の診断と治療/金子廉次郎著.—東京:金原商店,昭和11年[1936]
　　38頁;19 cm

R4/1(26)
　　臨床医学講座.第二十六輯,腎臓病の食餌療法/佐々廉平著.—東京:金原商店,昭和11年[1936]
　　80頁;19 cm

R4/1(27)
　　臨床医学講座.第二十七輯,臨床医家の注意すべき事項/井口乗海著.—東京:金原商店,昭和11年[1936]
　　62頁;19 cm

R4/1(28)
　　臨床医学講座.第二十八輯,過酸症及溜飲症に就て/小澤修造著.—東京:金原商店,昭和11年[1936]
　　61頁;19 cm

R4/1(29)
　　臨床医学講座.第二十九輯,丹毒の診断と療法/遠山郁三著.—東京:金原商店,昭和11年[1936]
　　36頁;19 cm

R4/1(34)
　　臨床医学講座.第三十四輯,腎疾各型の治療方針/佐々廉平著.—東京:金原商店,昭和11年[1936]
　　64頁;19 cm

R4/1(37)
　　臨床医学講座.第三十七輯,胆石の發生と其の治療の根本義/松尾厳著.—東京:金原商店,昭和11年[1936]
　　54頁;19 cm

R4/1(39)
　　臨床医学講座.第三十九輯,嶋性及び嶋外性糖尿病の治療/坂口康蔵著.—東京:金原商店,昭和11年[1936]
　　56頁;19 cm

R4/1(40)
　　臨床医学講座.第四十輯,皮膚疾患の鑑別に療法/皆見省吾著.—東京:金原商店,昭和11年[1936]
　　69頁;19 cm

R4/1(41)
　　臨床医学講座.第四十一輯,黴毒療法の實際/遠山郁三著.—東京:金原商店,昭和11年[1936]
　　61頁;19 cm

R4/1(42)
　　臨床医学講座.第四十二輯,神経性不眠症/杉田直樹著.—東京:金原商店,昭和11年[1936]
　　77頁;19 cm

R4/1(43)
　　臨床医学講座.第四十三輯,高血圧の成因と其療法/加藤豊治郎著.—東京:金原商店,昭和11年[1936]
　　61頁;19 cm

R4/1(44)
　　臨床医学講座.第四十四輯,各種治療血清と其の臨床的応用/宮川米次著.—東京:金原商店,昭和11年[1936]
　　75頁;19 cm

R4/1(45)
　　臨床医学講座.第四十五輯,心筋不良状態の診斷/呉建著.—東京:金原商店,昭和11年[1936]
　　34頁;19 cm

R4/1(46)
　　臨床医学講座.第四十六輯,神経疾病患の一般治療法/島薗順次郎著.—東京:金原商店,昭和11年[1936]
　　　46頁;19 cm

R4/1(48)
　　臨床医学講座.第四十八輯,乳児栄養障碍の治療方針/栗山重信著.—東京:金原商店,昭和11年[1936]
　　　59頁;19 cm

R4/1(56)
　　臨床医学講座.第五十六巻,ヂフテリアの予防法/宮川米次著.—東京:金原商店,昭和12年[1937]
　　　68頁;19 cm

R4/1(60.2)
　　臨床医学講座.第六十輯,糖尿病及び合併症の療法.下巻/飯塚直彦著.—東京:金原商店,昭和12年[1937]
　　　68頁;19 cm

R4/1(67)
　　臨床医学講座.第六十七巻,性慾異常と其療法/植松七九郎著.—東京:金原商店,昭和12年[1937]
　　　52頁;19 cm

R4/1(68)
　　臨床医学講座.第六十八巻,消化不良症及び乳児腸炎の診断と療法/唐澤光徳著.—東京:金原商店,昭和12年[1937]
　　　63頁;19 cm

R4/1(70)
　　臨床医学講座.第七十巻,浮腫と其療法/小澤修造著.—東京:金原商店,昭和12年[1937]
　　　77頁;19 cm

R4/1(71)
　　臨床医学講座.第七十一輯,外科医より観に肺肋膜疾患/佐藤清一著.—東京:金原商店,昭和12年[1937]
　　　39頁;19 cm

R4/1(72)
　　臨床医学講座.第七十二輯,慢性淋疾の治療/北川正惇著.—東京:金原商店,昭和12年[1935]
　　　42頁;19 cm

R4/1(75.6)
　　臨床医学講座.第七十五輯,狭心症の治療.第六回,治療医学講座/呉建著.—東京:金原商店,昭和12年[1937]
　　　54頁;19 cm

R4/1(76)
　　臨床医学講座.第七十六輯,一般医家に必要なる整形外科/片山國幸著.—東京:金原商店,昭和12年[1937]
　　　68頁;19 cm

R4/1(77)
　　臨床医学講座.第七十七輯,動脈硬化症に因する疾患就中溢血脳凝塞及び動脈硬化症に就て/西野忠次郎著.—東京:金原商店,昭和12年[1937]
　　　40頁;19 cm

R4/1(79)
　　臨床医学講座.第七十九輯,内科的疾患に見らるゝ眼症状と其治療/石原忍著.—東京:金原商店,昭和12年[1937]
　　　65頁;19 cm

R4/1(80)
　　臨床医学講座.第八十輯,温泉療法概説/西川義方著.—東京:金原商店,昭和12年[1937]
　　　75頁;19 cm

R4/1(81)
　　臨床医学講座.第八十一輯,湿疹と内臓変化/三宅勇著.—東京:金原商店,昭和12年[1937]

[1937]

43 頁;19 cm

R4/1(82)
　臨床医学講座.第八十二輯,脳膜炎症候群の鑑別診断/柿沼昊作講述.—東京:金原商店,昭和12年[1937]

46 頁;19 cm

R4/1(85)
　臨床医学講座.第八十五輯,ロイマチス/鹽谷不二雄講述.—東京:金原商店,昭和12年[1937]

37 頁;19 cm

R4/1(86)
　臨床医学講座.第八十六輯,小児脚氣/太田孝之講述.—東京:金原商店,昭和12年[1937]

48 頁;19 cm

R4/1(87)
　臨床医学講座.第八十七輯,不妊娠の成員と治療/篠田糺著.—東京:金原商店,昭和12年[1937]

83 頁;19 cm

R4/1(89)
　臨床医学講座.第八十九輯,妊娠と浮腫.上巻/久慈直太郎著.—東京:金原商店,昭和13年[1938]

59 頁;19 cm

R4/1(90.2)
　臨床医学講座.第九十輯,妊娠と浮腫.下巻/久慈直太郎著.—東京:金原商店,昭和13年[1938]

54 頁;19 cm

R4/1(91)
　臨床医学講座.第九十一輯,浮腫と其療法/柿沼昊作著.—東京:金原商店,昭和13年[1938]

76 頁;19 cm

R4/1(95)
　臨床医学講座.第九十五輯,肺結核の対症療法/田澤鐐二著.—東京:金原書店,昭和13年[1938]

77 頁;19 cm

R4/1(96)
　臨床医学講座.第九十六輯,内科疾患と鑑別を要する耳科疾患/山川強四郎著.—東京:金原商店,昭和13年[1938]

34 頁;19 cm

R4/1(102)
　臨床医学講座.第一〇二輯,小児結核の診断/栗山重信講述.—東京:金原商店,昭和10年[1935]

54 頁;19 cm

R4/1-2(1)
　臨床医学講座.第一輯,治療上に於けるヴィダミンB/島薗順次郎著.—2版.—東京:金原商店,昭和10年[1935]

42 頁;19 cm

R4/1-3(4)
　臨床医学講座.第四輯,医事法制の誤り易き諸点/山崎佐著.—3版.—東京:金原商店,昭和12年[1937]

55 頁;19 cm

R4/2(38)
　臨床医学講座.38,疫痢と赤痢/熊谷謙三郎著.—東京:金原商店,昭和11年[1936]

58 頁;19 cm

R4/3
　補習醫學講座.女子結核と人口問題並に保護問題/白木正博著.—東京:金原商店,昭和16年[1941]

60 頁;18 cm

R4/4
　重要疾患の早期診断と療法/山川章太郎,茂

木藏之助編. —東京:株式会社金原商店,昭和 14 年[1939]

11,8,459 頁;26 cm

R4/5-6

黴毒の診断と治療/武谷広,遠山郁三編. —6 版. —東京:診断と治療社,昭和 16 年[1941]

16,592 頁;21 cm

R4/6

新血清学及演習法/富士山著. —東京:南江堂書店,昭和 8 年[1933]

9,239 頁;23 cm

R4/7

臨床家に必要なるレントゲン手技/樋口助弘著. —東京:金原商店,昭和 13 年[1938]

2,11,299,11 頁;22 cm

R44/1(1)

三浦診断学. 第一輯,汎論 血液循環器 呼吸/三浦謹之助著. —東京:克誠堂書店,昭和 6 年[1931]

4,8,345,13 頁;25 cm

R44/1(2)

三浦診断学. 第二輯,消化器 糞便 生蟲/三浦謹之助著. —東京:克誠堂書店,昭和 7 年[1932]

4,347~579,14 頁;24 cm

R44/1(3)

三浦診断学. 第三輯,新陳代謝/三浦謹之助著. —東京:克誠堂書店,昭和 8 年[1933]

2,774,9 頁;24 cm

R44/1(4)

三浦診断学. 第四輯/三浦謹之助著. —東京:克誠堂書店,昭和 10 年[1935]

5,775~932,12 頁;24 cm

R44/3

生物学的臨床診断学/海軍軍医学校著. —[不詳]:[不詳],[不詳]

164 頁;27 cm

R441.3/1

微熱と其の鑑別診断/中村京亮著. —東京:金原商店,昭和 15 年[1940]

3,114,4 頁;22 cm

R443/1-7

内科. 外科. 産科. 婦人科腹部触診ノ實際/岩男督著. —7 版. —東京:金原商店,昭和 16 年[1941]

6,237,5,8 頁;21 cm

R446/1-2

臨休検査法提要/金井泉著. —2 版. —東京:株式会社金原商店,昭和 16 年[1941]

12,281,8 頁;22 cm

R446.1/1-7

赤血球沈降反応/三友義雄,村島泰一著. —第 7 版. —東京:吐鳳堂,昭和 15 年[1940]

6,386 頁;18 cm

R446.8/1

最近病理組織検査法/今村隼稲編. —東京:南江堂書店,大正 1 年[1912]

14,251,10 頁;22 cm

R45/1-4

各科治療の實際:實地医家に必要なる/山口壽著. —4 版. —大阪:診療と経験社,昭和 16 年[1941]

8,554 頁;26 cm

R45/2(8)

治療及処方. 第八年. 第八巻. 第十二冊. 第九十四号/長尾折三,長尾美知編. —東京:治療及処方社,昭和 3 年[1928]

1 册;23 cm

R45/2(9)

治療及処方. 第九年. 第九巻/長尾折三,長尾美知編. —東京:治療及処方社,昭和 3 年[1928]

1 冊;23 cm

R45/2(11)
治療及処方.第十一年.第十一卷.第 1 冊.第一百十九号/長尾折三,長尾美知,坂本恒雄編.—東京:治療及処方社,昭和 5 年[1930]
1 冊;23 cm

R45/2(12)
治療及処方.第十二年.第十二卷.第 1 冊.第一百三十一号/長尾折三,長尾美知,坂本恒雄編.—東京:治療及処方社,昭和 6 年[1931]
1 冊;23 cm

R45/2(13)
治療及処方.第十三年.第十三卷.第 1 冊.第壹百四十四号/長尾折三,長尾美知,坂本恒雄編.—東京:治療及処方社,昭和 7 年[1932]
1 冊;23 cm

R45/2(21)
治療及処方.第二十一年.第二十一卷.第 1 冊.第二百四十号/長尾折三,長尾美知,坂本恒雄編.—東京:治療及処方社,,昭和 15 年[1940]
2256,6,26 頁;23 cm

R45/3
レントゲン療法新論/古谷滋夫著.—東京:吐鳳堂書店,大正 14 年[1925]
4,4,6,327,15 頁;22 cm

R45/4
化学療法の啓蒙/安田德太郎著.—東京:東洋経済出版部,昭和 14 年[1939]
2,3,334 頁;19 cm

R45/6
豫後及ビ附随症状・合併症併發症・後貽症ノ治療/山田詩郎著.—東京:金原商店,昭和 14 年[1939]
12,863,28 頁;25 cm

R45/59
臨床応用顕微鏡及化学的検査法.完/石黒伯著.—東京:半田屋医籍商店,明治 36 年[1903]
2,20,478,34 頁;21 cm

R452/1-9
注射薬と注射の常識/中井博松著.—9 版.—東京:日本通俗医学社,昭和 16 年[1941]
6,507 頁;22 cm

R454/1-2
療養秘抄/青山敬二著.—2 版.—東京:日本通俗医学社,昭和 15 年[1940]
4,215,8 頁;18 cm

R454.2/1-7
増補紫外線療法:特に太陽燈療法/佐藤太平著.—7 版.—東京:診断と治療社出版部,昭和 10 年[1935]
6,188 頁;19 cm

R454.5/1
實驗冷水摩擦法/天野誠齋著.—東京:廣文堂書店,昭和 45 年[1912]
3,60 頁;22 cm

R454.5/2
温泉・気候転地療養/酒井谷平著.—東京:博文館,昭和 14 年[1939]
4,302,330 頁;19 cm

R454.5/3
温泉.氣候療法の理論と實際/酒井谷平編.—東京:南山堂書店,昭和 15 年[1940]
2,6,402,31 頁;21 cm

R454.5/4
水治療法及其他の物理的療法/田原鎮雄著.—東京:實驗医報社,大正 14 年[1925]
2,5,260 頁;22 cm

R455/1-18
理論応用西式触手九種療法と保健治病法/

西勝造著. —18 版. —東京:實業之日本社,昭和 7 年[1932]

12,506 頁;19 cm

R457.1/1

輸血/篠井金吾著. —東京:山雅房,昭和 18 年[1943]

171 頁;21 cm

R457.1/2

補習医学講座. 血液型の分類と遺傳に就いて/古畑種基著. —東京:金原商店,昭和 16 年[1941]

100 頁;18 cm

R457.2/1-2

わくちん療法/帖佐彦四郎著. —2 版. —東京:南江堂書店,大正 3 年[1914]

300 頁;22 cm

R461.04/1-12

工業薬品大辞典/同済号編輯局編. —12 版. —東京:済文閣,昭和 16 年[1941]

36,701,8,35 頁;22 cm

R462/1-5

對症食餌学/佐々廉平編. —5 版. —東京:診断と治療社,昭和 5 年[1930]

4,497 頁;24 cm

R47/1

重要なる疾患の豫後/稲田龍吉編. —東京:診断と治療社,昭和 14 年[1939]

8,1217 頁;25 cm

R47/2

一般家庭看護学/竹内茂代著. —東京:厚生閣,昭和 15 年[1940]

404 頁;22 cm

R47/3(2)

簡明看護学. 後篇/石川信男著. —東京:同仁会,昭和 19 年[1944]

6,187 頁;26 cm

R47/3-7

簡明看護学. 前編/石川信男著. —7 版. —東京:南山堂書店,昭和 10 年[1935]

2,9,336 頁;23 cm

R473.2/1-154

家庭に於ける実際的看護の秘決/築田多吉著. —154 版. —東京:南江堂書店,昭和 4 年[1929]

39,848 頁;18 cm

R473.2/1-950

家庭に於ける実際的看護の秘決/築田多吉著. —950 版. —東京:南江堂書店,大正 15 年[1926]

39,848 頁;18 cm

R473.2/1-956

家庭に於ける実際的看護の秘決/築田多吉著. —956 版. —東京:南江堂書店,昭和 14 年[1939]

39,848 頁;19 cm

R5/1(2.1.1.2)

大日本内科全書.第二巻.第 1 册,伝染病.第一編,腸チフス.第二編,パラチフス/宮川米次著. —東京:金原商店,昭和 12 年[1937]

8,315,12 頁;25 cm

R5/1(2.2)

大日本内科全書.第二巻.第二册,傳染病,赤痢/宮川米次著. —東京:金原商店,昭和 13 年[1938]

9,349,15 頁;25 cm

R5/1(2.3.4.1)

大日本内科全書.第二巻.第三册,傳染病.第四編,發疹性疾患.1/宮川米次著. —東京:金原商店,昭和 18 年[1943]

4,156,4 頁;25 cm

R5/1(5.1)

　大日本内科全書. 第5卷. 第二册, 胃. 十二指腸/小澤修造著. —東京: 金原商店, 昭和14年[1939]

　　130頁; 25 cm

R5/1(5.2)

　大日本内科全書. 第五卷. 第二册, 胃及び十二指腸各論/小澤修造著. —東京: 株式会社金原商店, 昭和18年[1943]

　　11,211頁; 25 cm

R5/1(12.1)

　大日本内科全書. 第12卷, 神経系及運動器疾患. 第1册, 神経系疾患総論　脳疾患/西野忠次郎著. —東京: 金原商店, 昭和14年[1939]

　　8,292,16頁; 25 cm

R5/1(12.2)

　大日本内科全書. 第十二卷, 神経系及運動器疾患. 第二册. 第四編, 微毒ニ因スル神経系統疾患/武谷広, 勝木司馬之助著. —東京: 金原商店, 昭和15年[1940]

　　3,82,11頁; 25 cm

R5/2-5(3)

　内科書. 下卷/呉建, 坂本恒雄著. —5版. —東京: 南山堂書店, 昭和12年[1937]

　　10,841,27,30頁; 25 cm

R5/2-6(2)

　内科書. 中卷, 伝染病. 血液疾患. 脾臓疾患. 沁尿器疾患. 膀胱疾患. 内分沁疾患. 新陳代謝疾患/呉建, 坂本恒雄著. —6版. —東京: 南山堂書房, 昭和13年[1938]

　　7,758頁; 25 cm

R5/2-6(3)

　内科書. 下卷/呉建, 坂本恒雄著. —6版. —東京: 南山堂書店, 昭和15年[1940]

　　10,818頁; 25 cm

R5/2-7(1)

　内科書. 上卷, 循環器疾患. 神経系疾患/呉建, 坂本恒雄著. —7版. —東京: 南山堂書店, 昭和13年[1938]

　　15,822,36頁; 25 cm

R5/2-7(2)

　内科書. 中卷/呉建, 坂本恒雄著. —7版. —東京: 南山堂書店, 昭和15年[1940]

　　7,792頁; 25 cm

R5/2-8(1)

　内科書. 上卷, 循環器疾患・神経系疾患/呉建, 坂本恒雄著. —8版. —東京: 南山堂書店, 昭和15年[1940]

　　15,822,36頁; 25 cm

R5/3

　境域疾患/[不詳]. —東京: 東京敬文社, [不詳]

　　1册; 22 cm

R5/4(1)

　稲田教授臨床講義集. 第一卷/稲田内科同窓会編. —東京: 金原商店, 昭和5年[1930]

　　4,302頁; 23 cm

R5/4(2)

　稲田教授臨床講義集. 第二卷/稲田内科同窓会編. —東京: 金原商店, 昭和5年[1930]

　　4,305頁; 23 cm

R5/4(3)

　稲田教授臨床講義集. 第三卷/稲田内科同窓会編. —東京: 金原商店, 昭和6年[1931]

　　4,292頁; 23 cm

R5/5(1)

　内科類症鑑別診断学. 上卷/額田晋著. —東京: 金原商店, [不詳]

　　3,551,13,22頁; 22 cm

R5/6-4
最新内科診断学/岩男督著.—4版.—東京：南山堂書店,昭和13年[1938]
9,645,34頁;28 cm

R5/7-3
内科治療手技/長尾美知著.—3版.—東京：克誠堂書店,大正13年[1924]
353頁;22 cm

R5/8-2
最新食餌療法.全/系左近著.—2版.—東京：金刺芳流堂,大正10年[1921]
8,266頁;18 cm

R5/9(5.2)
日本内科全書.五卷.第二冊,循環器病各論/富士川遊等編.—東京：吐鳳堂,昭和16年[1941]
4,3,176頁;26 cm

R5/10
ホルモン療法の理論と實際/碓居龍太著.—東京：南山堂書店,昭和15年[1940]
8,218頁;23 cm

R5/11
腎臟病と糖尿病の新治療法/佐佐廉平,森健吉著.—東京：實業之日本社,昭和10年[1935]
7,9,386頁;15 cm

R5/12-15(1)
井上内科新書.第一卷,消化器病篇/井上善次郎著.—15版.—東京：吐鳳堂書店,大正14年[1925]
4,11,624,11頁;21 cm

R5/12-15(4)
井上内科新書.第四卷/井上善次郎著.—15版.—東京：吐鳳堂書店,昭和2年[1927]
7,633,14頁;21 cm

R51/1
青島市ニ於ケル「コレラ」及痘瘡ニ關スル調査報告/興亞院華北連絡部青島出張所編.—青島：興亞院華北連絡部青島出張所,昭和17年[1942]
7,155頁;22 cm

R51/2-4
伝染病診療の實際/中村惣治著.—4版.—東京：鳳鳴堂書店,昭和19年[1944]
6,329,17,11頁;22 cm

R52/1
戰時下健民と結核常識/堀内勝雄著.—東京：松影書林,昭和19年[1944]
6,3,233頁;18 cm

R52/2
結核と其の予防及治療法：健民健兵の心構へ/額田豊著.—東京：朝陽社,昭和19年[1944]
8,238頁;18 cm

R52/3
結核の話/吉岡博人著.—東京：河出書房,昭和18年[1943]
3,4,139頁;18 cm

R52/4
結核の科学/正木不如丘著.—東京：羽田書店,昭和17年[1942]
222頁;18 cm

R52/5-4
病休道場/山縣正明著.—4版.—東京：弘文堂書房,昭和19年[1944]
4,4,255,4頁;18 cm

R52/6
療養新書結核は必ず癒る/厚生省保險院編.—東京：新潮社,昭和14年[1939]
7,404頁;19 cm

R52/7
人生と榮養/原徹一著.—東京：河出書房,昭和17年[1942]

2,7,290,12 頁;18 cm

R52/7-5
人生と榮養/原徹一著.—5 版.—東京:河出書房,昭和 19 年[1944]
a2,7,290,12 頁;18 cm

R52/8(9.7)
結核.第九巻.第七号,肺炎ニ於ケル滲出性肋膜炎ノ發症ニ関スル實驗的研究/柴田登著.—[不詳]:[不詳],昭和 6 年[1921]
1 冊;25 頁

R52/9
闘病教室.結核讀本/名古屋中央放送局編.—名古屋:中部日本出版社,昭和 18 年[1943]
2,197 頁;19 cm

R52/10
農村と結核予防/楠本正康著.—東京:大日本教化図書株式会社,昭和 18 年[1943]
2,2,148 頁;19 cm

R52/11(9)
結核.第九巻:昭和 6 年/日本結核病学会編.—[不詳]:日本結核病学会,[不詳]
18,902 頁;26 cm

R52/11(10)
結核.第十巻/日本結核病学会.—東京:日本結核病学会編,昭和 7 年[1932]
673,12 頁;26 cm

R52/12-3
結核病の根本的療養法/額田豊著.—3 版.—東京:金原商店,昭和 5 年[1930]
2,15,279 頁;19 cm

R52/13
人体と結核/近藤宏二著.—東京:岩波書店,昭和 17 年[1942]
2,2,6,227 頁;18 cm

R52/14
工場医の記録/小松雄吉著.—東京:東洋書館,昭和 17 年[1942]
157 頁;18 cm

R52/15
肺結核は治癒す/豊島烈著.—東京:紙硯社,昭和 18 年[1943]
3,8,312 頁;18 cm

R52/16
結核/緒方知三郎編.—東京:金原商店,昭和 18 年[1943]
3,261 頁;25 cm

R52/17
劫火の前:容易に治る結核と治らぬ結核/鴻上慶次郎著.—東京:崇文堂,昭和 2 年[1927]
3,4,4,6,212 頁;19 cm

R52/18-2
結核の征服:保健教本/大正翼賛会著.—改訂版.—東京:国民図書刊行会,昭和 19 年[1944]
3,3,4,98 頁;18.5 cm

R52/19
喉頭結核/後藤光治著.—東京:東西医学社,昭和 18 年[1943]
4,123,12 頁;22 cm

R520/1
結核と人生/國島貴八郎著.—東京:文松堂書店,昭和 18 年[1943]
8,261 頁;19 cm

R520.1/1
結核の豫防方策と施設/高野六郎著.—東京:皇國図書出版株式会社創立事務所,昭和 19 年[1944]
173 頁;21 cm

R521/1
肺結核の治療法/岡西順二郎著.—天津:勁

濤書店,昭和 24 年[1949]
297 頁;23 cm

R521/2-2
結核の療法/柴田正名著.—2 版.—東京:大日本教化図書株式会社,昭和 19 年[1944]
2,6,153 頁;21 cm

R521/3-7
肺結核早期診断及治療学/原栄著.—7 版.—東京:吐鳳堂書店,大正 13 年[1924]
14,11,4,34,980 頁;22 cm

R521/4
病院談話室/小川勇著.—東京:文松堂書店,昭和 18 年[1943]
2,6,269 頁;18 cm

R521/5
肺結核の發病と停止/レオン・ベルナール著.—東京:南江堂,昭和 16 年[1941]
9,2,150,5 頁;23 cm

R521/6
肺結核の早期診断と其治療指針/熊谷岱蔵著.—東京:東京週刊医事雑誌聯盟,昭和 15 年[1940]
76 頁;21 cm

R529.9/2
学童と結核/原島進,志佐博著.—東京:目黒書店,昭和 17 年[1942]
6,4,5,289 頁;20 cm

R531.6/1
「カラ.アザール」ニ関スル/興亜院華中連絡部編.—謄写版.—[不詳]:[興亜院華中連絡部],昭和 17 年[1942]
27 頁;21 cm

R541/1
心臟機能不整診断竝治療/山田詩郎著.—東京:克誠堂書店,昭和 2 年[1927]
3,4,417,4,4 頁;25 cm

R544/1-3
血圧亢進ノ病理及び其療法/板澤政治著.—3 版.—東京:南江堂書店,昭和 3 年[1928]
241 頁;22 cm

R544/2
血圧亢進症/辻寛治著.—東京:株式会社金原商店,昭和 18 年[1943]
3,116,2 頁;26 cm

R55/1-3
最新臨床血液学/岩男督著.—3 版.—東京:南山堂書店,昭和 16 年[1941]
7,392 頁;25 cm

R552/1
實驗血液病学.全/佐藤清著.—東京:南江堂書店,大正 10 年[1921]
2,2,23,509,12 頁;26 cm

R552/1-2
實驗血液病学.全/佐藤清著.—2 版.—東京:南江堂書店,大正 15 年[1926]
13,461,13 頁;26 cm

R563/1-7
肺病全治者の療養實驗談/原栄著.—7 版.—東京:主婦之友社,昭和 4 年[1929]
2,277 頁;18 cm

R57/1
胃腸病の新療法/日野三郎著.—東京:實業之日本社,昭和 9 年[1934]
3,15,432 頁;116 cm

R573/1
胃潰瘍と胃病/野上八十八著.—東京:原理日本社,昭和 18 年[1943]
7,112 頁;18 cm

R574.7/1
便秘・下痢及嘔吐/永井幸一郎編.—東京:鳳鳴堂書店,昭和14年[1939]
13,358頁;23 cm

R587.1/1-3
糖尿病ノ療法/入澤達吉,今村明光著.—3版.—東京:實驗醫報社,大正13年[1924]
1,2,94頁;22 cm

R591.4/1
「ヴィタミン」と疾病/坂口康蔵著.—東京:克誠堂書店,大正13年[1924]
6,106,112頁;22.5 cm

R599/1
風土病誌/有馬玄著.—大阪:積善館,昭和17年[1942]
3,5,255頁;21 cm

R599.2/1
大東亜熱帯圏の寄生蟲病/吉田貞雄著.—東京:績文堂,昭和19年[1944]
2,4,7,314頁;18 cm

R599.3/1
熱帯病学/隈川基述.—東京:南江堂書店,大正1年[1912]
14,8,332,34頁;25 cm

R6/1
小外科操典/盛弥壽男著.—東京:株式会社金原商店,昭和14年[1939]
8,360,12頁;24 cm

R6/2-5
小外科総論/青山徹蔵著.—5版.—東京:金原商店,昭和19年[1944]
9,425,23頁;23 cm

R6/3(1)
新外科学.上卷/本名文任著.—東京:株式会社金原商店,昭和14年[1939]
19,456,21頁;25 cm

R6/3(2)
新外科学.下卷/本名文任著.—東京:株式会社金原商店,昭和18年[1943]
16,612,21頁;25 cm

R6/4
外科総論/高橋信美等著.—東京:吐鳳堂書店,昭和9年[1934]
23,587,12,13頁;26 cm

R6/5-3(1)
新外科学各論.上卷/石井吉五郎,斎藤良俊著.—3版.—東京:南江堂,昭和17年[1942]
958,37頁;26 cm

R605/1
戰時必携救急手帖/竹村文祥著.—東京:鱒書房,昭和18年[1943]
8,204頁;15 cm

R605.1/1
突発性疾患と其処置/入澤達吉,鹽田廣重編.—東京:金原商店,昭和13年[1938]
6,249頁;22 cm

R61/1-6
外科手術学/三輪德寛著.—6版.—東京:吐鳳堂書店,昭和7年[1932]
6,8,4,9,902,15頁;26 cm

R61/2-3
最新外科手術ノ實際/原勇三著.—3版.—東京:南堂書店,昭和15年[1940]
14,626頁;26 cm

R619/1-6
外科手術後療法/有光三郎著.—6版.—東京:南江堂,昭和16年[1941]
2,28,558,38頁;22 cm

R619/2
  泌尿器科止血/高橋明,楠隆光著.—東京:厚生の日本社,昭和19年[1944]
  2,45,4頁;22 cm

R64/1-5
  創傷及其療法/茂木藏之助著.—5版.—東京:南山堂書店,昭和18年[1943]
  326頁;21 cm

R656/1(1)
  蟲垂炎の臨床.上卷/小立鉦四郎著.—東京:南江堂,昭和17年[1942]
  223頁;26 cm

R657.1/1
  痔核.肛門周圍炎.痔瘻/三輪德定著.—東京:金原商店,昭和16年[1941]
  3,77,3頁;26 cm

R692/1
  尿毒症/衣川幸三著.—東京:金原書店,昭和15年[1940]
  2,160,4頁;22 cm

R692/2
  腎臟摘出術/高橋明著.—東京:金原商店,昭和19年[1944]
  2,67頁;25 cm

R71/1
  婦人科学.前編/白木正博著.—東京:南山堂書店,大正14年[1925]
  19,388,7,11頁;26 cm

R71/2
  通俗産.婦人科の知識/林敏郎,川口浩著.—東京:啓明社,昭和3年[1928]
  2,5,280頁;19 cm

R71/3-3(1)
  産科学.前篇/今淵恒寿著.—3版.—東京:吐鳳堂書店,大正4年[1915]
  11,632頁;cm

R71/4-13(1)
  實用婦人科学.前卷/佐藤勤也著.—13版.—東京:半田屋医籍商店,大正2年[1913]
  438頁;22 cm

R71/4-13(2)
  實用婦人科学.後卷/佐藤勤也著.—13版.—東京:半田屋医籍商店,大正3年[1914]
  3,439～872頁;24 cm

R71/5-2
  新撰婦人病学/木下正中,清水由隆著.—2版.—東京:克成堂書店,大正6年[1917]
  6,7,545,8頁;26 cm

R71/6-9(2)
  婦人科学各論.下卷/安藤画一著.—9版.—東京:吐鳳堂,昭和18年[1943]
  7,378,14頁;26 cm

R711/1-3(2)
  婦人科診斷及治療学.後編/緒方十右衛門著.—3版.—東京:南山堂書店,大正6年[1917]
  556,12頁;25 cm

R713/1
  婦人科手術.完/安藤画一著.—東京:吐鳳堂書店,大正7年[1918]
  6,6,292頁;26 cm

R714/1-5
  胎生学/大沢岳太郎著.—5版.—東京:江南堂書店,明治45年[1912]
  4,8,196頁;22 cm

R714/2-8
  安産の志るべ/岩崎直子著.—8版.—東京:主婦之友社,昭和16年[1941]
  4,11,414頁;19 cm

R714/3-13
初産婦に必要なる妊娠十ヶ月の心得/岩崎直子著.—13版.—東京:主婦之友社,昭和15年[1940]
4,6,186頁;19 cm

R714.5/1-2
新胎生学/伊澤好為,堀泰二著.—東京:株式會社金原商店,昭和8年[1933]
277,9頁;24 cm

R715/1
遺傳.優生.胎教.保育母の為めに/見波定治著.—東京:成美堂書店,昭和3年[1928]
33,532,16頁;22 cm

R715/2-3
實用助産学/川添正道著.—3版.—上海:商務印書舘,中華民國24年[1935]
23,476頁;23 cm

R72/1(21.2)
大日本小児科全書.第21編,急性傳染疾患.第Ⅱ冊,麻疹及類似發疹性疾患/和泉成之.—東京:金原商店株式会社,昭和13年[1938]
8,175,8頁;25 cm

R72/1(21.6)
大日本小児科全書.第21編,急性伝染性疾患.第6冊,百日咳/稲葉逸好著.—東京:金原商店,昭和12年[1937]
26,2頁;24 cm

R72/1-2(11.4)
大日本小児科全書.第11編,ヴィダミン缺乏症.第Ⅳ冊,佝僂病/泉仙助著.—2版.—東京:金原商店,昭和12年[1937]
8,307,14頁;26 cm

R72/2
続小児科の検討/山本康裕著.—東京:南江堂,昭和15年[1940]
247頁;21 cm

R72/3-4
新撰児科学/斎藤秀雄,斎藤二郎著.—4版.—東京:克誠堂,昭和2年[1927]
14,676,10頁;22 cm

R72/4-7(2)
小児科学.下巻/三輪信太郎著.—7版.—東京:南山堂書店,昭和2年[1927]
6,22,623,7,8頁;35 cm

R72/5
乳幼児の医学/山本康裕著.—東京:昭和書房,昭和17年[1942]
16,346頁;18 cm

R72/6
乳幼児学/和泉成之,竹下成一著.—東京:鳳鳴堂書店,昭和16年[1941]
4,282頁;21 cm

R72/7
小児痙攣の診断と治療/武田幸夫著.—東京:金原商店,昭和15年[1940]
6,168頁;22 cm

R72/8(2)
児科診療.第二巻,總目次/小山武夫,鎮目専之助,小田正暁著.—[不詳]:[不詳],[不詳]

R72/8(3)
児科診療.第三巻,總目次/小山武夫[等]著.—[不詳]:児科治療社,[不詳]
10,966頁;24 cm

R72/8(5)
児科診療.第五巻,總目次/小山武夫[等]著.—[不詳]:児科診療社,[不詳]
6,874頁;24 cm

R72/8(6)
児科診療.第六巻,總目次/小山武夫,鎮目専

之助,小田正暁著.—[不詳]:児科診療社,[不詳]

R72/9
乳幼児精神發達検査略説/愛育研究所編.—東京:目黒書店,昭和 17 年[1942]
2,2,125 頁;19 cm

R72/10-8
簡明小小児科学/講医会編輯部編.—8 版.—東京:富倉書店,昭和 16 年[1941]
7,104 頁;18 cm

R72/11(404)
児科雑誌.第四〇四号/鈴木保著.—東京:日本小児科学会,昭和 9 年[1934]
1 册;25 cm

R725.6/1
小児肺炎の診療/大原清之助著.—京都:金原書店,昭和 14 年[1939]
122,7 頁;22 cm

R725.7/1-2
消化不良症の検討/山本康裕著.—2 版.—東京:南山堂書店,昭和 15 年[1940]
2,3,223 頁;23 cm

R74/1
アナフィラキシイ概論/石川光昭著.—東京:吐鳳堂,昭和 14 年[1939]
126 頁;22 cm

R74/2-15
神経衰弱はどうすれば全治するか/中村古峡著.—15 版.—東京:主婦之友社,昭和 15 年[1940]
16,8,380 頁;18 cm

R741/1
神経症と児童教育/三浦岱榮著.—東京:株式会社金原商店,昭和 16 年[1941]
46 頁;18 cm

R741/2
精神痛とリウマチスの新療法/中井龍彦著.—東京:実業之日本社,昭和 9 年[1934]
6,15,308 頁;18 cm

R741/3(1)
三浦神経病学.1/三浦謹之助著.—東京:克誠堂書店,昭和 3 年[1928]
8,520 頁;25 cm

R741/3(2)
三浦神経病学.2/三浦謹之助著.—東京:克誠堂書店,昭和 4 年[1929]
10,[521〜1115],37 頁;25 cm

R749/1
変り者,一名,通俗精神病的性格論及其養生/榊保三郎著.—東京:實業之日本社,明治 45 年[1912]
3,6,9,308 頁;22 cm

R749/2
最新精神病学/下田光造,杉田直樹著.—東京:克誠堂書店,大正 11 年[1922]
2,7,483,20 頁;22 cm

R749/3
精神衛生/村松常雄著.—東京:金原商店,昭和 5 年[1930]
2,2,4,2065 頁;23 cm

R749.053/1
主なる精神病の薬剤療法/三浦百重著.—東京:金原商店,昭和 12 年[1937]
32 頁;18 cm

R749.7/1-15
神経衰弱及強迫観念の根治法/森田正馬著.—15 版.—東京:實業之日本社,昭和 5 年[1930]
4,9,426 頁;19 cm

R75/1(31.48)
皮膚科泌尿器科学大系:皮膚科学.第31卷.第48冊,妊婦黴毒並に先天黴毒の療法/皆見省吾著.—東京:南江堂,昭和13年[1938]
5,114頁;25 cm

R75/2
第四性病/市川篤二著.—東京:南山堂書店,昭和14年[1939]
237頁;21 cm

R751/1(9.12)
皮膚科泌尿器科学大系.第9卷第12冊,蕁麻疹及蕁麻疹樣皮膚疾患/上林豊明著.—東京:南江堂,昭和9年[1934]
204,17,10頁;26 cm

R751/1(14.17)
皮膚科泌尿器科学大系.皮膚科学.第14卷第17冊,乾癬/谷村忠保,櫻根太郎著.—東京:南江堂,昭和14年[1939]
425頁;26 cm

R754.1/1
丹毒之最近療法/青木大勇著.—東京:金原商店,昭和2年[1927]
206頁;25 cm

R759/1-9
花柳病診断及治療法/山田弘倫,旭憲吉著.—9版.—東京:南山堂書店,大正7年[1918]
2,20,540,19,11頁;25 cm

R759.2/1-5
淋疾の療法と其手技/上林豊明著.—第5版.—東京:南江堂,昭和13年[1938]
9,6,387,26頁;22 cm

R76/1-2
耳鼻咽喉科学總論/小此木修三著.—2版.—東京:富倉書店,昭和4年[1929]
22,214頁;22 cm

R77/1-4
日本人の眼/石原忍著.—4版.—東京:畝傍書房,昭和18年[1943]
2,6,242頁;18 cm

R77/2
眼病風土記/福島義一著.—東京:日本通俗医学社,昭和18年[1943]
8,328頁;18 cm

R77/3-3
眼科診療ノ實際.全/庄司義治著.—3版.—東京:南山堂書店,[不詳]
7,671頁;26 cm

R77/4
検眼鏡用法及眼底図譜/(イギリス)プロフェッソールオ・ハーブ著.—東京:南江堂書店,大正5年[1916]
122頁;19 cm

R77/5-11
近世眼科学.第貳卷/小川剣三郎著.—11版.—東京:吐鳳堂書店,大正15年[1926]
14,304,14,10頁(325～642頁);22.5 cm

R77/6-20(2)
増補改訂眼科学.中卷/河本重次郎著.—20版.—東京:康文社,大正12年[1923]
5,249～468頁;25 cm

R77/6-20(3)
増補改訂眼科学.下卷/河本重次郎著.—20版.—東京:康文社,大正12年[1923]
4,487～737頁;25 cm

R77/8
実際検眼学/小川守三著.—2版.—東京:東京眼鏡院,昭和13年[1938]
8,5,306頁;19 cm

R77-43/1(2.1)
小眼科学.上卷/石原忍著.—東京:合名会社

金原商店,大正 14 年[1925]

103,8 頁;22 cm

R77-64/1-2

トラホーム図説/石原忍著. —2 版. —東京:半田屋出版部,大正 11 年[1922]

1 冊;22 cm

R78/1-2

日本精神に基づく歯科医業経営/鹿毛俊吾著. —2 版. —東京:ダイヤモンド社,昭和 15 年[1940]

6,10,438 頁;18 cm

R780/1

歯に就ての常識/鈴木富雄著. —大阪:巧人社,昭和 10 年[1935]

144 頁;18 cm

R780/2

歯と民族文化/山崎清著. —東京:天佑書房,昭和 18 年[1943]

2,2,11,383 頁;18 cm

R78-63/1

歯科医療機械材料商品目録/鳥光乙数著. —東京:鳥光歯科器械店,昭和 10 年[1935]

184 頁;26 cm

R782/1-3

臨床口腔外科学/加藤清治著. —3 版. —東京:日本医書出版株式会社,昭和 19 年[1944]

9,359 頁;26 cm

R82/1

空襲下の救護法/東京都青少年團編. —東京:富永興文堂,昭和 18 年[1943]

8,158 頁;18 cm

R82/2

空襲ニ依ル災害ノ治療法:外科的及内科的/服部弥二郎著. —東京:敬文社,昭和 17 年[1942]

161 頁;21 cm

R82/3

戰時下傷者救急法/三好益来著. —東京:日本書房,昭和 18 年[1943]

5,185 頁;18 cm

R82/4

補助看護兵教程/合田平著. —東京:兵用図書株式会社,昭和 6 年[1931]

21,246 頁;18 cm

R82/5

空襲ニ依ル災害ノ治療法:外科的内科的/服部彌二郎著. —東京:敬文社,昭和 17 年[1942]

1,4,161 頁;21 cm

R82/6

戰陣医学/橋爪恵著. —東京:文松堂書店,昭和 18 年[1943]

4,311 頁;18 cm

R823.13/1

孫六錢話/谷孫六著. —東京:大日本雄弁会講談社,昭和 5 年[1930]

2,5,356 頁;18 cm

R826/1

軍醫卜軍陣外科/中村愛助著. —東京:日本醫書出版株式會社,昭和 19 年[1944]

9,2,2,292,14 頁;18 cm

R827.12/1-3

毒瓦斯及試験法/湯川新太郎著. —3 版. —東京:廣川書店,昭和 17 年[1942]

7,3,438 頁;18 cm

R827.12/1-4

毒瓦斯及試験法/湯川新太郎著. —4 版. —東京:廣川書店,昭和 18 年[1943]

438 頁;19 cm

R891.3-61/1(3.2)

明解図式囲碁大辞典.第三巻,互先篇.下卷/

鈴木為次郎.—東京:誠文堂新光社,昭和 10 年[1935]
    682 頁;26 cm

R9/1(1)
    薬学大全書.第 1 卷/松本竹二著.—東京:非凡閣,昭和 15 年[1940]
    14,350 頁;22 cm

R9/1(7)
    薬学大全書.第 7 卷/松元竹二編.—東京:非凡閣,昭和 14 年[1939]
    12,429 頁;22 cm

R9/1(8)
    薬学大全書.第 8 卷/松元竹二編.—東京:非凡閣,昭和 14 年[1939]
    15,419 頁;22 cm

R9/1(9)
    薬学大全書.第 9 卷/松元竹二著.—東京:非凡閣,昭和 14 年[1939]
    12,448;23 cm

R9/1(10)
    薬学大全書.第 10 卷/松元竹二著.—東京:非凡閣,昭和 14 年[1939]
    19,388 頁;22 cm

R9/1(17)
    薬学大全書.第 17 卷/松元竹二編.—東京:非凡閣,昭和 16 年[1941]
    7,208 頁;22 cm

R9/1-2(2)
    薬学大全書.第 2 卷/松元竹二編.—2 版.—東京:非凡閣,昭和 16 年[1941]
    20,400 頁;22 cm

R9/1-2(3)
    薬学大全書.第 3 卷/松本竹二編.—2 版.—東京:非凡閣,昭和 17 年[1942]
    6,412 頁;22 cm

R9/1-2(4)
    薬学大全書.第 4 卷/松元竹二編.—2 版.—東京:非凡閣,昭和 17 年[1942]
    7,396 頁;22 cm

R9/1-2(5)
    薬学大全書.第 5 卷/松元竹二編纂.—2 版.—東京:非凡閣,昭和 17 年[1942]
    23,361 頁;22 cm

R9/1-2(6)
    薬学大全書.第 6 卷/松元竹二著.—2 版.—東京:非凡閣,昭和 16 年[1941]
    14,396 頁;22 cm

R9/1-2(11)
    薬学大全書.第 11 卷/松元竹二編.—2 版.—東京:非凡閣,昭和 16 年[1941]
    14,418 頁;22 cm

R9/1-2(12)
    薬学大全書.第 12 卷/松元竹二編.—2 版.—東京:非凡閣,昭和 17 年[1942]
    12,397 頁;22 cm

R9/1-2(13)
    薬学大全書.第 13 卷/松元竹二編.—2 版.—東京:非凡閣,昭和 17 年[1942]
    10,332 頁;22 cm

R9/1-2(16)
    薬学大全書.第 16 卷/松元竹二著.—2 版.—東京:非凡閣,昭和 17 年[1942]
    7,394 頁;22 cm

R9/1-3(1)
    薬学大全書.第 1 卷/松本竹二編.—3 版.—東京:非凡閣,昭和 18 年[1943]
    14,350 頁;22 cm

R9/1-3(11)
    薬学大全書.第 11 卷/松元竹二編.—3 版.—

東京:非凡閣,昭和 14 年[1939]

15,418 頁;22 cm

R9/1-3(16)

藥学大全書. 第 16 卷/松元竹二著. —3 版. —東京都:非凡閣,昭和 18 年[1943]

7,394 頁;22 cm

R9/1-4(5)

藥学大全書. 第 5 卷/松元竹二編纂. —4 版. —東京市:非凡閣,昭和 18 年[1943]

23,361 頁;22 cm

R9/1-4(9)

藥学大全書. 第 9 卷/松元竹二著. —4 版. —東京:非凡閣,昭和 18 年[1943]

12,448 頁;22 cm

R9/2(15)

藥学大全書. 第 15 卷/松元竹二編. —東京:非凡閣,昭和 16 年[1941]

8,405 頁;22 cm

R9/3-2(1)

藥学大全書. 第 1 卷/松本竹二編. —2 版. —東京:非凡閣,昭和 17 年[1942]

14,350 頁;22 cm

R9/3-3(9)

藥学大全書. 第 9 卷/松元竹二著. —3 版. —東京:非凡閣,昭和 17 年[1942]

12,448 頁;22 cm

R9/4

日本薬局方対照医薬学/松岡文橘著. —東京:柳原積玉圃,[不詳]

1 册;22 cm

R9/5(7.3)

皇漢医学叢書. 第七册,内科学. 三/陳存仁編. —[不詳]:[不詳],[不詳]

3,381,256 頁;21 cm

R9/6

實驗藥物学/原三郎著. —東京:金原商店,大正 14 年[1925]

11,6,363,31 頁;23 cm

R9/7

新藥学/高野一夫著. —東京:廣川書店,昭和 17 年[1942]

7,276,64 頁;18 cm

R9-7/1-2

藥品検索表/杉井善雄著. —2 版. —東京:南江堂本店,昭和 15 年[1940]

2,84 頁;22 cm

R914/1-6

藥学理論化学/山本博人著. —6 版. —東京:前野書店,昭和 18 年[1943]

10,515 頁;21 cm

R92/1-4

武田新藥集/武田長兵衛商店股份有限公司編. —4 版. —大阪:武田長兵衛商店股份有限公司,昭和 17 年[1942]

1 册;22 cm

R92/2-2

歐米売薬集珍/平野一貫,大島秀人著. —增補改訂. —東京:半田屋医籍商店,明治 40 年[1907]

30,360,32,48 頁;23 cm

R92/3-8

增補薬物配伍禁忌註解. 全/森川釖三郎著. —8 版. —大阪:同済号書房,昭和 2 年[1927]

11,539 頁;23 cm

R92/4-5

第五改正日本藥局方註解/朝比奈泰彦[等]編. —5 版. —東京:南江堂,[不詳]

576 頁;21 cm

R921.313/1-4
　第四改正日本藥局方註解/近藤平三郎,朝比奈泰彥,安本義久著.—4版.—東京:南江堂,[不詳]
　　17,1320,172頁;21 cm

R921.313/2-13
　第五改正日本藥局方/土屋耕二著.—加除13版.—東京:內閣印刷局朝陽会,昭和15年[1940]
　　390,14,18,80,86頁;22 cm

R921.313/3
　第五改正日本藥局方/清水藤太郎校訂.—東京:南山堂書店,昭和17年[1942]
　　433頁;18 cm

R927/1
　局方藥品系統的鑑別法/畑忠三,小林敏夫著.—東京:科学書院,昭和16年[1941]
　　3,123,12頁;21 cm

R931.71/1
　綜合藥用植物/大村重光編.—東京:廣川書店,昭和18年[1943]
　　2,429頁;22 cm

R931.71/2-4
　和漢藥用植物:成分及藥効/刈米達夫,木村雄四郎著.—4版.—東京:日本藥報社,昭和14年[1939]
　　461,463,508頁;22 cm

R932.2/1(1)
　本草学論考.第1冊/白井光太郎著.—東京:春陽堂,昭和8年[1933]
　　2,3,522頁;22 cm

R932.2/1(2)
　本草学論考.第二冊/白井光太郎著.—東京:春陽堂,昭和9年[1934]
　　4,496頁;22 cm

R932.2/1(3)
　本草学論考.第三冊/白井光太郎著.—東京:春陽堂,昭和9年[1934]
　　4,518頁;22 cm

R941/1
　藥品配伍禁忌/杉井善雄,西大路隆憲著.—4版.—東京:南江堂,昭和16年[1941]
　　4,472,8頁;21 cm

R944.8/1
　藥品滅菌法/松本孝一著.—東京:南江堂書店,昭和7年[1932]
　　198,22頁;18 cm

R95/1-8
　最近藥局学摘要/三吉豊久編.—8版.—東京:南江堂,昭和18年[1943]
　　1册;22 cm

R96/1-15(1)
　藥理学.上卷/林春雄著.—15版.—東京:吐鳳堂書店,大正7年[1918]
　　4,6,427 10頁;23 cm

R96/2-2
　藥理学提要/久保田實著.—2版.—東京:河合商店,昭和17年[1942]
　　6,308,23頁;21 cm

R96/3-25
　藥物学/森島庫太著.—25版.—東京:南江堂,昭和17年[1942]
　　10,631頁;26 cm

R96/3-27
　藥物学/森島庫太著.—27版.—東京:南江堂,昭和19年[1944]
　　10,631頁;26 cm

R96/4-15(2)
　藥理学.下卷/林春雄著.—15版.—東京:吐鳳堂書店,大正7年[1918]

8,482 頁;22 cm

R96/5-6
臨床薬理学/額田晋著.―6 版.―東京:金原商店,昭和 17 年[1942]
14,799,26 頁;25 cm

R96/6-4
薬治学講義/林春雄著.―4 版.―東京:吐鳳堂書店,大正 3 年[1914]
27,364 頁;22 cm

R965/1
薬の功罪/宮崎三郎著.―東京:畝傍書房,昭和 16 年[1941]
377 頁;18 cm

R97/1-2
家庭薬読本/宮崎三郎著.―2 版.―東京:三省堂,昭和 18 年[1943]
321,8 頁;18 cm

R97/2
医薬品要説/髙木隆二,里田動編著.―東京:前野書店,昭和 13 年[1938]
13,315 頁;22 cm

R97/3-9
第一製薬新薬集/[不詳].―9 版.―東京:第一製薬株式会社,昭和 14 年[1939]
3,223 頁;18 cm

R97/4
科学随筆 薬/伊沢凡人著.―大阪:葛城書店,昭和 17 年[1942]
6,292 頁;18 cm

R97/4-3
科学随筆 薬/伊澤凡人著.―3 版.―大阪:葛城書店,昭和 17 年[1942]
6,292 頁;18 cm

R97/5(1)
最新医薬品類聚.上巻/慶松一郎編.―東京:非凡閣,昭和 19 年[1944]
12,771 頁;26 cm

R97/6
拝耳新薬大全/[不詳].―[不詳]:[不詳],[不詳]
4,4,684,22 頁;24 cm

R97-61/1-11
常用新薬集/日本新薬株式会社学術部編.―11 版.―京都:日本新薬株式会社学術部,昭和 13 年[1938]
45,578 頁;18 cm

R977.1/1
インシュリンに就て/小田平義著.―東京:実験医報社,大正 13 年[1924]
1 冊;18 cm

R99/1-2
改訂増補 毒物検索法/櫻井小平太著.―2 版.―東京:半田屋医籍商店,明治 41 年[1908]
20,412 頁;22 cm

R99/2
實用簡明毒物鑑定,一名,実用裁判化学/吉村利八著.―東京:半田屋書店,明治 40 年[1907]
12,109,15 頁;21 cm

R99/3
毒物化学:一名 アルカロイド化学/越澤渦満編.―東京:博文館,明治 43 年[1910]
3,4,21,4,1096,2 頁;21 cm

《中国图书馆分类法》类目

S 农业科学

S/1
　増訂土壌と肥料/麻生慶次郎著.—東京:日本評論社,昭和13年[1938]
　　2,1,6,284 頁;18 cm

S/2
　特許を得たる農産物製造法/菊地久一郎編.—東京:日本農産加工研究会,昭和8年[1933]
　　2,1,19,578 頁;22 cm

S/3
　農業及園芸.第十九巻　第三号/東京株式会社養賢堂編.—[東京]:[東京株式会社養賢堂編],昭和19年[1944]
　　384 頁;26 cm

S0/1
　耕地の拡張と改良/川原信次著.—東京:産業経済学会,昭和15年[1940]
　　12,340 頁;21 cm

S-0/1
　加藤政之助翁農談/青山廣志編.—東京:同志同行社,昭和18年[1943]
　　3,6,11,177 頁;18 cm

S-03/1
　試験事業方案/敦化農事試験場編.—謄写版.—[不詳]:敦化農事試験場,昭和12年[1937]
　　30 頁;26 cm

S-28/1-5
　第一陳列館陳列品解説/[不詳].—5版.—札幌:北海道農事試験場,昭和9年[1934]
　　247 頁;18 cm

S-61/1(1)
　農業大辞典.上/佐藤寛次編.—東京:日本評論社,昭和9年[1934]
　　2,27,762 頁;26 cm

S1/1(1)
　農業土木.上巻/千種虎正,近坂百一著.—東京:明文堂,昭和12年[1937]
　　8,258 頁;18 cm

S1/1(2)
　農業土木.下巻/千種虎正著.—東京:明文堂,昭和12年[1923]
　　8,304 頁;18 cm

S1/1-3(1)
　農業土木.上巻/千種虎正,近坂百一著.—3版.—東京:明文社,昭和15年[1940]
　　8,258 頁;18 cm

S13/1(11)
　栄養化学/桜井芳人著.—東京:朝倉書店,昭和17年[1942]
　　10,470 頁;21 cm

S132/1-5(1)
　農芸化学分析書.第一編/松山芳彦著.—5版.—東京:丸善株式会社,大正14年[1925]
　　1 冊;22 cm

S132/1-11(2)
　農芸化学分析書.第二編/松山芳彦著.—11版.—東京:丸善株式会社,昭和15年[1940]
　　14,302,12 頁;22 cm

S14/1-2
　実験活用肥料土壌宝典/鶴田萬平著.—2版.—東京:養賢堂,昭和19年[1944]
　　27,737 頁;18 cm

S14/2-6
　新編肥料学全書/吉村清尚著.—6版.—東京:弘道館,大正10年[1921]
　　2,1,20,768,62,10 頁;22 cm

S14/3-13
　肥料/高石發著.—13版.—東京:明文堂,昭和13[1938]

10,352 頁;17 cm

S14/3-18
肥料/高石發著.—18 版.—東京:明文堂,昭和 17 年[1942]
10,352 頁;17 cm

S14/4-3
肥料学汎論/小野寺伊勢之助著.—3 版.—東京:養賢堂,昭和 10 年[1935]
8,339 頁;22 cm

S14/5
最近肥料問題/佐藤寬次著.—東京:日本評論社,昭和 13 年[1938]
3,3,332 頁;22 cm

S14/6
肥料学/川島禄郎著.—東京:西ケ原刊行会,昭和 4 年[1929]
1,9,4,958,11,16 頁;22 cm

S14/7
増産要訣肥料と施肥の実際/堀準爾著.—東京:泰文館,昭和 18 年[1943]
4,8,429 頁;18 cm

S14/8
北海道を基準とせる實用肥料講説/北海道農業教育研究会著.—札幌:淳文書院,昭和 18 年[1943]
2,14,356 頁;18 cm

S14/8-2
北海道を基準とせる實用肥料講説/北海道農業教育研究会著.—2 版.—札幌:淳文書院,昭和 19 年[1944]
2,14,356 頁;18 cm

S14/9-5
肥料学提要/森要太郎著.—5 版.—東京:農村社,昭和 14 年[1939]
6,250 頁;22 cm

S14/10
肥料学/川瀬惣次郎著.—東京:明文堂,[不詳]
3,13,725,14 頁;22 cm

S14/11
綜合肥料学/松木五楼著.—東京:賢文館,昭和 14 年[1939]
13,777 頁;22 cm

S14/12
肥料学/三須英雄著.—東京:朝倉書店,昭和 17 年[1942]
13,652 頁;22 cm

S14/13-2
最新肥料学講義/吉村清尚著.—2 版.—東京:弘道館,大正 11 年[1922]
2,1,11,584,35 頁;22 cm

S14/13-4
最新肥料学講義/吉村清尚著.—4 版.—東京:弘道館,大正 14 年[1925]
2,1,11,584,35 頁;22 cm

S14/14-5
施用本位肥料新説/西崎茂編.—5 版.—東京:養賢堂,昭和 17 年[1942]
4,12,472 頁;21 cm

S141.3/1-2
鶏糞取扱と施用法/高崎巻著.—2 版.—東京:朝倉書店,昭和 17 年[1942]
146 頁;18 cm

S143/1
化学肥料の特性と使い方/松木五楼著.—大阪:富民社,昭和 32 年[1957]
4,278 頁;18 cm

S147.2/1-3
栄養週期適期施肥論:科学的少肥多収の技

術/大井上康著.—3版.—東京:農村文化研究会,昭和18年[1943]

3,6,128頁;18 cm

S15/1

土/関豊太郎著.—東京:誠文堂新光社,昭和19年[1944]

213頁;18 cm

S15/2

土壤学/麻生慶次郎著.—東京:岩波書店,昭和12年[1937]

2,197頁;18 cm

S15/3

土壤と其利用の実際/荒川左千代著.—東京:養賢堂,昭和13年[1938]

2,5,286頁;19 cm

S15/4(10)

農芸化学全書.第10冊,一般土壤學/大杉繁著.—東京:朝倉書店,昭和17年[1942]

3,5,608頁;22 cm

S15/4-2(3)

農芸化学全書.第3冊,園芸利用工業/皆川豊作著.—2版.—東京:朝倉書店,昭和16年[1941]

6,259頁;22 cm

S15/5-11

土壤/松木五樓著.—11版.—東京:明文堂,昭和14年[1939]

4,8,364頁;18 cm

S15/6-2

土壤学講話/川村一水著.—2版.—東京:養賢堂,昭和10年[1935]

4,324頁;22 cm

S15/6-10

土壤学講話/川村一水著.—10版.—東京:養賢堂,昭和18年[1943]

4,349頁;21 cm

S15/7-2

地力増進の方法と理論/吉村清尚著.—2版.—東京:株式会社弘道館,昭和7年[1932]

2,234頁;19 cm

S15/9

土壤侵蝕防止の研究/調査局訳.—東京:博文館,昭和18年[1945]

7,558頁;21 cm

S15/10-2

土壤学/川瀬惣次郎著.—2版.—東京:明文堂,大正11年[1922]

10,409,16頁;23 cm

S15/11-10

土壤肥料相談/松本五楼著.—10版.—東京:朝倉書店,昭和17年[1942]

16,355頁;18 cm

S15/12-2

土壤實験法/船引眞吾著.—2版.—東京:養賢堂,昭和17年[1942]

8,178頁;21 cm

S157/1-4

日本農業統制と産業組合/高橋亀吉著.—4版.—東京:高陽書院,昭和12年[1937]

1,6,294頁;19 cm

S159.222/1

河北省定県土壤調査報告/田村真吾編輯.—北京:華北産業科学研究所,昭和17年[1932]

88頁;22 cm

S159.252/1

山東省土壤ニ就テ/済南鉄路局総務処資業科編.—謄写版.—青島:青島日本商工会議所,昭和15年[1940]

1冊;25 cm

S159.252/2
 山東省土壌/華北産業科学研究所編.—北京:華北産業科学研究所,昭和16年[1941]
  110頁;22 cm

S16/1-7
 農業気象概論/金川治三郎著.—7版.—東京:朝倉書店,昭和18年[1943]
  252頁;21 cm

S16/2
 農業気象の知識/大俊美保著.—東京:帝國農会,昭和17年[1942]
  232頁;18 cm

S2/1
 農業工学/牧隆泰著.—東京:丸善株式会社,昭和18年[1943]
  2,11,354頁;22 cm

S219/3
 トラクター実演会報告/満鉄.産業部編.—謄写版.—[不詳]:[満鉄.産業部],昭和12年[1937]
  3,53頁;27 cm

S22/1(1)
 最新農機具講座.作業機篇.一/坪井幸一編.—東京:新農林社,昭和17年[1942]
  366頁;18 cm

S22/1(2)
 最新農機具講座.作業機篇.二/坪井幸一編.—東京:新農林社,昭和18年[1943]
  316頁;19 cm

S22/2
 農機具取扱法.農業原動機篇/薗村光雄著.—東京:賢文館,昭和15年[1940]
  2,9,282頁;21 cm

S23/1
 農業機械化図説/吉岡金市著.—東京:白揚社,昭和18年[1943]
  2,6,269頁;22 cm

S27/1-2
 農業水利学/兼松義隆著.—2版.—東京:成美堂書店,昭和5年[1930]
  7,597頁;21 cm

S275/1-3
 農業用揚水機/森周六著.—3版.—東京:西ヶ原刊行会,昭和17年[1942]
  2,2,168頁;21 cm

S277.9/1
 常熟縣大義橋ニ於ケル洋龍船ニ関スル調査報告/満鉄.上海事務所調査室編.—謄写版.—[不詳]:[不詳],昭和17年[1942]
  42頁;27 cm

S3/1
 戰時家庭農園の實地指導/中島忠重著.—東京:開発社,昭和19年[1944]
  296頁;18 cm

S31-66/1
 世界原料品・食糧品統計書/國際聯盟編.—東京:國際日本協会,昭和17年[1942]
  2,2,202頁;23 cm

S32/1
 蒙彊察盟ノ農業/張家口経済調査所編.—謄写版.—[張家口]:[張家口経済調査所],昭和16年[1941]
  168頁;26 cm

S32/2
 共産軍ノ農民工作ニ就テ/満鉄.北支事務局調査部編.—謄写版.—[不詳]:[不詳],昭和14年[1939]
  1冊;27 cm

S32/3
 北支農村救済ト植棉改進問題/北支那協会

山東支部編.—謄写版.—[不詳]:[不詳],昭和 10 年[1935]

89 頁;27 cm

S327.22/1

運輸資料/北支経済調査所編.—謄写版.—[不詳]:[不詳],昭和 15 年[1940]

171 頁;27 cm

S327.52/1

山東省農業概況/山東省陸軍特務機関編.—[不詳]:[山東省陸軍特務機関],[不詳]

501 頁;22 cm

S33/1

育種/寺尾博著.—東京:岩波書店,昭和 6 年[1931]

96 頁;21 cm

S33/2-4

非メンデル 作物育種法/野口彌吉著.—4 版.—東京:養賢堂,昭和 19 年[1944]

4,318 頁;21 cm

S365/1

雑草学/半澤洵著.—東京:六盟館,明治 43 年[1910]

1 册;22 cm

S37/1-7

綜合農産製造學:農産物加工編/高橋偵造著.—7 版.—東京:西ヶ原刊行會,昭和 12 年[1937]

6,475,17 頁;22 cm

S37/2-11

農産加工相談/高橋武雄著.—11 版.—東京:朝倉書店,昭和 17 年[1942]

2,10,340 頁;18 cm

S37/3-3

農業倉庫の経営/井上亀五郎著.—3 版.—東京:巖松堂書店,昭和 11 年[1936]

3,22,711 頁;23 cm

S37/4-2

農産畜産食品加工法/住江金之著.—2 版.—東京:富山房,昭和 18 年[1943]

7,254 頁;22 cm

S422/1

北寧 津浦鉄路沿線ニ於ケル戰禍水災調査報告.農畜産部面ニ於ケル/滿鉄.北支事務局調査室編.—謄写版.—[不詳]:[滿鉄.北支事務局調査室],昭和 13 年[1938]

38 頁;26 cm

S433/1-9

病蟲防除相談/鋳方末彦著.—9 版.—東京:朝倉書店,昭和 16 年[1941]

10,316 頁;18 cm

S433/1-10

病蟲防除相談/鋳方末彦著.—10 版.—東京:朝倉書店,昭和 17 年[1942]

2,10,318 頁;19 cm

S435/1

北方の農作物害虫/桑山覚,櫨井清,加藤静夫著.—東京:北方文化出版社,昭和 18 年[1943]

5,158,18 頁;20 cm

S435/2

食糧作物の害蟲/中山昌之助著.—東京:明文堂,昭和 18 年[1943]

2,20,508 頁;18 cm

S435-43/1

華北農作物蟲害講義/道家信道著.—北京:華北農事試驗場,昭和 18 年[1943]

143,6 頁;22 cm

S435.1/1

米穀の害蟲と駆除予防/高橋奨著.—東京:明文堂,昭和 6 年[1931]

4,201 頁;19 cm

S451/1
雜草三百種/牧野富太郎著.—東京:厚生閣,昭和 15 年[1940]
282,27 頁;18 cm

S48/1-7
新訂農用薬剤学/内田郁太,野口徳三著.—7版.—東京:明文堂,昭和 13 年[1938]
2,14,668,8 頁;23 cm

S48/2-3
農薬の科学と應用/村川重郎著.—3 版.—東京:朝倉書店,昭和 17 年[1942]
3,330 頁;22 cm

S482.3/1
農芸殺虫剤/桑名伊之吉著.—東京:成美堂書店,大正 13 年[1924]
3,123 頁;18 cm

S5/1-7
改著食用作物各論/吉川祐輝著.—7 版.—東京:成美堂書店,昭和 8 年[1933]
2,6,6,557 頁;21 cm

S5/1-11
改著食用作物各論/吉川祐輝著.—11 版.—東京:成美堂書店,昭和 14 年[1939]
2,6,6,557 頁;21 cm

S5/2
繊維作物「洋麻」/興亜院技術部編.—東京:興亜院,[不詳]
2,2,96 頁;21 cm

S51/1
雜穀の増産/古宇田清平著.—東京:彰考書院創立事務所,昭和 19 年[1944]
6,3,191 頁;19 cm

S51/2-8
食用作物相談/岩槻信治著.—8 版.—東京:賢文館,昭和 16 年[1941]
3,2,9,333 頁;18 cm

S511/1
稲作改良増収法/岡村猪之助著.—東京:實業之日本社,大正 9 年[1920]
3,8,283 頁;18 cm

S511/2
稲米増産の方策/鈴木利貞編.—東京:日本評論社,昭和 19 年[1944]
2,5,218 頁;18 cm

S512/1
小麦の研究/木原均著.—東京:厚生閣,昭和 13 年[1938]
3,930 頁;22 cm

S512/2
小麦製粉と製麺/橋本康人著.—東京:西ケ原刊行会,昭和 12 年[1937]
3,2,320 頁;23 cm

S512.1/1
沿海洲及黒龍洲産の小麦並ライ麦の穀粒研究/南満洲鉄道株式会社庶務部調査課編.—大阪:大阪毎日新聞社,昭和 2 年[1927]
250 頁;23 cm

S514/1
高梁考/廣瀬保著.—東京:株式会社 冨山房,昭和 18 年[1943]
17,390 頁;23 cm

S53/1
甘藷.里芋増収法/柴田良太郎,関根仁作郎著.—東京:農村社,昭和 17 年[1942]
2,6,167 頁;18 cm

S56/1-5(1)
工芸作物.上巻/熊田重雄著.—5 版.—東京:明文堂,昭和 15 年[1940]
4,354 頁;18 cm

S56/1-5（2）
工芸作物.下巻/熊田重雄著.—5版.—東京：明文堂,昭和14年[1939]
10,370頁；18 cm

S561/1-5
繊維作物精説/鴛海文彦著.—5版.—東京：朝倉書店,昭和17年[1942]
12,276,10頁；20 cm

S561/2
特用作物相談/古谷謙著.—東京：賢文館,昭和13年[1938]
16,363頁；18 cm

S562/1
南方圏の棉花資源/松丸志摩三著.—東京：國際日本協会,昭和17年[1942]
2,3,248,7頁；21 cm

S562/2
佛印の棉花資源：フランスの研究資料より/西澤基一,中込武雄訳.—東京：中川書房,昭和17年[1942]
3,257頁；18 cm

S562/3
棉：世界木棉戦/アントン.チシカ著.—東京：栗田書店,昭和15年[1940]
2,3,190頁；22 cm

S562/4-3
日本棉花栽培法/幡原隆治著.—3版.—東京：丸山舎,昭和15年[1940]
9,16,331頁；22 cm

S562/6
華北棉産改進会業務概要：日訳/華北棉産改進会調査資料科編.—北京：華北棉産改進会調査資料科,民國29年[1940]
4,166頁；22 cm

S562/7-6
綿花及び綿花市場/酒井龍男,大下禎五郎著.—6版.—東京：文雅堂書店,昭和15年[1940]
3,4,4,16,727,24頁；22 cm

S562/8
支那棉花の問題/國松文雄編訳.—大阪：株式会社興中公司大阪出張所,昭和13年[1938]
5,399頁；22 cm

S562/9
北支棉花綜覧/南満洲鉄道株式会社調査部編.—東京：日本評論社,昭和15年[1940]
12,400,408頁；22 cm

S562/10
華北棉産改進会業務概要/華北棉産改進会調査資料科編.—北京：華北棉産改進会調査科,民國29年[1940]
154頁；22 cm

S563/1
マニラ麻大観/麻船具新新聞社編著.—東京：麻船具新新聞社,昭和15年[1940]
2,14,272頁；21 cm

S563/2
北支蒙彊麻類調査/華北交通株式会社編.—[不詳]：華北交通株式会社,昭和16年[1941]
6,194頁；26 cm

S563.2/1
亜麻工業/阿部松治著.—東京：紡織雑誌社,昭和10年[1935]
103頁；22 cm

S565.1/1
満洲大豆ノ研究/亀岡精二編.—[不詳]：[不詳],大正9年[1920]
156頁；22 cm

S565.1/2
農林省指定凶作防止試験設計書/[不詳].—

謄写. —秋田:立農事試驗場,昭和11年[1936]
　　1册;23 cm

S565.1/3
　　改良大豆ノ普及實績ニ就テ/滿鉄・調査部編. —謄写版. —[不詳]:滿鉄・調査部,昭和14年[1939]
　　26頁;25 cm

S567/1
　　きつと儲かる薬草栽培法/板谷義三著. —東京:東京薬草園,昭和5年[1930]
　　9,192頁;19 cm

S567/2-3
　　薬用植物栽培法/刈米達夫,若林栄四郎著. —3版. —東京:養賢堂,昭和15年[1940]
　　2,3,2,450,8頁;22 cm

S567/2-6
　　薬用植物栽培法/刈米達夫,若林榮四郎著. —6版. —東京:養賢堂,昭和18年[1943]
　　3,2,450,8頁;21 cm

S567/3(2)
　　包頭漢薬事情.第二輯/[不詳]. —謄写版. —[不詳]:[不詳],昭和15年[1940]
　　22頁;25 cm

S567.5/1(1)
　　人蔘史.第一卷,人蔘編年紀.人蔘思想篇/今村鞆著. —朝鮮:朝鮮總府督專賣局,昭和15年[1940]
　　178頁;22 cm

S571.2/1-2
　　茶の科学/加藤博著. —2版. —東京:河出書房,昭和18年[1943]
　　4,250頁;18 cm

S6/1
　　園芸必携/野崎信夫著. —東京:同文館,昭和15年[1940]
　　2,5,266頁;15 cm

S6/2
　　経済上より観たる園芸地域変動論/石川武彦著. —東京:日本評論社,昭和14年[1939]
　　2,3,438頁;22 cm

S6/3-15
　　實際家庭園藝/高野芳雄著. —15版. —東京:玉文社出版部,昭和5年[1930]
　　2,20,443頁;17 cm

S6/4
　　家庭園芸/石川武美編. —東京:主婦之友社,昭和15年[1940]
　　16,382頁;18 cm

S6/5
　　家庭園芸基礎知識/大阪中央放送局編. —東京:日本放送出版協会,昭和18年[1943]
　　6,183頁;18 cm

S6/6
　　家庭園芸讀本/鈴木孝太著. —東京:婦人之友社,昭和11年[1936]
　　2,262,8頁;19 cm

S6/7-3
　　實用園藝学.果樹篇/草場榮喜著. —3版. —東京:裳華房,明治41年[1908]
　　2,25,572頁;21 cm

S6-62/1-16
　　園藝家必携/櫻会編. —16版. —東京:櫻会,昭和8年[1933]
　　5,534頁;17 cm

S63/1
　　寒地蔬菜園藝/泉金雄著. —東京:育生社弘道閣,昭和18年[1943]
　　7,7,376頁;21 cm

S63/2
　蔬菜園十二月/小田鬼八著.—東京:寶文社,昭和16年[1941]
　　3,5,485 頁;22 cm

S63/3
　訂正增補蔬菜園藝全書/喜田茂一郎著.—東京:西ヶ原叢書刊行会,大正11年[1922]
　　13,469~1004 頁;22 cm

S63/3-2(1)
　訂正增補蔬菜園藝全書.上卷/喜田茂一郎著.—東京:西ヶ原叢書刊行会,大正年10年[1931]
　　1 册;23 cm

S63/4
　蔬菜の科学/伊東秀夫著.—東京:冨山房,昭和18年[1943]
　　2,3,284,4 頁;22 cm

S63/5(1)
　蔬菜園芸学.各論.上卷/藤井健雄著.—東京:養賢堂,昭和19年[1944]
　　2,4,276 頁;22 cm

S63/6
　蔬菜栽培法附果樹園芸/加藤行作著.—東京:荻原星文館,昭和9年[1934]
　　2,12,228,8,184 頁;22 cm

S63/7-6
　實驗蔬菜栽培講義/富樫常治著.—6版.—東京:養賢堂裳華房,[不詳]
　　4,16,458 頁;21 cm

S63/8-2
　空地利用家庭蔬菜栽培/都民農事相談所編.—2版.—東京:河出書房,昭和19年[1944]
　　3,4,126 頁;19 cm

S63/9-3
　和洋蔬菜の栽培/加藤行作著.—3版.—東京:荻原星文館,昭和10年[1935]
　　2,3,228 頁;19 cm

S632/1-3
　蔬菜根菜/渡邊誠三著.—3版.—東京:明文社,昭和19年[1944]
　　4,10,337 頁;18 cm

S633/1-2
　玉葱・葱類栽培の實際/堀準爾著.—2版.—東京:泰文館,昭和18年[1943]
　　9,201 頁;18 cm

S64/1
　収益本位桃.梅栽培法.完/富樫常治著.—東京:養賢堂,[不詳]
　　4,7,320 頁;22 cm

S643-49/1
　少國民理科豆の一生/服部靜夫著.—東京:正芽社,[不詳]
　　176 頁;18 cm

S643-49/1-3
　豆の一生/服部靜夫著.—3版.—東京:正芽社,昭和17年[1942]
　　176 頁;18 cm

S647/1-4(1)
　野菜の栽培・調理.上卷/宮田孝次郎著.—4版.—東京:萬里閣書房,昭和4年[1929]
　　3,16,395 頁;18 cm

S66/1
　實驗果樹栽培講義/富(左は木右は堅)常治著.—東京:書肆養賢堂,昭和14年[1925]
　　4,15,553 頁;23 cm

S66/2-4
　園藝果樹生態論/池田伴親著.—4版.—東京:泰弘館,昭和5年[1930]
　　6,392 頁;22 cm

S66/3
　満洲之果樹/南満洲鉄道株式会社地方部地方課編.—東京:南満洲鉄道株式会社地方部地方課,大正 5 年[1916]
　　215 頁;22 cm

S66/4
　果樹生産の立地的研究/石川武彦著.—東京:養賢堂,昭和 17 年[1942]
　　253 頁;21 cm

S66/5(2)
　實驗果樹園藝.下巻/富樫常治著.—東京:裳華房,大正 10 年[1921]
　　4,9,961～1410,13 頁;22 cm

S66/6(2)
　最新果樹栽培講義.下巻/星野勇三著.—東京:博文館,大正 6 年[1917]
　　10,394 頁;23 cm

S66/6-11(2)
　最新果樹栽培講義.下巻/星野勇三著.—11 版.—東京:博文館,昭和 6 年[1931]
　　10,394 頁;23 cm

S66/11
　山東、河北両省ニ於ケル果樹栽培/満鉄.天津事務所調査課編.—謄写版.—[天津]:[満鉄.天津事務所調査課],昭和 11 年[1936]
　　25 頁;27 cm

S660.5/1
　果樹栽培汎論.剪定及摘果篇/淺見與七著.—東京:養賢堂,昭和 17 年[1942]
　　2,215 頁;22 cm

S662.1/1
　肥城桃ニ関スル調査/満鉄・天津事務所調査課編.—謄写版.—[不詳]:[不詳],昭和 12 年[1937]
　　9 頁;26 cm

S666/1-3
　柑橘/高橋郁郎著.—3 版.—東京:養賢堂,昭和 9 年[1934]
　　8,483 頁;23 cm

S68/1
　園芸手引:花の作り方.春の巻/稲田商会編輯部.—稲田:稲田商会出版部,昭和 7 年[1932]
　　244 頁;15 cm

S68/2-8
　西洋草花の知識:園芸の科学第一篇/石井勇義著.—8 版.—東京:新光社,大正 14 年[1925]
　　18,357 頁;19 cm

S68/3-2
　お庭の植物研究/中路正義著.—2 版.—東京:研究社,昭和 18 年[1943]
　　2,5,274 頁;18 cm

S68/4
　小原流盛花瓶華の生け方/小原豊雲著.—東京:主婦之友社,昭和 18 年[1943]
　　2,8,16,298 頁;21 cm

S68/5-2
　花卉園藝/佐々木祐太郎著.—2 版.—東京:成美堂書店,大正 6 年[1917]
　　2,12,628,16,4 頁;22 cm

S68/6-3
　四季の草花園芸/尾崎哲之助著.—3 版.—東京:紙硯社,昭和 17 年[1942]
　　12,310 頁;18 cm

S68/7
　四季趣味の風流園藝/吉村巖著.—東京:明文社,昭和 9 年[1934]
　　10,2,6,250 頁;18 cm

S682/1
　栽培實驗蘭と萬年青/古川鋠太郎著.—東京:博文館,昭和 7 年[1932]

3,7,158 頁;18 cm

S682.1/1-4
菊花培養秘訣大日本菊銘鑑誌.巻一/佐々木晚翠著.—4 版.—東京:更生会,大正 6 年[1917]
3,2,184,61,16 頁;22 cm

S682.1/2-5
菊の栽培十二ヶ月/東京重陽会著.—5 版.—東京:太陽堂書店,昭和 9 年[1934]
3,13,339 頁;19 cm

S682.31/1-3
蘭の種類と培養/小原栄次郎著.—3 版.—東京:誠文堂,昭和 10 年[1935]
11,312 頁;19 cm

S682.31/2
春蘭/笹山三次著.—東京:アルス,昭和 16 年[1941]
64,34 頁;18 cm

S682.31/3
蘭科植物の栽培/岡見義男著.—[不詳]:誠文堂,[不詳]
4,200 頁;25 cm

S688.1/1-4
培養実験趣味の盆栽/野崎信夫著.—4 版.—東京:博文館,昭和 6 年[1931]
2,2,8,297,12 頁;18 cm

S688.2/1
生花に於ける美の性格/西川俊著.—京都:一條書房,昭和 18 年[1943]
3,4,263 頁;18 cm

S688.3/1
實用花壇/西村賢治著.—東京:明文堂,昭和 12 年[1937]
2,344 頁;22 cm

S7/1-7
林業/福田次郎著.—7 版.—東京:明文堂,昭和 14 年[1939]
2,6,328 頁;17 cm

S7/2(1)
最新林学講義.上巻/日本森林協会編.—京都:政経書院,昭和 9 年[1934]
21,642 頁;23 cm

S7-62/1-3
日本農林審査総覧/川崎甫著.—3 版.—東京:明文堂,昭和 14 年[1939]
5,42,1019,6 頁;18 cm

S71/1(2)
實用森林学.下巻/本多静六著.—東京:三浦書店,明治 42 年[1909]
8,365,16 頁;22 cm

S71/2-14
實用森林学.上巻/本多静六著.—14 版.—東京:池田商店,明治 41 年[1908]
8,246 頁;22 cm

S72/1
造林方法ニ就イテ/済南鉄路局総務処資業科編.—謄写版.—[不詳]:[不詳],[不詳]
1 冊;25 cm

S72/2
北支鉄道ラ中心トシタル治水造林事業/華北交通株式会社編.—謄写版.—[不詳]:華北交通株式会社,[不詳]
21 頁;27 cm

S726.1/1
価格制度簡素化要領/北京日本大使館編.—[北京]:[北京日本大使館],昭和 18 年[1943]
1 冊;27 cm

S726.81/1-4
竹の本/竹内叔雄著.—4 版.—東京:昭森社,

昭和 18 年[1933]

8,292 頁;18 cm

S781/1

戦ふ木材/藤井直衛著.—東京:羽田書店,昭和 19 年[1944]

2,170 頁;18 cm

S781/2-7

木材商業/奥野道夫著.—7 版.—東京:明文堂,昭和 18 年[1943]

11,404 頁;18 cm

S781.71/1-2

木材乾燥法/松本文三著.—2 版.—東京:工業圖書株式会社,昭和 17 年[1942]

12,392 頁;22 cm

S782.31/1

木材及び木材乾燥/藤林誠,泉岩太著.—東京:岩波書店,昭和 16 年[1941]

31 頁;26 cm

S79/1

チークの話/高山慶太郎著.—東京:木材経済研究所,昭和 18 年[1943]

3,280 頁;17 cm

S79/2

膠済、津浦、京漢沿線ノ植林概況/満鉄.北支事務局調査部編.—謄写版.—[不詳]:[満鉄.北支事務局調査部],昭和 13 年[1938]

6 頁;27 cm

S8/1-8

家禽.蜜蜂/美川重夫,後藤新著.—8 版.—東京:明文堂,昭和 17 年[1942]

1,6,340 頁;17 cm

S8/2

佐藤悠次郎論文集/故佐藤悠次郎記念会編.—[不詳]:[不詳],大正 9 年[1920]

6,2,289 頁;22 cm

S8/3

水棲動物飼育法/吉井楢雄著.—東京:建文館,昭和 15 年[1940]

1 冊頁;21 cm

S81/1-7

畜産学原論/芝田清吾著.—7 版.—東京:明文堂,昭和 18 年[1943]

7,644,6 頁;21 cm

S81/2-3

家畜改良牧草論/小川二郎著.—3 版.—東京:札幌興農園東京支店,明治 40 年[1907]

15,368,58 頁;22 cm

S814.3/1

家畜人工授精法/西川義正著.—東京:養賢堂,[不詳]

2,4,398 頁;22 cm

S816/1

新飼料の知識/庄司謙次郎著.—東京:昭晃堂,昭和 17 年[1942]

2,15,292 頁;18 cm

S816/2

飼料自給増産の研究/谷本保夫著.—東京:泰文館,昭和 18 年[1943]

6,186 頁;18 cm

S82/1

羊と山羊/小谷武治著.—[不詳]:[不詳],[不詳]

15,528 頁;22 cm

S82/2-3

家畜文化史/加茂儀一著.—3 版.—東京:改造社,昭和 17 年[1942]

817,6,75 頁;22 cm

S821/1

馬/伊澤信一著.—東京:牧書房,昭和 17 年

[1942]

2,2,8,324 頁;21 cm

S821/1-4

馬/伊澤信一著.—4 版.—東京:牧書房,昭和 19 年[1944]

2,2,8,330 頁;21 cm

S821/2-4

愛馬読本/小津茂郎著.—4 版.—東京:大日本雄辯會講談社,昭和 17 年[1942]

226 頁;21 cm

S821/3

馬のために/四條隆徳著.—東京:科学書院,昭和 18 年[1943]

5,2,222 頁;18 cm

S821/4-3

愛馬必携 馬の知識/伊澤信一著.—3 版.—東京:牧書房,昭和 19 年[1944]

6,8,243 頁;18 cm

S821/5

馬学精説/市井正次著.—東京:朝倉書店,昭和 17 年[1942]

4,9,432 頁;22 cm

S821/6

馬匹外貌学/伴仲蔵著.—東京:石文堂,大正 3 年[1914]

1,1,10,194 頁;22 cm

S821/7

馬の生物学/市川収著.—東京:創元社,昭和 19 年[1944]

5,136 頁;18 cm

S821/8

蒙古馬飼養管理指針/華北合作事業總会著.—謄写版.—北京:華北合作事業總会,民國 32 年[1943]

6,11 頁;21 cm

S823/1

山東の畜牛/野中時雄編.—天津:天津事務所,昭和 11 年[1936]

3,100 頁;22 cm

S823.9/1-2

乳牛/井口賢三著.—2 版.—東京:養賢堂,昭和 17 年[1942]

6,266 頁;22 cm

S824/1

支那産駱駝の研究/吉田新七郎著.—[不詳]:[不詳],[不詳]

3,3,68 頁;21 cm

S826/1

實用緬羊の飼い方と加工法/月野誠道著.—東京:泰文館,昭和 15 年[1940]

2,21,307 頁;19 cm

S826/2

緬羊飼育相談/惣津律士著.—東京:賢文館,昭和 15 年[1940]

2,9,295 頁;18 cm

S826/2-2

緬羊飼育相談/惣津律士著.—2 版.—東京:朝倉書店,昭和 17 年[1942]

2,9,295 頁;18 cm

S826/3

山羊の飼ひ方/根岸八郎著.—東京:共同出版株式会社創立事務所,昭和 19 年[1944]

5,205 頁;18 cm

S826/4

緬羊飼養試驗成績/満鉄.産業部著.—謄写版.—[不詳]:[満鉄.産業部],昭和 13 年[1938]

49 頁;27 cm

S828/2-3(2)

養豚の實際.下巻/永田厚平著.—3 版.—東

京:養賢堂,昭和18年[1943]
  8,307～580頁;17 cm

S828/4-2
  豚/飯田吉英著.―増訂版.―東京:成美堂,大正2年[1913]
  2,2,12,263頁;22 cm

S828/5-2
  養豚相談/長尾秋雄著.―2版.―東京:朝倉書店,昭和17年[1942]
  2,9,259頁;18 cm

S829.14/1-8
  最新養兎法/衣川義雄著.―8版.―東京:西ケ原刊行会,昭和17年[1942]
  16,522,6,18頁;20 cm

S829.2/1-3
  最新犬の飼い方と訓練法/日本愛犬倶楽部編.―3版.―東京:岡村書店,昭和9年[1934]
  5,273頁;19 cm

S829.2/2
  いぬ/足立美堅著.―東京:大日本農会,明治42年[1907]
  8,256,15頁;26 cm

S829.2/3
  犬の研究/石原辰太郎,田中正一,臼井正一郎著.―東京:朝香屋書店,明治43年[1910]
  14,302頁;18 cm

S829.2/4-10
  シェパード/伊藤藤一著.―10版.―東京:番町書房,昭和16年[1941]
  18,404頁;18 cm

S829.2/5-7
  犬の訓練讀本/犬の研究社編.―7版.―東京:犬の研究社,昭和19年[1944]
  4,307頁;18 cm

S829.2/6
  ドーベルマン/野呂横行著.―東京:犬の研究社,昭和13年[1938]
  2,4,3,243頁;19 cm

S831/1
  駄鶏淘汰と病鶏治療:養鶏新指針/兼子藤平著.―名古屋:養鶏之日本社,昭和17年[1942]
  8,176頁;19 cm

S831/2-16
  實驗養鶏法:附水禽/横山春平著.―16版.―東京:博文館,大正11年[1922]
  4,12,342頁;22 cm

S831/3
  最近實驗養鶏法/横山春平著.―東京:博文館,明治41年[1908]
  4,11,280頁;23 cm

S831/6
  北支ニ於ケル養鶏事情/満鉄.調査部編.―謄写版.―[不詳]:[満鉄.調査部],昭和15年[1940]
  22頁;26 cm

S831-532/1-2
  農商務省養鶏講習会講義録/禽友会著.―2版.―東京:成美堂書店,大正5年[1916]
  10,2,692頁;21 cm

S831.3/1-3
  スパルタ育雛/斉藤虎松著.―3版.―東京:鶏の研究社,昭和17年[1942]
  13,215頁;18 cm

S831.5/1
  養鶏飼料と配合法/波多野正著.―[不詳]:鶏の研究社,[不詳]
  2,6,200頁;18 cm

S831.7/1-3
  訂正増補家禽病理書.全/津野慶太郎著.―3

版.—東京:有隣堂書店,明治41年[1908]
　　5,2,5,156頁;19 cm

S839/1
　　實驗十五年鶉飼育法/小田厚太郎著.—東京:小田鳥類實驗所,大正6年[1917]
　　1冊;20 cm

S85/1
　　獸医畜産関係文献集/白井恒三郎著.—東京:興文社,昭和11年[1936]
　　2,13,45頁;18 cm

S85/2-4
　　臨床家畜診断学/板垣四郎著.—4版.—東京:克誠堂書店,昭和13年[1938]
　　6,235,7頁;24 cm

S85/3
　　獸医實用消毒学/飯塚安喜雄著.—東京:中央獸医会,昭和10年[1935]
　　66頁;18 cm

S852.1/1-3（1）
　　教科用家畜解剖学.上巻/大澤竹次郎,成松静雄著.—3版.—東京:長隆舎書店,大正13年[1924]
　　2,5,166頁;22 cm

S852.1/1-3（3）
　　教科用家畜解剖学.下巻/大澤竹次郎,成松静雄著.—3版.—東京:長隆舎書店,大正13年[1924]
　　7,324頁;22 cm

S852.1/1-9（3）
　　教科用家畜解剖学.下巻/大澤竹次郎,成松静雄著.—9版.—東京:長隆舎書店,昭和6年[1931]
　　7,324頁;22 cm

S852.1/1-11
　　教科用家畜解剖学/大澤竹次郎,成松静雄著.—11版.—東京:長隆舎書店,昭和6年[1931]
　　180頁;22 cm

S852.1/1-13（2）
　　教科用家畜解剖学.中巻/大澤竹次郎,成松静雄著.—13版.—東京:大日本獸医学会,昭和17年[1942]
　　131頁;22 cm

S852.1/1-23（1）
　　教科用家畜解剖学.上巻/大澤竹次郎,成松静雄著.—23版.—東京:大日本獸医学会,昭和17年[1942]
　　8,180頁;22 cm

S852.1/2
　　最新家畜病理解剖学/可兒岩吉著.—東京:朝香屋書店,大正5年[1916]
　　2,2,26,356頁;23 cm

S852.1/3（2）
　　家畜病理解剖学.下巻/大塚猪一郎著.—東京:克誠堂書店,昭和5年[1930]
　　9,288頁;21 cm

S852.1/4-2（2）
　　家畜病理解剖学.下巻/江本修著.—2版.—東京:克誠堂書店,昭和10年[1935]
　　12,247頁;21 cm

S852.1/4-4（1）
　　家畜病理解剖学.上巻/江本修著.—4版.—東京:克誠堂書店,昭和13年[1938]
　　4,6,201頁;21 cm

S852.16/1-2
　　改訂新編家畜生理学/松本一太著.—東京:長隆舎書店,昭和17年[1942]
　　11,264頁;21 cm

S852.16/2-2
　　新編家畜生理学/松本一太纂.—2版.—東京:長隆舎書店,大正11年[1922]

10,2,276 頁;22 cm

S852.2/1(2)
島村家畜生理学.下巻/島村虎猪著.—東京:克誠堂書店,昭和 2 年[1927]
574,7 頁;22 cm

S852.2/1-2(1)
島村家畜生理学.上卷/島村虎猪著.—2 版.—東京:克誠堂書店,昭和 5 年[1930]
5,291,7 頁;22 cm

S852.3/1
家畜病体解剖学.全/内田直編.—東京:武揚堂,明治 43 年[1910]
4,3,17,480 頁;23 cm

S852.7/1
家畜寄生虫病学/板垣四郎著.—東京:克誠堂書店,昭和 5 年[1930]
3,293,7 頁;22 cm

S854/1
家畜診断学.外科編/原島善之助著.—東京:有隣堂,明治 43 年[1910]
4,23,413 頁;22 cm

S855/1
家畜伝染病学/中村哲哉著.—東京:克誠堂書店,昭和 11 年[1936]
241 頁;24 cm

S855.1/1
臨床家畜細菌学/中村哲哉,宮川文雄著.—東京:克誠堂書店,昭和 4 年[1929]
2,12,322 頁;22 cm

S856/1-5(1)
家畜内科学.上卷/勝島仙之介,新美佶太著.—5 版.—東京:朝香屋書店,大正 9 年[1920]
9,28,740 頁;21 cm

S857.1/1-2
獣医外科各論/幾山謙太郎著.—2 版.—東京:克誠堂書店,大正 5 年[1916]
10,36,550 頁;19 cm

S858/1
鶏.兎の病氣とその豫防法/岩科一治著.—東京:六人社,昭和 17 年[1942]
3,284 頁;18 cm

S858.2/1
牛及緬羊講義/高橋多聞著.—[不詳]:中央農事試験場農業技術訓練部,昭和 15 年[1940]
6,120 頁;21 cm

S858.2/2
家畜疾病豫防学/能美季一著.—東京:明文堂,昭和 12 年[1937]
3,378 頁;23 cm

S858.21/1-2
熱發馬の診療指針/深野熊太郎著.—2 版.—東京:大日本獣医学会,昭和 18 年[1943]
3,143 頁;21 cm

S858.23/1
牛と肉/河村貞雄著.—東京:西ヶ原刊行会,昭和 17[1942]
6,183 頁;20 cm

S858.28/1
豚の病氣とその豫防法/石井富士雄著.—大阪:六人社,昭和 18 年[1943]
3,3,232 頁;19 cm

S859.5/1
獣医調剤学/吐鳳堂編輯部著.—東京:吐鳳堂書店,大正 2 年[1913]
2,6,237 頁;22 cm

S865.2/1
淡水獣ヌートリヤの養殖/三島康七著.—東京:育生社弘道閣,昭和 17 年[1942]

98 頁;18 cm

S865.3/1
小鳥の飼ひ方/鷹司信輔著.—東京:誠文堂,昭和2年[1927]
20,448,18 頁;18 cm

S865.3/1-10
小鳥の飼ひ方/鷹司信輔著.—10 版.—東京:誠文堂,昭和6年[1931]
20,448,18 頁;18 cm

S88/1-2
清國蠶糸業大観/村喜蔵峯著.—2 版.—東京:丸山舎書籍部,明治37年[1904]
4,336 頁;21 cm

S88/2
最新天蚕及柞蚕論/赤沼治男著.—東京:蚕業新報社,昭和9年[1934]
14,16,340 頁;22 cm

S88/3
支那蚕書粋編/峯村喜蔵訳.—東京:丸山舎書籍部,明治36年[1903]
1 冊;22 cm

S883/1
恵利蚕飼育法/恵利蠶研究会編.—東京:中文館書店,昭和19年[1944]
8,5,418 頁;18 cm

S89/1
養蜂の原理と實際/平塚保雄著.—東京:大化書院,昭和18年[1943]
2,8,315 頁;19 cm

S89/2
養蜂/高田武雄著.—東京:小川書房,昭和19年[1944]
358 頁;22 cm

S89-49/1-2
蜂園の乙女/T.ウェーエ著.—2 版.—東京:柏葉書院,昭和18年[1943]
3,3,314 頁;20 cm

S899/1
みみずの観察/小川文代著.—東京:創元社,昭和19年[1944]
3,2,87 頁;18 cm

S9/1-2
水産資源学/相川廣秋著.—2 版.—東京:水産社,昭和17年[1942]
228,4,11,13 頁;21 cm

S9/2-2
歐米水産概観と我國水産業の発展策/大島幸吉著.—2 版.—東京:厚生閣,昭和9年[1934]
4,18,6,436 頁;23 cm

S9/3
水産学通論/藤田経信著.—東京:厚生閣,昭和7年[1932]
2,4,292 頁;17 cm

S9/4-9
日本水産學/雨宮育作著.—9 版.—東京:地球出版株式会社,昭和25年[1950]
2,5,299 頁;16 cm

S9/5
魚類研究室/末広恭雄著.—東京:天然社,昭和17年[1942]
2,3,173 頁;20 cm

S9/6
世界水産業の科学的改造/大島幸吉著.—東京:厚生閣,昭和8年[1933]
12,4,390 頁;23 cm

S9/7
魚粕及びフィッシュミールの化学/大谷武夫著.—東京:厚生閣,昭和17年[1942]

70 頁;22 cm

S9/8
　大東亜の魚/田中茂穂著. —大阪:文詳堂,昭和18 年[1943]
　　7,172 頁;20 cm

S9/12
　海外水産調査/農林省水産局編. —東京:海洋漁業振興協会,昭和13 年[1938]
　　10,597 頁;22 cm

S9-09/1
　編年水産十九世紀史/藤田経信著. —東京:汀歐会出版部,昭和5 年[1930]
　　12,211 頁;18 cm

S9-7/1
　水産学全集總索引/神谷尚志著. —東京:厚生閣,昭和8 年[1933]
　　1,11231 頁;22 cm

S912/1
　水産と化学/右田正男著. —東京:天然社,昭和19 年[1944]
　　2,3,380 頁;19 cm

S912/2
　水産の科学/大谷武夫著. —東京:河出書房,昭和17 年[1942]
　　2,194 頁;18 cm

S917/1-2
　水産細菌学/谷川英一著. —2 版. —東京:生活社,昭和19 年[1944]
　　11,614,56 頁;22 cm

S917/2
　魚介類の大腸菌とチフス菌/安川隆,遠山祐二著. 東京:厚生閣,昭和17 年[1942]
　　84 頁;21 cm

S917.4-64/1-3
　分類水産動物図説/浅野彦太郎著. —3 版. —東京:成光館出版部,昭和10 年[1935]
　　2,15,924,47,39,24 頁;24 cm

S922/1
　満支の水産事情/岡本正一著. —東京:水産通信社,昭和15 年[1940]
　　2,22,953 頁;22 cm

S922/1-3
　満支の水産事情/岡本正一著. —3 版. —東京:水産通信社,昭和15 年[1940]
　　2,22,953 頁;22 cm

S922.35/1
　嫩江沿岸水産業調査報告書/阿部達夫調査. —謄写版. —[不詳]:[不詳],[不詳]
　　89 頁;27 cm

S922.52/1
　青島水産の概況/堀田文雄編. —青島:青島水産組合,昭和11 年[1936]
　　頁;6,158,17 cm

S923/1
　南方圏の水産/斎藤宗一著. —東京:東京堂,昭和17 年[1942]
　　3,9,2,3,283,8,3 頁;18 cm

S931.41/1(2)
　マグロ.カヂキ漁況. 第二篇,内地重要魚類漁況論/木村喜之助著. —東京:厚生閣,昭和17 年[1942]
　　122 頁;22 cm

S931.5/1
　水産増殖の知識/畑久三著. —大阪:錦城出版社,昭和18 年[1943]
　　2,8,239 頁;18 cm

S95/1
　台湾に於ける水産製造工業/田内森三郎,著

大谷武夫著.—東京:厚生閣,昭和 15 年[1940]
　　14 頁;22 cm

S964.4/1
　　湖沼の水産/故川端重五郎著.—東京:水産社,昭和 6 年[1931]
　　5,161 頁;22 cm

S965/1-2
　　實地応用養魚の研究.鯉鮒鰻篇/阿部圭著.—2 版.—東京:大日本水産会,昭和 13 年[1938]
　　19,5,428,2 頁;23 cm

S965/2-2
　　食用魚の味と営養/田中茂穂著.—2 版.—東京:時代社,昭和 18 年[1943]
　　23,342,30 頁;22 cm

S965.116/1
　　鯉ノ養殖方法/[不詳].—謄写版.—[不詳]:[不詳],[不詳]
　　1 冊;26 cm

S965.232/1
　　鮭/ヘンリ・ウイリアムスン.—東京:教材社,昭和 18 年[1943]
　　281,11 頁;19 cm

S966/1
　　節類/吉川吉男著.—東京:厚生閣,昭和 15 年[1940]
　　47 頁;21 cm

S968.3-49/1
　　貝のお話/小野田勝造,古川博二著.—大阪:駸駸堂,昭和 19 年[1944]
　　3,3,232 頁;18 cm

S97/1
　　海の資源/相川広秋著.—東京:天然社,昭和 17 年[1942]
　　219 頁;18 cm

S98/1
　　漁獲物処理/谷川英一著.—東京:丸善株式会社,昭和 19 年[1944]
　　10,375,14 頁;21 cm

S98/3
　　塩蔵實際/小笠原秀雄著.—東京:厚生閣,昭和 15 年[1940]
　　32 頁;21 cm

S98/6
　　満洲國水産物ノ加工方法ト其の助成ニ就テ/調査部資料課編.—謄写版.—[不詳]:調査部資料課長,昭和 14 年[1939]
　　47 頁;27 cm

S985/1
　　アルギン酸/高橋武雄著.—東京:厚生閣,昭和 15 年[1940]
　　74 頁;22 cm

S989/1
　　肝油の研究/辻本満丸著.—東京:丸善株式会社,昭和 11 年[1936]
　　17,626,20 頁;22 cm

S989/2
　　魚粕類の製造/吉田敬雄,永田米作著.—東京:厚生閣,昭和 15 年[1940]
　　69 頁;22 cm

S989/3
　　苦汁利用工業/福永範一著.—東京:厚生閣,昭和 16 年[1941]
　　54 頁;22 cm

《中国图书馆分类法》类目

T
工业技术

T/1
工業通解/市川忠一著.—［不詳］：早稲田大学出版部，［不詳］
1 冊；22 cm

T/2(1)
工業編.上卷/藤山雷太,稲畑勝太郎,松永安左衛門著.—東京：日本評論社,昭和 4 年［1929］
2,6,106 頁；21 cm

T/2(2)
工業編.下卷/武藤山治［等］著.—東京：日本評論社,昭和 3 年［1928］
1 冊；23 cm

T/3
工業讀本/中村康之助著.—東京：丸善株式会社,大正 15 年［1926］
2,3,10,239,88 頁；22 cm

T/4(12)
アルス機械工学大講座.12,蒸汽機関,舶用機関/小川芳太郎,山内不二雄著.—東京：アルス,昭和 11 年［1936］
1 冊；26 cm

T/5
機械工学/長岡順吉著.—東京：朝日新聞社,昭和 19 年［1944］
3,9,356 頁；19 cm

T/6
高速鍛造/大矢根守哉,本田栄一編.—影印版.—東京：日刊工業新聞社,昭和 44 年［1969］
4,131 頁；19 cm

T-0/1-7
工業常識/中村康之助著.—7 版.—東京：丸善株式会社,大正 9 年［1920］
8,2,13,8,563,14,19 頁；22 cm

T-0/2-8
最新工業大意/志村良光著.—8 版.—東京：工業図書株式会社,昭和 16 年［1941］
19,250 頁；20 cm

T-0/3
科學技術工業大意/桐淵勘蔵著.—東京：啓業社,昭和 17 年［1942］
8,173 頁；22 cm

T-0/4
技術哲学/三木清著.—東京：岩波書店,昭和 17 年［1942］
2,190 頁；18 cm

T-0/5
工業通覧/本橋彌八編著.—東京：須原屋書店,明治 44 年［1911］
2,2,221,306 頁；22 cm

T-0/6-6
最新工業大意/伊東久米蔵著.—6 版.—京都：杉本書店出版部,昭和 10 年［1935］
4,4,160 頁；22 cm

T-0/7
工学概論/南種康博著.—東京：同文館,昭和 14 年［1939］
6,224 頁；21 cm

T-09/1
科学史考/桑木或雄著.—東京：河出書房,昭和 19 年［1944］
5,555 頁；18 cm

T-09/2
天工開物/宋應星著.—東京：十一組出版社,昭和 18 年［1943］
12,467,137 頁；18 cm

T-09/3
近代技術史/高村象平著.—東京：慶応出版社,昭和 15 年［1940］
118 頁；22 cm

T-1/1
　資本主義工業と科学主義工業/大河内正敏著.—東京:科学主義工業社,昭和13年[1938]
　　125頁;19 cm

T-1/1-2
　資本主義工業と科学主義工業/大河内正敏著.—2版.—東京:科学主義工業社,昭和13年[1938]
　　125頁;18 cm

T-19/1-8
　實例特許實用新案意匠商標手続總覽/三宅發士郎,岡田音五郎著.—8版.—東京:嚴松堂書店,昭和12年[1937]
　　2,34,756頁;22 cm

T-19/1-9
　實例特許實用新案意匠商標手続總覽/山宅發士郎,岡田音五郎著.—9版.—東京:嚴松堂書店,昭和14年[1939]
　　2,34,756頁;22 cm

T-331.361/1
　米の代用としての麦類の研究/水野武夫著.—東京:西ヶ原刊行会,昭和17年[1942]
　　2,4,287頁;22 cm

T-331.361/2
　米:世界、特に東南亜に於ける米作状況並びに、米穀貿易の経済地理的研究/(独)P.ブランケンブルク著.—東京:科学主義工業社,昭和18年[1943]
　　4,2,24,513頁;22 cm

T-403/1-4
　質疑応答製造工業原価計算要綱草案の解説/陶山誠太郎著.—4版.—大阪:大同書院,昭和16年[1941]
　　4,4,204,5頁;19 cm

T-406.4/1
　工具及び材料管理/神馬新七郎著.—東京:河出書房,昭和17年[1942]
　　9,349頁;22 cm

T-406.4/1-2
　工具及び材料管理/神馬新七郎著.—2版.—東京:河出書房,昭和18年[1943]
　　9,349頁;22 cm

T-431.39/1
　紙業界五十年/濱田徳太郎著.—東京:博進社,昭和12年[1937]
　　2,10,492頁;18 cm

T-54/1-2
　科学技術年鑑/科学動員協会編.—2版.—東京:日刊工業新聞社,昭和17年[1942]
　　6,2,8,985頁;21 cm

T-54/2(1940)
　工業年鑑:昭和十五年戦時建設版/北野輝夫編.—東京:日本工業新聞社,昭和14年[1939]
　　1冊頁;18 cm

T-61/1(1)
　最新工業大辞典.第一巻/松元竹二著.—東京:非凡閣,昭和12年[1937]
　　602頁;26 cm

T-61/1(2)
　最新工業大辞典.第二巻/松元竹二編.—東京:非凡閣,昭和12年[1937]
　　606頁;26 cm

T-61/1(3)
　最新工業大辞典.第三巻/松元竹二著.—東京:非凡閣,昭和12年[1937]
　　606頁;26 cm

T-61/1(4)
　最新工業大辞典.第四巻/松元竹二編.—東京:非凡閣,昭和12年[1937]
　　606頁;26 cm

T-61/1(6)
　最新工業大辞典. 第六卷/松元竹二著. —東京:非凡閣,昭和 13 年[1938]
　　6.6 頁;26 cm

T-61/1(7)
　最新工業大辞典. 第七卷/松元竹二編. —東京:非凡閣,昭和 13 年[1938]
　　606 頁;26 cm

T-61/1(8)
　最新工業大辞典. 第八卷/松元竹二著. —東京:非凡閣,昭和 13 年[1938]
　　606 頁;26 cm

T-61/1(9)
　最新工業大辞典. 第九卷/松元竹二著. —東京:非凡閣,昭和 13 年[1938]
　　606 頁;26 cm

T-61/1(10)
　最新工業大辞典. 第十卷/松元竹二編. —東京:非凡閣,昭和 13 年[1938]
　　606 頁;26 cm

T-61/1(11)
　最新工業大辞典. 第十一卷/松元竹二著. —東京:非凡閣,昭和 13 年[1938]
　　606 頁;26 cm

T-61/1(12)
　最新工業大辞典. 第十二卷/松元竹二編. —3 版. —東京:非凡閣,昭和 15 年[1940]
　　606 頁;26 cm

T-61/1(13)
　最新工業大辞典. 第十三卷/松元竹二著. —東京:非凡閣,昭和 13 年[1938]
　　606 頁;26 cm

T-61/1(14)
　最新工業大辞典. 第十四卷/松元竹二著. —東京:非凡閣,昭和 14 年[1939]
　　606 頁;26 cm

T-61/1(15)
　最新工業大辞典. 第十五卷/松元竹二著. —東京:非凡閣,昭和 14 年[1939]
　　606 頁;26 cm

T-61/1(16)
　最新工業大辞典. 第十六卷/松元竹二編. —東京:非凡閣,昭和 14 年[1939]
　　606 頁;26 cm

T-61/1(17)
　最新工業大辞典. 第十七卷/松元竹二著. —東京:非凡閣,昭和 14 年[1939]
　　621 頁;26 cm

T-61/1-2(1)
　最新工業大辞典. 第一卷/松元竹二著. —2 版. —東京:非凡閣,昭和 15 年[1940]
　　602 頁;26 cm

T-61/1-2(6)
　最新工業大辞典. 第六卷/松元竹二著. —2 版. —東京:非凡閣,昭和 16 年[1941]
　　606 頁;26 cm

T-61/1-2(14)
　最新工業大辞典. 第十四卷/松元竹二編. —2 版. —東京:非凡閣,昭和 16 年[1941]
　　606 頁;26 cm

T-61/1-2(15)
　最新工業大辞典. 第十五卷/松元竹二著. —2 版. —東京:非凡閣,昭和 16 年[1941]
　　606 頁;26 cm

T-61/1-2(16)
　最新工業大辞典. 第十六卷/松元竹二編. —2 版. —東京:非凡閣,昭和 16 年[1941]
　　606 頁;26 cm

T-61/1-2(a)
　　最新工業大辞典:索引/松元竹二編.—2版.—東京:非凡閣,昭和16年[1941]
　　382 頁;26 cm

T-61/1-3(5)
　　最新工業大辞典.第五卷/松元竹二編.—3版.—東京:非凡閣,昭和16年[1941]
　　606 頁;26 cm

T-61/1-3(10)
　　最新工業大辞典.第十卷/松元竹二編.—3版.—東京:非凡閣,昭和16年[1941]
　　606 頁;26 cm

T-61/1-3(11)
　　最新工業大辞典.第十一卷/松元竹二著.—3版.—東京:非凡閣,昭和16年[1941]
　　606 頁;26 cm

T-61/1-4(2)
　　最新工業大辞典.第二卷/松元竹二編.—4版.—東京:非凡閣,昭和16年[1941]
　　606 頁;26 cm

T-61/1-4(6)
　　最新工業大辞典.第六卷/松元竹二著.—4版.—東京:非凡閣,昭和15年[1940]
　　606 頁;26 cm

T-61/1-5(17)
　　最新工業大辞典.第十七卷/松元竹二著.—5版.—東京:非凡閣,昭和15年[1940]
　　1 冊;26 cm

T-61/1-6(8)
　　最新工業大辞典.第八卷/松元竹二著.—6版.—東京:非凡閣,昭和15年[1940]
　　606 頁;26 cm

T-61/2
　　工学佛語の研究/榎本恒太郎著.—東京:太陽堂書店,昭和12年[1937]
　　4,263 頁;18 cm

T-62/1-16
　　応用自在工業便覧/吉原鉄夫著.—16版.—東京:知進社,昭和17年[1942]
　　18,728 頁;16 cm

T-65/2(1)
　　JES日本標準規格(縮版).合本第1卷/商工省臨時産業合理局著.—東京:工業調査協會,昭和7年[1932]
　　10,350 頁;21 cm

T-65/2-2(1)
　　JES日本標準規格.第1卷/商工省臨時産業合理局著.—2版.—東京:工業調査協会,昭和16年[1941]
　　8,321 頁;21 cm

T-65/2-2(2)
　　JES日本標準規格.第2卷/商工省統制局編.—2版.—東京:工業調査協会,昭和14年[1939]
　　8,380 頁;21 cm

T-653.13/1
　　機械技能者用日本標準規格解説/平松秀三著.—東京:大日本工業学会,昭和15年[1940]
　　8,294 頁;21 cm

T138/1-71
　　趣味の写真術/三宅克己著.—71版.—東京:アルス,大正11年[1922]
　　7,7,223,10 頁;15 cm

T138/1-110
　　趣味の写真術/三宅克己著.—110版.—東京:アルス,昭和3年[1928]
　　6,7,223 頁;16 cm

T382/1
　　生活の精神/古谷綱武著.—東京:教材社,昭和17年[1942]

266 頁;19 cm

T55-61/1-9
海運實務の指針/森田重次郎編.—9 版.—神戶:海文堂出版部,昭和 15 年[1940]
16,538,91 頁;18 cm

T635/1
纖維科學教室より/櫻田一郎著.—大阪:文理書院,昭和 18 年[1943]
3,4,370 頁;18 cm

《中国图书馆分类法》类目

TB 一般工业技术

TD 矿业工程

TF 冶金工业

TB0/1-3
　工業用水/小栗捨蔵著.—3版.—東京:共立社,昭和15年[1940]
　　2,107,4頁;21 cm

TB11/2-2
　工業数学:積分/中山透著.—2版.—東京:修教社書院,昭和15年[1940]
　　6,172頁;21 cm

TB11/3
　工学二於ケル数学的方法/テオドル.カルマン,モオリス.ビオ著.—東京:三省堂,昭和18年[1943]
　　4,6,537頁;22 cm

TB11/4-2
　工業数学/深井宗吉著.—2版.—東京:内田老鶴圃,大正8年[1919]
　　622頁;22 cm

TB11/5
　工業数学/山口昇著.—[不詳]:[不詳],[不詳]
　　1冊;21 cm

TB11/6-22
　工業数学:技術者に必要な数学の知識/福田武雄著.—22版.—東京:山海堂出版部,昭和17年[1942]
　　9,501頁;21 cm

TB11/7(1)
　中堅技術者のための工業数学.上巻/近藤武男著.—東京:湯川弘文社,昭和18年[1943]
　　1冊;21 cm

TB11/8
　土木建築応用高等数学/真隅隆介著.—東京:丸善株式会社,昭和4年[1929]
　　6,521頁;22 cm

TB11/9
　工業数学:機械技術者検定試験用/工研会著.—大阪:文進堂,昭和18年[1943]
　　190,30頁;18 cm

TB11/10-5
　工業数学:代数/白井伝三郎著.—5版.—東京:修教社書院,昭和16年[1941]
　　8,341頁;22 cm

TB11/11
　工業数学:技能者養成/日本技能教育研究会第四分科研究部著.—東京:斯文書院,昭和18年[1943]
　　171,184,6頁;21 cm

TB11/12-9
　初等工業数学研究/伊藤榮三郎著.—9版.—東京:太陽堂書店,昭和17年[1942]
　　2,14,340頁;18 cm

TB12/1
　電気基礎初等工業力学/赤池憲著.—大阪:湯川弘文社,昭和19年[1944]
　　4,226頁;21 cm

TB12/2-3(2)
　応用力学.巻二/国民工業学院編.—3版.—東京:財団法人国民工業学院,昭和10年[1935]
　　2,117〜226,12頁;22 cm

TB12/3-5
　工業力学/柴田畦作著.—5版.—東京:丸善株式会社,昭和2年[1927]
　　2,25,324,17頁;26 cm

TB12/4-7
　宮城工業力学/宮城音五郎著.—7版.—東京:丸善株式会社,昭和18年[1943]
　　4,14,2,428,73頁;21 cm

TB18/1
　構作技術大系/川喜田煉七郎著.—東京:図

書工作株式会社,昭和17年[1942]

　　415頁;22 cm

TB18/2

人の使ひ方使はれ方:人間工学の提唱/加藤直士著.—橋区:東洋経済新報社,昭和10年[1935]

　　3,6,149頁;19 cm

TB22/1-3

改訂版測量/國民工業学院編.—3版.—東京:財団法人國民工業学院,昭和10年[1935]

　　4,164頁;22 cm

TB23/1

図学/中根孝治著.—東京:岩波書店,昭和18年[1943]

　　19,363頁;21 cm

TB23/3-10

最新図解製図便覧/猪野修造著.—10版.—東京:広文社,昭和13年[1938]

　　17,352頁;19 cm

TB23-62/1

最近實用製図便覧/松尾哲太郎著.—東京:博文館,明治42年[1909]

　　64頁;22 cm

TB3/1-2

工業材料/藤村義樹著.—2版.—東京:修教社書院,昭和17年[1942]

　　7,393頁;22 cm

TB30/1

構造強弱並計算法/大竹巽著.—東京:大日本工業学会,大正14年[1925]

　　9,306頁;22 cm

TB301/1

材料力学/野口尚一著.—東京:工業図書株式会社,昭和16年[1941]

　　5,159頁;22 cm

TB301/2

材料強弱学/國民工業学院編.—東京:財団法人國民工業学院,昭和10年[1935]

　　4,104頁;22 cm

TB301/3-7

材料強弱学/小谷寛之亮著.—7版.—東京:工業図書株式会社,昭和14年[1939]

　　11,331頁;21 cm

TB302/1

材料試験:クリープ試験・疲労試験/清水篤磨著.—東京:岩波書店,昭和17年[1942]

　　47頁;25.5 cm

TB35/1

保温及断熱材料/若杉松三郎著.—東京:共立社,昭和15年[1940]

　　2,83頁;20 cm

TB43/1

工業用護謨製品型録/横浜護謨製造社編.—[不詳]:横浜護謨製造株式会社,[不詳]

　　118頁;23 cm

TB496/1

工場安全/上野義雄著.—東京:東洋書館,昭和17年[1942]

　　230頁;21 cm

TB6/1

冷凍/長岡順吉著.—東京:岩波書店,昭和16年[1941]

　　87頁;26 cm

TB6/2-5

煖冷房;冷凍機;送風機械/大澤一郎著.—5版.—東京:アルス,昭和16年[1941]

　　1冊;21 cm

TB66/1-6

冷凍高圧化学技術/南条初五郎著.—6版.—

東京:共立社,昭和 17 年[1942]

4,314,7 頁;21 cm

TB7/1(1)

高眞空工学.A/須賀太郎著.—東京:共立社,昭和 12 年[1937]

2,98 頁;22 cm

TB8/1

寫真/藤澤信著.—東京:岩波書店,昭和 9 年[1924]

236,16 頁;18 cm

TB8/2

コンタックスの使ひ方/田頭良助著.—東京:アルス,昭和 12 年[1937]

405 頁;18 cm

TB81/1-3

写真化学/長口宮吉著.—3 版.—東京:廣川書店,昭和 16 年[1941]

263 頁;18 cm

TB81/2

舞台写真・天然色写真術・天然色活動写真/中村道太郎編.—東京:新光社,昭和 10 年[1935]

28,94 頁;22 cm

TB812/1

写真化学/有賀輝著.—東京:岩波書店,昭和 4 年[1929]

93～159;22 cm

TB85/1

小型レフの上手な使ひ方/間宮精一著.—東京:盛林堂,昭和 12 年[1937]

2,4,106 頁;22 cm

TB851/1

写真レンズ解説/浅野邦夫著.—東京:平原社,昭和 18 年[1943]

13,279 頁;19 cm

TB851/2

寫真レンズ解説/浅野邦夫著.—東京:平原社,昭和 18 年[1943]

279 頁;18 cm

TB851/3-13

實用寫真術/田中孫六,結城林蔵著.—13 版.—東京:博文館,大正 8 年[1919]

8,464 頁;20 cm

TB852.1/1-5

一眼レフの使い方/永田二龍著.—5 版.—東京:アルス,昭和 15 年[1940]

6,239 頁;18 cm

TB852.1/2

図解写真術初步/吉川速男著.—7 版.—東京:玄光社,昭和 8 年[1933]

257 頁;19 cm

TB86/1

整色写真術/佐和九郎著.—東京:アルス,昭和 12 年[1937]

3,300 頁;22 cm

TB9/1-2

測定値計算法/沼倉三郎著.—2 版.—東京:文学社,昭和 19 年[1944]

5,307,2 頁;22 cm

TB9/2

釣合試験/明石和衛,渡邊清著.—東京:岩波書店,昭和 16 年[1941]

32 頁;26 cm

TB9-64/1-4

メートル法度量衡換算早見表/鐵道図書局編.—4 版.—東京:鐵道図書局,昭和 7 年[1932]

195 頁;16 cm

TB91/1

メートル法度量衡教授の實際/初等教育研

究会編.—東京:培風館,大正14年[1925]

3,6,242頁;19 cm

TB91-64/1

支那度量衡表/上海事務所調査室編.—上海:南満洲鉄道株式会社,昭和15年[1940]

58頁;22 cm

TB91-64/2

中国標準度量衡表:附各国度量衡表/興亜院華北連絡部青島出張所編.—謄写版.—[不詳]:[不詳],[不詳]

17頁;27 cm

TB933/1

動力測定/谷下市松著.—東京:岩波書店,昭和17年[1942]

30頁;26 cm

TB942/1

湿度測定法/木谷要一著.—東京:共立出版株式会社,昭和19年[1944]

4,141,6頁;21 cm

TB994/1

流量測定/小林和雄,矢作登著.—東京:岩波書店,昭和18年[1943]

59頁;26 cm

TD-62/1

日支對訳鉱業用語集/永尾龍造著.—大連:大阪屋号書店,大正7年[1918]

6,8,244頁;15 cm

TD-64/1

原色鉱石図譜/栗津秀幸著.—東京:共立社,昭和15年[1940]

1冊;22 cm

TD1/1-7

鉱業工学/吉川岩喜著.—7版.—東京:修教社書院,昭和14年[1939]

2,20,433,17頁;21 cm

TD1/2-2

応用鉱山地質学/湯川巌著.—2版.—東京:嵩山堂,大正2年[1913]

28,425頁;19 cm

TD1/3

探鉱から製錬まで/日本工業新聞社編.—東京:日本工業新聞社,昭和15年[1940]

236頁;20 cm

TD4/1

鉱山機械/砂崎幸一著.—東京:共立出版株式会社,昭和17年[1942]

6,203頁;21 cm

TD4/2

鉱山機械/中久木潔著.—東京:修教社書院,昭和16年[1941]

8,404頁;22 cm

TD4/3

チルソン鑛山設備設計圖集/工元社編集部編.—東京:工元社,昭和16年[1941]

320頁;30 cm

TD402-64/1(4)

鉱山機械設計集.第四卷,球磨機篇/東京製図工業社編.—東京:図南閣,昭和18年[1943]

301頁;26 cm

TD402-64/1(5)

鉱山機械設計集.第五卷,単胴捲揚機篇/東京製図工業社編.—東京:丸善出版株式会社創立事務所,昭和19年[1944]

309頁;26 cm

TD6/1

鉱山電氣工学/實藤修作著.—東京:工業図書株式会社,昭和15年[1940]

6,147頁;21 cm

TD7/1
 石炭の自然發火/宮川一郎著.—東京:共立出版株式会社,昭和18年[1943]
  6,243,3頁;22 cm

TD712/1
 防爆電氣機器原論/ミュラー・ヒルレブランド著.—東京:コロナ社,昭和19年[1944]
  280頁;21 cm

TD712/2
 防爆対策.技術管理者篇/九州鉱山学会著.—東京:工元社,昭和18年[1943]
  3,68頁;22 cm

TD713/1
 瓦斯の化学/豊島愛明著.—東京:榛名書房,昭和18年[1943]
  3,6,223頁;18 cm

TD72/1-4
 改訂通気論/的場中著.—4版.—東京:丸善株式会社,大正6年[1917]
  10,312,6頁;23 cm

TD77/1-2
 救命器と救護隊/毛利次著.—2版.—東京:厚生閣,昭和19年[1944]
  3,6,405頁;22 cm

TD8/1-2
 採鉱設計/内田こん(左辺が魚、右辺が昆)五郎著.—2版.—東京:博文館,大正5年[1917]
  6,6,312頁;22 cm

TD8/2-4(5)
 採鉱学.第五巻,鉱山の計画及び設計/永積純次郎著.—4版.—東京:丸善株式会社,昭和14年[1939]
  5,135頁;20 cm

TD8/3(1)
 採鉱学.上巻/山口義勝著.—東京:丸善株式会社,大正2年[1913]
  4,6,7,508,14頁;22 cm

TD8/4
 實地経営採鉱法/北村則善編.—東京:誠之堂書店,大正6年[1917]
  197頁;18 cm

TD8/5
 最新鉱業智識/水曜会著.—東京:裳華房,大正14年[1925]
  4,576頁;22 cm

TD82/1
 支那の石炭:その資源と経営/(中)李振東著.—東京:生活社,昭和14年[1939]
  2,4,166;18 cm

TD82/2(1)
 三川採炭学.上巻/三川一一著.—東京:大倉書店,大正10年[1921]
  4,12,528,14頁;22 cm

TD82/3-4
 石炭採掘法/内田鯤五郎著.—4版.—東京:博文館,大正6年[1917]
  328頁;18 cm

TD82/4
 石炭取扱設備/國行一郎著.—東京:岩波書店,昭和18年[1943]
  54頁;26 cm

TD82/5-2
 最新炭鉱工学/久保山雄三著.—改訂版.—東京:公論社,昭和17年[1942]
  350頁;26 cm

TD82/6-6
 石炭乾溜工業/栗原鑑司著.—6版.—東京:丸善株式会社,昭和14年[1939]
  3,2,8,870,8,12頁;22 cm

TD877/1

石綿/杉山旭著.―東京:工政会出版部,昭和9年[1934]

10,218頁;22 cm

TD923/1

最新浮遊選鉱法/日本鉱業新聞社編.―東京:日本鉱業新聞社代理部,大正6年[1917]

4,14,632頁;23 cm

TD923/2

浮游選鉱法/山口吉郎著.―東京:岩波書店,昭和10年[1935]

6,237,16頁;17 cm

TD94/1

洗炭理論/兒玉八郎著.―東京:共立出版株式會社,昭和17年[1942]

2,126頁;20 cm

TD94/2

選炭/中久木潔著.―東京:修教社書院,昭和18年[1943]

6,322頁;22 cm

TE-62/1-6

石油便覧/中田謙二著.―6版.―東京:石油時報社,昭和10年[1935]

18,401頁;18 cm

TE1/1

石油/水田政吉著.―東京:ダイヤモンド社,昭和13年[1928]

2,13,400頁;18 cm

TE1/1-8

石油/水田政吉著.―8版.―東京:ダイヤモンド社,昭和16年[1941]

2,13,400頁;18 cm

TE1/1-10

石油/水田政吉著.―10版.―東京:ダイヤモンド社,昭和18年[1943]

2,13,400頁;18 cm

TE1/2

石油鉱業/小野崎三平編.―東京:採鉱冶金学講習会,大正9年[1920]

4,256頁;22 cm

TE3/1

石油/大村一蔵著.―東京:岩波書店,昭和19年[1944]

217,7頁;18 cm

TE6/1

オクタン価とセタン価/中根良介著.―東京:山海堂出版部,昭和18年[1943]

103頁;18 cm

TE626.3/1

潤滑油.切削油.熱処理油/クレケレル著.―東京:機械製作資料社,昭和16年[1941]

4,77頁;21 cm

TE626.8/1

瀝青質塗料/市川良正著.―東京:修教社書院,昭和15年[1940]

3,96,4頁;21 cm

TE626.8/2-5

油類工業分析/矢野道也著.―5版.―東京:博文館,大正3年[1914]

3,6,214頁;18 cm

TE66/1

人造石油工業/小林久平著.―東京:丸善株式会社,昭和13年[1938]

1冊;22 cm

TE66/2

人造石油講話/常岡俊三著.―東京:科学主義工業社,昭和17年[1942]

3,402頁;22 cm

TE66/3-5
人造液体燃料工業/伊木貞雄著.—5版.—東京:工業図書株式会社,昭和16年[1941]
10,351頁;22 cm

TF/1
鉄鋼讀本/松井光太郎著.—東京:厚生閣,昭和18年[1943]
2,11,216頁;18 cm

TF06/1
熔解炉・熱処理炉/安田徳治著.—東京:岩波書店,昭和18年[1943]
90頁;26 cm

TF1/1-4
冶金学/濱住松二郎著.—4版.—東京:内田老鶴圃,昭和14年[1939]
200頁;22 cm

TF1/2-2
冶金学通論/長谷川熊彦著.—2版.—東京:共立社,昭和17年[1942]
3,363,12頁;22 cm

TF4/1
鋼の常識:製鋼・純鉄篇/佐々木新太郎著.—東京:金属社,昭和18年[1943]
6,2,203,14,10頁;21 cm

TF4/2
工業用鉄鋼材/向井哲吉著.—東京:丸善株式会社,大正5年[1916]
6,150頁;22 cm

TF5/1-10
製鉄/中田義算著.—10版.—東京:ダイヤモンド社,昭和13年[1938]
2,19,298頁;18 cm

TF5/2
鉄の話/岡本正三著.—東京:三省堂,昭和19年[1944]
3,2,149頁;21 cm

TF5/3
最新簡易製鉄術/向井哲吉著.—東京:丸善株式会社,大正4年[1915]
7,208頁;22 cm

TF5/4(1)
職域講話集.鉄鋼篇.第一輯/本多光太郎著.—東京:誠文堂新光社,昭和18年[1943]
4,5,234頁;18 cm

TF5/5
製鉄製鋼概論/ロベルト.ドゥラア著.—東京:科学主義工業社,昭和17年[1942]
188頁;20 cm

TF5/6
北支鉄鉱・硫黄鉱資源/門倉三能著.—東京:丸善株式会社,昭和15年[1940]
11,25,515頁;22 cm

TF7/1-6
鉄鋼の加熱作業と焼減り/海野三郎著.—6版.—東京:山海堂出版部,昭和18年[1943]
6,142,4頁;21 cm

TF7/2
鋼熔解及び鋼鍛錬/田口由三著.—東京:金属社,昭和17年[1942]
366頁;26 cm

TF7/3-3
鐵.鋼.鋼材/兒玉晋匡著.—3版.—東京:ダイヤモンド社,昭和13年[1938]
3,20,474頁;23 cm

TF741/1-2
鉄鋼電気冶金学/向山幹夫著.—2版.—東京:工業図書株式会社,昭和14年[1939]
9,254頁;22 cm

TF811/1-2
　銅鉱製錬法/坪井美雄著.—2 版.—東京:丸善株式会社,大正 11 年[1922]
　　3,12,502 頁;22 cm

TF811/2
　銅・銅合金/水谷延三郎著.—東京:岩波書店,昭和 17 年[1942]
　　72 頁;26 cm

TF811/3-3
　銅合金の常識/佐々木新太郎著.—3 版.—東京:金属社,昭和 19 年[1944]
　　4,3,174,6 頁;21 cm

TF812/2-5
　鉛及鉛合金/小野健二著.—5 版.—東京:山海堂出版部,昭和 17 年[1942]
　　5,144,5 頁;27 cm

TF831/1(1)
　日本鉱石学.第一巻,石炭篇/岩崎重三著.—東京:内田老鶴圃,明治 43 年[1910]
　　12,332,8 頁;22 cm

TF831/1-2(2)
　日本鉱石学.第二巻,金篇/岩崎重三著.—2 版.—東京:内田老鶴圃,大正元年[1911]
　　1 冊;20 cm

TF831/2-2
　金鉱製錬法/細井岩彌著.—2 版.—東京:丸善株式会社,大正 2 年[1913]
　　1 冊;22 cm

TF84/1
　特殊金属冶金学/井上克己編.—東京:共立出版株式会社,昭和 18 年[1943]
　　6,254 頁;20 cm

TF84/2
　ニッケル合金鋼の性質及用途/山口真申著.—東京:太陽閣,昭和 19 年[1944]
　　362 頁;22 cm

《中国图书馆分类法》类目

TG	金属学与金属工艺
TH	机械、仪表工业
TJ	武器工业
TK	能源与动力工程

TG/1
  機械工作法/奥田薫著.—東京:山海堂出版部,昭和18年[1943]
    392,26,7頁;20 cm

TG/2
  金属の効用/加瀬勉著.—東京:創元社,昭和18年[1943]
    8,412頁;18 cm

TG/3-7
  工具とジグ/東海林由吉著.—7版.—東京:太陽閣,昭和18年[1943]
    4,195頁;21 cm

TG/4-9
  熔解炉と加熱炉/澤井寛一著.—9版.—東京:太陽閣,昭和17年[1942]
    5,206頁;21 cm

TG/5
  鋳物用木型工作法/杢子潤二郎著.—東京:三省堂,昭和14年[1939]
    6,119,5頁;21 cm

TG1/1
  試金術.汎論/渡邊渡講.—東京:丸善株式会社,明治24年[1891]
    1册頁;21 cm

TG11/1-2
  實用金属学/依田達著.—2版.—東京:博聞堂,昭和19年[1944]
    2,6,368頁;20 cm

TG115.21/1
  金属顕微鏡法/山口珪次著.—東京:岩波書店,昭和18年[1943]
    42頁;26 cm

TG13/1
  合金学/後藤正治著.—東京:冨山房,[不詳]
    32,710頁;21 cm

TG13/1(3)
  合金学.第三巻/後藤正治著.—東京:冨山房,昭和6年[1931]
    35,716,5頁;22 cm

TG13/1-4
  合金学/後藤正治著.—4版.—東京:冨山房,昭和13年[1938]
    32,761,6頁;22 cm

TG13/1-5(3)
  合金学.第三巻/後藤正治著.—5版.—東京:富士書房,昭和14年[1939]
    35,716,4頁;22 cm

TG13/2
  合金学教本/麻田宏著.—東京:工業図書株式会社,昭和16年[1941]
    6,102頁;22 cm

TG13/3-7
  合金学:銅及び銅合金/後藤正治著.—7版.—東京:冨山房,昭和14年[1939]
    16,407頁;23 cm

TG14/1
  金属とガス/若林良一訳.—東京:修教社書院,昭和15年[1940]
    198頁;21 cm

TG14/2-4
  金属材料ハンドブック/石田四郎,堀口貞雄,田尻秀男等著.—4版.—東京:工業図書株式会社,昭和15年[1940]
    1册;22 cm

TG14/3
  鉄及鋼の壓延作業法/布目四郎吉著.—東京:丸善株式会社,大正6年[1917]
    2,16,380頁;22 cm

TG14/4-4
鉄と鋼製造法及性質/俵國一著. —4版. —東京:丸善株式会社,大正3年[1914]
6,14,388,22頁;22 cm

TG14/5
工場用機械金属材料/河合匡著. —東京:大日本工業学会,大正5年[1916]
2,3,2,16,8,722,35,21頁;22 cm

TG14-62/2
工業材料便覧:金属/材料研究会編. —東京:常盤書房,昭和12年[1937]
20,1572,46頁;22 cm

TG142/1
挽近鉄鋼及特殊鋼/濱住松二郎著. —東京:内田老鶴圃,昭和19年[1944]
12,452,25,12頁;26 cm

TG142/2-3
鋼の焼入と焼戻/H. ヘルバーズ著. —3版. —東京:機械製作資料社,昭和19年[1944]
5,122頁;20 cm

TG142/3
ステンレススチールと耐熱鋼/錦織清治著. —東京:工業図書株式会社,昭和14年[1939]
5,156頁;18 cm

TG142.7/1-9
特殊鋼/錦織清治著. —9版. —東京:ダイヤモンド社,昭和16年[1941]
4,8,148頁;18 cm

TG142.7/2
特殊鋼/錦織清治著. —東京:岩波書店,昭和17年[1942]
83頁;26 cm

TG142.7-54/1
特殊鋼年鑑:2602/斎藤仁編. —仙台:特殊鋼会,昭和18年[1943]
310頁;20 cm

TG142.71/1
不銹鋼/三島徳七著. —東京:山海堂出版部,昭和19年[1944]
145頁;18 cm

TG143/1
鋳鉄鋳物:配合.溶解/相浦泰著. —東京:三省堂,昭和14年[1939]
111頁;21 cm

TG146.2/1
マグネシウム合金.加工篇/ベック著. —東京:金属社,昭和19年[1944]
7,9,270,13頁;21 cm

TG146.2/2
軽合金迅速分析法/栗田常雄著. —東京:工業図書株式会社,昭和15年[1940]
7,245頁;20 cm

TG15/1
焼入作業/松永陽之助,岡本善次郎著. —東京:岩波書店,昭和18年[1943]
37頁;26 cm

TG156.3/1
焼入読本/高瀬孝夫訳. —東京:金属社,昭和18年[1943]
4,117頁;22 cm

TG161/1
鋼の實地熱処理法/(独)クロスターマン著. —東京:機械製作資料社,昭和17年[1942]
4,99頁;22 cm

TG17/1-2
耐酸合金と耐熱合金/多賀谷正義著. —2版. —東京:金属社,昭和18年[1943]
156,5頁;21 cm

TG17/2-3
銹:鉄のさび/山本洋一著.—3版.—東京:高山書院,昭和19年[1944]
6,4,392頁;18 cm

TG17/3-4
金属の腐蝕及び防蝕.上巻/山本洋一著.—4版.—東京:共立出版株式会社,昭和18年[1943]
5,466頁;26 cm

TG17/4
金属の表面硬化/渡瀬常吉著.—東京:岩波書店,昭和17年[1942]
34頁;26 cm

TG17/5
腐蝕及び防蝕/山本洋一著.—東京:岩波書店,昭和16年[1941]
51頁;26 cm

TG17/6
錆・鉄のさび/山本洋一著.—東京:高山書院,昭和18年[1943]
6,4,392頁;18 cm

TG174/1
金属合金の防蝕/遠藤彦造著.—東京:河出書房,昭和18年[1943]
3,116頁;18 cm

TG2/1-9
線管及板金細工/山ノ内弘著.—9版.—東京:太陽閣,昭和17年[1942]
4,214頁;21 cm

TG2/2
鋳物ノ強サ及一般性質/小野鑑正著.—東京:丸善株式会社,大正9年[1920]
2,93,3頁;22 cm

TG2/2-2
鋳物ノ強サ及一般性質/小野鑑正著.—2版.—東京:丸善株式会社,大正10年[1921]
101,3頁;25 cm

TG2-62/1-3
鋳物便覧/日本鋳物協会編.—3版.—東京:丸善株式会社,昭和48年[1973]
37,1745頁;25 cm

TG24/1
鋳物作業指針/谷萬之助著.—東京:三省堂,昭和19年[1944]
2,5,261頁;21 cm

TG24/2
鋳造新研究と其の作業法/百百初男著.—東京:啓業社,昭和15年[1940]
324,5頁;22 cm

TG24/3-8
熔解及鋳造法/澤井寛一著.—8版.—東京:太陽閣,昭和16年[1941]
1,4,199頁;21 cm

TG241/1-7
木型及鋳造/工人養成教育協会編.—7版.—東京:山海堂出版社,昭和18年[1943]
4,161,8頁;26 cm

TG241/2
鋳型と其製作/井上利宗著.—東京:太陽閣,昭和11年[1936]
3,207頁;22 cm

TG25/1
高級鋳鉄/E.Piwowarsky著.—東京:コロナ社,昭和16年[1941]
9,447頁;22 cm

TG25/2
海綿鉄及び粒鉄/垣内富士雄著.—東京:河出書房,昭和18年[1943]
177頁;18 cm

TG25/3
　　一般鋳造法:鋳鉄/楠瀬四郎著.—東京:岩波書店,昭和18年[1943]
　　　62頁;26 cm

TG25/4
　　一般鋳造法:鋳鋼/野上熊二著.—東京:岩波書店,昭和17年[1942]
　　　32頁;26 cm

TG25/5
　　鋳鉄/斎藤弥平著.—東京:岩波書店,昭和18年[1943]
　　　74頁;26 cm

TG254/1
　　可鍛鑄鉄鑄物/木村庶幾著.—東京:三省堂,昭和14年[1939]
　　　2,84,3頁;22 cm

TG26/1
　　鋼鋳物/谷山厳著.—東京:三省堂,昭和14年[1939]
　　　7,269,11頁;22 cm

TG26/1-3
　　鋼鋳物/谷山厳著.—3版.—東京:三省堂,昭和17年[1942]
　　　7,269,11頁;21 cm

TG3-62/1-4
　　プレス便覧/塑性加工研究会プレス便覧編集委員会編.—4版.—東京:丸善株式会社,昭和45年[1970]
　　　9,765,19頁;23 cm

TG31/1-8
　　火造作業/堀岡采吉著.—8版.—東京:太陽閣,昭和17年[1942]
　　　2,4,215頁;21 cm

TG31/2-3(1)
　　鍛錬鍛造.上巻/堀岡米吉著.—3版.—東京:河出書房,昭和19年[1944]
　　　4,5,387頁;18 cm

TG31/3
　　製品型録/日本製鉄株式会社著.—東京:丸善株式会社,昭和14年[1939]
　　　436頁;19 cm

TG316/1
　　自由鍛造法/B.プロイス,A.シユトット著.—東京:科学主義工業社,昭和19年[1944]
　　　2,49頁;21 cm

TG38/1
　　鍛錬鍛造作業:鍛錬用プレス/川崎忠夫著.—東京:岩波書店,昭和19年[1944]
　　　61頁;26 cm

TG4/1-5
　　熔接工学/岡田實著.—5版.—東京:山海堂出版部,昭和19年[1944]
　　　1册;26 cm

TG443/1
　　電気鎔接六講/府立東京商工奨励館編.—東京:工政会出版部,昭和8年[1933]
　　　6,233頁;22 cm

TG444/1-2
　　電弧熔接法/利根山巌著.—2版.—東京:信友堂書店,昭和15年[1940]
　　　14,307,8頁;19 cm

TG457/1
　　特殊鋼の熔接/岡田實著.—東京:太陽閣,昭和12年[1937]
　　　3,125頁;22 cm

TG457/2
　　鋳鉄及び鋳鋼の熔接/柴田晴彦著.—東京:岩波書店,昭和19年[1944]
　　　42頁;26 cm

TG457.2/1
   機械熔接・瓦斯切断/斎藤哲夫,川村文雄著.—東京:岩波書店,昭和18年[1943]
   63頁;26 cm

TG5/1-2
   機械加工性/大越諄,吉城肇蔚著.—2版.—東京:常磐書房,昭和19年[1944]
   6,279頁;18 cm

TG5/2
   最新工作機械/長谷川一郎著.—東京:科学主義工業社,昭和18年[1943]
   7,404頁;20 cm

TG5/3
   手と機械/フリイドリッヒ.ヘリッヒ著.—東京:科学新興社,昭和19年[1944]
   26,258,14頁;22 cm

TG5/4
   工作機械総覧/佐々木栄一著.—東京:岩波書店,昭和17年[1942]
   95頁;25.5 cm

TG5/5-3
   金属の塑性変形と薄板加工/E.V.クレーン著.—3版.—東京:機械製作資料社,昭和19年[1944]
   2,3,267頁;21 cm

TG5-62/1
   日本標準機械工作便覧/日本標準機械工作便覧編纂委員会編.—東京:共立社,昭和16年[1941]
   10,1991頁;18 cm

TG502/1-2
   工作機械設計計算法.運動編/鹿島常五郎著.—2版.—東京:株式会社機械製作資料社,昭和16年[1941]
   5,272頁;21 cm

TG506/1-3
   工作機械/十川純夫著.—3版.—東京:ダイヤモンド社,昭和16年[1941]
   12,12,294頁;19 cm

TG506/1-9
   工作機械/十川純夫著.—9版.—東京:ダイヤモンド社,昭和18年[1943]
   12,12,294頁;19 cm

TG506/2-12(1)
   機械工作法講話.1.第一編,木型.第二編,鋳造/藤野準,田中重芳,山本博等著.—12版.—東京:工業図書株式会社,昭和14年[1939]
   8,4,344頁;

TG506/2-13(3)
   機械工作法講話.3.第四編,手仕上.組立及測定.第五編,機械仕上.上/藤野準[等]著.—13版.—東京:工業図書株式会社,昭和14年[1939]
   8,342頁;22 cm

TG506/3(1)
   新編工作機械.上巻/長谷川一郎著.—東京:アルス,昭和18年[1943]
   4,242頁;26 cm

TG506/4-3
   機械工作法大意/諸中文一著.—3版.—東京:工業圖書株式會社,昭和15年[1940]
   7,171頁;21 cm

TG506/5-2
   作業研究の方法及實例/龍崎虎男著.—2版.—東京:共立社,昭和14年[1939]
   6,2234頁;22 cm

TG506/6(1)
   實地工作法.I,基礎篇/吉田武夫,茂村喜夫,猪熊一平著.—東京:機械製作資料社,昭和19年[1944]
   173頁;26 cm

TG51/1(1)
　　工作機械の製作法.Ⅰ,基礎篇/水村善太郎著.—東京:機械製作資料社,昭和17年[1942]
　　　2,4,305頁;21 cm

TG51/2
　　基礎旋盤の多能作業法/大河内忠勝著.—東京:工業書房,昭和16年[1941]
　　　8,204頁;21 cm

TG519.3/1
　　旋盤に依る精密加工法:特にヤイトについて/鈴木進著.—東京:中央工学会,昭和18年[1943]
　　　2,2,146頁;18 cm

TG519.3/1-2
　　旋盤に依る精密加工法:特に(ヤトヒ)について/鈴木進著.—2版.—東京:中央工学会,昭和19年[1944]
　　　2,2,146頁;18 cm

TG52/1-2
　　實習指導孔と平削作業/吉原鉄夫,久保義久,石井彦次著.—2版.—東京:工業図書株式会社,昭和14年[1939]
　　　178,2頁;21 cm

TG57/1
　　ブローチ工作法/M・M・ズィンデ著.—東京:機械製作資料社,昭和19年[1944]
　　　154頁;22 cm

TG58/1
　　超仕上/小坂誠市郎著.—東京:軍事工業新聞出版局,昭和19年[1944]
　　　193頁;22 cm

TG58/2-6
　　ミリング作業法手引/山口巖著.—6版.—東京:知進社,昭和18年[1943]
　　　9,317頁;18 cm

TG58/3
　　ボール盤.研磨盤作業法/榊茂雄,杉村貞夫著.—東京:工友社,昭和15年[1940]
　　　8,244頁;18 cm

TG58/4
　　最近の研磨盤/佐藤一徳著.—東京:紙硯社,昭和19年[1944]
　　　2,234頁;26 cm

TG61/1-4
　　工場用歯車切削法/渡辺馨著.—4版.—東京:中央工学会,昭和15年[1940]
　　　132頁;22 cm

TG61/2
　　割出し仕事/(独)ポクラント著.—東京:機械製作資料社,昭和16年[1941]
　　　1,85頁;22 cm

TG62/1
　　ねぢ:工作法・材料/柴田荘次著.—東京:岩波書店,昭和18年[1943]
　　　61頁;26 cm

TG62/2
　　ねぢ:設計/大曽根武文著.—東京:岩波書店,昭和18年[1943]
　　　69頁;26 cm

TG62/3
　　旋盤ネジ切り/機械工の友社編輯部著.—東京:機械工の友社,昭和18年[1943]
　　　2,7,143頁;18 cm

TG7/1-12
　　刀剣初学講話/川口陟著.—増補訂正12版.—東京:南人社,昭和2年[1927]
　　　3,294,32頁;18 cm

TG71/1-2
　　日本刀の話/本間順治著.—2版.—東京:春陽堂文庫出版株式会社,昭和19年[1944]

2,150 頁;17 cm

TG71/2
日本刀研究便覧/内田疎天著.—大阪:岡本偉業館,昭和 9 年[1934]
58,638 頁;17 cm

TG71/3
学的に見た日本刀/伊藤尚著.—東京都:創元社,昭和 19 年[1944]
64 頁;19 cm

TG71/4
附刃と盛刃/大和久重雄著.—東京:河出書房,昭和 19 年[1944]
149 頁;18 cm

TG71/5-2
生産フライス盤/金谷福三編.—2 版.—東京:軍事工業新聞出版局,昭和 19 年[1944]
205 頁;22 cm

TG71/6-3
實地工作術/池田辰衛著.—3 版.—東京:信友堂書店,昭和 14 年[1939]
1 冊頁;18 cm

TG714/1(22)
獨逸機械工作法全書.22,フライス/ツイートウング,プレード著.—東京:機械製作資料社,昭和 17 年[1942]
1 冊;20 cm

TG721/1
ホブ切り法/ヘルマン・ファウター著.—東京:共立社,昭和 17 年[1942]
4,245 頁;22 cm

TG73/1
研削砥石の性能と其の選択法/熊谷直次郎著.—東京:共立社,昭和 15 年[1940]
3,141,6 頁;22 cm

TG73/2
研削砥石/熊谷直次郎著.—東京:岩波書店,昭和 17 年[1942]
59 頁;26 cm

TG75/1
治具/新谷武男著.—東京:岩波書店,昭和 18 年[1943]
88 頁;26 cm

TG8/1-2
限界ゲージ方式及工具/三繩秀松著.—2 版.—東京:山海堂出版部,昭和 18 年[1943]
2,6,423,124,4 頁;26 cm

TG8/1-3
限界ゲージ方式及工具/三繩秀松著.—3 版.—東京:山海堂出版部,昭和 19 年[1944]
2,6,423,124,4 頁;26 cm

TG8/2-2
精密測定法/M.クライン著.—2 版.—東京:機械製作資料社,昭和 19 年[1944]
3,122 頁;20 cm

TG8/3
機械工作用測定工具と測定法/G.ベルント著.—東京:機械製作資料社,昭和 18 年[1943]
6,137 頁;21 cm

TG8/4-10
精密測定及検査法/中田孝著.—10 版.—東京:太陽閣,昭和 18 年[1943]
3,203 頁;22 cm

TG8/5
限界ゲージ/藤井忠二著.—東京:岩波書店,昭和 17 年[1942]
50 頁;26 cm

TG8/6
長さ・角及び仕上面の測定/海老原敬吉著.—東京:岩波書店,東京 16 年[1941]

70 頁;26 cm

TG8/7-15
精密工作法及檢査法:手仕上.精密仕上法.測定及檢査法/工人養成教育協会著.—15 版.—東京:山海堂出版部,昭和 18 年[1943]
182,10 頁;26 cm

TG8/8-10
型録/宮田城之輔著.—10 版.—東京:玉屋商店,昭和 12 年[1937]
438 頁;23 cm

TG936/1
最新製罐工作實習法/田中幸三郎著.—東京:天泉社,昭和 17 年[1942]
2,12,205 頁;18 cm

TH/1
機械工作工具技術読本/小谷部久治郎著.—東京:人文閣,昭和 15 年[1940]
6,11,326;19 cm

TH/2-2(1)
最新工場用諸機械.上巻,起重機・圧縮機・冷凍機/松村光雄著.—2 版.—東京:工業図書株式会社,昭和 14 年[1939]
8,129 頁;22 cm

TH/3-23
工作機械及工具/國民工業学院 編.—23 版.—東京:國民工業学院,昭和 18 年[1933]
6,183 頁;22 cm

TH/5
戰時機械行政/川崎重典著.—東京:同文館,昭和 18 年[1943]
8,2,365 頁;19 cm

TH/6
機械の需給統制/橋井眞著.—東京:商工行政社,昭和 15 年[1940]
2,12,456 頁;18 cm

TH-09/1
機械発明史/アボット.ペイザン.アッシヤー著.—東京:岩波書店,昭和 18 年[1943]
4,2,7,556,21 頁;21 cm

TH-2/1-2(2.2)
工作機械.第二巻,講義編.Ⅱ/ゲー・シュレシンガー.—2 版.—東京:コロナ社,昭和 19 年[1944]
325~626 頁;26 cm

TH-2/1-5(1.1)
工作機械.第一巻,講義編.Ⅰ/ゲー.シュレシンガー著.—5 版.—東京:理工学出版株式会社,昭和 19 年[1944]
6,2,2,324 頁;26 cm

TH-61/1
速修機械工業ドイツ語/加藤蕾二著.—東京:工業園株式会社,昭和 15 年[1940]
12,154 頁;19 cm

TH-62/1-2
機械實用便覧/日本機械学会著.—2 版.—上海:中美図書局,昭和 26 年[1951]
10,592,6 頁;17 cm

TH-65/1-2
JES 機械工業規格/倉橋藤治郎著.—改訂.—東京:工業調査協会,昭和 15 年[1940]
517 頁;22 cm

TH-9/1
増補機械の経済学/戸田武雄著.—東京:刀江書院,昭和 18 年[1943]
2,2,361 頁;18 cm

TH11/1-5
機械工学大意/岩崎良助,芳村多一郎,江島水城等著.—5 版.—東京:工業園株式会社,昭和 15 年[1940]
14,250 頁;21 cm

TH11/2-2
　実用常識機械学/菊地常武著.—2 版.—東京:太陽堂書店,昭和 18 年[1943]
　　3,10,529 頁;21 cm

TH11/3-4
　機構学/渡部寅次郎著.—4 版.—東京:工業教育会,昭和 4 年[1929]
　　3,202 頁;22 cm

TH11/4(1)
　機械大意.1/實業教育振興中央会編.—東京:實業教科書株式会社,昭和 18 年[1943]
　　3,83 頁;20 cm

TH11/5-20
　機構/国民工業学院編.—20 版.—東京:国民工業学院,昭和 18 年[1943]
　　4,96 頁;21 cm

TH11/6(1)
　精密機械の基礎.上巻,基礎測定,諸量測定/渡邊襄,佐藤朗著.—東京:誠文堂新光社,昭和 19 年[1944]
　　375 頁;22 cm

TH11/7
　實用常識機械學/菊地常武著.—東京:太陽堂書店,昭和 18 年[1943]
　　10,529 頁;22 cm

TH11/8-11
　機械学問答/東京工業研究會編纂.—11 版.—東京:成光館書店,昭和 13 年[1938]
　　16,219 頁;18 cm

TH11/8-12
　機械学問答/東京工業研究會編.—12 版.—東京:成光館書店,昭和 14 年[1939]
　　16,219 頁;18 cm

TH11/9
　戰ふ機械/中根良介著.—東京:自動車日本社,昭和 18 年[1943]
　　5,271 頁;18 cm

TH11/10
　機械学精義/城戸一俊著.—東京:龍吟社,昭和 17 年[1942]
　　6,324 頁;21 cm

TH11/10-2
　機械学精義/城戸一俊著.—2 版.—東京:龍吟社,昭和 19 年[1944]
　　6,324 頁;21 cm

TH11/11
　機械の話/高谷善一郎著.—東京:三成社書店,昭和 18 年[1943]
　　2,4,180 頁;18 cm

TH11/12-13
　實用機械学/阿部巽著.—13 版.—東京:太陽閣,昭和 17 年[1942]
　　1,4,192 頁;22 cm

TH11/13
　機械工業大意/小野崎三平編.—東京:採鉱冶金学講習会,大正 9 年[1920]
　　3,150 頁;22 cm

TH11/14
　工場機械設備/五十嵐修蔵著.—東京:太陽閣,昭和 12 年[1937]
　　4,194 頁;22 cm

TH11/15(1)
　工作機械の伝動装置.I/(独)レーグニッツ著.—東京:機械製作資料社,昭和 16 年[1941]
　　128 頁;22 cm

TH11/16
　平歯車の測定法/G・Berndt 著.—東京:理工学出版株式会社,昭和 19 年[1944]

202 頁;21 cm

TH11/17
化学機械工学/後藤一雄著.—東京:工業図書株式会社,昭和 18 年[1943]
11,347 頁;22 cm

TH11/18
工場機械設備/五十嵐修藏著.—東京:太陽閣,昭和 19 年[1944]
5,229 頁;21 cm

TH11/19-15
分り易い機械工学の智識/横田清明著.—15 版.—東京:淡海堂出版部,昭和 13 年[1938]
6,292,7 頁;18 cm

TH11/20
ブローチ仕事/クノール著.—東京:機械製作資料社,昭和 16 年[1941]
2,2,107 頁;21 cm

TH112/1
實地機構学/藤村義樹著.—東京:興学館,昭和 11 年[1936]
2,6,303 頁;22 cm

TH112/2-18
改訂増補機構学/丹羽重光著.—18 版.—東京:丸善株式会社,昭和 11 年[1936]
9,297,18,10 頁;22 cm

TH113/1
初等機械力学/伊藤武三郎著.—東京:湯川弘文社,昭和 19 年[1944]
5,176 頁;21 cm

TH117/1
潤滑讀本/工場能率増進研究会編.—大阪:明光堂書店,昭和 13 年[1938]
126 頁;22 cm

TH117.2/1
潤滑油及潤滑法入門/水野宗治著.—東京:野田経済研究所出版部,昭和 17 年[1942]
221 頁;19 cm

TH117.2/2
潤滑油の正しき使用法/中根良介,石河淳著.—東京:山海堂出版部,昭和 19 年[1944]
6,274,4 頁;21 cm

TH117.2/3
潤滑剤/山口文之助著.—東京:岩波書店,昭和 18 年[1943]
61 頁;26 cm

TH12/1-2
機械スケッチ術/牧田邦雄,伊東乾著.—2 版.—東京:理化書院,昭和 18 年[1943]
6,225 頁;21 cm

TH12/2
機械設計.続編/小河内美男著.—東京:工業国書株式会社,昭和 18[1943]
5,201 頁;21 cm

TH12/2(2)
高等機械設計.第 2 編,機械部分の締結法/川田正秋,田村元治著.—東京:共立社,昭和 11 年[1936]
2,124,3 頁;26 cm

TH12/2(9.1)
高等機械設計.第 9 編 A,捲掛伝動装置/福原達三著.—東京:共立社,昭和 12 年[1937]
64,2 頁;26 cm

TH12/2(10)
高等機械設計.第 10 編,水力伝動装置/宮城音五郎著.—東京:共立社,昭和 12 年[1937]
38,2 頁;26 cm

TH12/2(11.1)
高等機械設計.第 11 編 A,歯車/藤野篤之

著.—東京:共立社,昭和12年[1937]
　　145頁;26 cm

TH12/2(13)
　　高等機械設計.第13編,カム及び斜板/野口尚一著.—東京:共立社,昭和12年[1937]
　　2,69,2頁;26 cm

TH12/2(15)
　　高等機械設計.第15編,回転機械の主要部分/石川政吉,松本容吉,池谷武雄,山田嘉久著.—東京:共立社,昭和12年[1937]
　　131,3;26 cm

TH12/3-2(2)
　　機械設計学.下巻/杉村伊兵著.—2版.—東京:養賢堂,昭和3年[1928]
　　10,431頁;22 cm

TH12/4
　　機械設計製図/福井雅三著.—大阪:文進堂,昭和18年[1943]
　　97頁;17 cm

TH12/5-16
　　工作機械/人工養成教育協会著.—16版.—東京:山海堂出版部,昭和18年[1943]
　　4,183,18,8頁;26 cm

TH12/6
　　沈み孔ぐり及びリーマ通し/デインネヒーヤ著.—東京:機械製作資料社,昭和16年[1941]
　　2,93頁;21 cm

TH12-62/1-5
　　機械設計実用表/浦上正二郎著.—5版.—東京:丸善株式会社,大正8年[1919]
　　2,14,60,41頁;21 cm

TH12-62/2
　　標準機械設計図表便覧/小栗富士雄著.—東京:共立出版式會社,昭和17年[1942]
　　3,13,596頁;21 cm

TH12-64/1-2
　　標準機械設計図表便覧/小栗富士雄著.—改訂増補.—東京:共立出版株式会社,昭和33年[1958]
　　16,691,14頁;22 cm

TH122/1-2
　　機械説計の基礎/杉村伊兵衛著.—2版.—東京:裳華房,大正10年[1921]
　　2,2,5,4,787,10頁;22 cm

TH122/2-6(1.2)
　　機械設計法.機素と其設計.下巻/小川義朗著.—6版.—東京:工業図書株式会社,昭和16年[1941]
　　10,332〜823頁;21 cm

TH122/2-9(1)
　　機械設計法.上巻/小川義朗著.—9版.—東京:工業図書株式会社,昭和14年[1939]
　　10,343頁;21 cm

TH122/2-11(1)
　　機械設計法.上巻/小川義朗著.—11版.—東京:工業図書株式会社,昭和17年[1942]
　　10,343頁;21 cm

TH122/3
　　工作機械及び精密機械の品質向上:考察並びに提案/ビュトナー著.—東京:機械製作資料社,昭和16年[1941]
　　1冊;22 cm

TH122/4-4
　　機械設計/宮城音五郎著.—4版.—東京:丸善株式会社,昭和17年[1942]
　　2,2,157頁;21 cm

TH122/5
　　機械設計資料/工業調査協会編.—東京:工業図書株式会社,昭和13年[1938]
　　1,5,233,2,64頁;25 cm

TH126/1
　製圖工短期養成/山本外治著.—東京:東洋書館,昭和19年[1944]
　　5,165,42,5頁;26 cm

TH126/2-8
　製図の手引/福田萬亀雄著.—8版.—大阪:,昭和18年[1943]
　　15,191頁;21 cm

TH126/3-9
　平面図学/高木剛三,溝口好忠著.—9版.—東京:丸善株式会社,昭和16年[1941]
　　2,2,294,4,10頁;22 cm

TH126/4-25
　日本標準製図の指針/山中秀男著.—25版.—東京:大日本工業協会,昭和16年[1941]
　　5,2,11,217,7頁;22 cm

TH126/5(1)
　製図.1/實業教育振興中央会著.—東京:實業教科書株式会社,昭和19年[1944]
　　83頁;26 cm

TH126/6-6
　製造化学図譜/慶松勝左衛門編.—6版.—東京:日本薬報社,昭和14年[1939]
　　9,446,23頁;22X15 cm

TH13/1
　円筒・球・回転円盤/奥田克己著.—東京:岩波書店,昭和17年[1942]
　　42頁;26 cm

TH13/2
　梁・柱・板/倉西正嗣著.—東京:岩波書店,昭和18年[1943]
　　3,105頁;26 cm

TH132/1-2
　標準歯車/三上新九郎著.—2版.—東京:修教社書院,昭和15年[1940]
　　317頁;26 cm

TH132.3/1
　調帯使用法/長澤寸美遠著.—東京:六合館,大正8年[1919]
　　8,168頁;21 cm

TH132.3/2
　巻掛伝動:ベルト・ロープ・鎖/吉澤武男著.—東京:岩波書店,昭和17年[1942]
　　48頁;26 cm

TH132.41/1
　平歯車/川又武夫著.—東京:有象堂出版部,昭和17年[1942]
　　5,154頁;21 cm

TH132.41/2-6
　歯車の取扱い計算表/森川次郎著.—6版.—東京:金竜堂書店,昭和19年[1944]
　　12,280頁;18 cm

TH132.41/3
　歯車:測定・検査/中田孝著.—東京:岩波書店,昭和17年[1942]
　　79頁;26 cm

TH132.41/4(1)
　歯車設計便覽.第1篇,歯車数値表/E.バッキンガム著.—東京:機械製作資料社,昭和19年[1944]
　　177頁;25 cm

TH133.3/1
　球軸受・ころ軸受/磯江道夫著.—東京:岩波書店,昭和16年[1941]
　　93頁;26 cm

TH138/1
　回転及び速度計/佐々木達治郎,岩井徳吉著.—東京:岩波書店,昭和19年[1944]
　　25頁;26 cm

TH14/1
　最新機械工業材料/諸中文一著.—4版.—東京:工業図書株式会社,昭和14年[1939]
　　15,299頁;21 cm

TH14/2
　簡明仕上ケガキ機械取立工具仕上作業法(總論)/日本技能教育研究会第十二分科研究部編.—東京:斯文書院,昭和19年[1944]
　　225頁;22 cm

TH14/3-2
　機械材力学/杉村伊兵衞著.—2版.—東京:養賢堂,昭和5年[1930]
　　5,8,401頁;22 cm

TH14/4
　化学機械用材料/山本洋一著.—東京:科学主義工業社,昭和17年[1942]
　　4,6,310頁;22 cm

TH142/1
　金属材料破損及び許容応力/寺澤一雄著.—東京:岩波書店,昭和18年[1943]
　　29頁;26 cm

TH142.2/1
　軽合金/堀口貞雄著.—東京:岩波書店,昭和16年[1941]
　　64頁;26 cm

TH16/1-7
　精密工作法/小野忠五郎著.—7版.—東京:太陽閣,昭和18年[1943]
　　4,209頁;21 cm

TH18/1
　機械工場/清水米吉著.—東京:昭和図書株式会社,昭和18年[1943]
　　2,10,221頁;18 cm

TH182/1
　工作機械用電気品及其応用/石田利男,林谷集著.—東京:共立出版株式会社,昭和18年[1943]
　　9,459,477,11頁;21 cm

TH2/1
　貨物積卸機械利用の栞/鉄道省運輸局編.—東京:鉄道時報局,昭和5年[1930]
　　2,4,148頁;20 cm

TH21/1
　製鉄用起重機/菅原朝吉著.—東京:有象堂出版部,昭和17年[1942]
　　3,4,318頁;21 cm

TH22/1-4(1)
　機械設計図表.輸送機篇.第1巻/原口進編.—4版.—東京:工業図書株式会社,昭和14年[1939]
　　11,344頁;26 cm

TH22/1-6(1)
　機械設計図表.輸送機篇.第1巻/原口進編.—6版.—東京:工業図書株式会社,昭和15年[1940]
　　11,344頁;26 cm

TH22/1-6(2)
　機械設計図表.輸送機篇.第2巻/原口進編.—6版.—東京:工業図書株式会社,昭和15年[1940]
　　8,325～673頁;26 cm

TH3/1
　トリシマ.ポンプ:一覧/西島製作所編.—[不詳].—大阪:西島製作所,[不詳]
　　138頁;21 cm

TH3/2
　唧筒設計/民野好著.—東京:機械工芸社,大正7年[1918]
　　292頁;22 cm

TH318/1
　水車とポンプ/池谷武雄著.—東京:アルス,昭和16年[1941]
　　5,177頁;18 cm

TH4/1
　軸流送風機/Lionel S. Marks著.—東京:修教社書院,昭和17年[1942]
　　10,4,20,184頁;21 cm

TH44/1
　ファンとブロワー/上田富三郎著.—東京:工業図書株式会社,昭和16年[1941]
　　15,373頁;26 cm

TH45/1
　圧縮空気機械/阿部与著.—東京:岩波書店,昭和19年[1944]
　　66頁;26 cm

TH6/1-7
　ボール盤と其作業/吉原鉄夫著.—7版.—東京:太陽閣,昭和17年[1942]
　　4,199頁;21 cm

TH7/1
　工業計測器/服部敏夫著.—東京:發明公報協会,昭和19年[1944]
　　18,383頁;21 cm

TH71/1
　高速インヂケーター/八田桂三著.—東京:岩波書店,昭和18年[1943]
　　29頁;26 cm

TH714/1
　時計の歴史/M.イリーン著.—東京:鮎書房,昭和17年[1942]
　　4,156頁;17 cm

TH715.5/1
　日本の時計:徳川時代の和時計の研究/山口隆二著.—東京:日本評論社,昭和17年[1942]
　　4,9,395頁;18 cm

TH74/1-5
　レンズの設計と測定/芦田静馬著.—5版.—東京:河出書房,昭和19年[1944]
　　4,210,4頁;21 cm

TH751/1-16
　天体望遠鏡の作り方/木邊成磨著.—16版.—東京:科学教材社,昭和16年[1941]
　　2,9,352頁;18 cm

TJ630/1
　魚雷/大井上博著.—東京:山海堂出版部,昭和17年[1942]
　　3,124,3頁;21 cm

TK1/1
　保温材/渡邊常正著.—東京:岩波書店,昭和16年[1941]
　　78頁;26 cm

TK123/1-2
　基礎熱力学/三縄秀松著.—2版.—東京:山海堂出版部,昭和19年[1944]
　　335,8頁;26 cm

TK123/2
　熱力学と熱機関サイクル論/大賀悳二著.—東京:岩波書店,昭和3年[1928]
　　2,2,11,596,12,5頁;27 cm

TK16/1-3
　ヂーゼル燃料/石橋弘毅著.—3版.—東京:共立出版株式会社,昭和19年[1944]
　　9,290頁;21 cm

TK16/2
　石炭節約と熱管理/燃料科学研究所編.—東京:アジア青年社,昭和18年[1943]
　　3,287頁;22 cm

TK16/3-2
　　自動車燃料/遠藤一郎著.—2版.—東京:自研社,昭和18年[1943]
　　　　2,14,388頁;21 cm

TK2-49/1
　　蒸気の力/菅井準一著.—東京:創元社,昭和18年[1943]
　　　　91頁;18 cm

TK22/1-2
　　蒸汽原動機/吉原英夫著.—2版.—東京:アルス,昭和17年[1942]
　　　　330頁;21 cm

TK22/2
　　蒸汽缶/千葉修三,宮原貞夫著.—大阪:淀屋書店出版部,昭和15年[1940]
　　　　4,192頁;22 cm

TK22/3-4(1)
　　蒸汽罐.上卷/菅原菅雄著.—4版.—東京:工業園書株式会社,昭和15年[1940]
　　　　11,355頁;21 cm

TK22/3-4(2)
　　蒸汽罐.下卷/菅原菅雄著.—4版.—東京:工業図書株式会社,昭和15年[1940]
　　　　6,378,6頁;22 cm

TK22/4-4
　　汽罐及汽機/工業教育会編.—4版.—東京:工業教育会,昭和10年[1935]
　　　　3,240頁;22 cm

TK22/5
　　コルニシユランカシヤ汽缶取扱法/今村甚一著.—東京:須原屋書店,大正6年[1917]
　　　　4,10,154,10頁;20 cm

TK22/6
　　工業用諸燃料と蒸汽缶/岡田成賢著.—東京:アルス,昭和16年[1941]
　　　　2,7,152頁;18 cm

TK22/7
　　蒸気/菅原菅雄著.—東京:岩波書店,昭和17年[1942]
　　　　42頁;26 cm

TK222/1-4
　　最新標準汽罐の設計/山中秀男著.—4版.—東京:工業圖書株式会社,昭和14年[1939]
　　　　11,383頁;26 cm

TK222/2
　　蒸汽罐之設計/山下仙之助著.—東京:パワー社出版部,昭和9年[1934]
　　　　43頁;23 cm

TK223.2/1
　　燃焼装置/辻元徳三著.—東京:岩波書店,昭和17年[1942]
　　　　70頁;25.5 cm

TK223.3/1-5
　　燃料の節約と汽罐の保全/中條義守著.—5版.—東京:工場能率増進研究會,昭和6年[1931]
　　　　14,20,894,8頁;22 cm

TK24/1-9
　　蒸汽機関/内丸最一郎著.—9版.—東京:丸善株式会社,大正7年[1918]
　　　　1冊;22 cm

TK24/1-25
　　蒸汽機関/内丸最一郎著.—25版.—東京:丸善株式会社,昭和16年[1941]
　　　　1冊;22 cm

TK240.9/1
　　蒸氣機関發達史/W.H.ディッキンソン著.—東京:伊藤書店,昭和19年[1944]
　　　　6,5,264頁;21 cm

TK4/1-2(7)
　　内燃機関工学講座.第七巻,発動機工作法/南篠初五郎著.—2版.—東京:共立社,昭和13年[1938]
　　　　5,416,7頁;23 cm

TK4/2
　　内燃機関実用耐熱軽合金/佐藤眞三著.—東京:山海堂,昭和19年[1944]
　　　　113頁;18 cm

TK4/3
　　内燃機関/菅野玄之助著.—東京:鉄道時報局,昭和18年[1943]
　　　　6,424,14頁;22 cm

TK4/4-3(2)
　　内燃機関.後編/内丸最一郎著.—3版.—東京:丸善株式会社,昭和15年[1940]
　　　　8,421～830,4頁;22 cm

TK4/5
　　内燃機関の選定:高速機関/大井上博著.—東京:岩波書店,昭和17年[1942]
　　　　44頁;26 cm

TK4/6
　　内燃機関の選定:農工用機関/小林正一郎著.—東京:岩波書店,昭和17年[1942]
　　　　33頁;26 cm

TK4/7
　　農工用小型ヂーゼル機関/濱部源次郎著.—東京:養賢堂,昭和12年[1937]
　　　　2,3,113頁;19 cm

TK413.9/1
　　燃料噴射電気点火機関/杉原周一著.—東京:岩波書店,昭和16年[1941]
　　　　22頁;26 cm

TK42/1(1)
　　ディーゼル機関:Ⅰ/渡部寅次郎著.—東京:岩波書店,昭和18年[1943]
　　　　239,256,10頁;18 cm

TK429/1(1)
　　模型飛行機用ガソリン・エンジン.上巻,解説篇/長門雄次著.—東京:科学主義工業社,昭和17年[1942]
　　　　3,122,30,5頁;18 cm

TK429/1(2)
　　模型飛行機用ガソリン・エンジン.下巻,取付・製造・運転/長門雄次著.—東京:科学主義工業社,昭和17年[1942]
　　　　4,171頁;18 cm

TK7/1
　　水の力と機械/鈴木宣義著.—東京:師書房,昭和18年[1943]
　　　　5,210頁;22 cm

TL1/1
　　原子の人工転換/ジャン・ティボー著.—東京:白水社,昭和17年[1942]
　　　　246頁;18 cm

TL91/1
　　放射線工学/志村繁隆著.—東京:岩波書店,昭和17年[1942]
　　　　44頁;26 cm

《中国图书馆分类法》类目

TM
TN

电工技术
电子技术、通信技术

TM/1
　電気工學/密田良太郎著.—[不詳]:[不詳],[不詳]
　　217 頁;26 cm

TM/2
　現代日用電気学講話/関口定伸著.—東京:城北堂書店,大正 14 年[1925]
　　8,354 頁;18 cm

TM/3
　基礎電氣工学通論/平島剛著.—京都:晃文社,昭和 17 年[1942]
　　4,167 頁;21 cm

TM/4
　最近ノ電力事情[綜合資料]/調査部.資料課編.—謄写版.—[不詳]:[調査部.資料課],昭和 15 年[1940]
　　8 頁;25 cm

TM0/1-17
　一般電気理論の考ヘ方と解き方:逓試第三種並第二種受験参考/吉松氏吉.—17 版.—東京:オーム社,昭和 17 年[1942]
　　666 頁;18 cm

TM-49/1
　電気宝典/逓信協会編基輯部著.—東京:逓信協会,大正 9 年[1920]
　　11,181,36 頁;14.5 cm

TM-61/1
　袖珍電気宝典/逓信協会編輯部編.—東京:逓信協会,大正 9 年[1920]
　　11,181,36 頁;15 cm

TM-61/2-16
　電気器具の知識修理百般電気工事人必携/杉山謙著.—16 版.—東京:大同出版社,昭和 15 年[1940]
　　12,354 頁;18 cm

TM1/1
　標準電気工学/菅原恵美雄,高橋銀蔵著.—東京:太陽閣,昭和 19 年[1944]
　　8,299 頁;21 cm

TM1/2-5(1)
　荒川電気工学.上巻/荒川文六著.—5 版.—東京:丸善株式会社,大正 4 年[1915]
　　514,26 頁;22 cm

TM1/2-5(3)
　荒川電気工学.下巻/荒川文六著.—5 版.—東京:丸善株式会社,大正 7 年[1918]
　　3,701,104,18 頁;22 cm

TM1/2-10(1)
　荒川電気工学.上巻/荒川文六著.—10 版.—東京:丸善株式会社,大正 7 年[1918]
　　10,2,514,9,20 頁;22 cm

TM1/2-15(2)
　荒川電気工学.中巻/荒川文六著.—15 版.—東京:丸善株式会社,大正 14 年[1925]
　　611,41,19 頁;22 cm

TM1/3-11(1)
　電氣工学.上巻/荒川文六著.—11 版.—東京:丸善株式会社,大正 7 年[1918]
　　10,2,514,9,26 頁;23 cm

TM1/4-2
　改訂増補電気工事讀本/池田榮一著.—増補.—東京:オーム社,昭和 13 年[1938]
　　4,13,722,16 頁;22 cm

TM1/5-2
　初等電気学/西村俊春著.—2 版.—東京:博聞堂,昭和 18 年[1943]
　　6,176 頁;22 cm

TM1/6-4
　初級基礎電気工学/吉田光治著.—4 版.—東京:工業図書株式会社,昭和 16 年[1941]

9,234 頁;22 cm

TM1/7-2
小型電気製作設計及取扱法/入船勝治著.—2 版.—東京:淡海堂出版部,昭和 14 年[1939]
1 册;18 cm

TM1/8
電氣と生活/W. L. ブラッグ著.—東京:創元社,昭和 18 年[1943]
12,417,7 頁;18 cm

TM1/9-7
初等電気工学/電機学校編.—7 版.—東京:電機学校,昭和 16 年[1941]
2,4,4,116 頁;21 cm

TM1/10
おはなし電氣學/佐野昌一著.—東京:明治書院,昭和 14 年[1939]
2,4,10,486 頁;19 cm

TM1/11-21
最新實務電気工学/目戸繁榮著.—21 版.—東京:修教社書院,昭和 12 年[1937]
2,17,582 頁;22 cm

TM1/12
電氣工学大講座/[不詳].—[不詳]:[不詳],[不詳]
1 册;25 cm

TM1-43/1-3
実驗實習電気工事/津田吉文著.—3 版.—東京:工業図書株式会社,昭和 15 年[1940]
286 頁;21 cm

TM1-49/1
電気の研究/松田榮著.—東京:育英出版株式會社,昭和 19 年[1944]
4,229 頁;20 cm

TM1-64/1
我輩は電気であろ/竹内時男,岡部操著.—東京:畝傍書房,昭和 17 年[1942]
342 頁;18 cm

TM11/1-2
電氣工學計算問題集/小林市司編.—2 版.—東京:工業教育會,大正 12 年[1933]
2,5,349 頁;22 cm

TM11-64/1-9
電気計算問題演習/堤秀夫,野本尚志著.—9 版.—東京:修教社書院,昭和 15 年[1940]
7,490 頁;22 cm

TM13/1-3
工業数学演算子法/和田重暢著.—3 版.—東京:修教社書院,昭和 16 年[1941]
4,162,2 頁;19 cm

TM131.2/1-3
電気過渡現象/額田嚴著.—3 版.—東京:修教社書院,昭和 19 年[1944]
377,4 頁;26 cm

TM131.4/1
交流理論/山本勇著.—東京:厚生閣,昭和 15 年[1940]
7,199 頁;21 cm

TM2/1-2
電気材料/幸林良作,津田吉文著.—2 版.—東京:工業圖書株式會社,昭和 14 年[1939]
16,396 頁;22 cm

TM2/2-7
電気材料/福田勝著.—7 版.—東京:修教社書院,昭和 18 年[1943]
21,475 頁;26 cm

TM2/3
電線電纜/古河電氣工業編.—東京:古河電氣工業株式會社,昭和 9 年[1934]

1 册；25 cm

TM246/1（2）

营业案内電線電纜. 第二卷, 附属品/古河電気工業株式会社編. —東京：古河電気工業株式会社, 昭和 2 年[1927]

3,124 頁；18 cm

TM246/1-2

营业案内電線電纜. 第一卷, 附属品/[不詳]. —2 版. —東京：古河電気工業株式会社, 昭和 2 年[1927]

7,54,101 頁；18 cm

TM246/2

電線電纜/[不詳]. —東京：日本電線株式会社, 昭和 9 年[1934]

253 頁；19 cm

TM246/3

通信用絶縁電線及電纜附属品/古河電氣工業株式会社編. —[不詳]：古河電氣工業株式会社, 昭和 9 年[1934]

2,151 頁；27 cm

TM271/1

磁石/三橋鉄太郎著. —東京：創元社, 昭和 19 年[1944]

122 頁；18 cm

TM3/1-7（11）

ダイヤモンド産業全書. 11, 曹達/榎木脩吉著. —7 版. —東京：ダイヤモンド社, 昭和 16 年[1941]

11,222 頁；18 cm

TM3/2

電気機械/大谷元夫著. —東京：ダイヤモンド社, 昭和 15 年[1940]

3,12,292 頁；19 cm

TM3/2-5

電気機械/大谷元夫著. —5 版. —東京：ダイヤモンド社, 昭和 17 年[1942]

3,12,292 頁；18 cm

TM3/3-25

電気機械の作り方/山北藤一郎著. —25 版. —東京：誠文堂新光社, 昭和 11 年[1936]

2,3,207,24 頁；18 cm

TM3/4-3（1）

新編電気機械. 第一編, 直流機及交流発發電機/電機学校編. —3 版. —東京：電機学校, 昭和 3 年[1928]

8,380,12 頁；22 cm

TM3/4-13（1）

新編電気機械. 第一編, 直流機及交流発電機/電気学校編. —13 版. —東京：電機学校, 昭和 18 年[1943]

8,380,12 頁；22 cm

TM346/1

誘導電動機の設計：理論と設計/村山茂. —東京：太陽堂, 昭和 16 年[1941]

8,395 頁；21 cm

TM41/1-3

新撰電気機械：遞試受驗豫備新講/高田勇次郎著. —3 版. —東京：電気日本社, 昭和 19 年[1944]

5,300 頁；21 cm

TM41/2

擾乱波による電機焼損防止法/小原誠著. —京都：大雅堂, 昭和 19 年[1944]

2,4,227 頁；22 cm

TM43/1-5

通信用変圧器/尾崎猛著. —5 版. —東京：修教社書院, 昭和 18 年[1943]

8,228 頁；20 cm

TM621/1-7

汽力發電所/松瀬勇雄著. —第 7 版. —東京：

電機学校,大正13年[1924]

437,12頁;22 cm

TM75/1-6

鉄塔と其設計/岡義明,大元政一郎著.—6版.—東京:オーム社,昭和5年[1930]

241頁;22 cm

TM75/2

アルミ線工事資料/森秀監修.—東京:電気日本社,昭和18年[1943]

249頁;22 cm

TM75/3

理論設計鉄塔/真島卯太郎著.—東京:修教社書院,昭和10年[1935]

12,282,6頁;22 cm

TM8-44/1-10

無線通信士検定試験問題解答集/武居一博著.—10版.—東京:誠文堂新光社,昭和13年[1938]

464,18頁;18 cm

TM911/1-2

電池の知識/槇尾年正著.—2版.—東京:誠文堂新光社,昭和13年[1938]

442,12頁;19 cm

TM911/2

世界一の日本の電池/松原宏遠著.—東京:春陽堂,昭和19年[1944]

242頁;18 cm

TM912/1-2

蓄電池及取扱法.全:改訂版/東京高等無線電信学校編.—謄写版.—[不詳]:東京高等無線電信学校,年[?]

3,128頁;21 cm

TM92/1-2

電気應用/吉田甫十著.—2版.—東京:工業圖書株式会社,昭和15年[1940]

10,156頁;22 cm

TM92/2-11

新編送電配電(改稿)/電機学校編.—11版.—東京:電機学校,昭和19年[1944]

2,7,367,9頁;21 cm

TM92/3-3

送電問題/前川幸一郎著.—3版.—東京:共立出版株式会社,昭和18年[1943]

2,8,413,6頁;22 cm

TM923/1

電燈照明及び電熱/大河内治著.—東京:アルス,昭和17年[1942]

2,8,46頁;18 cm

TM923/2

電燈及照明/藤井隣次著.—東京:早稲田大学出版部,大正11年[1922]

2,4,279頁;21 cm

TM923/3

電燈照明大意/内坂素夫述.—東京:東京電氣株式会社,昭和2年[1927]

1,4,71頁;21 cm

TM923/4-9

電燈照明並電熱工学/電教社編.—9版.—大阪:大石堂出版部,昭和19年[1944]

7,130頁;21 cm

TM923/5-3

電燈及び照明/不破一氣著.—3版.—東京:修教社書院,昭和16年[1941]

20,414,12頁;23 cm

TM923-09/1

灯火の歴史/イリーン著.—東京:富士房,昭和15年[1940]

2,4,138頁;19 cm

TM923-09/2-2
　燈火の変遷/関重廣著.—2 版.—東京:河出書房,昭和 17 年[1942]
　　2,5,5,210 頁;18 cm

TM923.3/1
　電球/山下俊彦著.—東京:共立出版株式会社,昭和 18 年[1943]
　　4,262,8 頁;18 cm

TM923.5/1
　工場照明/眞邊春蔵著.—東京:東洋書館,昭和 19 年[1944]
　　3,17,253 頁;21 cm

TM923.5/2
　工場照明/関重広著.—東京:岩波書店,昭和 17 年[1942]
　　32 頁;26 cm

TM925/1
　廃物利用電気機械と實用品の作り方/山北藤一郎著.—東京:誠文堂新光社,昭和 15 年[1940]
　　306 頁;19 cm

TM925/2
　わが家の電気/關重廣著.—東京:羽田書店,昭和 16 年[1941]
　　3,8,209 頁;18 cm

TM925/3-4
　最新図解實用電気玩具の作り方:並に日用家庭電機の製作法/入船勝治著.—4 版.—東京:誠文堂書店,昭和 2 年[1927]
　　4,22,503 頁;18 cm

TM93/1-8(1)
　新篇電気磁気測定.第一篇/電気学校編.—8 版.—東京:電機学校,昭和 19 年[1944]
　　403,17 頁;21 cm

TM938.3/1
　弱電測定器/浅尾荘一郎著.—東京:岩波書店,昭和 17 年[1942]
　　56 頁;26 cm

TN/1
　無線工學實驗教科書/谷村功,宮崎正香,大熊安雄著.—8 版.—東京:ラジオ科學社,昭和 17 年[1942]
　　1,3,234 頁;21 cm

TN/2
　闘ふ通信機/早田保實著.—東京:科学教材社,昭和 19 年[1944]
　　12,286 頁;18 cm

TN/3
　最近に於ける無線工学の進歩/日本電波協会編.—東京:共立出版株式会社,昭和 19 年[1944]
　　2,4,289 頁;25 cm

TN-44/1
　無線通信士用實驗筆記解説/藤崎栄著.—東京:紹文社,昭和 19 年[1944]
　　3,257 頁;21 cm

TN-49/1-3
　國民電気讀本/武田元敏著.—3 版.—東京:山海堂出版部,昭和 19 年[1944]
　　8,299 頁;21 cm

TN019.1/1-16
　理論實際短波無線工學/高瀬芳卿著.—16 版.—東京:誠文堂新光社,昭和 14 年[1939]
　　1 冊;22 cm

TN1/1
　応用電氣学/小幡重一著.—東京:岩波書店,昭和 4 年[1929]
　　1 冊;22 cm

TN105/1-10
真空管工学/濱田成徳著.—10 版.—東京:理工学出版株式会社,昭和 19 年[1944]
6,315 頁;21 cm

TN13/1
格子制御放電管/高橋正一著.—東京:共立社,昭和 12 年[1937]
134,3 頁;22 cm

TN13/2
放電工学原論/望月重雄,三好保憲著.—東京:誠文堂新光社,昭和 19 年[1944]
2,79 頁;22 cm

TN14/1
陰極線管及陰極線式テレビジョン/浅尾莊一郎,長島躬行著.—東京:公立社,昭和 14 年[1939]
2,163,3 頁;22 cm

TN15/1
光電管,セレニウム管の工業應用/小林正次著.—東京:共立社,昭和 12 年[1937]
88,3 頁;22 cm.

TN45/2
混成集積回路/西村孟郎著.—影印版.—東京:日刊工業新聞社,[不詳]
2,3,208,7 頁;21 cm

TN646/1
ラヂオ原理及び組立/奥中恒一著.—東京:大洋社,昭和 12 年[1937]
142 頁;19 cm

TN76/1
周波数変換機/山本廣三郎著.—東京:コロナ社,昭和 10 年[1935]
2,67 頁;22 cm

TN8/1
子供の無線学/菊谷秀雄著.—東京:電子社,昭和 8 年[1933]
6,280 頁;21 cm

TN8/2
誰にもわかるラジオ用電氣讀本/松平維石著.—東京:日本放送出版協会,昭和 12 年[1937]
8,205 頁;23 cm

TN802/1-12
ラヂオと計算/関英男著.—12 版.—東京:日本ラヂオ通信学校出版部,昭和 14 年[1939]
5,260 頁;22 cm

TN802/2-15
無線用数学/谷村功著.—15 版.—東京:誠文堂新光社,昭和 15 年[1940]
2,11,438 頁;22 cm

TN82/1-2
解説アンテナ用語集/澤村栄一著.—2 版.—東京:ラジオ科学社,昭和 18 年[1943]
182 頁;18 cm

TN85/1
ラジオ技術新講:一千萬聴取者のラジオ常識/溝上けい(左が金右が圭),杉本哲著.—東京:ラジオ科学社,昭和 17 年[1942]
3,4,175 頁;18 cm

TN85/2
ラヂオの作り方と其の応用工作/古澤匡一郎著.—東京:誠文堂新光社,昭和 13 年[1938]
2,9,354 頁;18 cm

TN85/3(3)
日本ラジオ通信講義録.第三巻,ラジオ受信機組立講座.上/日本ラジオ通信学校著.—東京:日本ラジオ通信学校,昭和 15 年[1940]
7,231,46 頁;22 cm

TN85/3(5)
日本ラジオ通信講義録.第五巻,ラジオ受信機組立講座.上/日本ラジオ通信学校著.—東京:

日本ラジオ通信学校,昭和15年[1940]

5,256,24 頁;22 cm

TN91/1-2

国際電信事業論/花岡薫著.—2版.—東京：交通経済社出版部,昭和11年[1936]

3,4,8,379 頁;18 cm

TN91/2-6(1)

電信機械.機械篇.第一巻/小船井敬吉著.—6版.—東京：電気通信工学校,昭和16年[1941]

4,218 頁;20 cm

TN91/3-6

誰にもわかるラヂオの原理と製作/原田三夫著.—6版.—東京：誠文堂新光社,昭和11年[1936]

4,12,350 頁;18 cm

TN91/4-2

電信を衝く/大野季雄著.—2版.—東京：東方書院,昭和17年[1942]

4,376 頁;18 cm

TN91/5-5

電燈電熱と電力応用/電氣技術研究会,遞試受験研究会著.—5版.—大阪：電氣書院,昭和16年[1941]

312 頁;21 cm

TN91/6

國防と電氣通信/熊谷三郎著.—東京：山海堂出版部,昭和18年[1943]

169 頁;18 cm

TN91-43/1-62

ラヂオ技術教科書/日本放送協会技術局編.—62版.—東京：日本放送出版協会,昭和13年[1938]

16,388 頁;22 cm

TN91-43/1-102

ラヂオ技術教科書/日本放送協会技術局編.—102版.—東京：日本放送出版協会,昭和14年[1939]

16,388 頁;22 cm

TN91-61/1-2

改訂通信工学ポケットブック/電信電話学会編.—2版.—東京：電信電話学会,昭和11年[1936]

1671 頁;15 cm

TN912/1

電気音楽理論/谷村功著.—東京：新興音楽出版社,昭和16年[1941]

1 冊;20 cm

TN912.22/1-3

最新ラヂオの實際知識/丸山助次郎著.—3版.—東京：日本図書出版社,昭和7年[1932]

2,4,240 頁;22 cm

TN912.22/2

ラジオー・二年生/上野七夫,小山正三著.—東京：ラジオ科学社,昭和18年[1943]

2,12,220 頁;21 cm

TN916/1-4

最新有線電話学/篠原清忠著.—第4版.—東京：有象堂出版部,昭和18年[1943]

9,290 頁;21 cm

TN916/2-6

自動電話機械　附電話交換概論/小船井敬吉著.—6版.—東京：電気通信工学校,昭和16年[1941]

4,165 頁;22 cm

TN916/3-7

電話機及宅内装置/遞信省工務局編.—7版.—東京：電気通信工学校,昭和15年[1940]

3,86 頁;22 cm

TN916/4-2(1)

實用電話学.前編/道田貞治著.—2版.—東

京:工業図書株式会社,昭和 14 年[1939]
11,234 頁;22 cm

TN918/1-9
　増補新編電信イロハ暗号/早矢仕民冶編.—9 版.—東京:丸善株式会社,大正 6 年[1917]
1 冊;22 cm

TN92/1-12
　無線電信電話機器の調整及運用/中上豊吉,伊藤豊著.—12 版.—東京:誠文堂,昭和 9 年[1934]
8,758 頁;22 cm

TN929.1/1
　光/木内政蔵著.—東京:岩波書店,昭和 10 年[1935]
3,275,12 頁;15 cm

TN93/1-3(1)
　實用放送工学. 上巻/金川義之著.—3 版.—東京:株式会社日本放送出版協会,昭和 19 年[1944]
15,445 頁;21 cm

TN93/1-3(2)
　實用放送工学. 中巻/金川義之著.—3 版.—東京:日本放送出版協会,昭和 19 年[1944]
16,493 頁;22 cm

TN94/1(1)
　最新テレビジョン工学. 第一巻/高柳健太郎著.—東京:誠文堂新光社,昭和 15 年[1940]
6,177 頁;22 cm

TN94/2
　解説テレビジョン/高柳健次郎,高橋重雄著.—東京:ラジオ科学社,昭和 18 年[1943]
4,6,388,8 頁;22 cm

TN94-09/1
　テレビジョン發達史/岡忠雄著.—東京:ラジオ科学社,昭和 18 年[1943]
2,8,279 頁;18 cm

TN96/1-2
　良く解る新しい航空無線/宗反参雄著.—2 版.—東京:文憲堂,昭和 19 年[1944]
1,3,157,3 頁;21 cm

TP202/3
　機械技術者のための制御回路設計法/森田栄一著.—影印版.—東京:工業調査会,[1970]
6,294 頁;21 cm

TP31/2
　化学プロセスの制御/宮崎誠一著.—影印版.—東京:産業図書株式会社,昭和 46 年[1971]
8,290 頁;21 cm

《中国图书馆分类法》类目

TQ 化学工业

TQ/1(6)
　　最新化学工業大系.第 6 卷/小川菊松編.—
東京:誠文堂新光社,昭和 12 年[1937]
　　1 册;22 cm

TQ/1(9)
　　最新化学工業大系.第 9 卷/小川菊松編.—
東京:誠文堂新光社,昭和 14 年[1939]
　　19,548 頁;22 cm

TQ/1-2(2)
　　最新化学工業大系.第 2 卷/田中芳雄著.—
改訂.—東京:誠文堂新光社,昭和 13 年[1924]
　　16,584 頁;22 cm

TQ/1-2(3)
　　最新化学工業大系.第 3 卷/田中芳雄著.—2
版.—東京:誠文堂新光社,昭和 13 年[1938]
　　14,588 頁;22 cm

TQ/1-2(4)
　　最新化学工業大系.第 4 卷/小川菊松編.—2
版.—東京:誠文堂新光社,昭和 13 年[1938]
　　18,618 頁;22 cm

TQ/1-2(7)
　　最新化学工業大系.第 7 卷/小川菊松編.—2
版.—東京:誠文堂新光社,昭和 13 年[1938]
　　17,559 頁;22 cm

TQ/1-2(8)
　　最新化学工業大系.第 8 卷/小川菊松編.—
改訂.—東京:誠文堂新光社,昭和 13 年[1938]
　　14,567 頁;22 cm

TQ/1-2(10)
　　最新化学工業大系.第 10 卷/小川菊松編.—
2 版.—東京:誠文堂新光社,昭和 13 年[1938]
　　10,566 頁;22 cm

TQ/1-2(13)
　　最新化学工業大系.第 13 卷/田中芳雄著.—
改訂.—東京:誠文堂新光社,昭和 13 年[1938]
　　16,588 頁;22 cm

TQ/1-3(1)
　　最新化学工業大系.第 1 卷/小川菊松編.—3
版.—東京:誠文堂新光社,昭和 13 年[1938]
　　17,540 頁;23 cm

TQ/1-3(2)
　　最新化学工業大系.第 2 卷/田中芳雄著.—3
訂.—東京:誠文堂新光社,昭和 16 年[1941]
　　15,584 頁;22 cm

TQ/1-3(3)
　　最新化学工業大系.第 3 卷/田中芳雄著.—3
訂.—東京:誠文堂新光社,昭和 19 年[1944]
　　15,614 頁;22 cm

TQ/1-3(4)
　　最新化学工業大系.第 4 卷/田中芳雄編.—3
訂.—東京:誠文堂新光社,昭和 18 年[1943]
　　19,635 頁;22 cm

TQ/1-3(5)
　　最新化学工業大系.第 5 卷/田中芳雄著.—3
訂.—東京:誠文堂新光社,昭和 17 年[1942]
　　16,625 頁;22 cm

TQ/1-3(7)
　　最新化学工業大系.第 7 卷/田中芳雄著.—3
訂.—東京:誠文堂新光社,昭和 17 年[1942]
　　18,597 頁;22 cm

TQ/1-3(9)
　　最新化学工業大系.第 9 卷/田中芳雄編.—3
訂.—東京:誠文堂新光社,昭和 17 年[1942]
　　45~585 頁;23 cm

TQ/1-3(11)
　　最新化学工業大系.第 11 卷/小川菊松編.—
3 訂.—東京:誠文堂新光社,昭和 16 年[1941]
　　586 頁;22 cm

TQ/1-3(13)
　　最新化学工業大系：三訂増補. 第13卷/田中芳雄著. —東京：誠文堂新光社,昭和14年[1939]
　　16,588 頁；22 cm

TQ/1-4(14)
　　最新化学工業大系. 第14卷/田中芳雄著. —4版. —東京：誠文堂新光社,昭和11年[1936]
　　9,562 頁；22 cm

TQ/1-5(12)
　　最新化学工業大系. 第12卷/小川菊松編. —5版. —東京：誠文堂新光社,昭和13年[1938]
　　12,552 頁；23 cm

TQ/1-15(11)
　　最新化学工業大系. 第11卷/小川菊松編. —15版. —東京：誠文堂新光社,昭和13年[1938]
　　14,556 頁；22 cm

TQ/2-9
　　分り易い化学工業の智識/石井豊著. —9版. —東京：淡海堂出版部,昭和14年[1939]
　　3,18,260,13 頁；19 cm

TQ/3-19
　　日用化学講義/近藤耕蔵著. —19版. —東京：光風館書店,昭和13年[1938]
　　477,12 頁；22 cm

TQ/4-2
　　実験により誰にも出来る国産奨励化学工業最新製造法/勝部先著. —2版. —東京：二松堂書店,大正4年[1915]
　　17,436 頁；19 cm

TQ/5(7)
　　化学工業読本.7,清涼飲料水製造法/柳富之祐編. —東京：丸善株式会社大阪支店,昭和13年[1938]
　　83 頁；26 cm

TQ/5(9)
　　化学工業読本.9,プラスチックス/柳富之祐著. —大阪：大阪工研協会,昭和13年[1938]
　　141 頁；26 cm

TQ/5-2(2)
　　化学工業読本.2,石鹸製造法/柳富之祐編. —2版. —大阪：大阪工研協会,昭和14年[1939]
　　141 頁；26 cm

TQ/6
　　隣組化学読本/鈴木信一著. —東京：平凡社,昭和19年[1944]
　　8,306 頁；18 cm

TQ/7-4(8)
　　化学工業全書.第8冊,熱論,燃料,瓦斯エンジン,石油エンジン,築窯法,煙突/高松豊吉,丹波敬三,田原良純編. —4版. —東京：丸善書店,6年[1917]
　　3,456,9 頁；22 cm

TQ/8(1)
　　工業化学. 卷一/國民工業学院編. —東京：財団法人國民工業学院,昭和15年[1940]
　　3,152 頁；22 cm

TQ/8(3)
　　工業化学. 卷三/國民工業学院編. —東京：財団法人國民工業学院,昭和15年[1940]
　　8,309～514 頁；22 cm

TQ/8(4)
　　工業化学. 卷四/國民工業学院編. —東京：財団法人國民工業学院,昭和15年[1940]
　　6,515～648 頁；2 cm

TQ/9
　　日本窯業大観/大日本窯業協会編. —東京：共立出版株式会社,昭和19年[1944]
　　304 頁；26 cm

TQ/10-5
  化学工学/内田俊一著.—5版.—東京:丸善株式会社,昭和18年[1943]
  2,18,692頁;26 cm

TQ0/1
  文化基調を成せる化学工業講話/西川裕著.—東京:大同館書店,大正13年[1924]
  490頁;19 cm

TQ0/2-4
  化学工業講話/東京商工会議所著.—4版.—東京:丸善株式会社,手話17年[1942]
  344頁;19 cm

TQ0/3-2
  工業化学要論/友田宜孝著.—2版.—東京:同文書院,昭和17年[1942]
  2,6,354頁;21 cm

TQ0/4-2
  化学工業論/内田俊一著.—2版.—東京:共立出版株式会社,昭和18年[1943]
  2,2,155,7頁;22 cm

TQ0/5
  工業化学總論/小栗捨蔵著.—東京:共立社,昭和17年[1942]
  3,276,8頁;22 cm

TQ-09/1
  化学技術史/原野太郎訳.—東京:慶應書房,昭和17年[1942]
  9,270,40頁;22 cm

TQ-093.13/1
  日本化学工業史/柴村羊五著.—東京:栗田書店,昭和18年[1943]
  2,2,4,470頁;22 cm

TQ-18/1(1)
  敵國人出願の発明考案集録.化学工業編.上/帝國発明協会編.—東京都:発明公報協会,昭和18年[1943]
  2,1,2,14,577頁;25 cm

TQ-18/1(2)
  敵國人出願の発明考案集録.化学工業編.下/帝國発明協会編.—東京都:発明公報協会,昭和18年[1943]
  2,1,2,10,406頁;25 cm

TQ-54/1(1942)
  工業薬品年鑑/東京薬品日報社調査部編.—東京:東京薬品日報社,昭和17年[1942]
  308,206,151頁;18 cm

TQ-54/1(1943)
  工業薬品年鑑:昭和18年版/東京薬品日報社編.—東京:東京薬品日報社,昭和18年[1943]
  1册;18 cm

TQ-61/2
  改訂増補化学独逸文典/J. T. Fotos, J. L. Bray著.—2版.—大阪:文理書院,昭和18年[1943]
  21,476頁;18 cm

TQ-61/3-4
  工業化学語彙/小林久平著.—四版.—東京:工業化学会,昭和16年[1941]
  621頁;18 cm

TQ-61/4-2
  最近工業化学辞典/厚木勝基,亀山直人,桑田勉著.—2版.—東京:丸善株式会社,昭和17年[1942]
  523,24頁;18 cm

TQ-61/5-2
  最新化学工業辞典/鈴木恪雄編.—2版.—東京:工業図書株式会社,昭和16年[1941]
  3,227頁;18 cm

TQ-61/6
  化学工業大辞典.2/松元竹二編.—京市:非

凡閣,昭和16年[1941]

606頁;22 cm

TQ-61/6(7)

化学工業大辞典.7/松元竹二編.—東京:非凡閣,昭和18年[1943]

604頁;22 cm

TQ-61/6-2(1)

化学工業大辞典.1/松元竹二編.—2版.—東京:非凡閣,昭和18年[1943]

604頁;22 cm

TQ-61/6-2(6)

化学工業大辞典.6/松元竹二著.—2版.—東京:非凡閣,昭和18年[1943]

604頁;22 cm

TQ014/1(1)

工業分析化学実験法.1/友田宜孝著.—東京:公立社,昭和7年[1932]

2,53頁;23 cm

TQ015/1-4

工業化学数値計算概要/松井元太郎著.—4版.—東京都:誠文堂新光社,昭和19年[1944]

22,466頁;21 cm

TQ016/1-9

最近化学工業試験法.上巻/田中芳雄,安藤一雄著.—9版.—東京:丸善株式会社,大正11年[1922]

4,12,562,8,8頁;22 cm

TQ016/2-4(2)

最近化学工業試験法.下巻/田中芳雄,安藤一雄.—4版.—東京:丸善株式会社,大正6年[1917]

13,568,8頁;22 cm

TQ02/1-4

空気調湿乾燥抽出/南条初五郎編.—4版.—東京:共立社,昭和14年[1939]

5,318,8頁;21 cm

TQ02/2

新興化学の常識/若杉吉五郎,高橋政博,河崎文珠次郎編.—東京:高山書院,昭和17年[1942]

16,6,419頁;18 cm

TQ028/1-6

濾過及粉碎と機器/八田四郎次著.—6版.—東京:共立出版株式会社,昭和17年[1942]

3,81,4頁;

TQ028/2-2

濾過.蒸發/南条初五郎編.—2版.—東京:共立社,昭和14年[1939]

6,309,5頁;22 cm

TQ028.3/1-3

蒸発,蒸溜及乾燥/亀井三郎著.—3版.—東京:共立社,昭和14年[1939]

90,4頁;23 cm

TQ028.6/1

乾燥設備/亀井三郎著.—東京:岩波書店,昭和18年[1943]

26頁;26 cm

TQ04/1

硫酸及硝酸製造法/丸澤常哉著.—東京:博文館,明治42年[1909]

3,2,8,332頁;18 cm

TQ04/2

合成樟脳/小野嘉七著.—東京:化学工業協会,昭和18年[1943]

2,6,223,11,9,4頁;21 cm

TQ05/1-4

化学機械/古田正著.—4版.—東京:有象堂出版部,昭和14年[1939]

10,361頁;22 cm

TQ05/1-6
化学機械/古田正著.—6版.—東京:有象堂出版部,昭和18年[1943]
10,362頁;20 cm

TQ05/2-2
化学工業用機械/佐藤栄吉著.—2版.—東京:丸善株式会社,大正6年[1917]
1册;22 cm

TQ05/3-3
化学工業とその装置/内田俊一著.—3版.—東京:共立社,昭和15年[1940]
2,97,4頁;22 cm

TQ050.4/1-2
化学機械用金属材料学/山本洋一著.—2版.—東京:工業図書株式会社,昭和19年[1944]
14,485頁;21 cm

TQ051/1
化学工業用単位操作機械/大野厳著.—東京:岩波書店,昭和19年[1944]
107頁;26 cm

TQ051.21/1-7
空気.瓦斯圧搾機の理論と実際/数森敏郎著.—7版.—東京:工業図書株式会社,昭和13年[1938]
24,515頁;22 cm

TQ07/1
國策の線に沿ふ新興各種代用品の製作法/佐藤巳之吉著.—東京:中央工学会,昭和13年[1938]
10,256,32頁;22 cm

TQ072/1
通俗化学工業品製造法/野村鉦太郎著.—東京:大盛堂書店,大正7年[1918]
8,249頁;19 cm

TQ11/1
ヨード.カリ/田内森三郎,大谷武夫著.—東京:厚生閣,昭和15年[1940]
60頁;22 cm

TQ11/2-2(2)
無機製造化学.下巻/小栗捨蔵,宇野昌平著.—2版.—東京:共立社,昭和15年[1940]
4,115〜229,9頁;22 cm

TQ11/2-4(1)
無機製造化学.上巻/小栗捨蔵,宇野昌平著.—4版.—東京:共立社,昭和16年[1941]
3,113頁;21 cm

TQ11/3
要説無機工業化学/大塚好治著.—大阪:京極書店,昭和19年[1944]
352,4頁;21 cm

TQ124/1(5)
近代陶磁器業の成立.5/奈良本辰也著.—東京:伊藤書店,昭和18年[1943]
2,2,104頁;20 cm

TQ15/1-4
電氣化学工業/富山保著.—4版.—東京:千倉書房,昭和16年[1941]
318頁;21 cm

TQ15/2-2
基礎電気化学/山口興平著.—2版.—東京:裳華房,昭和17年[1942]
3,7,364頁;21 cm

TQ15/3
電気化学/亀山直人著.—東京:岩波書店,昭和5年[1930]
103〜215頁;22 cm

TQ15/4
有機電気化学/志方益著.—東京:岩波書店,昭和5年[1930]

101 頁;22 cm

TQ153/1
　　メッキ・鑞接/武井武著.—東京:岩波書店,昭和 19 年[1944]
　　　47 頁;26 cm

TQ161/1-2
　　カーバイド工業講話/日比勝治著.—2 版.—東京:丸善株式会社,昭和 17 年[1942]
　　　4,3,211 頁;19 cm

TQ170.1/1-7
　　珪酸塩工業/永井彰一郎著.—7 版.—東京:共立出版株式会社,昭和 19 年[1944]
　　　14,509 頁;20 cm

TQ171/1
　　硝子の驚異/(独)F. シェッフェル著.—東京:天然社,昭和 17 年[1942]
　　　4,2,434 頁;19 cm

TQ171/1-2
　　硝子の驚異/(独)F. シェッフェル著.—2 版.—東京:天然社,昭和 18 年[1943]
　　　4,434 頁;18 cm

TQ171/2
　　真空管及び電球に於けるガラスと金属との熔封/宮城精吉著.—東京:コロナ社,昭和 17 年[1942]
　　　114 頁;22 cm

TQ171/3
　　硝子の生長/各務鉱三著.—東京:七丈書院,昭和 18 年[1943]
　　　2,7,325,2 頁;19 cm

TQ171/3-2
　　硝子の生長/各務鉱三著.—2 版.—東京:七丈書院,昭和 19 年[1944]
　　　2,7,325,2 頁;19 cm

TQ171/4-2
　　ガラスと生活/杉江重誠著.—2 版.—東京:河出書房,昭和 16 年[1941]
　　　2,6,276 頁;18 cm

TQ171.73/1
　　ガラス/田端耕造著.—東京:岩波書店,昭和 17 年[1942]
　　　22 頁;25.5 cm

TQ172/1
　　土木建築主要材料セメント概論/永井彰一郎著.—東京:丸善株式会社,昭和 5 年[1930]
　　　4,8,482 頁;22 cm

TQ173/1-3
　　琺瑯工業/森盛一著.—3 版.—東京:修教社書院,昭和 19 年[1944]
　　　18,463 頁;21 cm

TQ174-092/1-2
　　支那陶磁器史/渡辺素舟著.—2 版.—東京:成光館書店,昭和 9 年[1934]
　　　15,223,8 頁;18 cm

TQ174-092/2
　　支那陶磁源流図考/小野賢一郎編.—東京:實雲舍,昭和 8 年[1933]
　　　68 頁;26 cm

TQ174.7/1
　　衛生陶器工事用図面/東洋陶器株式会社.—東京:東洋陶器株式会社,昭和年[1940]
　　　8,4,18,9,11,176 頁;20.513 cm

TQ175/1
　　耐火物概論/永井彰一郎,村上惠一著.—東京:科学主義工業社,昭和 18 年[1943]
　　　2,4,240,4 頁;22 cm

TQ176/1
　　石綿工業と其建築用途/瀧山米太郎著.—東京:建築資料叢書刊行会洪洋社,大正 15 年

[1926]
　　113 頁;19 cm

TQ177.2/1
　　セメントの理論と施行法/伊木貞雄著.—東京:誠文堂新光社,昭和 6 年[1931]
　　2,11,6,471,21 頁;19 cm

TQ193/1-2
　　近世色染学実験法/小川省吾著.—2 版.—東京:工業図書株式会社,昭和 14 年[1939]
　　21,305 頁;22 cm

TQ2/1-10(2)
　　有機製造工業化学.下巻/田中芳雄,喜多源逸著.—10 版.—東京:丸善株式会社,昭和 17 年[1942]
　　12,515 頁;21 cm

TQ2/2(2.1)
　　有機工業化学.中巻(1)/田中芳雄,喜多源逸著.—東京:丸善出版株式會社,昭和 26 年[1951]
　　2,17,467,7 頁;22 cm

TQ2/3
　　合成有機工業薬品/下山吉郎著.—東京:共立社,昭和 12 年[1937]
　　3,155,4 頁;22 cm

TQ2/4
　　金属石鹸/新井洋吉著.—東京:工業図書株式会社,昭和 14 年[1939]
　　8,195 頁;23 cm

TQ203.2/1
　　有機化合物に於ける接触反応/久保田勉之助著.—東京:岩波書店,昭和 5 年[1930]
　　3,83 頁;22 cm

TQ31/1
　　繊維型蛋白質の化学/田所哲太郎著.—大阪:紡織雑誌社,昭和 17 年[1942]
　　124,2 頁;21 cm

TQ32/1-4
　　プラスティックス/岡田時夫著.—4 版.—東京:ダイヤモンド社,昭和 15 年[1940]
　　2,15,286 頁;18 cm

TQ32/1-7
　　プラスティックス/岡田時夫著.—7 版.—東京:ダイヤモンド社,昭和 17 年[1942]
　　2,15,286 頁;19 cm

TQ32/7
　　合成樹脂の研究資料/池真満著.—東京:發明公報協会,昭和 18 年[1943]
　　8,216,32,7 頁;26 cm

TQ322/1
　　オレフィン系合成樹脂/吉田経之助著.—大阪:修文館,昭和 18 年[1943]
　　2,2,364 頁;21 cm

TQ322/2
　　合成樹脂/桜井高景著.—東京:岩波書店,昭和 17 年[1942]
　　30 頁;25.5 cm

TQ33/1(1)
　　大東亜資源化学.第 1 册,ゴム工業/高橋九郎著.—東京:平凡社,昭和 18 年[1943]
　　9,291,100 頁;22 cm

TQ33/2
　　ゴム/宇野弘蔵訳.—東京:栗田書店,昭和 18 年[1943]
　　290 頁;21 cm

TQ33/4
　　ゴム及其の老化防止法/河野武著.—東京:共立社,昭和 15 年[1940]
　　6,223,10 頁;22 cm

TQ33/5
　　ゴム/神原周著.—東京:岩波書店,昭和 17

年[1942]

    37 頁;26 cm

TQ33/6

    合成ゴム/森山藤吉郎著.—東京:東榮社,昭和 14 年[1939]

    19,112 頁;22 cm

TQ33/7

    ゴム講習録/寺田政次著.—大阪:ゴム講習録發行所,昭和 12 年[1937]

    371,13 頁;23 cm

TQ33/8

    ゴム及エボナイト配合.塗布機篇/森山藤吉郎著.—東京:東栄社,昭和 14 年[1939]

    2,12,168 頁;23 cm

TQ33/9

    ゴム工業/波田強一著.—東京:誠文堂,昭和 6 年[1931]

    3,6,593,16 頁;20 cm

TQ33-09/1

    ゴム二百年史:「血のゴム」から「化学のゴム」へ/ツィシュカ著.—東京:大鵬社,昭和 17 年[1942]

    126 頁;18 cm

TQ332/1

    合成樹脂/松井悦造著.—東京:合資会社共立社,昭和 15 年[1940]

    4,203,16 頁;22 cm

TQ34/2

    改訂織物雜考/中原虎男著.—大阪:紡織雜誌社,昭和 9 年[1934]

    8,7,397 頁;18 cm

TQ34/3-3

    纖維屑の現狀と其の統制/內藤邦雄著.—3 版.—大阪:紡織雜誌社,昭和 15 年[1940]

    3,5,328,31 頁;22 cm

TQ34/4

    スフ/小林正著.—東京:ダイヤモンド社,昭和 15 年[1940]

    572 頁;22 cm

TQ34-09/1

    日本原始纖維工芸史.土俗篇/杉山壽榮男著.—東京:雄山閣,昭和 17 年[1942]

    6,156 頁;26 cm

TQ34-09/2

    日本原始纖維工芸史.原始篇/杉山壽榮男著.—東京:雄山閣,昭和 17 年[1942]

    2,6,168 頁;26 cm

TQ342.1/1-5

    人造絹絲/厚木勝基著.—5 版.—東京:丸善株式会社,昭和 14 年[1939]

    9,547,22 頁;22 cm

TQ342.1/2-3

    人造絹絲/祖父江寬著.—3 版.—東京:三省堂,昭和 13 年[1938]

    2,104,6 頁;22 cm

TQ346.1/1

    人造纖維工業/山賀益三著.—東京:朝倉書店,昭和 16 年[1941]

    5,559 頁;21 cm

TQ346.1/2

    人造纖維紡績/小岩隆道著.—東京:工業図書株式会社,昭和 11 年[1936]

    14,308 頁;22 cm

TQ346.1/2-3

    人造纖維紡績/小岩隆道著.—3 版.—東京:工業図書株式会社,昭和 13 年[1938]

    14,308 頁;22 cm

TQ346.1/3

    人造纖維要覽/桜田一郎著.—大阪:紡織雜

誌社,昭和15年[1940]

11,204,262頁;15 cm

TQ35/1-5

繊維素化学工業/厚木勝基著.—5版.—東京:合資会社共立社,昭和15年[1940]

4,214頁;22 cm

TQ351.21/1

薪炭学考料/三浦伊八郎著.—東京:共立出版株式会社,昭和18年[1943]

4,619,6頁;21 cm

TQ351.21/2-4

木炭の科学と常識/三浦伊八郎著.—4版.—東京:河出書房,昭和19年[1944]

2,4,131頁;18 cm

TQ351.4/1

大東亜産天然樹脂.第一輯,コーパル・ダマール/原現吉,足立正夫,岩谷喜代次著.—東京:大日本出版株式会社,昭和18年[1943]

2,208頁;22 cm

TQ352/1-3

繊維化学/海野正著.—3版.—東京:三省堂,昭和13年[1938]

4,114,5頁;22 cm

TQ426/1

触媒化学.合成石油.水性瓦斯反応.硬化油/藤村建次著.—東京:尚賢堂,昭和14年[1939]

1冊;22 cm

TQ43/1-3

膠質学/鮫島實三郎著.—3版.—東京:裳華房,昭和15年[1938]

8,762頁;23 cm

TQ43/2-3

膠着剤/中島顕三著.—3版.—東京:丸善株式会社,昭和16年[1941]

4,15,480,35,12頁;21 cm

TQ43/3-2

糊料/高橋武雄著.—2版.—東京:共立出版株式会社,昭和18年[1943]

3,163,6頁;18 cm

TQ43/4-8

接着剤の製造法/古橋進三郎著.—8版.—東京:誠文堂新光社,昭和16年[1941]

5,284頁;18 cm

TQ43/5-8

接合剤/川端満三著.—8版.—東京:丸善株式会社,昭和15年[1940]

241頁;21 cm

TQ431/1-2

膠及ゼラチン/伊地知広著.—2版.—東京:丸善株式会社,昭和16年[1941]

5,325,9頁;21 cm

TQ431/1-3

膠及ゼラチン/伊地知広著.—3版.—東京:丸善株式会社,昭和19年[1944]

5,325,9頁;22 cm

TQ44/1

化学肥料工業実験法/宇野昌平著.—東京:共立社,昭和16年[1941]

2,4,318,12頁;22 cm

TQ44/5

関東州人造肥料使用状況/満鉄.調査部第一調査室第一班編.—謄写版.—[不詳]:[不詳],昭和14年[1939]

2,15頁;26 cm

TQ441/1-11

硫安/渡邊完三著.—11版.—東京:ダイヤモンド社,昭和17年[1942]

226頁;18 cm

TQ45/1-4
改訂新薬合成化学/高本隆二,遠藤勝著.—4 版.—東京:前野書店,昭和 15 年[1940]
　5,12,367 頁;22 cm

TQ46/1-4
化学試薬純度試験法/玉置徐歩著.—4 版.—東京:丸善株式会社,昭和 16 年[1941]
　9,369 頁;23 cm

TQ46/2-3
化学薬剤製造法/赤木勘三郎著.—3 版.—東京:金竜堂出版部,昭和 13 年[1938]
　28,414 頁;18 cm

TQ463/1
有機工業薬品製法/西澤勇志智著.—東京:共立社,昭和 16 年[1941]
　5,98,2 頁;22 cm

TQ51/1(1)
最新燃料工学大系.第一巻,燃料総論,燃料理論,燃焼工学/田中芳雄,瀧澤益二,吉原英夫著.—東京:青年書房昭光社,昭和 18 年[1943]
　372,10 頁;21 cm

TQ51/2-6
燃料及燃焼概説/大島義清著.—6 版.—東京:丸善株式会社,昭和 17 年[1942]
　2,14,281,10 頁;22 cm

TQ517.3/1
石炭の溶解と膠質燃料/宮崎安太郎著.—東京:工業図書株式会社,昭和 17 年[1942]
　125 頁;22 cm

TQ517.3/2
燃料:固体/松波秀利著.—東京:岩波書店,昭和 17 年[1942]
　54 頁;26 cm

TQ517.4/1-3
合成液体燃料:特にFischer 法に就て/常岡俊三著.—3 版.—東京:共立社,昭和 14 年[1939]
　5,248,10 頁;22 cm

TQ52/1
亜炭/野口清著.—東京:高志書房,昭和 18 年[1943]
　150 頁;18 cm

TQ52/2
草炭/小林久平著.—東京:修教者書院,昭和 17 年[1942]
　16,379 頁;22 cm

TQ533/1
石炭/伊木貞雄著.—東京:潮文閣,昭和 19 年[1944]
　9,324 頁;21 cm

TQ54/1
石炭液化と代用燃料/磯部甫,箕作洋輔著.—東京:三省堂,昭和 13 年[1938]
　2,9,322,21 頁;22 cm

TQ54/2-13
化液炭石/阿部吉紹著.—13 版.—東京:ダイヤモンド社,昭和 17 年[1942]
　3,9,198 頁;18 cm

TQ54/3
燃料:ガス/諏訪哲郎著.—東京:岩波書店,昭和 17 年[1942]
　26 頁;26 cm

TQ56/1-2
發破講習録/田中豊三編.—2 版.—福岡:築豊石炭鉱業組合事務所,昭和 4 年[1929]
　148 頁;18 cm

TQ56/2
火/西澤勇志智著.—東京:白水社,昭和 17 年[1942]
　460 頁;22 cm

TQ57/1
フイルム/富士写真フイルム会社研究所著.―東京:ダイヤモンド社,昭和14年[1939]
144頁;19 cm

TQ57/2-2
寫眞及印刷材料化学/長口宮吉著.―2版.―東京:工業図書株式会社,昭和15年[1940]
14,488頁;22 cm

TQ6/1
手工科に於ける工藝材料の着色と塗装/加藤俊雄著.―東京:明治図書株式会社,昭和3年[1928]
5,13,363頁;19 cm

TQ61/1-8
増補燃料工業/栗原鑑司著.―8版.―東京:丸善株式会社,昭和18年[1943]
7,306,9,9頁;20 cm

TQ61/3
色素化学汎論/栅山茂三郎著.―東京:太陽堂書店,大正14年[1925]
441,17頁;22 cm

TQ61/3(2)
色素化学汎論.続編/栅山茂三郎著.―東京:太陽堂書店,大正14年[1925]
10,436〜658,34頁;cm

TQ61/4-4
染料/原田石四郎著.―4版.―東京:ダイヤモンド社,昭和14年[1939]
357頁;19 cm

TQ61/4-6
染料/原田石四郎著.―6版.―東京:ダイヤモンド社,昭和15年[1940]
358頁;18 cm

TQ61/4-9
染料/原田石四郎著.―9版.―東京:ダイヤモンド社,昭和17年[1942]
357頁;19 cm

TQ61/5
染料工業化学/柴田林之助著.―東京:工業圖書株式会社,昭和13年[1938]
2,8,259頁;22 cm

TQ61/5(2)
染料工業化学.後編,染料中間體及び研究法/柴田林之助著.―東京:工業図書株式会社,昭和15年[1940]
7,176頁;21 cm

TQ61/5-2(1)
染料工業化学.前編,染料/柴田林之助著.―2版.―東京:工業図書株式会社,昭和14年[1939]
2,8,259頁;21 cm

TQ61/6-2
染料化学/高岡齊著.―2版.―東京:共立社,昭和12年[1937]
2,210,12頁;22 cm

TQ61/6-5
染料化学/高岡齊著.―5版.―東京:共立社,昭和7年[1932]
299,11頁;18 cm

TQ61/7-2
合成染料實驗法/村田和也著.―2版.―東京:太陽堂書店,昭和14年[1939]
3,8,276頁;22 cm

TQ61/8-2
最新染料及顔料化学/佐藤吉彦著.―2版.―東京:丸善株式会社,昭和17年[1942]
6,205,28,12頁;22 cm

TQ61/9-5
色素製造化学/川口徳三著.―5版.―東京:丸善株式会社,大正9年[1920]

4,3,20,478 頁;22 cm

TQ61/10-2
染料化学/遠藤民松著.—2 版.—東京:工業図書株式会社,昭和 11 年[1936]
9,126 頁;22 cm

TQ61-54/2(3)
染料年報.第 3 巻/黒田泰造著.—東京:共立社,昭和 14 年[1939]
480 頁;21 cm

TQ61-54/2(6)
染料年報.第 6 巻/黒田泰造編.—東京:共立出版株式会社,昭和 17 年[1942]
556 頁;22 cm

TQ613/1-2
國産合成染料総覧/板垣宰著.—2 版.—東京:丸善株式会社,昭和 17 年[1942]
15,272,41 頁;25 cm

TQ62/1
顔料:製法・應用及試驗法/桑原利秀著.—東京:太陽閣,昭和 17 年[1942]
6,10,488 頁;22 cm

TQ63/1-4
ペイント製造及検査法/大見遼一著,浅川彰三著.—4 版.—東京:博文館,明治 45 年[1912]
3,7,392 頁;18 cm

TQ63/2-2
塗料の知識/田坂吉二郎著.—2 版.—東京:日本ペイント株式会社,昭和 15 年[1940]
2,166 頁;18 cm

TQ63/3-7
塗料及塗装法/清水正雄著.—7 版.—東京:大倉書店,昭和 14 年[1939]
2,386 頁;22 cm

TQ63/3-8
塗料及塗装法/清水正雄著.—8 版.—東京:大倉書店,昭和 15 年[1940]
2,2,6,386 頁;22 cm

TQ63/4-2
塗料/岩井信次著.—2 版.—東京:工業図書株式会社,昭和 16 年[1941]
276,287 頁;21 cm

TQ63-61/1-3
塗料辞典/松本十九著.—3 版.—東京:修教社書院,昭和 17 年[1942]
328 頁;19 cm

TQ630.6/1
塗料製造と使用法/酒見恒太郎著.—東京:誠文堂,昭和 8 年[1933]
2,8,305 頁;18 cm

TQ639/1(2)
塗装工作法.中巻/森規矩郎著.—東京:東学社,昭和 11 年[1936]
12,150 頁;23 cm

TQ639/2
防蝕及着色塗装/鹿取一男,青木康造著.—東京:三省堂,昭和 14 年[1939]
3,110,5 頁;21 cm

TQ639/3
最新塗工々作實習法/田中幸三郎著.—東京:天泉社,昭和 16 年[1941]
1 冊;19 cm

TQ639/4-11
訂正増補木材著色ワニス.ペンキ、漆蒔絵塗物術:附金属着色法/岡山秀吉著.—11 版.—東京:大倉書店,昭和 3 年[1928]
6,16,332 頁;20 cm

TQ639/4-19
訂正増補木材著色ワニス.ペンキ、漆蒔絵塗

物術/岡山秀吉著.—19 版.—東京:大倉書店,昭和 18 年[1943]

6,16,332 頁;20 cm

TQ639/5

實習塗工法/清水正雄著.—東京:大倉書店,昭和 13 年[1938]

2,2,204 頁;22 cm

TQ639/6-2

飛行機と自動車の塗裝/坂田秀太郎著.—2 版.—東京:産業園書株式会社,昭和 19 年[1944]

5,145 頁;22 cm

TQ64/1-2

油脂工業試驗法/上野誠一著.—2 版.—東京:博文館,大正 7 年[1918]

4,20,542 頁;18 cm

TQ64/2-2

油脂及其製品/中江大部著.—2 版.—東京:太陽閣,昭和 17 年[1942]

4,263 頁;21 cm

TQ64/3-3

油脂.石鹼.塗料/岩本義虎著.—3 版.—東京:共立社,昭和 14 年[1939]

1,9,277 頁;22 cm

TQ64/3-4

油脂.石鹼.塗料/岩本義虎著.—4 版.—東京:共立社,昭和 16 年[1941]

1,9,277 頁;21 cm

TQ64/4-2

油脂工業化學/中江大部著.—2 版.—東京:内田老鶴圃,昭和 16 年[1941]

28,610 頁;22 cm

TQ64/5-4

油脂化學及油脂各論/上野誠一著.—4 版.—東京:丸善株式会社,昭和 10 年[1935]

1568,66 頁;22 cm

TQ64/6

油脂工業/三井嗣喜著.—東京:誠文堂,昭和 6 年[1931]

456,6 頁;18 cm

TQ64/6-3

油脂工業/三井嗣喜著.—3 版.—東京:誠文堂,昭和 13 年[1938]

456,6 頁;18 cm

TQ64/7

油脂工業/疋田桂太郎,堀江不器雄著.—東京:早稲田大学出版社,大正 10 年[1921]

3,10,266 頁;22 cm

TQ64/9-6

油脂及其の製品/中村三男著.—6 版.—東京:共立出版株式会社,昭和 17 年[1942]

2,4,114,6 頁;21 cm

TQ64/10

石鹼製造法/河合誠治著.—東京:誠文堂,昭和 8 年[1933]

6,222 頁;18 cm

TQ64/11-2

油脂及其製品/中村三男著.—2 版.—東京:共立社,昭和 14 年[1939]

2,4,114 頁;21 cm

TQ645/1

油脂化學/桑田勉著.—東京:岩波書店,昭和 11 年[1936]

5,255,7 頁;17 cm

TQ645/2

油脂科化學及試驗法/喜多源逸編.—東京:至文堂,昭和 7 年[1932]

2,33,810,32,8 頁;22 cm

TQ645/2-4

油脂科化學及試驗法/喜多源逸編.—4 版.—

東京:至文堂,昭和18年[1943]

2,33,10,1017,32,18頁;22 cm

TQ645/3-4

脂肪油脂肪及蠟/田中宗一郎著.—4版.—東京:博文館,大正6年[1917]

3,8,283頁;19 cm

TQ645/3-5

脂肪油脂肪及蠟/田中宗一郎著.—5版.—東京:博文館,大正9年[1921]

3,8,282頁;19 cm

TQ646/1-2

油脂實驗法/上野誠一,岡村善策著.—2版.—東京:丸善株式會社,昭和14年[1939]

688,38頁;22 cm

TQ646/1-4

油脂實驗法/上野誠一,岡村善策著.—4版.—東京:丸善株式會社,昭和18年[1943]

786,38頁;22 cm

TQ648/1

石鹼製造化学/中江大部著.—東京:內田老鶴圃,昭和12年[1937]

1冊;23 cm

TQ648/2-3(1)

日本欧米石鹼製造法實踐.上卷/吉崎義郎著.—3版.—東京:三圭社,昭和9年[1934]

16,353頁;18 cm

TQ648/2-3(2)

日本欧米石鹼製造法實踐.下卷/吉崎義郎著.—3版.—東京:三圭社,昭和11年[1936]

2,4,186頁;昭和19 cm

TQ648/3-5

よくわかる石鹼の製造とその實驗/大野六郎著. 5版. 東京:三圭社,昭和10年[1935]

2,5,48,12頁;18 cm

TQ648/4-2

石鹼製造講習要録(實驗応需)/山添長四郎述.—2版.—東京:三圭社,昭和9年[1934]

2,9,91頁;19 cm

TQ649/1

合成洗滌劑及浸透劑/麦島與著.—東京:共立社,昭和12年[1937]

3,145,4頁;22 cm

TQ65/1

香料の配合/西澤勇志智著.—東京:內田老鶴圃,昭和12年[1937]

3,8,346,7頁;21 cm

TQ65/2

薄荷と除虫菊/長澤徹著.—東京:東洋堂,昭和17年[1942]

3,3,2,253頁;21 cm

TQ65/3-3

近世香料工業/岡澤辰造著.—3版.—東京:太陽堂書店,昭和10年[1935]

2,19,436,13頁;22 cm

TQ65/4

香料と化粧品製造法/大槻廣著.—東京:誠文堂,昭和9年[1934]

6,345頁;19 cm

TQ65/4-8

香料と化粧品製造法/大槻広著.—8版.—東京:誠文堂新光社,昭和12年[1937]

6,345頁;18 cm

TQ65/4-11

香料と化粧品製造法/大槻廣著.—11版.—東京:誠文堂新光社,昭和15年[1940]

6,345頁;19 cm

TQ651/1

香料製造科学/関根重治,赤井左一郎著.—東京:內田老鶴圃,大正10年[1921]

1 册;22 cm

TQ651/2
香料化学/奥西平三郎,八木彌助,池田庄兵著.—東京:修教社書院,昭和15年[1940]
14,446 頁;22 cm

TQ655/1-2
合成香料/小野嘉七,木村清三著.—2 版.—東京:共立社,昭和14年[1939]
2,187,6 頁;22 cm

TQ658/1
香料及香粧品/西澤勇志智著.—東京:共立社,昭和10年[1935]
2,91,2 頁;21 cm

TQ92/1(1)
酵素化学工業全集. 第一巻,酵素化学總論/田所哲太郎,中村幸彦著.—東京:厚生閣,昭和14年[1939]
5,26,307 頁;21 cm

TQ92/1(2)
酵素化学工業全集. 第二巻,酵素化学各論/西村資治,片桐英郎,北川松の助著.—東京:厚生閣,昭和17年[1942]
3,134 頁;23 cm

TQ92/1(3)
酵素化学工業全集. 第三巻,酵素資源の研究/伊藤光治著.—東京:厚生閣,昭和14年[1939]
327 頁;22 cm

TQ92/1(10)
酵素化学工業全集. 第十巻,醱酵工業. V/松本憲次,深井冬史著.—東京:厚生閣,昭和15年[1940]
4,135,5,98 頁;22 cm

TQ92/1(16)
酵素化学工業全集. 第十六巻,畜産加工篇/佐々木林治郎著.—東京:厚生閣,昭和16年[1941]
1 册;22 cm

TQ92/2
醱酵化学實驗法/高橋偵造著.—東京:共立社,昭和8年[1933]
61 頁;22 cm

TQ92/3
酵素利用工業概論/田所哲太郎著.—東京:丸善株式会社,昭和12年[1937]
219 頁;21 cm

《中国图书馆分类法》类目

TS 轻工业、手工业、生活服务业

TS1/1
　初紡機取扱法/名取義雄著.—大阪:紡織雜誌社,大正13年[1924]
　　2,210頁;23 cm

TS1/2-2
　紡績と機織法/杉田廉著.—2版.—東京:大日本文化研究会,昭和2年[1927]
　　4,206頁;22 cm

TS1/3-2
　繊維科学と繊維工業:第一回繊維工業綜合講演集/山内英太郎編.—2版.—東京:日本繊維研究聯盟,昭和15年[1940]
　　236頁;22 cm

TS1/4-3
　染織物の整理/大島徳左衛門著.—3版.—東京:三省堂,昭和13年[1938]
　　5,108,7頁;22 cm

TS1/5-1(1)
　綿絲紡績.上巻/渡邊周著.—東京:丸善株式会社,大正6年[1917]
　　7,12,12,484,13頁;22 cm

TS1/6-5
　洗濯色揚と整理法.全/木村孝,山下榮藏著.—5版.—東京:大日本文化研究会,昭和7年[1932]
　　2,89,3,138頁;22 cm

TS1/7(3)
　實践紡織学.第3巻/廣川治雄著.—東京:工業図書株式会社,昭和16年[1941]
　　3,11,194頁;21 cm

TS1/7-2(2)
　實践紡織学.第2巻/広川治雄著.—2版.—東京:工業図書株式会社,昭和15年[1940]
　　8,211頁;22 cm

TS1/8(3)
　最新綿糸紡績.第三巻,粗紡機/森山弘助著.—大阪:紡績雜誌社,大正8年[1919]
　　562頁;18 cm

TS1/9-2
　最新織物仕上法/佐藤吉彦著.—2版.—東京:丸善株式会社,昭和12年[1937]
　　7,272,11頁;22 cm

TS1/9-4
　最新織物仕上法/佐藤吉彦著.—4版.—東京:丸善株式会社,昭和17年[1942]
　　242,272頁;22 cm

TS1/10
　綿糸紡績事情参考書.第七十四次/大日本紡績聯合会調査部編.—大阪:大日本紡績聯合会,昭和15年[1940]
　　192頁;25 cm

TS1/11-3(2)
　最新綿糸紡績術.第二巻,梳棉練篠機/森山弘助著.—3版.—大阪:紡織雜誌社,大正13年[1924]
　　17,161〜354頁;19 cm

TS1/12
　綿糸と綿布の基礎知識/濱野恭平著.—東京:大洋社出版部,昭和13年[1938]
　　202頁;19 cm

TS1/13-3
　新旧体制染織物解説/青木良吉,小久保政治著.—3版.—東京:大日本文化研究会,昭和16年[1941]
　　2,192頁;21 cm

TS1/14
　染織讀本/高松今男著.—大阪:紡織雜誌社,昭和3年[1928]
　　14,203頁;21 cm

TS1/15
　絹紡織学/大住吾八著.—東京:丸善株式会社,大正 11 年[1922]
　　2,9,442,9 頁;21 cm

TS1-27/1(2)
　繊維研究と繊維國策.第二回,繊維總合講演会/呉祐吉編.—東京:日本繊維研究聯盟,昭和 15 年[1940]
　　365 頁;22 cm

TS1-61/1
　染織工業標準用語/吉岡直富著.—東京:工業調査協会,昭和 16 年[1941]
　　306 頁;18 cm

TS101.92/1
　紡績試験/浅生貞夫著.—東京:コロナ社,昭和 14 年[1939]
　　2,196 頁;22 cm

TS102/1(1)
　ステープル.ファイバー講座.第 1 巻,パルプ篇/中村一元著.—大阪:紡績雜誌社,昭和 14 年[1939]
　　194,10 頁;22 cm

TS102/1(2)
　ステープル.ファイバー講座.2,製造篇/岩崎振一郎著.—大阪:紡織雜誌社,昭和 14 年[1939]
　　10,193,11 頁;22 cm

TS102/1(3)
　ステープル.ファイバー講座.第 3 巻,綿紡式紡績篇/山村清脩著.—大阪:紡織雜誌社,昭和 14 年[1939]
　　6,240,7 頁;22 cm

TS102/1(4)
　ステープル.ファイバー講座.第 4 巻,毛紡式紡績篇/高橋勉治.木田経吉.市川為雄著.—大阪:紡績雜誌社,昭和 14 年[1939]
　　5,247 頁;22 cm

TS102/1(5)
　ステープル.ファイバー講座.第 5 巻,紡績篇/鹽谷鑛司,中村岱馬著.—大阪:紡績雜誌社,昭和 14 年[1939]
　　4,125,4 頁;22 cm

TS102/1(6)
　ステープル.ファイバー講座.第 6 巻,織布篇/相田祐次郎著.—大阪:紡績雜誌社,昭和 14 年[1939]
　　6,226 頁;22 cm

TS102/1(7)
　ステープル.ファイバー講座.第 7 巻,染色加工篇/山田廣著.—大阪:紡績雜誌社,昭和 13 年[1938]
　　222,10 頁;22 cm

TS102/1(8)
　ステープル.ファイバー講座.第 8 巻,試験篇/新井幸長著.—大阪:紡織雜誌社,昭和 14 年[1939]
　　7,220 頁;22 cm

TS102/1(9)
　ステープル.ファイバー講座.第 9 巻,経済篇/今野篤太郎著.—大阪:紡績雜誌社,昭和 13 年[1938]
　　13,237 頁;22 cm

TS102/1(a)
　ステープル.ファイバー講座.補,ス・フ紡績工場の設計と管理/山村清脩著.—大阪:紡織雜誌社,昭和 14 年[1939]
　　4,235 頁;22 cm

TS102/2
　繊維防水防火加工法/熊田健一著.—東京:修教社書院,昭和 17 年[1942]
　　7,350 頁;21 cm

TS102/3
织物原料/大住吾八著.—東京:コロナ社,昭和14年[1939]
334頁;22 cm

TS102/4-4
人絹とセルロイド工業/山賀益三著.—4版.—東京:誠文堂新光社,昭和12年[1937]
2,23,483,13頁;20 cm

TS102/5-3
内外織物組織及製造学:続編/吉田喜一著.—3版.—東京:丸善株式会社,昭和5年[1930]
2,16,302,9頁;22 cm

TS102/6
人造纖維の耐水性の改善に関する研究/小西行雄著.—大阪:紡織雑誌社,昭和年16[1941]
134頁;21 cm

TS102-54/1(1942)
纖維年鑑:昭和十七年版/吉本重洋編.—大阪:日本纖維研究会,昭和17年[1942]
1496,274頁;22 cm

TS102-54/1(1943)
纖維年鑑:昭和十八年版/吉本重洋編.—大阪:日本纖維研究会,昭和18年[1943]
1册;22 cm

TS102.2/1(1)
纖維再編成叢書.第一卷,纖維再編成/吉本重洋著.—大阪:日本纖維研究会,昭和17年[1942]
454頁;18 cm

TS102.2/1(2)
纖維再編成叢書.第二卷,羊毛工業再編成/水野一郎著.—大阪:日本纖維研究会,昭和17年[1942]
10,329頁;18 cm

TS102.2/1(3)
纖維再編成叢書.第三卷,麻再編成/森周一著.—大阪:日本纖維研究会,昭和17年[1942]
12,375頁;18 cm

TS102.5/1
人造纖維/隅田武彦著.—東京:羽田書店,昭和18年[1943]
192頁;18 cm

TS103/1-7(1)
最新機織法.第一卷,組織篇/三浦乾大郎著.—7版.—東京:丸善株式會社,昭和14年[1939]
9,361,9頁;22 cm

TS103/2
最新綿糸紡績計算法/横井文義著.—大阪:紡織雜誌社,昭和17年[1942]
9,247頁;21 cm

TS103.1/1
紡績機構学/棚橋啓三著.—東京:株式会社三省堂,昭和11年[1936]
101,4頁;23 cm

TS103.1/2-3
紡織機構学/棚橋啓三著.—3版.—東京:三省堂,昭和13年[1938]
2,101,4頁;22 cm

TS103.2/1(4)
プラット式紡織機解説.第四卷,粗紡機/三井物産株式会社編.—大阪:工業教育会,[不詳]
79,48,122頁;23 cm

TS103.2/1(7)
プラット式紡績機解説.第七卷,力績機解説/宇野利右衛門著.—大阪:工業教育会,大正4年[1915]
192頁;22 cm

TS103.3/1(1)
　増補力織準備機構学.上卷/大住吾八著.—東京:丸善株式会社,昭和7年[1932]
　　6,317,4頁;

TS103.3/1-2(2)
　増補力織準備機構学.下卷/大住吾八著.—東京:丸善株式会社,昭和7年[1932]
　　4,284,5頁;21 cm

TS103.3/2-2
　最新力織機学/中島猛治著.—2版.—東京:工業図書株式会社,昭和16年[1941]
　　9,211頁;20 cm

TS103.3/3-2
　豊田自動織機取扱法/豊田自動織機製作所紡織機研究部編.—改訂版.—大阪:紡織雑誌社,昭和15年[1940]
　　1册;17.5 cm

TS103.3/5
　力織機構学/大住吾八著.—東京:丸善株式会社,大正元年[1912]
　　8,372,30,4頁;23 cm

TS105/1-3(2)
　訂正増補實用機織法.後編/横井寅雄著.—3版.—東京:丸善株式会社,[不詳]
　　4,334,8頁;22 cm

TS105/1-3(2)
　最新機織法.第二卷:紋織篇/三浦乾太郎著.—3版.—東京:丸善株式会社,昭和15年[1940]
　　6,250,5頁;22 cm

TS105/1-4(2)
　最新機織法.第二卷:紋織篇/三浦乾太郎著.—4版.—東京:丸善株式会社,昭和17年[1942]
　　6,260,5頁;21 cm

TS105/2-14
　改訂増補實用機織法.後編/横井寅雄著.—14版.—東京:丸善株式会社,昭和5年[1930]
　　1册;22 cm

TS105/3-18(1)
　實用機織法.前編/横井寅雄著.—18版.—東京:丸善株式会社,昭和12年[1937]
　　6,2,2,5,204,6頁;22 cm

TS105/4
　紡績工場標準動作:精紡・仕上科/名取義雄著.—大阪:紡織雑誌社,大正15年[1926]
　　37頁;15 cm

TS105/5-3
　新編實用機織学:手織機編/松下喜蔵,飯田波次郎編.—3版.—東京:知進社,昭和15年[1940]
　　10,150,11,7頁;22 cm

TS105/5-3(2)
　新編實用機織学:織物組織及製造編.後編/松下喜蔵,飯田波次郎編.—3版.—東京:知進社,昭和15年[1940]
　　14,214,6,11,16頁;22 cm

TS11/1-2
　綿紡績/大住吾八,斎藤俊吉著.—2版.—東京:早稲田大学出版社,大正13年[1924]
　　284,6頁;23 cm

TS11/2
　綿紡績/新井幸長著.—東京:三省堂,昭和11年[1936]
　　152,6頁;23 cm

TS11/3
　最新綿糸紡績/森山弘助著.—大阪:紡績雑誌社,大正9年[1920]
　　1册;19 cm

TS11/4
原綿性能論/大島亮治著. —大阪：日本紡織研究所,昭和12年[1937]
5,174頁;22 cm

TS11/5
呉知郷村織布工業の一研究/田中清次郎著. —東京：岩波書店,昭和17年[1942]
4,3,7,230,7頁;22 cm

TS11/6-2
最新綿糸紡績/中島猛治著. —2版. —東京：工業図書株式会社,昭和14年[1939]
8,213頁;21 cm

TS11-54/1(1939)
内外綿業年鑑/松原肇編. —大阪：日本綿業倶楽部,昭和14年[1939]
1冊;22 cm

TS112/1-4
機械紡織絲綿/柴田庄清著. —4版. —大阪：淀屋書店出版部,昭和15年[1940]
6,3,117頁;22 cm

TS112/2
綿絲紡織機械/柴田庄清著. —大阪：淀屋書店出版部,昭和11年[1936]
6,3,117頁;22 cm

TS112.2/1
精紡機の實用的ハイドラフト/河野秀三郎著. —大阪：紡織雑誌社,昭和5年[1930]
120頁;22 cm

TS12/1-3
麻紡績/鈴木鈴馬著. —修訂3版. —東京：株式会社三省堂,昭和13年[1938]
130,8頁;23 cm

TS12/2
麻紡績學/石谷貴信著. —東京：工業圖書株式會社,昭和13年[1938]
2,13,477頁;22 cm

TS12/3
製麻/森周一著. —東京：ダイヤモンド社,昭和13年[1938]
1,14,260頁;18 cm

TS123-62/1
雑繊維織物試織見本/[不詳]. —線装版. —[不詳]：華北紡織工業会,昭和19年[1944]
1冊;25＊37 cm

TS13/1
反毛及び再製毛用機械/手島淳蔵著. —東京：修教社書院,昭和14年[1939]
3,125頁;22 cm

TS13/2(1)
毛糸紡績. 上巻/大野一郎著. —大阪：紡織雑誌社,昭和18年[1943]
2,11,401頁;22 cm

TS13/3
支那の毛織工業/大塚令三著. —南京：中支建設資料整備事務所編訳部,昭和16年[1941]
8,202頁;cm

TS134/1
毛紡績/東昇著. —東京：三省堂,昭和11年[1936]
4,126,23頁;22 cm

TS134/1-3
毛紡績/東昇著. —3版. —東京：三省堂,昭和13年[1938]
126,23頁;23 cm

TS134/2-10
羊毛工業/梅浦健吉著. —10版. —東京：日本評論社,昭和16年[1941]
3,17,542頁;19 cm

TS134/3
濠洲羊毛の研究/C・E・カウレー著.—東京:生活社,昭和17年[1942]
10,222,21頁;22 cm

TS134/4-2
紡毛系紡績/大野一郎著.—2版.—大阪:紡織雜誌社,昭和16年[1941]
5,341,5頁;22 cm

TS14/1
生絲概論附撚絲/福木福三著.—東京:三省堂,昭和11年[1936]
5,58,7頁;22 cm

TS14/2
糸簇生成及其防止/佐野芥舟著.—大阪:紡織雜誌社,大正14年[1925]
4,97頁;15 cm

TS144/1-8
人絹/石山皆男著.—8版.—東京:ダイヤモンド社,昭和16年[1941]
7,196頁;18 cm

TS144/1-9
人絹/石山皆男著.—9版.—東京:ダイヤモンド社,昭和16年[1941]
7,196頁;18 cm

TS166/1
支那絨毯考/高木英彥著.—東京:泰山房,昭和11年[1936]
2,181頁;18 cm

TS18/1
日本縫針考/渡邊滋著.—東京:文松堂出版株式会社,昭和19年[1944]
2,9,218頁;18 cm

TS19/1
織物の出来上るまで/小久保政治著.—東京:大日本文化研究会,昭和7年[1932]
2,4,2,206頁;22 cm

TS19/2-2
機械捺染法/金子酉三著.—増訂版.—桐生:化学工藝社,昭和15年[1940]
4,626頁;23 cm

TS19/3
色染要項綜覽/中島武太郎著.—東京:丸善株式会社,昭和15年[1940]
3,2,531,20頁;18 cm

TS19/4
随筆染織考證/高島精一著.—東京:秩父書房,昭和18年[1943]
7,264頁;22 cm

TS19/5-2
新制・染織物仕上法/押山銈一著.—2版.—大阪:淀屋号店出版部,昭和14年[1939]
164頁;22 cm

TS19-33/1
染色試驗法/山田桂輔著.—東京:修教社書院,昭和15年[1940]
146頁;21 cm

TS190.2/1-3
染色用藥剤一般/田部井省三著.—3版.—東京:三省堂,昭和13年[1938]
6,77,11頁;23 cm

TS190.4/1
色染機械/山田廣著.—東京:三省堂,昭和11年[1936]
56,4頁;22 cm

TS190.4/1-3
色染機械/山田廣著.—3版.—東京:三省堂,昭和11年[1936]
56,4頁;22 cm

TS190.644/1
スクリーン捺染法/小野木二郎著.—京都：全國捺染協会,昭和15年[1940]
8,225頁；22 cm

TS192/1-2
最新染色法.第一卷,精練・漂白及浸染篇/佐藤吉彦著.—2版.—東京：丸善株式会社,昭和17年[1942]
2,11,287,28,20頁；22 cm

TS192/1-3
原料と精練漂白法.全/佐藤善吉編.—3版.—東京：大日本文化研究会,昭和4年[1929]
4,3,156頁；23 cm

TS193/1
顕色色染法/後藤泰一著.—東京：工業図書株式会社,昭和11年[1936]
177頁；21 cm

TS193/2-2(2)
顕色色染法.第二卷：捺染篇/佐藤吉彦著.—改版.—東京：丸善格式会社,昭和13年[1938]
300,8頁；21 cm

TS193/3
各地特産染物の實際/鈴木恒夫著.—東京：吉田工務所,大正15年[1926]
2,10,373,9頁；22 cm

TS193/4
捺染一般/山田廣著.—東京：三省堂,昭和11年[1936]
3,119,10頁；22 cm

TS193/5-4
染色のしをり/上田りう子著.—4版.—東京：日本洗濯界社,昭和13年[1938]
3,3,274頁；19 cm

TS193/6-2(2)
實用色染学.続編/中島武太郎著.—増補版.—東京：丸善株式会社,[不詳]
840,12頁；22 cm

TS193/6-6(1)
實用色染学：正篇/中島武太郎著.—6版.—東京：丸善株式会社,大正1年[1912]
1册；22 cm

TS193/6-17
實用色染学：正篇/中島武太郎著.—17版.—東京：丸善株式会社,昭和14年[1939]
10,636頁；22 cm

TS193/6-18
實用色染学：正篇/中島武太郎著.—18版.—東京：丸善株式会社,昭和18年[1943]
10,636,28頁；21 cm

TS193/7-2(2)
新編色染学.下卷,捺染篇/外川昇,斎藤幸七著.—2版.—東京：工業図書株式会社,昭和14年[1939]
16,184頁；20 cm

TS193/8
最新色染学：捺染篇/熱田勝治著.—東京：淀屋書店出版部,昭和12年[1937]
11,206頁；21 cm

TS193/9(2)
實驗色染化学.後編/宮岡宇一郎,岡田晃著.—東京：丸善株式会社,昭和13年[1938]
14,298頁；19 cm

TS193/10-4
新顯色染料の研究/柵山茂三郎著.—4版.—東京：太陽堂書店,昭和10年[1935]
3,11,276頁；22 cm

TS193/11(1)
實驗色染化学.前篇/宮岡宇一郎,岡田晃著.—東京：丸善株式会社,昭和11年[1936]
304,35頁；19 cm

TS193/21(2)
　雜貨染色法.下卷/西田博太郎編.—東京：工業図書株式会社,昭和 11 年[1936]
　　7,341～637 頁；22 cm

TS193.51/1
　浸染一般/菱山衡平著.—東京：三省堂,昭和 11 年[1936]
　　180,9 頁；22 cm

TS193.51/1-5
　浸染一般/菱山衡平著.—5 版.—東京：三省堂,昭和 16 年[1941]
　　179,9 頁；22 cm

TS193.62/1(1)
　雜貨染色法.上卷/西田博大郎編.—東京：工業図書株式会社,昭和 11 年[1936]
　　4,13,345 頁；22 cm

TS2/1-2
　製糖及酒精/牧野成保著.—2 版.—東京：工業図書株式会社,昭和 14 年[1939]
　　2,8,188 頁；22 cm

TS2/1-3
　製糖及酒精/牧野成保著.—3 版.—東京：工業図書株式会社,昭和 17 年[1942]
　　2,8,188 頁；22 cm

TS2/2
　食料品工業/鳥居嘉夫著.—大阪：今野商店出版部,昭和 17 年[1942]
　　23,551,34 頁；22 cm

TS2/3-4
　增訂食物彙纂/相模嘉作著.—4 版.—東京：丸善株式会社,大正 8 年[1919]
　　6,2,112,420,15,9 頁；23 cm

TS2/4
　理論.實際園藝食品加工法/古市誠著.—東京：養賢堂,昭和 9 年[1934]
　　11,459 頁；21 cm

TS201.2/1-5
　新撰日本食品成分總覽/佐伯矩,近藤光之著.—5 版.—東京：南江堂,昭和 14 年[1939]
　　3,383 頁；26 cm

TS201.2/1-7
　新撰日本食品成分總覽/佐伯矩[等]著.—7 版.—東京：南江堂,昭和 17 年[1942]
　　383 頁；26 cm

TS201.2/2-2
　食品化学/田所哲太郎編.—2 版.—東京：丸善株式会社,大正 8 年[1919]
　　20,840,15 頁；22 cm

TS201.2/4
　新版食品の化学/中野政弘,津坂伸幸著.—影印版.—東京：大日本図書株式会社,昭和 50 年[1975]
　　215 頁；21 cm

TS202/1
　調理食品成分照鑑/佐伯矩等著.—東京：南江堂,昭和 12 年[1937]
　　446 頁；26 cm

TS202/1-2
　調理食品成分照鑑/佐伯矩等著.—2 版.—東京：南江堂,昭和 17 年[1942]
　　440 頁；26 cm

TS205.7/1
　鶏卵冷凍及乾燥/中原重樹著.—東京：共立社,昭和 15 年[1940]
　　6,179 頁；22 cm

TS205.7/2-7
　凍冷と藏冷/大島正滿著.—7 版.—東京：誠文堂新光社,昭和 14 年[1939]
　　3,3,459,7 頁；20 cm

TS205.7/3
　冷凍の物理/岡田光世,奥野博著.—東京:厚生閣,昭和16年[1941]
　　70頁;22 cm

TS205.7/4
　冷蔵と冷凍/大島正満著.—東京:誠文堂,昭和6年[1931]
　　3,3,459,7頁;18 cm

TS205.7/5
　冷凍全般の大要/浅野定次,中村清著.—東京:大日本工業学会,昭和7年[1932]
　　2,4,140頁;19 cm

TS205.7/6-2(2)
　冷凍食品.下巻/加藤瞬郎著.—2版.—東京:生活社,昭和19年[1943]
　　390,16頁;21 cm

TS210/1
　食料工業/鈴木梅太郎編.—東京:丸善株式会社,昭和14年[1939]
　　2,40,711,13頁;22 cm

TS210.1/1-4
　食物化学/澤村眞著.—4版.—東京:成美堂書店,昭和4年[1929]
　　3,5,633,39頁;22 cm

TS213.2/1
　菊池式家庭パン製造法:支那麺包と其酵母改良の研究より得たる/菊池正助著.—青島:博文堂書店,大正8年[1919]
　　4,48頁;22 cm

TS213.2/2
　和洋菓子製造大鑑/[不詳].—[不詳]:[不詳],[不詳]
　　1冊;21 cm

TS22/1
　實用油脂便覽/土屋知太郎著.—東京:工業図書株式会社,昭和15年[1940]
　　739頁;18 cm

TS22/1-2
　實用油脂便覽/土屋知太郎著.—2版.—東京:工業圖書株式会社,昭和16年[1941]
　　749頁;18 cm

TS22/2
　食用油脂/上野誠一,太田均夫著.—東京:共立社,昭和13年[1938]
　　5,337,24頁;22 cm

TS22/3-2
　食料油脂/上野誠一,太田均夫著.—改訂.—東京:共立社,昭和16年[1941]
　　6,357,24頁;22 cm

TS225.1/1
　大東亜植物油資源論/小林良正著.—東京:日光書院,昭和18年[1943]
　　3,16,9,325頁;22 cm

TS225.1/1-2
　大東亜植物油資源論/小林良正著.—2版.—東京:日光書院,昭和19年[1944]
　　3,16,9,325頁;21 cm

TS225.1/2-2
　日本植物油脂/辻本満丸著.—2版.—東京:丸善株式会社,大正5年[1916]
　　8,3,6,712,6,2頁;21 cm

TS225.2/1
　海産動物油/辻本満丸著.—東京:丸善株式会社,大正7年[1918]
　　768,10,2頁;22 cm

TS225.2/2
　肝油/河合亀太郎,吉田正信著.—東京:厚生閣,昭和15年[1940]

68頁;22 cm

TS236/1-3
澱粉の科学及利用/大町芳文著.—3版.—東京:成美堂書店,昭和14年[1939]
297,16頁;22 cm

TS25/1-3
乳肉衛生/津野慶太郎著.—3版.—東京:長隆舎書店,昭和5年[1930]
2,6,415,10頁;22 cm

TS251/1-2
改訂豚肉加工法/マスターオブサイエンス著.—2版.—東京:成美堂書店,昭和3年[1928]
7,1,313頁;22 cm

TS251.5/1-3
實践豚肉加工法/高屋鋭著.—3版.—東京:泰文館,昭和17年[1942]
16,202頁;19 cm

TS252/1
牛乳及乳製品検査法/津野慶太郎著.—東京:長隆舎書店,昭和13年[1938]
7,189,11頁;26 cm

TS252/2-2
乳業寶典/里正義,村田喜一著.—東京:明文堂,昭和17年[1942]
30,389~988頁;15 cm

TS252/3
現代心乳業/津野慶大郎著.—東京:長隆舎,大正4年[1915]
2,7,6,259頁;21 cm

TS252/4
牛乳及製品論/池田貫道編.—東京:成美堂書店,明治43年[1910]
2,6,222頁;22 cm

TS252/6
乳学/穴釜雄三著.—影印版.—東京:光琳書院,昭和50年[1975]
11,605頁;23 cm

TS252.1/1-2
乳汁の化学及試験法/里正義,村田喜一著.—2版.—東京:明文堂,昭和18年[1943]
24,454,16頁;20 cm

TS254/1
水産物の腐敗及び腐敗細菌/田内森三郎,大谷武夫著.—東京:厚生閣,昭和15年[1940]
137頁;22 cm

TS26/1-5
焼酎と味淋及酢/永木暁三郎著.—5版.—岡山:土屋鉄商店,大正15年[1926]
6,16,432頁;22 cm

TS261/1-3
醸造分析法/山田正一著.—3版.—東京:工業図書株式会社,昭和14年[1939]
23,436頁;21 cm

TS262/1
酒及合成酒/庄司謙次郎著.—東京:雄山閣,昭和17年[1942]
2,12,270,11頁;22 cm

TS262/2
麦酒及清涼飲料/近藤孝悌,井上董著.—東京:産業図書株式会社,昭和19年[1944]
2,9,242,12頁;18 cm

TS262/10
西洋酒及日本酒/大嶽六郎著.—東京:太陽閣,昭和14年[1939]
1,366頁;22 cm

TS262.6/1
葡萄酒及果實酒醸造法/下瀬川一郎著.—東京:誠文堂新光社,昭和11年[1936]

9,230 頁;18 cm

TS264/1-2
味噌醸造法/成瀬金太郎著.—2 版.—東京:明文堂,昭和 17 年[1942]
18,458 頁;21 cm

TS264/2
最新味淋醸造法/大内諒著.—東京:明文堂,昭和 3 年[1928]
2,6,200 頁;18 cm

TS264/3-2
調味食品/小貫基,大平敏彦著.—2 版.—東京:雄山閣,昭和 19 年[1944]
2,8,233,696,6 頁;22 cm

TS264.2/1-4
各種ソースの製造法/小野辰次郎著.—4 版.—東京:明文堂,昭和 17 年[1942]
2,10,302 頁;18 cm

TS264.2/2
食酢醸造法/永木暁三郎著.—東京:明文堂,昭和 17 年[1942]
4,10,470 頁;18 cm

TS264.2/3-2
醤油醸造法/深井冬史著.—2 版.—東京:工業図書株式会社,昭和 12 年[1937]
344 頁;22 cm

TS29/1-5
果実蔬菜罐詰壜詰製造法/村松伝蔵著.—5 版.—東京:成美堂書店,昭和 16 年[1941]
3,14284,8 頁;22 cm

TS29/2-4
罐詰/高碕達之助著.—4 版.—東京:ダイヤモンド社,昭和 14 年[1939]
3,7,208 頁;18 cm

TS297/1
罐詰の物理/岡田光世著.—東京:厚生閣,昭和 15 年[1940]
76 頁;22 cm

TS3/1
塩と民族/時雨音羽著.—東京:日本講演協会,昭和 18 年[1943]
6,396 頁;18 cm

TS3/2-2
食塩/浅野巌著.—2 版.—東京:河出書房,昭和 18 年[1943]
4,6,209 頁;19 cm

TS35/1
繊維物理/竹内時男著.—東京:株式会社三省堂,昭和 13 年[1938]
59,6 頁;23 cm

TS4/1(12)
科学新書. 第 12 巻, 煙草の科学/仁尾正義著.—東京:河出書房,昭和 16 年[1941]
3,216 頁;18 cm

TS4/2
煙草の歴史/コンテ・コルチ著.—東京:建設社,昭和 8 年[1933]
222 頁;22 cm

TS5/1
革ローラー取扱法/名取義雄著.—大阪:紡績雑誌社,大正 15 年[1926]
4,120 頁;22 cm

TS5/2-3
皮革及レザー/清水誠著.—3 版.—東京:共立出版株式会社,昭和 14[1939]
3,158,4 頁;22 cm

TS5/2-5
皮革及レザー/清水誠著.—5 版.—東京:共立出版株式会社,昭和 17 年[1942]

3,158,4 頁;20 cm

TS5/3

水産皮革/神山峻著.—東京:水産経済研究所,昭和 18 年[1943]

4,6,356 頁;21 cm

TS5/4-2

皮革實驗学/村田喜一著.—2 版.—東京:育生社弘道閣,昭和 18 年[1943]

13,374 頁;21 cm

TS543/1

鞣製工業實驗法/澤山智著.—東京:共立出版株式会社,昭和 17 年[1942]

205,11 頁;22 cm

TS55/1

毛皮/三島康七著.—東京:育生社,昭和 12 年[1937]

2,8,295 頁;22 cm

TS55/2-2

毛皮/三島康七著.—2 版.—東京:育生社弘道閣,昭和 18 年[1943]

278,295,62 頁;21 cm

TS6/1-2

木型と其製作/臼井太一郎著.—2 版.—東京:太陽閣,昭和 19 年[1944]

6,237 頁;21 cm

TS6/2

木工芸と其要材/小泉吉兵衛著.—東京:洪洋社,昭和 3 年[1928]

10,233 頁;18 cm

TS6/3-2

木材工藝/松島鐵也著.—2 版.—東京:明文堂,昭和 17 年[1942]

2,2,6,376,21 頁;

TS654/1-4

最新家具の實用工作法/加納四十二著.—4 版.—東京:太陽堂書店,昭和 15 年[1940]

12,356 頁;22 cm

TS654/2

標準家具/豊口克平著.—東京:東学社,昭和 10 年[1935]

158 頁;26 cm

TS664/1-2

規格家具/剣持勇著.—2 版.—東京:相模書房,昭和 19 年[1944]

164 頁;18 cm

TS7/1-2

紙業提要 増訂版:紙と物の常識/成田潔英著.—2 版.—東京:丸善株式会社,昭和 17 年[1942]

14,763 頁;18 cm

TS7/2

支那製紙業/関彪編.—東京:誠心堂,昭和 9 年[1934]

3,3,118 頁;22 cm

TS7/3-3

紙及加工紙/村井操著.—3 版.—東京:工業圖書株式會社,昭和 15 年[1940]

13,421 頁;21 cm

TS7/4

製紙/西済著.—東京:ダイヤモンド社,昭和 16 年[1941]

2,10,364 頁;18 cm

TS7/4-5

製紙/西済著.—5 版.—東京:ダイヤモンド社,昭和 16 年[1941]

2,10,364 頁;18 cm

TS7/4-8

製紙/西済著.—8 版.—東京:ダイヤモンド

社,昭和17年[1942]

2,10,364頁;18 cm

TS7/5

紙の統制實情/堀越登吉著.—東京:産業経済出版部,昭和18年[1943]

494頁;18 cm

TS7/6

紙/関根康喜著.—東京:成史書院,昭和14年[1939]

160頁;19 cm

TS7/7

紙の種類と用途/紙業経済研究所編.—東京:産業経済社出版部,昭和18年[1943]

2,2,213頁;18 cm

TS7-09/1

江戸東京紙漉史考/関義城著.—東京:冨山房,昭和18年[1943]

10,2,3,2,372頁;25 cm

TS74/2-2

代用パルプの研究/日本綜合紙業研究会著.—2版.—東京:新民書房,昭和16年[1941]

328頁;18 cm

TS745/1

精練漂白/菱山衡平著.—東京:三省堂,昭和11年[1936]

2,94,4頁;22 cm

TS749/1-7

パルプ/成田努著.—7版.—東京:ダイヤモンド社,昭和14年[1939]

10,208頁;18 cm

TS749/1-9

パルプ/成田努著.—9版.—東京:ダイヤモンド社,昭和16年[1941]

10,208頁;18 cm

TS749/1-10

パルプ/成田努著.—10版.—東京:ダイヤモンド社,昭和17年[1942]

10,208頁;18 cm

TS761/1

和紙風土記/壽武著.—京都:河原書店,昭和16年[1941]

12,311頁;18 cm

TS761.1/1

新聞紙講話/後藤武男著.—東京:同文館,大正15年[1926]

8,5,482頁;18 cm

TS762/1

加工紙とセルロイド製造法/黒川美雄著.—東京:誠文堂,昭和8年[1933]

2,14,282頁;18 cm

TS78/1

メリヤス/中原虎男著.—東京:三省堂,昭和11年[1936]

3,132,8頁;22 cm

TS8-09/1

近世印刷文化史考/鳥屋政一著.—大阪:大阪出版社,昭和13年[1938]

4,4,308頁;28 cm

TS8-093.13/1

日本古印刷文化史/木宮泰彦著.—東京:冨山房,昭和7年[1932]

3,5,719,18頁;22 cm

TS8-095/1

西洋印刷史/(独)オスワルト著.—東京:鮎書房,昭和18年[1943]

6,5,481頁;22 cm

TS8-61/1(1)

最新印刷百科全書.第一巻/本間一郎著.—東京:印刷出版研究所,昭和18年[1943]

12,8,111,129,13 頁;21 cm

TS804/1
　特殊印画法/岡利亮著.—東京:新光社,昭和 10 年[1935]
　　144 頁;22 cm

TS81/1
　現代活版術/島屋政一著.—大阪:印刷材料研究社,大正 13 年[1924]
　　110 頁;26 cm

TS879/1-12
　邦文タイプライター読本/渡部久子著.—12 版.—東京:崇文堂出版部,昭和 16 年[1941]
　　2,10,183 頁;22 cm

TS919/1
　金属家具/西川友武著.—東京:東学社,昭和 10 年[1935]
　　65 頁;26 cm

TS93/1
　最新造花法/寺西緑子著.—東京:集文館,大正 3 年[1914]
　　4,295 頁;23 cm

TS935/1-54
　毛絲編とレース編/主婦之友社編輯局編.—54 版.—東京:主婦之友社,昭和 16 年[1941]
　　12,350 頁;18 cm

TS935/1-128
　毛絲編とレース編/主婦之友社編輯局編纂.—128 版.—東京:主婦之友社,昭和 17 年[1942]
　　12,350 頁;18 cm

TS935.1/1
　刺繡術指南/磯村大次郎著.—9 版.—東京:博文館,大正 7 年[1918]
　　2,12,288 頁;21 cm

TS935.5/1-12(1)
　小笠原流包結のしるべ.上巻/花月庵鶴友著.—12 版.—東京:大文館書店,昭和 16 年[1941]
　　9,174 頁;20 cm

TS935.5/1-12(2)
　小笠原流包結のしるべ.下巻/花月庵鶴友著.—12 版.—東京:大文館書店,昭和 16 年[1941]
　　6,70 頁;20 cm

TS935.5/2
　レース編物/高山孝子著.—東京:大阪堂書店,昭和 6 年[1931]
　　224 頁;19 cm

TS935.5/3-22
　編物の新型と編み方/樋口歌代子著.—22 版.—東京:家庭生活改善会,大正 12 年[1923]
　　2,7,238 頁;22 cm

TS935.5/4
　昭和結び方研究/藤原覚一著.—東京:東寳書店,昭和 18 年[1943]
　　344 頁;18 cm

TS935.521/1-12
　最新毛系編物図解/結城美智子著.—12 版.—大阪:近代文芸社,昭和 4 年[1929]
　　2,5,199 頁;22 cm

TS94/1-2
　尋常小学裁縫新教授書/文部省著.—東京:大日本図書株式会社,昭和 8 年[1933]
　　2,22,328 頁;21 cm

TS941/1
　被服の知識/小川安朗著.—東京:羽田書店,昭和 17 年[1942]
　　264 頁;18 cm

TS941/2
戦時下日本婦人.子供服裁断/藤田健一郎著.—東京:東華書房,昭和18年[1943]
4,259頁;21 cm

TS941/3
衣服の科学/中田虎一,氏家壽子著.—東京:科学主義工業社,昭和16年[1941]
5,6,340頁;18 cm

TS941/4-90
和洋小物裁縫と編物/主婦之友社編輯局編.—90版.—東京:主婦之友社,昭和17年[1942]
366頁;18 cm

TS941.11/1
服装美学と其應用/青木良吉,浅原美枝子著.—東京:大日本文化研究会,昭和18年[1943]
2,2,174頁;22 cm

TS941.2/1-3
服飾デザインの学び方/松永安彦著.—3版.—東京:装身芸術社,昭和18年[1943]
267頁;21 cm

TS941.6/1-9(1)
新撰標準裁縫書.前編/裁縫研究会著.—9版.—東京:三省堂,昭和14年[1939]
4,303頁;22 cm

TS941.6/2
主婦之友洋裁全書.婦人服/主婦之友社編.—東京:主婦之友社,昭和17年[1942]
9,422頁;20 cm

TS941.6/3-9
裁縫科教授法/成田順著.—9版.—東京:大成書院,昭和16年[1941]
4,180,18頁;22 cm

TS941.6/4-4
メートル法新裁縫書/飯塚まつ代著.—4版.—東京:大倉書店,大正14年[1925]
4,144頁;22 cm

TS941.63/1-6
実際的洋裁の知識/高木美代子著.—6版.—東京:婦人の教養社,昭和16年[1941]
2,16,406頁;21 cm

TS941.63/2(1)
婦人子供洋服裁縫新型全集.Ⅰ/羽仁吉一著.—東京:婦人之友出版社,昭和10年[1935]
6,305頁;22 cm

TS941.63/2(2)
婦人子供洋服裁縫新型全集.Ⅱ/羽仁吉一著.—東京:婦人之友社,昭和10年[1935]
6,294頁;22 cm

TS941.631/1-38
新編裁縫学全書/高橋貴四郎著.—38版.—福岡:女子技術教育会,大正5年[1916]
4,1,242,13頁;22 cm

TS941.7/1(3)
婦人子伴洋服裁縫新型全集.第三巻/羽仁吉一著.—東京:婦人之友社,昭和10年[1935]
296頁;22 cm

TS941.7/2-9
和服裁縫系統的精説/石田はる著.—9版.—東京:中文館書店,昭和16年[1941]
2,20,524,7,12頁;21 cm

TS941.7/3
和服裁縫百時間教授の実際/青芳とみ子著.—東京:婦人之友社,昭和11年[1936]
5,6,151頁;22 cm

TS941.7/4-5
家庭婦人寶典/家庭婦人研究会編.—5版.—大阪:近代文藝社,昭和5年[1930]
1册;18 cm

TS941.7/5(1)
　　和服裁縫.上/主婦之友社編輯局編.—東京：主婦之友社,昭和14年[1939]
　　12,382頁；18 cm

TS941.7/5-126(1)
　　和服裁縫.上/主婦之友社編輯局編.—126版.—東京：主婦之友社,昭和17年[1942]
　　12,382頁；18 cm

TS941.7/5-130(2)
　　和服裁縫.下/主婦之友社編輯局編.—130版.—東京：主婦之友社,昭和17年[1942]
　　16,382頁；18 cm

TS941.71/1-11
　　婦人子供洋服裁縫大全/西島芳太郎著.—11版.—東京：婦人之友社,昭和4年[1929]
　　5,368,7頁；22 cm

TS941.71/2-3
　　洋服裁縫基礎篇/婦人之友編輯部著.—3版.—東京：婦人之友社,昭和17年[1942]
　　289頁；18 cm

TS941.716/1(2)
　　現代婦人子供服洋裁.下卷/久万せい子著.—東京：丸武商店出版部,昭和4年[1929]
　　8,267頁；19 cm

TS941.716/2-9
　　應用自在なる新洋服裁縫書：東京裁縫研究會藏版/寺尾きく先生,水野ヤス先生,熊野寅吉先生著.—9版.—東京：東京裁縫研究會出版部,大正15年[1926]
　　4,10,369頁；22 cm

TS941.716.1/1-4
　　赤坊から歩きはじめまで/西島芳太郎著.—4版.—東京：婦人之友社,昭和4年[1929]
　　137頁；22 cm

TS941.74/1-3
　　古今服装の研究/錦織竹香著.—3版.—東京：東洋図書株式合資会社,昭和2年[1927]
　　2,2,17,296頁；22 cm

TS941.763.1/1
　　真理の服装：子供服篇/山本登美子著.—大阪：駸々堂書店,昭和18年[1943]
　　7,7,132頁；22 cm

TS941.763.2/1
　　被服要義.婦人標準服篇/岩本許子著.—東京：寶文館,昭和19年[1944]
　　105頁；21 cm

TS947.75/1
　　被服の本質/小川安朗著.—東京：厚生閣,昭和17年[1942]
　　248頁；18 cm

TS954/1
　　作詞家作曲家流行歌手レコード藝術入門/宮本旅人著.—東京：シンフオニー楽譜出版社,昭和14年[1939]
　　5,5,233頁；21 cm

TS957/1
　　衣類更生家庭染色/石井親武著.—東京：駸々堂書店,昭和18年[1943]
　　213頁；18 cm

TS957/1-2
　　衣類更生家庭染色/石井親武著.—2版.—東京：駸々堂書店,昭和18年[1943]
　　213頁；18 cm

TS957/2-6
　　衣類整理の実際/田中たま,瀧浦潭著.—6版.—東京：光生館,昭和18年[1943]
　　2,8,336頁；22 cm

TS958/1
　　玩具叢書.玩具教育篇/倉橋惣三著.—東京：

雄山閣,昭和10年[1935]

6,200頁;26 cm

TS958/2

人形作者篇/久保田米所著.—東京:雄山閣,昭和11年[1936]

3,176頁;26 cm

TS958/3

科学する子供の為の模型航空機の作り方/一柳直良著.—京都:立命館出版部,昭和17年[1942]

3,5,263頁;18 cm

TS958/4-3

学校家庭模型航空機の製作法/高橋直二著.—3版.—東京:元宇館,昭和17年[1942]

5,114,224頁;18 cm

TS958/5

科学と創作とを主とせる理工玩具の研究/藤五代策編.—東京:モナス,大正13年[1924]

2,19,314頁;18 cm

TS958/6

現代のおもちゃ/山田徳兵衛著.—東京:小学館,昭和18年[1943]

3,8,243頁;18 cm

TS958/7

日本玩具図篇/西澤笛畝著.—東京:雄山閣,昭和10年[1935]

200頁;26 cm

TS958-09/1-3

日本人形史/山田徳兵衛著.—3版.—東京:冨山房,昭和18年[1943]

324,9頁;21 cm

TS958-09/1-6

日本人形史/山田徳兵衛著.—6版.—東京:冨山房,昭和17年[1942]

324,9頁;21 cm

TS958-64/1

世界玩具図篇/西澤笛畝著.—東京:雄山閣,昭和9年[1934]

4,10,248頁;26 cm

TS959.6/1-4

レンズ/東條四郎著.—4版.—東京:河出書房,昭和18年[1943]

4,3,256,2,14頁;19 cm

TS959.71/1

和鏡.日本の美と教養/佐藤虎雄著.—東京:一條書房,昭和19年[1944]

9,218頁;18 cm

TS97/1-24

日用化学/近藤耕蔵著.—24版.—東京:光風館,昭和17年[1942]

2,16,523,18頁;22 cm

TS97/1-25

日用化学/近藤耕蔵著.—25版.—東京:光風館,昭和19年[1944]

16,523,18頁;22 cm

TS97/2-5

家事理化学/阿武喜美子著.—5版.—東京:光生館,昭和18年[1943]

2,5,296頁;22 cm

TS97/3-3

被服の科学/沼畑金四郎著.—3版.—東京:光生館,昭和19年[1944]

2,8,227頁;18 cm

TS97/4

洋食の食べ方と洋服の着方/横山正男著.—東京:實業之日本社,昭和12年[1937]

3,8,6,11,242頁;18 cm

TS971/1-3

茶と美/柳宗悦著.—3版.—東京:牧野書店,

昭和17年[1942]

274頁;21 cm

TS971/1-5

茶と美/柳宗悦著.—5版.—東京:牧野書店,昭和17年[1942]

274頁;21 cm

TS971/2

世界の食物/H. H. ウエフスター, A. R. ポールキンクホーン著.—大阪:朝日新聞社,昭和17年[1942]

350頁;21 cm

TS971/3(3)

茶道. 第三巻,道具とその扱い方/千宗室著.—東京:築地書店,昭和19年[1944]

6,298頁;18 cm

TS971/4

日本茶道論/田中喜四郎著.—東京:十字屋書店,昭和15年[1940]

2,20,466頁;20 cm

TS971/5-8

美味求眞/木下謙次郎著.—8版.—東京:新光社,昭和3年[1928]

9,20,684,13頁;20 cm

TS972/1

お台所重寶辞典/八代登編.—東京:主婦之友社,昭和7年[1932]

160頁;18 cm

TS972/2

お客料理/石川武美編.—東京:主婦之友社,昭和14年[1939]

15,382頁;18 cm

TS972/2-71

お客料理/石川武美編.—71版.—東京:主婦之友社,昭和17年[1942]

15,382頁;18 cm

TS972/3-105

お惣菜料理/主婦之友社編輯局編.—105版.—東京:主婦之友社,昭和17年[1942]

382頁;18 cm

TS972/4

料理大辞典/秋穂敬子著.—[不詳]:[不詳],[不詳]

27,528頁;22 cm

TS972/5

戰時家庭経済料理/日本女子大学校家政学部編.—[不詳]:[不詳],[不詳]

134頁;19 cm

TS972/6

惣菜料理全書/主婦之友社編輯局編.—東京:主婦之友社,昭和17年[1942]

12,502頁;19 cm

TS972/7

家庭西洋料理全集/新井兵吾編.—東京:大日本雄弁会講談社,昭和8年[1933]

400頁;18 cm

TS972-43/1

基本と応用割烹教科書/寺島以登代著.—東京:元元堂書房,昭和17年[1942]

2,4,2,30,292,84,12頁;21 cm

TS972.1/1(1)

西洋料理精義. 上巻/手塚かね子著.—東京:弘文館,昭和9年[1934]

3,3,70,628頁;18 cm

TS972.1/1-9(1)

西洋料理精義. 上巻/手塚かね子著.—9版.—東京:弘文館,昭和14年[1939]

12,3,1,70,628頁;18 cm

TS972.118/1-6

西洋料理一般/大岡蔦枝著.—6版.—東京:

谷口印刷所,昭和 15 年[1940]
103,1013 頁;19 cm

TS972.161/1-17
健康増進.美味.経済.栄養料理の作り方/栄養と料理の会編.—17 版.—東京:帝國女子教育社,昭和 19 年[1944]
12,620 頁;18 cm

TS972.161/2-15
健康料理/主婦之友社編輯局編.—15 版.—東京:主婦之友社,昭和 16 年[1941]
366 頁;18 cm

TS972.18/1-73
洋食と支那料理/主婦之友社編輯局編纂.—73 版.—東京:主婦之友社,昭和 18 年[1943]
16,382 頁;18 cm

TS972.18/2-2(2)
日常實驗料理.下巻/赤堀旺宏著.—2 版.—東京:東京開成館,昭和 17 年[1942]
2,4,276,8,4 頁;22 cm

TS972.183.13/1
懐石料理十二ヶ月:新装版/栗山善四郎著.—東京:秋豊園出版部,昭和 13 年[1938]
2,2,2,110 頁;18 cm

TS972.183.13/2
續美味求真/木下謙次郎著.—東京:中央公論社,昭和 12 年[1937]
2,13,648 頁;18 cm

TS972.183.13/3-5
赤堀和洋料理法/赤堀峰吉著.—5 版.—東京:弘成社出版部,大正 15 年[1926]
2,22,282 頁;23 cm

TS972.185.65/1
基本フランス料理/田中徳三郎,須柄晴著.—東京:料理の友社,昭和 15 年[1940]
26,273 頁;18 cm

TS972.19/1-4
世界コクテル百科辞典/佐藤紅霞著.—4 版.—東京:萬里閣,昭和 6 年[1931]
5,383,28 頁;18 cm

TS972.24/1
家庭で出来る日本菓子の拵へ方/大日本料理研究会編著.—東京:料理の友社,昭和 12 年[1937]
5,119 頁;18 cm

TS973/1-3
最新精説被服整理十二講/菱山衡平著.—3 版.—東京:創文社,昭和 16 年[1941]
2,301 頁;22 cm

TS973/2
洗濯の科学/菱山衡平著.—東京:羽田書店,昭和 17 年[1942]
3,6,305 頁;18 cm

TS973.1/1
欧米之洗濯業/五十嵐健治著.—東京:日本洗濯界社,昭和 14 年[1939]
11,352 頁;19 cm

TS973.1/2-5
家事衣類整理網要/山衡平著.—5 版.—東京:文光社,昭和 14 年[1939]
2,13,372 頁;22 cm

TS974/1
生活安定法/倉本長治著.—東京:誠文堂,昭和 3 年[1928]
18,534 頁;19 cm

TS975/1-15
住宅の知識/主婦之友社編輯局編.—15 版.—東京:主婦之友社,昭和 16 年[1941]
12,382 頁;18 cm

TS975/1-25
  住宅の知識/主婦之友社編輯局編.—25版.—東京:主婦之友社,昭和17年[1942]
    12,382頁;18 cm

TS976/1
  図解食卓生物学/川島弘著.—東京:北光書房,昭和19年[1944]
    343頁;19 cm

TS976/2
  戰時の家庭経済/本位田祥男著.—東京:光生館,昭和18年[1943]
    4,4,224頁;18 cm

TS976/2-2
  戰時の家庭経済/本位田祥男著.—2版.—東京:光生館,昭和19年[1944]
    4,224頁;18 cm

TS976/3
  家庭経済全書/加藤美輪著.—東京:帝國教育学会,大正7年[1918]
    8,1350頁;22 cm

TS976/4
  現代家事及裁縫の施設経営/家事及裁縫社著.—東京:家事及裁縫社,昭和12年[1937]
    3,812頁;22 cm

TS976/5-7
  結婚常識百科全書/結婚準備研究会編.—7版.—東京:大洋社出版部,昭和14年[1939]
    11,726頁;19 cm

TS976/6-14
  物資活用生活の新体制/小島文夫著.—14版.—東京:帝國書房,昭和17年[1942]
    3,584頁;18 cm

TS976/7-4(2)
  中等教育家事新教科書.下巻/佐保会編.—4版.—東京:中等学校教科書株式会社,昭和12年[1937]
    2,2,8,172頁;21 cm

TS976/8
  時戰家政学:戦ふ日本の家政教育/林勇記著.—東京:有朋堂,昭和19年[1944]
    7,299頁;19 cm

TS976/9-2
  家事新講/越智キヨ著.—2版.—京都:星野書店,昭和18年[1943]
    4,531,11頁;22 cm

TS976/10
  戰時家政学:戦ふ日本の家政教育/林勇記著.—東京:有朋堂,昭和19年[1944]
    3,2,7,299頁;22 cm

TS976/11
  家計の数学/小倉金之助著.—東京:岩波書店,昭和13年[1938]
    6,246頁;18 cm

TS976/12
  くらしの工夫/今田謹吾編.—東京:生活社,昭和17年[1942]
    232頁;20 cm

TS976/13
  洋食の食べ方と洋服の着方/横山正男著.—大連市:大阪屋号書店,大正14年[1925]
    8,176頁;18 cm

TS976/14
  家庭物理学十二講/近藤耕蔵著.—東京:福永重勝[發行者],大正14年[1925]
    9,215頁;20 cm

TS976/15
  家事家計篇/羽仁もと子著.—東京:婦人之友社,昭和2年[1927]
    4,7,312,55頁;cm

TS976/16-4
社会化より見たる家事教授の新生面/石澤吉磨著.—4 版.—東京:南光社,大正 15 年[1926]
　2,4,100 頁;19 cm

TS976/17
家庭重寶汁と漬物/[不詳].—[不詳]:婦人倶楽部,[不詳]
　4,16,366 頁;18 cm

TS976/18
最新家庭管理/氏家壽子著.—東京:創文社,昭和 18 年[1943]
　546 頁;22 cm

TS976/19(4)
洗濯と衣類整理.4/主婦之友社編.—東京:主婦之友社,昭和 15 年[1940]
　12,382 頁;19 cm

TS976-43/1-5(1)
高等教育家事経済教科書.上巻,家事経済/松平友子著.—5 版.—東京:文光社,昭和 17 年[1942]
　2,2,2,13,286,11 頁;22 cm

TS976-43/1-6(2)
高等教育家事経済教科書.下巻,家計簿記/松平友子著.—6 版.—東京:文光社,昭和 18 年[1943]
　2,6,193,4 頁;22 cm

TS976.1/1-2
金銭活用法/芦川忠雄著.—2 版.—東京:誠文堂書店,大正 7 年[1918]
　2,5,244 頁;18 cm

TS976.14/1
害虫と家庭衛生/岡田彌一郎著.—東京:河合商店,昭和 17 年[1942]
　2,8,263 頁;18 cm

TS976.15/1
主婦のソロバン/阪根正雄著.—東京:大紘書院,昭和 18 年[1943]
　3,320 頁;18 cm

TS976.15/2
主婦の経済学/帆足みゆき著.—東京:新生堂,昭和 17 年[1942]
　4,4,85 頁;18 cm

TS976.15/3
青島邦人生計費調/[不詳].—謄写版.—青島:[不詳],[不詳]
　21 頁;25 cm

TTG14-62/1-3
金属材料ハンドブック/石田四郎,堀口貞雄,麻田宏,田尻秀男著.—3 版.—東京:工業図書株式会社,昭和 13 年[1938]
　16,528 頁;19 cm

《中国图书馆分类法》类目

TU 建筑科学

TU/1(4)
改訂増補大建築学.第四卷/三橋四郎著.—東京:大倉書店,[不詳]
2,26,464 頁;22 cm

TU/1-2(3)
改訂増補大建築学.第三卷/三橋四郎著.—2 版.—東京:大倉書店,大正 14 年[1925]
33,976,27 頁;22 cm

TU/1-4(1)
改訂増補大建築学.第一卷/三橋四郎著.—4 版.—東京:大倉書店,大正 14 年[1925]
798,2,25,20 頁;22 cm

TU/1-6
建築計画/坂本啓一著.—6 版.—大阪:淀屋書店出版部,昭和 15 年[1940]
7,228 頁;21 cm

TU/3(1.1)
高等建築学.第 1 卷,建築様式.1,日本建築様式/大岡實著.—東京:常磐書房,昭和 9 年[1934]
8,468 頁;22 cm

TU/3(2.2)
高等建築学.第 2 卷,建築様式.2,西洋東洋建築様式/大岡實著.—東京:常磐書房,昭和 10 年[1935]
16,404 頁;2 cm

TU/3(3)
高等建築学.第 3 卷,建築材料/田中正義著.—東京:常盤書房,昭和 8 年[1933]
16,482 頁;22 cm

TU/3(6)
高等建築学.第 6 卷,地震学/今村明恒著.—東京:常磐書房,昭和 8 年[1933]
6,178 頁;22 cm

TU/3(7.1)
高等建築学.第 7 卷,建築構造.1,一般構造・耐火構造/石田達郎等著.—東京:常磐書房,昭和 8 年[1933]
1 冊;22 cm

TU/3(8.2)
高等建築学.第 8 卷,建築構造.2,煉瓦及石構造,木構造,社寺建築/南省吾等著.—東京:常磐書房,昭和 9 年[1934]
3,2,46,6,306,4,112 頁;22 cm

TU/3(9.18)
高等建築学.第 9 卷,鉄筋コンクリート構造.第 18 編/田辺平学,二見秀雄著.—東京:常磐書房,昭和 9 年[1934]
1 冊;22 cm

TU/3(11)
高等建築学.第 11 卷,建築施工法/山下壽郎,久良知丑二郎著.—東京:常磐書房,昭和 10 年[1935]
4,3,298 頁;22 cm

TU/3(12.22)
高等建築学.第 12 卷,建築設備.第 22 編/中西義榮著.—東京:常磐書房,昭和 9 年[1934]
4,741 頁;22 cm

TU/3(13.1)
高等建築学.第 13 卷,計劃計画.1,計画原論/渡邊要,長倉謙介著.—東京:常磐書房,昭和 9 年[1934]
10,623 頁;22 cm

TU/3(14.2)
高等建築学.第 14 卷,建築計畫.2/清水一,北村德太郎著.—東京:常磐書房,昭和 8 年[1933]
1 冊;22 cm

TU/3(15.3)
高等建築学.第 15 卷,建築計畫.3,ホテル・

《中国图书馆分类法》类目 TU类

病院・サナトリウム/高橋豊太郎等著.—東京：常磐書房,昭和8年[1933]
　　1册；22 cm

TU/3(16.4)
　　高等建築学.第16巻,建築計畫.4,商店・百貨店・事務所・銀行/高橋貞太郎等著.—東京：常磐書房,昭和8年[1933]
　　1册；22 cm

TU/3(18.6)
　　高等建築学.第18巻,建築計画.6,倉庫,サイロ,冷蔵庫,自動車庫,格納庫/柳沢彰,谷口吉郎,山越邦彦,日下部東一郎,佐藤鑑著.—東京：常磐書房,昭和9年[1934]
　　1册；22 cm

TU/3(19.7)
　　高等建築学.第19巻,建築計画.7,通信省の建築,旅客駅,刑務所/張菅雄,遠藤金之助,藤田金一郎著.—東京：常磐書房,昭和8年[1933]
　　1册；22 cm

TU/3(20.8)
　　高等建築学.第20巻,建築計画.8/古茂田甲午郎著.—東京：常磐書房,昭和10年[1935]
　　410,176頁；22 cm

TU/3(21.9)
　　高等建築学.第21巻,建築計画.9,美術館,博物館,商品陳列館/小林政一,下元連著.—東京：常磐書房,昭和8年[1933]
　　1册；22 cm

TU/3(22.10)
　　高等建築学.第22巻,建築計画.10,劇場・映画館・カフエ・レストラン・ダンスホール/木村栄二郎,小林隆徳,小野薫著.—東京：常磐書房,昭和9年[1934]
　　1册；22 cm

TU/3(23.11)
　　高等建築学.第23巻,建築計画.11,倶楽部.

運動場.体育館及演武場.浴場/市浦健,船越義房,小林政一,井上一之著.—東京：常磐書房,昭和9年[1934]
　　1册；22 cm

TU/3(25)
　　高等建築学.第25巻,建築行政,建築法規・都市計画・住宅経営/本田次郎等著.—東京：常磐書房,昌阿8年[1933]
　　1册；22 cm

TU/3(26.5)
　　高等建築学.第26巻,建築構造.5,家屋耐震並耐風構造/佐藤利器,武藤清著.—東京：常磐書房,昭和10年[1935]
　　3,492頁；22 cm

TU/3-6(14.2)
　　高等建築学.第14巻,建築計畫.2,住宅・アパートメントハウス・庭園/清水一,北村徳太郎著.—6版.—東京：常磐書房,昭和17年[1942]
　　1册；22 cm

TU/3-6(17.5)
　　高等建築学.第17巻,建築計画5,工場,市場,火力發電所/高橋貞太郎著.—6版.—東京：常磐書房,昭和17年[1942]
　　1册；23 cm

TU/3-9(2)
　　土木工学.下巻,土質力学,土工.基礎工/川口虎雄,三浦鍋太郎,小溝茂橘,遠藤金市,松本岩太郎,徳弘春美著.—9版.—東京：丸善株式会社,昭和18年[1943]
　　26,746頁；22 cm

TU/3-10(2)
　　土木工学.中巻,材料力学/川口虎雄,三浦鍋太郎,小溝茂橘著.—10版.—東京：丸善株式会社,昭和16年[1941]
　　8,760頁；22 cm

TU/4-4
基礎工学/山内喜之助著.—4版.—東京:丸善株式会社,昭和7年[1932]
5,212頁;22 cm

TU/6-4(1)
和洋住宅建築学.上巻/駒杵勤治著.—4版.—東京:須原屋書店,明治40年[1907]
2,3,232頁;22 cm

TU/7
建築衛生工学/大澤一郎,櫻井省吾著.—東京:早稲田大学出版部,大正13年[1924]
14,498,3,19頁;21 cm

TU/9(2)
大建築学.第二巻/三橋四郎著.—2版.—東京:大倉書店,大正14年[1925]
20,702,20頁;22 cm

TU0/1(2)
土木工学論文抄録.第二輯/一孫村中編.—東京:土木学会,昭和14年[1939]
3,377頁;30 cm

TU-0/1
住居の科学:住みよいすまいのために/吉田実著.—東京:三一書房,1956年
189頁;17 cm

TU-0/2
闡明:建築及都市計画の現状に就いて/ル.コルビュジエ著.—東京:二見書房,昭和17年[1942]
421頁;21 cm

TU-0/3
建築論.社会と建築/元良勲著.—東京:東学社,昭和10年[1935]
22,19頁;26 cm

TU-023/1(2)
建築保健工学.2/伊藤正文著.—東京:工業図書株式会社,昭和14年[1939]
4,263頁;21 cm

TU-023/1-2(1)
建築保健工学.第一部/伊藤正文著.—2版.—東京:工業図書株式会社,昭和14年[1939]
10,328頁;21 cm

TU-05/1
住居と病氣/佐々木秀一著.—東京:北光書房,昭和18年[1943]
17,259頁;18 cm

TU-05/2
建築と生活/木村幸一郎著.—東京:羽田書店,昭和18年[1943]
4,266頁;18 cm

TU-09/1-2
美術様式論:裝飾史基本問題/アロイス.リイグル著.—2版.—東京:座右寶刊行会,昭和18年[1943]
18,482,19頁;22 cm

TU-09/1-3
和洋建築沿革史/須藤真金著.—3版.—東京:吉田工務所出版部,昭和4年[1929]
1冊;22 cm

TU-09/2
建築論/山崎静太郎著.—[不詳]:[不詳],[不詳]
1冊;27 cm

TU-091/1(1)
東洋建築の研究.上/伊東忠太著.—東京:龍吟社,昭和18年[1943]
2,14,594頁;22 cm

TU-091/1(2)
東洋建築の研究.下/伊東忠太著.—東京:龍吟社,昭和18年[1943]
2,15,500頁;22 cm

TU-091.11/1
　ゴシックの文化と建築/森口多里著. —東京:洪洋社,大正10年[1921]
　　4,7,104頁;20 cm

TU-091.132/1(2)
　建築文化叢書. 第二編,希臘の文化と建築,有史以前の部:超ヘレン時代/森口多里,田邊泰編. —東京:洪洋社,大正12年[1923]
　　1册;18 cm

TU-091.132.3/1(4)
　建築文化叢書. 第四編,ローマの文化と建築/森口多里著. —東京:洪洋社,昭和2年[1927]
　　11,125頁;18 cm

TU-091.132.3/1(5)
　建築文化叢書. 第五編,ビザンチン文化と建築/森口多里,木村幸一郎著. —東京:洪洋社,大正14年[1925]
　　3,6,114頁;20 cm

TU-091.132.3/1(6)
　建築文化叢書. 第六編,ローマネスクの文化と建築/森口多里著. —東京:洪洋社,大正10年[1921]
　　1册;18 cm

TU-091.132.3/1(7)
　建築文化叢書. 第七編,印度の文化と建築/森口多里,濱岡周忠編. —東京:洪洋社,大正13年[1924]
　　3,6,120頁;18 cm

TU-091.132.3/1(10)
　建築文化叢書. 第十編,ルネッサンス文化と建築. 上,初期及盛期/蔵田周忠著. —東京:洪洋社,大正15年[1926]
　　3,6,136頁;20 cm

TU-091.132.3/1(11)
　建築文化叢書. 第十一編,ルネッサンス文化と建築. 下,バロック及ロココ時代/蔵田周忠著. —東京:洪洋社,大正15年[1926]
　　2,6,116頁;20 cm

TU-091.132.3/1(12)
　建築文化叢書. 第十二編,近代建築思潮/濱岡周忠著. —東京:洪洋社,大正13年[1924]
　　1册;18 cm

TU-092/1
　支那及満蒙の建築/伊藤清造著. —東京:大阪屋号書店,昭和14年[1939]
　　19,647頁;19 cm

TU-092/1-2
　支那及満蒙の建築/伊藤清造著. —改題再版. —東京:大阪屋号書店,昭和15年[1940]
　　19,647頁;19 cm

TU-092/2
　満州建築/村田治郎著. —東京:東学社,昭和10年[1935]
　　96頁;26 cm

TU-093.13/1
　民族と造営/板垣鷹穂著. —東京:六興商会出版部,昭和18年[1943]
　　113,252頁;21 cm

TU-093.13/1-6
　日本建築史/足立康著. —6版. —東京:地人書館,昭和18年[1943]
　　2,4,5,192頁;18 cm

TU-093.13/2-3
　日本建築史の研究/福山敏男著. —3版. —東京:桑名文星堂,昭和19年[1944]
　　35,537頁;22 cm

TU-093.13/3
　新家相学/中村文聰著. —東京:紀元書房,昭和11年[1936]
　　277頁;18 cm

TU-093.13/4
　日本住宅史/藤原義一著.―東京:弘文堂書房,昭和18年[1943]
　　6,293頁;18 cm

TU-093.13/5
　日本之古建築/伊藤清造著.―大阪:文潮社,大正14年[1925]
　　214頁;22 cm

TU-093.313/1-3
　増補日本民家史/藤田元春著.―3版.―東京:刀江書院,昭和18年[1943]
　　3,4,6,31,784頁;21 cm.

TU-093.51/1
　印度及建築/天沼俊一著.―東京:大雅堂,昭和19年[1944]
　　5,19,265,10頁;26 cm

TU-094.11/1
　エジプトの文化と建築/濱岡周忠著.―東京:洪洋社,大正11年[1922]
　　6,139頁;19 cm

TU-095/1-10
　西洋建築史/井上一之著.―10版.―東京:中央工学会,昭和5年[1930]
　　11,286頁;22 cm

TU-098.1/1
　日本の城/鳥羽正雄著.―東京:創元社,昭和15年[1940]
　　3,2,4,304,7頁;19 cm

TU-098.1/2
　建築國策と史的類型/板垣鷹穂著.―東京:六興出版部,昭和19年[1944]
　　5,119,222頁;21 cm

TU-098.2/1
　桂御山荘/澤鳥英太郎編.―東京:龍吟社,昭和19年[1944]
　　11,42,265頁;21 cm

TU-098.2/2
　城と要塞/城戸久著.―東京:朝日新聞社,昭和18年[1943]
　　2,2,5,214頁;18 cm

TU-098.3(545)/1
　ギリシヤの神殿/村田潔著.―東京:築地書店,昭和19年[1944]
　　1冊頁;25 cm

TU-43/1
　建築講習/小泉浩述.―[不詳]:[不詳],[不詳]
　　192頁;26 cm

TU-61/1(1)
　土木工学ポケットブック.上巻/土木工学ポケットブック編纂会編.―[不詳]:山海堂出版部,昭和11年[1936]
　　24,1920頁;18 cm

TU-61/1-16(2)
　土木工学ポケットブック.下巻/土木工学ポケットブック編纂会編.―16版.―東京:山海堂出版部,昭和14年[1939]
　　1921～3710,32頁;18 cm

TU-61/1-18(2)
　土木工学ポケットブック.下巻/土木工学ポケットブック編纂会編.―18版.―東京:山海堂出版部,昭和14年[1939]
　　1921～3710,32頁;18 cm

TU-61/2-8
　日本建築辞巣/中村達太郎著.―8版.―東京:丸善株式会社,大正4年[1915]
　　338,27,2,31,4頁;18 cm

TU-62/1-18(2)
　建築工学ポケットブック.Ⅱ/建築学会編.―

18 版. —東京:丸善株式会社,昭和 15 年[1940]

22,1037~1851,30 頁;18 cm

TU-64/1(2)

建築写真類聚床の間. 卷二/建築写真類聚刊行会編. —6 版. —東京:洪洋社,大正 9 年[1920]

53~100 頁;19 cm

TU-64/2

改良和風便所/建築写真類聚刊行会編. —東京:洪洋社,大正 10 年[1921]

50 頁;19 cm

TU-65/1

建築法令/山之内嘉兵衛著. —東京:東学社,昭和 10 年[1935]

95 頁;26 cm

TU-80/1

建築の美/岡田哲郎著. —東京:富山房,昭和 19 年[1944]

6,226 頁;19 cm

TU-861/1

民族と建築/藤島亥治郎著. —東京:力書房,昭和 19 年[1944]

300 頁;19 cm

TU-863.13/1

明治神宮紀/溝口白羊著. —東京:日本評論社出版部,大正 9 年[1920]

197,101 頁;21 cm

TU-863.13/2-8

塁/岸田日出刀著. —8 版. —東京:相模書房,昭和 18 年[1943]

2,5,311 頁;19 cm

TU-881.313/1-2

家賃位で建つ家の写真と設計集/鳥居芳雄編. —2 版. —東京:日本電話建物株式会社出版部,昭和 11 年[1936]

2,313 頁;22 cm

TU-881.313/2-8(1)

和風.窓及勾欄. 卷一/高梨勝重著. —8 版. —東京:洪洋社,昭和 17 年[1942]

40 頁;18 cm

TU-881.313/3

工事年鑑/清水組編. —東京:清水組,昭和 13 年[1938]

170 頁;30 cm

TU-881.516/1(3.1)

建築写真類聚. 第三期. 第 1 回,獨逸近代建築彫刻/高梨由太郎著. —東京:洪洋社,大正 9 年[1920]

50 頁;18 cm

TU-881.516/1-5(9.15)

建築写真類聚. 第九期大十五輯,和洋前庭集/高梨勝重編. —5 版. —東京:洪洋社,昭和 16 年[1941]

40 頁;18 cm

TU-885/1(2)

神社佛閣. 卷二/建築写真類聚刊行会編. —大阪:洪洋社,大正 8 年[1919]

51~100 頁;18 cm

TU1/1-6

建築大意/篠原太郎著. —6 版. —大阪:淀屋書店出版部,昭和 17 年[1942]

120 頁;21 cm

TU1/2(2)

現代建築. 後篇/蔵田周中著. —東京:東学社,昭和 10 年[1935]

144 頁;26 cm

TU1/3

建築読本/福井義長著. —大阪:淀屋書店出版部,昭和 14 年[1939]

3,119 頁;22 cm

TU1/4(2)
　　建築学講義録. 弐/龍大吉先生講述. —東京：建築書院,明治 38 年[1905]
　　　　1 冊;22 cm

TU1/5-10(1)
　　和洋改良大建築学. 上卷/三橋四郎著. —10 版. —東京：大倉書店,大正 6 年[1917]
　　　　6,684,38 頁;22 cm

TU1/5-10(2)
　　和洋改良大建築学. 中卷/三橋四郎著. —10 版. —東京：大倉書店,大正 6 年[1917]
　　　　36,837,44 頁;22 cm

TU113.3/1
　　日照及気象/木村幸一郎著. —東京：東学社,昭和 10 年[1935]
　　　　106 頁;26 cm

TU113.6/1
　　建築と照明/門倉則之著. —東京：洪洋社,昭和 2 年[1927]
　　　　3,180 頁;18 cm

TU19/1
　　建築測量/藤井鹿三郎著. —東京：東学社,昭和 10 年[1935]
　　　　126 頁;26 cm

TU19/3-7
　　實地応用土木測量法/伊藤壽郎著. —7 版. —東京：誠之堂書店,大正 2 年[1913]
　　　　158 頁;21 cm

TU19-093.13/1
　　伊能忠敬の測量日記/藤田元春著. —東京：日本放送出版協会,昭和 16 年[1941]
　　　　4,2,133 頁;17 cm

TU19-64/2(2)
　　測量設計實用表：後編/仲野雄介,葛山鐵造著. —岐阜：仲野雄介,大正 14 年[1925]
　　　　13,24,549 頁;18 cm

TU19-64/2-5
　　測量設計實用表/仲野雄介編. —5 版. —岐阜：仲野雄介,大正 12 年[1923]
　　　　8,461 頁;18 cm

TU2/1-2
　　現代人の新住家/西村伊作著. —東京：文化生活研究会,大正 13 年[1924]
　　　　8,261 頁;18 cm

TU2/2(2)
　　建築工事仕樣及積算法. 下卷,積算法の部/久恒治助著. —東京：鈴木書店,大正 10 年[1921]
　　　　2,1、14,470 頁;22 cm

TU2/2-3(2)
　　建築工事仕樣及積算法. 下卷,積算法之部/久恒治助著. —3 版. —東京：鈴木書店,大正 13 年[1924]
　　　　14,470 頁;19 cm

TU2/4-4
　　最新建築工事實費見積/高藪良二著. —4 版. —東京：鐵道圖書局,昭和 16 年[1941]
　　　　8,249 頁;21 cm

TU2/4-5
　　最新建築工事實費見積/高藪良二著. —5 版. —東京：鉄道図書局,昭和 18 年[1943]
　　　　8,249 頁;222 cm

TU2/5-6
　　建築工事仕樣見積/河津七郎,吉田全三著. —6 版. —東京：大日本工業學會,大正 6 年[1917]
　　　　2,10,320,13 頁;24 cm

TU2/6-3
　　採光通風を主とする住みよき小住宅の設計/笹治庄次郎著. —3 版. —東京：鈴木せい,昭和 8 年[1933]

4,11,282 頁；22 cm

TU2/6-6
採光通風を主とする住みよき小住宅の設計/笹治庄次郎著.—6版.—東京：鈴木書店,昭和15年[1940]
4,12,249 頁；22 cm

TU2/7（1939）
實用土木建築設計例集：昭和十四年版/國友孝著.—名古屋：土木工業社出版部,昭和14年[1939]
319 頁；26 cm

TU2/8-3
建築工事仕樣見積/吉田全三著.—3版.—東京：吉田工務所出版部,昭和17年[1942]
4,12,363 頁；22 cm

TU2/9-2
最新手工趣味の厚紙建築/岡山秀吉著.—2版.—東京：文書堂,昭和2年[1927]
4,232 頁；22 cm

TU2/10-2
土木實用アーチ設計法/松永工,飯田耕一郎著.—2版.—東京：博文館,明治41年[1908]
4,6,382,8 頁；20 cm

TU2/10-4
土木實用アーチ設計法/松永工,飯田耕一郎著.—4版.—東京：博文館,大正6年[1917]
4,6,382 頁；19 cm

TU2/11（1）
建築講義.第一卷,構造及施工編/帝國工業教育会編.—東京：帝國工業教育会,[不詳]
1 冊頁；22 cm

TU2/11（2）
建築講義.第二卷,構造及施工編/帝國工業教育会編.—東京：帝國工業教育会,[不詳]
1 冊頁；22 cm

TU2/11（3）
建築講義.第三卷,構造及計算編/帝國工業教育会編.—東京：帝國工業教育会,[不詳]
1 冊頁；22 cm

TU2/12（2）
和洋建築工事仕樣設計實例.下/田中豊太郎編.—東京：建築書院,明治41年[1908]
19,1362 頁；22 cm

TU2-62/1
建築計算寸法便覽/須藤眞金,岸原三郎著.—東京：建築と新材料,大正10年[1935]
2,4,112 頁；18 cm

TU2-62/2-3
建築設計便覽/近藤胤一著.—3版.—東京：三星社出版部,大正13年[1924]
36,636 頁；15 cm

TU2-62/3
土木工事設計便覽/仲野雄介,長井熊吉著.—岐阜：仲野出版部,昭和16年[1941]
15,825 頁；18 cm

TU2-63/1
仕樣書及工事監督者心得/堀紫朗著.—東京：東学社,昭和10年[1935]
76 頁；26 cm

TU202-44/1-2
大匠坪曲術圖解/森永達男著.—2版.—東京：金竜堂出版社,昭和16年[1941]
8,260 頁；18 cm

TU204/1
製図法/山崎静太郎著.—[不詳]：[不詳],[不詳]
1 冊；26 cm

TU204/2-6
建築設計製図法/森永達男著.—6版.—東

京:金竜堂出版部,昭和 16 年[1941]

9,382 頁;22 cm

TU204/3

近代の歐洲建築/大内秀一郎著.—東京:洪洋社,大正 15 年[1926]

2,8,67,67 頁;18 cm

TU206/1-5

和洋建築構造図解/山本悟郎著.—5 版.—東京:金竜堂書店,昭和 9 年[1934]

10,616 頁;18 cm

TU206/1-13

和洋建築構造図解/山本悟郎著.—13 版.—東京:金竜堂書店,昭和 15 年[1940]

10,616 頁;18 cm

TU206/2-4(1)

土木工事設計資料図譜.第一輯,説明之巻/仲野雄介著.—4 版.—岐阜:仲野雄介,大正 14 年[1925]

5,336 頁;18 cm

TU207/1(1)

日本住宅建築構造図集.巻一/高梨勝重編.—東京:洪洋社,昭和 15 年[1940]

40 頁;19 cm

TU207/1(2)

日本住宅建築構造図集.巻二/高梨勝重編.—東京:洪洋社,昭和 16 年[1941]

40 頁;18 cm

TU207/2

建築透視図/蔵田周忠著.—東京:アルス,昭和 18 年[1943]

4,3,159 頁;18 cm

TU22/1

通俗図解家屋設計の順序と仕方/笹治庄次郎著.—東京:鈴木書店,昭和 8 年[1933]

12,186 頁;22 cm

TU228/1-3

建具雛形図案集成/伊藤席三著.—3 版.—東京:大洋社出版部,昭和 14 年[1939]

50 頁;19 cm

TU229/1

階段/建築写真類聚刊行会編.—東京:洪洋社,大正 7 年[1918]

49 頁;18 cm

TU229/1(2)

階段.巻二/建築写真類聚刊行会編.—東京:洪洋社,大正 10 年[1921]

98 頁;18 cm

TU238/1

美術の建築/中村與資平著.—東京:東京書院,大正 6 年[1917]

270 頁;22 cm

TU238/2(2)

デテール集室内装飾.2/建築写真類聚刊行会編.—東京:洪洋社,大正 7 年[1918]

51〜100 頁;18 cm

TU238/3

日本各時代室内装飾法/杉本文太郎著.—東京:建築書院,明治 44 年[1911]

12,542 頁;22 cm

TU238/4-5(1)

外部装飾.巻一/建築写真類聚刊行会編.—5 版.—東京:洪洋社,大正 10 年[1921]

50 頁;18 cm

TU24/1

住宅改良の諸問題/刀福館正雄編.—東京:朝日新聞社,昭和 5 年[1930]

202 頁;18 cm

TU24/2

住宅と建築/木檜恕一著.—東京:誠文堂,昭

和 3 年[1928]

2,23,487 頁;19 cm

TU24/4-2

最新図説模範日本住宅/近間佐吉著.—2 版.—東京:鈴木書店,大正 8 年[1919]

2,4,106 頁;26 cm

TU24/5

木造家屋切組図解/藤根大庭著.—東京:洪洋社,昭和 2 年[1927]

4,84,15,69 頁;20 cm

TU24/6-2

趣味の住宅建築/丸山敬太郎著.—2 版.—東京:鈴木書店,昭和 15 年[1940]

2,2,73 頁;21 cm

TU24/7-14

図解本位新住家の設計/横山信著.—14 版.—東京:アルス,大正 13 年[1924]

2,2,7,14,313 頁;19 cm

TU241/1-4

和洋住宅間取實例図集/鵜飼長三郎著.—4 版.—東京:工業書院,昭和 11 年[1936]

12,50 頁;26 cm

TU241/2-33

初めて家を建てる人に必要な住宅の建て方/主婦之友社著.—33 版.—東京:主婦之友社,昭和 16 年[1941]

10,323 頁;18 cm

TU241/3

中小住宅百撰集/永峰美幸著.—東京:日本電建株式会社出版部,昭和 15 年[1940]

2,3,201 頁;22 cm

TU241/3-4

中小住宅百撰集/永峰美幸著.—4 版.—東京:日本電建株式会社出版部,昭和 15 年[1940]

2,3,201 頁;22 cm

TU241/4

住宅建築:計量篇/佐藤功一著.—[不詳]:[不詳],[不詳]

87,37,80,60,108,60,71,54,93,47 頁;25 cm

TU241/5-3

実用耐震耐火家屋構造/大竹巽著.—3 版.—東京:中央工学会,大正 13 年[1924]

1 冊;23 cm

TU241/6

住宅を新築せんとする人の為に/葛野壮一郎著.—大阪:人文社,大正 14 年[1925]

8,240 頁;18 cm

TU241-64/1(3)

住宅の外観.巻三/建築写真類聚刊行会編.—東京:洪洋社,大正 10 年[1921]

50 頁;18 cm

TU241-64/1-6(1)

住宅の外観.巻一/建築写真類聚刊行会編.—6 版.—東京:洪洋社,大正 7 年[1918]

50 頁;18 cm

TU241-64/2-4

客間及広間/建築写真類聚刊行会編.—4 版.—東京:洪洋社,大正 7 年[1918]

50 頁;18 cm

TU241-64/3(1)

改造住宅.巻一/建築写真類聚刊行会編.—東京:洪洋社,12 年[1923]

50 頁;19 cm

TU241-64/4-3

寝室化粧室/建築写真類聚刊行会編.—3 版.—東京:洪洋社,大正 9 年[1920]

50 頁;18 cm

TU241-64/5(7)
　　建築の細部参考写真集.第七輯:洗面所と便所/江村恒一編.—大阪:創生社,昭和2年[1927]
　　40頁;20 cm

TU241-64/5(8)
　　建築の細部参考写真集.第八輯/江村恒一編.—大阪:創生社,昭和2年[1927]
　　1册;20 cm

TU241.1/1
　　三十坪以内理想の小住宅/広江文彦著.—東京:鈴木書店,昭和15年[1940]
　　8,156,63頁;22 cm

TU241.4/1-3
　　草屋根/今和次郎著.—3版.—東京:相模書房,昭和17年[1942]
　　4,8,347頁;19 cm

TU241.5/1-3(2)
　　玄関.巻二/建築写真類聚刊行会編.—3版.—東京:洪洋社,大正7年[1918]
　　1册;18 cm

TU241.9/1-2
　　茶室建築/北尾春道著.—2版.—東京:鈴木書店,昭和16年[1941]
　　8,312頁;22 cm

TU242/1
　　日本建築の美:社寺建築を中心として/伊東忠太著.—東京:主婦之友社,昭和19年[1944]
　　6,223頁;18 cm

TU242.4/1
　　クラブ建築;学校建築/本多正道著.—東京:東学社,昭和10年[1935]
　　75,43頁;26 cm

TU242.4/2
　　ダンスホール建築/伊藤正文著.—東京:東学社,昭和10年[1935]
　　68頁;26 cm

TU243/1
　　世界の議事堂/大熊喜邦著.—東京:洪洋社,大正7年[1918]
　　5,177頁;22 cm

TU245/1
　　運動場建築/田中義次著.—東京:東学社,昭和10年[1935]
　　46頁;26 cm

TU246.1-64/1(4)
　　病院建築.第四期.第五回/建築写真類聚刊行会編.—東京:洪洋社,大正12年[1923]
　　50頁;19 cm

TU247.1/1
　　銀行の平面計画/蔵田周忠,関根要太郎著.—東京:洪洋社,昭和4年[1929]
　　2,160,2頁;19 cm

TU247.3/1(3)
　　数寄屋趣味の料亭.巻三/高梨勝重著.—東京:洪洋社,昭和15年[1940]
　　40頁;18 cm

TU247.3-64/1
　　居間及食堂/建築写真類聚刊行会編.—東京:洪洋社,大正10年[1921]
　　50頁;18 cm

TU247.5/1
　　公衆浴場建築;工場建築/飯野香著.—東京:東学社,昭和10年[1935]
　　55,35頁;26 cm

TU249/1(1)
　　塔の世界.Ⅰ,金字塔ご方尖碑/佐原六郎著.—東京:生活社,昭和17年[1942]
　　3,6,254頁;21 cm

TU27/2-2
　　　工場設計及び設備改善/澤潟作雄著.—2 版.—東京:河出書房,昭和 18 年[1943]
　　　　　8,502,12 頁;21 cm

TU274.2/1
　　　市場建築/辛木貞夫著.—東京:東学社,昭和 10 年[1935]
　　　　　61 頁;26 cm

TU29/1
　　　桂離宮/藤島亥治郎著.—東京:番町書房,昭和 20 年[1945]
　　　　　148 頁;28 cm

TU29/2
　　　法隆寺建築/太田博太郎著.—東京:彰國社,昭和 18 年[1943]
　　　　　12,246 頁;21 cm

TU3/1-2
　　　最も實用的な木造.鉄骨.構造.新設計学/若月喜三郎著.—2 版.—東京:中央工学会,昭和 18 年[1943]
　　　　　195 頁;21 cm

TU3/2(1)
　　　建築構造要覧.上巻/内藤多仲編著.—東京:早稲田大學出版部,昭和 19 年[1944]
　　　　　435 頁;22 cm

TU3/3
　　　最新.建築構造/福井義長,廣瀬勇著.—大阪:淀屋書店出版部,昭和 13 年[1938]
　　　　　9,223 頁;23 cm

TU3-64/1-3
　　　洋式建築構造雛形/篠原太郎著.—3 版.—大阪:巧人社,昭和 15 年[1940]
　　　　　7,266,68 頁;26 cm

TU311/1(2)
　　　土木建築構造力学.中巻/藤田信達,野坂相如著.—東京:工業雑誌社,昭和 5 年[1930]
　　　　　384 頁;25 cm

TU311/2
　　　数表.度量衡.力学単位換算表.数学.荷重.材料強度/武内富雄著.—東京:東学社,昭和 10 年[1935]
　　　　　107 頁;26 cm

TU311/3-4(2)
　　　最新土木構造物強度計算解説.下巻/岡村雅夫著.—4 版.—東京:鉄道図書局,昭和 15 年[1940]
　　　　　9,355 頁;22 cm

TU318/1
　　　単式構造/高橋慶夫著.—東京:東学社,昭和 10 年[1935]
　　　　　150 頁;26 cm

TU318/2
　　　建築構造設計:鉄筋コンクリート構造・鋼構造/佐藤稔夫編.—影印版.—東京:理工図書株式会社,昭和 50 年[1975]
　　　　　4,392 頁;25 cm

TU323.5/1-9
　　　ラーメン/福田武雄著.—9 版.—東京:アルス,昭和 15 年[1940]
　　　　　5,239 頁;22 cm

TU331/1-3
　　　最新鉄骨構造計算法/山口儀三郎著.—3 版.—東京:鉄道図書局,昭和 14 年[1939]
　　　　　8,187 頁;22 cm

TU352.5/1
　　　建築と火災/内田祥文著.—東京:相模書房,昭和 17 年[1942]
　　　　　240 頁;19 cm

TU352.5/1-2
　　　建築と火災/内田祥文著.—2 版.—東京:相

模書房,昭和 18 年[1943]
240 頁;19 cm

TU352.6/1
防空建築と待避施設/石井桂著.—東京:東和出版社,昭和 19 年[1944]
6,2,314 頁;18 cm

TU37/1(1)
混凝土及鉄筋混凝土.上巻/宮本武之輔著.—[不詳]:[不詳],[不詳]
8,380,10 頁;21 cm

TU37/1(2)
混凝土及鉄筋混凝土工学.下巻/宮本武之輔著.—[不詳]:[不詳],[不詳]
284 頁;21 cm

TU37/2
混凝土工事の實際/鴨志田兼吉著.—東京:洪洋社,大正 15 年[1926]
2,3,113 頁;18 cm

TU37/4
コンクリートの話/一木保夫著.—東京:偕成社,昭和 17 年[1942]
4,3,279,6 頁;18 cm

TU37/5(1)
實用鉄筋コンクリート工学.前編/葛山鐵造著.—東京:葛山鐵造,大正 15 年[1926]
2,10,437 頁;22 cm

TU37/5(2)
實用鉄筋コンクリート工学.後編/葛山鉄造著.—[不詳]:[不詳],昭和 4 年[1929]
6,394 頁;22 cm

TU37/6
セメント及びコンクリート/福田武雄著.—東京:岩波書店,昭和 16 年[1941]
20 頁;26 cm

TU37-64/1-2
最新鐵骨鐵筋計算圖表/大橋恒著.—2 版.—東京:鐵道圖表局,昭和 15 年[1940]
52 頁;26 cm

TU375/1-6
鉄筋コンクリート工法/後藤佐彦著.—第六版.—東京:大倉書店,大正 4 年[1915]
7,206 頁;22 cm

TU375/2
鉄筋混凝土構造/伊部貞吉著.—東京:洪洋社,昭和 2 年[1927]
143 頁;19 cm

TU375/3-5
鐵筋コンクリート計算法/瓜生康一著.—5 版.—東京:丸善株式會社,昭和 17 年[1942]
4,8,337 頁;18 cm

TU375/4-2
鉄筋コンクリート ハンドブック/傍島湊著.—2 版.—東京:工業円書株式会社,昭和 15 年[1940]
8,326 頁;18 cm

TU375/5-3
鉄筋コンクリート家屋構造/土居松市著.—3 版.—東京:秀英舎,昭和 2 年[1927]
3,362 頁;22 cm

TU375/6-5
鉄筋コンクリート結構と耐震的計算法/八木幸次郎著.—5 版.—大阪:太陽社,昭和 14 年[1939]
4,512 頁;24 cm

TU375/7
鉄筋コンクリート設計法/吉田徳次郎著.—東京:養賢堂,昭和 7 年[1932]
11,549 頁;26 cm

TU375/8-2
最新鉄筋コンクリートの計算/櫻井盛男著.—2版.—東京:鉄道時報局,昭和18年[1943]
3,162頁;20 cm

TU375/9-5
各種鉄筋コンクリート工の實地設計計算/桜井盛男著.—5版.—東京:鉄道図書局,昭和16年[1941]
7,283頁;22 cm

TU375/10-6(1)
鉄筋混凝土ノ理論及其応用.上卷/日比忠彦著.—6版.—東京:丸善株式會社,大正13年[1924]
18,760頁;25 cm

TU375/11
最新鉄筋コンクリート構造物設計計算法/岡林幹愛著.—東京:鉄道図書局,昭和14年[1939]
6,254頁;22 cm

TU391/1
建築の熔接/内藤多仲,鶴田明著.—東京:太陽閣,昭和12年[1937]
3,181頁;22 cm

TU392.2/1
鐵骨構造/尾崎久助,矢崎高儀著.—東京:洪洋社,昭和2年[1927]
3,5,111,36頁;19 cm

TU432/1-3
土圧及擁壁設計法/吉田徳次郎著.—3版.—東京:丸善株式會社,大正13年[1924]
10,349頁;22.5 cm

TU432/1-8
土圧及擁壁設計法/吉田徳次郎著.—8版.—東京:丸善株式會社,昭和9年[1944]
10,349頁;22 cm

TU5/1
新規格に準據せる建築材料の研究/西田竹治編.—東京:山海堂出版部,昭和18年[1943]
17,373,40頁;21 cm

TU5/2
時局下に於ける土木材料/松尾春雄著.—東京:コロナ社,昭和16年[1941]
3,264頁;22 cm

TU5/4(2)
工学叢書.第二編,土木建築材料継手法.全/中村猪市編.—東京:建築書院,明治35年[1902]
7,69頁;14 cm

TU5/5(1)
近世建築用材料.上卷/野呂長四郎著.—東京:建築世界社,大正4年[1915]
2,3,14,273頁;19 cm

TU5/6
改版鉄筋混凝土工学.理論編/阿部美樹志著.—改訂版.—東京:丸善株式會社,昭和4年[1929]
2,3,4,652頁;23 cm

TU5/7
新建築材料学/堀紫朗著.—東京:丸善株式會社,昭和17年[1942]
2,13,631,25頁;21 cm

TU51/1-2
図解 建築材料金物/山本貞吉著.—再版.—東京:成光館書店,昭和13年[1938]
7,665頁;22 cm

TU522.2/1-6
甍/岸田日出刀著.—6版.—東京:相模書房,昭和15年[1940]
2,3,320;19 cm

TU528/1-2
最新鉄筋コンクリート建築構造/土居清

著.—2 版.—東京:鉄道図書局,昭和 15 年[1940]
3,202 頁;21 cm

TU528/2(2)
コンクリート及鐵筋コンクリート集覽.Ⅱ:昭和十一、十二年/日本ポルトランド、セメント同業会編.—大阪:日本ポルトランドセメント同業会,昭和 13 年[1940]
243 頁;21 cm

TU528/3
コンクリート配合の合理化.コンクリート工事現場監督の栞/近藤泰夫著.—大阪:淀屋書店出版部,昭和 6 年[1931]
8,180,70 頁;23 cm

TU531.1/1
建築材料としての木材/上原敬二著.—東京:日本電建株式会社出版部,昭和 18 年[1943]
6,193 頁;21 cm

TU54/1
耐火材料の研究/内田泰司著.—東京:洪洋社,昭和 1 年[1926]
3,5,123 頁;18 cm

TU7/1-4
土木施工法/鶴見一之,草間偉瑳武著.—4 版.—東京:丸善株式会社,大正 6 年[1917]
2,9,409,12 頁;22 cm

TU7/1-5
土木施工法/鶴見一之,草間偉瑳武著.—5 版.—東京:丸善株式会社,大正 9 年[1920]
4,2,2,9,409,12,8 頁;22 cm

TU7-62/1-5
最新工事請負便覽:CONTRACTOR'S HANDBOOK/畑中健三著.—5 版.—東京:大倉書店,昭和 17 年[1942]
2,20,934 頁;15 cm

TU72/1(1)
實用各種土木工事設計實例集.第一輯/山口安友著.—東京:鉄道図書局,昭和 17 年[1942]
7,123 頁;21 cm

TU724/1
施工法/堀紫朗著.—東京:東学社,昭和 10 年[1935]
207 頁;26 cm

TU767/1-2
ラックとラッカー/坂田秀太郎著.—2 版.—東京:共洋社,昭和 16 年[1941]
85 頁;19 cm

TU8/1
模範図説和洋住宅建築集成/近間佐吉著.—東京:隆文館株式会社,大正 9 年[1920]
12,180,40 頁;23 cm

TU82/1-2
水路と溜地.全/山崎利雄,仲野雄介著.—2 版.—岐阜:仲野雄介,大正 13 年[1924]
12,425 頁;22 cm

TU83/1(1)
暖房と換気.前篇/柳町政之助著.—東京:大日本工業学会,大正 9 年[1920]
19,391 頁;22 cm

TU83/1-9
暖房と換気/柳町政之助著.—9 版.—東京:大日本工業学会,昭和 14 年[1939]
2,7,19,391 頁;21 cm

TU83/1-10(1)
暖房と換気.前篇/柳町政之助著.—10 版.—東京:大日本工業学会,昭和 15 年[1940]
2,7,19,391 頁;21 cm

TU83/2-2
暖房及冷凍/清水篤麿,堀内利正著.—2 版.—東京:共立社,昭和 15 年[1940]

5,132,3 頁;23 cm

TU831/1
換気と冷房空気調整装置/大澤一郎著.—東京:東学社,昭和 10 年[1935]
170 頁;26 cm

TU85/1
近代的建物の機械設備:エレベーター.エスカレーター.暖房.換氣.冷房.給水其他/坂本種芳,植山慶治著.—東京:鉄道図書局,昭和 9 年[1934]
226 頁;22 cm

TU86/1
断熱建築/大澤一郎著.—東京:東学社,昭和 10 年[1935]
65 頁;26 cm

TU92/1
下水道/鶴見一之著.—東京:丸善株式会社,大正 6 年[1917]
2,4,290,2 頁;22 cm

TU92/2
下水道/高橋甚也著.—東京:アルス,昭和 12 年[1937]
8,357,7 頁;22 cm

TU92/2-10
下水道/高橋甚也著.—10 版.—東京:アルス,昭和 15 年[1940]
8,357,7 頁;22 cm

TU984/1
新都市の構成/菱田厚介著.—東京:河出書房,昭和 18 年[1943]
160 頁;19 cm

TU984/2
都市計画の理論と法制/飯沼一省著.—東京:良書普及会,昭和 2 年[1927]
11,448,6 頁;22 cm

TU984/3
日本の城/大類伸著.—東京:アルス,昭和 18 年[1943]
96 頁;18 cm

TU984/4
都市計画/[不詳].—謄写版.—[不詳]:[不詳],[不詳]
149 頁;22 cm

TU984.1/1
住宅地の新体制原理と計画/(米)トーマス・アダムス著.—東京:日本電建株式会社出版部,昭和 19 年[1944]
14,323 頁;26 cm

TU984.253.1/1
首都計画/國都設計技術專員辨事處著.—[不詳]:興亜院技術部,民国 18 年[1929]
138 頁;25 cm

TU984.313/1-2
初級土木法規/秋元力著.—2 版.—東京:工業図書,昭和 14 年[1939]
9,200 頁;21 cm

TU984.313/2(2)
都市計画の基本問題.下/全國都市問題会議編.—東京:全國都市問題会議事務局,昭和 13 年[1938]
4,282 頁;22 cm

TU984.313/3
本邦都市計画事業と其財政/東京市政調査会編.—東京:東京市政調査会,昭和 4 年[1929]
1 册;22 cm

TU984.313/4
都市の生態/石川榮耀.—東京:春秋社,昭和 18 年[1943]
3,400 頁;18 cm

TU984.313/5
国土計画と技術/横山周平著.—東京:商工行政社,昭和19年[1944]
4,8,246頁;18 cm

TU985.14/1
理論実際造園学/永見健一著.—東京:養賢堂,昭和7年[1932]
2,10,402頁;26 cm

TU985.313/1
日本風景美論/上原敬二著.—東京:大日本出版株式会社,昭和18年[1943]
12,8,442,9頁;21 cm

TU986/1
露地/北尾春道著.—2版.—東京:鈴木書店,昭和18年[1943]
3,11,293頁;20 cm

TU986.4/1
庭の美/重森三玲著.—東京:第一芸文社,昭和17年[1942]
173頁;18 cm

TU986.5/1
洋風庭園の造り方/上原敬二著.—東京:三省堂,昭和16年[1941]
152頁;17 cm

TU986.5/2-2
庭園の知識/田村剛著.—東京:文化生活研究会,大正14年[1925]
124頁;20 cm

TU986.62/1
支那庭園論/岡大路著.—東京:彰國社,昭和18年[1943]
5,8,285頁;22 cm

TU986.631.3/1-2
日本庭園歴覧/重森三玲著.—2版.—京都:晃文社,昭和18年[1943]
376頁;18 cm

TU986.631.3/2
茶席茶庭考/重森三玲著.—京都:晃文社,昭和18年[1943]
447頁;20 cm

TU986.631.3/3
社寺の庭園/重森三玲著.—京都:河原書店,昭和15年[1940]
22,249頁;22 cm

TU986.631.3/4-2
天然公園:森林公園 國立公園 高原保養地 海岸保養地(海水浴場) 農村山村の美化/本多静六著.—2版.—東京:雄山閣,昭和7年[1932]
8,202頁;19 cm

TU990.3/1
上下水道編/神谷秀夫著.—東京:好文館書店,昭和15年[1940]
8,340頁;21 cm

TU991/1
水道物語/梶原二郎著.—東京:東華堂,昭和18年[1943]
8,6,365頁;18 cm

TU991/2
上水道/岩崎富久著.—東京:アルス,昭和12年[1937]
8,285頁;22 cm

TU991/3
上水の話/洞澤勇著.—東京:三省堂,昭和17年[1942]
3,247頁;19 cm

TU991/4
CAST IRON PIPE/水道協会編.—大阪:栗本鉄工所,昭和10年[1935]
7,292頁;18 cm

TU991.1/1
　取水/成瀬薫著.—東京:常磐書房,昭和18年[1943]
　　2,7,184頁;18 cm

TU991.2/1
　北支主要都市二於ケル上水道二就テ/満鉄.北支経済調査所編.—謄写版.—[不詳]:[満鉄.北支経済調査所],昭和16年[1941]
　　76頁;26 cm

TU991.21/1
　水の化學分析法/三宅康雄,松居秀夫著.—東京:地人書館,昭和18年[1943]
　　2,5,282頁;21 cm

TU991.21/2
　水質の科学/酒井撒著.—東京:水産社,昭和18年[1943]
　　284頁;18 cm

《中国图书馆分类法》类目

TV

水利工程

TV/1-2
河川及運河/山田陽清著.—2版.—東京:誠文堂新光社,昭和12年[1937]
8,434,9頁;22 cm

TV-09/1
支那水利史/鄭肇経著.—東京:大東出版社,昭和16年[1941]
2,4,5,308頁;22 cm

TV-092/1
支那水利地理史研究/池田静夫著.—東京:生活社,昭和15年[1940]
2,6,5,333頁;22 cm

TV-092/2-2
江南文化開発史:その地理的基礎研究/岡崎文夫,池田静夫著.—2版.—東京:弘文堂書房,昭和18年[1943]
345頁;22 cm

TV1/1-7
河川工学/當山道三著.—7版.—東京:共立出版株式会社,小亜18年[1943]
4,115頁;21 cm

TV211.1/1
山西省同蒲鉄道沿線井水ノ飲料水及汽罐用水トシテノ報告/鉄道總局鉄道研究所編.—謄写版.—[不詳]:[鉄道總局 鉄道研究所],昭和12年[1937]
73頁;25 cm

TV22/1(2)
北支水力資源調査.其ノ二,拒馬河水力資源/[満鉄産業部編].—大連:満鉄産業部,昭和13年[1938]
11頁;26 cm

TV22/2-2
水力發電所工事設計施工例:例＝泰阜發電所/田中一著.—2版.—東京:土木雑誌社,昭和16年[1941]
16,6,154頁;22 cm

TV5/1
河川工事施工法全/仲野雄介,長井熊吉著.—岐阜:仲野出版社,昭和13年[1938]
7,682頁;22 cm

TV72/1-5(1)
水力機械学.上巻/伊藤萬太郎著.—5版.—東京:丸善株式会社,大正11年[1922]
3,5,300頁;22 cm

TV8/1-2
治水/安芸皎一著.—2版.—東京:常磐書房,昭和18年[1943]
2,124頁;18 cm

TV81/1-2
河工/君島八郎著.—2版.—東京:丸善株式会社,昭和16年[1941]
18,836,9頁;22 cm

TV85/1
水道事業の諸問題/杉戸清著.—東京:常磐書房,昭和18年[1943]
154;18 cm

TV87/1
洪水調節/福田秀夫著.—東京:常磐書房,昭和17年[1942]
172頁;18 cm

TV88/1(1)
支那の水利問題.上巻/北支那開発株式会社業務部調査課訳.—東京:生活社,昭和14年[1939]
5,3,316頁;21 cm

TV88/1(2)
支那の水利問題.下巻/北支那開発株式会社業務部調査課訳.—東京:生活社,昭和14年[1939]
4,311頁;21 cm

TV882.1/1
　黄河治水に関する資料/福田秀夫,横田周平著.—東京:コロナ社,昭和16年[1941]
　　2,323頁;21 cm

TV882.1/2
　黄河の水害を根絶し、黄河の水利を開発する総合計画についての報告/鄭子恢著.—北京:外文出版社,1956年
　　60頁;18 cm

TV882.1/4
　黄河氾濫対策に関する研究/甲集団参謀部第二課編.—謄写版.—[不詳]:[甲集団参謀部第二課],昭和13年[1938]
　　11頁;26 cm

TV882.2/1(1)
　揚子江水路誌.第1巻,水路航泊總記/水路部編.—東京:水路部,大正14年[1925]
　　1,16,397頁;23 cm

TV882.2/1-2(2)
　揚子江水路誌.第2巻,下揚子江及漢水/水路部編.—第一改版.—東京:水路部,大正15年[1926]
　　19,435,19頁;22 cm

TV882.2/1-2(3)
　揚子江水路誌.第3巻,中揚子江及上揚子江/水路部編.—第一改版.—東京:水路部,昭和2年[1927]
　　24,618,26頁;22 cm

TV882.5/1
　黒龍江系水路誌/南満洲鉄道株式会社庶務部調査課編.—大阪:大阪毎日新聞社,昭和4年[1929]
　　331頁;23 cm

TV882.8/1
　山西省河川測量報告書:灌漑及水電ニ関スル資料/野中時雄編.—天津:南満洲鉄道株式会社天津事務所調査課,昭和11年[1936]
　　5,75頁;23 cm

《中国图书馆分类法》类目

交通运输

《中国图书馆分类法》类目

U-26/1-2
　日本の機関車/青木義雄著.—2版.—東京：東亜書林,昭和19年[1944]
　　4,228頁；18 cm

U1/1
　國土計画・造船・車輌工業/岩崎松義著.—東京：伊藤書店,昭和16年[1941]
　　3,2,309頁；19 cm

U2/1
　鉄道法規論/喜安健次郎著.—東京：春秋社,昭和10年[1935]
　　2,18,479頁；22 cm

U2/2
　汽車と鉄道/岩崎礒五郎著.—東京：春秋社松柏館,昭和17年[1942]
　　2,11,320頁；18 cm

U2/3
　支那の鉄道/石川順著.—東京：鉄道生活社,昭和3年[1928]
　　12,410,9頁；21 cm

U2/4
　満洲鉄道建設秘話/鉄道総局建設局編.—大連：満鉄社員会,昭和15年[1940]
　　802頁；22 cm

U2/5
　支那之鉄道/鉄道院運輸局編.—[不詳]：[不詳],[不詳],大正7年[1918]
　　14,2,506頁；21 cm

U21/1
　鉄道/平井喜久松著.—東京：岩波書店,昭和11年[1936]
　　295頁；17 cm

U21/2(1)
　開拓鉄道論.上巻/伊澤道雄著.—東京：春秋社,昭和14年[1939]
　　13,548頁；22 cm

U21/3(8.2)
　鉄道交通全書.Ⅷ.中,開拓鉄道論/伊澤道雄著.—東京：春秋社,昭和13年[1938]
　　3,9,373頁；24 cm

U21/3(12)
　鉄道交通全書.ⅩⅡ,國際海上運輸/村田省蔵著.—東京：春秋社,昭和12年[1937]
　　3,10,247,108頁；22 cm

U21/3(15)
　鉄道交通全書.15,道路行政/田中好著.—東京：春秋社,昭和14年[1939]
　　389頁；21 cm

U21/4-16
　鉄道工学/黒田武定,岡田信次著.—16版.—東京：アルス,昭和15年[1940]
　　9,419頁；22 cm

U21/5-2
　鉄道工学/島田義章著.—2版.—大阪：工業書房,昭和16年[1941]
　　2,8,302頁；22 cm

U21/6-13
　都市鉄道工学/橋本敬之著.—13版.—東京：アルス,昭和14年[1939]
　　6,412頁；22 cm

U21/7-2
　實用鉄道工学/岡田信次著.—2版.—東京：研文書院,昭和19年[1944]
　　308頁；22 cm

U22/1-3(2)
　新編電氣鉄道.第二編/電機学校編.—3版.—東京：電機学校,昭和17年[1942]
　　6,269～527,8頁；21 cm

U231/1
　地下鉄の話/増井敏克著.—大阪:陽文社,昭和18年[1943]
　　24,241,9 頁;22 cm

U26/1
　最新機関車及運転理論/青木慶宗著.—福井:鉄道技術研究会,昭和4年[1929]
　　14,471 頁;21 cm

U270.1/1
　鉄道車輛實驗法/藤田敬二著.—東京:共立社書店,昭和8年[1933]
　　136 頁;22 cm

U284/1
　鉄道信号の知識/宮崎厚著.—東京:理工図書株式会社,昭和19年[1944]
　　6,203 頁;22 cm

U4/1
　現代道路論/楢崎敏雄著.—東京:厳松堂書店,昭和8年[1933]
　　2,2,9,403 頁;22 cm

U41/1-2
　道路提要/浅野守著.—2 版.—東京:都市工学社,昭和11年[1936]
　　4,14,143 頁;19 cm

U41/2
　近世道路学/江守保平著.—東京:工人社,昭和6年[1931]
　　7,335,20 頁;23 cm

U41/3-2
　道路工学/真井耕象著.—2 版.—東京:誠文堂新光社工学全集刊行会,昭和11年[1936]
　　16,490 頁;19 cm

U41/4
　道路と生活/山元亨著.—東京:羽田書房,昭和18年[1943]
　　265 頁;18 cm

U41/5
　街路と廣場/奥田教朝著.—東京:常磐書房,昭和19年[1944]
　　2,162,4,2 頁;18 cm

U412/1
　道路学及都市計画/良本正勝著.—大阪:淀屋書店出版部,昭和12年[1937]
　　2,4,208 頁;22 cm

U412.3/1
　最新道路工学設計及施工法/菊地嘉美著.—東京:鉄道図書局,昭和11年[1936]
　　11,297 頁;22 cm

U413/1
　道路編/浅香小兵衛著.—東京:好文館書店,昭和15年[1940]
　　8,436 頁;22 cm

U44/1
　橋梁の熔接/青木楠男著.—東京:太陽閣,昭和14年[1939]
　　4,139 頁;21 cm

U44/2-5(1)
　近世橋梁学.上巻/中村謙一著.—5 版.—東京:工業雑誌社,大正9年[1920]
　　2,7,289 頁;21 cm

U44/3-2
　橋/成瀬勝武著.—2 版.—東京:河出書房,昭和16年[1941]
　　4,3,205 頁;18 cm

U44/4
　新訂橋/成瀬勝武著.—東京:河出書房,昭和18年[1943]
　　248 頁;18 cm

U44/5-2
新示方書に依る橋梁工学/綾亀一著.—2版.—東京:理工図書株式会社,昭和19年[1944]
118,155頁;22 cm

U44-1/1
橋の世界:進化と科学/アーチバルド.ブラック著.—東京:那珂書店,昭和18年[1943]
13,285頁;19 cm

U44-64/1
土木設計施工画報.橋梁編/土木雑誌社編輯部編著.—東京:土木雑誌社,昭和19年[1944]
1册;24 cm

U443.2/1-4
橋梁工学橋台と橋脚の設計/佐藤廉平著.—4版.—東京:淀屋書店出版部,昭和5年[1930]
10,286頁;22 cm

U448-64/1
デテール集橋梁/建築写真類聚刊行会編.—東京:洪洋社,大正8年[1919]
50頁;18 cm

U448.22/1-3
各種拱橋の實地設計法/櫻井盛男著.—3版.—東京:鉄道図書局,昭和15年[1940]
6,182頁;21 cm

U448.34/1
框構式鉄筋コンクリート道路橋/小林広二著.—東京:鉄道図書局,昭和12年[1937]
3,194頁;22 cm

U448.36/1-2
橋梁工学プレート.ガーダーの設計/佐藤廉平著.—2版.—大阪:淀屋書店出版部,昭和2年[1927]
8,251,36頁;22 cm

U45/1(2)
遂道工学.下巻/佐藤周一郎著.—東京:アルス,昭和14年[1939]
10,253〜658頁;22 cm

U45/1-8(1)
遂道工学.上巻/佐藤周一郎著.—8版.—東京:アルス,昭和15年[1940]
6,250頁;22 cm

U45/2-2
最新隧道工学/横山辰次郎著.—2版.—大阪:淀屋書店出版部,昭和9年[1934]
9,289頁;21 cm

U45/3
トンネルを掘る話/有馬宏著.—東京:岩波書店,昭和16年[1941]
274,10頁;18 cm

U45/4
トンネル/平山復二郎著.—東京:岩波書店,昭和18年[1943]
1,5,277,8頁;cm

U46/1-13
自動車/山本惣治著.—13版.—東京:ダイヤモンド社,昭和15年[1940]
3,11,216頁;19 cm

U46/2-2(1)
代用燃料自動車.上巻,構造・取扱・修理/合田泰治著.—2版.—東京:自研社,昭和16年[1941]
2,12,14,196頁;22 cm

U46/2-2(2)
代用燃料自動車.下巻,構造.取扱.修理/合田泰治著.—2版.—東京:自研社,昭和16年[1941]
2,1,2,11,209頁;29 cm

U46/2-4(1)
代用燃料自動車.上巻,構造.取扱.修理/合田泰治著.—4版.—東京:自研社,昭和18年

[1943]

196 頁;19 cm

U46/3

自動車の話/中込本治郎編. —東京:目黒書店,昭和 18 年[1943]

192 頁;19 cm

U46/4(1)

自動車工業大百科. 第一巻/東学社自動車工学編輯部編. —東京:東学社,昭和 12 年[1937]

12,473 頁;23 cm

U46/4(3.2)

自動車工業大百科. 第三巻,自動車電氣装置. 中巻/竹内順三郎編. —東京:東学社,昭和 13 年[1938]

10,380 頁;22 cm

U46/5-4

木炭自動車/築山閏二著. —4 版. —東京:共立出版株式會社,昭和 14 年[1939]

5,211 頁;22 cm

U46/6

大陸の自動車/岡剛著. —東京:山海堂,昭和 18 年[1943]

107 頁;18 cm

U46/7

自動車の構造と操法/菊地三四著. —東京:アルス,昭和 17 年[1942]

2,9,372,8;18 cm

U46/8

陸運問題研究/島田孝一著. —東京:丸善株式会社,昭和 15 年[1940]

2,466 頁;22 cm

U46/9

初級自動車工学/筑波美夫著. —東京:修教社書院,昭和 13 年[1938]

17,374 頁;21 cm

U46/10

ソ聯自動車の生産修繕及び従事員の研究/水谷國一著. —大連:南満洲鉄道株式会社調査部,昭和 14 年[1939]

3,79 頁;22 cm

U46-09/1

自動車三十年史/柳田諒三著. —東京:山水社,昭和 19 年[1944]

7,676 頁;20 cm

U46-49/1-17(1)

子供の科学叢書:自動車の巻. 第一巻/原田三夫編. —17 版. —東京:誠文堂書店,大正 14 年[1925]

5,2,137 頁;19 cm

U463.6/1

自動車の電氣装置/金澤修三著. —東京:河出書房,昭和 18 年[1943]

6,138 頁;18 cm

U466/1-4

図解説明最新自動車精解/赤坂正喜著. —4 版. —東京:藤谷崇文館,昭和 13 年[1938]

58,1082,26 頁;19 cm

U471/1-4

操縦修繕最新自動車の知識/野田修二著. —4 版. —東京:弘文社,昭和 4 年[1929]

6,393 頁;19 cm

U471/2-20

自転車運転免許証は斯くして得よ/池内伸次著. —20 版. —東京:三省堂,昭和 11 年[1936]

12,6,305 頁;19 cm

U471/3

免許証は斯くして得よ:實地.学科(機構取扱.法規)1 冊にして完/池内伸次著. —東京:三省堂,昭和 16 年[1941]

6,6,348 頁;18 cm

U472/1
　　最新ダットサン小型自動車取扱法/浅野清治著.—東京:德文堂書店,昭和11年[1936]
　　　2,212頁;18 cm

U472/2(1)
　　自動車の保護と修理.上巻/自動車文化研究所編.—東京:自研社,昭和16年[1941]
　　　2,9,194頁;21 cm

U472/2(2)
　　自動車の保護と修理.下巻/自動車文化研究所編.—東京:自研社,昭和16年[1941]
　　　2,6,171頁;21 cm

U6/1
　　海と船の知識/久保旦治著.—東京:大倉書店,昭和6年[1931]
　　　2,7,270頁;18 cm

U6/2
　　泰國及佛印の海運/米田倭文夫著.—東京:木村書店,昭和19年[1944]
　　　2,8,333頁;21 cm

U6-54/1(1941-42)
　　海事年鑑:昭和十六年.十七年版/畝川鎮夫編.—大阪:海事彙報社,昭和16年[1941]
　　　6,10,181頁;18 cm

U61/1
　　運河の話:運河はかうして作る/福田秀夫著.—東京:偕成社,昭和17年[1942]
　　　3,3,257,8頁;18 cm

U644.4/1
　　燈台の知識/藤川洋著.—東京:冨山房,昭和18年[1943]
　　　6,182頁;18 cm

U644.4/2
　　燈臺の話/田村榮著.—東京:東亜書林,昭和18年[1943]
　　　2,2,291,8頁;19 cm

U644.42/1
　　燈臺船羅州丸/斎藤謙蔵著.—東京:東晃社,昭和17年[1942]
　　　2,2,12,419頁;22 cm

U65/1(2)
　　外国の港湾.第二巻/楠岡貞雄著.—東京:港湾協会,昭和17年[1942]
　　　1册;21 cm

U65/2
　　港の話/嶋野貞三著.—東京:偕成社,昭和18年[1943]
　　　2,7,187,3頁;18 cm

U65/3-4(1)
　　築港.前編/廣井勇著.—4版.—東京:丸善株式会社,大正13年[1924]
　　　8,3,17,488,6頁;22 cm

U65/3-4(2)
　　築港.後編/廣井勇著.—4版.—東京:丸善株式会社,大正14年[1925]
　　　17,488,18頁;22 cm

U65/3-6(1)
　　築港.前編/廣井勇著.—6版.—東京:丸善株式会社,昭和17年[1942]
　　　9,17,488,6頁;22 cm

U65/4-3(2)
　　海工.下卷/君島八郎著.—3版.—東京:丸善株式会社,昭和17年[1942]
　　　12,408,14頁;22 cm

U65/4-4(1)
　　海工.上卷/君島八郎著.—4版.—東京:丸善株式会社,昭和17年[1942]
　　　12,575,33頁;22 cm

U65/5
　　港湾.運河編/細田德壽著.—東京:好文館書店,昭和16年[1941]
　　　6,365頁;22 cm

U65/5(7)
　　港湾.運河編.第七卷/細田德壽著.—東京:好文館書店,昭和16年[1941]
　　　6,365頁;22 cm

U65/6
　　港湾管理経営と北支諸港の問題/總務部庶務課業務係編.—[不詳]:興中公司,昭和15年[1940]
　　　142頁;22 cm

U65/7
　　商港論/矢野剛著.—東京:二里木書店,昭和18年[1943]
　　　2,2,2,2,15,2,602,2頁;21 cm

U65/13(2)
　　陽子江開港地埠頭及船舶経営ノ事変前現在状態及開発後ニ處スル対策案.後篇/滿鉄.調査部編.—謄写版.—[不詳]:[滿鉄.調査部],昭和15年[1940]
　　　224頁;26 cm

U65-53/1(3)
　　港湾講演集.第三輯/大瀧幹正編.—東京:港湾協会,昭和6年[1931]
　　　312頁;22 cm

U656.2/1
　　波と防波堤/松尾春雄,新妻幸雄.—東京:常磐書房,昭和18年[1943]
　　　2,6,157,8頁;18 cm

U659.1/1(1)
　　外國の港湾.第一卷/楠瀬保馬著.—東京:港湾協会,昭和17年[1942]
　　　5,613,5頁;21 cm

U659.2/1
　　青島港と佐藤船長/田口福壽著.—青島:青島海事協会,昭和9年[1934]
　　　11,562頁;19 cm

U66/1
　　造船工場読本/厚生研究会著.—東京:新紀元社,昭和19年[1944]
　　　7,182頁;21 cm

U66/2
　　船と科学技術/和辻春樹著.—東京:天然社,昭和17年[1942]
　　　3,4,312頁;18 cm

U66/3
　　造船物語/神馬新七郎著.—東京:高山書店,昭和17年[1942]
　　　4,211頁;18 cm

U66/4
　　木造船用材便覧/早尾丑麿編著.—東京:林業新聞社,昭和19年[1944]
　　　4,328頁;18 cm

U66/5
　　船を造る/信藤孝三著.—3版.—大阪:文祥堂,昭和19年[1944]
　　　212頁;17 cm

U66/6
　　戦争と造船/山縣昌夫著.—東京:鶴書房,昭和18年[1943]
　　　3,4,269頁;18 cm

U66/6-2
　　戦争と造船/山縣昌夫著.—2版.—東京:鶴書房,昭和19年[1944]
　　　3,4,269頁;18 cm

U66/7-3(2)
　　随筆.続船/和辻春樹著.—3版.—東京:明治書房,昭和17年[1942]

3,257 頁;18 cm

U66/7-38
随筆船/和辻春樹著.—38 版.—東京:明治書房,昭和 18 年[1943]
3,250 頁;18 cm

U66/8
船舶史考/新村出著.—東京:教育図書株式会社,昭和 18 年[1943]
4,210 頁;18 cm

U66/9-2
指圧器及指圧図/島谷敏郎著.—2 版.—東京:商船学校校友会,明治 45 年[1912]
6,223,78 頁;22 cm

U66/10
造船学/秋山増人著.—東京:海洋社,[不詳]
5,356 頁;22 cm

U66-09/1
船の歴史/上野喜一郎著.—東京:羽田書店,昭和 19 年[1944]
2,2,471 頁;22 cm

U661/1
船舶計算/倉田音吉著.—東京:修教社書院,昭和 16 年[1941]
5,321 頁;20 cm

U663/1-2
新撰鋼船構造学/倉田音吉著.—2 版.—神戸:海文堂出版部,昭和 16 年[1941]
283 頁;22 cm

U664/1
舶用汽罐/瀧山敏夫著.—東京:合資会社天然社,昭和 18 年[1943]
250,7 頁;26 cm

U664/2-13
焼玉式発動機/大山文武著.—13 版.—東京:海文堂書店,昭和 16 年[1941]
25,399 頁;18 cm

U664/3
最近の船舶/上野喜一郎,矢先信之著.—東京:岩波書店,昭和 17 年[1942]
52 頁;26 cm

U664/7
新訂船用ボイラ/木脇充明,金子延男著.—影印版.—東京:海文堂出版株式会社,昭和 47 年[1972]
5,341 頁;21 cm

U664.1/1-2
實用受驗船舶用発動機講義/大谷春次郎著.—2 版.—神戸:海文堂出版部,昭和 14 年[1939]
48,555,58 頁;22 cm

U667/1
船舶屬具/倉田音吉著.—東京:修教社書院,昭和 17 年[1942]
8,462 頁;21 cm

U667/2
舶用補機/上田篤次郎著.—神戸:海文堂書店,昭和 2 年[1927]
4,8,385 頁;22 cm

U672/1-6
船舶修理/清水秀夫著.—6 版.—東京:工業図書株式会社,昭和 18 年[1943]
11,175 頁;22 cm

U674/1
船/関谷健哉著.—東京:誠文堂新光社,昭和 15 年[1940]
331 頁;19 cm

U674-64/1
中支の民船業:蘇州民船實態調査報告/満鉄調査部編.—東京:博文館,昭和 18 年[1943]

12,363 頁;21 cm

U674.13/1
　油槽船の経営と運航/岸本精三著.—東京:共榮書房,昭和 17 年[1942]
　　4,10,352,13 頁;22 cm

U674.13/1-3
　商船十話/武蔵野蛙生著.—3 版.—東京:日本船用品協会,昭和 17 年[1942]
　　215,22 頁;18 cm

U674.31/1
　浚渫船の建設と修理/室園實,河野正吉著.—東京:常磐書房,昭和 19 年[1944]
　　2,3,165 頁;18 cm

U674.31/1
　浚渫船の建設と修理/室園實,河野正吉著.—東京:常磐書房,昭和 19 年[1944]
　　2,3,165 頁;18 cm

U674.7/1
　軍艦構造の設計/ホヴガード著.—東京:コロナ社,昭和 19 年[1944]
　　356 頁;26 cm

U674.926/1
　支那の戎克/小林宗一著.—東京:陽子江社,昭和 17 年[1942]
　　9,288 頁;18 cm

U674.926/2
　帆走の科学/安田錠司著.—東京:日本機動艇協会発行所,昭和 16 年[1941]
　　4,265 頁;26 cm

U674.931/1
　木造船の話/中出栄三著.—東京:亜細亜書房,昭和 18 年[1943]
　　24,322 頁;18 cm

U674.931/1-2
　木造船の話/中出栄三著.—2 版.—東京:亜細亜書房,昭和 18 年[1943]
　　326 頁;18 cm

U674.931/2
　木造船/中小企業庁編.—東京:日刊工業新聞社,昭和 29 年[1954]
　　4,3,189 頁;21 cm

U675/1-3
　海運寶鑑/米窪満亮編.—3 版.—東京:海文堂出版部,昭和 16 年[1941]
　　6,296,16 頁;23 cm

U675/2-2
　航海術正解/香高朝治著.—2 版.—東京:海員講習会,大正 3 年[1914]
　　2,314,119 頁;23 cm

U675/3
　支那の航行権問題/大平善梧著.—東京:有斐閣,昭和 18 年[1943]
　　242,6 頁;21 cm

U675/5
　北支那沿岸の航路網:昭和二年本邦社外船の近海配船と市況の推移/佐田弘治郎編.—謄写版.—[大連]:南満州鉄道株式会社,昭和 3 年[1928]
　　28 頁;22 cm

U675-42/1-2
　最新航海科口述受驗要項/山口操著.—2 版.—神戸:海文堂出版部,昭和 14 年[1939]
　　16,571 頁;23 cm

U675.82/1-3
　改訂日本各港浬程表/伊佐友吉編.—3 版.—神戸:海文堂出版部,昭和 16 年[1941]
　　17 頁;18 cm

U675.83/1
 小清河航路概況/[不詳].—謄写版.—[不詳]:[不詳],[不詳]
 32頁;27 cm

U675.92/1(1)
 少年船長.第一巻,錨/関谷健哉著.—東京市:海洋文化社,昭和18年[1943]
 4,243頁;19 cm

U676/1
 船舶の遭難と救助/赤澤薰著.—東京:成武堂,昭和18年[1943]
 2,4,246頁;18 cm

U676.2/1
 海員/運輸通信省海運總局編.—東京:株式会社海洋社,昭和19年[1944]
 3,176頁;18 cm

U676.2/2
 船員関係總動員令解説/鈴木倉吉著.—神戸:海文堂出版部,昭和16年[1941]
 5,2,113頁;21 cm

U69/1
 旅順を漁港とするに就て/高橋嘉市編.—謄写版.—大連:南満州鉄道株式会社 庶務部調査課,大正14年[1925]
 4,52頁;22 cm

《中国图书馆分类法》类目

V / X

航空航天
环境科学、安全科学

V-49/1-2
ジュラルミン/大日方一司著.—2版.—東京： ,昭和19年[1943]
60頁;19 cm

V-49/2
翼随筆航空技術/橋口義男著.—東京:明治書房,昭和18年[1943]
2,296頁;18 cm

V1/1
世界航空發達史/桑名卓男著.—東京:教材社,昭和18年[1943]
3,20,311頁;23 cm

V1/2
ホルンベルングの滑空教室/ヴォルフ・ヒルト著.—東京:科学主義工業社,昭和18年[1943]
11,6,368頁;22 cm

V2/1
飛行機の話/山崎好雄著.—東京:誠文堂新光社,昭和16年[1941]
1,9,319頁;18 cm

V2/1-2
飛行機の話/山崎好雄著.—2版.—東京:誠文新光社,昭和19年[1944]
319頁;21 cm

V2/2-2
航空の驚異/中正夫著.—2版.—東京:偕成社,昭和17年[1942]
7,249頁;20 cm

V2/2-3
航空の驚異/中正夫著.—3版.—東京:偕成社,昭和17年[1942]
7,249頁;22 cm

V2/2-5
航空の驚異/中正夫著.—5版.—東京:偕成社,昭和18年[1943]
7,249頁;20 cm

V2/3
民間航空/中正夫著.—東京:育生社弘道閣,昭和18年[1943]
3,4,261頁;18 cm

V2/4-38
航空読本/小川太一郎著.—38版.—東京:日本評論社,昭和16年[1941]
2,8,491頁;22 cm

V2/5-4
最新飛行機講座.第4卷,飛行の原理/伊藤一著.—4版.—東京:平凡社,昭和17年[1942]
249,4頁;22 cm

V2/6
航空發動機の多量生産技術と戰時急速増産:講演録/辻猛三著.—東京:山海堂,昭和19年[1944]
83頁;18 cm

V2/7
学校滑空訓練用滑空機製作法/山崎好雄著.—東京:産業図書株式会社,昭和19年[1944]
4,8,522頁;21 cm

V2-49/1
航空の知識/湯川念三著.—東京:増進堂,昭和17年[1942]
251,6頁;19 cm

V2-54/1(1941-42)
航空年鑑:昭和十六・七年/北尾龜男編.—東京:大日本飛行協会,昭和18年[1943]
561頁;21 cm

V21/1
實驗航空讀本/豊田堅三郎著.—東京:開成館,昭和19年[1944]
2,4,115頁;21 cm

V212/1-10
　飛行機の力学/野田哲夫,西井潔訳.—10版.—東京:山海堂出版部,昭和17年[1942]
　　329頁;22 cm

V22/1
　飛行機の設計より生産まで/三木鉄夫著.—東京:朝日新聞社,昭和19年[1944]
　　5,184頁;21 cm

V22/2
　飛行機の構造及び強度/エー・ジェー・ハットン　ピパード,ジェー・ロレンス　プリチヤード著.—東京:桜華社,昭和19年[1944]
　　6,9,500,20頁;21 cm

V221/1-7(1)
　飛行機設計.上巻/三木鉄夫著.—7版.—東京:冨士出版株式会社,昭和19年[1944]
　　5,293頁;19 cm

V221/2
　飛行機図面の讀方/下河春吉著.—東京:共立出版社株式会社,昭和19年[1944]
　　2,94頁;18 cm

V221/3
　飛行機構造/中川守之,品川信次郎著.—東京:森北書店,昭和19年[1944]
　　3,316頁;21 cm

V221-64/1-2
　飛行機製作法図説/小林喜通著.—2版.—東京:航研書房,昭和18年[1943]
　　2,216頁;21 cm

V221-64/1-3
　飛行機製作法図説/小林喜通著.—3版.—東京:航研書房,昭和19年[1944]
　　2,216頁;21 cm

V23/1
　航空發動機/富塚清,大井上博著.—東京:共立社,昭和10年[1935]
　　8,504,7頁;23 cm

V24/1-2
　飛行機操縦讀本/竹内順三郎著.—2版.—東京:森北書店,昭和18年[1943]
　　2,2,305頁;22 cm

V242/1-3
　航空機電気装備/遊上直麿著.—3版.—東京:工業図書株式会社,昭和16年[1941]
　　16,331頁;22 cm

V242/2
　航空計測器/服部敏夫著.—東京:発明公報協会,昭和19年[1944]
　　16,309頁;26 cm

V244.21/1
　落下傘/野中肖人,友廣宇内著.—東京:工業図書株式会社,昭和18年[1943]
　　8,389頁;22 cm

V244.21/2
　落下傘の話:沿革・構造・使用法及訓練/澤青鳥著.—東京:大和書店,昭和18年[1943]
　　138頁;18 cm

V247/1
　電磁航空計器/佐瀬正道,有馬敏彦,渡邊健二著.—東京:電気日本社,昭和18年[1943]
　　2,2,253頁;22 cm

V25/1-2
　航空材料力学/和久田信忠著.—2版.—大阪:秋田屋,昭和19年[1944]
　　282頁;21 cm

V25/2-5
　航空機材料:金属篇/茨木正雄著.—5版.—大阪:大石堂出版社,昭和19年[1944]

115 頁;21 cm

V25/3
發動機用材料/石田四郎,高瀬孝次著.—東京:共立社,昭和 10 年[1935]
421,5 頁;22 cm

V250.2/1-2
航空技術者の為の材料化学/雨宮観造著.—2 版.—東京:高志書房,昭和 19 年[1944]
4,6,207 頁;22 cm

V26/1-2
航空機工業の能率増進/橋口義男著.—2 版.—東京:山海堂出版部,昭和 19 年[1944]
3,4,4,304 頁;21 cm

V26/2
航空機の多量生産方式/内燃機関編輯部編.—東京:山海堂出版部,昭和 19 年[1944]
245 頁;19 cm

V26/2-2
航空機の多量生産方式/内燃機関編輯部編.—2 版.—東京:山海堂,昭和 19 年[1944]
245 頁;19 cm

V26/3
航空工業技術教本/高木豊治著.—東京:文松堂書店,昭和 19 年[1944]
12,151 頁;18 cm

V262/1
航空機工場讀本/厚生研究会著.—東京:新紀元社,昭和 18 年[1943]
191 頁;22 cm

V262/1-5
航空機工場讀本/厚生研究会著.—5 版.—東京:新紀元社,昭和 19 年[1944]
191 頁;22 cm

V263/1-5
航空発動機の整備と運転法/畠山義三郎,加藤健次著.—5 版.—東京:産業図書株式会社,昭和 19 年[1944]
7,206 頁;21 cm

V263/2-5
航空発動機の整備と運転法/畠山義三郎,加藤健次著.—5 版.—東京:産業図書株式会社,昭和 19 年[1944]
7,206 頁;21 cm

V263/3-2
航空発動機主要部品検査法/三縄秀松著.—2 版.—東京:山海堂出版部,昭和 19 年[1944]
4,131 頁;26 cm

V27/1
グライダー/高田直屹著.—東京:大日本工業学会,昭和 17 年[1942]
137 頁;21 cm

V27/2
ドイツ航空機の発展:ユンカースの足跡/[不詳].—東京:牧書房,昭和 19 年[1944]
167 頁;18 cm

V27/3
最近の航空機/山元峰雄著.—東京:岩波書店,昭和 17 年[1942]
50 頁;26 cm

V27-09/1
飛行機の歴史/南波辰夫著.—東京:育生社弘道閣,昭和 18 年[1943]
255 頁;18 cm

V277/1
滑空機の工作/白石襄治著.—東京:光生館,昭和 17 年[1942]
138 頁;18 cm

V277/2-7
　國民ブライダー読本/藤原金太郎著.—7版.—東京:山海堂出版部,昭和17年[1942]
　　4,7,199頁;22 cm

V277/3
　滑空機:グライダー/佐田侃三著.—東京:目黒書店,昭和18年[1943]
　　5,186頁;18 cm

V277/4
　滑空原理と滑空機の操縦/清水六之助,白石襄治著.—東京:光生館,昭和17年[1942]
　　4,149頁;17 cm

V278/1
　模型飛行機の理論と実際/山崎好雄著.—東京:平凡社,昭和16年[1941]
　　10,412頁;21 cm

V278/2
　模型飛行機教室/根岸英雄著.—東京:昭晃堂,昭和17年[1942]
　　7,185頁;26 cm

V278/3
　ガソリンエンジン附模型飛行機の製作法/安本直昭著.—東京:博文館,昭和18年[1943]
　　148頁;26 cm

V278/4
　模型航空機の原理と科学的工作法/岩越勘一著.—東京:博多成象堂,昭和17年[1942]
　　2,134頁;22 cm

V278/5
　模型飛行機讀本/木村秀政著.—東京:大日本飛行協会,昭和18年[1943]
　　3,4,201,5頁;22 cm

V278-62/1
　滑空機便覧/大日本飛行協会編.—東京:大日本飛行協会,昭和19年[1944]
　　8,5,907頁;18 cm

V31/1-2
　自動車及航空機燃料/秋田穣著.—2版.—[不詳]:共立出版株式会社,昭和18年[1943]
　　2,7,253,11頁;21.5 cm

V32/1-4
　飛行機取扱法/竹内順三郎著.—4版.—東京:森北書店,昭和19年[1944]
　　283頁;21 cm

V32-44/1-8
　航空機機関士検定試験問題解義/川端清一著.—8版.—東京:山海堂出版部,昭和18年[1943]
　　222頁;19 cm

V321.2/1
　航空気象学/関根幸雄著.—東京:工業図書株式会社,昭和17年[1942]
　　9,203頁;22 cm

V321.2/2
　続・航空気象学/アッセン・ジョルダノル著.—東京:海と空社,昭和17年[1942]
　　152,8頁;26 cm

V324/1
　航空天文航法/P. H. レッグ著.—東京:墨水書房,昭和19年[1944]
　　136頁;22 cm

V351/1(1)
　空港とその建築.上巻/清田文永著.—東京:アルス,昭和17年[1942]
　　3,159頁;18 cm

V351/1(2)
　空港とその建築.下巻/清田文永著.—東京:アルス,昭和18年[1943]
　　3,178頁;18 cm

V6/1
航海民族誌:船の進化と人口移動/(英)デアリール.フォード著.—東京:科学新興社,昭和18年[1943]
9,194,18頁;18 cm

X1/1
都市の医学/湯淺謹而著.—東京:山雅房,昭和18年[1943]
6,390頁;22 cm

X2/1
環境論覚え書/湯浅謹而著.—東京:教材社,昭和18年[1943]
4,6,352頁;17 cm

X37/2
北支開発事業の概観/北支那開発株式会社企画部編.—「不詳」:北支那開発株式会社企画部,昭和16年[1941]
4,73頁;22 cm

X4/1(1)
防災科学.1,風災/岩波茂雄著.—東京:岩波書店,昭和10年[1935]
298頁;22 cm

X4/1(2)
防災科学.2,震災/岩波茂雄著.—東京:岩波書店,昭和10年[1935]
377頁;22 cm

X4/1(3)
防災科学.3,水災と雪災/岩波茂雄著.—東京:岩波書店,昭和10年[1935]
391頁;22 cm

X4/1(5)
防災科学.5,火災/岩波茂雄編.—東京:岩波書店,昭和10年[1935]
269頁;21 cm

X4/1(6)
防災科学.6,諸災/岩波茂雄著.—[不詳]:岩波書店,[不詳]
334頁;22 cm

X4/2(4)
普及講座防災科学.第四巻,凶作/岩波茂雄編.—東京:岩波書店,昭和11年[1936]
284頁;22 cm

X43/1
天災と國防/寺田寅彦著.—東京:岩波書店,昭和17年[1942]
2,198頁;18 cm

X7/1
戦時再生資源:活用と回収/関根康喜著.—東京:成史書院,昭和18年[1943]
3,227頁;18 cm

X78/1-2
化学工業廃物利用法:無機篇/宇野征夫,三羽忠廣著.—2版.—東京:高山書院,昭和19年[1944]
2,21,437頁;22 cm

X78/2
化学工業廃物利用/中島徳太郎著.—東京:東亜堂書房,大正2年[1913]
4,8,198,14頁;23 cm

X79/1-3
農村都市廃物利用法/大嶽六郎著.—3版.—東京:株式会社誠文堂新光社,昭和15年[1940]
3,10,450頁;19 cm

X928/1
労働災害/村田岩次郎著.—東京:中外文化協会,大正11年[1922]
2,5,213頁;18 cm

《中国图书馆分类法》类目

Z 综合性图书

Z/2(2)
  山東.第二号/[青島興亞院編].—青島:青島興亞院,昭和15年[1940]
    2,32頁;22 cm

Z:88:TQ/1-5(5)
  島津化学器械目録.第200号.V/角田輝海編.—5版.—東京:島津製作所,昭和16年[1941]
    396頁;26 cm

Z1/1(1)
  世界現狀大観.1,英吉利篇/佐藤義亮著.—東京:新潮社,昭和6年[1931]
    496頁;22 cm

Z1/1(2)
  世界現狀大観.2,独逸共和国篇/佐藤義亮著.—東京:新潮社,昭和5年[1930]
    508頁;22 cm

Z1/1(3)
  世界現狀大観.3,佛蘭西篇/佐藤義亮著.—東京:新潮社,昭和6年[1931]
    438頁;22 cm

Z1/1(4)
  世界現狀大観.4,伊太利.西班牙篇/佐藤義亮著.—東京:新潮社,昭和6年[1931]
    506頁;22 cm

Z1/1(5)
  世界現狀大観.5,印度.濠洲.加奈陀篇/佐藤義亮著.—東京:新潮社,昭和6年[1931]
    478頁;22 cm

Z1/1(6)
  世界現狀大観.6,北欧諸國篇/佐藤義亮著.—東京:新潮社,昭和7年[1932]
    467頁;22 cm

Z1/1(7)
  世界現狀大観.7,ソヴェ.ロシア篇/佐藤義亮著.—東京:新潮社,昭和6年[1931]
    508頁;22 cm

Z1/1(8)
  世界現狀大観.8,土耳其.バルカン諸国篇/佐藤義亮著.—東京:新潮社,昭和6年[1931]
    464頁;22 cm

Z1/1(9)
  世界現狀大観.9,新興國篇/佐藤義亮著.—東京:新潮社,昭和6年[1931]
    448頁;22 cm

Z1/1(10)
  世界現狀大観.10,亜米利加和衆国篇/佐藤義亮著.—東京:新潮社,昭和5年[1930]
    502頁;22 cm

Z1/1(12)
  世界現狀大観.12,中華民国篇/佐藤義亮著.—東京:新潮社,昭和6年[1931]
    473頁;22 cm

Z1/2(6)
  現在支那講座.第六講,社会文化/秀島達雄著.—上海:東亜同文書院支那研究部,昭和14年[1939]
    6,3,301頁;22 cm

Z1/3(1)
  蘭領印度業書.上卷/伊藤一郎編.—東京:愛国新聞社出版部,昭和15年[1940]
    7,332頁;18 cm

Z1/3(2)
  蘭領印度業書.下卷/伊藤一郎編.—東京:愛國新聞社出版部,昭和15年[1940]
    11,343頁;18 cm

Z126/1(2.1)
  國訳漢文大成.文学部.第二卷,文選.上卷/國民文庫刊行会編.—東京:國民文庫刊行会,大正10年[1921]
    650,130頁;22 cm

Z126/1(9)
　　國訳漢文大成.第九卷,文学部,西廂記・琵琶記/國民文庫刊行会編.—東京:國民文庫刊行会,年[?]
　　　1 冊頁;22 cm

Z126/1(14.1)
　　國訳漢文大成.文学部.第十四卷,紅楼夢.上/國民文庫刊行会編.—東京:國民文庫刊行会,[不詳]
　　　3,3,628 頁;22 cm

Z126/1(16.2)
　　國訳漢文大成.文学部.第十六卷,紅楼夢.下/國民文庫刊行会編.—東京:國民文庫刊行会,「不詳」
　　　568,8 頁;22 cm

Z126/1(17)
　　國訳漢文大成.文学部.第十七卷,長生殿.燕子箋/國民文庫刊行会編.—東京:國民文庫刊行会,「不詳」
　　　1 冊;22 cm

Z126/1(18.1)
　　國訳漢文大成.文学部.第十八卷,水滸傳.上卷/國民文庫刊行会編.—東京:國民文庫刊行会,「不詳」
　　　1 冊;22 cm

Z126/1-2(1)
　　國訳漢文大成.文学部.第一卷,楚辞/國民文庫刊行会編.—2 版.—東京:國民文庫刊行会,大正 11 年[1922]
　　　1 冊;22 cm

Z126/1-2(2)
　　國訳漢文大成.経子史部.第二卷,易経.書経/國民文庫刊行会編.—2 版.—東京:國民文庫刊行会,大正 11 年[1922]
　　　484,234,49 頁;22 cm

Z126/1-2(3.2)
　　國訳漢文大成:文学部.第三卷,文選.中卷/國民文庫刊行会編.—2 版.—東京:國民文庫刊行会,大正 11 年[1922]
　　　10,858,168 頁;22 cm

Z126/1-2(5)
　　國訳漢文大成.文学部.第五卷,唐詩選/國民文庫刊行会編.—2 版.—東京:國民文庫刊行会,大正 10 年[1921]
　　　847 頁;22 cm

Z126/1-2(6)
　　國訳漢文大成.文学部.第六卷,三体詩/國民文庫刊行会編.—2 版.—東京:國民文庫刊行会,大正 10 年[1921]
　　　2,2,19,784 頁;22 cm

Z126/1-2(7.1)
　　國訳漢文大成.文学部.第七卷,唐宋八家文.上卷/國民文庫刊行会編.—2 版.—東京:國民文庫刊行会,大正 10 年[1921]
　　　1 冊;22 cm

Z126/1-2(8)
　　國訳漢文大成.経子史部.第八卷,荀子・墨子/國民文庫刊行会編.—2 版.—東京:國民文庫刊行会,大正 10 年[1921]
　　　329,299,80,89 頁;22 cm

Z126/1-2(8.2)
　　國訳漢文大成.文学部.第八卷,唐宋八家文.下卷/國民文庫刊行会編.—2 版.—東京:國民文庫刊行会,大正 11 年[1922]
　　　1 冊;22 cm

Z126/1-2(10)
　　國訳漢文大成.第十卷,文学部,還魂記.漢宮秋/國民文庫刊行会編.—2 版.—東京:國民文庫刊行会,大正 11 年[1922]
　　　1 冊頁;22 cm

Z126/1-2(11)
　　國訳漢文大成.経子史部.第十一卷,淮南子/國民文庫刊行会編.—2版.—東京:國民文庫刊行会,大正10年[1921]
　　　576,221頁;22 cm

Z126/1-2(12)
　　國訳漢文大成.経子史部.第十二卷,戰國策/國民文庫刊行会編.—2版.—東京:國民文庫刊行会,大正11年[1922]
　　　1册;22 cm

Z126/1-2(13)
　　國訳漢文大成.経子史部.第十三卷,史記本紀.表/國民文庫刊行会編.—2版.—東京:國民文庫刊行会,大正11年[1922]
　　　419,83,5頁;22 cm

Z126/1-2(14)
　　國訳漢文大成.経子史部.第十四卷,史記書.世家/國民文庫刊行会編.—2版.—東京:國民文庫刊行会,大正12年[1923]
　　　1册;22 cm

Z126/1-2(18)
　　國訳漢文大成.経子史部.第十八卷,晏子.賈誼新書.公孫龍子/國民文庫刊行会編.—2版.—東京:國民文庫刊行会,大正13年[1924]
　　　1册;22 cm

Z126/1-2(19)
　　國訳漢文大成.経子史部.第十九卷,管子/國民文庫刊行会編.—2版.—東京:國民文庫刊行会,大正13年[1938]
　　　1册;22 cm

Z126/1-2(20)
　　國訳漢文大成.経子史部.第二十卷,呂氏春秋/國民文庫刊行会編.—2版.—東京:國民文庫刊行会,大正13年[1924]
　　　1册;22 cm

Z131.3/1(1)
　　朝日常識講座.第一卷,人口問題講座/下村宏著.—東京:朝日新聞社,昭和3年[1928]
　　　4,2,2,8,312頁;18 cm

Z131.3/1(2)
　　朝日常識講座.第二卷,世界の大勢/米田實著.—東京:朝日新聞社,昭和3年[1928]
　　　312頁;19 cm

Z131.3/1(3)
　　支那の現狀/大西斎著.—東京:朝日新聞社,昭和3年[1928]
　　　2,6,318頁;19 cm

Z131.3/1(5)
　　朝日常識講座.第五卷,労働問題講話/関口泰著.—東京:朝日新聞社,昭和4年[1929]
　　　4,304頁;18 cm

Z131.3/1(6)
　　朝日常識講座.第六卷,都市と農村/柳田国男著.—東京:朝日新聞社,昭和4年[1929]
　　　284頁;19 cm

Z131.3/1(7)
　　朝日常識講座.第七卷,物価の話/牧野輝智著.—東京:朝日新聞社,昭和4年[1929]
　　　6,264頁;18 cm

Z131.3/1(10)
　　朝日常識講座.第十卷,新聞の話/杉村広太郎著.—東京:朝日新聞社,昭和4年[1929]
　　　2,2,278頁;19 cm

Z131.3-62/1
　　日本叢書年表/秀延水垂編.—大阪:間宮商店,昭和5年[1930]
　　　205頁;23 cm

Z2/1(1)
　　現代支那講座.1,地理・歴史/秀島達雄著.—上海:東亜同文書院支那研究所,昭和14年

[1939]

2,2,261 頁;22 cm

Z2/1(2)

現代支那講座.2,政治.法制.外交/秀島達雄著.—上海:東亜同文書院支那研究所,昭和 14 年[1939]

4,372 頁;22 cm

Z2/1(3)

現代支那講座.3,財政.金融/秀島達雄著.—上海:東亜同文書院支那研究所,昭和 14 年[1939]

4,349 頁;22 cm

Z2/1(4)

現代支那講座.4,産業(一)/秀島達雄著.—上海:東亜同文書院支那研究所,昭和 14 年[1939]

3,3,4,193 頁;22 cm

Z2/1(5)

現代支那講座.5,産業 二 貿易/秀島達雄著.—上海:東亜同文書院支那研究所,昭和 14 年[1939]

6,301 頁;22 cm

Z2/1(6)

現代支那講座.6,社会文化/秀島達雄著.—上海:東亜同文書院支那研究所,昭和 14 年[1939]

6,301 頁;22 cm

Z2/2-2

世界奇聞秘譚/梅小路襄著.—2 版.—大阪:近代文藝社,昭和 2 年[1927]

10,535 頁;19 cm

Z22/1

新支那建国読本/山口梧郎著.—訂正版.—東京:テンセン社,昭和 15 年[1940]

2,12,227 頁;18 cm

Z228/1

北満民具採訪手記/染木煦著.—東京:座右寶刊行会,昭和 16 年[1941]

15,297 頁;18 cm

Z228/2

支那文明の基礎知識/永持徳一著.—東京:高陽書院,昭和 14 年[1939]

351 頁;19 cm

Z228/3

支那事典/長野朗編著.—東京:建設社,昭和 15 年[1940]

14,355 頁;18 cm

Z228/4

最新亜細亜大観/黒龍会出版部編.—東京:黒龍会出版部,昭和 6 年[1931]

3,3,16,732 頁;22 cm

Z231.26/1

韓国總覽/德永勳美著.—東京:博文館,明治 40 年[1908]

40,1489 頁;22 cm

Z231.3/1(1)

大百科事典.第一卷/下中彌三郎著.—新輯版.—東京:平凡社,昭和 18 年[1943]

638 頁;26 cm

Z231.3/1(1.1)

大百科事典.第一卷 A/下中彌三郎著.—東京:平凡社,昭和 6 年[1931]

656 頁;26 cm

Z231.3/1(1.2)

大百科事典.第一卷 B/下中彌三郎著.—東京:平凡社,昭和 6 年[1931]

656 頁;26 cm

Z231.3/1(2)

大百科事典.第二卷/下中彌三郎著.—東京:平凡社,昭和 18 年[1943]

642 頁;26 cm

Z231.3/1(2.1)
大百科事典.第二卷 A/下中彌三郎著.—東京:平凡社,昭和7年[1932]
650 頁;26 cm

Z231.3/1(2.2)
大百科事典.第二卷 B/下中彌三郎編.—東京:平凡社,昭和7年[1932]
650 頁;26 cm

Z231.3/1(3.1)
大百科事典.第三卷 A/下中彌三郎著.—東京:平凡社,昭和7年[1932]
642 頁;26 cm

Z231.3/1(3.2)
大百科事典.第三卷 B/下中彌三郎著.—東京:平凡社,昭和7年[1932]
642 頁;26 cm

Z231.3/1(4)
大百科事典.第四卷/下中彌三郎著.—新輯版.—東京:平凡社,昭和19年[1944]
634 頁;26 cm

Z231.3/1(4.1)
大百科事典.第四卷 A/下中彌三郎著.—東京:平凡社,昭和7年[1932]
644 頁;26 cm

Z231.3/1(4.2)
大百科事典.第四卷 B/下中彌三郎著.—東京:平凡社,昭和7年[1932]
644 頁;26 cm

Z231.3/1(5.1)
大百科事典.第五卷 A/下中彌三郎著.—東京:平凡社,昭和7年[1932]
642 頁;26 cm

Z231.3/1(5.2)
大百科事典.第五卷 B/下中彌三郎著.—東京:平凡社,昭和7年[1932]
642 頁;26 cm

Z231.3/1(6.1)
大百科事典.第六卷 A/下中彌三郎著.—東京:平凡社,昭和七年[1932]
656 頁;26 cm

Z231.3/1(6.2)
大百科事典.第六卷 B/下中彌三郎著.—東京:平凡社,昭和7年[1932]
656 頁;26 cm

Z231.3/1(7.1)
大百科事典.第七卷 A/下中彌三郎著.—東京:平凡社,昭和7年[1932]
640 頁;26 cm

Z231.3/1(7.2)
大百科事典.第七卷 B/下中彌三郎著.—東京:平凡社,昭和7年[1932]
640 頁;26 cm

Z231.3/1(8.1)
大百科事典.第八卷 A/下中彌三郎著.—東京:平凡社,昭和7年[1932]
644 頁;26 cm

Z231.3/1(8.2)
大百科事典.第八卷 B/下中彌三郎著.—東京:平凡社,昭和7年[1932]
644 頁;26 cm

Z231.3/1(9.1)
大百科事典.第九卷 A/下中彌三郎著.—東京:平凡社,昭和7年[1932]
640 頁;26 cm

Z231.3/1(9.2)
大百科事典.第九卷 B/下中彌三郎著.—東京:平凡社,昭和7年[1932]

640 頁;26 cm

Z231. 3/1(10)
　　大百科事典. 第十卷/下中彌三郎著. —東京:平凡社,昭和10年[1935]
　　　614 頁;26 cm

Z231. 3/1(10. 1)
　　大百科事典. 第十卷 A/下中彌三郎著. —東京:平凡社,昭和7年[1932]
　　　646 頁;26 cm

Z231. 3/1(10. 2)
　　大百科事典. 第十卷 B/下中彌三郎著. —東京:平凡社,昭和7年[1932]
　　　646 頁;26 cm

Z231. 3/1(11. 1)
　　大百科事典. 第十一卷 A/下中彌三郎著. —東京:平凡社,昭和7年[1932]
　　　640 頁;26 cm

Z231. 3/1(11. 2)
　　大百科事典. 第十一卷 B/下中彌三郎著. —東京:平凡社,昭和7年[1932]
　　　640 頁;26 cm

Z231. 3/1(12. 1)
　　大百科事典. 第十二卷 A/下中彌三郎著. —東京:平凡社,昭和7年[1932]
　　　648 頁;26 cm

Z231. 3/1(12. 2)
　　大百科事典. 第十二卷 B/下中彌三郎著. —東京:平凡社,昭和7年[1932]
　　　648 頁;26 cm

Z231. 3/1(13. 1)
　　大百科事典. 第十三卷 A/下中彌三郎著. —東京:平凡社,昭和7年[1932]
　　　648 頁;26 cm

Z231. 3/1(13. 2)
　　大百科事典. 第十三卷 B/下中彌三郎著. —東京:平凡社,昭和7年[1932]
　　　648 頁;26 cm

Z231. 3/1(14. 1)
　　大百科事典. 第十四卷 A/下中彌三郎著. —東京:平凡社,昭和8年[1933]
　　　640 頁;26 cm

Z231. 3/1(14. 2)
　　大百科事典. 第十四卷 B/下中彌三郎著. —東京:平凡社,昭和8年[1933]
　　　640 頁;26 cm

Z231. 3/1(15. 1)
　　大百科事典. 第十五卷 A/下中彌三郎著. —東京:平凡社,昭和8年[1933]
　　　624 頁;26 cm

Z231. 3/1(15. 2)
　　大百科事典. 第十五卷 B/下中彌三郎著. —東京:平凡社,昭和8年[1933]
　　　624 頁;26 cm

Z231. 3/1(16. 1)
　　大百科事典. 第十六卷 A/下中彌三郎著. —東京:平凡社,昭和8年[1933]
　　　640 頁;26 cm

Z231. 3/1(16. 2)
　　大百科事典. 第十六卷 B/下中彌三郎著. —東京:平凡社,昭和8年[1933]
　　　640 頁;26 cm

Z231. 3/1(17. 1)
　　大百科事典. 第十七卷 A/下中彌三郎著. —東京:平凡社,昭和8年[1933]
　　　644 頁;26 cm

Z231. 3/1(17. 2)
　　大百科事典. 第十七卷 B/下中彌三郎著. —東京:平凡社,昭和8年[1933]

Z231.3/1(18.1)
　　大百科事典.第十八卷 A/下中彌三郎著.—東京:平凡社,昭和 8 年[1933]
　　　610 頁;26 cm

Z231.3/1(18.2)
　　大百科事典.第十八卷 B/下中彌三郎著.—東京:平凡社,昭和 8 年[1933]
　　　610 頁;26 cm

Z231.3/1(19.1)
　　大百科事典.第十九卷 A/下中彌三郎著.—東京:平凡社,昭和 8 年[1933]
　　　648 頁;26 cm

Z231.3/1(19.2)
　　大百科事典.第十九卷 B/下中彌三郎著.—東京:平凡社,昭和 8 年[1933]
　　　648 頁;26 cm

Z231.3/1(20.1)
　　大百科事典.第二十卷 A/下中彌三郎著.—東京:平凡社,昭和 8 年[1933]
　　　648 頁;26 cm

Z231.3/1(20.2)
　　大百科事典.第二十卷 B/下中彌三郎著.—東京:平凡社,昭和 9 年[1934]
　　　648 頁;26 cm

Z231.3/1(21.1)
　　大百科事典.第二十一卷 A/下中彌三郎編.—東京:平凡社,昭和 8 年[1933]
　　　648 頁;26 cm

Z231.3/1(21.2)
　　大百科事典.第二十一卷 B/下中彌三郎著.—東京:平凡社,昭和 8 年[1933]
　　　684 頁;26 cm

Z231.3/1(22.1)
　　大百科事典.第二十二卷 A/下中彌三郎著.—東京:平凡社,昭和 8 年[1933]
　　　644 頁;26 cm

Z231.3/1(23)
　　大百科事典.第二十三卷/下中彌三郎著.—東京:平凡社,昭和 8 年[1933]
　　　640 頁;26 cm

Z231.3/1(23.1)
　　大百科事典.第二十三卷 A/下中彌三郎著.—東京:平凡社,昭和 8 年[1933]
　　　640 頁;28 cm

Z231.3/1(24.1)
　　大百科事典.第二十四卷 A/下中彌三郎著.—東京:平凡社,昭和 8 年[1933]
　　　656 頁;26 cm

Z231.3/1(24.2)
　　大百科事典.第二十四卷 B/下中彌三郎著.—東京:平凡社,昭和 8 年[1932]
　　　656 頁;26 cm

Z231.3/1(25.1)
　　大百科事典.第二十五卷 A/下中彌三郎著.—東京:平凡社,昭和 8 年[133]
　　　648 頁;26 cm

Z231.3/1(25.2)
　　大百科事典.第二十五卷 B/下中彌三郎著.—東京:平凡社,昭和 8 年[1933]
　　　648 頁;26 cm

Z231.3/1(26)
　　大百科事典.第二十六卷/下中彌三郎著.—東京:平凡社,昭和 9 年[1934]
　　　672 頁;26 cm

Z231.3/1(26.1)
　　大百科事典.第二十六卷 A/下中彌三郎著.—東京:平凡社,昭和 9 年[1934]

672 頁;26 cm

Z231.3/1(26.2)
大百科事典.第二十六卷 B/下中彌三郎著.—東京:平凡社,昭和9年[1934]
672 頁;26 cm

Z231.3/1(27)
大百科事典.第二十七卷:補遺 A/下中彌三郎著.—東京:平凡社,昭和9年[1934]
582 頁;26 cm

Z231.3/1(27.2)
大百科事典.第二十七卷 B/下中彌三郎著.—東京:平凡社,昭和7年[1932]
582,20 頁;26 cm

Z231.3/1(28.1)
大百科事典.第二十八卷,索引 A/下中彌三郎編.—東京:平凡社,昭和10年[1935]
1128 頁;26 cm

Z231.3/1-2(1)
大百科事典.新補 A/下中彌三郎著.—東京:平凡社,昭和14年[1939]
669 頁;26 cm

Z231.3/1-2(2)
大百科事典.第二卷/下中彌三郎編.—新輯版.—東京:平凡社,昭和18年[1943]
642 頁;26 cm

Z231.3/1-2(3)
大百科事典.第三卷/下中彌三郎著.—新輯版.—東京:平凡社,昭和18年[1943]
648 頁;26 cm

Z231.3/1-2(5)
大百科事典.第五卷/下中彌三郎著.—東京:平凡社,昭和19年[1944]
640 頁;26 cm

Z231.3/1-2(25)
大百科事典.第二十五卷/下中彌三郎著.—新輯版.—東京:平凡社,[不詳]
646 頁;26 cm

Z231.3/2(2.2)
大百科事典.第二卷.第二冊/下中彌三郎著.—新裝版.—東京:平凡社,昭和12年[1937]
335～650 頁;26 cm

Z231.3/2(3.1)
大百科事典.第三卷.第1冊/下中彌三郎著.—東京:平凡社,昭和12年[1937]
322 頁;26 cm

Z231.3/2(4.2)
大百科事典.第四卷.第二冊/下中彌三郎著.—東京:平凡社,昭和12年[1937]
333～644 頁;26 cm

Z231.3/2(5.1)
大百科事典.第五卷 第1冊/下中彌三郎著.—東京:平凡社,昭和12年[1937]
328 頁;26 cm

Z231.3/2(6.2)
大百科事典.第六卷.第2冊/下中彌三郎著.—東京:平凡社,昭和12年[1937]
1 冊;26 cm

Z231.3/2(7.2)
大百科事典.第七卷.第1冊/下中彌三郎著.—東京:平凡社,昭和12年[1937]
317～640 頁;26 cm

Z231.3/2(1941)
日本國勢図会:昭和十六年版/矢野恒太,白崎享一著.—東京:国勢社,昭和15年[1940]
24,450 頁;22 cm

Z231.3/2-2(4.1)
大百科事典.第四卷.第1冊/下中彌三郎編.—新裝分冊.—東京:平凡社,昭和12年

[1937]

332 頁;26 cm

Z231.3/4-7
讀史備要/東京帝国大学史料編纂所編. —七版. —東京:内外書籍株式会社,昭和17年[1942]

2,12,15,2154 頁;19 cm

Z231.3/5
最新家庭百科全書/北水靜,山口徹著. —東京:天泉社,昭和17年[1942]

45,1472 頁;18 cm

Z231.3/6(1942)
朝日東亜年報:昭和十七年版.大東亜戦争特輯/朝日新聞社中央調査会編. —東京:朝日新聞社,昭和17年[1942]

3,38,727,24 頁;20 cm

Z231.3/8(66)
法制経済の話.66/太田正孝,下村宏,三(左が水右が猪)信三著. —東京:アルス,昭和4年[1929]

9,242 頁;19 cm

Z231.3/9(3)
児童百科大辞典.3,植物篇/小原國芳著. —東京:児童百科大辞典刊行会,[1936]

10,672 頁;26 cm

Z231.3/9(4.2)
児童百科大辞典.第四卷,植物篇.二,蔭花植物.植物通論.生物学問題/小原國芳編. —東京:児童百科大辞典刊行会,昭和10年[1935]

535,12 頁;26 cm

Z231.3/9(13)
児童百科大辞典.第十三卷,地理篇.二/小原國芳編. — :児童百科大辞典刊行会,昭和11年[1936]

12,595,6 頁;26 cm

Z231.3/9(23)
児童百科大辞典.第二十三卷,文芸篇,文芸理論.児童文学/小原國芳編. —東京:児童百科大辞典刊行会,昭和10年[1935]

530,6 頁;26 cm

Z231.3/9(27)
児童百科大辞典.27,音楽・舞踊・体育篇/小原國芳著. —東京:児童百科大辞典刊行会,[不詳]

1 冊;26 cm

Z231.3/9(28)
児童百科大辞典.第二十八卷,家庭.公民篇,家庭.社会.憲政.自治.経済.國際/小原國芳著. —東京:児童百科大辞典刊行会,「不詳」

1 冊;26 cm

Z231.3/9(29)
児童百科大辞典.第二十九卷,修身編,原論.実践.倫理学史/小原國芳著. —東京:児童百科大辞典刊行会,昭和9年[1934]

10,513,8 頁;26 cm

Z231.3/9(30)
児童百科大辞典.第三十卷,哲学宗教編,宗教哲学心理東西思想史/小原國芳著. —東京:児童百科大辞典刊行会,昭和11年[1936]

9,538,6 頁;26 cm

Z231.3/9-2(14)
児童百科大辞典.第二十四卷,文芸篇.二,日本.東洋文学史/小原國芳著. —2 版. —東京:児童百科大辞典刊行会,昭和11年[1936]

11,621,11,18 頁;26 cm

Z231.3/9-5(14)
児童百科大辞典.第十四卷,世界地理/小原國芳著. —5 版. —東京:玉川学園出版部,昭和18年[1943]

20,686,9 頁;26 cm

Z231.3/9-6(1)
　　儿童百科大辞典.第一卷/小原國芳編.—6版.—東京:儿童百科大辞典刊行会,昭和9年[1934]
　　　632,19頁;26 cm

Z231.3/9-8(21)
　　儿童百科大辞典.第二十一卷,美術史篇(二),彫刻.建築.工芸/小原國芳編.—8版.—東京:儿童百科大辞典刊行会,昭和17年[1942]
　　　9,554,25頁;26 cm

Z231.3/9-10(25)
　　儿童百科大辞典.第二十五卷,文芸編,西洋文学史/小原國芳著.—10版.—東京:儿童百科大辞典刊行会,昭和11年[1936]
　　　6,611,8頁;26 cm

Z231.3/9-12(18)
　　儿童百科大辞典.第十八卷,歷史篇.三,日本文化史,日本風俗/小原國芳編.—12版.—東京:儿童百科大辞典刊行会,昭和11年[1936]
　　　8,499,15頁;26 cm

Z231.3/9-12(19)
　　儿童百科大辞典.第十九卷,数学編/小原國芳著.—12版.—東京:儿童百科大辞典刊行会,昭和17年[1942]
　　　14,571,5頁;26 cm

Z231.3/9-13(2.2)
　　儿童百科大辞典.第二卷,動物篇.二,無脊椎動物・動物総論/小原國芳著.—13版.—東京:儿童百科大辞典刊行会,昭和11年[1936]
　　　598,23頁;26 cm

Z231.3/9-13(16)
　　儿童百科大辞典.第十六卷,歷史篇・日本通史/小原國芳著.—13版.—東京:玉川学園出版部,昭和11年[1936]
　　　12,539,7頁;26 cm

Z231.3/9-13(17.2)
　　儿童百科大辞典.17,歷史篇.二,西洋通史・東洋通史/小原國芳編.—13版.—東京:儿童百科辞典刊行會,昭和11年[1936]
　　　569,7頁;26 cm

Z231.3/9-16(17)
　　儿童百科大辞典.17,歷史篇/小原國芳編.—16版.—東京:儿童百科辞典刊行會,昭和16年[1931]
　　　6,580,12頁;26 cm

Z231.3/9-18(8.1)
　　儿童百科大辞典.第八卷,化学編.1,無機化学/小原國芳著.—18版.—東京:儿童百科大辞典刊行会,昭和16年[1941]
　　　15,629,18頁;26 cm

Z231.3/9-19(7.2)
　　儿童百科大辞典.第七卷,物理編.2,電気磁気学.光学物質構造学/小原國芳著.—19版.—東京:儿童百科大辞典刊行会,昭和17年[1942]
　　　10,513,8頁;26 cm

Z231.3/9-20(23)
　　儿童百科大辞典.第二十三卷,文芸篇,文芸理論.儿童文学/小原國芳編.—20版.—東京:儿童百科大辞典刊行会,昭和16年[1941]
　　　538,6頁;26 cm

Z231.3/10
　　主婦之友新年号附録/八代登著.—東京:主婦之友社,昭和10年[1935]
　　　464頁;18 cm

Z231.3/11-19
　　重寶経済日用百科全書/和田学玄著.—19版.—東京:博愛館,明治44年[1911]
　　　1148,86頁;22 cm

Z231.3/12-2
　　國民必携实用百科全書/矢田常三郎著.—2版.—東京:博信館,明治41年[1909]

1338 頁;19 cm

Z231.3/13(1.1)
日本少國民文庫.第一卷,人間はどれだけの事をして来たか.一/恒藤恭著.―東京:新潮社,昭和11年[1936]
9,300 頁;20 cm

Z231.3/13(2.2)
日本少國民文庫.第二卷,人間はどれだけの事をして来たか.二/恒藤恭著.―東京:新潮社,昭和12年[1937]
318 頁;20 cm

Z231.3/13(8)
日本少國民文庫.第八卷,人類の進歩につくした人々/山本有三著.―東京:新潮社,昭和12年[1937]
6,334 頁;20 cm

Z231.3/13(9)
日本少國民文庫.第九卷,發明物語と科学手工/廣瀬基著.―東京:新潮社,昭和10年[1935]
10,316 頁;20X16 cm

Z231.3/13(15.2)
日本少國民文庫.第十五卷,世界名作選.2/山本有三編.―東京:新潮社,昭和11年[1936]
6,326 頁;20 cm

Z231.3/13-2(6)
日本少國民文庫.第六卷,これからの日本・これからの世界/下村宏著.―改訂版.―東京:新潮社,昭和18年[1943]
14,272 頁;22 cm

Z231.3/14(1)
続続群書類従.第1卷/市島謙吉編.―東京:國書刊行会,明治39年[1906]
6,812 頁;22 cm

Z231.3/14(2)
続続群書類従.第2卷/市島謙吉編.―東京:国書刊行会,明治40年[1907]
6,4,767 頁;22 cm

Z231.3/14(3)
続続群書類従.第3卷/市島謙吉編.―東京:国書刊行会,明治40年[1907]
12,8,694 頁;21 cm

Z231.3/14(4)
続続群書類従.第4卷/市島謙吉編.―東京:国書刊行会,明治40年[1907]
8,16,680 頁;23 cm

Z231.3/14(5)
続続群書類従.第5卷/市島謙吉編.―東京:國書刊行会,明治42年[1909]
10,2,516 頁;21 cm

Z231.3/14(6)
続続群書類従.第6卷/市島謙吉編.―東京:國書刊行会,明治39年[1906]
4,12,719 頁;23 cm

Z231.3/14(7)
続続群書類従.第7卷/市島謙吉編.―東京:国書刊行会,明治40年[1907]
8,762 頁;22 cm

Z231.3/14(10)
続続群書類従.第10卷/市島謙吉編.―東京:国書刊行会,明治40年[1907]
1 冊;23 cm

Z231.3/14(11)
続続群書類従.第11卷/市島謙吉編.―東京:国書刊行会,明治40年[1907]
7,586 頁;23 cm

Z231.3/14(14)
続続群書類従.第14卷/市島謙吉編.―東京:国書刊行会,明治40年[1907]
7,729 頁;22 cm

Z231.3/14(15.2)
続続群書類従.15,歌文部二.2/市島謙吉編.—東京:国書刊行会,明治40年[1907]
6,2,706頁;23 cm

Z231.3/14(16)
続続群書類従.第16巻/市島謙吉編.—東京:国書刊行会,明治42年[1909]
12,4,379頁;23 cm

Z231.3/15-35
戦時社会常識百科事典/志摩達郎編.—35版.—東京:研文書院,昭和16年[1931]
41,981頁;12 cm

Z231.3/16-10
大日本百科全書/大日本出版協会編輯部編.—10版.—東京:大日本百科全書刊行会,昭和13年[1938]
4,2072頁;21 cm

Z231.3/17(7)
新日本児童文庫.7,發明と工業の日本/大河内正敏著.—東京:アルス,昭和15年[1940]
8,248頁;18 cm

Z231.3/17-36(8)
新日本児童文庫.8,航空少年讀本/西原勝著.—36版.—東京:アルス,昭和16年[1941]
10,243頁;18 cm

Z231.3/17-40(10)
新日本児童文庫.10,日本の海軍/小山武著.—40版.—東京:アルス,昭和17年[1942]
2,5,240頁;19 cm

Z231.3/18(9)
最新知識子供の科学叢書.9,飛行機の巻/原田三夫著.—東京:誠文堂書店,大正14年[1925]
2,139頁;18 cm

Z231.3/18(10)
最新知識子供の科学叢書.10,星の巻/原田三夫著.—東京:誠文堂書店,大正14年[1925]
3,137頁;19 cm

Z231.3/18-2(7)
最新知識子供の科学叢書.7,海の巻/原田三夫著.—2版.—東京:誠文堂書店,大正14年[1925]
3,3,148頁;19 cm

Z231.3/18-12(3)
最新知識子供の科学叢書.3,活動寫眞の巻/原田三夫著.—12版.—東京:誠文堂書店,大正13年[1924]
5,2,127頁;19 cm

Z231.3/18-17(2)
最新知識子供の科学叢書.2,電車の巻/原田三夫著.—17版.—東京:誠文堂書店,大正14年[1925]
5,2,122頁;19 cm

Z231.3/20
学習百科辞典/三省堂百科辞書編輯部編.—東京:三省堂,昭和9年[1934]
1526,72頁;22 cm

Z231.3/20-126
学習百科辞典/三省堂百科辞書編輯部編.—126版.—東京:三省堂,昭和15年[1940]
1526,72,48頁;22 cm

Z231.3/21
和洋裁縫/戸板関子著.—東京:誠文堂,昭和3年[1928]
18,614頁;19 cm

Z231.3/22-2
戦時社会最新百科事典:翼賛の新知識改題/佐藤栄祐著.—2版.—東京:研文書院,昭和18年[1943]
3,18,532頁;17 cm

Z231.3/24
　繁栄の書/谷口雅春著.—東京:光明思想普及會,昭和 16 年[1941]
　　8,569 頁;18 cm

Z231.3/25-16
　最新常識百科事典/國民常識普及会編.—16 版.—東京:國民常識普及會,昭和 14 年[1939]
　　12,843 頁;21 cm

Z231.3/26-8
　新修科学百科大系/佐藤勝次郎著.—8 版.—東京:大成社,昭和 12 年[1937]
　　66,1490 頁;22 cm

Z231.3/27
　婦人家庭百科辞典/三省堂百科辞典書編輯部編.—東京:三省堂,昭和 12 年[1937]
　　1614,39 頁;22 cm

Z231.3/28-15
　新修百科大辞典/長谷川誠也編.—15 版.—東京:博文館,昭和 12 年[1937]
　　1575 頁;22 cm

Z231.3/29
　非常時家庭常識讀本/東京中形流行研究会.—東京:東京中形流行研究会,昭和 13 年[1938]
　　85 頁;19 cm

Z231.3/31
　家庭日常科学/原田三夫著.—東京:誠文堂,昭和 2 年[1927]
　　18,508,10 頁;19 cm

Z231.3/32
　資源と産業国の宝/太田正孝著.—東京:新潮社,昭和 14 年[1939]
　　10,306;20 cm

Z231.3/35
　今日の常識/岡成志,下中芳岳著.—東京:平凡社,大正 14 年[1925]
　　4,29,630 頁;19 cm

Z231.3/36-2(5)
　日本百科大辞典.第五巻/三省堂編輯所編.—2 版.—東京:三省堂書店,大正 5 年[1916]
　　1 册;25 cm

Z231.3:K/1
　歴史入門/赤木健介著.—東京:白揚社,昭和 18 年[1943]
　　7,385 頁;19 cm

Z231.31/1(22.2)
　大百科事典.第二十二巻 B/下中彌三郎著.—東京:平凡社,昭和 8 年[1933]
　　644 頁;27 cm

Z28:TS935.5/1
　編物と手芸/岡田正子著.—東京:誠文堂,昭和 2 年[1927]
　　2,13,502 頁;18 cm

Z312.55/1-4
　原文對訳中朝事實:帝者の書として生前乃木大将より東宮殿下に奉献せし書/山鹿素行著.—4 版.—東京:光玉館,大正 2 年[1913]
　　2,290 頁;22 cm

Z312.55/1-6
　原文對訳中朝事實:帝者の書として生前乃木大将より東宮殿下に奉献せし書/山鹿素行著.—6 版.—東京:光玉館,大正 2 年[1913]
　　2,290 頁;21 cm

Z313.077/1-2
　要領を得てよくわかる 古事記新解/古谷幹夫著.—2 版.—東京:集文館,昭和 3 年[1928]
　　2,3,4,519 頁;18 cm

Z32/1
　最新支那要覧/[東亜研究会]編.—東京:東亜研究会,昭和 18 年[1943]

2,3,48,909,76 頁;19 cm

Z32/2
支那問題辞典/藤田親昌著.—東京:中央公論社,昭和 17 年[1942]
20,776,56,88 頁;25 cm

Z32/3
最新支那要覽/[東亜研究会]編.—東京:東亜研究会,昭和 11 年[1936]
2,3,43,544 頁;19 cm

Z331.3/1(1)
大辞典.第一卷/下中彌三郎著.—東京:平凡社,昭和 11 年[1936]
658 頁;26 cm

Z331.3/1(2)
大辞典.第二卷/下中彌三郎著.—東京:平凡社,昭和 9 年[1934]
673 頁;26 cm

Z331.3/1(3)
大辞典.第三卷/下中彌三郎著.—東京:平凡社,昭和 9 年[1934]
662 頁;26 cm

Z331.3/1(4)
大辞典.第四卷/下中彌三郎著.—東京:平凡社,昭和 9 年[1934]
642 頁;22 cm

Z331.3/1(5)
大辞典.第五卷/下中彌三郎著.—東京:平凡社,昭和 9 年[1934]
646 頁;26 cm

Z331.3/1(6)
大辞典.第六卷/下中彌三郎著.—東京:平凡社,昭和 9 年[1934]
629 頁;27 cm

Z331.3/1(7)
大辞典.第七卷/下中彌三郎編.—東京:平凡社,昭和 10 年[1935]
646 頁;26 cm

Z331.3/1(8)
大辞典.第八卷/下中彌三郎著.—東京:平凡社,昭和 10 年[1935]
656 頁;26 cm

Z331.3/1(9)
大辞典.第九卷/下中彌三郎著.—東京:平凡社,昭和 10 年[1935]
641 頁;26 cm

Z331.3/1(10)
大辞典.第十卷/下中彌三郎著.—東京:平凡社,昭和 10 年[1935]
661 頁;26 cm

Z331.3/1(11)
大辞典.第十一卷/下中彌三郎著.—東京:平凡社,昭和 10 年[1935]
644 頁;26 cm

Z331.3/1(12)
大辞典.第十二卷/下中彌三郎著.—東京:平凡社,昭和 10 年[1935]
644 頁;26 cm

Z331.3/1(13)
大辞典.第十三卷/下中彌三郎編.—東京:平凡社,昭和 10 年[1935]
625 頁;26 cm

Z331.3/1(14)
大辞典.第十四卷/下中彌三郎著.—東京:平凡社,昭和 10 年[1935]
650 頁;26 cm

Z331.3/1(15)
大辞典.第十五卷/下中彌三郎著.—東京:平凡社,昭和 10 年[1935]

650 頁;26 cm

Z331.3/1(16)
　大辞典.第十六卷/下中彌三郎著.—東京:平凡社,昭和10年[1935]
　　644 頁;26 cm

Z331.3/1(17)
　大辞典.第十七卷/下中彌三郎著.—東京:平凡社,昭和11年[1936]
　　649 頁;26 cm

Z331.3/1(19)
　大辞典.第十九卷/下中彌三郎著.—東京:平凡社,昭和11年[1936]
　　643 頁;26 cm

Z331.3/1(20)
　大辞典.第二十卷/下中彌三郎著.—東京:平凡社,昭和11年[1936]
　　632 頁;26 cm

Z331.3/1(21)
　大辞典.第二十一卷/下中彌三郎著.—東京:平凡社,昭和11年[1936]
　　652 頁;26 cm

Z331.3/1(22)
　大辞典.第二十二卷/下中彌三郎著.—東京:平凡社,昭和11年[1936]
　　640 頁;26 cm

Z331.3/1(23)
　大辞典.第二十三卷/下中彌三郎著.—東京:平凡社,昭和11年[1936]
　　638 頁;26 cm

Z331.3/1(24)
　大辞典.第二十四卷/下中彌三郎著.—東京:平凡社,昭和11年[1936]
　　640 頁;26 cm

Z331.3/1(24)
　大辞典.第二十四卷/下中彌三郎著.—東京:平凡社,昭和11年[1936]
　　640 頁;26 cm

Z331.3/1(25)
　大辞典.第二十五卷/下中彌三郎著.—東京:平凡社,昭和11年[1936]
　　640 頁;26 cm

Z331.3/1(26)
　大辞典.第二十六卷/下中彌三郎.—東京:平凡社,昭和11年[1936]
　　227,106,6 頁;26 cm

Z331.3/1-4(21)
　大辞典.第二十一卷/下中彌三郎著.—初版4版.—東京:平凡社,昭和15年[1940]
　　652 頁;26 cm

Z331.3/2(1)
　國民百科大辞典.1/冨山房百科辞典編纂部編.—東京:冨山房,昭和10年[1935]
　　1~1596 頁;26 cm

Z331.3/2(2)
　國民百科大辞典.2/冨山房百科辞典編纂部編.—東京:冨山房,昭和9年[1934]
　　1601~3300 頁;26 cm

Z331.3/2(4)
　國民百科大辞典.4/冨山房百科辞典編纂部編.—東京:冨山房,昭和9年[1934]
　　850 頁;26 cm

Z331.3/2(5)
　國民百科大辞典.5/冨山房百科辞典編纂部編.—東京:冨山房,昭和10年[1935]
　　849 頁;26 cm

Z331.3/2(6)
　國民百科大辞典.6/冨山房百科辞典編纂部編.—東京:冨山房,昭和10年[1935]

8402～10099 頁;26 cm

Z331.3/2(7)
　　國民百科大辭典.7,シラーたらおん/冨山房百科辭典編纂部編.—東京:冨山房,昭和10年[1935]
　　　　10102～11799 頁;26 cm

Z331.3/2(8)
　　國民百科大辭典.8/冨山房百科辭典編纂部編.—東京:冨山房,昭和10年[1935]
　　　　11802～13499 頁;26 cm

Z331.3/2(10)
　　國民百科大辭典:Ⅰ～Ⅻ.10/冨山房百科辭典編纂部編.—東京:冨山房,昭和11年[1936]
　　　　15301～17100 頁;26 cm

Z331.3/2(11)
　　國民百科大辭典.Ⅰ～Ⅻ.11/冨山房百科辭典編纂部編.—東京:冨山房,昭和11年[1936]
　　　　17102～18900 頁;26 cm

Z331.3/2(12)
　　國民百科大辭典.12/冨山房百科辭典編纂部編.—東京:冨山房,昭和12年[1937]
　　　　1 冊;26 cm

Z331.3/2(13)
　　國民百科大辭典.13/冨山房百科辭典編纂部編.—東京:冨山房,昭和12年[1937]
　　　　800 頁;26 cm

Z331.3/2(14)
　　國民百科大辭典.14/冨山房百科辭典編纂部編.—東京:冨山房,昭和13年[1938]
　　　　850 頁;26 cm

Z331.3/3
　　新語新知識/淵田忠良著.—東京:大日本雄辯会講談社,昭和9年[1934]
　　　　520 頁;19 cm

Z331.3/4
　　小学自習用新修全科辞典/小西重直先生監.—東京:東京毎日新聞社,年[?]
　　　　1388 頁;21 cm

Z431.3/3(1)
　　吉田松陰全集.第一卷/山口縣教育会編.—東京:岩波書店,昭和15年[1940]
　　　　466 頁;18 cm

Z431.3/3(2)
　　吉田松陰全集.第二卷/山口縣教育会編.—東京:岩波書店,昭和14年[1939]
　　　　466 頁;18 cm

Z431.3/3(3)
　　吉田松陰全集.第三卷/山口縣教育会編.—東京:岩波書店,昭和14年[1939]
　　　　466 頁;18 cm

Z431.3/3(4)
　　吉田松陰全集.第四卷/山口縣教育会編.—東京:岩波書店,昭和13年[1938]
　　　　466 頁;18 cm

Z431.3/3(5)
　　吉田松陰全集.第五卷/山口縣教育会編.—東京:岩波書店,昭和14年[1939]
　　　　466 頁;18 cm

Z431.3/3(6)
　　吉田松陰全集.第六卷/山口縣教育会編.—東京:岩波書店,昭和14年[1939]
　　　　466 頁;18 cm

Z431.3/3(7)
　　吉田松陰全集.第七卷/山口縣教育会編.—東京:岩波書店,昭和14年[1939]
　　　　423,9 頁;18 cm

Z431.3/3(8)
　　吉田松陰全集.第八卷/山口縣教育会編.—東京:岩波書店,昭和14年[1939]

466 頁；18 cm

Z431.3/3(9)
　吉田松陰全集.第九卷/山口縣教育会編.—東京：岩波書店,昭和14年[1939]
　　466 頁；18 cm

Z431.3/3(10)
　吉田松陰全集.第十卷/山口縣教育会編.—東京：岩波書店,昭和14年[1939]
　　466 頁；18 cm

Z431.3/3(11)
　吉田松陰全集.第十一卷/山口縣教育会編.—東京：岩波書店,昭和15年[1940]
　　466 頁；18 cm

Z431.3/3(12)
　吉田松陰全集.第十二卷/山口縣教育会編.—東京：岩波書店,昭和15年[1940]
　　466 頁；18 cm

Z431.3/6(7)
　虛心文集.第七/黑板勝美著.—東京：吉川弘文館,昭和14年[1939]
　　6,6,522 頁；21 cm

Z5/1(1941)
　世界年鑑：昭和十六年版/日本國際問題調查會著.—東京：創美社,昭和16年[1941]
　　6,10,1366 頁；22 cm

Z5/1(1943)
　世界年鑑：昭和十八年版/日本國際問題調查會著.—東京：實業之日本社,昭和18年[1943]
　　1495,14 頁；22 cm

Z52/1(1942)
　第七回 新支那年鑑/一宮房治郎著.—東京：東亞同文会業務部,昭和17年[1942]
　　21,1210 頁；18 cm

Z52/2(1941)
　蒙疆年鑑/鈴木清幹著.—張家口：蒙疆新聞社,昭和16年[1941]
　　6,2,401,85 頁；18 cm

Z52/3(1941)
　北支蒙疆年鑑：昭和十六年　民国三十年版/高木翔之助著.—天津：北支那經濟通信社,昭和16年[1941]
　　48,887 頁；22 cm

Z52/4(1942)
　北支蒙疆年鑑：昭和十七年　民国三十一年版/高木翔之助著.—天津：北支那經濟通信社,昭和16年[1941]
　　580,163,52,148 頁；18 cm

Z52/5
　第二回支那年鑑/東亞同文会調查編纂部編.—東京：東亞同文会調查編纂部,大正6年[1917]
　　3,16,1036 頁；22 cm

Z52/6
　華北建設年史/東亞新報天津支社編.—天津：東亞新報天津支社,昭和19年[1944]
　　4,472,68 頁；19 cm

Z52/7-3
　最新支那年鑑/東亞同文会研究編纂部編.—3 版.—東京：東亞同文会研究編纂部,昭和10年[1935]
　　18,1703 頁；18 cm

Z52/8(1944)
　北支蒙疆年鑑：昭和十九年　民国三十三年版/高木翔之助著.—天津：北支那社,昭和18年[1943]
　　14,696 頁；18 cm

Z52/9(1939)
　北支那經濟年鑑：昭和十四年度版/北支那經濟通信社編.—東京：北支那經濟通信社,昭和13

年[1938]

9,1180 頁;18 cm

Z52/10(1939)

北支蒙彊年鑑:昭和十五年/高木翔之助著.—民國 29 年版.—天津:北支那経済通信社,昭和 15 年[1939]

580,163,52,148 頁;18 cm

Z52/11(1941)

大陸年鑑.昭和十六年版/大陸新報社年鑑編纂室編.—民國 30 年版.—上海:大陸新報社,昭和 15 年[1940]

12,564 頁;19 cm

Z52/11(1942)

大陸年鑑.昭和十七年版/大陸新報社年鑑編纂室編.—民國 31 年版.—上海:大陸新報社,昭和 16 年[1941]

8,410 頁;19 cm

Z52/12

日支大鑑/寺尾正章著.—青島:東亞新報社,大正 9 年[1920]

1 冊;23 cm

Z52/14(1942)

東亜共栄圏.昭和十七年版/村川光也編.—東京:共存社,昭和 17 年[1942]

789 頁;26 cm

Z52/18

独逸膠州年報/青島軍政署編.—謄写版.—[青島]:[青島軍政署],大正 6 年[1917]

不詳;19×26 cm

Z53/1(1943)

第二回大南洋年鑑/平野英一郎著.—東京:南洋団体聯合会,昭和 18 年[1943]

8,956 頁;22 cm

Z53/2(1943)

南方年鑑/南方年鑑刊行会著.—1943 年版.—東京:東邦社,昭和 18 年[1943]

36,1694 頁;26 cm

Z531.1/1

蒙古大観/三島泰雄訳.—東京:改造社,昭和 13 年[1938]

21,635,33 頁;22 cm

Z531.3/1(1940)

毎日年鑑/大阪毎日新聞社,東京日日新聞社編.—大阪:大阪毎日新聞社,昭和 15 年[1940]

672 頁;19 cm

Z531.3/2(1940)

朝日年鑑/樋口正徳著.—大阪:朝日新聞社,昭和 15 年[1940]

1007 頁;18 cm

Z531.3/2(1941)

朝日年鑑/樋口正徳著.—大阪:朝日新聞社,昭和 15 年[1940]

1008 頁;18 cm

Z531.3/2(1942)

朝日年鑑/樋口正徳著.—大阪:朝日新聞社,昭和 17 年[1942]

944 頁;18 cm

Z531.3/2(1943)

朝日年鑑/樋口正徳著.—大阪:朝日新聞社,昭和 16 年[1941]

18,943 頁;18 cm

Z531.3/2(1944)

朝日年鑑/山本地榮編.—大阪:朝日新聞社,昭和 18 年[1943]

639 頁;18 cm

Z531.3/3(1939)

昭和十四年朝日年鑑/大道弘雄編.—大阪:朝日新聞社,昭和 14 年[1939]

992 頁;18 cm

Z531.3/3(1940)
　　昭和十五年朝日年鑑/樋口正徳著.—大阪：株式会社朝日新聞社,昭和14年[1939]
　　　1007頁；18 cm

Z531.3/4(1937-1941)
　　朝日東亜年報：昭和十三年—十六年版/桜木俊晃編.—東京：朝日新聞社,昭和16年[1941]
　　　2,15,670頁；21 cm

Z531.3/5(1943)
　　朝日年鑑/山本地榮編.—大阪：朝日新聞社,昭和17年[1942]
　　　848頁；19 cm

Z531.3/5(1944)
　　朝日年鑑/山本地榮著.—大阪：朝日新聞社,昭和17年[1942]
　　　639頁；18 cm

Z531.3/6(1939)
　　朝日年鑑/大道弘雄著.—大阪：朝日新聞社,昭和13年[1938]
　　　992頁；19 cm

Z531.3/7(1944)
　　每日年鑑：昭和十九年/每日新聞社編.—東京：每日新聞社,昭和18年[1943]
　　　511頁；18 cm

Z531.3/8(1929)
　　每日年鑑：昭和四年/東京日日新聞社,大阪每日新聞社編.—東京：日日新聞社,昭和3年[1928]
　　　1024頁；22 cm

Z531.3/8(1930)
　　每日年鑑：1930/東京日日新聞社,大阪每日新聞社編.—大阪：每日新聞社,昭和4年[1929]
　　　798頁；19 cm

Z531.3/8(1939)
　　每日年鑑.昭和十四年/東京日日新聞社,大阪每日新聞社編.—東京：日日新聞社,昭和13年[1938]
　　　24,1056頁；22 cm

Z531.3/8(1941)
　　每日年鑑：昭和十六年.別冊,日本人名選/大阪每日新聞社,東京日日新聞社編.—東京：日日新聞社,昭和15年[1940]
　　　672頁；18 cm

Z531.3/8(1943)
　　每日年鑑：昭和十八年：附日本名人選/東京日日新聞社,大阪每日新聞社編.—東京：日日新聞社,昭和17年[1942]
　　　816頁；22 cm

Z551.2/1(1941)
　　蘇聯邦年鑑：一九四一版/日蘇通信社編.—東京：日蘇通信社,昭和16年[1941]
　　　3,20,1046,298頁；21 cm

Z551.2/1(1942)
　　蘇聯邦年鑑/笠原直造著.—東京：日蘇通信社,昭和17年[1942]
　　　2,1,16,700,242頁；21 cm

Z551.2/1-4(1943-1944)
　　蘇聯邦年鑑：九四三—四四年版/笠原直造編.—4版.—東京：日蘇通信社,昭和18年[1943]
　　　48,1062頁；21 cm

Z551.2/2(1943-1944)
　　蘇聊邦年鑑：一九四三—四四年版/笠原直造編.—東京：日蘇通信社,昭和18年[1943]
　　　48,1062頁；22 cm

Z631.3/1(1)
　　滿鉄調査部報.第一卷/斎藤征生編.—大連市：南滿洲鉄道株式會社,昭和15年[1940]
　　　62頁；22 cm

Z631.3/1(1.2)
　　滿鉄調査部報.第一卷　第二号/水谷國一

編.—[不詳]:南滿洲鉄道株式会社,昭和 15 年[1940]

148 頁;22 cm

Z631.3/1(1.3)

滿鉄調查部報.第一卷 第三号/水谷國一編.—[不詳]:南滿洲鉄道株式会社,昭和 15 年[1940]

202 頁;22 cm

Z631.3/1(1.4)

滿鉄調查部報.第一卷 第四号/水谷國一編.—[不詳]:南滿洲鉄道株式会社,昭和 15 年[1940]

73 頁;22 cm

Z631.3/1(1.5)

滿鉄調查部報.第一卷 第五号/水谷國一編.—[不詳]:南滿洲鉄道株式会社,昭和 15 年[1940]

48 頁;22 cm

Z631.3/1(1.6)

滿鉄調查部報.第一卷 第六号/水谷國一編.—[不詳]:南滿洲鉄道株式会社,昭和 15 年[1940]

56 頁;22 cm

Z631.3/1(1.7)

滿鉄調查部報.第一卷 第七号/水谷國一編.—[不詳]:南滿洲鉄道株式会社,昭和 15 年[1940]

44 頁;22 cm

Z631.3/1(1.8)

滿鉄調查部報.第一卷 第八号/水谷國一編.—[不詳]:南滿洲鉄道株式会社,昭和 15 年[1940]

41 頁;22 cm

Z631.3/1(1.9)

滿鉄調查部報.第一卷 第九号/水谷國一編.—[不詳]:南滿洲鉄道株式会社,昭和 16 年[1941]

54 頁;22 cm

Z631.3/1(1.10)

滿鉄調查部報.第一卷 第一〇号/水谷國一編.—[不詳]:南滿洲鉄道株式会社,昭和 16 年[1941]

99 頁;22 cm

Z631.3/1(2.2)

滿鉄調查部報.第二卷 第二号/水谷國一編.—[不詳]:南滿洲鉄道株式会社,昭和 16 年[1941]

68 頁;22 cm

Z631.3/2(2.4)

調查時報.第二卷 第四号/南滿洲鉄道株式会社 社長室調查課編.—謄写版.—[不詳]:[不詳],大正 11 年[1922]

90,30 頁;22 cm

Z631.3/2(3.5)

調查時報.第三卷 第五号/佐田弘治郎編.—[不詳]:南滿洲鉄道株式会社,大正 12 年[1937]

107,18 頁;22 cm

Z631.3/2(3.8)

調查時報.第三卷 第八号/佐田弘治郎編.—[不詳]:南滿洲鉄道株式会社,大正 12 年[1927]

88,70 冊;22 cm

Z631.3/2(4.10)

調查時報.第四卷 第十号/佐田弘治郎編.—[不詳]:南滿洲鉄道株式会社,昭和 4 年[1929]

121,21 頁;22 cm

Z631.3/2(5.7)

調查時報.第五卷 第十一号/宮本通治編.—[不詳]:南滿洲鉄道株式会社,大正 14 年[1925]

90,21 頁;22 cm

Z631.3/2(5.11)
調査時報. 第五卷　第十二号/佐田弘治郎編.—[不詳]:南満洲鉄道株式会社,昭和4年[1929]
153,22 頁;22 cm

Z631.3/2(5.12)
調査時報. 第五卷　第七号/宮本通治編.—[不詳]:南満洲鉄道株式会社,大正14年[1929]
225,25 頁;22 cm

Z631.3/2(8.12)
調査時報. 第八卷　第十二号/佐田弘治郎編.—[不詳]:南満洲鉄道株式会社,昭和4年[1929]
135,72 頁;22 cm

Z631.3/2(9.1)
調査時報. 第九卷　第一号/佐田弘治郎編.—[不詳]:南満洲鉄道株式会社,昭和4年[1929]
113,42 頁;22 cm

Z631.3/2(9.2)
調査時報. 第九卷　第二号/佐田弘治郎編.—[不詳]:南満洲鉄道株式会社,昭和4年[1929]
176,60 頁;22 cm

Z631.3/2(9.10)
調査時報. 第九卷　第十号/佐田弘治郎編.—[不詳]:南満洲鉄道株式会社,昭和4年[1929]
150,35 頁;22 cm

Z631.3/3(3.1-6)
北京満鉄月報. 第三年　第一号至第六号/南満洲鉄道株式会社　北京公所研究室編.—[北京]:南満洲鉄道株式会社,[1926年]
141 頁;21 cm

Z631.3/6(1)
資料彙報. 第一号/満鉄調査部編.—[不詳]:南満洲鉄道株式会社,昭和17年[1942]
157,28 頁;22 cm

Z631.3/6(2)
資料彙報. 第二号/水谷國一編.—[不詳]:南満洲鉄道株式会社,昭和17年[1942]
70,101 頁;22 cm

Z631.3/6(4)
資料彙報. 第四号/満鉄調査部編.—[不詳]:南満洲鉄道株式会社,昭和17年[1942]
120,115 頁;22 cm

Z631.3/6(5)
資料彙報. 第五号/水谷國一編.—[不詳]:南満洲鉄道株式会社,昭和17年[1942]
84,112 頁;22 cm

Z631.3/6(6)
資料彙報. 第六号/満鉄調査部編.—[不詳]:南満洲鉄道株式会社,昭和17年[1942]
96,130 頁;22 cm

Z8/1
岩崎文庫和漢書目録/東洋文庫編.—東京:東洋文庫,昭和9年[1934]
1 册頁;27 cm

Z812/1-2
支那問題文献辞典/馬場明男著.—2版.—東京:慶応書房,昭和15年[1940]
2,5,350 頁;19 cm

Z813.13-39/1
本朝書籍目録考証/和田英松著.—東京:明治書院,昭和11年[1936]
4,28,664 頁;22 cm

Z822/1
立案調査書類目録:附刊行物目録/満鉄.経済調査会編.—謄写版.—[不詳]:[満鉄.経済調

查会],昭和10年[1935]

266 頁;27 cm

Z822.031/1

增加図書分類目録/大鳥豊彦編.—大連:南満州株式会社大連図書館,昭和16年[1941]

26,9,275,63,67 頁;26 cm

Z822.031/2

增加図書分類目録/岩田實編.—大連:大連図書館,昭和17年[1942]

1 冊;26 cm

Z822.1/1

大連図書館和漢図書分類目録.第4編,追録,歷史 傳記 地誌,昭和2年4月1日—昭和11年3月31日/大佐三四五編.—大連:南満洲鉄道株式会社大連図書館,昭和12年[1937]

385~622 頁;26 cm

Z822.1/1(2)

大連図書館和漢図書分類目録.第2編,宗教 哲学 教育/柿沼介編.—大連:南満洲鉄道株式会社大連図書館,昭和5年[1930]

4,409,97 頁;26 cm

Z822.4/1

北支経済調査所蔵書目録:秘扱之部/北支経済調査所編.—膳写版.—[不詳]:南満洲鉄道株式会社調査局,昭和17年[1941]

320,45 頁;26 cm

Z823.13/2

神習文庫図書目録/林正章著.—東京:無窮社,昭和10年[1935]

2,520,163,4 頁;26 cm

Z823.13/3

尊経閣文庫国書分類目録/石黒文吉著.—東京:昭和14年[1939],

2,11,795,176 頁;25 cm

Z823.13/4

南葵文庫蔵書目録/南葵文庫編.—東京:凸版印刷株式会社,明治41年[1908]

4,181,115,60,228,377,20 頁;22 cm

Z823.13/5(2)

南葵文庫図書目録.二/斎藤勇見彦著.—東京:東洋印刷株式会社,大正2年[1913]

1 冊;22 cm

Z823.13/6

図総覧/天野敬太郎,森清編.—大阪:青年図書館員聯盟本部,昭和13年[1938]

351 頁;18 cm

Z823.13/7

南方諸地域圖書目録/神戸商業会議所圖書館編.—神戸:神戸商工会議所,昭和18年[1943]

84,13 頁;21 cm

Z823.13/8(1)

金澤文庫本図録.上/関靖編.—東京:幽学社,昭和10年[1935]

1 册;27 * 37 cm

Z823.13/8(2)

金澤文庫本図録.下/関靖編.—東京:幽学社,昭和11年[1936]

1 册;27 * 37 cm

Z823.13/11(1)

満鉄調查文庫:備附資料目録.第一輯,昭和17年11月現在/南満洲鉄道株式会社編.—膳写版.—[不詳]:[南満洲鉄道株式会社],昭和17年[1942]

315 頁;25 cm

Z823.139/1

調查部資料課資料分類目録.第1輯.第2分册/水谷國一編.—大連:南満州鉄道株式会社,昭和14年[1939]

3,382 頁;26 cm

Z83/1
　新戦術論:對電撃作戦/トム.ウイントリンガム著.—京都:教育図書株式会社,昭和16年[1941]
　　3,207頁;18 cm

Z834/1
　支那関係欧米名著略解/岩村忍著.—東京:タイムス出版社,昭和15年[1940]
　　4,78,5頁;22 cm

Z835/1-2
　優良図書一覧/茗渓会讀物調査部編.—2版.—東京:昭和出版社,昭和4年[1929]
　　431,4頁;22 cm

Z836/1
　解題叢書/廣谷雄太郎編.—東京:廣谷國書刊行所,大正14年[1925]
　　8,552頁;22 cm

Z838/1
　日本古刻書史　国書刊行会出版目録/市島謙吉著.—東京:武木印刷所,明治42年[1909]
　　4,194,22頁;22 cm

Z838/2
　成簣堂古文書目録/辻善之助監修.—東京:明治書院,昭和11年[1936]
　　432頁;22 cm

Z838/3
　成簣堂善本書目/蘇峰先生古稀祝賀記念刊行会編.—東京:民友社,昭和7年[1932]
　　402頁;22 cm

Z838/6
　静嘉堂宋本書影/静嘉堂文庫編.—[不詳]:静嘉堂文庫,昭和8年[1943]
　　1冊;37 cm

Z843.13/1
　真軒先生旧蔵書目録/上野賢知著.—東京:無窮会,昭和8年[1933]
　　10,4,327,109,20頁;26 cm

Z843.13/2
　小田切文庫目録/小田切文庫編.—東京:東洋文庫,昭和13年[1938]
　　2,8,226,67頁;22 cm

Z843.13/3
　静嘉堂文庫漢籍分類目録/静嘉堂文庫編.—東京:静嘉堂文庫,昭和5年[1930]
　　1冊;25 cm

Z843.13/4
　尊経閣文庫漢籍分類目録索引:侯爵前田家尊経閣/石黒文吉著.—東京:精興社,昭和10年[1935]
　　119頁;26 cm

Z852/1
　刊行物目録/満鉄調査部編.—大連:南満洲鉄道株式会社,昭和13年[1938]
　　166頁;23 cm

Z852/2
　逐次出版物並叢書目録/中島宗一著.—謄写版.—大連:南満洲鉄道株式会社,昭和12年[1937]
　　30,478頁;22 cm

Z853.13/1
　近世漢学者著述目録大成/関儀一郎,関義直著.—東京:東洋図書刊行会,昭和16年[1941]
　　2,2,29,573,100頁;16 cm

Z853.13/2
　南方文献目録/日本拓殖協会編.—東京:日本拓殖協会,昭和17年[1942]
　　6,8,238頁;22m

Z853.13/8
　満蒙鉄道文献目録/古山勝夫.—大連:南満洲鉄道株式会社,昭和12年[1937]

36 頁；22 cm

Z853.13/9
年鑑年報目錄/中島宗一著. —大連：南滿洲鉄道株式会社,昭和 12 年[1937]
20 頁；22 cm

Z87/1
日本古刊書目/吉澤義則著. —東京：帝都出版社,昭和 8 年[1933]
456 頁；22 cm

Z87/2
雜誌綜合目錄/人松本豊三. —大連：南滿洲鉄道株式会社,昭和 11 年[1936]
114 頁；23 cm

Z88/1-2
牧野植物学全集. 総索引. 全/牧野富太郎著. —2 版. —東京：誠文堂新光社,昭和 16 年[1941]
2,292 頁；22 cm

Z88/2
中支関係資料目録/満鉄上海事務所資料室編. —上海：満鉄上海事務所資料室,昭和 14 年[1939]
57 頁；24 cm

Z88/3
北支経済調査所刊行物目録：昭和十八年三月末現在/満鉄・北支経済調査所編. —[不詳]：満鉄・北支経済調査所,昭和 18 年[1943]
43 頁；25 cm

Z88：D6/1
調査日誌/石家荘陸軍特務機関編. —[石家荘]：[石家荘陸軍特務機関],昭和 14 年[1939]
294 頁；26 cm

Z88：F12/1(9)
北支事務局調査部資料目録：第九編金融附保険/北支事務局調査班編. —膽写版. —[不詳]：[満鉄北支事務局調査部資料],昭和 14 年[1939]
40 頁；26 cm

Z88：F12/1
『調査報告内容梗概カード』の利用について/調査部綜合課編. —[不詳]：[不詳],[不詳]
98 頁；23 cm

Z88：F12/1(3)
北支事務局調査室資料目録. 第三編,企業、経営、会計/満鉄北支事務局調査室資料係編. —膽写版. —[不詳]：満鉄北支事務局調査室,昭和 13 年[1938]
17 頁；26 cm

Z88：F12/1(5)
北支事務局調査部資料目録. 第五編,鉱業/満鉄北支事務局調査部編. —膽写版. —[不詳]：[満鉄北支事務局調査部],昭和 14 年[1939]
40 頁；26 cm

Z88：F12/1(8)
北支事務局調査部資料目録. 第八編,交通/満鉄. 北支事務局調査部編. —膽写版. —[不詳]：[満鉄北支事務局調査部],昭和 14 年[1939]
97 頁；26 cm

Z88：F12/1(15)
北支経済調査所資料目録. 第十五編,都市/満鉄北支経済調査所資料班編. —膽写版. —[不詳]：[満鉄北支経済調査所資料班],昭和 14 年[1939]
23 頁；26 cm

Z88：F2/1(1)
資料目録. 第一輯/興亜院華北連絡部青島出張所編. —膽写版. —[不詳]：[興亜院華北連絡部青島出張所],昭和 17 年[1942]
1 册；27 cm

Z88：F32/1
北支那農業関係文献目録/古山勝夫著. —[不詳]：満鉄産業部,昭和 12 年[1937]

28 頁;23 cm

Z88:F32/2
中支那農業資料目録/満鉄.調査部編.—謄写版.—[不詳]:満鉄.調査部,昭和 15 年[1940]
5,95 頁;26 cm

Z88:F32/2-2
満洲農業関係文献目録/満鉄調査部編.—2 版.—[不詳]:[満鉄調査部],昭和 16 年[1941]
10,49 頁;23 cm

Z88:F42/1
支那工業関係文献目録/古山勝夫著.—[大連]:南満州鉄道株式会社,昭和 12 年[1937]
14 頁;22 cm

Z88:F426.61/1
北支那鉱業関係文献目録/古山勝夫著.—[不詳]:満鉄産業部,昭和 12 年[1937]
16 頁;23 cm

Z88:F512/1
支那交通関係文献目録/古山勝夫著.—[不詳]:[南満洲鉄道株式会社],昭和 12 年[1937]
44 頁;23 cm

Z88:F72/1
支那商業関係文献目録/古山勝夫著.—[不詳]:南満洲鉄道株式会社,昭和 12 年[1937]
53 頁;23 cm

Z88:F812/1
支那財政関係文献目録/古山勝夫郎著.—[不詳]:南満洲鉄道株式会社,昭和 12 年[1937]
28 頁;22 cm

Z88:F832/1
支那金融関係資料目録/古山勝夫著.—[不詳]:南満洲鉄道株式会社,昭和 12 年[1937]
46 頁;23 cm

Z88:G35/1(1.1)
資料分類目録.第一輯.第一分冊/南満洲鉄道株式会社調査部編.—大連:南満洲鉄道株式会社,昭和 14 年[1939]
440 頁;26 cm

Z88:G35/1(1.4)
資料分類目録.第一輯.第四分冊/南満洲鉄道株式会社調査部編.—大連:南満洲鉄道株式会社,昭和 14 年[1939]
409 頁;26 cm

Z88:G35-55/1
情報整理目録月報/総務部資料課情報係編.—謄写版.—[不詳]:総務部資料課情報係,昭和 10 年[1935]
154 頁;27 cm

Z88:K883.13/1
傍注國寶目録:近畿之部/若井富藏,米山徳馬編.—奈良:木原文進堂,大正 14 年[1925]
6,2,414 頁;18 cm

Z88:P7/1(1)
日本湖沼学文献目録.1/吉村信吉著.—東京:地人書館,昭和 19 年[1944]
131 頁;21 cm

Z88:TQ/1
島津理化学器械目録.第 300 号/角田輝海編.—東京:株式会社島津製作所科学器械部,昭和 11 年[1936]
253 頁;26 cm

Z889:J/1
東洋美術文献目録/美術研究所編.—東京:座右寶刊行会,昭和 16 年[1941]
570,34 頁;26 cm

Z89/1(1)
世界名著解題.Ⅰ/柳田泉編.—東京:春秋社,昭和 13 年[1938]
612,5 頁;23 cm

Z89/1(2)
 世界名著解題. Ⅱ/柳田泉編. —東京:春秋社,昭和 13 年[1938]
  614,5 頁;23 cm

Z89/1(3)
 世界名著解題. Ⅲ/柳田泉編. —東京:春秋社,昭和 16 年[1941]
  694,7 頁;23 cm

Z89:I/1
 日本説話文学索引/平林治徳[等]編. —大阪:日本出版社,昭和 18 年[1943]
  6,816 頁;26 cm

Z89:K93/1
 大東亜資料總覽/天野敬太郎編. —京都:大雅堂,昭和 19 年[1944]
  24,506 頁;21 cm

題名索引

—A—
A TEXT-BOOK OF PRACTICAL CHEMISTRY ……………………………………………… 779
AN EXTENSIVE STUDY OF ENGLISH ………… 448
ARMS AND THE MAN and THE MAN OF DESTINY ……………………………………………… 548

—C—
CAST IRON PIPE ……………………………………… 978
CHOPIN ………………………………………………… 690
COURS ABREGE DE GRAMMAIRE FRANCAISE ……………………………………………… 450

—D—
DAVID COPPERFIELD ……………………………… 549
DER GROSZE KURSUS DER DEUTSCHEN SPRACHE. BAN5 ……………………………… 451
DER GROSZE KURSUS DER DEUTSCHEN SPRACHE. BAND4 …………………………… 451

—E—
EMPEROR SHOMU AND THE SHOSOIN. II …… 700

—F—
FIRST STEPS TO ENGLISH LANGUAGE 一、二生年の急所を摑む英語 ……………………………… 429
FIRST STEPS TO JAPANESE LANGUAGE …… 455
FUNDAMENTAL STUDY OF ENGLISH TRANSLATION ……………………………………………… 448

—G—
GENERAL INDEX TO NOTES ……………………… 543

—I—
IMPORT TARIFF OF JAPAN ………………………… 168
INOUYE ENGLISH CORRESPONDENCE COURSE; FIRST YEAR …………………………………… 449
INOUYE ENGLISH CORRESPONDENCE COURSE; SIXTH YEAR …………………………………… 448

—J—
JES機械工業規格 ……………………………………… 903
JES日本標準規格．第1巻 …………………………… 883
JES日本標準規格．第2巻 …………………………… 883
JES日本標準規格（縮版）．合本第1巻 ……………… 883

—O—
OLD ENGLISH DRAMATISTS ……………………… 545

—S—
Select readings for literary appreciatin ……………… 450

—T—
THE ENGLISH ECHO FOR MIDDLE SCHOOLS. BOOK1 ……………………………………………… 429
THE ENGLISH LETTER WRITER　英文手紙講習録 ……………………………………………………… 449
THE ESSAYS OF ELIA ……………………………… 549
THE IMPORT TATIFF OF JAPAN 1936; REVISED AND CORRECTED ……………………………… 396
THE IMPORT TATIFF OF JAPAN 1939; REVISED AND CORRECTED ……………………………… 396
THE TEMPEST ……………………………………… 548

—V—
VELAZQUEZ. 1599—1660 …………………………… 693

—あ—
あきなひと商人 ………………………………………… 520
ある外科医の記録 ……………………………………… 521
いぬ ……………………………………………………… 873
いも ……………………………………………………… 334
おはなし電氣學 ………………………………………… 915
おもしろい世界数学者物語 …………………………… 660
お客料理 ………………………………………………… 957
お台所重寶辞典 ………………………………………… 957
お庭の植物研究 ………………………………………… 869
お惣菜料理 ……………………………………………… 957

題名索引

ーかー

題名	頁
からくり儀右衛門	537
からだと体操	437
かんぼじあ史	650
きつご強くなる詰将棋の研究	439
きつと儲かる薬草栽培法	867
きのふけふ:明治文化史の半面観	527
きもの	545, 701
きりすと傳	60
きーぱーと積分学	759
くらしの工夫	959
ことばと生活	454
ことばの講座.第一輯	457
こどもと生きる	420
こども風土記	414
この十年:知られざる歴史を語る	113
この心の誇り	552
これからの新聞:戦時下の新聞人と読者の心構へ	416
これが支那だ:支那民族性の科学的解析	79

ーさー

題名	頁
しべりや小説	654
すぐ応用できる最新玉突術	438
せシルグレイ音楽藝術史	572
その頃を語る	626

ーたー

題名	頁
たいわたな(泰國壽永)	731
たべもの歳時記	533
たをやめ	514
ちべっと紀行	722

ーなー

題名	頁
ねぢ:工作法・材料	901
ねぢ:設計	901

ーはー

題名	頁
はぜ.ぼら釣	440
ばん(左が車右が免)近数学一斑	750
ひかりの話	743
ひのもとの光	114
びいどろ	533
ふくろしよひのこころ	536
ぼくらの大東亜戦争.その一	525
ぼくらの歴史教室	635

ーまー

題名	頁
みたての花	516
みみずの観察	876
むかしと今と	608
もつとも分り易き動物学	810

ーやー

題名	頁
よくわかる動物学	810
よくわかる平面幾何	431
よくわかる石鹼の製造とその實驗	937
よくわかる物理学	766
よくわかる自修者の支那語	444

ーわー

題名	頁
わかる微積分.上巻	759
わが愛する生活	532
わが古典鑑賞	480
わが家の電気	918
わが生活と思想より:アルベルト・シュヴァイツェル自叙伝	695
わが思ひ出より	691
わが有機化学	778
わが子よ,わが子よ.上巻	549
わくちん療法	843
われらの闘魂	114
われらの生活と法律	170
われ等の海戦史	204
われ等の建設	127
われ等若し戦はば	522
ゑれきてる物語	745

ーアー

題名	頁
アイヌの研究	599, 649
アインスタイン全集.第四巻	769
アインハルト大獨逸國民史	655
アジアにおけるヨーロッパ	107
アジアの光釈尊	51
アジアの見識	608
アジアの旅	544
アジアの諸民族	610
アジア民族の中心思想:印度篇	53
アジア民族の中心思想:支那.日本篇	53
アジア民族運動史	610
アジア民族政策論	107
アジア侵掠秘史	609
アジア文明の起原.下巻	609

アジア問題講座.第八卷,民族・歴史篇.二	316
アジア問題講座.第二卷,政治・軍事篇.二	316
アジア問題講座.第九卷,会社・習俗篇	316
アジア問題講座.第六卷,経済.産業篇.三	316
アジア問題講座.第七卷,民族・歴史篇.一	316
アジア問題講座.第三卷,政治・軍事篇.三	316
アジア問題講座.第十二卷,アジア人名辞典・綜合アジア年表	316
アジア問題講座.第十,思想・文化篇.一	316
アジア問題講座.第十一卷,思想・文化篇.二	316
アジア問題講座.第四卷,経済.産業篇.一	316
アジア問題講座.第五卷,経済.産業篇.二	316
アジア問題講座.第一卷,政治・軍事篇.一	316
アジア遊牧民族	610
アジア周辺民族史	595
アジヤの古代文明	609
アジヤ文明の起原.上卷	608
アジヤ周邊民族史	610
アダム.スミスマルサスリカアドオ	231
アダムスミス富國論	222
アダムスミス政治経済國防講義案	225
アッシシの聖フランチェスコ	60
アナフィラキシイ概論	851
アナーキスト列傳	660
アニリン	544
アフリカとその問題	123
アフリカの苦悶	548
アメリカ	734
アメリカの焦躁:アメリカの損害	129
アメリカの内情	129
アメリカの實力	130
アメリカの戦争力:米國總力戦経済力の前途	283
アメリカの致命線	207
アメリカは戦ひ得るか	130
アメリカを支配する人々	695
アメリカ發展史.上卷	658
アメリカ發展史.下卷	658
アメリカ分割史	652
アメリカ海運政策	362
アメリカ紀行	521
アメリカ経済の発展	283
アメリカ民族圏	589
アメリカ生還記	552
アメリカ鉄鋼業の發展	356
アメリカ戦時経済の基礎構造	283
アラビア紀行	525
アラビア思想史:回教神学と回教哲学	30
アラビヤ地域と欧州勢力	90
アラン藝術論集	555
アリストテレース	692
アリューシャン探検	746
アルギン酸	878
アルス機械工学大講座.12,蒸汽機関,舶用機関	880
アルス運動大講座.第六卷	435
アルス最新写真大講座.4,風景・静物・生態,風景写真の作り方,静物写真の作り方,生態写真の写し方	566
アルス最新写真大講座.6,各種撮影法・スポーツ撮影の要領,夜景の写し方,スケッチ写真の撮る方,天然色写真術	566
アルミ線工事資料	917
アレキサンドル大王史	692
アエスラ経.上	60
アングロサクソン民族	589
アンコールワットの彫刻	701
アンチロッチ國際法の基礎理論	190
イギリスとロレンスとアラビア	90
イギリス世界制覇序曲	548
イギリス戦費の實態	282
イギリス植民地経済史.第二卷	283
イギリス最近の外交政策	138
イコフレックスの写し方	566
イスラム巡礼白雲遊記	720
イタリアとドイツ	558
イタリアの印象:随筆集	533
イタリア絵画史.第一卷	559
イプセン集	545
イマヌエルカント著作集.7	31
イランの歴史と文化	652
インク街に播く	535
インシュリンに就て	857
インタナショナルの歴史	587
インダス文明:印度史前遺跡の研究	688
インド.セイロン.ジャワの佛教美術	558
インドネシア点描.外領篇	731
インドネシヤ民族史	651
インフレーション	399
インフレーションと新経済への出發	236
インフレーションの實証的研究	399
インフレーションの統計的研究	409
ウイリス支那地史の研究.上卷	792
ウェルズ生命の科学.第六卷	801
ウェルズ生命の科学.第三卷	801
ウェルズ生命の科学.第四卷	801

題名	頁
ウスリイ地方の旅	733
ウパニシヤット全書.八	60
ウ井ン夫人傳	695
エと工作の教育	425
エジプトの文化と建築	966
エスカラ支那法	144
エヂソン傳	695
エネルギーと物質	765
エンゲルベルギー労働者家族の生活費	3
オイケンとベルグソンの哲学	32
オクタン価とセタン価	891
オディッシイ	545
オリムピック陸上競技法	437
オレフィン系合成樹脂	930
オーギュスト.コント	694

ーカー

題名	頁
カアライル佛國革命史.第二巻	657
カアライル佛國革命史.第三巻	657
カアライル佛國革命史.第四巻	657
カアライル佛國革命史.第一巻	657
カッシラア認識:象徴形式の哲学 第三	31
カナダ聯邦	734
カプリ島の結婚	544
カムチャッカ発見とベーリング探検	747
カムチャッカ発見とベーリング探険	733
カムチャツカの歴史:カムチャツカ植民政策史	655
カムボジァ民俗誌:クメール族の慣習	707
カラマーゾフの兄弟.第二巻	543
カラマーゾフの兄弟.第一巻	543
カラヴァン:東部土耳其斯坦の旅	732
カルテル闘争論	308
カルテル経営論	308
カルテル論	229
カルテル問題	308
カレジ.リーディングス	450
カンテイヨン商業論	364
カント	31
カン支那通貨論:金及び銀取引の研究	400
カーバイド工業講話	929
ガソリンエンジン附模型飛行機の製作法	999
ガラス	929
ガラスと生活	929
キェルケゴールとニーチェ	690
キネマ新話科学の奇蹟	739
キャプテン クック太平洋航海記.第一.第二航海篇	747
キュリー夫人傳	694,695
キンドゥルバーガー國際短期資本移動論	405
ギリシアの哲学.上	30
ギリシアの哲学と政治	658
ギリシア史研究.第二	656
ギリシア史研究.第一	656
ギリシャの瓶絵	569
ギリシヤの神殿	966
ギリシヤー風土と文化	733
ギリシヤ史.上巻	656
ギリシヤ史.中巻	656
ギリシヤ芸術試論	558
クラウゼヴィッツの兵学.上	207
クラウン英和辞典	450
クラブ建築;学校建築	972
クラーク先生とその弟子達	695
クルップ	689
クルップ兵器工場	691
クルップ兵器工場	691
クロンウェル	60
クロード.ベルナール:科学の方法についての思索	804
グスマン東方伝道史.上巻	59
グライダー	998
グラネ支那人の宗教	48
ケインズ一般理論入門	233
ケネー	695
ケネー支那論	95
ゲョエテ研究.下巻	690
ゲルマニウム	777
ゲーテの面影	691
ゲーリング傳	691
コペルニク評傳	690
コミンテルンは挑戦する	88
コルニシユランカシヤ汽缶取扱法	910
コロイド化学要論	781
コロンブス:其の生涯と世界探險史	692
コンクリートの話	974
コンクリート及鐵筋コンクリート集覽.Ⅱ:昭和十一、十二年	976
コンクリート配合の合理化.コンクリート工事現場監督の栞	976
コンタックスの使ひ方	888
コンロン紀行	720
ゴシックの文化と建築	965
ゴットルの経済学	232
ゴットル経済学入門	232

ゴム	930	スクールダンス	573
ゴム二百年史:「血のゴム」から「化学のゴム」へ	931	スケッチの描き方	559
ゴム工業	931	スケーティング	438
ゴム及エボナイト配合.塗布機篇	931	スタンダアル	694
ゴム及其の老化防止法	930	スタンダール傳	694
ゴム講習録	931	スターりん線破れたり	124
ゴム統制法規集	169	スターリン	654
ゴルフ心理	438	ステンレススチールと耐熱鋼	897
ゴンクールと日本美術	561	ステープル.ファイバー講座.2,製造篇	941
ゴーリキイ全集.第九巻,マトエイ.コゼミャーキンの生涯.上	539	ステープル.ファイバー講座.補,ス・フ紡績工場の設計と管理	941
ゴーリキイ全集.第十七巻,私の大學.回想	539	ステープル.ファイバー講座.第1巻,パルプ篇	941
ゴーリキイ全集.第十五巻,別荘の人々.他三篇	539	ステープル.ファイバー講座.第3巻,綿紡式紡績篇	941
		ステープル.ファイバー講座.第4巻,毛紡式紡績篇	941

一サー

サフィラと奴隷娘	552	ステープル.ファイバー講座.第5巻,紡績篇	941
サラリーマン論	298	ステープル.ファイバー講座.第6巻,織布篇	941
サロメ、ウィンダミヤ夫人の扇其他	475	ステープル.ファイバー講座.第7巻,染色加工篇	941
サン・シモンの生涯と其思想体系	694	ステープル.ファイバー講座.第8巻,試験篇	941
サント.ブウヴ選集.第一巻,中世紀及び十六世紀作家論	693	ステープル.ファイバー講座.第9巻,経済篇	941
シェパード	873	スパルタ育雛	873
シベリアの旅.第7巻	543	スピノザ篇	33
シベリアの現實	723	スフ	931
シベリア經濟地理	281	スペンサー	693
シュウベルト傳	690	スマイルス自助論	40
シュティーヴェ獨逸民族二千年史	656	スマトラの民族.下巻	651
シュムペーター理論経済学の本質と主要内容	222	スミスとリスト:経済倫理と経済理論	228
シュライエルマッハア篇	32	スミス経済学の生成と発展	231
ショーペンハウエル	690	スラバヤ・バタビヤ沖海戰	525
シンガポール三十五年	520	スラヴ民族	656
シートン自叙傳:藝術的博物学者の足跡	696	セイロン島事情	731
ジイド全集.第一巻,ウルテルの手記,ウルテルの詩,ユリアンの旅	549	セザンヌ:その生涯と作品 ゾラへの友情	694
ジエネバ軍縮会議へ	131	セザール・フランク	694
ジャクソン式強体健康法	827	セメント	350
ジャワ社会の研究	707	セメントの理論と施行法	930
ジャンジョレス	695	セメント及びコンクリート	974
ジャンバティストセイ経済学.上巻	225	セレベス民俗誌	707
ジヤワ縱橫	729	ソウェート聯邦の國營貿易論.上巻	379
ジヤワ作戰	205	ソウェート聯邦の國營貿易論.下巻	379
ジヤン.バロアの生涯	550	ソウェート聯邦の輸出入貿易	301
ジュラルミン	996	ソウェート聯邦の資源と産業:毛皮編	280
ジンメル戦争の哲学	88	ソウェート聯邦の資源と産業:石炭業編	355
スエズ運河	652	ソウェート聯邦の資源と産業:石油編	355
スキー写真帖:銀盤に描く	438	ソウェート聯邦の資源と産業:鉄・満俺編	355
スクリーン捺染法	946	ソウェート聯邦の資源と産業:亜麻編	336

題名	頁
ソウェート聯邦国勢統計十年史	654
ソウェート聯邦貨幣史	401
ソウェート聯邦経済十年史	281
ソウェート聯邦総覧.第四巻	733
ソウェート聯邦総覧.第五巻	733
ソウェート農村の研究	336
ソウェート政府の民族政策に関する法則集成.第二巻	189
ソウェート政府の民族政策に関する法則集成.第三巻	189
ソウェート政府の民族政策に関する法則集成.第一巻	189
ソウェート東方策	138
ソウェート経済を衝く	281
ソポクレース希臘悲壮劇	545
ソロモン海戦	197
ソロモン諸島とその附近:地理と民族	734
ソヴィエト読本.第四巻,国際読本	124
ソヴィエト聯邦の経済力	280
ソヴイエトの重工業	355
ソヴェト計画経済論	280
ソヴェート聯邦1937年度国民経済計画作成に関する指示並びに様式	280
ソヴェート聯邦工業経済.下巻	355
ソヴェート通信	524
ソヴェート信用制度	409
ソヴエト紀行修正	551
ソヴエト経済	279
ソ聯、フィンランドニ関スル資料	138
ソ聯の帝國主義	124
ソ聯の農業技術	336
ソ聯の政治と経済	124
ソ聯の知識	124
ソ聯の自然と生活	527
ソ聯の最新科学	741
ソ聯百題	205
ソ聯邦の国内商業.上	356
ソ聯邦の民間航空	356
ソ聯邦財政計画の作成と實施	397
ソ聯邦物価政策(中間報告)	379
ソ聯戦時経済論	280
ソ聯戰時經濟地理	281
ソ聯自動車の生産修繕及び従事員の研究	989
ソ聊現勢解説	124

－タ－

題名	頁
タイの造形文化	558
タイ国に於ける華僑	101
タイ国地誌	731
タイ国史	650
タイ国通史	650
ダイヤモンド産業全書.11,曹達	916
ダイヤモンド経済統計年鑑:昭和十二年版.第三回	270
ダイヤモンド實務知識	370
ダイヤモンド實務知識:第二改版	370
ダイヤモンド實務知識:第三改版	370
ダンスホール建築	972
ダーウィニズム:自然淘汰説の説明とその若干の応用	803
チチハル、兆南及伯都訥地方経済事情	253
チベット	720
チルソン鑛山設備設計圖集	889
チンギス.ハン傳	662
チークの話	871
ヂーゼル燃料	909
ツシマ.下巻,戦闘篇	205
ツラン民族圏	588
ツラン民族運動と日本の新使命	123
ツングース民族の宿命	610
ヅーフ日本回想録 フィッセル参府紀行	479
テアイテトス	31
テクノクラシー	230
テスト氏	550
テニス上達法	438
テレビジョン發達史	921
ディーゼル機関：I	911
ディーツ科学物語	743
デテール集橋梁	988
デテール集室内装飾.2	970
トゥーキューディデース歴史.上巻	587
トゥーキューディデース歴史.下巻	587
トツワ.ズムーェジ	693
トラクター実演会報告	863
トラホーム図説	853
トリシマ.ポンプ:一覧	908
トルコ.その民族と歴史	650
トルコ.政治風土記	123
トルコ・その海峡政策	123
トルストイ	689
トルストイ全集.第八巻	542
トルストイ全集.第二巻	542
トルストイ全集.第九巻	542
トルストイ全集.第六巻	542

トルストイ全集.第七巻	542
トルストイ全集.第三巻	542
トルストイ全集.第十二巻	542
トルストイ全集.第十巻	542
トルストイ全集.第十三巻	542
トルストイ全集.第十四巻	542
トルストイ全集.第十一巻	542
トルストイ全集.第五巻	542
トルストイ全集.第一巻	542
トルストイ十二講	689
トンネル	988
トンネルを掘る話	988
ドイツとフランス革命	653
ドイツの帝國の政策	655
ドイツの航空工業	363
ドイツの航空機工業	356
ドイツの健民運動	437
ドイツ二千年史	655
ドイツ発明史話	419
ドイツ發明史話	419
ドイツ風土記	707
ドイツ風雲録	125
ドイツ工業界の印象	356
ドイツ航空機の発展:ユンカースの足跡	998
ドイツ及びドイツ人	126
ドイツ近世経済史	282
ドイツ史概観:ドイツ史の諸時期	655
ドイツ文章論:歴史的.心理的把握	452
ドイツ現代史:分裂から統一へ	656
ドイツ戦時経済大観	282
ドイツ戦時刑法研究.第一版	189
ドイツ最高統帥論	206
ドイマー独逸信用組合論	315
ドイル全集.8	549
ドガ	694
ドストイェフスキイー全集.カラマゾフの兄弟.上巻	540
ドストイェフスキイー全集.第六巻,憑カレタ人.下巻	540
ドストイェフスキイー全集.第十八巻:書簡	541
ドストイェフスキイー全集.第十二巻	540
ドストイェフスキイー全集.第十七巻,カラマゾフの兄弟.下巻	541
ドストイェフスキイー全集.第一巻	540
ドストイェフスキイー全集.悪霊.他二篇	540
ドストイェフスキイー全集.未成年.上巻	540
ドストイェーフキスー全集.第拾四巻	541
ドストイェーフスキイ全集.第二巻	541
ドストイェーフスキー全集.第八巻,カラマゾフ家の兄弟.下	541
ドストイェーフスキー全集.第九巻,作家の日記	541
ドストイェーフスキー全集.第七巻,カラマゾフ家の兄弟.上	541
ドストイェーフスキー全集.第三巻	541
ドストイェーフスキー全集.第十二巻	541
ドストイェーフスキー全集.第十三巻,集翰書	541
ドストイェーフスキー全集.第十五巻,評伝	541
ドストイェーフスキー全集.第拾巻,作家日記.下	541
ドストイェーフスキー全集.第四巻,白痴	541
ドストイェーフスキー全集.第一巻	541
ドストエフスキイの生活	689
ドーベルマン	873

―ナ―

ナショナルリーダー第五訳讀解義.上巻	472
ナショナル第四読本詳解.上巻	448
ナチス・ドイツの文化統制	417
ナチスのユダヤ政策	128
ナチスの青年運動.ヒットラー青少年團と労働奉仕團	126
ナチスの社会政策	128
ナチスの行政法理論:國家観の推移と其の展開	656
ナチスの哲学と経済	282
ナチス独逸の経済的発展	282
ナチス獨逸の財政建設	397
ナチス獨逸の労働奉仕制	300
ナチス経済建設	282
ナチス労務動員体制研究	301
ナチス農業の建設過程	336
ナチス統制経済讀本	282
ナチス新統制経済読本	281
ナチス戰時經濟體制研究	281
ナチ政治と我が科學技術	741
ナポレオン	694
ニイチェ研究	32
ニイチエ哲学:生涯.思想並びにその批判	32
ニッケル合金鋼の性質及用途	893
ニッポン:ヨーロッパ人の眼で見た	544,545
ニューギニアの自然と民族	732
ニューギニヤ研究.濠洲政府編	734
ニューギニアの藝術	558
ネール自叙伝.下巻,印度の最近の事象に関する冥想	688

ノモンハン美談録	525
ノロ高地	525
ノーベル兄弟	692

―ハ―

ハウスホーフアーの太平洋地政学解説	87
ハナシコトバ学習指導書.上	458
ハナシコトバ学習指導書.下	458
ハナシコトバ学習指導書.中	458
ハリスペリー侵略外交顛末	132
ハロッド國際経済学	220
ハワイ.アラスカ.パナマ	734
ハワイの歴史と風土	658
ハワイを繞る日米関係史	137
ハワイ史	658
ハンガリー物語歴史	655
ハンス.カロッサ全集.第二巻,幼年時代,現代に於けるゲーテの影響	543
ハンス.グリム土地なき民.第一巻,狭隘なる故郷	544
ハンドブック西洋史.下巻	429
ハーバート.フーヴアー大統領となるまで	696
ハーモニカ奏法:増補改訂	573
バイロン傳	693
バゴボ族覚書	707
バルカン	128
バルカン近東の戦時外交	138
バーネウィッツ.探鉱者必携	795
パアカー美学概論	40
パスカル冥想録	33
パスカル篇	33
パナマとカリブ海	658
パラケルスス	692
パルプ	952
ヒットラー.ユーゲント	127
ヒットラー・人及その事業	692
ヒットラー:新興ドイツの巨人	691
ヒットラーと青年	127
ヒトラー『マイン.カンプ』研究:合冊普及版:批判篇	127
ビスマルク.全	690
ビスマーク	692
ビタミンと臨床	825
ビルマ:共栄圏文化	526
ビルマの現實	731
ビルマめぐり	520
ビルマ獨立の父オッタマ僧正	518
ビルマ獨立義勇軍秘話	524
ビルマ民族誌	651
ビルマ史	651
ビルマ戦陣賦	479
ビーグル号航海記.上巻	733
ピエゾ電気と其応用	770
ピエル.キュリー傳	695
ピグウ計画経済と資本経済	226
ピストル旋風時代	515
ファシスタ教本	92
ファショ党政治論:その運動と理論	128
ファブル傳.下巻	695
ファンとブロワー	909
ファーブル虫物語.第4巻	743
フアシズモ研究	84
フアブルの言葉	813
フアーニヴァル　蘭印経済史	278
フィヒテ篇	31
フィリッピンの研究:人.文化.歴史	651
フィリッピン大観	731
フィリッピン獨立論	122
フィリッピン攻略戦	524
フィリッピン文化:第四回日比学生会議	731
フィリピンの研究.人.文化.歴史	651
フィードレル芸術論	554
フイヒテの独逸観	125
フイヒテ獨逸國民に告ぐ	692
フイリッピン史	651
フイルム	934
フウパア外國貿易實践	380
フェスカ日本地産論.食用作物篇	332
フラシス敗れたり	658
フラムスチード天球図譜	787
フランコ将軍	693
フランスの生きる道	551
フランス敗れたり	551
フランス刺繍	570
フランス大革命	658
フランス革命史.第二部,憲法	657
フランス近代作家	694
フランス史学	657
フランス文化論	657
フランス文学史.第一巻,中世文学.Ⅰ	657
フランス現代中	657
フランス戦線	551
フリードリッヒ大王	691

フリードリッヒ大王と獨逸啓蒙思潮:獨逸精神史の研究 …… 31	ヘーゲル哲学研究 …… 31
フリードリヒ大王研究 …… 690	ベルグソンの哲学 …… 33
フレーベルの教育学 …… 421	ベルントゼン有機化学.上巻 …… 779
フロイド精神分析大系.10,芸術の分析 …… 44	ベートォエ(?)ン …… 691
フロイド精神分析大系.12,精神分析入門,幻想の未来 …… 44	ベーベル婦人論:婦人の過去・現在・未来 …… 86
フロイド精神分析大系.13,超意識心理学 …… 44	ペイント製造及検査法 …… 935
フロイド精神分析大系.14,戦争と死の精神分析 …… 44	ペスタロッチの根本思想研究 …… 421
フロイド精神分析大系.1,ヒステリー …… 43	ペスタロッチー全集.第一巻 …… 692
フロイド精神分析大系.3,夢判断.上巻 …… 44	ペルシヤ湾 …… 527
フロイド精神分析大系.3,夢判断.下巻 …… 43	ペン習字入現代書翰精典 …… 445
フロイド精神分析大系.4,日常生活の異常心理 …… 43	ペン字高速度上達帖 …… 565
フロレンス.ナイチンゲール嬢傳 …… 693	ペン字入明解辞典 …… 454
ブリヤート蒙古民族史 …… 611	ペン字入手紙新辞典 …… 464
ブロック經濟論 …… 223	ペン字入書翰新辞典 …… 445,446
ブロック経済に関する研究.東亜ブロック経済研究会研究報告 …… 233	ペン字入現代商業書翰文辞典 …… 463
ブローチ工作法 …… 901	ペン字速成上達帖 …… 565
ブローチ仕事 …… 905	ペートル …… 690
プチ.ピエール語物 …… 551	ホセ・リサール傳 …… 688
プラスティックス …… 930	ホブ切り法 …… 902
プラット式紡績機解説.第七卷,力績機解説 …… 942	ホルモン療法の理論と實際 …… 845
プラット式紡織機解説.第四卷,粗紡機 …… 942	ホルンベルングの滑空教室 …… 996
プラトン篇 …… 31	ボルシェヴヒズム研究 …… 85
プラトン全集.第一巻 …… 31	ボルネオ紀行 …… 729
プラトン書簡集 …… 31	ボルネオ熱帯医療行 …… 734
プラトン哲学 …… 30	ボレル平面三角法 …… 756
プルターク英雄傳.第二巻 …… 688,689	ボローヂン脱出記 …… 524
プルターク英雄傳.第三巻 …… 689	ボール盤.研磨盤作業法 …… 901
プルターク英雄傳.第四巻 …… 689	ボール盤と其作業 …… 909
プルターク英雄傳.第一巻 …… 688,689	ポイマテーブ ジムナステック …… 828
プルターク英雄傳.第二巻 …… 689	ポオル・ヴァレリイ全集.第七卷,精神について.1 …… 33
プルータルコス對比列傳.第七巻 …… 692	
プルーメンタール元帥陣中日誌 …… 691	ポケット会社要覧:昭和17年版 …… 311
プレサイス日英会話 …… 468	ポケット会社職員録 …… 670
プレス便覧 …… 899	ポケット会社職員録:昭和十八年版.第八回 …… 670
プレゼント叢書.剣道達人腕比べ …… 536	ポケット会社要覧 …… 311
プロテスタンティズムの論理と資本主義の精神 …… 57,58	ポット上海史 …… 602
	ポーツマス講和会議日誌 …… 131

―マ―

ヘエゲル篇 …… 32	マイステル.エックハルト:獨逸的信仰の本質 …… 691
ヘルマン.ヘッセ全集.第十五巻,菩提樹 …… 545	マグネシウム合金.加工篇 …… 897
ヘロドトスの「歴史」と人 …… 673	マグロ.カヂキ漁況.第二篇,内地重要魚類漁況論 …… 877
ヘーゲルの國家観 …… 32	マッハ力学の発達とその歴史的批判的考察 …… 764
ヘーゲル精神現象論 …… 32	マニラ麻大観 …… 866
ヘーゲル哲学と弁証法 …… 32	マハーバラタとラーマーヤナ …… 538
ヘーゲル哲学解説 …… 32	マヤの文化 …… 658

題名	頁
マライ華僑記	101
マライ経済の諸問題	277
マライ史	651
マルクシズムとボルシエギズム	4
マルクシズム概説	4
マルクス エンゲルス全集.第八巻	2
マルクス エンゲルス全集.第二巻	2
マルクス エンゲルス全集.第九巻	2
マルクス エンゲルス全集.第六巻	2
マルクス エンゲルス全集.第七巻	2
マルクス エンゲルス全集.第七巻ノ三	2
マルクス エンゲルス全集.第三巻	3
マルクス エンゲルス全集.第十二巻	2
マルクス エンゲルス全集.第十七巻	2
マルクス エンゲルス全集.第十三巻	2
マルクス エンゲルス全集.第十四巻	2
マルクス エンゲルス全集.第十一巻	2
マルクス エンゲルス全集.第四巻	2
マルクス エンゲルス全集.第五巻	2
マルクス エンゲルス全集.第一巻	2
マルクスの生涯と学説	4
マルクス経済学	4
マルクス派経済学と唯物史観	4
マルクス全集.第1冊,資本論.第1巻 一	2
マルクス全集.第7冊,資本論.第3巻 一	3
マルクス主義の根本問題	4
マルサス人口論	231
マルサス氏人口論	76
マルチン・ルッター	694
マルティン.ルウテル	690
マレーの研究	730
マーシァル経済学選集	232
ミケルアンヂエロ	692
ミヘエフ氏露語讀本自修書.巻の壱	453
ミュルダール経済学説と政治的要素	232
ミリング作業法手引	901
ミル功利主義	33
ムッソリニ傳	692
ムッソリニ伝	692
メコン河の流血	650
メッカ巡礼記	729
メッキ・鑞接	929
メリヤス	952
メンガー國民経済学原理	231
メーデ集團の心理	307
メートル法度量衡換算早見表	888
メートル法度量衡教授の實際	888
メートル法新裁縫書	954
モスクワとヴォルガ河	732
モスクワの歴史	654
モスクワ攻略戦史.上	206
モスクワ攻略戦史.下	206
モダン用語辞典	461
モルガン古代社会.上巻	587
モルガン古代社会.下巻	587
モルトケ	692
モルトケ作戦の準備と遂行	207
モートルの父重宗芳水	678

―ヤ―

題名	頁
ヤクゥト共和国.第一巻	733
ユダヤ民族の姿	79
ユダヤ民族を検討する	79
ユダヤ人と資本主義	236
ユダヤ人のアメリカ発展	658
ユダヤ思想及運動	84
ユダヤ四千年史	652
ユダヤ問題と日本	132
ヨード.カリ	928
ヨーロッパ文明史.上巻	652
ヨーロッパ文明史.下巻	652
ヨーロッパ要塞戦	197

―ラ―

題名	頁
ラジオ技術新講:一千萬聴取者のラジオ常識	919
ラジオ一・二年生	920
ラヂオと計算	919
ラヂオの作り方と其の応用工作	919
ラヂオ技術教科書	920
ラヂオ原理及び組立	919
ラックとラッカー	976
ラッソン版歴史哲學緒論:増補版	580
ラッセル論集	129
ラテンアメリカ総覧	734
ラムプレヒト歴史的思考入門	655
ラヴォアジエ傳	694
ラーメン	973
リカアドア	693
リカアドウ	693
リットン報告書:和文:中央公論十一月号別冊附錄	91
リヒトホーフェン・山東覚え書	717
リヒトホーフェン支那.1,支那と中央アジア	715
リヒトホーフェン支那.5,西南支那	715

1037

リンカーン	696
リーマン積分よりルベック積分へ	759
ルネサンス文化の潮流	555
ルヰ・パストゥール	695
ルーズウェルト外交の謎	688
ルーズベルト	525
ルーテル.全	690
レコードと其音楽	571
レコード音楽読本	571
レンズ	956
レンズの設計と測定	909
レントゲン	538
レントゲン療法新論	842
レース編物	953
レーニンのロシアと孫文の支那	4
レーニン傳	4
レーニン著作集.第4巻,一九一七年(プロレタリア革命)	3
レーニン著作集.第八巻,ロシアに於ける資本主義の發達.前編	4
レーニン著作集.第六巻,インタナショナル	3
レーニン著作集.第七巻,内外政策	3
レーニン著作集.第三巻,戰爭と會社主義	3
レーニン著作集.第十巻,唯物論と経験批判論:一反動哲学に関する批判の記録	4
レーニン著作集.第五巻,ソブィエット政權	3
ロオマと支那	585
ロシアの東進	124
ロシアの民族政策:特に回教民族政策	124
ロシアはどう出るか:赤軍の心臓を決る	124
ロシア東方経略史	281
ロシア年代記	654
ロシア印象記	733
ロシヤ文学史	539
ロレンス	693
ロンドンの憂鬱	534
ローゼンベルク理念の形成	89
ロートレック:芸術と生涯	694
ローベルト.コッホ:偉大なる生涯の物語	691
ローマ史	587
ローマ字・英和辞典	468
ローマ字國字論	460

―ウ―

ヴァリエテ.II	551
ヴァン.ゴッホ画集と評傳	694
ヴァンドリエス言語学概論:言語研究と歴史	442
ヴィールス疾患	836
ヴィタミンABC	805
ヴィンデルバント西洋哲学史.下巻	30
ヴイコの哲学	33
ヴェクトル解析学	758
ヴェルサイユ体制の崩壊.上巻	91
ヴェルサイユ体制の崩潰.中巻	96
ヴント倫理学綱要	34
ヴント氏心理学要領	42

―漢字―

阿倍仲麻呂伝研究:朝衡伝考	685
阿波國共同汽船株式会社五十年史	315
阿含経	52
阿片戦争.第一部	518
阿片戦争:その史実と物語	522
阿育大王	688
哀史.上巻	550
哀史.下巻	550
哀史.中巻	550
愛の科学	73
愛の世界	517
愛児の導き方	420
愛国風土記	531
愛國の英雄	518
愛國百人一首帖	565
愛國者	552
愛路少年隊	523
愛馬必携 馬の知識	872
愛馬読本	872
愛情の思索	74
愛育の書	420
愛育読本	426
安産の志るべ	849
安東省寛甸縣窪子溝硫化鉄鉱踏査報告	345
安眠の研究三十年新安眠法	828
安南の歴史	650
安南の民俗	707
安南史講義	650
安南通史	650
安全電信暗号	363
安田陸戦隊司令	674
安土桃山時代史	640
安心して納税の出来る営業帳簿記帳方法	308
安政大獄	523
岸清一訴訟記録集	188

題名	頁
岸清一訴訟録集.民事篇.第四輯,船舶載貨重量噸事件	185
岸田中村昆蟲標本製作法	813
墺国学派の価値学説:価値学説史.第2巻	231
八波新制自習辞典	467
八訂中等西洋歴史	429
八紘一宇.東亜新秩序と日本國体	115
巴爾幹の将来	123
巴爾幹外交史論	138
巴里会議後の欧洲外交	138
芭蕉去来	483
把頭炊事の研究	350
白川西本君伝	669
白禍に悩む支那:亜細亜聯盟へ	97
白楽天 實盛 楊貴妃 玉葛 融:内四	504
白熱の歴史	585
白人の南洋侵略史	645
白石と徂徠と春臺	686
白夜の海戦	544
白髭 盛久 佛原 善知鳥 小塩:内十九	505
百貨店.連鎖店.小賣店問題	371
百年忌記念ヘーゲルとヘーゲル主義	32
百歳突破作戦	827
百萬人の科学	744
百萬人の生理学	834
百萬人の数学	752
百萬人の数学.数学上の発明の社会史的背景に立脚せる数学入門書.下巻	750
百萬人の数学:数学上の発明の社会史的背景に立脚せる数学入門書.上巻	750
百萬人の写真術	566
拝耳新薬大全	857
般若心経講話	52
斑鳩裸記	680
坂本龍馬 中岡慎太郎	683
半七捕物帳.第二輯	515
半田商工会議所月報	274
邦人を待つ佛印の寶庫:附録 移民規則.日佛印條約	652
邦人負担関係ヨリ見タル天津ノ各種税捐一覧表	394
邦人農家経済調査報告.第七輯,農家経済調査	334
邦文タイプライター読本	953
邦文武士道	34
邦文支那郵便規則	363
傍注國寶目録:近畿之部	1026
包税制度ニ付テ:河北省ノ	393
包頭附近農村實態調査報告:鐙口郷鐙口村及東村	327
包頭漢薬事情.第二輯	867
保安処分論:犯罪政策学的研究	185
保定以南ニ戦線カ拡大セル場合ノ後方治安維持対策	101
保護國論	115
保健.厚生	827
保健長寿漢方治療皇漢医話.全	827
保健大則	831
保健婦教本.第三巻,看護篇	829
保健婦教本.予防篇	829
保健施設の理論と實際	831
保温材	909
保温及断熱材料	887
保険法論	169
保険経済の理論	410
保険論	410
保険制度と国民保健	410
保険總論	410
保育学	426
爆撃の話	207
悲しきいのち	533
悲劇の哲学	543
北の鳥南の鳥	811
北の山.南の山:研究.随想.紀行	729
北白川宮永久王殿下	667
北濱と兜町	303
北方の農作物害虫	864
北方の植物	809
北方経済論	234
北方農業機具解説	332
北方農業研究	334
北方言語概説	447
北方諸言語概説	457
北海の先駆者間宮林蔵	680
北海の征服者	515
北海道を基準とせる實用肥料講説	861
北海道要覧	724
北海道移民政策史	623
北京:転換する古都	528
北京に於ける二十五箇年(自一九〇〇年至一九二十四年)の物価,工資,生活程度	252
北京に於ける新聞社、通信社並検閲機関、同業団体ノ現状	416
北京のギルド生活	102
北京の歴史	601

北京の日.下巻,庭の悲劇.第二部,秋の歌.第三部 …… 476	北支に於ける文教の現状 …………………… 424
北京の市民.上巻 …………………… 477,704	北支の工業 ………………………………… 342
北京の支那家族生活 ……………………… 103	北支の河川 ………………………………… 797
北京より莫斯古へ ………………………… 545	北支の鉱業 ………………………………… 343
北京百景 …………………………………… 719	北支の歴史 ………………………………… 589
北京地区経済調査 ………………………… 252	北支の棉花.其の一 ……………………… 325
北京地区食糧対策調査報告:蒐貨機構、供給関係、蒐貨量及価格関係 ……………………………… 326	北支の農具事情に関する調査 …………… 321
	北支の農業経済 …………………………… 321
北京風俗問答 ……………………………… 704	北支の羊毛 ………………………………… 326
北京官話文法 ……………………………… 447	北支の葉煙草栽培地帯に於ける農業経営の変化 … 325
北京満鉄月報.第三年 第一号至第六号 …… 1022	北支の政情 ………………………………… 100
北京日本商工名鑑:北京一般経済事情概観 …… 312	北支の自然科学 …………………………… 740
北京日本商工名鑑:昭和十九年版 …………… 312	北支セメント・石油工業調査部報告 ……… 342
北京四郊に於ける養鶏経営状況・鶏の種類及形質調査報告書 ……………………………… 326	北支ニ於ケル農業水利及農地開発方策綱要(案) … 323
	北支ニ於ケル獣毛集散状態(秘)[総合資料] …… 326
北京特別市ニ於ケル食糧事情:特ニ統制機構外取引ノ問題 ……………………………… 326	北支ニ於ケル飼料關係品ノ對日輸出 ……… 383
	北支ニ於ケル外国人不動産権益実態調査實施ニ関スル連絡状況概要 ……………………… 102
北京西山 …………………………………… 718	
北京雑記 …………………………………… 530	北支ニ於ケル養鶏事情 …………………… 873
北満に於ける雇農の研究 ………………… 331	北支案内 …………………………………… 721
北満に於ケル農家経済収支表 …………… 322	北支八省の資源 …………………………… 241
北満の樹海と生物 ………………………… 717	北支産業開発四箇年計画木材需給表 …… 325
北満ニ於ケル油坊工業ノ現状 …………… 347	北支産業要覧 ……………………………… 251
北満概観 …………………………………… 716	北支ニ於ケル動物性油脂需給関係並加工消費状況 …… 347
北満金鉱資源:外蒙古金鉱資源・新疆金鉱石油資源 … 795	
	北支紡績・製粉工業調査報告 …………… 350
北満民具採訪手記 ………………………… 1005	北支紡績業基礎資料 ……………………… 347
北満特殊地帯綜合開発事業計画案 ……… 248	北支概観 …………………………………… 721
北満洲概観 ………………………………… 716	北支港湾調査報告:第一隊 ……………… 361
北米遊説記 ………………………………… 730	北支関税・貿易調査報告 ………………… 394
北寧 津浦農事施設関係 ………………… 323	北支国際収支調査計画案 ………………… 393
北寧 津浦鉄路沿線ニ於ケル戦禍水災調査報告.農畜産部面ニ於ケル ……………………… 864	北支河川水運調査報告:自第二隊至第七隊 …… 361
	北支金融調査報告 ………………………… 406
北欧旅日記 ………………………………… 732	北支金融通貨概況並之ニ伴フ商品流通事情調査.第五編,隴海線調査報告(徐州.開封) ……… 400
北平の陶器 ………………………………… 699	
北平華商電灯股份有限公司 調査報告概要 …… 310	北支経済の開発 …………………………… 244
北宋全盛期の歴史 ………………………… 595	北支経済案内 ……………………………… 252
北太平洋の實相 …………………………… 585	北支経済調査所蔵書目録:秘扱之部 …… 1023
北畠親房公景伝 …………………………… 685	北支経済調査所分析試験及鑑定規則:社告第四三号 … 742
北洋雑筆 …………………………………… 729	
北斎論 ……………………………………… 684	北支経済調査所刊行物目録:昭和十八年三月末現在 … 1025
北支!!天津事情 …………………………… 601	
北支.蒙疆現勢 ……………………………… 100	北支経済調査所資料目録.第十五編,都市 …… 1025
北支・蒙古の地理:乾燥アジアの地理学的諸問題 …… 715	北支経済動向.第一号 …………………… 249
	北支経済讀本:新版 ……………………… 243
北支に於ける落花生、落花生油及落花生粕調査 …… 387	北支経済開発の根本問題 ………………… 241
	北支経済開発論:山東省の再認識 ………… 257

題名	頁
北支経済開發論:山東省の再認識	254
北支経済統計季報.9	251
北支経済統計季報.第5號	251
北支経済統計季報.第6號	251
北支開発企業の現勢	309
北支開発事業の概観	1000
北支蒙古の地理:乾燥アジアの地理学的諸問題	713,714
北支蒙彊麻類調査	866
北支蒙彊年鑑:昭和十九年　民国三十三年版	1018
北支蒙彊年鑑:昭和十六年　民国三十年版	1018
北支蒙彊年鑑:昭和十七年　民国三十一年版	1018
北支蒙彊年鑑:昭和十五年	1019
北支蒙彊商工名鑑:昭和十四年版	242
北支棉花総覧	346
北支棉花綜覧	866
北支綿花オ繞ル諸問題ト其ノ経緯	346
北支綿花改良増殖九箇年計画(案)	325
北支民族工業の発達	342
北支那に於ける既存電気事業總括調査報告	345
北支那に於ける棉作地農村事情:河北省通縣小街村	327
北支那の農業と経済.上巻	320
北支那の農業と経済.下巻	320
北支那の薬草	831
北支那の戦争地理	209
北支那阿片事情	596
北支那産業統計提要	251
北支那工場実態調査報告書:濟南之部	349
北支那工場実態調査報告書:山西之部	349
北支那工場実態調査報告書:濰縣之部	349
北支那工場実態調査報告書:芝罘之部	349
北支那懷古の栞:河北篇	714
北支那懷古の栞:河南.安徽.江蘇篇	713
北支那懷古の栞:山東篇	715
北支那懷古の栞:山西.蒙彊篇	713
北支那経済の新動向	243
北支那経済年鑑:昭和十四年度版	1018
北支那経済総観	247
北支那経済綜観	248
北支那開発株式会社及関係会社概要:別冊.法令・定款・規定集	148
北支那鉱業関係文献目録	1026
北支那労働事情概観	298
北支那硫化染料工業	347
北支那棉花改良増産三箇年(自昭和十四年至昭和十六年)實施計画大綱経費豫算	325
北支那内国貿易統計年報:秦皇島・天津・龍口・芝罘・威海衛・青島.昭和十五年	372
北支那農業関係文献目録	1025
北支那三省夏期並冬期作物耕作面積及産量統計表	321
北支那文化便覧	415
北支那沿岸の航路網:昭和二年本邦社外船の近海配船と市況の推移	993
北支那在留邦人官商録	670
北支那之物資薬物研究	301
北支農村概況調査報告.二,泰安縣第一区下西隅郷潦窪荘	247
北支農村概況調査報告.三,維縣第一区高家楼村	329
北支農村概況調査報告.一,恵民縣第一区和平郷孫家廟	329
北支農村概況調査報告:彰徳縣第一区宋村及侯七里店	330
北支農村救済ト植棉改進問題	863
北支農業・合作社調査報告	322
北支農業・合作社調査報告(続):河北.山東主張報告	322
北支農業ニ関スル基礎資料(綿花、小麦、畜産)	321
北支農業建設ト日本ノ大陸経営	322
北支農業経済論:特に棉花生産と合作社の問題を中心として	330
北支農業救済ト植棉改進問題	322
北支商品綜覧	387
北支事情総覧	104
北支事情綜覧	248
北支事務局調査部資料目録.第八編,交通	1025
北支事務局調査部資料目録.第五編,鉱業	1025
北支事務局調査部資料目録:第九編金融附保険	1025
北支事務局調査室資料目録.第三編,企業、経営、会計	1025
北支水力資源調査.其ノ二,拒馬河水力資源	982
北支鉄道ラ中心トシタル治水造林事業	870
北支鉄鉱・硫黄鉱資源	892
北支通覧	242
北支五省ノ道路ニ就テ	611
北支小麥の品質及需給に関する調査	325
北支新幣制ノ物的基礎並本質ニ関スル調査計画案	400
北支沿岸貿易統計年報.民国30年	372
北支沿岸貿易統計年報.昭和15年度	372
北支塩業開発ノ實態ト其ノ合理的利用ニ関スル調査計画案	347
北支製粉工業立地調査:青島	348

北支中支の風物	715
北支主要地工業企業条件調査:天津市ノ部	309
北支主要都市ニ於ケル上水道ニ就テ	979
北支主要都市商品流通事情.第七編,済南、徐州	373
北支主要都市一般経済概況	248
北支主要工場一覧表	309
北支資本制軽工業ノ発展様相ト事変ニ依ル影響	343
北支資源統計図鑑	251
北支資源綜覧:附 隴海沿線	245
北支自動車交通事業及道路現況調査報告	360
北中支における輸入配給統制	302
北中支蒙彊ニ於ケル新設主要会社一覧:資料時報	309
貝のお話	878
被服の本質	955
被服の科学	956
被服の知識	953
被服要義.婦人標準服篇	955
本邦の貿易と新秩序	377
本邦保険判例集	168
本邦都市計画事業と其財政	977
本邦工藝の現在及未来	557
本邦及海外の株式取引所	404
本邦鉱業と金融	352
本邦乳幼児の急性栄養障碍に就て	826
本邦史学史論業.上巻	581
本邦輸出品詳解	385
本邦鉄鋼業の國際的地位と其動向	352
本邦鉄鋼業現在及將来	353
本邦信託会社論	408
本草学論考.第1冊	856
本草学論考.第二冊	856
本草学論考.第三冊	856
本朝画人傳.巻三	679
本朝画人傳.下	680
本朝画人伝.5	680
本朝書籍目録考証	1022
本朝陶器攷証	701
本圀寺党の人々	513
本居宣長翁全伝	55
本居宣長玉鉾百楢首論釈	28
本山版縮制正法眼藏	53
本田美禅集.御洒落狂女	514
崩れ行く英帝国二十年史	657
比島の諸問題:アメリカはそこで何をしたか	122
比島風土記	707
比島絵だより	727
比島作戦	525
比律賓に於けるマニラ麻の生産:特にその生育條件と栽培に就て	335
比律賓に於ける華僑	101
比律賓の全貌:米國極東進出の据点	731
比律賓の資源と貿易	278
比律賓ノ対外貿易	378
比律賓民族史	651
比律賓史.上巻,政治.経済.社会史の研究	651
比喻釈義	56
必ず儲かる株式相場の實戦術	304
必要な人物	660
閉された庭	363
碧厳録大講座.14,無門関.中	53
編年水産十九世紀史	877
編年体西洋史観	653
編物と手芸	1014
編物の新型と編み方	953
邊彊アラスカ:史的発展と資源	734
便秘・下痢及嘔吐	848
変り者,一名,通俗精神病の性格論及其養生	851
変革期支那の認識	96
変貌の歐洲	88,89
變り者,一名,通俗精神病の性格論及其养生	45
標本図説病理組織学.前編	835
標本図説病理組織学.後編	835
標準歯車	907
標準電気工学	914
標準定量分析法	781
標準工業会計図解	339
標準工業会計図解.附録勘定組織図解及勘定表	339
標準古典解釈.國文部.第一巻	479
標準機械設計図表便覧	906
標準家具	951
標準内國商業實践	366
標準日本語発音大辞典	466
標準語の問題	456
標準語の語法	462
標準育児講座.第三巻,救急・保健・便覧	829
標準育児講座.第一巻,發育・榮養・育児	829
標準原価の理論と応用	295
標準支那語教本.初級編	448
表現の日本的特性	556
表現主義史観:シュペングレルの歴史哲学	32
別府案内	728
別尊京都佛像図説	701
濱寺海水浴二十周年史	315

兵法.三略　司馬法	207
兵法孫子	207
兵器考.砲煩篇一般部	208
兵器取扱の科学知識.上巻	714
丙午迷信の科学的考察	60
病める魂:永遠の生命	45
病蟲防除相談	864
病窓の科学:闘病二十年の手記	522
病床道場	819
病理解剖各論.上巻	835, 836
病理解剖各論.中巻	835
病理学	835
病理学図譜	835
病理学総論.上巻	835
病理学総論.下の巻	835
病理学総論.中の巻	835
病理組織学を学ぶ人々に:実習を受ける学生と研究者のために	835
病気予防健康法	827
病氣の正體:病氣とはどんなものか?	819
病氣は働きながら治る:人に備はる治病術とは何か	827
病氣をめぐって	819
病休道場	845
病因と体質	836
病原細菌学.後編	836
病原細菌学.前編	836
病院建築.第四期.第五回	972
病院談話室	847
波と防波堤	991
波動光学.下;物質の光学的性質	769
播磨風土記新考	725
伯林奪取	127
舶用補機	992
舶用汽罐	992
博山石炭鉱業概要	343
博物採集と標本の作り方	800
博物辞典	747
博物辞典	747
博物誌	551
薄荷と除虫菊	937
薄命のヂュード	549
補訂東亜氣象学	790
補訂簡明新商事要項	364
補習医学講座　血液型の分類と遺傳に就いて	843
補習醫學講座.女子結核と人口問題並に保護問題	840
補助看護兵教程	853
不等式	756
不定解析論	751
不動産登記法	179
不動産評価の理論と實際.第一巻,農地・農牧場篇	333
不法行為論	175
不滅の科学者:ケプラー　ガレリオ　ニユートン	659
不銹鋼	897
布教と文化	46
部報.第一二号(通巻)	249
部報.第一六号(通巻)	249
部報.第一三号(通巻)	249
部報.第一四号(通巻)	249
部報.第一五号(通巻)	249
埠頭駅に於ける一般貨物取扱開始と今後の問題	361
簿記と会計の知識	294
簿記会計精義	295
簿記精説:理論と實務	296
簿記實務講座.上巻	371
簿記学概論	296
材料力学	887
材料強弱学	887
材料試験:クリープ試験・疲労試験	887
財産法概説	168
財産権の強制執行	187
財界巨頭傳	676
財界人物我観	676
財界人物選集	676
財界人物選集.別輯,全日本産業大観	676
財務諸表の解説	296
財務諸表準則の研究:企画院財務諸表を中心として	293
財政と金融	390
財政便覧	396
財政讀本	390
財政概論	390
財政金融新体制と株式市場の再編成	389
財政経済二十五年誌.第八巻,年誌・年表・索引	405
財政経済二十五年誌.第四巻,政策篇.上	405
財政経済私言	390
財政学	389
財政学.下	389
財政学大綱	411
財政学基本原理.(2)	391
財政学基本原理.(3)	391

財政学入門	389	茶室	706
財政学要綱	389	茶室.茶庭	706
財政学原理	390	茶室建築	972
財政政策論	395	茶碗	706
裁縫科教授法	954	茶碗鑑賞の書	570
採点急所を指摘せる代数の突破	758	茶席茶庭考	978
採点急所を指摘せる幾何の突破	758	察哈爾地方概況	331
採光通風を主とする住みよき小住宅の設計	968,969	察哈爾省金融事情	407
採集必携通俗脈翅類図説:トンボ類	814	禅と哲学	46
採鉱設計	890	禅の漫談	53
採鉱学.第五巻,鉱山の計画及び設計	890	禅学辞典	53
採鉱学.上巻	890	禅宗辞典	53
採算を中心とせる重要商品の實際知識	378	禅宗聖典	53
菜根譚詳解	40	産金	795
参考東洋史	607	産科学.前篇	849
参考法制精説	163	産霊の産業	265
参考十八史略通解	593	産業と結核:その予防と治療対策について	823
参考物理学	765	産業保健指導員:生活指導者としての産業保健婦	
参戦と建設華北	115		830
参戦二十将星回顧卅年日露大戦を語る:陸軍篇	205	産業福利施設	93
喰へる雑草:自然科学と藝術	534	産業改造への途:附歐米経済事情	236
残雪	532	産業國策と中小産業	377
蚕絲絹業再編成	334	産業合理化	268
蚕系業の将来	354	産業合理化か失業合理化か	263
蚕系業経済	318	産業講話	263
倉庫及倉庫業	371	産業教育論	306
倉庫経営論	301	産業経済学	351
倉庫論	301	産業能率と生産技術及組織問題	312
倉庫研究.Ⅱ	371	産業能率論	366
操縦修繕最新自動車の知識	989	産業疲労	823
艸木蟲魚	523	産業人の工的錬成	351
草莽の語	535	産業社会之進化	230
草炭	933	産業心理学	42
草屋根	972	産業医学論集:民族發展と生産力増強のために	822
草原の研究	797	産業戦士の心構へ	523
草月流いけばなの生け方	568	産業指導者大蔵永常	665
測定値計算法	888	産業資本と支那農民	320
測量の知識	788	産業自治とギルド社会主義	305
測量設計實用表	968	産業組合讀本	308
測量設計實用表:後編	968	産業組合法	172
測量術講座.上巻	788	産業組合法通義	142
測量術講座.下巻	788	産業組合法要義	169
茶とその文化	415	産業組合会計	308
茶と美	956,957	産業組合金融.上巻	404
茶の科学	867	産業組合経済学	230
茶道.第三巻,道具とその扱い方	957	産業組合経営論:組合配給の研究	311
茶道入門	706	産業組合問題	308

題名	頁
闡明:建築及都市計画の現状に就いて	964
長さ・角及び仕上面の測定	902
長谷川伸集.敵討鎗諸共.外廿篇	519
長江の自然と文化	718
長江三十年	527
長江十年	719
長芦、社営昭和17年監場状況	343
長期化する大戦.世界情報.第二輯	91
長期建設と日本の財政	395
長期建設期に於ける我國労働政策:昭和研究会労働問題研究会中間報告	300
長期戦必勝	196
長崎繪画全史	558
長寿の科学的研究	828
長興炭鉱採掘復興計画案	344
常識の化学	774
常熟縣大義橋ニ於ケル洋龍船ニ関スル調査報告	863
常用新薬集	857
超仕上	901
朝日常識講座.第二巻,世界の大勢	1004
朝日常識講座.第六巻,都市と農村	1004
朝日常識講座.第七巻,物価の話	1004
朝日常識講座.第十巻,新聞の話	1004
朝日常識講座.第五巻,労働問題講話	1004
朝日常識講座.第一巻,人口問題講座	1004
朝日東亜年報:昭和十七年版.大東亜戦争特輯	1010
朝日東亜年報:昭和十三年―十六年版	1020
朝日国民地図	735
朝日経済年史.昭和19年版,日本経済の決戦態勢	267
朝日経済年史.昭和9年版	276
朝日年鑑	1019,1020
朝日新講座.19,商品学	218
朝日新講座.1,政治学	218
朝日新講座.34,農芸化学.上巻	218
朝日新講座.38,地政学	218
朝日新講座.4,財政学	218
朝日新講座.5,経済学	218
朝日新撰書.9,城と要塞	728
朝鮮.台湾.海南諸港	732
朝鮮の経済	262
朝鮮の類似宗教	60
朝鮮の陶磁	569
朝鮮の郷土神祀.第一部,部落祭	49
朝鮮風土記.上巻	724
朝鮮風土記.下巻	724
朝鮮概覧 朝鮮棋友名鑑	663
朝鮮高麗陶磁考	700
朝鮮古代文化の研究	612
朝鮮経済年報:昭和十五年版	262
朝鮮旧書考	418
朝鮮科学史	741
朝鮮満洲青島営業別電話名簿	363
朝鮮貿易史	376
朝鮮親族相続法要論	150
朝鮮史のしるべ	612
朝鮮史満洲史	605,607
朝鮮史譚	478
朝鮮輸出貿易品調査表	385
朝鮮陶磁鑑賞	570
朝鮮陶磁名考	700
朝鮮通史.全	612
朝鮮畜産例規	150
朝鮮殉教史	59
朝鮮要覧	724
朝鮮銀行二十五年史	408
朝鮮語方言の研究.上巻	469
潮汐	796
車窓から観た自然界:山陽道	724
徹底個人主義	119
臣道.武教小学	23
塵芥と屎尿の科学	823
成吉思汗	477
成吉思汗ハ源義経也	662
成吉思汗傳	662
成吉思汗実録　全	661
成簣堂古文書目録	1024
成簣堂善本書目	1024
成瀬先生傳	677
成人教育講話資料	73
城と要塞	966
城のある町にて	515
城郭と文化	414
城下の人	525
池の坊流花の生け方	570
池の坊流生花の秘法.上巻	706
池坊生花の技術.下巻	568
歯と民族文化	853
歯に就ての常識	853
歯車:測定・検査	907
歯車の取扱い計算表	907
歯車設計便覧.第1篇,歯車数値表	907
歯科医療機械材料商品目録	853
赤ちゃんから両親へ	829

赤道直言潮音譜	530
赤俄遊記	733
赤坊から歩きはじめまで	955
赤堀和洋料理法	958
赤裸の日華人	702
赤区諸問題評判.中篇	100
赤色アジアか防共アジアか	95
赤色ルート踏破記	713
赤穂誠忠録	688
赤穂義士四十士伝	667
赤血球沈降反応	841
勅諭典令對照　戰陣訓詳解	200
勅撰六国史大観	636
蟲の生活.上巻	813
蟲の生活.下巻	814
蟲垂炎の臨床.上巻	849
銃後の財政経済	266
銃後戦記:西部篇	525
抽象代数学	758
出版年鑑	64
出版新体制の話	417
出兵より撤兵までシベリヤ秘史	654
出雲における小泉八雲	693
初めて家を建てる人に必要な住宅の建て方	971
初め法律を学ぶものの法律経済術語新辞典	82
初産婦に必要なる妊娠十ヶ月の心得	850
初代長瀬富郎伝	685
初等電気工学	915
初等電気学	914
初等工業数学研究	886
初等機械力学	905
初等幾何学極大極小問題	431
初等幾何学演習	431
初等幾何学作図不能問題	431
初等解析幾何学	762
初等解析学:解析幾何学及び微積分学	761
初等日本語読本.巻四	426
初等射影幾何学入門:近世幾何学の展望	431
初等数学で分る微分積分の講義	432
初等数学史概要	754
初等微分幾何学	760
初等微分学学び方考え方と解き方	432
初等微積分ノ概念トソノ応用	760
初等英語商業通信文	449
初紡機取扱法	940
初級基礎電気工学	914
初級図案法	567
初級土木法規	977
初級自動車工学	989
初年生の英作文と文法	423
初学者の為の西洋哲学史概説	30
初一各科の教へ方と研究授業	429
除虫菊と我が組合	313
厨川白村全集.第三巻,文学評論	66
楚人冠全集.第十八巻,林中放送	529
楚人冠全集.第一巻,へちまもかは白馬城	529
触媒化学 触媒作用の理論	781
触媒化学.合成石油.水性瓦斯反応.硬化油	932
触媒実験マニュアル	780
川村珠算講座.第一編	755
川端康成	678
川端康成集	516
川康建設視察團報告書.上巻	102
川柳江戸名物	503
川湘公路	715
船	992
船と科学技術	991
船の歴史	992
船を造る	991
船舶の遭難と救助	994
船舶及び積荷と海上保険	410
船舶計算	992
船舶史考	992
船舶修理	992
船舶屬具	992
船荷証券法及船舶担保法の研究:海商法研究.第一巻	169
船員関係總動員令解説	994
傳票会計	294
傳統	22
喘ぐ英國の戰時生態	282
創傷及其療法	849
創世時代と父祖の生活:古代聖徒の生涯に現れたる真理の輝き	48
創造の民日本民族	648
創造的進化.上巻	33
創造的進化.下巻	33
創造日本学概論:天皇帰一の哲学	658
創造十年	475
創作手工芸図案集	563
創作心理学	11
春蘭	870
春琴抄	518
春秋左氏傳.上	595

題名	頁
春秋左氏傳.下	595
春秋左氏伝講義.上卷	595
春秋左氏伝講義.中卷	595
純理経済学.完	225
純粋数学の世界	753
純粋心理学考	43
純正北京語	447
純正計画経済制度論:社会主義的計画経済の批判	230
純忠論	25
辞苑	466
磁氣と磁石	770
磁石	916
此の人を見よ:人類生活上、勝利者の記録	660
此一戦	524
次の極東戦争.帝國陸軍は何處へ行く	199
刺繡術指南	953
村上浪六集.馬鹿野郎.外三篇	519
存在と時間	32
存在の理法	766
存在論	13
寸鉄科学	742
達磨の研究	52
韃靼.西蔵.支那旅行記.上卷	720
韃靼一千年史	599
大トルストイ全集.第八卷	539
大トルストイ全集.第二卷	539
大トルストイ全集.第二十二卷	540
大トルストイ全集.第二十卷	540
大トルストイ全集.第二十一卷	540
大トルストイ全集.第九卷	539
大トルストイ全集.第七卷	539
大トルストイ全集.第三卷	539
大トルストイ全集.第十八卷	540
大トルストイ全集.第十二卷	540
大トルストイ全集.第十九卷	540
大トルストイ全集.第十七卷	540
大トルストイ全集.第十卷	539
大トルストイ全集.第十三卷	540
大トルストイ全集.第十四卷	540
大トルストイ全集.第十五卷	540
大トルストイ全集.第十一卷	539
大トルストイ全集.第四卷	539
大トルストイ全集.第五卷	539
大トルストイ全集.第一卷	539
大トルストーイ伝.第二卷	689
大トルストーイ伝.第三卷	689
大トルストーイ伝.第一卷	689
大ニウギニアの相貌	734
大白道	502
大百科事典.第八卷 A	1006
大百科事典.第八卷 B	1006
大百科事典.第二卷	1009
大百科事典.第二卷	1005
大百科事典.第二卷 A	1006
大百科事典.第二卷 B	1006
大百科事典.第二卷.第二册	1009
大百科事典.第二十八卷,索引 A	1009
大百科事典.第二十二卷 A	1008
大百科事典.第二十二卷 B	1014
大百科事典.第二十六卷	1008
大百科事典.第二十六卷 A	1008
大百科事典.第二十六卷 B	1009
大百科事典.第二十七卷 B	1009
大百科事典.第二十七卷:補遺 A	1009
大百科事典.第二十卷 A	1008
大百科事典.第二十卷 B	1008
大百科事典.第二十三卷	1008
大百科事典.第二十三卷 A	1008
大百科事典.第二十四卷 A	1008
大百科事典.第二十四卷 B	1008
大百科事典.第二十五卷	1009
大百科事典.第二十五卷 A	1008
大百科事典.第二十五卷 B	1008
大百科事典.第二十一卷 A	1008
大百科事典.第二十一卷 B	1008
大百科事典.第九卷 A	1006
大百科事典.第九卷 B	1006
大百科事典.第六卷 A	1006
大百科事典.第六卷 B	1006
大百科事典.第六卷.第2册	1009
大百科事典.第七卷 A	1006
大百科事典.第七卷 B	1006
大百科事典.第七卷.第1册	1009
大百科事典.第三卷	1009
大百科事典.第三卷 A	1006
大百科事典.第三卷 B	1006
大百科事典.第三卷.第1册	1009
大百科事典.第十八卷 A	1008
大百科事典.第十八卷 B	1008
大百科事典.第十二卷 A	1007
大百科事典.第十二卷 B	1007
大百科事典.第十九卷 A	1008
大百科事典.第十九卷 B	1008

• 1047 •

大百科事典.第十六卷 A	1007	大辞典.第六卷	1015
大百科事典.第十六卷 B	1007	大辞典.第七卷	1015
大百科事典.第十七卷 A	1007	大辞典.第三卷	1015
大百科事典.第十七卷 B	1007	大辞典.第十二卷	1015
大百科事典.第十卷	1007	大辞典.第十九卷	1016
大百科事典.第十卷 A	1007	大辞典.第十六卷	1016
大百科事典.第十卷 B	1007	大辞典.第十七卷	1016
大百科事典.第十三卷 A	1007	大辞典.第十卷	1015
大百科事典.第十三卷 B	1007	大辞典.第十三卷	1015
大百科事典.第十四卷 A	1007	大辞典.第十四卷	1015
大百科事典.第十四卷 B	1007	大辞典.第十五卷	1015
大百科事典.第十五卷 A	1007	大辞典.第十一卷	1015
大百科事典.第十五卷 B	1007	大辞典.第四卷	1015
大百科事典.第十一卷 A	1007	大辞典.第五卷	1015
大百科事典.第十一卷 B	1007	大辞典.第一卷	1015
大百科事典.第四卷	1006	大地	552
大百科事典.第四卷.第二册	1009	大帝康熙:支那統治の要道	663
大百科事典.第四卷 A	1006	大典 菊慈童 笛之卷 梅 楠露 木曽:別七	505
大百科事典.第四卷 B	1006	大東亜に於ける米	332
大百科事典.第四卷.第1册	1009	大東亜の成育	107
大百科事典.第五卷	1009	大東亜の気候	791
大百科事典.第五卷 A	1006	大東亜の社会と経済	108
大百科事典.第五卷 B	1006	大東亜の特殊資源	335
大百科事典.第五卷 第1册	1009	大東亜の音楽	571
大百科事典.第一卷	1005	大東亜の魚	877
大百科事典.第一卷 A	1005	大東亜の中心理念	112
大百科事典.第一卷 B	1005	大東亜ものがたり	607
大百科事典.新補 A	1009	大東亜産天然樹脂.第一輯,コーパル・ダマール	932
大阪の動物園	810	大東亜地理精説	716
大阪府関係物品販賣價格公表.23	378	大東亜地理民族学	608
大阪府関係物品販賣價格公表.26	378	大東亜地体構造論	792
大阪貿易彙纂	385	大東亜地下資源論	100
大阪文化史研究	649	大東亜地政学新論	88
大帮の都上海	104	大東亜地政治学	107
大倉鶴彦翁	673	大東亜風雲録.上卷	627
大蔵省讀本:財政経済の知識	119	大東亜共栄圏と國語政策	110
大痴芋銭	700	大東亜共栄圏と中南米	90
大辞典.第八卷	1015	大東亜共栄圏の民族	610
大辞典.第二卷	1015	大東亜共栄圏の通貨工作	400
大辞典.第二十二卷	1016	大東亜共栄圏第二次欧洲大戦関係条約集	189
大辞典.第二十六卷	1016	大東亜共栄圏資源画総.7,ビルマ編	277
大辞典.第二十卷	1016	大東亜共榮圏植民論	116
大辞典.第二十三卷	1016	大東亜共榮圏綜合貿易年表.Ⅰ,泰國	380
大辞典.第二十四卷	1016	大東亜共榮圏綜合貿易年表.Ⅲ,中華民國總覽	381
大辞典.第二十五卷	1016	大東亜共同宣言	115
大辞典.第二十一卷	1016	大東亜古代文化研究	501
大辞典.第九卷	1015	大東亜國土計画の研究.下卷	260

題名	頁
大東亜海上決戦	197
大東亜化学工業論	353
大東亜計画貿易論	385
大東亜建設と教養	119
大東亜建設の地理哲学	726
大東亜建設の基本綱領	110
大東亜建設の原理と諸問題	261
大東亜建設経済原理	268
大東亜建設日誌.第二輯	203
大東亜建設史料東洋史と時代の人々	610
大東亜交通講座講演集	358
大東亜交易経済論	376
大東亜教育論	425
大東亜経済と青年	317
大東亜経済の理論	259
大東亜経済地理	238
大東亜経済建設	269
大東亜経済建設の構想	262
大東亜経済建設論	261
大東亜熱帯圏の寄生蟲病	848
大東亜外交史研究	135
大東亜現代史	608
大東亜新経済と欧洲新経済	235
大東亜巡察考	108
大東亜戦後中南支ニ於ケル通貨金融関係法令布告集	146
大東亜戦後中支ニ於ケル物価関係法令談話集	148
大東亜戦美術	560
大東亜戦争と帝國海軍.第一輯	199
大東亜戦争に直面して:東條首相演説集	112
大東亜戦争を繞る経済戦略	235
大東亜戦争第一歌集	478
大東亜戦争防人の賦	533
大東亜戦争諄辞集.後編	623
大東亜戦争諄辞集.前編	623
大東亜植物油資源論	948
大東亜諸國の實情を語る	107
大東亜資料總覽	1027
大東亜資源化学.第1冊,ゴム工業	930
大東亞地下資源論	794
大東亞交易基本統計表.全	365
大東亞貿易新論:共栄圏貿易の原理・構造・運営	384
大豆の加工	319
大豆專管制實施後ノ影響	388
大分縣方言の研究	468
大奉天市事情総覽	716
大佛次郎集.照る日くもる日.外一篇	479
大谷光瑞全集.第八巻	65
大谷光瑞全集.第二巻	65
大谷光瑞全集.第九巻	65
大谷光瑞全集.第六巻	65
大谷光瑞全集.第七巻	65
大谷光瑞全集.第三巻	65
大谷光瑞全集.第十巻	65
大谷光瑞全集.第四巻	65
大谷光瑞全集.第五巻	65
大谷光瑞全集.第一巻	65
大谷光瑞興亜計画.1	242
大谷光瑞興亜計画.2	242
大谷光瑞興亜計画.3	245
大谷光瑞興亜計画.4	242
大谷光瑞興亜計画.5	242
大谷光瑞興亜計画.9	242
大国聖日蓮上人	55
大国史美談.巻四	613
大国史美談.巻二	613
大国史美談.巻六	613
大国史美談.巻七	613
大国史美談.巻三	613
大国史美談.巻五	613
大国史美談.巻一	613
大國隆正	672
大海戦秘史.黄海海戦篇	522
大漢和辞典.巻一	468
大航海	544
大和の名勝と天然記念物	725
大和古寺風物誌	728
大和繪	561
大和民族の前進	111
大化改新の研究	636
大黄河	718
大建築学.第二巻	964
大匠坪曲術圖解	969
大津事件の烈女畠山勇子	688
大久保好六遺作写真集:附追悼寄稿病床遺稿	687
大久保甲東先生	683
大久保利通	683,684
大空の先驅者二宮忠八	668
大連	602
大連港と支那沿岸貿易	383
大連商工案内;昭和14年版	254
大連商工会議所統計年報	365
大連商工名録	253

大連商業会議所統計年報	384
大連図書館和漢図書分類目録.第2編,宗教 哲学 教育	1023
大連図書館和漢図書分類目録.第4編,追録,歴史 傳記 地誌,昭和2年4月1日—昭和11年3月31日	1023
大連要覧	721
大魯迅全集.第二巻	476
大魯迅全集.第六巻	476
大魯迅全集.第七巻	476
大魯迅全集.第三巻	476
大魯迅全集.第四巻	476
大魯迅全集.第五巻	476
大陸と繊維工業:創業三十周年記念出版	346
大陸の言語と文學	443
大陸の姿:少年少女・旅だより.華北から	721
大陸の自動車	989
大陸インフレの話	395
大陸國策:現地に視る	107
大陸建設の課題	246
大陸年鑑.昭和十六年版	1019
大陸年鑑.昭和十七年版	1019
大陸氣象隨感	790
大陸史の十二人	660
大陸挺身隊	527
大陸政治と海洋政治	708
大満洲	719
大満洲帝國建國十周年紀念寫真帖	598
大緬甸誌.上巻	731
大乃木	675
大南洋の話	730
大南洋の全貌	723
大南洋地名辞典.第四巻,泰國及佛領印度支那	724
大南洋地名辞典.第一巻,比律賓	724
大平洋探検家鈴木経勲	688
大菩薩峠.第七冊	516
大菩薩峠.第十1冊	516
大氣物理学	790
大青島特別市之地質.第一編,現青島市街地之部	793
大日本.上巻	112
大日本百科全書	1013
大日本辯護士名簿	673
大日本地文学気界講話	784
大日本帝国地理精義.上巻	726
大日本帝国地理精義.下巻	727
大日本帝国地理精義.中巻	727
大日本帝國憲法の根本義	165
大日本対外戦争史話	203
大日本法律哲学	140
大日本紡績株式会社五十年記要	314
大日本佛教全書	50
大日本國語辞典.巻三,しーち	456
大日本國語辞典.巻五,ふーん	456
大日本國語辞典.巻一,あーき	456
大日本國語辞典.巻一,あーか	456
大日本國語辞典.巻一:あーか	456
大日本海:日本地理学史の研究	796
大日本絵画史	561
大日本絵書史	561
大日本建國史	627
大日本麦酒株式会社三十年史	314
大日本内科全書.第12巻,神経系及運動器疾患.第1冊,神経系疾患総論 脳疾患	844
大日本内科全書.第5巻.第二冊,胃.十二指腸	844
大日本内科全書.第二巻.第1冊,伝染病.第一編,腸チフス.第二編,パラチフス	843
大日本内科全書.第二巻.第二冊,傳染病,赤痢	843
大日本内科全書.第二巻.第三冊,傳染病.第四編,發疹性疾患.1	843
大日本内科全書.第十二巻,神経系及運動器疾患.第二冊.第四編,微毒ニ因スル神経系統疾患	844
大日本内科全書.第五巻.第二冊,胃及び十二指腸各論	844
大日本年表	634
大日本人造肥料株式会社五十年史	314
大日本商工録.上	312
大日本商業史	378
大日本神名辭書	49
大日本史.八	614
大日本史.二	614
大日本史.後付	614
大日本史.九	614
大日本史.六	614
大日本史.七	614
大日本史.三	614
大日本史.十	614
大日本史.十二	614
大日本史.十六	615
大日本史.十三	614
大日本史.十四	615
大日本史.十五	615
大日本史.十一	614
大日本史.四	614
大日本史.五	614

· 1050 ·

題名	頁
大日本史.一	614
大日本史大観	624
大日本史賛藪 保健大記 中興鑑言	634
大日本思想全集.第七卷,荻生徂来集,太宰春台集	22
大日本思想全集.第五卷,貝原益軒集,平賀源内集	22
大日本思想史,一名,日本精神の絶対解決書	22
大日本思想史,一名,日本精神の絶対解決書.7	21
大日本外交文書.第八卷,自明治八年一月至明治八年十二月	633
大日本外交文書.第二卷.第三冊	632
大日本外交文書.第二卷.第一冊	632
大日本外交文書.第九卷,自明治九年一月至明治九年十二月	633
大日本外交文書.第六卷	633
大日本外交文書.第三卷	633
大日本外交文書.第四卷	633
大日本外交文書.第五卷	633
大日本外交文書.第一卷.第一冊	633
大日本外交文書.第一卷,第二冊	633
大日本文庫.勤王篇.勤王志士遺文集.二	66
大日本小児科全書.第11編,ヴィダミン缺乏症.第Ⅳ冊,佝僂病	850
大日本小児科全書.第21編,急性傳染疾患.第Ⅱ冊,麻疹及類似發疹性疾患	850
大日本小児科全書.第21編,急性伝染性疾患.第6冊,百日咳	850
大日本戦史.第二卷	202
大日本戦史.第七卷	202
大日本戦史.第三卷	202
大日本戦史.第四卷	202
大日本戦史.第五卷	202
大日本戦史.第一卷	202
大日本詔勅謹解.3,軍事外交篇	612
大日本詔勅謹解.4,神祇佛教篇	612
大日本詔勅謹解.5,政治経済篇	612
大日本政治思想史.上卷	85
大日本政治哲学	114
大珊瑚海の自然:大堡礁学術探検報告	792
大審院民事判決事項總索引	187
大審院民事判例集	173
大審院民事判例集.第十八卷	173
大審院民事判例集.第十九卷	173
大審院民事判例集.第十六卷	173
大審院民事判例集.第十七卷	173
大審院民事判例集.第十五卷	173
大審院民事棄却判例集	187
大審院判例集.第十九卷	187
大審院判例集.第十七卷	187
大審院刑事判例要旨類集	187
大勝利の記録:大東亜戦争第一年	204
大石良雄	521
大思想エンサイクロペヂア.10,文藝思想	12
大思想エンサイクロペヂア.11,文藝思想	12
大思想エンサイクロペヂア.13,社会学	12
大思想エンサイクロペヂア.18,法律学	12
大思想エンサイクロペヂア.19,社会思想	12
大思想エンサイクロペヂア.20,社会問題.A	12
大思想エンサイクロペヂア.21,社会問題	12
大思想エンサイクロペヂア.22,思想名著解題	12
大思想エンサイクロペヂア.23,思想名著解題	12
大思想エンサイクロペヂア.24,思想家人名辞典	12
大思想エンサイクロペヂア.27,自然科学辞典	12
大思想エンサイクロペヂア.29,文芸辞典	12
大思想エンサイクロペヂア.2,哲学	11
大思想エンサイクロペヂア.32,政治.法律辞典	12
大思想エンサイクロペヂア.33,歴史辞典	13
大思想エンサイクロペヂア.34,思想名著解題	13
大思想エンサイクロペヂア.35卷,思想名著解題	13
大思想エンサイクロペヂア.36,思想名著解題	13
大思想エンサイクロペヂア.3,哲学	11
大思想エンサイクロペヂア.4,自然科学	11
大思想エンサイクロペヂア.5,自然科学	11
大思想エンサイクロペヂア.6,宗教思潮	12
大思想エンサイクロペヂア.7,宗教思想	12
大思想エンサイクロペヂア.8,東洋思想	12
大思想エンサイクロペヂア.9,東洋思想	12
大唐西域記の研究.下卷	594
大唐西域求法高僧傳	48
大同炭鉱労働概要調査報告	299
大隈重信:新日本建設者	679
大西郷全伝.第二卷	667
大西郷全伝.第三卷	667
大西郷全伝.第四卷	668
大西郷全伝.第一卷	667
大西郷突囲戦史	521
大西郷兄弟	667
大西郷正伝.第三卷	668
大西郷終焉悲史	668
大西猪之介経済学全集.第八卷,外国貿易政策	219
大西猪之介経済学全集.第二卷,経済原論.上卷	219
大西猪之介経済学全集.第九卷,帝國主議論	220
大西猪之介経済学全集.第七卷,経済史.下卷	219
大西猪之介経済学全集.第三卷,経済原論.下卷	219
大西猪之介経済学全集.第十卷,社会主義論	220

大西猪之介経済学全集.第十一巻,文明批判 …… 220	大衆法律講座.第十一巻,民事訴訟法 …… 175
大西猪之介経済学全集.第四巻,経済学研究 …… 219	大衆法律講座.第五巻,刑法總論 …… 175
大西猪之介経済学全集.第五巻.上,経済史 …… 219	大衆法律講座.第一巻,民法総則 …… 175
大西猪之介経済学全集.第一巻,経済学認識論 …… 219	大衆人事録:東京篇 …… 672
大系漢字明解 …… 446	大衆人事録:近畿篇 …… 672
大雅 …… 679	大衆人事録:外地 満支 海外篇 …… 671
大亜細亜先覚伝 …… 668	大衆人事録:中部篇 …… 671
大亜細亜先覺傳 …… 686	大衆人事録:中國.四國.九州篇 …… 672
大言海.第二巻 …… 465,466	大衆政治読本 …… 106
大言海.第三巻 …… 465,466	大自然科学史.第二巻 …… 740
大言海.第四巻 …… 465	大自然科学史.第三巻 …… 740
大言海.第一巻 …… 465,466	大自然科学史.第四巻 …… 740
大言海.索引 …… 465	大自然科学史.第五巻 …… 740
大義 …… 23	大自然科学史.第一巻 …… 740
大英帝国日既に没す …… 129	大字典 …… 468
大有機化学.別巻 1,有機化学命名法 …… 778	代数のあたま …… 755
大宇宙のたび:時間空間を貫きて …… 785	代数の講義 …… 761
大宇宙の旅:時間空間を貫きて …… 785	代数的考へは如何に展開するか:初めて代数を学ぶ者の為に …… 758
大宰府と菅公 …… 686	代数学.第拾二号 …… 758
大増訂ことばの泉補遺 …… 467	代数学の綜合的研究.上 …… 757
大戦と戦後の新局面 …… 88	代数学及幾何学 …… 758
大戦ニ於ケル棉業界動揺ノ回顧 …… 341	代数学講義.Ⅰ …… 757
大戦下の印度 …… 122	代数学問題通解 …… 755
大正八年度統計年報 …… 70	代数学学び方考へ方と解き方.上巻 …… 757
大正徳行録 …… 686	代数学学び方考へ方と解き方.上巻:要説新版 …… 757
大正獨和辭典 …… 452	代数学演習 …… 757
大正二年度統計年報 …… 69	代数最大速成法講義 …… 758
大正九年度統計年報 …… 70	代用パルプの研究 …… 952
大正六年度統計年報 …… 69	代用品物語 …… 386
大正美談:趣味・国史・講座 …… 648	代用燃料自動車.上巻,構造.取扱.修理 …… 988
大正七年度統計年報 …… 69	代用燃料自動車.上巻,構造・取扱・修理 …… 988
大正三年度統計年報 …… 69	代用燃料自動車.下巻,構造.取扱.修理 …… 988
大正十二年度統計年報 …… 69	貨幣論 …… 397
大正十年度統計年報 …… 68	貸借対照表論 …… 308
大正十三年度統計年報 …… 70	貸借対照表学講話 …… 296
大正十四年度統計年報 …… 69	貸借対照表作り方と見方 …… 297
大正十五年大連商業会議所統計年報.下編 …… 68	丹毒之最近療法 …… 852
大正十一年度統計年報 …… 70	担保附消費貸借契約と其解説 …… 143
大正四年度統計年報 …… 69	担保物権法.上巻 …… 175
大正五年度統計年報 …… 69	担保物権法.下巻 …… 175
大正元年度統計年報 …… 69	担架操法教練 …… 830
大政翼賛会第一回臨時中央協力会議 …… 117	単式構造 …… 973
大支那大系.第 3 巻,政治外交篇 …… 94	淡路 放下僧 吉野静 籠太鼓 錦戸:別一 …… 505
大衆法律講座.第八巻,商行為法・手形法・小切手法・保険法・海商法 …… 175	淡水獣ヌートリヤの養殖 …… 875
大衆法律講座.第六巻,刑法各論 …… 175	刀剣初学講話 …… 901
大衆法律講座.第三巻,債権法 …… 175	刀剣鑑定秘話 …… 699

題名	ページ
島村家畜生理学.上巻	875
島村家畜生理学.下巻	875
島津化学器械目録.第200号.Ⅴ	1002
島津理化学器械目録.第300号	1026
島崎藤村	677
島崎藤村集	516
道徳と教養	37
道徳及宗教教育の本質	48
道徳思想の研究	37
道教聖典	55
道理	534
道路と生活	987
道路編	987
道路工学	987
道路提要	987
道路学及都市計画	987
道元の研究	54
稲米増産の方策	865
稲田教授講演集.後編	821
稲田教授講演集.前編	821
稲田教授講演集.続編	821
稲田教授臨床講義集.第二巻	844
稲田教授臨床講義集.第三巻	844
稲田教授臨床講義集.第一巻	844
稲作改良増収法	865
稲田教授講演集.續編	822
得能五郎の生活と意見	684
徳川初期の海外貿易家	676
徳川光圀	685
徳川幕府時代史	643
徳川時代の経済思想	232
徳川時代経済秘録全集	274
灯火の歴史	917
登龍代数学.上巻	758
燈火の変遷	918
燈火管制	198
燈台の四季	517
燈台の知識	990
燈臺の話	990
燈臺船羅州丸	990
低鉄棒運動	438
荻生徂徠	27
敵國人出願の発明考案集録.化学工業編.上	926
敵國人出願の発明考案集録.化学工業編.下	926
敵将軍	522
敵前上陸	524
地寶と人生	738
地層学	792
地底の露西亜:革命物語	123
地方青年團体	86
地方生活	534
地方行政全書.地方財政	166
地方行政全書:神社法.1	166
地理:その基本問題	708
地理と民族	704
地理の学校	712
地理概説人文地理:産業・交通・住民・政治	727
地理論叢.第十三輯:大東亜地政学新論	723
地理論文の書き方	463
地理実習機械器具解説	786
地理学汎論	708
地理学通論	784
地理学通論.第二冊	784
地理学通論.第三冊	784
地力増進の方法と理論	862
地名の起源	789
地球と地質学	784
地球と人	787
地球の今昔	787
地球の起原と歴史	789
地球の生まれるまで	787
地球磁氣学	786
地球化学	794
地球物理の話	789
地球物理学	789
地球儀を持った子供たち	537
地区、人口統計資料	77
地図と解説日本農産要覧	334
地図の話	789
地図の科学	789
地図の知識	734
地文学講義.上巻	784
地文学講義.下巻	784
地文学講義.下巻	784
地文学講義:改訂増補.上巻	784
地下鉄の話	987
地下資源の物理探鉱	794
地形原論:岩石床説より観たる準平原論	791
地学論叢.第三、四輯	727
地震の話	789
地震の科学	789
地政動態論:現代地政学の諸問題	709
地政学とは何か	708
地政学的国家の興亡	726

地政学的世界現勢地図 …… 708	第四改正日本薬局方註解 …… 856
地政学研究 …… 239	第四十七回日本帝国統計年鑑 …… 68
地政治学入門 …… 709	第四性病 …… 852
地質.地震.気象 …… 784	第五改正日本薬局方 …… 856
地質鉱物学綱要 …… 793	第五改正日本薬局方註解 …… 855
地質学講話 …… 791	第一陳列館陳列品解説 …… 860
地質学教科書 …… 792	第一次華北経済懇談会報告書 …… 250
地中の資源 …… 791	第一工業製薬株式会社三十年 …… 314
帝國海軍 …… 201	第一回中央協力会議議事録.第二卷,経済篇 食糧篇… 110
帝國海運政策論 …… 362	
帝國六法全輯 …… 154	第一回中央協力会議議事録.第三卷,教育文化篇 国民生活篇 …… 110
帝國潜水艦 …… 201	
帝國実業商工録 …… 309	第一製薬新薬集 …… 857
帝國外交の基本政策 …… 130	第一製造化学 …… 775
帝國文庫.第二十三篇,名家漫筆集 …… 528	遞試参考高等数学 …… 757
帝國文庫.第十一篇,忠臣蔵浄瑠璃集 …… 528	典ノ慣習 …… 402
帝國憲法と國防國家の理論 …… 161	典籍清話 …… 479
帝國憲法と金子伯 …… 141	点滴 …… 526
帝國憲法皇室典範義解 …… 164	店頭装飾と宣伝法 商用通信文 …… 369
帝國憲法講義 …… 164	電池の知識 …… 917
帝國憲法要論 …… 164	電磁航空計器 …… 997
帝國憲法要網 …… 165	電磁氣学要論 …… 769
帝國憲法制定会議 …… 118	電燈電熱と電力応用 …… 920
帝國憲法逐條講義 …… 165	電燈及び照明 …… 917
帝國信用録 …… 665	電燈及照明 …… 917
帝國之前途 …… 109	電燈照明並電熱工学 …… 917
帝室制度史.第四卷 …… 628	電燈照明大意 …… 917
帝室制度史.第五卷 …… 628	電燈照明及電熱 …… 917
帝政時代との比較に於けるソウェート聯邦経済事情 … 280	電弧熔接法 …… 899
	電話機及宅内装置 …… 920
第40回濱松商工会議所統計年報 …… 274	電気の研究 …… 915
第二の元寇 …… 199	電気宝典 …… 914
第二次大戦と列強の戦備 …… 588	電気材料 …… 915
第二次大戦前史 …… 588	電気工學 …… 914
第二次欧洲大戦とドイツの経済力 …… 282	電気過渡現象 …… 915
第二回大南洋年鑑 …… 1019	電気化学 …… 928
第二回金融定例部会速記録 …… 402	電気基礎初等工業力学 …… 886
第二回文部省美術展覧会原色画帖 …… 557	電気機械 …… 916
第二回支那年鑑 …… 1018	電気機械の作り方 …… 916
第二経済学概論 …… 228	電気計算問題演習 …… 915
第六天 土蜘 舍利 小鍛冶 石橋:外九 …… 506	電気器具の知識修理百般電気工事人必携 …… 914
第七回 新支那年鑑 …… 1018	電気鎔接六講 …… 899
第七十六帝國議会新法律の解説 …… 162	電気物理電磁界及び空中線 …… 769
第七十三帝國議会新法律の解説 …… 162	電気音楽理論 …… 920
第三戦争論 …… 89	電気應用 …… 917
第三組織論 …… 89	電氣と生活 …… 915
第十六版人事興信録 …… 666	電氣の供給と料金問題 …… 353

電氣工学. 上卷	914
電氣工学大講座	915
電氣工學計算問題集	915
電氣化学工業	928
電球	918
電線電纜	915,916
電信を衝く	920
電信機械. 機械篇. 第一卷	920
電子物理学. A	770
電子現象	770
澱粉の科学及利用	949
彫刻の美	565
釣	529
釣合試験	888
調査部第四調査室業務要覽	113
調査部資料課資料分類目録. 第1輯. 第2分冊	1023
調査日誌	1025
調査時報. 第八卷　第十二号	1022
調査時報. 第二卷　第四号	1021
調査時報. 第九卷　第二号	1022
調査時報. 第九卷　第十号	1022
調査時報. 第九卷　第一号	1022
調査時報. 第三卷　第八号	1021
調査時報. 第三卷　第五号	1021
調査時報. 第四卷　第十号	1021
調査時報. 第五卷　第七号	1022
調査時報. 第五卷　第十二号	1022
調査時報. 第五卷　第十一号	1021
調査實施計画	248
調査月報	262
調査月報. 第一卷第五号から第一卷第八号まで	247
調査月報. 昭和十五年二月. 第一卷　第二号	247
調査資料. 第二十輯, 周村德州間及德州石家莊間並石家莊滄州間調査報告	254
調査資料. 第二十九輯, 河南省鄭州事情	255
調査資料. 第二十七輯, 大運河及監運河沿岸都邑経済事情	255
調査資料. 第二十四輯, 徐州漢口間沿線経済事情踏査報告・小池口安慶間沿線経済事情踏査報告	255
調査資料. 第三十輯, 金嶺鎮鉄鉱の処理二就テ	255
調査資料. 第十二輯:山東鉄道沿線重要都市事情. 中	254
調査資料. 第十輯, 満洲特産物出廻ノ増加二就テ	92
調査資料. 第十輯, 南山東及江蘇沿岸諸港調査報告書	254
調査資料. 第十六輯, 山西省調査報告	254
調査資料. 第十四輯, 南山東重要都市経済事情	254

調帯使用法	907
調理食品成分照鑑	947
調味食品	950
蝶になる	537
蝶蛾の研究	814
定版民族日本歴史. 1, 建国編	617,618
定版民族日本歴史. 2, 王朝篇	617
定版民族日本歴史. 4, 戦国篇	618
定版民族日本歴史. 5, 近世篇	618
定版明治大正国民史:維新改革編	648
定版明治大正国民史:大陸進出版	647
定版明治大正国民史:世界雄飛編	646
定版明治大正国民史:王政復古編	646
定版明治大正国民史:憲政樹立編	647
定版日本経済革命史	275
定本・九谷	571
定本世界映画芸術発達史	577
定本萬葉集. 二:自卷第五至第八	502
定本萬葉集. 三:自卷第九至第十二	502
定本萬葉集. 四:自卷第十三至第十六	502
定本萬葉集. 一:自卷第一至第四	502
定跡講義将棋新手法	439
定跡図式将棋手ほどき	439
定量分析	781
定量分析法	781
定縣農村合作社縣聯合社民国二十四年度報告書	324
訂補國民経済学原論. 下卷	223
訂正改版法学通論	139
訂正會社分析の基礎知識	304
訂正内外商業政策. 上卷	364
訂正増補國民経済学原論. 上卷	222
訂正増補家禽病理書. 全	873
訂正増補木材著色ワニス. ペンキ、漆蒔絵塗物術	935
訂正増補木材著色ワニス. ペンキ、漆蒔絵塗物術:附金属着色法	935
訂正増補實用機織法. 後編	943
訂正増補蔬菜園藝全書	868
訂正増補蔬菜園藝全書. 上卷	868
東北温泉風土記	728
東邊道	259
東邊道培養鉄道鑛産調査報告	344
東邊道鉄鑛精査計画案:改訂	344
東部満蘇國境密輸史	379
東部蒙古俗語集	468
東辺道	259
東方古代世界史	609
東方紀行	549

東宮殿下御渡歐記念写真帖	686
東湖先生正氣歌物語	34
東京大学医学部医学講習科講義録.第三輯	821
東京帝國大学学術大観.工学部.航空研究所	738
東京帝國大学医学部医学講習科講義録	819
東京帝國大学医学部医学講習科講義録.第二輯	819
東京帝國大学医学部医学講習科講義録.第四輯	821
東京帝國大学医学部医学講習科講義録.第五輯	821
東京帝國大學医学部医学科卒業生氏名録	666
東京電氣株式會社五十年史	314
東京附近新選健歩路案内	726
東京高等師範学校図書館和漢書書名目録:五十音別	418
東京工業大学一覧:自昭和十一年至昭和十二年	433
東京環状線	479
東京市勢図表	728
東京堂編出版年鑑(昭和十五年版)	417
東京株式取引所統計年報	409
東満(管下)糧桟ノ實態調査	367
東蒙古	724
東南アジア民族と文化	188
東南アジヤ文化圏史	650
東南ニューギニヤ探検記	732
東日七十年史	417
東三省鉱産地名簿	792
東拓三十年の足跡	311
東西の文化流通	414
東西交渉史:支那及び支那への道	585
東西交渉史の研究.1,南海篇	594
東西交渉史の研究.2,西域篇及附篇	594
東西六大画家	679
東西思想交流史	48
東西英雄一夕話	659
東郷平八郎全集.第二卷	64
東郷平八郎全集.第三卷	64
東郷元帥の戰略.戰術	205
東郷元帥直話集	523
東亜とユダヤ問題	108
東亜と世界:新秩序への論策	89
東亜の北辺	86
東亜の解放	98
東亜の鉱物資源	793
東亜の石炭方策	345
東亜の先覺者　山洲根津先生並夫人	665
東亜の羊毛	346
東亜の伝染病.風土病	830
東亜の子かく思ふ	96
東亜ソ聯地誌	732
東亜ブロック讀本	243
東亜産現生化石貝類の研究.第一輯	696
東亜地理図集	797
東亜地政学の構想	279
東亜地政学序説	723
東亜法秩序序説:民族信仰を中心として	48
東亜佛教大会紀要	51
東亜共栄圏.昭和十七年版	1019
東亜共栄圏とニューギニア	734
東亜共栄圏と比律賓	122
東亜共栄圏と南洋華僑	106
東亜共栄圏と繊維産業	355
東亜共栄圏の地理	722
東亜共栄圏ノ油脂資源ト満洲大豆(極秘):資源開発研究会報告書其三	252
東亜共榮圏の諸問題	109
東亜広域経済論	261
東亜技術体制論	745
東亜建築撰書.4,アンコール.ワット	730
東亜交渉史論	138
東亜交通政策要論	357
東亜解放論序説	108
東亜経済ブロック論	260
東亜経済ブロック論	262
東亜経済年報:昭和十八年版:南方共栄圏号	250
東亜経済年報:昭和十七年版:共栄圏の基本問題	250
東亜経済研究.Ⅰ	260
東亜経済研究.Ⅱ,北支移民の研究	260
東亜経済研究:日本学術振興会第二及第十四特別委員会報告.3,東亜の蚕糸業	260
東亜経済政策	260
東亜考古学論考.1	696
東亜考古学研究	701
東亜聯盟建設要綱	114
東亜聯盟建設要綱:改訂版	114
東亜聯盟論	86
東亜論叢.第一輯,近代支那研究	589
東亜貿易論	380
東亜民族教育論	122
東亜民族結合と外國勢力	608
東亜民族論	605
東亜民族名彙	704
東亜南方諸國と支那開港場	709
東亜農業と日本農業	332
東亜全局の動揺:我が國是と日支露の関係満蒙の現状	136

題名	頁
東亜日本の建設	117
東亜社会経済研究	240
東亜史概説	607
東亜史論藪	591
東亜世界史. 二	608
東亜同文書院大学　東亜調査報告書	242
東亜文明の黎明	607
東亜物産史	335
東亜協同体の理想	97
東亜協同体の原理	93
東亜新経済論	261
東亜新秩序の建設と満洲國経営論	97
東亜研究叢書. 第二巻	292
東亜語源志	457
東亜政治. 経済. 戦略画	95
東亜植物	809
東亜植物区景	809
東亜重工業論	350
東亜綜合体の原理	107
東亞の鉱産と鉱業：東洋文明に及ぼせる鉱物資源の影響	340
東亞各地区別主要農作物単位当収穫高一覧表	388
東亞學. 第四輯	107
東洋とソウェート聯邦	92
東洋に於ける素朴主義の民族と文明主義の社会	590
東洋のふるさと	107
東洋の愛	538
東洋の道と美	532
東洋の古代藝術	560
東洋の理想	28
東洋的社会の理論	257
東洋的生活圏	260
東洋的思索：論語を中心とした人生観	19
東洋地政学の構想	107
東洋古代史	607
東洋花鳥図考	522
東洋画論集成. 上巻	559
東洋画論集成. 下巻	559
東洋絵具考	561
東洋建築の研究. 上	964
東洋建築の研究. 下	964
東洋近世史. 二	605
東洋近世史. 一	605
東洋近世史研究	596
東洋考古学	699
東洋歴史大辞典. 第八巻	592
東洋歴史大辞典. 第二巻	592
東洋歴史大辞典. 第九巻	592
東洋歴史大辞典. 第六巻	592
東洋歴史大辞典. 第七巻	592
東洋歴史大辞典. 第三巻	592
東洋歴史大辞典. 第四巻	592
東洋歴史大辞典. 第五巻	592
東洋歴史大辞典. 第一巻	592
東洋歴史集成. 上巻	605
東洋歴史集成. 下巻	605
東洋歴史集成. 中巻	605
東洋歴史講義. 下巻	622
東洋歴史詳解. 上巻	607
東洋歴史詳解. 下巻	607
東洋論理綱要	34
東洋美術	556
東洋美術論	561
東洋美術文庫. 第二十三巻, 竹田	562
東洋美術文庫. 第二十四巻, 鉄斎	562
東洋美術文庫. 第三十七巻, 松花堂	562
東洋美術文庫. 第十七巻, 春信	562
東洋美術文庫. 第十三巻, 遠州	562
東洋美術文庫. 第十四巻, 応挙	562
東洋美術文庫. 貞観彫刻	562
東洋美術文献目録	1026
東洋美学	41
東洋民族論	610
東洋社會と西歐思想	608
東洋史大綱	607
東洋史概観	607
東洋史概説	608
東洋史観	603
東洋史集説：加藤博士還暦記念	589
東洋史講座. 第八巻, 第四期前篇　満洲民族盛衰時代	604
東洋史講座. 第二巻, 第一期前編　東洋文明発生時代	604
東洋史講座. 第九巻, 第四期後篇　新支那時代	604
東洋史講座. 第六巻, 第三期前篇　蒙古民族盛衰時代	604
東洋史講座. 第七巻, 第三期後編　漢人復興時代	604
東洋史講座. 第三巻, 第一期後編　佛教東傳時代	604
東洋史講座. 第十八巻, 日鮮交渉史, 朝鮮考古学, 支那考古学	605
東洋史講座. 第十二巻, 支那建築史	604
東洋史講座. 第十六巻, 古代印度の文化, 東洋史に於ける南北の対立	605
東洋史講座. 第十七巻, 支那美術史	605

東洋史講座.第十巻,第五期 現代 …………… 604	東洋中世史.二 …………………………… 609
東洋史講座.第十三巻,支那佛教史,支那哲学史要著,歴史上より見たる支那民族の発展 …………… 605	東洋中世史.四 …………………………… 609
東洋史講座.第十四巻,東洋音楽史 …………… 605	東洋中世史.一 …………………………… 609
東洋史講座.第十五巻,近代西藏史研究,中央亜細亜探検の経過とその成果,西南亜細亜史談,宋代の戸口を論じて其の前後の変遷に及ぶ …………… 605	東印度 ……………………………………… 122
	東印度の文化 ……………………………… 707
	東印度工業論 ……………………………… 355
	東印度及濠洲の点描 ……………………… 709
東洋史講座.第十一巻,朝鮮の美術工芸 ……… 604	東印度経済論 ……………………………… 278
東洋史講座.第四巻,第二期前編 東洋文化渾成時代 ……………………………………………… 604	東印度原住民の土俗と藝術 ……………… 707
	東印度諸島 ………………………………… 735
東洋史講座.第五巻,第二期後編 北方民族躍動時代 ……………………………………………… 604	東支鉄道運賃政策史.上巻 ………………… 359
	凍冷と藏冷 ………………………………… 947
東洋史講座.第一巻,総論及史籍解題 ………… 604	動く濠洲 …………………………………… 734
東洋史六講:元代史より中華民国史まで …… 592	動く満蒙 …………………………………… 98
東洋史統.巻二 ………………………… 603,604	動的金融論 ………………………………… 390
東洋史統.巻三 …………………………… 603	動的心理学 ………………………………… 43
東洋史統.巻一 ………………………… 603,604	動力測定 …………………………………… 889
東洋思潮の研究.第一 ……………………… 20	動態的世界観 ……………………………… 38
東洋思潮講話 ……………………………… 14	動物のくらし方の研究 …………………… 810
東洋思想と佛蘭西経済学 …………………… 231	動物の雌雄性 ……………………………… 810
東洋天文学史論叢 …………………………… 786	動物採集保存法 …………………………… 810
東洋天文学史研究 …………………………… 786	動物分類学實驗法 動物標本採集製作整理法.動物学関係.第二巻 …………………………………… 811
東洋文化と西洋文化:新文化への構想 ……… 414	
東洋文化と支那の将来 …………………… 95	動物分類総論 ……………………………… 811
東洋文化への再認識 ………………………… 442	動物記.第1冊 ……………………………… 551
東洋文化史百講.第二巻 …………………… 606	動物記.第4冊 ……………………………… 552
東洋文化史百講.第一巻 …………………… 606	動物奇談 …………………………………… 810
東洋文化史百講.上 ………………………… 608	動物生理学實驗法・動物生態学實驗法 … 811
東洋文化史大系.第八巻,イスラム諸國の変遷 …… 611	動物手帖 …………………………………… 782
東洋文化史大系.第二巻,漢魏六朝時代 …… 611	動物細胞学實驗法 ………………………… 800
東洋文化史大系.第九巻,古代支那及びインド … 611	動物閑談 …………………………………… 811
東洋文化史大系.第六巻,清代のアジヤ …… 611	動物学関係.第4巻,動物組織学実験法,動物形態学実験法,内分泌学実験法 ……………………………… 811
東洋文化史大系.第七巻,東亜の現勢 ……… 611	
東洋文化史大系.第三巻,隋唐の盛世 ……… 611	動物学解剖学實驗法・動物発生学實驗法 …… 811
東洋文化史大系.第四巻,宋元時代 ………… 611	動物學提要 ………………………………… 811
東洋文化史大系.第五巻,明の興亡と西力の東漸 … 611	動物育種遺傳学 …………………………… 811
東洋文化西漸史 ……………………………… 605	動物園 ……………………………………… 811
東洋文明史論叢 ……………………………… 591	動物園での研究 …………………………… 810
東洋小文化史 ………………………………… 605	働くこころ ………………………………… 34
東洋学の話 …………………………………… 698	都市と農村 ………………………………… 112
東洋藝術の諸相 ……………………………… 558	都市と農村の保健施設 …………………… 335
東洋音楽の印象 ……………………………… 571	都市の生態 ………………………………… 977
東洋音楽論 ……………………………… 571,572	都市の医学 ………………………………… 1000
東洋哲学大綱 ……………………………… 17	都市計画 …………………………………… 977
東洋哲学史:哲学における東洋的特質の分析 … 20	都市計画の基本問題.下 …………………… 977
東洋政治思想 ……………………………… 17	都市計画の理論と法制 …………………… 977
東洋治郷の研究 ……………………………… 333	都市計画編 ………………………………… 316

都市経済論. 二	315	獨逸の統制政策	126
都市少年團の経営	120	獨逸の戦争経済	281
都市鉄道工学	986	獨逸の脹膨	126
都市問題の研究	315	獨逸の証券及株式会社統制	409
都市政策の理論と實際	114	獨逸は起ちあがった	126
豆の一生	868	獨逸的精神マクス.ウェーバー	690
豆腐のか良	534	獨逸第三帝國の理論:公益優先と利子奴隷制打破	125
闘ふ鉱物	793		
闘ふ少年整備兵	202	獨逸古典劇集	543
闘ふ通信機	918	獨逸國民國家發生の研究:世界主義と國民國家	127
闘へるインド:S.チャンドラ.ボース	688	獨逸機械工作法全書.22, フライス	902
闘病教室.結核讀本	846	獨逸経済学の道	232
闘牛士	550	獨逸軍國主義	128
闘争の思索	83	獨逸労働奉仕制度	300
毒瓦斯及試験法	853	獨逸陸軍史	206
毒物化学:一名 アルカロイド化学	857	獨逸膨脹史論	655
独國対支経済勢力一覧表	282	獨逸勝利の基礎	127
独修指針土木英語	449	獨逸史	655
独逸国交通政策	357	獨逸事情早わかり:一九四二年版	127
独逸國中央計画叢書	282	獨逸統一史論	655
独逸膠州年報	1019	獨逸文化史. 第一巻	656
独逸精神.グラーフ.フォン	31	獨逸文学史. 下巻	543
独逸精神の造形的表現	558	獨逸武装経済の本質	128
独逸民族二千年史	655	獨逸物価政策の理論と實際	379
独逸三大技術者:デイーゼル クルツプ ジーメンス	693	獨逸学捷径	450
		獨英文化比較論	653
独逸社会政策思想史	656	獨占の経済理論	127
独逸史	655	讀史備要	1010
独逸外交政策	138	讀心器	43
独逸語の修辞的構成	452	篤農傳	514
独逸語大講座. 第二巻	453	短歌の書	483
独逸語大講座. 第六巻	453	短歌表現辞典	507
独逸語大講座. 第一巻	453	短歌講座. 第十巻, 特殊研究篇. 上巻	483
独占価格の理論	369	短歌講座:改訂版. 第三巻, 修辞文法篇	483
独占資本と物価	268	短期必勝受験化学の要点	773
読方教育	426	断層地形論考	790
読史備要	624	断熱建築	977
獨ソ戦とソ聯	124	鍛錬鍛造. 上巻	899
獨ソ戦争史	197	鍛錬鍛造作業:鍛錬用プレス	899
獨墺の美術史家	690	対イラン貿易の手引 附録:イラン国の経済貿易事情	385
獨歩集	512		
獨和他國字書大全	451	対訳新注支那陶説. 上	698
獨逸だより	535	対訳新注支那陶説. 下	698
獨逸に在る日本	111	対訳新注支那陶説. 中	698
獨逸の決戦態度.ヒトラー総統最近の宣言	127	対英米開戦と商品市況	373
獨逸の誇大妄想	125	対支回顧録. 上巻	137
獨逸の内幕	127	対支回顧録. 下巻	137

対支交通史論	358
對イラン貿易の手引:イラン國の経済貿易事情	385
對法幣問題ノ日支双方ノ政策ノ経過ヲ具体的ニ説明	399
對話 児童劇 マリオネット	537
對空防衛空襲	197
對外交通史論	358
對位法:作曲理論	572
對英封鎖論	129
對英戰と被圧迫民族の解放	107
對症食餌学	843
敦化	716
多量生産方式実現の具体策	337
多量生産研究.上巻	338
多量生産研究.下巻	338
㺀	967
恩の形而上学	37
児科雑誌.第四〇四号	851
児科診療.第二巻,總目次	850
児科診療.第六巻,總目次	850
児科診療.第三巻,總目次	850
児科診療.第五巻,總目次	850
児童と牛乳	826
児童の科学天気のお話	791
児童百科大辞典.17,歴史篇	1011
児童百科大辞典.17,歴史篇.二,西洋通史・東洋通史	1011
児童百科大辞典.27,音楽・舞踊・体育篇	1010
児童百科大辞典.3,植物篇	1010
児童百科大辞典.第八巻,化学編.1,無機化学	1011
児童百科大辞典.第二巻,動物篇.二,無脊椎動物・動物総論	1011
児童百科大辞典.第二十八巻,家庭.公民篇,家庭.社会.憲政.自治.経済.國際	1010
児童百科大辞典.第二十九巻,修身編,原論.実践.倫理学史	1010
児童百科大辞典.第二十三巻,文芸篇,文芸理論.児童文学	1010,1011
児童百科大辞典.第二十四巻,文芸篇.二,日本.東洋文学史	1010
児童百科大辞典.第二十五巻,文芸編,西洋文学史	1011
児童百科大辞典.第二十一巻,美術史篇(二),彫刻.建築.工芸	1011
児童百科大辞典.第七巻,物理編,2,電気磁気学.光学物質構造学	1011
児童百科大辞典.第三十巻,哲学宗教編,宗教哲学心理東西思想史	1010
児童百科大辞典.第十八巻,歴史篇.三,日本文化史,日本風俗	1011
児童百科大辞典.第十九巻,数学編	1011
児童百科大辞典.第十六巻,歴史篇・日本通史	1011
児童百科大辞典.第十三巻,地理篇.二	1010
児童百科大辞典.第十四巻,世界地理	1010
児童百科大辞典.第四巻,植物篇.二,蕆花植物.植物通論.生物学問題	1010
児童百科大辞典.第一巻	1011
児童画の心理	423
児童精神衛生学	829
児童劇選集	536,537
児童神性論	423
児童生活の實態:日本青少年教育研究所研究報告	121
児童体育運動衛生	436
児童心理学	44
児童養護の理論と實際	829
児童藝術粘土彫塑と木彫	434
耳鼻咽喉科学總論	852
ニルス.ブック基本体操	437
二度死んだ男:故マッティーヤ・パスカル	545
二宮学派・折衷学派	24
二宮尊徳	672,673
二宮尊徳と皇道報徳	684
二宮尊徳集;大原幽学集	26
二宮尊徳伝	672
二千六百年史	629
二千五百年史	613
二十九年目の仇撃.前編	510
二十年史	241
二十一ケ條と日本及支那	135
二十億人のパン:世界の食糧榮養問題	318
二葉亭四迷全集.第二巻	513
発明と科学	741
発明報國先駆者の一生:鈴木藤三郎伝	687
発明工夫の教室	742
発明家および技術家としてのレオナルド・ダ・ヴィンチ	691
発明五十年史	739
発音・解説付英和医語中字典	450
発展の人生観	38
発展過程の均衡分析:発展を含む経済均衡の性質に関する一研究	228
發動機用材料	998
發光微生物	806

發明發見物語	742,745
發明物語織機王豊田佐吉	665
發破講習録	933
醗酵化学實驗法	938
法と民族	139
法と統制経済	291
法と政治	140
法窓漫筆	420
法窓餘滴	163
法定推定家督相続人の順位	179
法理学	139
法理学大綱	139
法令挿入式会社経理統制令賃金統制令解説	171
法隆寺	53
法隆寺の壁画	564
法隆寺建築	973
法隆寺美術読本:法隆寺を拝観する人々のために	555
法隆寺圖説	53
法律と生活	140
法律における階級闘争:同盟罷業権に関する若干の基礎的考察	83
法律による行政	163
法律大辞書. 第1册	140
法律大辞書. 第四册	140
法律大辞書. 第五册	140
法律大鑑:一名六法講義	164
法律大鑑參照法令	161
法律年鑑:昭和十六年版	140
法律年鑑:昭和十四年版	140
法律年鑑:昭和十五年版	140
法律社会学の諸問題	139
法律思想史	141
法律学辞典. 第二卷	151
法律学辞典. 第三卷	151
法律学辞典. 第四卷	140
法律学辞典. 第五卷,総索引	151
法律学辞典. 第一卷	150
法律学全書. 有限会社法. 銀行法. 信託法	141
法律学説判例評論全集. 第八卷. 上	158
法律学説判例評論全集. 第二卷. 上	158
法律学説判例評論全集. 第二卷. 下	158
法律学説判例評論全集. 第九卷. 上	158
法律学説判例評論全集. 第九卷. 下	158
法律学説判例評論全集. 第七卷	158
法律学説判例評論全集. 第十二卷	159
法律学説判例評論全集. 第十卷. 上	158
法律学説判例評論全集. 第十卷. 下	158
法律学説判例評論全集. 第四卷. 上	158
法律学説判例總覧. 第八卷,会社編. 上册	157
法律学説判例總覧. 第八卷,会社編. 下册	157,158
法律学説判例總覧. 第八卷,会社編第一続編. 上	156
法律学説判例總覧. 第八卷,会社編第一続編. 下	157
法律学説判例總覧. 第八卷,商法会社編第一続編. 下	157
法律学説判例總覧. 第二卷,民法物権編. 上册	155,157
法律学説判例總覧. 第二卷,民法物権編. 下册	157
法律学説判例總覧. 第二卷,民法物権編第一続編. 完	155,156
法律学説判例總覧. 第九卷,商行為編. 上	156,157
法律学説判例總覧. 第九卷,商行為編. 下	156,157
法律学説判例總覧. 第六卷,民法相続編	157
法律学説判例總覧. 第六卷,民法相続編:第一続編	155
法律学説判例總覧. 第七卷,商法総則編	156,157
法律学説判例總覧. 第三卷,民法債権編総論第一続編. 上	156
法律学説判例總覧. 第三卷,民法債権編総論第一続編. 下	156
法律学説判例總覧. 第三卷,債権編総論. 上	156
法律学説判例總覧. 第三卷,債権編総論. 下	158
法律学説判例總覧. 第十二卷,商法海商編	156,157
法律学説判例總覧. 第十二卷,商法海商編. 第一続編	155
法律学説判例總覧. 第十卷,商法保険編	155
法律学説判例總覧. 第十三卷,破産法. 上	155
法律学説判例總覧. 第十一卷,商法手形編	158
法律学説判例總覧. 第十一卷,商法手形法第一続編	156
法律学説判例總覧. 第四卷,債権編各論. 上册	156
法律学説判例總覧. 第四卷,債権編各論. 下册	156,158
法律学説判例總覧. 第五卷,民法親族編	157
法律学説判例總覧. 第五卷ノ二,民法親族編. 第一続編	155
法律学説判例總覧. 第一卷,民法総則編. 上册	157
法律学説判例總覧. 第一卷,民法總則編. 第一続編. 上	174
法律学説判例總覧. 第一卷,民法總則編. 上	158
法律学説判例總覧. 第一卷,民法總則編. 下	157,158
法律学説判例總覧. 第一卷,民法總則編第一続編. 下	156
法律学説判例總覧. 相続編,第一続編. 完	155

法律哲学論集.一	139	防空讀本	198
法学概論	140	防空関係諸規程	166
法学入門	139	防空建築と待避施設	974
法学提要	140	防空科学の常識	198
法学通論	139,140	防蝕及着色塗装	935
法学志林梅博士追悼記念論文集	164	防災科学.1,風災	1000
法医学大意	144	防災科学.2,震災	1000
法医学講義	144	防災科学.3,水災と雪災	1000
法医学閑話	144	防災科学.5,火災	1000
法哲学.上巻	139	防災科学.6,諸災	1000
法哲学原理	11	房總の観光:昭和十年版	726
法制経済の話.66	1010	紡績と機織法	940
法制史の研究.上	164	紡績の経営と製品	341
法制史論集.第三巻,債権法及雑著	188	紡績工場標準動作:精紡・仕上科	943
琺瑯工業	929	紡績機構学	942
帆走の科学	993	紡績試験	941
藩学史談	642	紡績業と綿糸相場	341
繁栄の書	1014	紡毛系紡績	945
反毛及び再製毛用機械	944	紡織機構学	942
反逆児.他四篇	550	訪華日本経済視察團記録	526
反応有機化学	779	訪暹経済使節報告書	122
仮面を剥がれたる汎独政策	127	放電工学原論	919
仮字遣奥山路	449	放馬録:科学随筆	744
辺彊アラスカ:史的発展と資源	734	放射線工学	911
犯罪論序説	144	放射性元素	777
犯罪学と刑事政策	144	放生川 須磨源氏 胡蝶 松虫 一角仙人:別三	505
汎獨逸主義.全	128	放送と国防国家	417
販売術とサービス	367	放送菜根譚講話	40
販売心理	368	放送教育の諸問題	423
販賣企画の實務	368	非ゆうくりっど幾何学	761
販女	533	非メルデル 作物育種法	864
方程式.第二	755	非リーマン幾何学	760
方程式.第一	755	非常食糧の研究	334
方程式論	756	非常時家庭常識讀本	1014
方言の性格と分布相:熊本県方言分布	443	非常時経済法令大集成:法律勅令施行規則:外地関係法令全部	161
防爆電氣機器原論	890	非常時立法の発展.民法の基本問題.外編第五	177
防爆対策.技術管理者篇	890	非常時立法の発展:民法の基本問題.外編第五	177
防諜とスパイ實話	92	非常時下石炭と炭鉱業	341
防諜讀本	92	非進化論と人生	72
防諜関係法令集	184	非訟事件手続総覧	163
防犯化学全集.第三巻,犯罪捜査篇	144	飛鳥時代の美術	558
防犯科学全集.第八巻,特異犯篇	144	飛鳥誌	55
防犯科学全集.第二巻,犯罪鑑識篇	143	飛行機と自動車の塗装	936
防犯科学全集.第六巻,思想犯篇	144	飛行機の構造及び強度	997
防犯科学全集.第七巻,少年少女犯篇.女性犯篇	144	飛行機の話	996
防犯科学全集.第四巻,強力犯篇	143		
防空の化学	196		

題名	頁
飛行機の力学	997
飛行機の歴史	998
飛行機の設計より生産まで	997
飛行機操縦讀本	997
飛行機構造	997
飛行機取扱法	999
飛行機設計．上巻	997
飛行機図面の讀方	997
飛行機増産の道ことにあり	209
飛行機製作法図説	997
扉	534
緋草画小径	562
肥城桃ニ関スル調査	869
肥料	860,861
肥料学	861
肥料学汎論	861
肥料学提要	861
肺病全治者の療養實驗談	847
肺結核の發病と停止	847
肺結核の早期診断と其治療指針	847
肺結核の治療法	846
肺結核は治癒す	846
肺結核早期診断及治療学	847
廃物利用電気機械と實用品の作り方	918
費用海損論	131
分り易い化学工業の智識	925
分り易い機械工学の智識	905
分り易い覚え易い外國地理の研究．下巻	711
分り易い覚え易い一般理科の研究	429
分り易い最新幾何学粋	761
分類水産動物図説	877
分数．小数の指導	427
分析化学．巻二	781
分析化学．巻一	781
分析化学原理：増補版	781
分析学．上，定性分析．全	781
分析学．下編，定量分析．全	781
分析藝術論	44
分子と電気	780
封建社会	587
封建英國とその崩壊過程	657
封価統制の研究	377
風塵録	109
風景と歴史	729
風景の科学	707
風景画論	559
風立ちぬ	478
風俗	518
風土：人間的考察	414
風土と生活	527
風土病誌	848
風土記抄	728
風土記集	727,729
風土巡禮	705
蜂の話	814
蜂園の乙女	876
奉公心得書；柳子新論	23
奉天と遼陽	718
奉天ニ於ケル窯業統制の顛末	345
奉天ニ於ケル窯業問題其ノ後ノ状況（秘）	356
奉天三十年．上巻	549
奉天三十年．下巻	549
奉天商業会議所統計年報	254
奉天商業實態調査経緯報告	374
奉天市要覽	716
奉天鉄西工業の全貌	348
仏教聖典	50
佛典説話全集．第九巻，因縁篇	50
佛典説話全集．第十巻，紀傳篇	50
佛國對支経済勢力の全貌	252
佛教大辞典	51
佛教大辞典．第二巻	51
佛教大辞典．第一巻	51
佛教大系．成唯識論．第二	50
佛教大系．成唯識論．第一	50
佛教大系．法華玄義．第二	51
佛教大系．法華玄義．第一	50
佛教大系．観心本尊鈔	51
佛教大系．教行信証．第二	50
佛教大系．教行信証．第三	50
佛教大系．教行信証．第一	50
佛教大系．摩訶止觀．第一	50
佛教大系．七十五法署述法相義	51
佛教大系．三論大義鈔・三論玄義	50
佛教経典史論	54
佛教学の根本問題．3,大乗と小乗	52
佛蘭西公使ロセスと小栗上野介	695
佛領印度：支那篇	723
佛領印度支那	730
佛領印度支那：政治．経済	277
佛領印度支那の港湾	361
佛領印度支那の農業経済（翻訳）．下巻	335
佛領印度支那の農業経済（翻訳）．中巻	335
佛領印度支那経済発達史	277

佛領印度支那事情：大多和書記稿	730
佛印	731
佛印・泰支那言語の交流	442
佛印の棉花資源：フランスの研究資料より	866
佛印概要	723
佛印華僑の統治政策	102
佛印老櫃	730
佛印農業論	335
佛印三十年記	525
佛印研究	723
夫婦の道	74
夫婦の医学	826
夫婦論；静子の巻；花子の巻	74
服飾デザインの学び方	954
服装美学と其應用	954
浮世繪と版画	563
浮世繪版画大鑑	563
浮游選鉱法	891
涪陵経済調査	257
福岡鉄斎	563
福公司（ペキン　シンテケート）年次総会議事要録：一九三七年八月十二日 P.T.タイムス所載	313
福建省建設報告：二十三年二月ヨリ二十四年六月	330
福原伝染病及血清学各論	820
福澤全集．第八巻	66
福澤全集．第一巻	66
福澤諭吉	670
複式簿記の基礎知識	295
複興叢書．第五輯	114
府県市町村法則判例学説総覧	187
釜山窯と對州窯	700
腐蝕及び防蝕	898
父子寺内元帥	673
附刄と盛刄	902
婦人と子供の権利	121
婦人に與ふ	76
婦人家庭百科辞典	1014
婦人科手術．完	849
婦人科学．前編	849
婦人科学各論．下巻	849
婦人科診断及治療学．後編	849
婦人労働革命：経済の進化における婦人の労働	86
婦人労務者保護	300
婦人問題十講	103
婦人子伴洋服裁縫新型全集．第三巻	954
婦人子供洋服裁縫大全	955
婦人子供洋服裁縫新型全集．Ⅰ	954
婦人子供洋服裁縫新型全集．Ⅱ	954
復興亜細亜の諸問題	87
復興亜細亜の諸問題：普及版	87
富の北海道	727
富岡鉄斎	680
富士の地質	793
富士谷御杖	483
富永仲基	672
改版倉庫経営論	301
改版家事経済綱要．前篇	230
改版日本案内記．関東篇	727
改版日本案内記．中部篇	727
改版日本経済史概説	276
改版鉄筋混凝土工学．理論編	975
改版芸術と道徳	554
改版増補化学講義	774
改版哲学以前	29
改版宗教哲学	46
改定増補 満洲の地質及鉱産	795
改訂　日本国民思想史	21
改訂ソ聯邦経済地理	281
改訂版測量	887
改訂保険学綱要	409
改訂保険学綱要．第三編（各論），生命保険	409
改訂保険学綱要．第三編（各論），海上保険，火災保険	409
改訂病理学知識	835
改訂産業組合講話	260
改訂大和志料．上巻	649
改訂動的貸借対照表論．上巻	403
改訂動的貸借対照表論．下巻	403
改訂児童の心理と家庭教育講話	44
改訂児童心理学	45
改訂工業簿記提要	339
改訂官庁会計	395
改訂國際私法論	192
改訂國史挿話全集．第一巻，軍談篇	629
改訂海南島志	603
改訂化学粋	432,780
改訂会計学教科書	295
改訂近世簿記通論	295
改訂経営要論	305
改訂倫理学概論	36
改訂倫理學概論	36
改訂内外商業新地理	239
改訂内外商業政策．上巻	364

題名	頁
改訂趣味の昆虫採集	811
改訂日本歌学史	506
改訂日本各港浬程表	993
改訂商法概論	180
改訂商業.法人登記申請書例	370
改訂商業簿記	371
改訂生理学.上	834
改訂生理学.下	834
改訂数学史	753
改訂縮刷社会科学大辞典	64
改訂台湾民事法規輯覧:附不動産、商業登記申請書式	148
改訂天文地学講話	785
改訂鉄鋼、機械、製品、統制の實際知識	336
改訂通気論	890
改訂通信工学ポッケットブック	920
改訂豚肉加工法	949
改訂輓近商業珠算	754
改訂文藝学と文藝史	472
改訂物理学粋	432
改訂現代商業修身書	368
改訂現代学校教育学	419
改訂現代支那人名鑑	662
改訂新編家畜生理学	874
改訂新商法大要	182
改訂新商事要項.上巻	364
改訂新統制経済讀本	267
改訂新藥合成化学	933
改訂新銀行簿記教科書	403
改訂刑法大要.全	184
改訂有機化学大要	778
改訂増補　毒物検索法	857
改訂増補　会計学概論	295
改訂増補　満洲考古学	698
改訂増補財務諸表準則解説	297
改訂増補大建築学.第三巻	962
改訂増補大建築学.第四巻	962
改訂増補大建築学.第一巻	962
改訂増補電気工事讀本	914
改訂増補法と統制経済	291
改訂増補国民経済講話:完	223
改訂増補國際法要義	190
改訂増補化学独逸文典	926
改訂増補化学提要	774
改訂増補化学通論	773
改訂増補機構学	905
改訂増補家庭医学	819
改訂増補解説日本文化史	625
改訂増補金融経済の諸問題	391
改訂増補露西亜語学捷径	453
改訂増補貿易實務	364
改訂増補名勝温泉案内	727
改訂増補歐米の對支経済侵略史	259
改訂増補熱帯生活の常識	712
改訂増補人相の科学	61
改訂増補日本博物学年表	747
改訂増補社会統計学史研究	67
改訂増補實用機織法.後編	943
改訂増補事業統制論	77
改訂増補行政法講義.上巻	167
改訂増補雄弁学講座.中巻	442
改訂増補最近支那共産党史:昭和十九年版	85
改訂増輔解説日本文化史	631
改訂増外國為替讀本	404
改訂支那革命史	596
改訂支那文明記	702
改訂織物雑考	931
改訂植物生理化学	808
改訂中学外國地理.甲表準據	429
改訂注釈樗牛全集.第五巻	28
改訂最近外國貿易實践提要	379
改訂最新代数学精義	752
改稿氣象学講話	790
改良大豆ノ普及實績ニ就テ	867
改良和風便所	967
改良農法の實績報告:第二回開拓農法研究会記録	330
改修商業学概論	366
改修最近寄生原蟲学	803
改造の獨逸より	126
改造の欧米より	89
改造途上の欧米社会見物	712
改造途上の世界	90
改造住宅.巻一	971
改正弁護士法精義	187
改正不動産登計法注解	175
改正工塲法解説疑義解釋	170
改正海事申請手続総攬	360
改正会社法	169
改正会社法概論	169
改正会社法提要.上巻	169
改正会社法提要.下巻	169
改正経済学大意	223
改正臨時資金調整法令:会社利益配當及資金融通國家總	

動員法	168
改正賃金統制令関係法規	168
改正民事訴訟法概論	179
改正民事訴訟法解訳	179
改正日本商法	181
改正商法保険法論	118
改正商法大意	181
改正商法及有限会社法概説	181
改正商法株主重役の権利義務	182
改正商法總則概論	182
改正手形法及小切手法ニ関スル判例集	169
改正新法株式会社實務誌	311
改正刑法仮案	185
改正刑法仮案とナチス刑法綱領	128
改正刑法新刑事法原論	185
改正学校体操教授要目解説.第二巻,小学校,上級 高等科篇	434
改正学校遊戯及競技	436
改著食用作物各論	865
改撰商業法規教科書.民法篇	183
概観ドイツ史	655
概観大東亜図	713
概観東亜地理:南洋諸國篇	723
概観東亜地理:中華国民篇	714
概観東洋通史	607,608
概観日本地誌.上巻	726
概観日本経済思想史	275
概観世界地誌.2,ヨーロッパ篇	711
概観世界史.第三巻	581
概観世界史.第四巻	581
概観世界史.第五巻	581
概観世界史.第一巻	581
概観世界史潮	584
概観維新史	646
概観昭和交易史	386
概論歴史学	580
概説東洋史	607
概説日本民法	177
概説西洋史	653
甘藷.里芋増収法	865
甘味:お菓子随筆	529
肝油	948
肝油の研究	878
柑橘	869
感覚の世界	44
綱要日本紋章学	696
鋼の常識:製鋼・純鉄篇	892

鋼の焼入と焼戻	897
鋼の實地熱処理法	897
鋼管王白石元治郎	681
鋼熔解及び鋼鍛錬	892
鋼索	388
鋼鋳物	899
港の話	990
港湾.運河編	991
港湾.運河編.第七巻	991
港湾管理経営と北支諸港の問題	991
港湾講演集.第三輯	991
高等國史	624,627
高等國文法新講.品詞篇	460
高等機械設計.第10編,水力伝動装置	905
高等機械設計.第11編A,歯車	905
高等機械設計.第13編,カム及び斜板	906
高等機械設計.第15編,回転機械の主要部分	906
高等機械設計.第2編,機械部分の締結法	905
高等機械設計.第9編A,捲掛伝動装置	905
高等家事化学	775
高等建築学.第11巻,建築施工法	962
高等建築学.第12巻,建築設備.第22編	962
高等建築学.第13巻,建築計画.1,計画原論	962
高等建築学.第14巻,建築計畫.2	962
高等建築学.第14巻,建築計畫.2,住宅・アパートメントハウス・庭園	963
高等建築学.第15巻,建築計画.3,ホテル・病院・サナトリウム	962
高等建築学.第16巻,建築計畫.4,商店・百貨店・事務所・銀行	963
高等建築学.第17巻,建築計画5,工場,市場,火力發電所	963
高等建築学.第18巻,建築計画.6,倉庫,サイロ,冷蔵庫,自動車庫,格納庫	963
高等建築学.第19巻,建築計画.7,通信省の建築,旅客駅,刑務所	963
高等建築学.第1巻,建築様式.1,日本建築様式	962
高等建築学.第20巻,建築計画.8	963
高等建築学.第21巻,建築計画.9,美術館,博物館,商品陳列館	963
高等建築学.第22巻,建築計画.10,劇場・映画館・カフエ・レストラン・ダンスホール	963
高等建築学.第23巻,建築計画.11,倶樂部.運動場.体育館及演武場.浴場	963
高等建築学.第25巻,建築行政,建築法規・都市計画・住宅経営	963

高等建築学.第26巻,建築構造.5,家屋耐震並耐風構造 ……… 963	高度資本主義.1 …………………………… 229
高等建築学.第2巻,建築様式.2,西洋東洋建築様式 ……… 962	高級鋳鉄 …………………………………… 898
高等建築学.第3巻,建築材料 ………………………………… 962	高梁考 ……………………………………… 865
高等建築学.第6巻,地震学 …………………………………… 962	高木局所解剖学 …………………………… 833
高等建築学.第7巻,建築構造.1,一般構造・耐火構造 ……… 962	高橋是清自傳 ……………………………… 683
高等建築学.第8巻,建築構造.2,煉瓦及石構造,木構造,社寺建築 ……… 962	高砂族の話 ………………………………… 703
高等建築学.第9巻,鉄筋コンクリート構造.第18編 ……… 962	高砂族パイワヌ民藝 ……………………… 703
高等教育 無機化学の基礎 ……… 776	高山の鳥 …………………………………… 812
高等教育児童心理学 ……………………… 45	高速インヂケーター ……………………… 909
高等教育家事経済教科書.上巻,家事経済 …… 960	高速鍛造 …………………………………… 880
高等教育家事経済教科書.下巻,家計簿記 …… 960	高田屋嘉兵衛 ……………………………… 665
高等教育微分積分学 ……………………… 759	高校商大受験生の英文解釈三百項 ……… 449
高等教育音楽通論 ………………………… 434	高校生の微分学 …………………………… 759
高等解析幾何学 …………………………… 762	高野長英傳 ………………………………… 681
高等解析特論 ……………………………… 762	高野山根本塔壁画と柱絵 ………………… 476
高等経済数学 ……………………………… 292	高一新地理指導精鋭 ……………………… 430
高等科一、二、三代数の教授法及問題詳解 …… 428	高眞空工学.A …………………………… 888
高等科一・二・三幾何の教授法及問題詳解 …… 762	稿本日本帝国美術略史.建築之部 ……… 557
高等口語法講義 …………………………… 468	稿本日本金融史論 ………………………… 409
高等立体幾何学 …………………………… 761	割出し仕事 ………………………………… 901
高等立体図学.上巻,緒説,投象図 ………… 763	歌のわかれ ………………………………… 518
高等立体図学.下巻,透視図 補遺 ………… 761	歌の作り方 ………………………………… 501
高等平面三角法 …………………………… 756	歌劇の研究 ………………………………… 571
高等平面三角法:附録 ……………………… 756	歌舞伎 ……………………………… 573,576
高等三角法 ………………………………… 756	歌舞伎大全 ………………………………… 576
高等商品学 ………………………………… 386	歌舞伎絵大成 ……………………………… 561
高等数学.下巻 …………………………… 756	歌舞伎談義 ………………………………… 573
高等数学概要 ……………………………… 757	歌舞伎隈取図説 …………………………… 558
高等数学公式 ……………………………… 757	歌舞伎研究 ………………………………… 576
高等数学講義方程式論 …………………… 757	歌舞伎藝術 ………………………………… 575
高等土木工学.第三巻,測量学 …………… 789	歌舞伎作者の研究 ………………………… 557
高等微分積分学.上巻 …………………… 759	歌舞演劇講話 ……………………………… 556
高等微分積分学.下巻 …………………… 759	革ローラー取扱法 ………………………… 950
高等物理学.上巻 ………………………… 765	革命の前 …………………………………… 479
高等物理学.下巻 ………………………… 765	革新的水産体制の構想 …………………… 334
高等物理学補習 …………………………… 766	革新政治下の米國 ………………………… 130
高等物理学演習 …………………………… 768	格言文庫.統偉人と言行 ………………… 449
高等小学裁縫新教授書 …………………… 426	格子制御放電管 …………………………… 919
高等小学地理附図 ………………………… 427	葛飾北斉傑作.富獄三十六景 全 ………… 561
高度代数学 全 …………………………… 757	各地特産染物の實際 ……………………… 946
高度國防國家に於ける新産業道徳の提唱 …… 352	各国対照国史集成 ………………………… 586
高度國防経済学 …………………………… 195	各国商標法提要 …………………………… 142
	各國國旗の由来と國祭日 ………………… 91
	各國通商の動向と日本:昭和十三年版 …… 381
	各國植民史及植民地の研究 ……………… 585
	各科視学要領批判 ………………………… 421
	各科治療の實際:實地医家に必要なる …… 841

各種ソースの製造法	950
各種拱橋の實地設計法	988
各種鉄筋コンクリート工の實地設計計算	975
各種協議会並組合概要	343
各種運動競技規則全集:昭和十六年度	436
個別教育算術の實際	422
個性調査と教育指導	45
個性調査の原理と方法	46
根抵當法解説	178
根底解説國漢文要語辞典	460
根底明示.要点總括能率幾何	761
更訂国史研究年表	635
更訂國史の研究.各説,上	626
更訂國史の研究.各説,下	626
更訂國史能研究.総説	628
更訂現代文解釈法	465
耕地の拡張と改良	860
工兵隊進撃	204
工部局屠殺場ノ近況ニ就テ	315
工場.鉱山の法律實務	170
工場と職工	305
工場の保健衛生	823
工場安全	887
工場法規概要	352
工場改善附録:日本の科学的工場管理	353
工場給食施設	339
工場機械設備	904,905
工場寄宿舎管理	339
工場経営	338
工場経営の常識	303
工場経営の實務	305
工場経営論	337
工場鉱山産業報國会の組織と運営	304
工場内ノ検査	311
工場設備の実務	337
工場設備及法規	338
工場設計及び設備改善	973
工場設置案内	305
工場食糧管理	339
工場事務の實際	338
工場事務管理論	304
工場統計と疲労調査	297
工場衛生	339
工場医の記録	846
工場用歯車切削法	901
工場用機械金属材料	897
工場照明	918
工場組織の實際	338
工具とジグ	896
工具及び材料管理	881
工事年鑑	967
工学叢書.第二編,土木建築材料継手法.全	975
工学ニ於ケル数学的方法	886
工学佛語の研究	883
工学概論	880
工業と技術の雙壁豊田と田熊	681
工業編.上巻	880
工業編.下巻	880
工業簿記	338
工業簿記と原価計算	338
工業材料	887
工業材料便覧:金属	897
工業常識	880
工業道徳	39
工業讀本	880
工業分析化学実験法.1	927
工業概論	336
工業管理法	338
工業化学.巻三	925
工業化学.巻四	925
工業化学.巻一	925
工業化学数値計算概要	927
工業化学要論	926
工業化学語彙	926
工業化学總論	926
工業会計	339
工業会計の常識	339
工業会計及原価計算	340
工業計測器	909
工業経済	337
工業経済綱要	337
工業経済論	337
工業経営比較	337
工業経営講座.第一巻,工業の企業形態,工業経営總論	352
工業経営總論	337
工業力学	886
工業立地に関する輸送条件	301
工業立地の研究	352
工業立地ヨリ看タル北支セメント工業ノ現態ト其ノ発展動向	343
工業立地変動論	352
工業年鑑:昭和十五年戦時建設版	881
工業配置論	351

工業取引案内	312	工作機械用電気品及其応用	908
工業取引案内:昭和十五年度	312	工作機械総覧	900
工業實地経営論	337	弓八幡　鉢木　羽衣　道成寺　龍虎:内廿一	505
工業数学	886	公定価格便覧.工場用品篇	377
工業数学:代数	886	公法叢書.3,外地法序説	162
工業数学:高等数学	757	公法学	189
工業数学:機械技術者検定試験用	886	公論統治原理	83
工業数学:積分	886	公企業講話	305
工業数学:技能者養成	886	公文例規及公文例	463
工業数学:技術者に必要な数学の知識	886	公物.営造物法	167
工業数学:平面三角法	431	公物.営造物法(1)	167
工業数学幾何	762	公益企業.國策企業	306
工業数学演算子法	915	公益企業会計	307
工業所有権法	170	公益企業統制論	306
工業通解	880	公有水面編	179
工業通覧	880	公債と租税	390
工業薬品大辞典	843	公債論	391
工業薬品年鑑	926	公衆浴場建築;工場建築	972
工業薬品年鑑:昭和18年版	926	宮城工業力学	886
工業用護謨製品型録	887	宮澤賢治	663
工業用計算対数表	753	宮澤賢治作品集	515
工業用水	886	共産軍ノ農民工作ニ就テ	863
工業用鉄鋼材	892	共和国獨逸	126
工業用諸燃料と蒸汽缶	910	共同炊事	824
工業原価計算及び会計	339	共同海損法	191
工業原価計算及簿記	337	構成地理学と國防政策	209
工業再編成論	352	構成体論的経済学	220
工業中毒	823	構造強弱並計算法	887
工業組合の常識	337	構造有機化学	778
工業組合解説	337	構作技術大系	886
工業組合年鑑:昭和十八年版	352	孤猿随筆	533
工藝文化	567	古き支那　新しき支那	527
工員能率増進の要領	298	古版西洋経済書解題	231
工芸文化	567	古代の蒙古	611
工芸作物.上巻	865	古代の南露西亜	654
工芸作物.下巻	866	古代國語の研究	457
工政会要覧:昭和16年度用.要綱・会員	352	古代國語の音韻に就いて	456
工作機械	900,906	古代美と近代美	558
工作機械.第二巻,講義編.Ⅱ	903	古代日本の文藝	487
工作機械.第一巻,講義編.Ⅰ	903	古代日本人の生活	121
工作機械の伝動装置.Ⅰ	904	古代日韓鉄文化	635
工作機械の製作法.Ⅰ,基礎篇	901	古代社会	586
工作機械及び精密機械の品質向上:考察並びに提案	906	古代社会.上巻	586
工作機械及工具	903	古代社会.下巻	586
工作機械設計計算法.運動編	900	古代西南アジヤの人種と言語	609
工作機械型録	388	古代希蝋に於ける宗教的葛藤	48
		古代印度の研究	652

古代語新論	457	古陶の美	699
古代支那史要	591	古陶古佛	700
古代支那研究	291	古写経之鑑賞	701
古典と日本精神	24,481	古語拾遺新講.全	60
古典と作家	479	谷干城	675
古典の精神	480	固定資産管理の實務	308
古典の批判的処置に関する研究.第二部,國文学に於ける文献批判の方法論	418	故山の大西郷	684
古典の批判的処置に関する研究.第三部,資料・年表・索引	418	掛物と日本生活	705
		官報　号外	117
古典考究.萬葉篇	501	官話指南自修書.官商吐屬篇	447
古典考究:記紀篇	501	官界新体制の諸問題	108
古活字本研究資料	418	官吏法	166
古今服装の研究	955	官庁会計	297
古今和歌集評釈.全	484	関ケ原大戦の眞相:石田三成を中心に	520
古今外領統治策批判	585	関東都督府第十統計書:大正四年	68
古今作家人名辞典	676	関東州ノ農業	327
古浄瑠璃の研究.第二巻,延寶・享保篇.上巻	484	関東州人造肥料使用状況	932
古浄瑠璃の研究.第三巻,延寶・享保篇.下巻	484	関東州現行租税法規集	149
古浄瑠璃の研究.第一巻,寛文.慶長篇	484	関東州塩業ト膠州湾塩業トノ比較研究	255
古鏡聚英.上篇,秦鏡と漢六朝鏡	699	関東州在留外国人調査(極秘)	405
古句を観る	483	関東洲ニ於ケル司法	188
古刊源氏物語書目	510	関東洲及満洲ニ於ケル最近ノ食糧事情	324
古楽の真髄	573	関口俊吾満洲北支書集	563
古列女傳、女四傳	687	関満支貿易統制の實際知識	372
古史の金陵城 新中国の首都 南京案内記	717	関滿支貿易統制の實際知識	385
古事記	535	関税制度改正ニ関スル意見書	386
古事記傳.第八巻	535	観光経済学講義	363
古事記傳.第二巻	535	管内沿線案内	716
古事記傳.第六巻	535	管絃楽器総論	572
古事記傳.第三巻	535	罐詰	950
古事記傳.第十巻	535	罐詰の物理	950
古事記傳.第五巻	535	光	921
古事記辞典	510	光ある生涯	515
古事記概説	480	光の四季	742
古事記及日本書紀の研究	484	光りは東方より	59
古事記論考	485	光る海	529
古事記評釈	485	光を探求するもの	531
古事記評釋	483	光電管,セレニウム管の工業應用	919
古事記日本書紀の歌	483	光化学	781
古事記上巻講義.一	481	光明の健康法	827
古事記現代考	481	広東語会話典	447
古事記新講	481	広告の常識	369
古事記研究.1,帝記考	481	広田宏毅伝	683
古事記正義	485	広西省綜覧	717
古事記諸本解題	480	廣東日本商工名録	310
古書の研究	701	廣東省調査報告書:基本工業、特殊工業、農村副業	256

· 1070 ·

廣東十三行考	375
廣東語会話典	448
廣告論:廣告戦の理論と其適用	369
廣域経済と貨幣制度	229
廣域圏の経済理論	236
廣重江戸風景版畵集	563
珪酸塩工業	929
規格家具	951
鮭	878
軌範國文解釈	454
鬼の蜘蛛助:理科童話,理科劇,理科物語	801
桂離宮	973
桂御山荘	966
国都新京	602
国翻訳一切経.十三,経集部	52
国防の立場から	199
国防地政学	209
国防国土学:東亜共栄圏の国土計画	262
国際スパイ暗躍秘録	516
国際電信事業論	920
国際関係から見た支那	133
国際聯盟新論	135
国際市場に於ける露國協同組合	386
国際知識大系.8,露西亜の見方	87
国家と個人	162
国家と青年	38
国家科学への道	266
国家原論	111
国家哲学	141
国民の心得べき法律の知識	158
国民病の豫防と撲滅	822
国民道徳綱要	39
国民道徳要義	39
国民経済の立直しと金解禁	263
国民経済構造変動機論	234
国民経済講話.前冊:労働経済講話.完	298
国民経済学体系.上	221
国民学校放送教育の実践	423
国民学校體錬科體操精義	437
国民学校藝能科音楽精義	425
国民言語文化体系.第三巻,基本語彙学.上	442
国民豫算論	396
国民政府度量衡法	411
国民政府国策ノ財政的構造:準戦時体制下ノ南京財政ニ於ケル経費構造ノ分析	394
国民組織と国民運動	111
国難日本歴史	622
国史と日本精神の顕現	20
国史の話	624
国史を貫く日本精神	613
国史挿話全集.第八巻,巨匠篇	618
国史挿話全集.第二巻,社会公益篇	618
国史挿話全集.第九巻,近代篇	619
国史挿話全集.第六巻,智仁篇	618
国史挿話全集.第七巻,畸人篇	618
国史挿話全集.第三巻,忠勇篇	618
国史挿話全集.第十巻,国際篇	619
国史挿話全集.第四巻,節婦孝行篇	618
国史挿話全集.第五巻,逸話篇	618
国史辞典.1	630
国史辞典.2	630
国史辞典.3	630
国史辞典.4	630
国史大年表.第八巻	634
国史大年表.第六巻	634
国史大年表.第七巻	634
国史大年表.第三巻	634
国史大年表.第一巻	634
国史大系 類聚国史	620
国史大系六国史:日本後紀	635
国史大系六国史:日本三代実録	635
国史大系六国史:日本書紀	635
国史学の骨髄	625
国史学習の新展開	581
国史資料集.第二巻 上	632
国史資料集.第二巻 下	632
国史資料集.第二巻.下	632
国史資料集.第三巻 上	632
国史資料集.第一巻	632
国体と民俗	704
国体と思想国防	23
国体本位の宗教教育	48
国体観念の史的研究	23
国体論史	84
国体思考史概説	39
国体思想史概説	21
国体要義	111
国土と国民	726
国文学論考	480
国訳二十二史(左が答 右が刀)記.上巻	593
国訳一切経 律集部.3	52
国有財产制度論	395
国語の論理	454
国語の中に於ける漢語の研究	460

国語発達史大要	455
国語生活篇	457
国語史.上古篇	458
国語学原論	454
國の子の家庭教育	435
國を守る科学	200
國策の線に沿ふ新興各種代用品の製作法	928
國産合成染料総覧	935
國定教科書を解説せる小学校家事教材の現代化	426
國定教科書中生理衛生解説	822
國都建設記念式典誌	73
國防と電氣通信	920
國防の先覺者物語	199
國防保安法	200
國防地政学	194
國防國家と交通	199
國防國家の法律:現代法律思想再構成の一考察	194
國防國家の綱領	262
國防國家の理論と政策	84
國防國家体制論	92
國防経済法体制:國家總動員法を中心として	195
國防経済概論	195
國防経済總論	194,195
國防科学図解兵器	208
國防貿易論	195
國防生活論	200
國防心理学要論:その問題と實際的結論の概要	194
國防政治論	199
國防政治学	194
國歌の胎生及び發達	318
國際スパイ戰	513
國際法	190
國際法.上卷	190
國際法の基本問題	190
國際法概論	190
國際法学.上	190
國際法学大綱.上卷	190
國際法学大綱.下卷	190
國際法要論.上卷	190
國際法要義	190
國際関係論:世界政局の新展開	130
國際貨幣制度の研究:ラテン貨幣同盟を中心として	398
國際金融の主要問題	392
國際経済と金融	233
國際経済の基本問題	235
國際経済要覧:昭和九年毎日年鑑附録	234
國際労働組合運動:革命主義的潮流と改良主義的潮流	237
國際聯盟の法理学的比判	130
國際聯盟年鑑:昭和七年版 1931—1932	130
國際平和関係條約集	132
國際私法	192
國際私法概論	192
國際私法論	192
國際通商戰	380
國際外交録	132
國際原料資源論	236
國際政治の分析.第一部,現代アメリカの考察	90
國際政治論叢.第二卷,國際政治の綱紀及連鎖	88
國際政治論叢.第三卷,國際紛争と國際聯盟	88
國際資本移動論	234
國家と法律学	139
國家と経済.第二卷,古典に於ける國家と経済	263
國家と経済.第三卷,我が国の古典に於ける国家と経済	263
國家と経済.第四卷,現代日本経済の基礎構造	263
國家と経済.第五卷,わが國戦争経済の本質	263
國家と経済.第一卷(序説)	263
國家の明日と新政治原則:社会國家への主張	82
國家の研究	109
國家財政概論:増訂版	391
國家法人説の崩壊:天皇主権説	92
國家改造計画綱領	113
國家経済学の立場	220,223
國家権威の研究	83
國家学説と社会思想	84
國家總動員法解説	163
國家總動員法に基く産業統制の動向	270
國家總力戰論	194
國論の展望	110
國民の数学.数量編	751
國民ブライダー読本	999
國民百科大辞典.1	1016
國民百科大辞典.12	1017
國民百科大辞典.13	1017
國民百科大辞典.14	1017
國民百科大辞典.2	1016
國民百科大辞典.4	1016
國民百科大辞典.5	1016
國民百科大辞典.6	1016
國民百科大辞典.7,シラーたらおん	1017
國民百科大辞典.8	1017
國民百科大辞典.Ⅰ～Ⅻ.11	1017

國民百科大辞典：Ⅰ～Ⅻ.10	1017
國民必携実用百科全書	1011
國民兵器讀本	208
國民党と支那革命共産党との関係	102
國民道徳の体系	40
國民電気讀本	918
國民東洋歷史	589,590
國民防空讀本	197
國民防空科学	198
國民防空科学：毒瓦斯防護について	198
國民教育の課題	419
國民教育の中心問題.第三卷	119
國民教育の中心問題.其5	119
國民教育東京講演	185
國民經濟と廣域經濟	236
國民經濟の組織及発達	268
國民經濟学講義.理論の部.第二卷,貨幣.信用	232
國民經濟学講義.理論の部.第一卷	232
國民經濟学原理	231
國民經濟学原理.上卷	222
國民經濟政策概論	236
國民科讀方教育	425
國民鍊成繩とび運動	440
國民榮養を語る	825
國民生活の構造	120
國民食：栄養献立三百六十五日	824
國民所得とその分布	67
國民文化の建設	415
國民西洋歷史	653
國民学校.その意義と解説	428
國民学校の日本教育的性格	425
國民学校を中心とした工作図解模型航空機讀本	439
國民学校アクセント解説：第二年学用	427
國民学校アクセント解説：第三年学用	427
國民学校案による國民科地理	430
國民学校國民科綴方精義	463
國民学校理数科算数の實踐的構想	426
國民学校實用科農業精義	433
國民学校体鍊科要義	436
國民学校衛生要義	424
國民学校学校病対策手當篇.第四輯	829
國民学校養護衛生叢書.第三輯,國民学校虛弱児・栄養篇	423
國民学校養護衛生叢書.第五輯,國民学校健康・衛生訓練篇	423
國民學校話方教育の實踐形態	423
國民医学大辞典	822
國民娛楽の問題	109
國民伝説今昔百話新訳	536
國民組織の綱領	128
國民組織の政治力	114
國木田獨步	678
國木田獨步傑作選	516
國難	518
國難と時宗：敵国降伏	521
國史と民俗学	701
國史と世界史	625
國史に於ける永遠の思想	629
國史の華：菊の卷	621
國史の華：千草の卷	627
國史の研究.綜説の部	626
國史大辞典.第四回	630
國史概観	612
國史概説	626
國史美談.上卷	622
國史美談.中卷	622
國史説苑	625
國史肖像大成	627
國史新著解題	625
國史哲学入門	634
國史總論：日本文化名著選第二輯	624
國士陸羯南	670
國勢調查論	117
國勢新東亞地理	279,587
國勢新日本地理	726
國体と全体主義	23
國体に對する疑惑	115
國体の本義	118
國体の本義解釈	113
國体の本義精解	83
國体の本義詳説	83
國体の話	116
國体法理学	139
國体観念の史的研究	634
國体科学研究.第二刊	111
國体科学研究.第一刊	111
國体思想發達史	628
國体新論	117
國土の精神	726
國土防衛の戰	200
國土計画・造船・車輛工業	986
國土計画：生活圈の設計	316
國土計画と技術	978
國土計画の基礎・構造	267

國土計画の基礎理論	230
國土計画の理論	266
國土計画論	262,267
國文六國史. 第八	636
國文学の哲学的研究. 第一巻	481
國文学史講話	486
國文学史新講. 上巻	486
國文学史新講. 下巻	486
國姓爺. 芝虎の巻	517
國学發達史	28
國学史の研究	625
國医薬物学研究	837
國訳漢文大成. 第九巻,文学部,西廂記・琵琶記	1003
國訳漢文大成. 第十巻,文学部,還魂記. 漢宮秋	1003
國訳漢文大成. 経子史部. 第八巻,荀子・墨子	1003
國訳漢文大成. 経子史部. 第二巻,易経. 書経	1003
國訳漢文大成. 経子史部. 第二十巻,呂氏春秋	1004
國訳漢文大成. 経子史部. 第十八巻,晏子.賈誼新書.公孫龍子	1004
國訳漢文大成. 経子史部. 第十二巻,戰國策	1004
國訳漢文大成. 経子史部. 第十九巻,管子	1004
國訳漢文大成. 経子史部. 第十三巻,史記本紀. 表	1004
國訳漢文大成. 経子史部. 第十四巻,史記書. 世家	1004
國訳漢文大成. 経子史部. 第十一巻,淮南子	1004
國訳漢文大成. 文学部. 第八巻,唐宋八家文. 下巻	1003
國訳漢文大成. 文学部. 第二巻,文選. 上巻	1002
國訳漢文大成. 文学部. 第六巻,三体詩	1003
國訳漢文大成. 文学部. 第七巻,唐宋八家文. 上巻	1003
國訳漢文大成. 文学部. 第十八巻,水滸傳. 上巻	1003
國訳漢文大成. 文学部. 第十六巻,紅楼夢. 下	1003
國訳漢文大成. 文学部. 第十七巻,長生殿. 燕子箋	1003
國訳漢文大成. 文学部. 第十四巻,紅楼夢. 上	1003
國訳漢文大成. 文学部. 第五巻,唐詩選	1003
國訳漢文大成. 文学部. 第一巻,楚辞	1003
國訳漢文大成. 文学部. 第三巻,文選. 中巻	1003
國訳貞観政要	596
國有鉄道の会計	357
國語	595
國語と國民性:日本精神の闡明	458
國語と民俗学	460,705
國語の愛護	457
國語の道:言葉.國語.語法	455
國語の道:言葉・國語・語法	457
國語の発音とアクセント	459
國語の將来	453
國語の新研究	455
國語の語根と其の分類	457
國語の中に於ける漢語の研究	460
國語リズムの研究	454
國語発音の原則	458
國語發達史大要	455
國語法品詞論	460
國語國文学年鑑. 第三輯	458
國語教育原理	456
國語科学論考	457
國語文化講座. 第六巻,國語進出篇	455
國語文化講座. 第四巻,國語芸術篇	455
國語文化講座. 第一巻,國語問題篇	455
國語文化講座. 索引	455
國語文化雑記	457
國語問題と英語科問題	458
國語学の諸問題	455
國語学論集	455
國語学史	458
國語音調論	458
國語音声学概説	459
國語音韻論	458
國語政策	453
國政論集	117
國枝史郎集:染吉の朱盆 外七篇	520
國字問題の現實	459
果して強國は醒めたりや	88
果たして強国は醒めたりや	91
果実蔬菜罐詰壜詰製造法	950
果樹生産の立地的研究	869
果樹園	549
果樹栽培汎論. 剪定及摘果篇	869
海	795,796
海とプランクトン	803
海と船の知識	990
海と闘ふ人々	544
海と科学随記	523
海と人	795
海のたましひ	537
海の地学	796
海の慣習法	191
海の化学	796
海の科学	796
海の少年科学者	478

海の生物	803	海上権と日本の発展	201
海の探究史	712	海上権と日本の發展	362
海の探求史	796	海上損害論	177
海の資源	878	海上危険論	410
海を渡りて野をわたりて	712	海上物品運送法論:統一法の進展と日本法	176
海産動物油	948	海上運送實務	360
海底サンプリングハンドブック	796	海士　鞍馬天狗　定家　咸陽宮　東岸居士:内十二	505
海底物語	801	海事国際私法論	191
海工.上巻	990	海事年鑑:昭和十六年.十七年版	990
海工.下巻	990	海獣	813
海國戰記	519	海外発展主義の小学教育	425
海鷲の父山本五十六元帥	674	海外紡織文献総覧:紡績篇.第一巻	419
海軍の父　山本権兵衛	673	海外経済事情.第一二号	261
海軍の父山本権兵衛	673	海外貿易経済	380
海軍の生活	675	海外水産調査	877
海軍より見たる太平洋諸島	361	海洋の自由	188
海軍航空読本	201,202	海洋国防地理:太平洋.印度洋.大西洋.地中海.北海.バルト海の国防地理	209
海軍及海事要覧	198	海洋随想	334
海軍七十年史談	201	海洋物理学	796
海軍縮小の話	201	海洋物語	795,796
海軍五十年史	204	海洋学	796
海軍戰記.第二輯	205	海洋学講話	795
海軍戰記.第四輯	205	海員	994
海軍戰記.第一輯	205	海運	361
海軍志願兵読本	202	海運の先覚者岩崎彌太郎	675
海綿鉄及び粒鉄	898	海運より見たる太平洋諸島	361
海南島とその開發	717	海運寶鑑	993
海南島の開発者勝間田善作	538	海運賃率論	360
海南島建設論	717	海運論	360
海南島民俗誌:男支那民俗研究への一寄興	599	海運實務の指針	884
海南島農業調査報告書	330	海運事情と統治	362
海南島全貌	721	海舟全集.第六巻,陸軍歴史.上	205
海商隊	369	海舟全集.第十巻,流芳遺墨其他	205
海商法	171	海州及隴海鉄路沿線視察要覧	247
海商法の獨自性	141	害虫と家庭衛生	960
海商法汎論.第一巻	141	邯鄲　殺生石　野宮　錦木　唐船:内二十	505
海商法概論	169	函数論	760
海商法原論	192	函数論:問題解説.上巻	760
海商國の立場から	379	函数論:問題解説.下巻	760
海上の勝利	207	函數.その表現	760
海上保険	410,411	寒地蔬菜園藝	867
海上保険綱要	410	寒地作戦	207
海上保険論	410	韓非子	20
海上保険特殊問題	410	韓国總覧	1005
海上賣買論:海上貿易に於る賣買慣習の商学的研究	380	漢和大辞林	446
海上気象学概論.全	796		

漢口—九江間ニ於ケル物資流通ヲ中心トスル諸事情調査 …… 302
漢詩読本 …… 475
漢学講義. 巻之四 …… 475
漢字ノ研究 …… 444
杭州ニ於ケル商業帳簿調査. 其ノ一 …… 372
杭州ニ於ケル運送業 …… 363
杭州本山紙行業慣行概況 …… 347
航海民族誌:船の進化と人口移動 …… 1000
航海術正解 …… 993
航空の驚異 …… 996
航空の書 …… 202
航空の知識 …… 996
航空材料力学 …… 997
航空読本 …… 996
航空対談 …… 202
航空発動機の整備と運転法 …… 998
航空発動機主要部品検査法 …… 998
航空發動機 …… 997
航空發動機の多量生産技術と戦時急速増産:講演録 …… 996
航空發動機の整備と運転法 …… 998
航空工業技術教本 …… 998
航空魂 …… 202
航空機の多量生産方式 …… 998
航空機材料:金属篇 …… 997
航空機電気装備 …… 997
航空機工場讀本 …… 998
航空機工業の能率増進 …… 998
航空機機関士検定試験問題解義 …… 999
航空技術者の為の材料化学 …… 998
航空計測器 …… 997
航空経済論 …… 363
航空母艦 …… 209
航空母艦と飛行機 …… 208
航空年鑑:昭和十六・七年 …… 996
航空気象学 …… 999
航空輸送の常識 …… 363
航空天文航法 …… 999
航空五十年史 …… 198
豪雄図南の伊達政宗 …… 673
濠州史 …… 658
濠洲 …… 279
濠洲の社会と経済 …… 717
濠洲の原住民族:濠洲事情解説輯. 第14輯 …… 658
濠洲の資源と植民問題 …… 283
濠洲發達史 …… 658

濠洲海底四十尋 …… 117
濠洲記 …… 734
濠洲聯邦 …… 129
濠洲輸入貿易に就いて …… 386
濠洲羊毛の研究 …… 945
濠洲印象記 …… 527
好逑伝 …… 476
合辦事業の一考察:租界還付と治外法権撤廃に於ける対支投資に備えて …… 306
合成ゴム …… 931
合成染料實驗法 …… 934
合成樹脂 …… 930,931
合成樹脂の研究資料 …… 930
合成洗滌剤及浸透剤 …… 937
合成香料 …… 938
合成液体燃料:特にFischer法に就て …… 933
合成有機工業薬品 …… 930
合成樟脳 …… 927
合夥股東の責任に関する一研究:民法第六八一条を中心として …… 173
合金学 …… 896
合金学. 第三巻 …… 896
合金学:銅及び銅合金 …… 896
合金学教本 …… 896
合理創造の精神と理数科教育. 前篇 …… 421
合浦　生田敦盛　草子洗小町　六浦　松山鏡:外十 …… 506
何を讀むべきか …… 435
和風. 窓及勾欄. 巻一 …… 967
和服裁縫. 上 …… 955
和服裁縫. 下 …… 955
和服裁縫百時間教授の実際 …… 954
和服裁縫系統的精説 …… 954
和歌と新資料 …… 482
和歌秘伝詳解 …… 483
和国日本への反省 …… 46
和漢薬用植物:成分及薬効 …… 856
和鏡. 日本の美と教養 …… 956
和聲学研究 …… 572
和田豊治伝 …… 668
和文萃訳講義日本語は斯うして支那語に訳しませう …… 450
和洋裁縫 …… 1013
和洋改良大建築学. 上巻 …… 968
和洋改良大建築学. 中巻 …… 968
和洋菓子製造大鑑 …… 948
和洋建築工事仕様設計實例. 下 …… 969

題名	頁
和洋建築構造図解	970
和洋建築沿革史	964
和洋蔬菜の栽培	868
和洋小物裁縫と編物	954
和洋住宅間取實例図集	971
和洋住宅建築学.上巻	964
和訳戦國策	595
和戦何れも辞せず	514
和紙風土記	952
河北地方ニ於ケル楊、柳、楡、槐、刺槐ノ各屬ニ就テ	326
河北省滄縣農村概況:並に全縣碱地調査及び改良意見	327
河北省定県土壌調査報告	862
河北省定興県事情	601
河北省河間献縣信用合作社ニ関スル観察	407
河北省棉産調査	327
河北省棉産調査報告書	327
河北省農村経済調査書.安次縣之巻	253
河北省農業調査報告.4,大清河及子牙河流域地帯	327
河北省農業調査報告.二,平漢線「望都一石家荘」沿線及其西部地帯	327
河北省税制調査報告書	393
河北省税制調査報告書.第二編,特別市税制概要	394
河北省炭礦調査	345
河北省西北部流通貨幣調査	400
河北省献縣信用合作社之透視	407
河本重次郎伝	681
河川工事施工法全	982
河川工学	982
河川及運河	982
河工	982
河井継之助	701
河南省ノ土鹽ニ就イテ	347
河南省土監鹽封策ニ就テ	346
河野久太郎傳	676
河竹黙阿彌	678
荷為替信用状論	404
核物理学の基礎	770
賀茂 俊寛 松風 西行櫻 浮舟:内十	504
賀茂真淵の学問	28
賀茂真淵傳	687
鶴亀 和布苅 大社 東方朔 春榮:外八	506
鶴翁余影	680
鶴彦翁回顧録	664
黒い魔術:或る発明家の運命	691
黒龍江及其支流の航運	362
黒龍江省.上巻	259
黒龍江省.下巻	259
黒龍江省納河、克山、泰安鎮、地方農業調査報告	328
黒龍江系水路誌	983
黒蜥蜴妖虫	515
横浜、名古屋航路の現場と阪神航路との比較	363
横浜商工会議所統計年報:昭和十七年	274
横井小楠傳.上巻	684
横井小楠伝.上巻	668
横井小楠伝.下巻	668
横井小楠伝.中巻	668
洪水調節	982
洪秀全の幻想	663
紅葉名作選集	517
喉頭結核	846
厚生経済論	268
厚生科学物語	821
厚生醫学編	820
厚生住宅	823
後村上天皇の聖蹟	665
後藤新平傳:満洲経営篇.下	685
後藤新平伝:國民指導者時代前期.上,東京市長篇	675
後藤新平伝:國務大臣時代前期.上	673
後藤新平伝:國務大臣時代前期.下	674
呼吸・醗酵・腐敗	834
忽必烈汗	661
胡椒息子	519
湖	797
湖南の穀米	330
湖南省綜覧 全	717
湖沼の水産	878
糊料	932
戸籍法	167
護國の書.上巻	117
花のひもとき	528
花の姿	529
花シャウブの話	808
花卉園藝	869
花柳病診断及治療法	852
花備月令	477
華北に於ける労務動員の情況に就いて	299
華北に於ける現存諸部落(自然村)の発生	102
華北地券(契)制度の研究	322
華北各地区食糧収買事情:地区委員会幹事長会議報告要旨	372

華北工場名簿	309
華北建設の現段階	94
華北建設の現階段	94
華北建設年史	1018
華北交通株式会社鉄道貨物運送規則竝同補則（日文）	147
華北経済の新展開	252
華北労工協会ノ設立ト労働統制：満洲労工協会ノ組織及ビソノ事業	149
華北棉産改進会業務概要	866
華北棉産改進会業務概要：日訳	866
華北農産研究改進社第一年工作報告	325
華北農産研究改進社工作報告	323
華北農村ノ所謂余剰労働ノ推算	323
華北農村教育調査報告	434
華北農作物蟲害講義	864
華北食糧統制関係規則及佈告集	149
華北土壌の石炭含量に就て	795
華北繊維品統制要綱	346
華北現地産煉瓦及び煉瓦積に就いて．第二回，中間報告	345
華北現地産煉瓦及び煉瓦積に就いて．第一回，中間報告	345
華北製紙界の現況	347
華府会議と其後	587
華府会議大観	586
華僑	101
華僑の國福建	603
華僑の研究	121
華僑調査彙報．第一輯	101
華僑経済論	101
華僑問題と世界	101
華僑新生記	477
華僑雑記	101
華盛頓に於ける日本の敗戦：英米争覇の犠牲	117
華盛頓会議之真相	131
華語動字の活用．前編	445
華中現勢	99
滑稽修養男女百癖	40
滑空機：グライダー	999
滑空機の工作	998
滑空機便覧	999
滑空原理と滑空機の操縱	999
化石の世界	806
化学	773,774
化学．I．A．，物理化学概論．下	780
化学．I．C．，化学反応速度論	780
化学．II．C．，界面化学，膠質化学	781
化学．IV．B．，白金属元素	777
化学と量子	780
化学と人生	738
化学より観たる東洋上代の文化	609
化学プロセスの制御	921
化学発達史	775
化学発明の驚異	739
化学汎論	774
化学肥料の特性と使い方	861
化学肥料工業実験法	932
化学工学	926
化学工業とその装置	928
化学工業の原価計算	339
化学工業大辞典．1	927
化学工業大辞典．2	926
化学工業大辞典．6	927
化学工業大辞典．7	927
化学工業読本．2，石鹸製造法	925
化学工業読本．7，清涼飲料水製造法	925
化学工業読本．9，プラスチックス	925
化学工業廃物利用	1000
化学工業廃物利用法：無機篇	1000
化学工業講話	926
化学工業経営	341
化学工業論	926
化学工業年鑑	356
化学工業年鑑：昭和18年版	356
化学工業全書．第8冊，熱論，燃料，瓦斯エンジン，石油エンジン，築窯法，煙突	925
化学工業用単位操作機械	928
化学工業用機械	928
化学構造と生理作用の関係に就て	780
化学機械	928
化学機械工学	905
化学機械用材料	908
化学機械用金属材料学	928
化学技術史	926
化学量論	780
化学療法の啓蒙	842
化学論：実用工業理科	773
化学商品の製造と販売	388
化学商品辞典	388
化学商品辞典：増補版	388
化学商品新辞典	388
化学實驗と化学遊戯	774
化学實驗学．第二部　第10巻，天然物取扱法．II	772

題名	頁
化学實驗学.第二部　第11巻,天然物取扱法.Ⅲ	772
化学實驗学.第二部　第12巻,微生物及び酵素實驗法	772
化学實驗学.第二部　第2巻,基本操作篇.Ⅰ	772
化学實驗学.第二部　第3巻,基本操作篇.2	772
化学實驗学.第二部　第4巻,反応篇.Ⅰ	772,773
化学實驗学.第二部　第5巻,反応篇.Ⅱ	772
化学實驗学.第二部　第6巻,合成篇.Ⅰ	773
化学實驗学.第二部　第7巻,合成篇.Ⅱ	772
化学實驗学.第二部　第8巻,合成編.Ⅲ	772
化学實驗学.第二部　第9巻,天然物取扱法.Ⅰ	772
化学實驗学.第一部　第10巻,分析化学.Ⅱ	771
化学實驗学.第一部　第12巻,地球化学	771
化学實驗学.第一部　第2巻,物理化学.Ⅰ	771
化学實驗学.第一部　第4巻,物理化学.Ⅲ	771
化学實驗学.第一部　第5巻,物理化学.Ⅳ	771
化学實驗学.第一部　第6巻,物理化学.Ⅴ	771
化学實驗学.第一部　第8巻,無機化学.Ⅱ	771,772
化学實驗学.第一部　第9巻,分析化学.Ⅰ	771
化学實驗学.總論.第一巻,化学實驗總論	771
化学史及化学大家伝	775
化学試験問題の研究	775
化学試薬純度試験法	933
化学思想小史	775
化学粹.全	767
化学粹:甲表乙表準據	780
化学特許の指針	340
化学特許總覽.6.下	773
化学特許總覽.8.上	773
化学特許總覽.8.下	773
化学特許總覽.8.中	773
化学通論	774,775
化学薬剤製造法	933
化学戦と國際法	209
化液炭石	933
話しことばのエチケット:スピーチ編	468
話の技術	442
話の境國	131
話言葉の文法.言葉遣篇	449
樺太アイヌの住居	704
樺太博物誌	803
淮南炭鉱及び鉄道事業報告	343
懐石料理十二ヶ月:新装版	958
懷疑.知識.信仰	31
環境論覚え書	1000
環境衛生学	823
換気と冷房空気調整装置	977
荒川電気工学.上巻	914
荒川電気工学.下巻	914
荒川電気工学.中巻	914
皇道主義思想の確立	116
皇国大日本史	622
皇国二千六百年史	620
皇国暦日史談	643
皇国名婦選.中	687
皇国史要	617
皇国宣揚資料大綱　全	22
皇國の進路	113
皇國の理念	25
皇國の美	535
皇國必勝論	113
皇國都市の建設:大都市疎散問題	316
皇國世界史	583
皇國政治要義	111
皇漢医学叢書.第七冊,内科学.三	855
皇民道徳原論	39
皇民列傳吾等の祖先:天之巻	687
皇民自治本義	704
皇室御撰之研究:別冊	630
黄海経済要覧:昭和十六年版	247
黄海経済要覧:昭和十七年版	247
黄海経済要覧:昭和十五年版	247
黄河	514
黄河の水害を根絶し、黄河の水利を開発する総合計画についての報告	983
黄河を中心とした交通経済其ニ(山東省)	349
黄河氾濫対策に関する研究	983
黄河流域に於ける農業形態の経済地理的考察:北支経済空間の分析	259
黄河治水に関する資料	983
黄農の書	332
黄土の声	477
黄土地帯:北支那の自然科学とその文化	698
輝く海	538
輝く陸軍将校生徒	201
輝く日本	269
回教概論	55
回教海事史	56
回教民族運動史	56,84
回教史	56
回転及び速度計	907
会計読本	293,296
会計監査	296,297
会計監査の實務	297

会計監査法綱要	296
会計監査綱要	297
会計検査法規集	168,171
会計精義:理論と實務	294
会計上の虚偽と誤謬	293
会計實務編:会社工場業務規定集	308
会計實務判例	294
会計事務管理論	293
会計学:四訂増補	296
会計学概論	295,296
会計学提要	295
会計学研究	293
会計学要論	294
会社の組織と経営	306
会社法概論.第四分冊,講義用	177
会社法講義	170
会社工場経営實務規定.第八篇,社員進退及服務実務篇	304
会社工場経営實務規定.第一篇,業務組織及統制實務篇	304
会社工場業務規定集.第二篇,購買用度倉庫實務篇	303
会社工場業務規定集.第十三篇,文書實務篇	304
会社固定資産償却規則解説	307
会社経理統制令　賃金統制令解説:挿入式法令	171
会社経理統制令　銀行等資金運用令　賃金統制令の解説	163
会社経理統制令は何う改正されたか	307
会社経理統制令等の解説	315
会社経理統制令解説:臨時資金調整法解説.銀行等資金運用令.賃金統制令	308
会社経理統制令解説:臨時資金調整法解説.銀行等資金運用令解説	308
会社経理統制令精義	307
会社目論見書の見方	367
会社批判眼:一名会社内容の見方	306
会社商店に必要なる商法釈義	181
会澤正志斎	677
彗星と流星	787
恵利蚕飼育法	876
絵本の研究	558
絵讀本石炭を生む山	794
匯兌	256
繪画論	558
魂の発展史	545
魂の外史	686
混成集積回路	919

混沌裡の欧洲経済界	279
混凝土工事の實際	974
混凝土及鉄筋混凝土.上巻	974
混凝土及鉄筋混凝土工学.下巻	974
活機戦.第一部,満洲事変	198
火	933
火と焔	745
火の島:ジヤワ.バリの記	533
火彦の歴史	536
火災保険は何処へ:付け方・取り方	410
火災保険論	410
火造作業	899
貨幣と利子の動態:貨幣経済の性格	397
貨幣の話	397
貨幣の生活理論:貨幣経済の本質に関する生活経済学的研究	398
貨幣的経済理論の新展開	398
貨幣讀本	398
貨幣及金融	389
貨幣及物価の原理	398
貨幣論	398
貨幣価値修正会計	403
貨幣問題雑観	399
貨幣銀行問題一斑	389
貨幣制度トシテノ「物産証券」	400
貨物積卸機械利用の栞	908
貨物輸送ヨリ観タル陸港港湾ノ近状ト対策案	361
貨物知識と運送保管の実際	301
飢えなき生活	696
基本と応用割烹教科書	957
基本フランス料理	958
基礎電気化学	928
基礎電氣工学通論	914
基礎工学	964
基礎化学理論	773
基礎熱力学	909
基礎實驗化学	776
基礎図学	763
基礎旋盤の多能作業法	901
基準応用微積分学	759
基準有機化学實習法	806
唧筒設計	908
機構	904
機構学	904
機関車に必要なる基礎力学	764
機上手記試験飛行	202
機械の話	904

機械の需給統制	903	積分学演習	759
機械スケッチ術	905	績農民読本	112
機械材力学	908	績工業経済地理.2,工業立地論を中心として	342
機械大意.1	904	績美味求真	958
機械発明史	903	鶏糞取扱と施用法	861
機械紡織絲綿	944	鶏卵冷凍及乾燥	947
機械工場	908	鶏.兎の病氣とその豫防法	875
機械工学	880	吉備郷土食	706
機械工学大意	903	吉川英治集.鳴門秘帖	519
機械工業大意	904	吉川元春	670
機械工業講話	353	吉見幸和	669
機械工業能率生産研究	353	吉林省産業の現状	254
機械工作法	896	吉林省各縣略誌	602
機械工作法大意	900	吉田松陰	666,667,669,670,672
機械工作法講話.1.第一編,木型.第二編,鋳造	900	吉田松陰:道義的志士世界の内面的探求	666
機械工作法講話.3.第四編,手仕上.組立及測定.第五編, 機械仕上.上	900	吉田松陰の精神	527
機械工作工員技術読本	903	吉田松陰の殉国教育	667
機械工作用測定工具と測定法	902	吉田松陰の研究	667
機械化ト農業経営ノ結合形態	261	吉田松陰の遊歴	520
機械化兵器讀本	208	吉田松陰東北遊歴と其亡命考察	520
機械技能者用日本標準規格解説	883	吉田松陰全集.第八巻	1017
機械技術者のための制御回路設計法	921	吉田松陰全集.第二巻	1017
機械計画生産統制読本	351	吉田松陰全集.第九巻	1018
機械計画生産統制讀本	351	吉田松陰全集.第六巻	1017
機械加工性	900	吉田松陰全集.第七巻	1017
機械科学の驚異	743	吉田松陰全集.第三巻	1017
機械捺染法	945	吉田松陰全集.第十二巻	1018
機械熔接・瓦斯切断	900	吉田松陰全集.第十巻	1018
機械設計	906	吉田松陰全集.第十一巻	1018
機械設計.続編	905	吉田松陰全集.第四巻	1017
機械設計法.機素と其設計.下巻	906	吉田松陰全集.第五巻	1017
機械設計法.上巻	906	吉田松陰全集.第一巻	1017
機械設計実用表	906	吉田松陰正史	667
機械設計図表.輸送機篇.第1巻	908	吉野朝記	645
機械設計図表.輸送機篇.第2巻	908	吉野時代の研究	634
機械設計学.下巻	906	急所を摑む算術正解	431
機械設計製図	906	極東に於ける獨逸の権益と政策	128
機械設計資料	906	極東に於ける列國の外交戦	130
機械實用便覧	903	極東國際関係史.上巻	132
機械説計の基礎	906	極東露領に於ける黄色人種問題	107
機械学精義	904	極東蘇聯鉄道ノ現勢	360
機械学問答	904	極東外交史概観	134
機械芸術	554	極微の世界	766
積分方程式論	760	極意の書	533
積分学	760	集合論	757
積分学講義	759	集團(合同)体操の方法と實際	437
		脊椎動物大系:哺乳類	813

脊椎動物大系:鳥類	812
幾何学	761
幾何学基礎論	761
幾何学教科書:師範学校用	762
幾何学精講	761
幾何学学び方考え方と解き方	430
技術と社会.第一巻	738
技術と文明	234
技術の本質	738
技術構成と経済	230
技術及び技能管理:多量生産への転換	337
技術経済学	220
技術論	745
技術論入門	745
技術哲学	880
技術者のための研究論文の作り方	464
季節の手帖	482
計画の経済理論.序説	292
計画経済:各國に於ける計画経済の現段階	292
計画経済と日本財閥:転換期日本財閥の立体的構成	264
計画経済と職能倫理	228
計画経済入門	292
計画資本ヨリ見タル生産力拡充ノ動向	270
計理学	295
計理学提要.上	296
計書経済の原理	292
計数の統計学	763
計算尺	754
計算尺詳解.第八分冊,第三編計算尺活用ノ實際.其四,建築編	753
計算法及び計算器械	763
計算法及び計算器械:増訂版	763
計算精表	753
計算實驗新實用数学	751
紀記論究:建國篇.第四,日代宮	481
紀記論究:建國篇.第五,國内統一	481
紀記論究:建國篇.第一,神武天皇	481
紀記論究:神代篇.第三,高天原	482
紀記論究:神代篇.第四,出雲傳説	482
紀記論究:神代篇.第五,國譲	482
紀記論究:神代篇.第一,創世記	482
紀元二千六百年の大阪	728
済南ニ於ケル工業現況:昭和14年4月	349
済南扶桑会会員名録	661
済南棉花買付組合ニ関スル資料	323
済南事件を中心として	117

済南事情概況	302
寄宿舎管理の實際	424
蓟縣紀各莊平谷縣夏各庄、小辛寨、胡庄農村實態調査報告	327
冀察・冀東問題	99
冀察政権強化ニ際シ採ル可キ農業具体方策	321
冀朝鼎支那戰時経済の発展(附録)	249
冀朝鼎支那戰時経済の発展(未定訳稿)	249
冀東から中華新政権へ	98
冀東地区及河北省ノ被害状況	327
冀東地区楽亭縣桑園農村調査	252
冀東防共自治政府関係主要法令目録.第一輯	145
冀東特殊貿易の実情	374
冀東總覽	103
冀中冀南匪区経済監實態調査	393
加除式増補版現行書式大全	163
加工紙とセルロイド製造法	952
加藤軍神	517
加藤政之助翁農談	860
家計の数学	959
家賃位で建つ家の写真と設計集	967
家禽.蜜蜂	871
家事家計篇	959
家事理化学	956
家事新講	959
家事衣類整理網要	958
家庭で出来る日本菓子の拵へ方	958
家庭に於ける実際的看護の秘決	843
家庭児童自然観察の記	745
家庭婦人寶典	954
家庭祭祀入門	706
家庭教育道	434
家庭経済全書	959
家庭科学	75
家庭乃平和	74
家庭日本芝居物語	508
家庭日常調剤寶鑑	823
家庭日常科学	1014
家庭生活の科学	74
家庭實用品の作り方	743
家庭書道講座	564
家庭物理学十二講	959
家庭西洋料理全集	957
家庭薬読本	857
家庭医学	819,821
家庭園芸	867
家庭園芸讀本	867

家庭園芸基礎知識	867
家庭治療宝典	826
家庭重寶汁と漬物	960
家相方位建築寶典	61
家畜病理解剖学.上巻	874
家畜病理解剖学.下巻	874
家畜病体解剖学.全	875
家畜改良牧草論	871
家畜疾病豫防学	875
家畜寄生虫病学	875
家畜内科学.上巻	875
家畜人工授精法	871
家畜審査法	172
家畜文化史	871
家畜伝染病学	875
家畜診断学.外科編	875
家族と國民	75
甲表乙表準據物理学粋	767
甲東村	728
甲越軍記	204
甲冑	700
假名源流考	459
間島省ニ於ケル大豆共同販売ニ就テ	373
間島省ニ於ケル康徳六年度亜麻作ノ實績ニ付テ	325
間島省満洲國消費組合ニ就テ［資料時報］	374
間接費の研究	308
間違だらけの衛生	823
鰹漁港	516
検査令に依る経理及原価計算の實務	305
検眼鏡用法及眼底図譜	852
減価償却の實務	338
簡明と理解を主としたる地図ウの描き方	789
簡明寄生動物学	813
簡明看護学.後篇	843
簡明看護学.前編	843
簡明仕上ケガキ機械取立工具仕上作業法（總論）	908
簡明統制社会学,一名,社会学教科書	72
簡明小衛生学	822
簡明小小児科学	851
簡易測量	789
簡易獨逸文典	452
簡易商業組合簿記	370
見しらぬ人	508
建國詮真.全	99
建具雛形図案集成	970
建設倫理学	34
建武の御剣	523
建武中興と國民精神	23
建武中興時代の人々	686
建造工業の原価見積	339
建築と火災	973
建築と生活	964
建築と照明	968
建築の美	967
建築の熔接	975
建築の細部参考写真集.第八輯	972
建築の細部参考写真集.第七輯:洗面所と便所	972
建築保健工学.2	964
建築保健工学.第一部	964
建築材料としての木材	976
建築測量	968
建築大意	967
建築読本	967
建築法令	967
建築工事仕様及積算法.下巻,積算法の部	968
建築工事仕様及積算法.下巻,積算法之部	968
建築工事仕様見積	968,969
建築工学ポケットブック.Ⅱ	966
建築構造設計:鉄筋コンクリート構造・鋼構造	973
建築構造要覧.上巻	973
建築國策と史的類型	966
建築計画	962
建築計算寸法便覧	969
建築講習	966
建築講義.第二巻,構造及施工編	969
建築講義.第三巻,構造及計算編	969
建築講義.第一巻,構造及施工編	969
建築論	964
建築論.社会と建築	964
建築設計便覧	969
建築設計製図法	969
建築透視図	970
建築衛生工学	964
建築文化叢書.第二編,希臘の文化と建築,有史以前の部;超ヘレン時代	965
建築文化叢書.第六編,ローマネスクの文化と建築	965
建築文化叢書.第七編,印度の文化と建築	965
建築文化叢書.第十編,ルネッサンス文化と建築.上,初期及盛期	965
建築文化叢書.第十二編,近代建築思潮	965
建築文化叢書.第十一編,ルネッサンス文化と建築.下,バロック及ロココ時代	965
建築文化叢書.第四編,ローマの文化と建築	965

建築文化叢書.第五編,ビザンチン文化と建築 …… 965	将棋力戦法 ………………………………………… 439
建築写真類聚.第九期大十五輯,和洋前庭集 ……… 967	将棋六・七段戦熱血譜 ………………………… 439
建築写真類聚.第三期.第1回,獨逸近代建築彫刻 …… 967	将帥トシテノ奈波翁.上巻 …………………… 675
建築写真類聚床の間.巻ニ ……………………… 967	将帥トシテノ奈波翁.下巻 …………………… 675
建築学講義録.弐 ………………………………… 969	將帥論 …………………………………………… 196
健康の思索 ……………………………………… 826	講和会議を目撃して …………………………… 116
健康への道:完全正食の医学 …………………… 827	講説日本文化史 ………………………………… 629
健康長寿の秘決 ………………………………… 828	醤油醸造法 ……………………………………… 950
健康管理 ………………………………………… 827	交流理論 ………………………………………… 915
健康教育の基準 ………………………………… 830	交通の発達 ……………………………………… 357
健康教育の研究 ………………………………… 424	交通部会提出資料 ……………………………… 357
健康禮讃 ………………………………………… 826	交通経済論 ……………………………………… 356
健康料理 ………………………………………… 958	交通経済總論 …………………………………… 357
健康増進.美味.経済.栄養料理の作り方 ………… 958	交通賃率の研究 ………………………………… 357
健康増進叢書.美容篇 …………………………… 821	交通論 …………………………………………… 357
健康増進叢書.強壮篇 …………………………… 67	交通論概要.上巻 ………………………………… 356
健康増進叢書.育児篇 …………………………… 829	交通論概要.下巻 ………………………………… 356
健康増進叢書.征病篇 …………………………… 826	交通統制論:特に陸上交通に就て ……………… 357
健康増進叢書:鍛錬編 …………………………… 828	交通文化論 ……………………………………… 358
健康増進叢書:生活篇 …………………………… 73	交通原論 ………………………………………… 358
健民と防疫.上巻 ………………………………… 830	交通政策 ………………………………………… 356
健民と防疫.下巻 ………………………………… 830	交易営団への理論と實踐 ……………………… 268
鑑定備考日本陶器全書.巻三 …………………… 570	交易営団法関係法規:附 交易営団定款其他 …… 171
鑑定備考支那陶磁全書.巻二 …………………… 570	交易営團の使命と活動 ………………………… 377
鑑鏡の研究 ……………………………………… 698	交戦諸國の戦時経済方策(翻訳):英・佛・獨の部 …… 279
鑑年学大國帝 …………………………………… 433	蛟河試錘第一六号作業成績表:自昭和十一年五月十四日 同年十月九日 ……………………………… 345
江戸東京紙漉史考 ……………………………… 952	膠及ゼラチン …………………………………… 932
江戸時代史.上巻 ………………………………… 643	膠済、津浦、京漢沿線ノ植林概況 ……………… 871
江戸時代史.下巻 ………………………………… 643	膠済鉄道沿線主要驛貨物集散状況.第三輯 …… 373
江戸文藝論考 …………………………………… 487	膠県事情 ………………………………………… 603
江戸已前日本絵画史 …………………………… 561	膠質化学 ………………………………………… 806
江見水蔭集 ……………………………………… 512	膠質学 …………………………………………… 932
江南の名勝史蹟 ………………………………… 719	膠着剤 …………………………………………… 932
江南文化開発史:その地理的基礎研究 ………… 982	脚註民事訴訟記録.第一審 ……………………… 186
江蘇省常熟縣 農村実態調査報告書 …………… 331	教案中心理科教授の実際 ……………………… 423
江蘇省句容縣人口農業調査報告 ……………… 330	教材研究改造世界地理精説 …………………… 712
江蘇省南通縣 農村實態調査報告書 …………… 329	教科参考最新植物学講座全 …………………… 806
江蘇省松江縣農産實態調査報告書 …………… 331	教科聯絡.学年適用新作児童劇 ………………… 478
江蘇省無錫縣農村實態調査報告書 …………… 329	教科用家畜解剖学 ……………………………… 874
江蘇省武進南通田賦調査報告 ………………… 331	教科用家畜解剖学.上巻 ………………………… 874
江西省北部鑛業事情續編 ……………………… 343	教科用家畜解剖学.下巻 ………………………… 874
將軍乃木 ………………………………………… 675	教科用家畜解剖学.中巻 ………………………… 874
将来増設サルヘキ飛行場利用ニ就テ(案) ……… 323	教師の数学.上巻 ………………………………… 802
将棋の急所:駒落篇 ……………………………… 440	教師の数学.下巻 ………………………………… 802
将棋の指し方 …………………………………… 439	教授衛生 ………………………………………… 423
将棋大観:八段 …………………………………… 439	

教育の方法学に就いて	422
教育の根本問題としての宗教	46
教育病理学	835
教育法規實務便覧	168
教育生命論	420
教育五十年史	425
教育学辞典. 第二巻	422
教育学辞典. 第四巻	422
教育学辞典. 總索引	422
教育学論集	421
教育原理概説	420
教政学	57
酵素	779
酵素化学工業全集. 第二巻, 酵素化学各論	938
酵素化学工業全集. 第三巻, 酵素資源の研究	938
酵素化学工業全集. 第十六巻, 畜産加工篇	938
酵素化学工業全集. 第十巻, 醸酵工業. Ⅴ	938
酵素化学工業全集. 第一巻, 酵素化学總論	938
酵素利用工業概論	938
接合剤	932
接着剤の製造法	932
階段	970
階段. 巻二	970
階級闘争の進化	83
街路と廣場	987
街頭の理科研究	743
街頭経済学	222
劫火の前: 容易に治る結核と治らぬ結核	846
結核	846
結核. 第九巻. 第七号, 肺炎ニ於ケル滲出性肋膜炎ノ發症ニ関スル實驗的研究	846
結核. 第九巻: 昭和6年	846
結核. 第十巻	846
結核と其の予防及治療法: 健民健兵の心構へ	845
結核と人生	846
結核の話	845
結核の科学	845
結核の療法	847
結核の食餌療法	824
結核の豫防方策と施設	846
結核の征服: 保健教本	846
結核病の根本的療養法	846
結婚と人口	75
結婚の教養	75
結婚の生態	514
結婚常識百科全書	959
結婚建設	75
結婚論	75
結婚訓	74
節類	878
解り易い商業英語の實際	449
解法適用数学辞書	753
解剖生理学知識	833
解剖学實習用描写用図. 靭帯及筋学	833
解剖學. 第一巻, 細胞學. 組織學	833
解説アンテナ用語集	919
解説テレビジョン	921
解説化学通論	773
解説吉田松陰遺文集	64
解説民事裁判例. 第二輯	179
解説民事裁判例. 第一輯	179
解説實用利息計算表	403
解説世界時局地図: 1937	87
解題叢書	1024
解体過程にある支那の経済と社会. 上巻	240
解体過程にある支那の経済と社会. 下巻	240
解析概論: 微分積分法及初等函数論	758
解析幾何学講話	762
解析幾何学演習. 第一巻	762
解義国体の本義講話資料	118
今村押形: 古刀第一巻	700
今後の教育を如何にすべき乎	419
今日の常識	1014
今昔物語. 上巻, 古今著聞集 全	51
今昔物語. 下巻, 古今著聞集 全	51
金・物・心	532
金・銀・世界恐慌	401
金か, 物か	236
金と物どう動く?	389
金の経済学	397
金の社会学	73
金本位没落の渦紋	390
金本位制離脱後の通貨政策	400, 401
金儲け實際談岡辰押切り帳	403
金貨の悲劇	401
金解禁の影響と対策: 新平価金解禁の提唱	405
金鉱と金鉱床	795
金鉱製錬法	893
金利計算精義	405
金銭活用法	960
金融. 財政の再編成	402
金融の常識	389
金融大辞典. 第三巻	402
金融大辞典. 第一巻	402

金融國防論	195
金融機関の利用法	401
金融講話	408
金融経済論	401
金融理論の新傾向	401
金融論	402
金融学研究	401
金融業会計	403
金融資本論	229
金言名句辞典	460
金再禁止下に於ける為替と物価	408
金澤文庫本図録.上	1023
金澤文庫本図録.下	1023
金札　大江山　岩船　知章　俊成忠度:外十一	506
金帳汗國史	612
金属とガス	896
金属の表面硬化	898
金属の腐蝕及び防蝕.上巻	898
金属の塑性変形と薄板加工	900
金属の効用	896
金属材料ハンドブック	896
金属材料ハンドブック	960
金属材料破損及び許容応力	908
金属錯塩	777
金属合金の防蝕	898
金属家具	953
金属石鹸	930
金属顕微鏡法	896
津浦鉄道力山東ノ独逸商業ニ及ス影響:済南独逸領事ノ外務省ニ宛テタル報告	255
津軽海峡の史的研究	728
筋骨薄弱者の体操	828
緊急食糧対策調査報告書.蘇配淮地区	329
近代の精神:藝術的世界と科学的世界	10
近代の歐洲建築	970
近代コント撰集	551
近代ドイツ、その発展	655
近代ヨーロッパ史:世界史の成立	653
近代挿繪考	559
近代的建物の機械設備:エレベーター.エスカレーター.暖房.換氣.冷房.給水其他	977
近代海戰論	197
近代技術史	880
近代句を語る	504
近代軍の再建	196
近代軍事技術史	198
近代軍制の創始者大村益次郎	674
近代科学.第二巻,技術小史	738
近代美術	556
近代蒙古史研究	612
近代欧経済史序説.上巻	283
近代欧州史.上巻	654
近代欧州史.下巻	654
近代人の人生観	39
近代日本の作家と作品	677
近代日本官僚史	624
近代日本軍事史	205
近代日本歴史講座.第六冊,日露戰争前後	645
近代日本歴史講座.第四冊,日清戰争前後	645
近代日本外交史	138
近代栄養学の革新	825
近代商業簿記.下巻	371
近代世界商業史教科書	381
近代世界史講話.上巻	584
近代世界史講話.下巻	584
近代思想十六講	14
近代陶磁器業の成立.5	928
近代文章辞典	464
近代物理学概観	768
近代医学の建設者	660
近代戰と機械化國防	208
近代戰と日本刀	700
近代戰争史略	197
近代哲学大系	11
近代支那と英吉利	134
近代支那財政史	395
近代支那貨幣史	400
近代支那教育史	425
近代支那教育文化史:第三国対支教育活動を中心として	424
近代支那経済史	257
近代支那論	591
近代支那民族運動史	593
近代支那社会	96
近代支那史	596
近代支那外交史論	133
近古史談新釈	636
近世に於ける「我」の自覚史:新理想主義と其背景	31
近世に於ける日本人の南洋発展	627
近世の経済思想	232
近世病理解剖学	835
近世病理学總論	835
近世病理組織学検査術式	835
近世初期國劇の研究	575

近世叢談 …… 646	近世日本國民史.28,天保改革篇 …… 639
近世道路学 …… 987	近世日本國民史.29,幕府実力失墜時代 …… 639
近世法学通論 …… 139	近世日本國民史.2,織田氏時代 中篇 …… 637
近世封建社会の研究 …… 640	近世日本國民史.32,神奈川條約締結篇 …… 639
近世風俗画史 …… 563	近世日本國民史.33,日露英蘭条約締結篇 …… 639
近世国体思想史論 …… 22	近世日本國民史.34,孝明天皇初期世相篇 …… 639
近世漢学者著述目録大成 …… 1024	近世日本國民史.35,公武合体篇 …… 639
近世繪畫史 …… 563	近世日本國民史.36,朝幕背離緒篇 …… 639
近世建築用材料.上卷 …… 975	近世日本國民史.37,安政条約締結篇 …… 639,640
近世解剖学.下卷 …… 833	近世日本國民史.38,朝幕交渉篇 …… 639
近世経済政策の思潮.全 …… 236	近世日本國民史.39,井伊直弼執政時代 …… 639,640
近世科学史 …… 740	近世日本國民史.40,安政大獄.前篇 …… 639
近世狂歌史 …… 502	近世日本國民史.40,安政大獄 前篇 …… 640
近世劍客傳 …… 669	近世日本國民史.41,安政大獄 中篇 …… 639,640
近世名婦傳 …… 687	近世日本國民史.42,安政大獄 後篇 …… 641
近世名機械工傳 黒田伊三郎 …… 681	近世日本國民史.43,櫻田事変 …… 640
近世欧洲發達史.第三巻 …… 653	近世日本國民史.44,開国初期篇 …… 640
近世欧洲史研究 …… 654	近世日本國民史.45,久世.安藤執世時代 …… 640
近世歐羅巴植民史.一 …… 653	近世日本國民史.46,文久大勢一変 上巻 …… 640
近世橋梁学.上卷 …… 987	近世日本國民史.47,文久大勢一変 中巻 …… 640
近世人物評傳山河人あり …… 671	近世日本國民史.47,文久大勢一変 中篇 …… 641
近世日本に於ける支那俗語文学史 …… 476	近世日本國民史.48,文久大勢一変 下篇 …… 641
近世日本の三大改革 …… 628	近世日本國民史.48,文久大勢一変 下巻 …… 640
近世日本國防論.上 …… 200	近世日本國民史.49,尊皇攘夷篇 …… 640
近世日本國民史 大和及生野義擧 …… 641	近世日本國民史.4,豊臣氏時代 甲篇 …… 641
近世日本國民史.豊臣氏時代 甲篇 …… 642	近世日本國民史.50,攘夷実行篇 …… 640
近世日本國民史.10,豊臣氏時代庚篇 桃山時代概観 …… 637	近世日本國民史.53,元治甲子禁門の役 …… 641
近世日本國民史.11,家康時代上巻 関原役 …… 638	近世日本國民史.54,筑波山一挙の始末 …… 641
近世日本國民史.12,家康時代中巻 大阪役 …… 638	近世日本國民史.5,豊臣氏時代 己篇 …… 641
近世日本國民史.13,家康時代下巻 家康時代概観 …… 638	近世日本國民史.5,豊臣氏時代 乙篇 …… 641
近世日本國民史.14,德川幕府上期上巻 鎖国篇 …… 638	近世日本國民史.5,豊臣氏時代 乙篇 …… 637
近世日本國民史.15,德川幕府上期中巻 統制篇 …… 638	近世日本國民史.6,豊臣氏時代 丙篇 …… 637
近世日本國民史.16,德川幕府上期下巻 思想篇 …… 638	近世日本國民史.7,豊臣氏時代 丁篇 朝鮮役 上巻 …… 641
近世日本國民史.17,元禄時代上巻 政治篇 …… 638	近世日本國民史.7,豊臣氏時代丁篇 朝鮮役 上巻 …… 637
近世日本國民史.18,元禄時代 中巻 義士篇 …… 638	近世日本國民史.8,豊臣氏時代戊篇 朝鮮役 中巻 …… 637
近世日本國民史.19,元禄時代下巻 世相篇 …… 638	近世日本國民史.9,豊臣氏時代己篇 朝鮮役下巻 …… 637
近世日本國民史.1,織田氏時代 前篇 …… 637	近世日本國民史.彼理来航及其當時 …… 643
近世日本國民史.20,元禄享保中間時代 …… 638	近世日本國民史.豊臣氏時代 丁篇 朝鮮役 上巻 …… 642
近世日本國民史.21,吉宗時代 …… 638	近世日本國民史.豊臣氏時代 已篇 朝鮮役 下巻 …… 642
近世日本國民史.22,寶暦明和篇 …… 638	近世日本國民史.豊臣氏時代.己篇,朝鮮役.下卷 …… 615
近世日本國民史.23,田沼時代 …… 638	近世日本國民史.豊臣氏時代 丙篇 …… 642
近世日本國民史.24,松平定信時代 …… 638	近世日本國民史.豊臣氏時代 乙篇 …… 642
近世日本國民史.25,幕府分解接近時代 …… 638	近世日本國民史.元禄時代 上巻 政治篇 …… 641
近世日本國民史.26,雄藩篇 …… 639	近世日本國民史.元禄時代 中巻 義士篇 …… 642
近世日本國民史.27,文政天保時代 …… 639	

近世日本國民史.織田氏時代 後篇	641
近世日本國民史.織田氏時代 後篇終	641
近世日本國民史.織田氏時代 中篇	641,642
近世日本國民史:4,豊臣氏時代 甲篇	637
近世日本國民史:明治天皇御宇史.第九冊,関東征戦	643
近世日本國民史:明治天皇御宇史.第十冊,奥羽和戦篇	642
近世日本國民史:明治天皇御宇史.第十一冊,奥羽戦争篇	642
近世日本國民史:明治天皇御宇史.第五冊,皇政一新篇	642
近世日本絵画史論	562
近世日本経済発展史講話	276
近世日本経済倫理思想史	275
近世日本農民運動史	623
近世日本農業の構造	334
近世日本儒学史	23
近世日本思想史.上,直毘霊を中心とせる諸論争	21
近世日本興業偉人傳:製糸業の先覚者.尾高新五郎	681
近世日本演劇史	575
近世日本藝能記	575
近世日本哲学史	21
近世儒林編年志	677
近世色染学実験法	930
近世商人意識の研究:家訓及店則と日本商人道	376
近世商業簿記	371
近世商業史教科書.日本の部	378
近世商業史教科書.外國の部	378
近世社会思想史大要	85
近世實録全書.第八卷	632
近世實録全書.第二十卷	632
近世實録全書.第三卷	632
近世實録全書.第十八卷	632
近世實録全書.第十七卷	632
近世實録全書.第一卷	632
近世世相史概観	620
近世数学を創つた人々.上卷	660
近世数学史談	754
近世細菌学及免疫学	806
近世細菌学及免疫学.前編	806
近世細菌学及免疫学:各論	806
近世香料工業	937
近世小説.上	512
近世小説.中	512
近世眼科学.第貳卷	852
近世演劇の研究	575
近世印刷文化史考	952
近世支那経済史研究	258
近世支那社会経済史	591
近世支那外國貿易史	375
近世支那外交史	134
近世支那興亡一百年	591
近世中華民國史	596
近世綜合幾何學	761
近世組織学	833
近松淨瑠璃傑作集.下卷	478
近松門左衛門	480
近松語彙	467
近藤重蔵	684
近衛時代の人物	686
浸染一般	947
浸透剤及浸透性試験法	775
進化と思想	803
進化の学	802
進化論講話	802
進羅.老渦.安南三国探検実紀	731
京城の沿革と史蹟	612
京城府勢一班	70
京都帝国大学西洋史説苑:時野谷先生献呈論文集	654
京漢沿線地帯(北京—石家荘)ニ於ケル農村ノ現状	321
京漢沿線各縣各作物概況	324
京漢沿線主要都市を中心とする糧穀市場構造	324
経国済世の大本	13
経國論策	267
経済と美術.工芸	555
経済と現實	223
経済への数学解析:主トシテ微積分学	292
経済本質論.配分原理.第一卷	228
経済変革の鍵	268
経済財政要義	228
経済常識	212
経済常識銀行の話	401
経済大辞書.第二冊	220
経済大辞書.第四卷	220
経済道義の創建者:山鹿素行	22
経済地域に關する諸問題の研究	233
経済調査の統計的知識	292
経済調査資料.第一輯	246
経済都市大青島ノ建設に就テ	255
経済讀本	224

経済法	162
経済法規.一	170
経済非常時の正視	266
経済官庁と経済団体	228
経済関係法規集.2,大東亜戦争以降	188
経済國家機能論:ドイツ経済構成と統制機能	269
経済及経済学の再出發	269
経済記事の基礎知識	227
経済記事の基礎知識:第六改版	227
経済建設と国防.Ⅰ,世界新秩序と日本経済の将来,大東亜経済建設論	195
経済建設と国防.Ⅱ,最近に於ける我国経済の変革と其将来,我国の国防経済体制	196
経済講話.第二巻	266
経済講話.第二巻:生産.流通の機構	266
経済講話.第三巻,金融.投資	266
経済講話.第一巻,貨幣.価格.企業	265
経済立國策	268
経済倫理の構造	219
経済日本	265
経済上より観たる満蒙の道路	360
経済上より観たる園芸地域変動論	867
経済社会学の根本問題:経済社会学者としてのスミスとリスト	230
経済生活と基督教文化の交錯	59
経済生活の歴史的考察	238
経済時報.第八号	243
経済時報.第二十号	244
経済時報.第二十三号	244
経済時報.第二十五号	244
経済時報.第二十一号	244
経済時報.第六号	243
経済時報.第廿一号―第廿七号	244
経済時報.第七号	243
経済時報.第十号	243
経済時報.第十九号	243
経済時報.第十六号	243
経済時報.第十七号	243
経済時報.第十三号―第十六号	243
経済時報.第十五号	243
経済時報.第十一号	243
経済史	238
経済史論考	279
経済史原論	238
経済思潮史概論	224
経済思想史概論:國民経済学の発展	231
経済思想史随筆	231
経済価値論	229
経済統計下の会計問題	293
経済統計学	292
経済統計学.三	292
経済統制の基礎問題	237
経済統制の再編成	237
経済統制法	170
経済図表の見方書き方使ひ方	227
経済團体	235
経済維新の理論	262
経済協同体の進展	264
経済心理学:能率心理学の批判と労働者心理学の研究	228
経済学・職分人	267
経済学の根本問題	222
経済学の國民的主体性	228
経済学の基礎知識	222
経済学辞典.第二巻	226
経済学辞典.第三巻	226
経済学辞典.第五巻	226
経済学辞典.第一巻	226
経済学大意	222
経済学発達史.上	223
経済学発達史.下	223
経済学方法史	229
経済学及会計学.上	220
経済学及会計学.下,公益企業.国策企業,北歐学派.1,資本主義経済理論,協同組合論	220
経済学及課税之原理	225
経済学論集.第三巻.第一号	217
経済学論集.第十五輯,利潤統制	367
経済学論集.第五巻 第一号	217
経済学名著集.3,ミュルダール経済学説と政治的要素	216
経済学全集.別巻,世界恐慌と國際政治の危機	212
経済学全集.第八巻,マルクス主義経済学の基礎理論	212
経済学全集.第二巻,経済学原理,総論及生産篇	212
経済学全集.第二十二巻,日本財政論,公債篇	213
経済学全集.第二十九巻,各國経済史	213
経済学全集.第二十巻,財政学.下	213
経済学全集.第二十六巻,マルクス経済学説の発展.上	213
経済学全集.第二十七巻,マルクス経済学説の発展.下	213
経済学全集.第二十三巻,経済学前史	213
経済学全集.第二十四巻,極東に於ける帝国主義	213

経済学全集.第二十五巻,満蒙政治経済提要 213
経済学全集.第二十一巻,租税論 213
経済学全集.第九巻,経済哲学 212
経済学全集.第六巻,経済学特殊理論.上 212
経済学全集.第六十二巻,経済地理学総論 216
経済学全集.第六十巻,世界経済学 216
経済学全集.第六十三巻,日本戦時経済論 216
経済学全集.第七巻,経済学特殊理論.下 212
経済学全集.第三巻,経済学原理,流通篇.上 212
経済学全集.第三十八巻,商業学.下 214
経済学全集.第三十二巻,唯物史観経済史 214
経済学全集.第三十九巻,産業革命史 214
経済学全集.第三十六巻,経営経済学 214
経済学全集.第三十七巻,商業学.上 214
経済学全集.第三十巻,日本社会経済史 214
経済学全集.第三十三巻,恐慌下の日本資本主義 .. 214
経済学全集.第三十四巻.下,日本経済統計図表 ... 214
経済学全集.第三十四巻.中,日本経済統計図表 ... 214
経済学全集.第三十五巻,統計学.上 214
経済学全集.第三十一巻,日本経済史 214
経済学全集.第十八巻,社会政策 213
経済学全集.第十二巻,資本論体系.下 212
経済学全集.第十六巻,経済政策.下 213
経済学全集.第十七巻,協同組合と農業問題 213
経済学全集.第十巻,資本論体系.上 212
経済学全集.第十三巻,部門経済学 213
経済学全集.第十四巻,恐慌学説 213
経済学全集.第十五巻,経済政策.上 213
経済学全集.第十一巻,資本論体系.中 212
経済学全集.第四巻,経済学原理,流通篇.下 212
経済学全集.第四十八巻,唯物史観 215
経済学全集.第四十二巻,現代日本経済の研究.下巻 ...
.... 214
経済学全集.第四十九巻,経済学史 215
経済学全集.第四十六巻,金解禁を中心とせる我國経済
及金融 215
経済学全集.第四十七巻 下,カルテル.トラスト.コン
ツエルン.下 215
経済学全集.第四十七巻上,カルテル.トラスト.コンツ
エルン.上 215
経済学全集.第四十巻,特殊問題 214
経済学全集.第四十三巻,産業合理化 215
経済学全集.第四十四巻,統計学.下 215
経済学全集.第四十五巻,経済法令集 215
経済学全集.第四十一巻,現代日本経済の研究.上 .....
.... 214
経済学全集.第五巻,経済学の基礎理論 212

経済学全集.第五十八巻,経済学辞典.下 215,216
経済学全集.第五十九巻,近世日本農村経済史論 .. 216
経済学全集.第五十六巻,経済学辞典.上 215
経済学全集.第五十七巻,経済学辞典.中 215
経済学全集.第五十巻;剰余価値学説略史 215
経済学全集.第五十三巻,日本財政論 租税篇 215
経済学全集.第五十四巻,日本経済統計図表 215
経済学全集.第五十五巻,世界経済の動向と金本位制の
将来 215
経済学全集.第五十一巻,貨幣・信用及びインフレーシ
ョンの理論 215
経済学全集.第一巻,経済学大綱 212
経済学入門 221,232
経済学史 238
経済学史.四 231
経済学史概要.上巻 231
経済学説史.上巻 231
経済学説史.下巻 230
経済学説史研究 231
経済学特殊理論.下 224
経済学体系.第六巻,経済学史.上 224
経済学新講.第二巻,価格の理論 224
経済学新講.第四巻,分配の理論 224
経済学新講.第一巻,總説 生産の理論 224
経済学研究 225
経済学研究のための基礎数学 750
経済学研究の栞 222
経済学一般理論 275
経済学原理 223
経済学原理.1,生産組織 221
経済学原理.3 221
経済学原理.4 221,222
経済学原理.5,富の分配 221
経済学原理.6,勞働問題 221
経済学原理.7,経済組織の諸問題 221
経済学原理.8,租税附索引 222
経済学原理.第二分冊.第四編,生産要因 土地.労働.資
本.組織 232
経済学原理.第三分冊.第五編,需要.供給.価値の一般関
係 232
経済学原理.第四分冊 232
経済研究.第4巻.第1号 221
経済一般 251
経済語必携 227
経済原論 217,219,225,227
経済原論.上,資本主義の構造並に運動の理論 221
経済原論.上巻 229

経済原論.上巻	225
経済原論.中之一,資本主義の構造並に運動の理論	221
経済原論;経済学原理	224
経済戦争史の研究	238
経済哲学	225
経済哲学の基本問題	228
経済哲学概論	220
経済哲学史	231
経済哲学通論	226
経済政策各論.上巻,統計学汎論	263
経済政策総論	267
経済支那の開発	244
経済主義の克服:日本経済の前進のために	263
経済組織改造論	265
経書大講.第二巻,論語 下	17
経書大講.第二十二巻,管子 上	18
経書大講.第二十巻,韓非子 中	18
経書大講.第二十三巻,管子 下	18
経書大講.第二十五巻,大学 礼記抄	18
経書大講.第二十一,韓非子 下	18
経書大講.第九巻,老子 列子	17
経書大講.第七巻,詩経.中	17
経書大講.第三巻,孟子.上	17
経書大講.第十八巻,孟子 下 中庸	18
経書大講.第十二巻,荘子 下	18
経書大講.第十九巻,韓非子 上	18
経書大講.第十六巻,墨子 上	18
経書大講.第十七巻,墨子.下	18
経書大講.第十巻,列子.下,荘子.上	18
経書大講.第十三巻,荀子 上	18
経書大講.第十四巻,荀子 中	18
経書大講.第十五巻,荀子.下	18
経書大講.第十一巻,荘子.中	18
経書大講.第四巻,書経 上	17
経書大講.第五巻,書経 下,孝経	17
経書大講.第一巻,論語	18
経験漢方治療学	831
経営比較論	304
経営費用論	308
経営技術学と経営経済学	306
経営経済学論考:わか経営経済学の回顧と展望	224
経営経済学序論	305
経営統計	292
経営統計の研究	303
経営学の常識	306
経営学及会計学.上	212
経営学名著研究.第三冊,ヘラウアー経営計算論	225
経営学通論	221,307
経営組織の能率化と内部監査制度	304
經濟動態の研究	266
經濟學批判	223
精紡機の實用的ハイドラフト	944
精解漢和大辞典	446
精練漂白	952
精密測定法	902
精密測定及検査法	902
精密工作法	908
精密工作法及検査法:手仕上.精密仕上法.測定及検査法	903
精密機械の基礎.上巻,基礎測定,諸量測定	904
精神と情熱とに関する八十一章	43
精神の政治学	551
精神分析概論	44
精神分析入門.上巻	44
精神分析入門.下巻	44
精神分析社会生活	41
精神分析總論	44
精神力といふもの	532
精神痛とリウマチスの新療法	851
精神衛生	851
精神現象学.中巻	31
精製痘苗の皮下種痘法	830
井上ポケット支那語辞典	468
井上内科新書.第四巻	845
井上内科新書.第一巻,消化器病篇	845
井上支那語辞典	446
井陘.正豊両炭鉱労働概要調査報告	344
景観地理学講話	708
景気と信用	398
景気の基礎知識	236
景気変動論	367
景気論	221
景氣変動と企業合同	340
景勝の九州	726
警察法要論	165
警察受験全書.行政法編	167
警察学.全	84
警察諸願手続書式便覧	464
敬老の科学:老いを劬る心	76
敬語法の研究	462
敬語史論考	461
静電氣学	769
静海縣地方行政ノ財政基礎(附表)	399

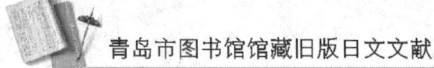

静嘉堂宋本書影	1024
静嘉堂文庫漢籍分類目録	1024
境域疾患	844
静物写真の作り方	566
競歩研究健康増進歩行と体育	435
競走指針	437
九・一八停止令	163
九谷焼研究	570
九州経済史研究	275
久坂玄瑞	685
久米榮左衞門	680
灸法の医学的研究.國民保健の新提唱.結核治療の新福音	831
酒の書物	536
酒及合成酒	949
旧世界秩序の没落	87
救命器と救護隊	890
圧縮空気機械	909
居嶋大測量学.上巻	788
居間及食堂	972
局方薬品系統的鑑別法	856
菊の栽培十二ヶ月	870
菊池式家庭パン製造法:支那麺包と其酵母改良の研究より得たる	948
菊花培養秘訣大日本菊銘鑑誌.巻一	870
巨人頭山満翁	671
具体的電力増産五箇年計画	343
距離とコントロール	440
聚落地理学	709
絹紡織学	941
決算報告の見方	307
決算報告書の分析的観察法	293
決算報告書の監査	405
決戦経済体制論	260
決戦貿易の潮流	379
決戦期の日本	115
決戦下の朝鮮経済	262
決戦下の独逸	127
決戦下の國民給養	274
決戦下の司法行政	161
絶対健康法.第一巻	827
軍部と財界:準戦時下の軍部と経済諸問題	200
軍隊的工場管理	353
軍國主義政治学.上巻	84
軍艦構造の設計	993
軍票論	201
軍神加藤少将	674
軍神伝.上巻	675
軍事紙幣を発行せよ:近衛首相に建白するの書	109
軍送業会計	357
軍縮	131
軍需工場 製造工業 原価計算簿記	338
軍需工場製造工業 原価計算簿記	293
軍需省及軍需会社法	112
軍醫ト軍陣外科	853
軍用犬ノ飼育ト訓練	209
浚渫船の建設と修理	993
開封ヲ中心トスル運河網:宋代黄河流域運河ノ研究	718
開国より維新へ	623
開国大勢史	623
開國より維新へ	645
開墾	517
開拓鉄道論.上巻	986
刊行物目録	1024
勘察加調査書.第二編	747
勘察加調査書.第六編	747
勘察加調査書.第三編	747
勘察加調査書.第四編	747
勘察加調査書.第五編	747
勘察加調査書.第一編	747
看護兵教程	200
看雲録:新装版	89
康徳六、七年度種子配給数量:資料時報	324
康徳七年度三江省蔬菜増殖計画:資料時報	328
康徳七年度主要農産物収穫豫想ト其ノ諸問題(極秘)「綜合資料」:資料時報	323
康徳三年度耕作状況ヨリ見タル三江省農業労働力ノ概数	323
康徳四年 満洲農産物収穫高豫想	322
康熙大帝	662
康熙大帝	663
康熙帝傳	134
抗日支那相剋の現勢	95
抗戦の首都重慶	718
考古学入門	696,699
考古学研究	696
考史遊記	720
科外特別題目.化学者伝記.編輯雑記	773
科外特別題目(化学 1.)	776
科外特別題目(化学 2.)	776
科外特別題目(化学 4.)	776
科外特別題目(化学 5.)	776
科学する子供たち	742

題名	頁
科学する子供の為の模型航空機の作り方	956
科学と創作とを主とせる理工玩具の研究	956
科学と方法	739
科学と歴史	739
科学と倫理	38
科学と人生	745
科学と日本精神	22
科学と社会	738
科学と文化	631
科学と信仰	820
科学と戦力總	419
科学と宗教	46
科学に培ふ	744
科学のあとくち	744
科学のこころ	742
科学のふるさと	744
科学の匂	527
科学の動員	741, 745
科学の活動	739
科学の歴史	740
科学の先駆者佐久間象山	681
科学の新体制	741
科学の興味	744
科学は独占を破る	739
科学への隘路に立ちて	743
科学への憧憬	745
科学への道	742
科学メモ	738
科学春秋	743
科学叢話自然の美と恵	786
科学的教養	35
科学的精神と全体主義	24
科学的商店経営法	368
科学的宗教	526
科学工業の原価計算	338
科学技術の書	119
科学技術の新体制	739
科学技術年鑑	881
科学見学記	743
科学教育の革新	739
科学教育の建設	744
科学論策	742
科学漫画. お留守番の冒険	564
科学漫画. ポンちやんの世界一周	564
科学評論	739
科学七つの海	796
科学千一夜	744
科学日本の偉力	741
科学入門	745
科学史	740
科学史と新ピューマニズム	740
科学史の哲学	739
科学史を飾る人々:VIGNETTES IN THE STORY OF SCIENCE	660
科学史考	880
科学随筆 毒	742
科学随筆 日米自動車合戦	744
科学随筆 鼠	813
科学随筆 薬	857
科学随筆 医史叢談	820
科学探険 絶海の孤島	519
科学新書. 第12巻, 煙草の科学	950
科学逸話史	740
科学制覇への道	745
科學の不思議	744
科學動員	742
科學技術工業大意	880
可鍛鑄鉄鑄物	899
客間及広間	971
空と弁証法	50
空の開拓者:"人間の土地"改題	479
空の神兵 わが落下傘部隊	537
空の神秘	785
空はあけてある:中心日本國家篇	25
空地利用家庭蔬菜栽培	868
空港とその建築. 上巻	999
空港とその建築. 下巻	999
空海と最澄	55
空間と時間	786
空軍物語	196
空気. 瓦斯圧搾機の理論と実際	928
空気の科学	823
空気調湿乾燥抽出	927
空襲ニ依ル災害ノ治療法:外科的内科的	853
空襲二依ル災害ノ治療法:外科的及内科的	853
空襲下の救護法	853
空襲下の業務処理対策	304
空中電氣学	790
孔子	19
孔子から孟子へ	19
孔子を現代に生かす	19
孔子傳	19
恐怖同盟	510
恐慌理論の研究	220

口語辞典	468	蘭の種類と培養	870
口語法事典	468	蘭科植物の栽培	870
口語体と候文最新實用手紙文	462	蘭領東印度に於ける煙草事業調査書	335
口語文と候文 毎日の手紙とはがき	462	蘭領印度	731
苦汁利用工業	878	蘭領印度に於ける回教政策と植民政策	123
快傑傳. 第三編	672	蘭領印度事情	123
快食快眠快便	828	蘭領印度業書. 上巻	1002
框構式鉄筋コンクリート道路橋	988	蘭領印度業書. 下巻	1002
鉱床学. 上巻	794	蘭学の祖今村英生	677
鉱山と鉱石の知識	793	蘭印の設営	722
鉱山の調査事項	793	蘭印の資本と民族経済	278
鉱山の経営	353	蘭印は動く：現地報告	522
鉱山の開發と経営	340	蘭印讀本	123
鉱山電氣工学	889	蘭印生活二十年	522
鉱山読本	793	蘭印統計書 1940年版	67
鉱山機械	889	蘭印現状読本	122
鉱山機械設計集. 第四巻, 球磨機篇	889	蘭印現状讀本	122
鉱山機械設計集. 第五巻, 単胴捲揚機篇	889	蘭印諸島	731
鉱山業の原価計算	340	蘭印最近の経済. 外交政策	278
鉱物鑑識の實際と鉱山探検	795	蘭印植物紀行	732
鉱物学概論	793	朗讀法精説	459
鉱物岩石鑑定要覧：地質. 鉱物. 採鉱. 冶金. 土木. 農業. 林業. 化学技術者及び学生用	793	朗讀学：教育的言語学序説	465
鉱業法要義	170	浪花隊顛末	518
鉱業工学	889	浪華の歌人	679
鉱業判例集	172	浪六全集. 第六篇, 吉田雄蔵	509
鑛産物工業分析法	793	浪六全集. 第三十篇, 海賊	509
昆虫の生活と環境	813	浪六全集. 第三十七篇	509
昆虫本草：薬用食用昆虫解説	832	浪六全集. 第四十篇, 日本武士	509
昆虫記. 3	813	浪六全集. 第四十五篇, 石田三成	510
昆虫記. 4	813	浪六全集. 第四十一篇, 魚屋助左衛門	509
昆虫翁・名和靖	681	労働保護法	172
昆虫写真生態. Ⅰ	813	労働科学論	298
昆虫写真生態. Ⅱ	813	労働力の再編成	298
昆虫学最近の進歩	813	労働配置	298
昆蟲	813	労働衛生要解	823
昆蟲の詩人ファブルの生涯. 上	695	労働問題帰趣	90
来島恒喜	664	労働災害	1000
頼山陽	513	労働宰相マクドナルド	693
頼山陽の母	687	労働者セウリオフ	543
頼山陽の人と思想	680	労働者年金保険法論	172
頼山陽通議	26	労働者政策と労働科学	297
嵐に起っ獨逸	125	労働者政策の基本問題	298
嵐の世界	90	労働組合法の生成と変転：英国	189
嵐山 正尊 巻絹 花月 鍾馗：外三	506	労農ロシアの資源及貿易	280
嵐縣地方社会経済状況並に共産党工作概況調査報告	103	労農露国の産業と電化計画	280
		労農露国の生産と消費	280
		労農露国土地法の研究	189

労農露西亜の産業状態と外国貿易の前途	280	理科指導壱百回.下巻	433
労農露西亜の國賓として	381	理科作業教育の實際	421
労務管理實務	307	理論.實際園藝食品加工法	947
労務統制法	172	理論の教育学	420
労務者の職分	300	理論化学	774, 780
労作教育	421	理論鑑賞揮毫習字法精義	565
勞働とリズム	571	理論経済学概要	228
勞働問題原理	298	理論気象学.中巻	790
勞務者標準生活	73	理論設計鉄塔	917
老残遊記	476	理論実際造園学	978
老船長の航海余録	729	理論實際短波無線工学	918
老人にならぬ健康法	828	理論實際競技と遊戯	437
老人より青年へ	38	理論實務外國為替	404
老衰の原因及其豫防	827	理論實験物理学講義	765
老子の新研究	19	理論無機化学	777
老子を現代に生かす	19	理論応用實験有機化学提要	778
老子講義	20	理論応用算術講義	427
老子眼蔵	19	理論応用無機化学	777
酪農	516	理論応用西式触手九種療法と保健治病法	842
楽しい算術学校	428	理論応用西式触手療法と保健治病法	826
楽聖伝記叢書.12,ドビュッシー	694	理論応用有機化学	779
楽翁松平定信	685	理念日本の荘厳	112
雷の話:雷の電気はどうして起こるか	790	理数科教育の行き方	422
雷撃	208	豊田自動織機取扱法	943
雷売りの董仙人	477	裏切られた革命	124
類聚近世風俗志.合巻:原名守貞漫稿	705	鯉ノ養殖方法	878
類人猿の智慧試験	804	力をつける讀方教育	425
類語活用必携	460	力学:高等教育	764
類纂高祖遺文緑	54	力織機構学	943
冷蔵と冷凍	948	立ち上がる印度の全貌	731
冷凍	887	立案調査書類目録	251
冷凍の物理	948	立案調査書類目録.第五輯	251
冷凍高圧化学技術	887	立案調査書類目録:附刊行物目録	1022
冷凍全般の大要	948	立体幾何学	756
冷凍食品.下巻	948	立憲主義と三民主義	141
黎明の支那	97	立憲主義と三民主義.五權憲法の原理	85
黎明日本	112	立正安國論と教育	52
礼の美	41	利潤統制と価格原則:経済革新の基本課題	307
李朝陶磁譜.磁器篇	569	利潤統制と原価計算	307
李済支那民族の形成	78	利益分配の理論と實際	229
李太白	662	例話全集.第三篇,久遠の女性	35
李厳 支那数学史	754	例話全集.第一巻,聖者の光	35
理化実験の遊戯	750	歴代画論.唐宋元篇	560
理化実験並器機製作法	429	歴代天皇御宸翰	624
理化学辞典	750	歴代文化皇國史大観	620
理化学史物語	775	歴代詔勅抄.下	619
理科指導壱百回.上巻	433	歴代詔勅選集	632

歷史と民族	704	量子力学の基礎:並びに 原子論に於ける単電子,多電子問題への応用	769
歷史と社会均衡	72	遼律之研究	150
歷史と文学	472	療魂記	820
歷史に関する新考察	581	療養秘抄	842
歷史の創造	622	療養新道	828
歷史の理論	580	療養新書結核は必ず癒る	845
歷史の前進	624	料理大辞典	957
歷史の確認	627	列国の対支投資.別冊:香港に於ける英国の投資	406
歷史の意志	623	列國の對支投資	407
歷史より見たる日本と満洲	607	列國の對支投資.別冊,列國の團匪賠償金處分狀況	407
歷史より見たる支那山東省	717	列國の對支投資と華僑送金	407
歷史をつくる人々.第一巻	687	列國の封支投資	401
歷史をつくる者	513	列國の植民地教育政策	420
歷史存在論の研究:実在の存在と体系の存在	14	列國対支鉱業投資の概観(翻訳)	403
歷史的に観た物理学	767	列國對支投資と支那國際収支	409
歷史的精神	23	列國對支投資と支那國際収支:第一調査委員会調査報告要旨	407
歷史家の旅から	712	列國科学技術の戦力化	741
歷史理論の構成	627	列國陸軍ノ現況	196
歷史入門	1014	列強の経済体制	234
歷史学	580	列強の外交政策	130
歷史學派	581	列強の興廃を見つゝ	587
歷史眼	581	林鶴一博士和算研究集録.下巻	754
歷史哲学	580	林間の科学者	744
歷史哲学:民族史観への基礎的豫備概念	580	林業	870
歷史哲学の諸問題	32	淋疾の療法と其手技	852
歷史哲学基礎論:精神的存在の問題	580	隣保制度概説:隣組共助読本	112
歷史哲学序説	580	隣組と常会:常会運営と基礎知識	119
歷史哲学緒論	31	隣組讀本	118
暦	788	隣組化学読本	925
暦と迷信	788	隣組魂	24
暦の本質とその改良	788	臨床寄生蟲卵図譜附寄生蟲概要	836
暦法及時法	788	臨床家に必要なるレントゲン手技	841
瀝青質塗料	891	臨床家畜細菌学	875
錬成の教育哲学	425	臨床家畜診断学	874
錬成物理学粋	767	臨床口腔外科学	853
錬成心理学	43	臨床薬理学	857
錬成行の学校訓練	421	臨床医学講座.38,疫痢と赤痢	840
戀と地獄炎を踏む女	515	臨床医学講座.モルヒネ中毒.其療法	837
戀重荷 磁 鷺 望月:外十二	506	臨床医学講座.第八輯,狭心症の診断と治療	837
良く解る新しい航空無線	921	臨床医学講座.第八十二輯,脳膜炎症候群の鑑別診断	840
良寛さま	521	臨床医学講座.第八十輯,温泉療法概説	839
良寛を語る	679	臨床医学講座.第八十九輯,妊娠と浮腫.上巻	840
良寛自考	55	臨床医学講座.第八十六輯,小児脚氣	840
梁・柱・板	907		
両大戦間における獨.佛.英の社会政策	89		
両漢租税の研究	395		
量子力学	769		

臨床医学講座.第八十七輯,不妊娠の成員と治療 … 840
臨床医学講座.第八十五輯,ロイマチス … 840
臨床医学講座.第八十一輯,湿疹と内臓変化 … 839
臨床医学講座.第二十八輯,過酸症及溜飲症に就て …… 838
臨床医学講座.第二十九輯,丹毒の診断と療法 … 838
臨床医学講座.第二十六輯,腎臓病の食餌療法 … 838
臨床医学講座.第二十七輯,臨床医家の注意すべき事項 … 838
臨床医学講座.第二十一輯,肺炎の診断と治療 … 838
臨床医学講座.第九巻,産褥熱の療法 … 837
臨床医学講座.第九十輯,妊娠と浮腫.下巻 … 840
臨床医学講座.第九十六輯,内科疾患と鑑別を要する耳科疾患 … 840
臨床医学講座.第九十五輯,肺結核の対症療法 … 840
臨床医学講座.第九十一輯,浮腫と其療法 … 840
臨床医学講座.第六輯,血尿の鑑別診断と其の療法 …… 837
臨床医学講座.第六十八巻,消化不良症及び乳児腸炎の診断と療法 … 839
臨床医学講座.第六十輯,糖尿病及び合併症の療法.下巻 … 839
臨床医学講座.第六十七巻,性慾異常と其療法 … 839
臨床医学講座.第七輯,形態異常(畸形)の治癒成否 …… 837
臨床医学講座.第七十二輯,慢性淋疾の治療 … 839
臨床医学講座.第七十九輯,内科的疾患に見らるゝ眼症状と其治療 … 839
臨床医学講座.第七十六輯,一般医家に必要なる整形外科 … 839
臨床医学講座.第七十七輯,動脈硬化症に因する疾患就中溢血脳凝塞及び動脈硬化症に就て … 839
臨床医学講座.第七十巻,浮腫と其療法 … 839
臨床医学講座.第七十五輯,狭心症の治療.第六回,治療医学講座 … 839
臨床医学講座.第七十一輯,外科医より観に肺肋膜疾患 … 839
臨床医学講座.第三十九輯,嶋性及び嶋外性糖尿病の治療 … 838
臨床医学講座.第三十七輯,胆石の発生と其の治療の根本義 … 838
臨床医学講座.第三十四輯,腎疾各型の治療方針 … 838
臨床医学講座.第十二輯,膿尿の診断及び治療 … 837
臨床医学講座.第十七輯,治療食餌.下巻 … 837
臨床医学講座.第Ⅰ巻,結膜炎の診断と治療 … 837
臨床医学講座.第十三巻,膿皮症と其治療 … 837
臨床医学講座.第十五巻,人口氣胸療法 … 837

臨床医学講座.第四輯,医事法制の誤り易き諸点 …… 837,840
臨床医学講座.第四十八輯,乳児栄養障碍の治療方針 … 839
臨床医学講座.第四十二輯,神経性不眠症 … 838
臨床医学講座.第四十輯,皮膚疾患の鑑別に療法 … 838
臨床医学講座.第四十六輯,神経疾病患の一般治療法 … 839
臨床医学講座.第四十三輯,高血圧の成因と其療法 … 838
臨床医学講座.第四十四輯,各種治療血清と其の臨床的応用 … 838
臨床医学講座.第四十五輯,心筋不良状態の診断 … 838
臨床医学講座.第四十一輯,黴毒療法の實際 … 838
臨床医学講座.第五輯,脳溢血の診断と治療 … 837
臨床医学講座.第五十六巻,ヂフテリアの予防法 … 839
臨床医学講座.第一〇二輯,小児結核の診断 … 840
臨床医学講座.第一輯,治療上に於けるヴィダミンB … 840
臨床医学講座.第一一五輯,児童の視力 … 837
臨床応用顕微鏡及化学的検査法.完 … 842
臨時租税措置法解説 … 168
臨書研究.上 … 564
臨書研究.下 … 564
臨休検査法提要 … 841
臨戦経済態勢の諸問題 … 270
賃金制度 … 300
賃金總額制限と賃金臺帳 … 403
賃銀論 … 298
零の発見.数学の生ひ立ち … 754
零の発見:数学の生ひ立ち … 754
鈴木重胤傳 … 684
領内南洋誌 … 730
領事官執務参考書 … 119
領事館令集 … 190
流量測定 … 889
流通経済の貨幣の機構:正統派経済学を中心とする一般物価水準の理論的研究 … 401
流通経済の貨幣的機構:正統派経済学を中心とする一般物価水準の理論的研究 … 401
流通経済講話.上 … 224
流通経済講話.下 … 224
流星の研究 … 788
琉球の陶器 … 701
琉球古代社会の研究 … 649
硫安 … 932
硫酸及硝酸製造法 … 927

六割海軍戦ひ得るか	205
六歌仙前後	482
六國史校本	510
六甲山の植物	809
六昆王山田長政	671
六十日間卒業佛蘭西語新会話	450
龍田　夜討曽我　夕顔　隅田川　雲林院:内十三	505
瀧拙庵美術論集.日本篇	559
陇海経済年報	253
隴秦豫海鉄道東路調査報告.第三輯,沿線都邑ノ部　続	359
芦刈　敦盛　木賊　葵上　輪蔵:内廿二	505
蘆花の藝術	670
蘆花全集.第八巻,寄生木	497
蘆花全集.第二巻,短篇小説集	497
蘆花全集.第二十巻,書翰集明治十八年乃至大正六年	498
蘆花全集.第九巻,みみずのたはこと	497
蘆花全集.第六巻,思出の記	497
蘆花全集.第七巻,黒湖十年順禮紀行	497
蘆花全集.第三巻,自然と人生・青山白雲・青蘆集	497
蘆花全集.第十八巻,冨士.第三巻	498
蘆花全集.第十二巻,日本から日本へ.第一巻	497
蘆花全集.第十九巻,偶感偶想	498
蘆花全集.第十六巻,冨士.第一巻	498
蘆花全集.第十七巻,冨士.第二巻	498
蘆花全集.第十巻,黒い眼と茶色の目・新春	497
蘆花全集.第十三巻,日本から日本へ.第二巻	497
蘆花全集.第十四巻,日本から日本へ.第三巻	497
蘆花全集.第十五巻,竹崎順子	498
蘆花全集.第十一巻,死の蔭に,太平洋を中にして	497
蘆花全集.第四巻,トルストイ・ゴルドン將軍傳・探偵異聞	497
蘆花全集.第五巻,不如帰・名婦鑑	497
蘆花全集.第一巻,人物史伝篇	497
魯大鉱業公司二十年史	310
陸奥宗光傳	684
陸海軍人物史論	674
陸軍大將本卿房太郎伝	674
陸軍大將本郷房太郎傳	675
陸軍軍官学校第二期校史	434
陸軍省沿革史	204
陸軍史談	203
陸軍五十年史	204
陸軍幼年学校の生活	521
陸文学講話	792
陸援隊始末記	521
陸運問題研究	989
濾過.蒸發	927
濾過及粉砕と機器	927
露伴史傳小説集.2	518
露地	978
露国極東政策とウィッテ	124
露國の化学的産業	356
露國革命と社会運動	124
露國農民の課税及其他負担重度の研究	397
露國研究	124
露領黒龍州の畜産業.上巻	336
露領黒龍州の畜産業.下巻	336
露領極東における職業組合の組成	315
露領極東の鉱産.上巻	355
露領極東の鉱産.下巻	355
露領極東の鉱業利権	355
露領極東の林業と林況:附　ソウエート連邦の森林資源総説	335
露領極東の農業と植民問題	336
露領極東の森林利権	336
露領極東の魚類及毛皮資源.上巻	336
露領極東の魚類及毛皮資源.下巻	336
露領極東の資源と産業	280
露領極東地誌.上巻	733
露領極東地誌.下巻	733
露領沿海地方の自然と経済.上巻	280
露領沿海地方の自然と経済.下巻	280
露土戦史.第三巻	197
露西亜大革命史	654
露西亜済経史	281
露西亜文法	453
露西亜文学小史	539
露西亜語獨習	453
露支交渉史序説	133
旅客手小荷物事務の研究	363
旅順を漁港とするに就て	994
旅順戦蹟秘話	203
緑の魔術	807
緑地生活	745
乱曲.上巻　中巻　下巻:番外二	504
略地図の描き方	789
倫理学	32
倫理学の根本問題	34,36
倫理学概論	37

題名	頁
倫理學綱要	36
倫理學概論	36
論理と人生	37
論理を包むもの:(理論學の根本問題)	36
論理叢書.第二編,國家生活の論理	35
論理學	36
論理學の本質	33
論理學の根本問題	37
論理學概論表解	36
論理學綱要	33
論理學理説:科学論理学にとつて	36
論理學新体系	33
論理學原論	36
論語と支那の実生活	19
論語の思想	19
羅馬帝國没落史観	656
羅馬法.第三卷,私法.Ⅱ	141
羅馬盛衰史	656
羅馬私法提要	141
落下・上昇・浮游の諸現象	764
落下傘	997
落下傘の話:沿革・構造・使用法及訓練	997
麻紡績	944
麻紡績學	944
馬	871,872
馬のために	872
馬の生物学	872
馬来半島横断運河	361
馬来及昭南島	150
馬来語の学び方と話し方	469
馬匹外貌学	872
馬琴.北斉.芭蕉	520
馬蹄一万五千千米	724
馬学精説	872
馬越恭平翁傳	670
麦酒及清涼飲料	949
売買関係	187
売買論	368
賣買論	365
満.支人労働者國内移動調査	299
満,関,支向輸出承認制ノ大阪、大連、青島各市場ニ及ホス影響:綜合資料	382
満ソ国境を征く:四千キロ踏破記	720
満ソ國境紛争史	135
満独貿易協定ト独逸原料供給問題ニ付テ	383
満家通覽.上篇	133
満蒙の林業資源	325
満蒙を新らしく見よ	245
満蒙併呑か獨立か?	591
満蒙講座:満洲の鉱産資源	258
満蒙全書.第1巻	713
満蒙全書.第四巻,工業,鉱業	713
満蒙権益要録	134
満蒙鉄道網と交通問題	359
満蒙鉄道文献目録	1024
満蒙通覽.中編	715
満蒙問題と我大陸政策	116
満蒙行政瑣談	103
満蒙血の清算	597
満農工作記	518
満鉄調査部報.第二巻　第二号	1021
満鉄調査部報.第一巻	1020
満鉄調査部報.第一巻　第四号	1021
満鉄調査部報.第一巻　第八号	1021
満鉄調査部報.第一巻　第二号	1020
満鉄調査部報.第一巻　第九号	1021
満鉄調査部報.第一巻　第六号	1021
満鉄調査部報.第一巻　第七号	1021
満鉄調査部報.第一巻　第三号	1021
満鉄調査部報.第一巻　第五号	1021
満鉄調査部報.第一巻　第一〇号	1021
満鉄調査彙報.第二巻　第八号	289
満鉄調査彙報.第二巻　第二号	289
満鉄調査彙報.第二巻　第九号	289
満鉄調査彙報.第二巻　第六号	289
満鉄調査彙報.第二巻　第七号	289
満鉄調査彙報.第二巻　第三号	289
満鉄調査彙報.第二巻　第十二号	289
満鉄調査彙報.第二巻　第十号	289
満鉄調査彙報.第二巻　第十一号	289
満鉄調査彙報.第二巻　第四号	289
満鉄調査彙報.第二巻　第五号	289
満鉄調査彙報.第二巻　第一号	289
満鉄調査彙報.第六巻　第八号	290
満鉄調査彙報.第六巻　第二号	290
満鉄調査彙報.第六巻　第九号	291
満鉄調査彙報.第六巻　第六号	290
満鉄調査彙報.第六巻　第七号	290
満鉄調査彙報.第六巻　第三号	290
満鉄調査彙報.第六巻　第十二号	291
満鉄調査彙報.第六巻　第十号	291
満鉄調査彙報.第六巻　第十　号	291
満鉄調査彙報.第六巻　第四号	290
満鉄調査彙報.第六巻　第五号	290

満鉄調査彙報.第六卷　第一号 …… 290
満鉄調査彙報.第七卷　第二号 …… 291
満鉄調査彙報.第七卷　第三号 …… 291
満鉄調査彙報.第七卷　第一号 …… 291
満鉄調査彙報.第三卷　第二,三号 …… 290
満鉄調査彙報.第三卷　第四号 …… 290
満鉄調査彙報.第三卷　第一号 …… 290
満鉄調査彙報.第十卷　第五号 …… 290
満鉄調査彙報.第五卷　第九号 …… 290
満鉄調査彙報.第五卷　第十一号 …… 290
満鉄調査彙報.第一卷　第二号 …… 288
満鉄調査彙報.第一卷　第三号 …… 288
満鉄調査彙報.第一卷　第四号 …… 289
満鉄調査彙報.第一卷　第五号 …… 289
満鉄調査彙報.第一卷　第一号 …… 288
満鉄調査文庫:備附資料目録.第一輯,昭和17年11月現在 …… 1023
満鉄調査月報.第二十三卷　第七号 …… 288
満鉄調査月報.第十九卷　第一号 …… 284
満鉄調査月報.昭和十八年　八月号.第二十三卷　第八号 …… 288
満鉄調査月報.昭和十八年　九月号.第二十三卷　第九号 …… 288
満鉄調査月報.昭和十八年　六月号.第二十三卷　第六号 …… 288
満鉄調査月報.昭和十八年　七月号.第二十三卷　第七号,北支の経済(二) …… 283
満鉄調査月報.昭和十八年　三月号.第二十三卷　第三号 …… 288
満鉄調査月報.昭和十八年　十一月号.第二十三卷　第十一号 …… 288
満鉄調査月報.昭和十八年　十月号.第二十三卷　第二号 …… 288
満鉄調査月報.昭和十八年　十月号.第二十三卷　第十号 …… 288
満鉄調査月報.昭和十八年　四月号.第二十三卷　第四号 …… 288
満鉄調査月報.昭和十八年　五月号.第二十三卷　第五号 …… 288
満鉄調査月報.昭和十八年　一月号.第二十三卷　第一号 …… 287
満鉄調査月報.昭和十二年　三月号.第十七卷　第三号 …… 283
満鉄調査月報.昭和十九年　二月号.第二十四卷　第二号 …… 288
満鉄調査月報.昭和十六年　八月号.第二十一卷　第八号 …… 286
満鉄調査月報.昭和十六年　二月号.第二十一卷　第二号 …… 286
満鉄調査月報.昭和十六年　九月号.第二十一卷　第九号 …… 286
満鉄調査月報.昭和十六年　六月号.第二十一卷　第六号 …… 286
満鉄調査月報.昭和十六年　七月号.第二十一卷　第七号 …… 286
満鉄調査月報.昭和十六年　三月号.第二十一卷　第三号 …… 286
満鉄調査月報.昭和十六年　十二月号.第二十一卷　第十二号 …… 287
満鉄調査月報.昭和十六年　十一月号.第二十二卷　第六号 …… 287
満鉄調査月報.昭和十六年　十一月号.第二十一卷　第十一号 …… 286
満鉄調査月報.昭和十六年　十月号.第二十一卷　第十号 …… 286
満鉄調査月報.昭和十六年　四月号.第二十一卷　第四号 …… 286
満鉄調査月報.昭和十六年　五月号.第二十一卷　第五号 …… 286
満鉄調査月報.昭和十六年　一月号.第二十一卷　第一号 …… 286
満鉄調査月報.昭和十七年　八月号.第二十二卷　第八号 …… 287
満鉄調査月報.昭和十七年　二月号.第二十二卷　第二号 …… 287
満鉄調査月報.昭和十七年　九月号.第二十二卷　第九号 …… 287
満鉄調査月報.昭和十七年　七月号.第二十二卷　第七号 …… 287
満鉄調査月報.昭和十七年　三月号.第二十二卷　第三号 …… 287
満鉄調査月報.昭和十七年　十二月号.第二十二卷　第十二号 …… 287
満鉄調査月報.昭和十七年　十一月号.第二十二卷　第十一号 …… 287
満鉄調査月報.昭和十七年　十月号.第二十二卷　第十号 …… 287
満鉄調査月報.昭和十七年　四月号.第二十二卷　第四号 …… 287
満鉄調査月報.昭和十七年　五月号.第二十二卷　第五号 …… 287
満鉄調査月報.昭和十七年　一月号.第二十二卷　第一号 …… 287

満鉄調査月報.昭和十三年　八月号.第十八巻　第八号 …… 284

満鉄調査月報.昭和十三年　九月号.第十八巻　第九号 …… 284

満鉄調査月報.昭和十三年　六月号.第十八巻　第六号 …… 284

満鉄調査月報.昭和十三年　七月号.第十八巻　第七号 …… 284

満鉄調査月報.昭和十三年　十二月号.第十八巻　第十二号 …… 284

満鉄調査月報.昭和十三年　十一月号.第十八巻　第十一号 …… 284

満鉄調査月報.昭和十三年　十月号.第十八巻　第十号 …… 284

満鉄調査月報.昭和十三年　四月号.第十八巻　第四号 …… 284

満鉄調査月報.昭和十三年　五月号.第十八巻　第五号 …… 284

満鉄調査月報.昭和十四年　八月号.第十九巻　第八号 …… 285

満鉄調査月報.昭和十四年　二月号.第十九巻　第二号 …… 284

満鉄調査月報.昭和十四年　九月号.第十九巻　第九号 …… 285

満鉄調査月報.昭和十四年　六月号.第十九巻　第六号 …… 285

満鉄調査月報.昭和十四年　七月号.第一九巻　第七号 …… 285

満鉄調査月報.昭和十四年　三月号.第十九巻　第三号 …… 284

満鉄調査月報.昭和十四年　十二月号.第一九巻　第十二号 …… 285

満鉄調査月報.昭和十四年　十月号.第十九巻　第十号 …… 285

満鉄調査月報.昭和十四年　四月号.第一九巻　第四号 …… 284

満鉄調査月報.昭和十四年　五月号.第一九巻　第五号 …… 284

満鉄調査月報.昭和十五年　八月号.第二十巻　第八号 …… 285

満鉄調査月報.昭和十五年　二月号.第二十巻　第二号 …… 285

満鉄調査月報.昭和十五年　九月号.第二十巻　第九号 …… 285

満鉄調査月報.昭和十五年　六月号.第二十巻　第六号 …… 285

満鉄調査月報.昭和十五年　七月号.第二十巻　第七号 …… 285

満鉄調査月報.昭和十五年　三月号.第二十巻　第三号 …… 285,291

満鉄調査月報.昭和十五年　十二月号.第二十巻　第十二号 …… 286

満鉄調査月報.昭和十五年　十一月号.第二十巻　第十一号 …… 286

満鉄調査月報.昭和十五年　十月号.第二十巻　第十号 …… 286

満鉄調査月報.昭和十五年　四月号.第二十巻　第四号 …… 285

満鉄調査月報.昭和十五年　五月号.第二十巻　第五号 …… 285

満鉄関係会社定款集 …… 150
満鮮北支の自動車運輸 …… 357
満鮮史研究.中世　第1冊 …… 603
満鮮文化史観 …… 609
満鮮支那旅行の印象 …… 732
満支の水産事情 …… 877
満支労働関係ト北支最近ノ労働諸問題 …… 297
満支貿易と共栄圏貿易 …… 382
満支鉄道発達史:利権と建設 …… 359
満支習俗考 …… 704
満支印象記 …… 719
満州建築 …… 965
満洲.人と生活 …… 74
満洲.支那.朝鮮:新聞記者三十年回顧録 …… 538
満洲と満鉄 …… 246
満洲と満鉄:昭和十四年版 …… 715
満洲と日本 …… 134
満洲と相生由太郎 …… 253
満洲に於ける人絹織物並人絹糸 …… 348
満洲に育つロシア人の子供 …… 543
満洲に在リ …… 533
満洲の傳説と民話 …… 477
満洲の地理学 …… 708
満洲の富源　吉林省 …… 716
満洲の労働と労働政策 …… 299
満洲の民芸 …… 567
満洲の農業機構:増補第六版 …… 321
満洲の農業技術 …… 326
満洲の農業経営 …… 322
満洲の食用野生植物 …… 809
満洲の中跡 …… 598
満洲の土地事情 …… 321
満洲の文化 …… 417

満洲の物産	252	満洲國法令輯覽.第五卷:法務編	145
満洲の新興工業	348	満洲國法令輯覽.第一卷	145
満洲の資源	251	満洲國各県事情	601
満洲より北支へ	718	満洲國各縣事情	98
満洲ニ於ケル機械農業	322	満洲國各縣視察報告	601
満洲ニ於ケル蔬菜ノ需給調査.其ノ二,哈爾濱	373	満洲國境問題	134
満洲ニ於ケル豚毛輸出狀況調査	383	満洲國農業政策	321
満洲碑記考	699	満洲國實行輸出入稅率表:康德八年	397
満洲北西部の地質及地誌	792	満洲國史概説	602
満洲財界の鳥瞰	407	満洲國水産物ノ加工方法ト其の助成ニ就テ	878
満洲曹達株式会社概要:資料時報	311	満洲國水産業ノ沿革トソノ重要性(秘):綜合資料	324
満洲産業開発五箇年計画関係月報(九月分)	249	満洲國稅関進口稅稅則 満洲國稅関輸入稅表:康德弐年	393
満洲産業開発永年計画案	248	満洲國統制經濟論:満洲國に於ける統制經濟の採用.變展.成果	245
満洲産業開発永年計画案　大綱	249	満洲國重要産業統制法ノ實施ト満洲重要産業ノ現狀	343
満洲産業開發五箇年計畫関係月報(八月分)	343		
満洲産業開發五年計畫網要:関東軍司令部昭ニ、ニ、一	248	満洲河川誌	795
満洲大豆ノ研究	866	満洲及支那の組合制度	85
満洲地名考	719	満洲建国と五省の富源	602
満洲地質探検行	795	満洲建国讀本	95
満洲帝国会計法規要義	147	満洲建設の標幟	99
満洲帝国現行法令類纂.4	149	満洲交通の展望	359
満洲帝國概覽	104	満洲近代史	598
満洲帝國新法律全集.第八卷,民事訴訟法	144	満洲經濟建設の展望	246
満洲帝國新法律全集.第二卷,物権法	144	満洲經濟年報.昭和十二年.下	250
満洲帝國新法律全集.第三卷,債権総則	144	満洲經濟年報.昭和十三年版	250
満洲帝國新法律全集.第十二卷,刑事訴訟法	145	満洲經濟年報.昭和十四年.下	250
満洲帝國新法律全集.第十卷,刑法總則	145	満洲經濟年報:一九三三年版	250
満洲読本	714	満洲經濟年報:昭和十四年版	251
満洲発達史	598	満洲經濟研究年報:昭和十六年版	250
満洲紡績業の生産過程の合理化に関する研究	346	満洲旧慣調査報告書后篇第二卷:押ノ習慣	149
満洲風土	720	満洲旧慣調査報告書前篇ノ内:皇産	100
満洲風物帖	721	満洲旧慣調査報告書前篇ノ内:内務府官荘	100
満洲工業事情	249,342	満洲旧慣調査報告租権	148
満洲国産業概観	239,242	満洲旧習慣調査報告.一般民地.下卷	331
満洲国及北支の金鉱及砂金	795	満洲開拓農村の設定計画.第一輯,未開地拓植計画の研究	319
満洲国警務全書	149	満洲鉱業協会会報.第二卷,康德三年	270
満洲国論	93	満洲労働事情説明概要	299
満洲国史通論	598	満洲労働者移動狀況調査案	101
満洲國策会社綜合要覽	252,310	満洲農業関係文献目録	1026
満洲國産業要覽	244	満洲農業再編成の研究	320
満洲國地方誌	602	満洲森林資源ト利用開発ノ現況	325
満洲國讀本	258	満洲商業事情	374
満洲國法令輯覽.第八卷	146	満洲紳士録	674
満洲國法令輯覽.第二卷	145		
満洲國法令輯覽.第六卷	145		
満洲國法令輯覽.第七卷	146		

満洲生活三十年:奉天の聖者"クリステイ"の思出 …… 521	貿易上ノ観点ヨリ見タル香港ノ援蒋性 ………… 375
満洲生活三十年:奉天の聖者"クリステイ"の思出 …… 549	貿易思想史 … 376
満洲事情 … 601	貿易統制論 … 268
満洲輸出入商品取引と建値 … 383	貿易為替計算の常識 … 381
満洲歳時記 … 705	貿易政策 … 380
満洲鉄道建設秘話 … 986	梅田雲濱 … 686
満洲通貨金融方策 … 399	梅園哲学入門 … 28
満洲通史 … 599	黴毒.全 … 836
満洲文化史.点描 … 598	黴毒の診断と治療 … 841
満洲問題とは何ぞや … 99	毎日年鑑 … 1019
満洲行紀 … 528	毎日年鑑.昭和十四年 … 1020
満洲畜産株式会社定款 … 310	毎日年鑑:1930 … 1020
満洲畜産株式会社設立要綱案ニ関スル報告 … 309	毎日年鑑:昭和十八年:附日本名人選 … 1020
満洲塩業株式会社設立方案 … 350	毎日年鑑:昭和十九年 … 1020
満洲塩業株式会社設立方案.別冊 … 350	毎日年鑑:昭和十六年.別冊,日本人名選 … 1020
満洲鹽税機関ヲ新國家ニ接収サル、迄附支那鹽政ノ概要 … 342	毎日年鑑:昭和四年 … 1020
満洲要覧 … 713	毎週配當小学校手工教授精案 … 428
満洲夜話 … 720	美しき兵隊.上級向 … 537
満洲在来羊毛ノ毛織工業的価値 … 346	美しき行為 … 532
満洲之果樹 … 869	美しき支那:文化篇 … 415
満洲支那の土地と人 … 322	美と精神の秩序 … 41
満洲支那經濟辭典 … 251	美について … 41
満洲主要鮭鱒族魚類の生態に関する調査研究.第一報 … 812	美の教養 … 41
	美の日本的完成:「寂び」の究明 … 554
	美の伝説 … 480
	美乃本体 … 531
	美濃と飛騨の旅 … 729
満洲主要会社定款集 … 309	美濃部達吉論文集.第四卷:公法と私法 … 161
毛蟲の舞踏会 … 518	美術と史学 … 554
毛紡績 … 944	美術の建築 … 970
毛利元就 … 679	美術の戦 … 559
毛糸紡績.上卷 … 944	美術概論:其他 … 555
毛皮 … 951	美術論集 … 500
毛絲編とレース編 … 953	美術五十年史 … 557
冒険の記録 … 734	美術様式論:装飾史基本問題 … 964
冒険探検決死の猛獣狩 … 537	美味求眞 … 957
貿易と為替の知識 … 364	美文寶典 … 534
貿易と物価:戦時貿易政策の一齣 … 380	美学 … 41
貿易風の佛印 … 733	美学:日本美学への理念 … 41
貿易慣習の研究 … 380	美学と芸術学 … 41
貿易会計 … 381	美学及藝術学講義:金子博士選集.下卷 … 41
貿易講話 … 376	妹の力 … 526
貿易経営概説 … 380	門戸開放機会均等主義:外交文書を中心とした研究 … 135
貿易経営實務 … 380	
貿易取引條件の研究 … 380	悶ゆる英国 … 206
貿易商務論 … 366	甍 … 975
貿易上より見たる露西亜 … 379	蒙地 … 98

蒙古と其の言語	730
蒙古と青海.2	713
蒙古と青海.上巻	713
蒙古の喇嘛教	53
蒙古の秘史	612
蒙古の秘史：蒙古民族の古典	611
蒙古の民族と歴史	611
蒙古シベリア踏破記	733
蒙古草原	721
蒙古大観	1019
蒙古地誌.上巻	602
蒙古地誌.下巻	602
蒙古法の基本原理	150
蒙古風土記	724
蒙古関係資料目録	253
蒙古横断	724
蒙古黄金史：蒙古民族の古典	611
蒙古及蒙古人	543,724
蒙古近世史：ジンギス汗よりソウェート共和國まで	612
蒙古喇嘛教史	54
蒙古馬飼養管理指針	872
蒙古社会制度史	612
蒙古神話	49
蒙古史	611
蒙古史雑考	634
蒙古文化地帯	527
蒙古資源経済論	318
蒙疆	528
蒙疆に於ける華人商工業資本：主として、それの統計的分析	392
蒙疆の資源と経済	716
蒙疆の子供	103
蒙疆の自然と文化：京城帝國大学蒙疆学術探検隊報告書	715
蒙疆察盟ノ農業	863
蒙疆産業経済三箇年計画	248
蒙疆地域通貨金融事情	406
蒙疆公定価格制ニ就テ	373
蒙疆建設三ヶ年計画（資金関係）	248
蒙疆建設三年計画概要	248
蒙疆経済ノ現段階：国際収支ノ観点ヨリ	248
蒙疆経済ノ現段階：蒙疆インフレーション調査中間報告	248
蒙疆経済地理	258
蒙疆年鑑	1018
蒙疆政権管内羊毛資源調査報告	326
蒙疆政治組織ノ変革過程	100
蒙疆の経済：資源開発の現状と将来	245
蒙疆の農村	718
蒙疆カトリック大観	58
蒙疆牧業状況調査	326
謎の隣邦	103
米：世界、特に東南亜に於ける米作状況並びに、米穀貿易の経済地理的研究	881
米と蘭の経済構造	334
米の代用としての麦類の研究	881
米仏の航空工業	341
米穀の害蟲と駆除予防	864
米穀配給の研究	334
米国の神話と現実	283
米国ニ於ケル鉄鋼業	356
米国ノ中立維持法ニ就テ	189
米国大統領：地位及び権限	130
米国共産派労働組合政策二十年史	85
米国極東政策史	130
米国体育視察記	437
米國の参戦	207
米國の攻勢作戦	207
米國の内幕	130
米國の世界侵略	130
米國の研究	130
米國ノ對中南米貿易ニ関スル研究	386
米國大勢論断	129
米國對支経済勢力の全貌	283
米國發達史概説	658
米國共産派労働組合政策二十年史	300
米國海軍史要	363
米國及米國人	734
米國極東通商政策	386
米國外交上の諸主義	138
米國現代史	658
米國新聞記者の見た日本と満洲	136
米欧変転紀	520
米英の東亜制覇製政策	90
米英の神経戦略	196
米英東亜侵略史	654
米英艦隊撃滅：海戦の真相と今後の作戦	524
米英思想批判	30
米英挑戦の真相	92
糸簗生成及其防止	945
泌尿器科止血	849
秘蔵寶論　弁顕密二教論即身成佛義　講義	50
秘話で語る南方の實相	732

題名	頁
密寶楠公遺訓書	669
密雲縣小营村香河縣後延寺農村實態調查報告	327
棉:世界木棉戰	866
棉花	388
綿紡績	943
綿花及び綿花市場	866
綿糸と綿布の基礎知識	940
綿糸紡績事情參考書.第七十四次	940
綿糸経済	346
綿絲紡績.上卷	940
綿絲紡織機械	944
綿統制	302
綿業輸出入リンク制度論	301
免許証は斯くして得よ:實地.学科(機構取扱.法規)1册にして完	989
免疫学	837
免疫治療及免疫豫防	837
緬甸の自然と民族	651
緬羊飼養試驗成績	872
緬羊飼育相談	872
面白い国支那	526
面白い数学	429
面白く獨習出来る数学書:上級程度	751
描素のホッゴ	694
妙國寺の切腹	120
滅び行く宇宙及び人類	785
民法	178
民法.Ⅳ,契約法.1	176
民法Ⅶ.信託法 信託業法 無画法 有価証券法 特別担保法	168
民法讀本	179
民法教材.Ⅲ,担保物権法	180
民法教材.Ⅱ,物権法	180
民法教材.Ⅰ,総則	180
民法教材.Ⅳ,債権總論	180
民法教材.Ⅴ,債権各論	180
民法教材.Ⅵ,親族法	180
民法判決實例	179
民法釈義.卷之二上	178
民法釈義.卷之二下,物権篇.下	178
民法研究.第二卷,物権	175
民法研究.第三卷,債権總論	175
民法研究.第四卷,債権各論	176
民法研究.第一卷,總則	175
民法雜記帳	177
民法總論	177
民法總則	148
民法總則.民法講義.Ⅰ	180
民法總則概要	178
民国二十九年度監務報告	349
民國廿九年度上海市中央市場年報	374
民國三十年度華北棉産改進会事業概要(日文)	325
民話の発見	485
民間航空	996
民商法判例集	163
民事書式大全	185
民事訴訟法概論	176
民事訴訟法概論.上冊	176
民事訴訟法概論.中冊	176
民事訴訟法要論.上卷	186
民事訴訟法要義.第三卷	143
民事訴訟法要義.第四卷	143
民事訴訟手続實例書式全集	189
民俗採訪	526
民芸とは何か	706
民芸運動に就て	554
民政史鑑	120
民衆と政治	162
民衆の苦悶	90
民族.國家.經濟.法律	83
民族と国家	83
民族と建築	967
民族と經濟.第二集	263
民族と歴史哲学	580
民族と染色文化	569
民族と人口の理論	76
民族と文化	414
民族と造営	965
民族と植民	90
民族の理論	120
民族の美	534
民族的優越感	529
民族教育学序説	113
民族経済地理	238
民族科学研究.第一輯	120
民族論	78
民族耐乏	78
民族生物学	803
民族文化史概説	586
民族心理より見たる政治的社会	79
民族心理講話	78
民族形成と鐵の文明	610
民族性格学	78
民族学の歴史と方法	78

民族学入門:人間の類型	78	明治大正文学全集.第二十卷	496
民族戦	87	明治大正文学全集.第二十六卷,和歌俳句篇	496
名ゴルファーの技術と研究	440	明治大正文学全集.第二十三卷	496
名古屋城	728	明治大正文学全集.第二十四卷	496
名古屋市政の展望図表	119	明治大正文学全集.第二十一卷	496
名将ナポレオンの戦術	207	明治大正文学全集.第九卷	495
名判官物語:徳川時代の法制と大事件の裁判	188	明治大正文学全集.第三卷	495
名前のつけ方姓名学實典	666	明治大正文学全集.第三十八卷	496
名前の附け方手引	659	明治大正文学全集.第三十六卷,詩篇	496
名曲とそのレコード	573	明治大正文学全集.第三十四卷	496
名勝温泉案内	727	明治大正文学全集.第十九卷	495
名文鑑賞読本	493	明治大正文学全集.第十七卷	495
名文鑑賞読本.古代中世	493	明治大正文学全集.第十五卷	495
名文鑑賞読本.漢詩漢文	493	明治大正文学全集.第四卷	495
名文鑑賞読本.昭和時代	493	明治大正文学全集.第四十八卷,戯曲篇.第二	496
名文鑑賞読本;江戸後期	493	明治大正文学全集.第四十九卷,戯曲篇.第三	496
名文鑑賞読本;江戸前期	493	明治大正文学全集.第四十七卷,劇曲篇.第一	496
名文鑑賞讀本:大正時代	498	明治大正文学全集.第四十卷	496
名誉権論	179	明治大正文学全集.第四十三卷	496
明けゆく空	529	明治大正文学全集.第一卷	495
明け行く満蒙の透視	525	明治大正昭和日本絵画史	561
明るい生活	528	明治大正昭和文学全集.第五十二卷	486
明初の景徳鎮窯器	568	明治大正昭和文学全集.第五十三卷	486
明代の陶磁	698	明治大正政界側面史.上卷	645
明解図式囲碁大辞典.第三卷,互先篇.下卷	853	明治大正政治史講話	121
明日の日本と支那	135	明治法制史論:公法之部.上卷	649
明説化学	774	明治風俗史.下卷	707
明説物理学	767	明治開化史論	647
明治・大正・昭和教育思想学説人物史.第二卷,明治後期篇	671	明治裏面史	647
明治・大正・昭和教育思想学説人物史.第一卷,明治前期篇	671	明治民法編纂史研究	188
明治の作家	678	明治女流作家	678
明治大帝	521	明治日支文化交渉	609
明治大正の洋画	563	明治三七八年日露戦争史.7	203
明治大正見聞史	520	明治社会政策史:土族授産の研究	643
明治大正史.第二卷,外交篇	644	明治神宮紀	967
明治大正史.第六卷,政治篇	644	明治史講話	648
明治大正史.第三卷,経済篇	644	明治史實外交秘話	138
明治大正史.第四卷,世相篇	644	明治史研究	634
明治大正史.第五卷,芸術篇	644	明治史要.上	646
明治大正史.第一卷,言論篇	644	明治史要.下	646
明治大正外交秘話	137	明治四十二年度統計年報	69
明治大正文学全集.15,劇曲篇.第四	495	明治四十三年度統計年報	68
明治大正文学全集.第二卷	495	明治四十四度統計年報	70
明治大正文学全集.第二十八卷	496	明治四十一年度統計年報	69
明治大正文学全集.第二十九卷	496	明治天皇と御治世下の人々	532
		明治天皇の聖徳.軍事	643
		明治天皇の聖徳:重臣	643

題名	頁
明治天皇の聖徳:総論	643
明治天皇御聖徳録	648
明治天皇御製集	627
明治維新.中巻	647
明治維新.中巻	648
明治維新と現代支那	647
明治維新の全貌	648
明治維新財政経済史考	276
明治維新前後に於ける政治思想の展開	645
明治維新史読本	647
明治維新史研究	629
明治維新体制史:復古・維新・現状派の相関性	648
明治維新運動人物考	683
明治維新政治史:現代日本の誕生	121
明治文化の新研究	647
明治文学史考	487
明治先哲医話	681
明治新聞綺談	646
明治興國史	648
明治演劇史	484
明治以降大事件の眞相と判例	646
模範答案化学問題粋	776
模範佛和大辞典	453
模範解幾何學總さらへ	756
模範平時國際公法便覧	191
模範仕入販賣法:小賣の科学的管理法	368
模範図説和洋住宅建築集成	976
模範支那語講座.第八巻	443
模範支那語講座.第七巻	443
模範支那語講座.第三巻	443
模範支那語講座.第四巻	443
模型船舶の作り方	438
模型飛行機の理論と実際	999
模型飛行機讀本	999
模型飛行機教室	999
模型飛行機用ガソリン・エンジン.上巻,解説篇	911
模型飛行機用ガソリン・エンジン.下巻,取付・製造・運転	911
模型工作航空機の発明	438
模型航空機:理論と工作	439
模型航空機の設計	439
模型航空機の原理と科学的工作法	999
末期の日本資本主義経済と其の転換	265
漠北と南海:アジア史における砂漠と海洋	732
墨絵の技法	561
墨子	20
驀進	87
驀進華北の剿共	98
驀進三ヶ年	100
謀将武田信玄	674
母と娘の教養	74
母と子の栄養学	825
母なれば	435
母のための教育學	74
母の愛育全集.1,乳児の巻	420
母の愛育全集.2,幼児の巻	420
母の愛育全集.3,児童の巻.上巻	420
母の愛育全集.5,少年少女の巻	420
母への親展書	420
母乳の科学	829
母系家族	515
牡丹江ヲ中心トスル最近一箇年間ノ物価趨勢ニ就テ	374
牡丹江省康徳七年度農業開発計画鋼要(極秘)[資料時報]	328
木材工藝	951
木材及び木材乾燥	871
木材乾燥法	871
木材商業	871
木工芸と其要材	951
木戸孝允.上	685
木炭の科学と常識	932
木炭自動車	989
木型と其製作	951
木型及鋳造	898
木造船	993
木造船の話	993
木造船用材便覧	991
木造家屋切組図解	971
目星のつけ方株式時代	312
牧野植物学全集.総索引.全	1025
幕末愛國歌	642
幕末貿易史	378
幕末貿易史の研究	378
幕末明治文化変遷史	628
幕末期東亜外交史	137
幕末三舟傳	667
幕末史	643
幕末維新外交史料集成.第二巻	663
幕末維新外交史料集成.第一巻	663
暮らしと住居	73
捺染一般	946
乃木	674
乃木大将	519

乃木大将と農事日記	673
奈良の上代文化	636
奈良百題	526
奈良朝時代民政経済の数的研究	262
奈良朝史	637
奈良叢記	728
奈良時代史. 後編	637
奈良時代史. 前編	637
奈良文化の傳流	637
奈破翁と秀吉の戰略比較論	675
耐火材料の研究	976
耐火物概論	929
耐酸合金と耐熱合金	897
男の償ひ	516
男女問題講話	74
南の処女地	729
南の国の動物	538
南の海 南の港	721
南の理想郷ニュージーランド	734
南を衝け	732
南アジア民族政治論	84
南阿南米行	712
南北朝時代史	643
南北支那現地要人を敲く	721
南氷洋	746
南方と青年	107
南方の将来性:台湾と蘭印を語る	260
南方の軍政	199
南方への指標	260
南方地理研究	784
南方地政論	279
南方発展の知識	723
南方発展史話	608
南方共栄圏とその性格	107
南方共栄圏の労働問題	299
南方共栄圏の民藝	567
南方共栄圏の全貌	730
南方共栄圏を語る	107
南方共栄圏事情	239
南方共榮圏と北方	730
南方画廊	513
南方繪筆紀行	558
南方紀行	732
南方建設と民族問題	108
南方建設の根本政策	277
南方交易論	375
南方経済の指標	260
南方経済資源総攬.第八巻,インドの経済資源	278
南方経済資源総攬.第二巻,南方鉱産資源総論	277
南方経済資源総攬.第九巻,フィリッピンの経済資源	278
南方経済資源総攬.第六巻,マライの経済資源	279
南方経済資源総攬.第七巻,ビルマの経済資源	278
南方経済資源総攬.第三巻,南方経済資源開發概論	278
南方経済資源総攬.第十二巻,オーストラリア ニュージーランドの経済資源	278
南方経済資源総攬.第十巻,ジャワ・スマトラの経済資源	278
南方経済資源総攬.第十一巻,ボルネオ・セレベス ニューギニアの経済資源	278
南方経済資源総攬.第四巻,佛印の経済資源	277,278
南方経済資源総攬.第五巻,タイの経済資源	278
南方経済資源総攬.第一巻,南方農林水産資源総論	277
南方経論と厚生問題	121
南方経営の進路:開発金庫の使命	261
南方開発史	650
南方開拓を語る	106
南方開拓者列傳	515
南方科学紀行	724
南方年鑑	1019
南方圏の動力経済:印度.濠州.新西蘭.セイロン島に於ける動力経済の分析	261
南方圏の棉花資源	866
南方圏の水産	877
南方圏の資源.第二巻,タイ篇	260
南方圏文化史講話	609
南方生活と衛生上の対策	830
南方石油経済	341
南方水産業	335
南方随筆	705
南方挺身隊	510
南方文化の探究	609
南方文化講座.日本南方發展史篇	622
南方文化講座:民族と民族運動篇	588
南方文化論	416
南方文化施設の接収	417
南方文献目録	1024
南方新建設講座	260
南方亜細亜の民族と会社	608
南方医典	830
南方植物記	809
南方諸地域圖書目録	1023

題名	頁
南方諸國の統治	91
南方諸國の資源と産業	259
南方資源と日本経済	267
南海の明暗:印度洋.アフリカ.内南洋.紀行写真集	567
南海北溟	729
南画と北画	562
南極の征服.下巻	746
南進大日本史	619
南進海國史	628
南京漢口事件真相:揚子江流域邦人遭難実紀	523
南京日本居留民誌	628
南葵文庫蔵書目録	1023
南葵文庫図書目録.二	1023
南蛮船貿易史	379
南蛮学考	231
南満洲鉄道株式会社関係条約集	313
南満洲鉄道株式会社三十年略史	311
南満洲在来農業	322
南満洲主要都市と其背後地.第一輯.第二巻,安東背後地に於ける経済事情	716
南冥捕鯨記	523
南欧の日:改版	517
南歐遊記	733
南亭史説集	585
南洋.後編	722
南洋.前編	722
南洋の風土	701
南洋の華僑	101
南洋の歴史と現実	658
南洋の天地	723
南洋の文化と土俗:東印度民族誌	414
南洋の新知識	723
南洋の資源と白人の将来	106
南洋の資源と共栄圏貿易の将来	277
南洋地理大系.1,南洋総論	722
南洋地理大系.2,海南島.フィリッピン.内南洋	722
南洋地理大系.3,タイ.佛印	722
南洋地理大系.4,マレー.ビルマ	722
南洋地理大系.6,東印度2 旧蘭印(2)旧英領ボルネオ 葡領チモール	722
南洋地理大系.7,印度	722
南洋地理大系.8,濠洲	722
南洋経済論	261
南洋経済研究	277
南洋侵略史	654
南洋事情概説	106
南洋文化雑考	699
南支の農業.農村	716
南支産業要覧	246
南支佛印風土記	715
南支那	717
南支那に於ける農村社会	297
南支那の産業と経済	240
南支那の村落生活:家族主義の社会学	103
南支那の資源と其の経済的価値	251
南支那ニ於ケル鉄道の概況	359
南支那民族史	598
南支那農業問題の研究	321
南支五省の現勢	713
南支遊記	720
南總里見八犬傳.三	519
楠公傳	680
楠公外史	629
楠木一族	675
楠木正成	478,514,515
難波 兼平 千手 卒都婆小町 紅葉狩:内二	504
難訓辞典	468
脳の話	833
脳下垂体:ホルモンの科学	834
内に在る幸福	46
内出血	819
内村鑑三全集.第八巻,教義研究.上	57
内村鑑三全集.第二巻,初期の著作.下	56
内村鑑三全集.第二十巻,書翰	57
内村鑑三全集.第九巻,教義研究.下	57
内村鑑三全集.第六巻,新約研究.中	56
内村鑑三全集.第七巻,新約研究.下	56
内村鑑三全集.第三巻,旧約研究.上	56
内村鑑三全集.第十八巻	57
内村鑑三全集.第十二巻,所感	57
内村鑑三全集.第十九巻,雑篇	57
内村鑑三全集.第十六巻,英文.下	57
内村鑑三全集.第十七巻,日記.上	57
内村鑑三全集.第十巻,講演.上	57
内村鑑三全集.第十三巻,感想	57
内村鑑三全集.第十四巻,時事	57
内村鑑三全集.第十五巻,英文.上	57
内村鑑三全集.第十一巻,講演.下	57
内村鑑三全集.第四巻,旧約研究.下	56
内村鑑三全集.第五巻,新約研究.上	56
内村鑑三全集.第一巻,初期の著作.上	56
内地ノ北支調査団ニ対スル参考書	248
内閣制度の研究	627

内科.外科.産科.婦人科腹部触診ノ實際	841
内科類症鑑別診断学.上巻	844
内科書.上巻,循環器疾患.神経系疾患	844
内科書.上巻,循環器疾患・神経系疾患	844
内科書.下巻	844
内科書.中巻	844
内科書.中巻,伝染病.血液疾患.脾臓疾患.沁尿器疾患.膀胱疾患.内分沁疾患.新陳代謝疾患	844
内科治療手技	845
内陸アジヤ踏破記	551
内蒙察哈爾事情	601
内蒙古地帯ニ於ケル畜牛預託成績調査報告	326
内燃機関	911
内燃機関.後編	911
内燃機関の選定:高速機関	911
内燃機関の選定:農工用機関	911
内燃機関工学講座.第七巻,発動機工作法	911
内燃機関実用耐熱軽合金	911
内外動物原色大図鑑.第八巻,昆蟲編	812
内外動物原色大図鑑.第二巻,哺乳類編	811
内外動物原色大図鑑.第九巻,昆蟲編	812
内外動物原色大図鑑.第三巻,鳥類編	811
内外経済年鑑:昭和三年版	270
内外経済問題辞典	227
内外綿業年鑑	944
内外綿株式会社青島工場第二次復興許可申請書	291
内外綿株式会社五十年史	314
内外商業政策.上巻	366
内外織物組織及製造学:続編	942
嫩江沿岸水産業調査報告書	877
能から歌舞伎へ	576
能楽全史.上巻	556
能楽全史.下巻:徳川後期より明治,大正まで	556
能楽全史.中巻,安土桃山時代及徳川時代前期	556
能楽史話	574
能樂全書.第二巻	575
能樂全書.第三巻	575
能樂全書.第四巻	576
能樂全書.第五巻	576
能樂全書.第一巻	575
能率の研究	306
能率ハンドブック:経営管理資料ノ集成.下巻の1	303
能率ハンドブック:経営管理資料ノ集成.中巻	303
能率概論	77
能率賃家支払法	402
能率賃金支拂法	298
能面論考	575
泥雀の歌	537
逆引成語便覧	460
年鑑年報目録	1025
年齢の思索	478
年中行事解説	705
娘時代	516
醸造分析法	949
鳥居	719
鳥居清長の生涯と芸術	679
尿毒症	849
涅槃経講話	49
寧波地区實態調査書	330
寧沪土産	721
寗波ノ過賑制度(翻訳)	408
牛と肉	875
牛及緬羊講義	875
牛乳及乳製品検査法	949
牛乳及製品論	949
農と民俗学	705
農本社会哲学	86
農産加工講話	318
農産加工相談	864
農産物の価格統制	318
農産物取引論	332
農産物価額論	369
農産物価額統制論	318
農産物価格論	318
農産畜産食品加工法	864
農村と結核予防	846
農村の機械工業	332
農村の新体制	120
農村都市廃物利用法	1000
農村復興ト土地問題	322
農村救済復興対策大鋼(案)	323
農村史話	335
農村文化	414
農村問題と対策	317
農村問題と社会理想	333
農村問題の社会学的基礎	333
農村行政	333
農村研究講話	120
農村之改良	332
農村制度の改造	333
農工用小型ヂーゼル機関	911
農機具取扱法.農業原動機篇	863
農家経済調査報告:豊潤縣宣荘鎮米廠村	327

題名	頁
農林省指定凶作防止試驗設計書	866
農民.第四部,夏の巻	543
農民の歩みたき道	74
農商務省第八回工芸展覧会図録	569
農商務省養鶏講習会講義録	873
農士道:東洋農道の教学	25
農事實行組合の運營	333
農畜産物出廻調査報告.京包線張家口、大同、平地泉、厚和、包頭	373
農畜産物出廻調査報告.其ノニ,京漢線、北京、保定、石家莊、順徳、彰徳	383
農畜産物出廻調査報告:膠済線	321
農薬の科学と応用	865
農業と國民経済に関する孤立國	317
農業の社会化	317
農業簿記学	318
農業倉庫の経営	864
農業倉庫ニ関スル資料	323
農業倉庫利用論	334
農業大辞典.上	860
農業工学	863
農業会の簿記と計理	318
農業機械化図説	863
農業及園芸.第十九巻 第三号	860
農業金融論	334
農業経済学	317
農業経済学序説	317
農業労働と小作制	333
農業気象の知識	863
農業気象概論	863
農業生産の基本問題	317
農業生産費論考	332
農業水利学	863
農業土木.上巻	860
農業土木.下巻	860
農業土木行政	317
農業問題ニ関スル若干ノ資料―再生産表式ト地代範疇	321
農業用揚水機	863
農業政策	317
農業支那と遊牧民族	317
農芸化学分析書.第二編	860
農芸化学分析書.第一編	860
農芸化学全書.第10冊,一般土壌學	862
農芸化学全書.第3冊,園芸利用工業	862
農芸殺虫剤	865
怒濤時代:西南兄弟記	515
女と死:或る医学者の手記	828
女誡訓:吉田松陰の女訓を語る	76
女達に覆はれた男	550
女家国	661
女流日記	671
女騎士エルザ	550
女性と教養	76
女性と戦争生活	523
女性の建設	76
女性の文章の作り方	472
女性典	76
女性論	76
女性美の教養	76
女学生の心理	45
女子数学の解き方:算術.代数.幾何	431
暖房と換気	976
暖房と換気.前篇	976
暖房及冷凍	976
煖冷房;冷凍機;送風機械	887
欧羅巴の七の謎	123
欧羅巴古代経済史概説	283
欧米に於ける支那研究	292
欧米を見て	90
欧米財閥史	392
欧米人の神道観　全	60
欧米人の支那に於ける文化事業	59
欧米人の支那観	97
欧米視察細民と救済	93
欧米蝸牛行	733
欧米之洗濯業	958
欧人の支那研究	593
欧州殊に露西亜に於ける 東洋研究史	583
欧州印象記	732
欧洲の現勢.上,戦局の展開と地政学	123
欧洲の現勢と準戦時経済	279
欧洲大戦と日本の将来	196
欧洲古版　日本地図集	735
欧洲殊に露西亜に於ける東洋研究史	608
欧洲現物案内	732
歐米に於ける支那古鏡	567
歐米より故國を	713
歐米大陸遊記	729
歐米売薬集珍	855
歐米水産概観と我國水産業の発展策	876
歐米外交秘史	132
歐米株式活歴史	308
歐戰後の支那:経済と教育	99

歐洲大乱の眞相	123
歐洲社会制度發達史	72
歐洲戰と青年	522
歐洲の經濟界は何うなったか	279
鴎外全集.第二十卷,著作篇	497
鴎外全集.第十三卷,著作篇	496
偶像再興	534
爬蟲類	812
俳画の図案	561
俳句表現辞典	479
俳句三代集.第七卷	503
俳句三代集.卷二	502
俳句三代集.卷三	502
俳書法	563
俳書解題.完	482
俳壇現勢篇.第八卷,續俳句講座	501
俳諧例句新撰歲事記	501
俳諧史;俳人伝	485
排擊の歷史	92
排外支那の解剖	97
盤谷港	361
盤珪國師傳	55
判決要録.第二十八卷	183
判決要録.第二十七卷	183
判決要録.第二十五卷	183
判決要録.第七卷	187
判決要録.第三卷	183
判決要録.第十六卷	183
判決要録.第十三卷	183
判決要録.第十四卷	183
判決要録.第十五卷	183
判決要録.第十一卷	183
判決要録.第四卷	183
判決要録.第五卷	183
判決要録.第一卷第二卷合本	183
判決要録:昭和十四年版.第二十九卷	183
判決総攬.第二統刑法	184
判決総攬.第三統刑法	184
判決総攬.刑法	184
判決総攬.統刑法	184
判決總攬.諸法令.上卷	186
判決總攬.諸法令.下卷	186
判決總攬:諸法令.中卷	186
判例に現はれたる信義誠實の原則	168
判例百話	139
判例不動産法の研究	179
判例民法.第二卷	178
判例民事法.第八卷,昭和三年度	173
判例民事法.第九卷,昭和四年度	173
判例民事法.第七卷,昭和二年度	173,174
判例民事法.第三卷,大正十二年度	174
判例民事法.第十二卷,昭和七年度	174
判例民事法.第十六卷,昭和十一年度	174
判例民事法.第十卷,昭和五年度	174
判例民事法.第十四卷	174
判例民事法.第十五卷,昭和十年度	174
判例民事法.第十一卷,昭和六年度	174
判例民事法.第四卷	174
判例民事法.第五卷,大正十四年度	173,174
判例民事法総索引	174
判例親族法の研究	187
判例価格統制法	181
判例物権法各論	180
判例物権法総論	178
泡鳴全集.第八卷	500
泡鳴全集.第二卷	499
泡鳴全集.第九卷	500
泡鳴全集.第六卷	500
泡鳴全集.第七卷	500
泡鳴全集.第三卷	499
泡鳴全集.第十二卷	500
泡鳴全集.第十卷	500
泡鳴全集.第十一卷	500
泡鳴全集.第四卷	500
泡鳴全集.第五卷	500
泡鳴全集.第一卷	499
陪審戰術	186
培養実験趣味の盆栽	870
配給機構と配給道徳	377
配給機構の地域的再編成	270
配給機構整備の指標	235
配給経済学入門:新商業学研究	224
配給統制新講	365
配給問題概論	365
配給学の基礎研究:商業新体制の理論	367
配給原価計算	294
配給組織論	368
盆栽随筆樹石	529
膨張する宇宙	787
批評の精神	414
皮膚科泌尿器科学大系.第9卷第12冊,蕁麻疹及蕁麻疹様皮膚疾患	852
皮膚科泌尿器科学大系.皮膚科学.第14卷第17冊,乾癬	852

皮膚科泌尿器科学大系:皮膚科学.第31巻.第48冊,妊婦黴毒竝に先天黴毒の療法	852
皮革及レザー	950
皮革實驗学	951
漂海民族:マウケン民族研究	650
漂流船物語の研究	481
平安朝史	637
平安朝史　全	637
平安時代の研究	633
平安時代後期思想史	26
平歯車	907
平歯車の測定法	904
平凡之善政	112
平漢沿線農村経済調査	331
平和なき歐州	89
平賀源内	669
平家物語の説話的考察	484
平家物語諸本の研究	487
平津地方財界人興信録.第一編	661
平面幾何画法集成	763
平面立体幾何学演習	763
平面立体解析幾何学	762
平面三角法講義	756
平面図学	907
平時国際法.第二部	191
平時国際法論	191
平価切下論	398
平綏鉄路南口バス区間ノ輸送能力其ノ他ニ関スル鉄道總局輸送局運転課ノ査定(回答)	359
平田篤胤	678,679
平田篤胤とその時代	669
平田篤胤の科学精神	28
平田篤胤之哲学	28
平野生朝先生還暦記念集	670
評釈公法判例大系.上巻	186
評釈公法判例大系.下巻	186
評訳近世名家諢辞集	460
評註名將言行録 上	664
評註名將言行録.上	664
評註名將言行録.下	664
破産法	171
破産法.和議法.非訟事件手続法	141
破産法和議法概論	179
破産法講義	171
破産法要論.全	171
破産及和議手続記録	161
破壊より建設へ	90

葡萄酒及果實酒醸造法	949
葡萄牙領チモール概観	730
僕の地質研究	785
僕らの栄養と食物	824
僕等の見たる満洲南支	720
僕等の歴史教室	628
浦上切支丹史	59
浦塩と沿海州	649
普及講座防災科学.第四巻,凶作	1000
普通測地学.下巻	789
普通地質学講義	791
普通地質学講義.全	791
普通有毒植物誌	807
普通政治講話	82
普通植物図解	808
普選と新興勢力	111
普選早わかり	166
七.五事件公判記録	163
七騎落　弱法師　絃上:外十三	506
七洋制覇	201
妻への手紙	543
奇跡釈義	48
奇術の世界	574
斉々哈爾経済事情	254
斉藤茂吉	678
碁の打ち方	439
気象	790
気象と国民生活	743
気象学及び地球物理学	784
企業と租税	397
企業の財政	305
企業集中論	304
企業計算の理論及方法	307
企業経済の構造と機能	306
企業經營形態論	306
企業論	306
企業統制と企業分析	303
企業統制の諸問題	303
企業行政法概論	166
企業形態論	308
企業整備要綱	312
企業整備資金措置法解説	392
汽車と鉄道	986
汽罐及汽機	910
汽力發電所	916
契沖の生涯	55
契約の基礎理論	142

起ち上る人	524
氣候学	791
氣魄で片付けた薩英戦争	525
氣体論	770
氣象と人生	790
氣象の知識	790
氣象学礎石.上巻	790
氣象学講話	790
千八百七十七年千八百七十八年露土戦史.第二巻	206
千八百七十七年千八百七十八年露土戦史.第三巻	206
千八百七十七年千八百七十八年露土戦史.第一巻	206
千八百七十七年千八百七十八年露土戦史:第一巻附図	206
千城夫人	513
千代女と菊舎尼:女流俳人	679
千島:北方探検記	724
千九百十一年改正佛國将校野外必携.上巻	206
千九百十一年改正佛國将校野外必携.下巻	206
千利休	671,672
千夜一夜.第七巻	538
千夜一夜.第十一巻	539
千早作戦論	207
鉛筆淡彩スケッチの描き方	563
鉛及鉛合金	893
虔修大日本詔勅通解	633
乾隆帝伝	662
乾燥設備	927
潜水艦	208
遣唐船ものがたり	521
遣唐船秘史.青龍之巻	478
錆・鉄のさび	898
強者の権利の競争	36
強制執行法の諸問題	186
強制執行法要論	185
強制執行法綜攬.中巻	186
強制執行要論.下巻	187
薔薇の細道	516
橋	987
橋の世界:進化と科学	988
橋本景岳全集.上巻	64
橋本景岳全集.下巻	65
橋梁の熔接	987
橋梁工学プレート.ガーダーの設計	988
橋梁工学橋台と橋脚の設計	988
切支丹史の研究	59
親族法	177
親族法・相続法講議案	178
親族法論	173
親族相続判例總評:昭和十一.十二.十三年度.第三巻	74
秦の始皇	662
勤皇画家佐藤正持	679
勤皇烈女	686
勤皇烈士縣六石の研究	685
勤労の新理念	297
勤労青年の生活	121
勤労文化	417
勤労者休養問題の研究	300
寝覚 江野島 代主 九世戸 逆矛:外一	505
寝室化粧室	971
欽定大清会典事例 瑠璃焼・瑠璃甎瓦・臨清甎・金甎ノ価格並ニ磚ノ運賃	373
青春を賭ける	550
青春を賭ける;北ホテル	550
青島の水産概況	328
青島を中心と戎克貿易事情	384
青島オ中心トシタ華工事情	299
青島オ中心トスル海陸交通ノ概況	361
青島オ中心トスル農業調査	329
青島ニ関スル第一次調査報告:支那都市不動産慣行調査資料第八輯其ノ一	322
青島ニ於ケル物価	374
青島ニ於ケル物価動向並主要商品取引状況	374
青島ニ於ケル主要商品流通事情	373
青島ニ於ケル主要食糧ノ需給竝ニ出廻事情	329
青島ラ中心トスル農業調査	329
青島ヲ中心トスル華工事情	299
青島ヲ中心トスル農業調査	328
青島邦人生計費調	960
青島邦人主要工業ノ被害及復興状況	352
青島都市竝港湾計画調査報告.2	253
青島都市計画経済調査書.3	256
青島都市計画経済調査書.第二編	255
青島紡績労働調査	350
青島紡績情況	349
青島港と佐藤船長	991
青島港経営現状ノ概要ト対策案	361
青島港貿易の消長	384
青島工業組合聯盟規約:所属組合並ニ組合員名歩簿	349
青島監と関東州監の今後	347

題名	頁
青島近郊に於ける農村實態調査報告:青島特別市李村区西韓哥荘	328
青島経済を語る:座談会速記録	255
青島経済統計月報.第二巻	256
青島経済統計月報.第三巻,第一号から第十二号まで	256
青島経済統計月報.第三巻.第二号	256
青島経済統計月報.第四巻.第一号—第十二号	256
青島経済統計月報.第一巻	256
青島居留民團例規集	150
青島牛の集散及衛生状況	326
青島牛ノ出回並本邦向輸出減退事情	382
青島商工案内:昭和十六年度版	256
青島商工案内:昭和十四年度版	256
青島商工便覧	256
青島市ニ於ケル「コレラ」及痘瘡ニ間スル調査報告	845
青島市ニ於ケル同業組合調(其ノ一).輸出入組合編	310
青島市ノ物価趨勢ト対各主要都市比較	374
青島市内ニ於ケル交通整備ニ関スル考察:特ニ周辺無軌条電車計画ヲ中心トシテ	363
青島市政府ノ郷村建設工作:中国郷村建設運動ノ一類型トシテ	329
青島市支那側銀行調査	408
青島水産の概況	877
青島行名録	254
青島塩	348
青島塩務局民國29年全年各項統計表	347
青島主要商品調査計画資料.其ノ一	387
青年と歴史	664
青年の明治維新史	647
青年及び壮年.上巻	515
青年及び壮年.下巻	515
青年技術者の幾何学	761
青年教養の書	40
青年期の医学:男性篇	826
青年時代の乃木大将日記	675
青年団指導	119
青年心理学	45
青壮年の書	120
清朝の邊疆統治政策:異民族の支那統治研究	598
清朝皇帝東巡の研究	594
清朝史通論	591
清国行政法	146
清國蚕糸業大観	876
清國商業綜覧.第二巻	375
清美庵随筆集陶片	570
清少納言	679
清少納言傳記攷	670
清水芳太郎全集.第三巻	66
清水芳太郎全集.第四巻	66
清語会話案内.上巻	447
軽合金	908
軽合金迅速分析法	897
蜻蛉日記.更科日記.濱松中納言.物語.とりかへばや物語.方丈記	491
情報整理目録月報	1026
情火・美玉	517
情勢論	268
慶應義塾図書館和漢図書目録	418
秋の七草の話	810
秋風帖	524
秋風五丈原	596
球面三角法	756
球軸受・ころ軸受	907
毬の行方	517
曲線ト方程式	762
趨異遺伝及進化.全:RECENT PROGRESS IN THE STUDY OF VARIATION, HEREDITY, AND EVOLUTION	804
取水	979
取引所の理論的研究:附.短期取引の技術的研究	404
取引所論	367,408
取引所論.上巻	404
取引所要論	405
趣味の昆虫採集	811
趣味の数学遊戯	753
趣味の写真術	883
趣味の支那叢談	524
趣味の支那漫談	703
趣味の植物採集	807
趣味の住宅建築	971
趣味修養国民掌典	490
全傳野口英世	682
全訂財政学	390
全訂担保物権法	178
全訂改版新金融辞典.第一巻	402
全訂海商法提要	147
全訂日本法制史大綱	188
全訂物権法提要.上巻	142
全国博物館案内	418
全國戸籍寄留事務協議会決議總覧	119
全國経済委員会関係法令集	145

全國經済委員会会議紀要.第七集:水利委員会第二次会議議事録	348
全解商品統制の知識.続	386
全満的見地ヨリミタル労働調査計画案	299
全貌支那:地理.経済.社会	713
全滅の戦列:バルチック艦隊回航記	205
全体性と生物学	800
全体主義の原理	35
全体主義の政治学	82
全体主義教育原理	113
全体主義商業教育の構想:皇道産業経営教育への転換	421
全体主義十講	13
全訳エミール	421
全訳菜根譚	40
全訳古事記精解	481
全訳支那四億のお客さま	703
全支対外貿易ノ検討[資料時報]	382
全支対外貿易ノ解剖:7月分	382
全支対外貿易ノ解剖:「資料時報」:11月	382
全支対外貿易概況	381
全支對外貿易	382
全支對外貿易ノ解剖(二月份)	381
全支那商工名鑑	375
全支商工名鑑:昭和十八年版	309
全支商工取引総覧	375
全支組合総覧:昭和十八年版	309
權田直助集	821
犬の訓練讀本	873
犬の研究	873
巻掛伝動:ベルト・ロープ・鎖	907
勧業債券利殖法	170
確率及最小自乗法	763
群衆心理学	42
燃料・動力経済読本	355
燃料:ガス	933
燃料:固体	933
燃料の節約と汽罐の保全	910
燃料工学最近の進歩	343
燃料及燃焼概説	933
燃料噴射電気点火機関	911
燃焼装置	910
染料	934
染料工業化学	934
染料工業化学.後編,染料中間體及び研究法	934
染料工業化学.前編,染料	934
染料化学	934,935
染料年報.第3巻	935
染料年報.第6巻	935
染色のしをり	946
染色試験法	945
染色用薬剤一般	945
染織讀本	940
染織工業標準用語	941
染織物の整理	940
擾乱波による電機焼損防止法	916
熱帯の景観	797
熱帯の生活事典	723
熱帯病学	848
熱帯傳染病学	830
熱帯環境医学	830
熱帯農業	319
熱帯農業の体験	319
熱帯生活の常識	713
熱帯外科	830
熱帯植物写真集.第三巻	809
熱帯植物写真集.第四卷	809
熱帯植物寫眞集.第二卷	803
熱帯植物寫眞集.第六卷	803
熱帯植物寫眞集.第三卷	803
熱帯植物寫眞集.第五卷	803
熱帯植物寫眞集.第一卷	803
熱發馬の診療指針	875
熱輻射論と量子論の起原:ウィーン,プランク論文集	768
熱河	602
熱河省経済の現状と其の將来:主として赤峰、建平、凌源縣を中心として	253
熱河省灤平、豊寧縣調査情況	602
熱河遺蹟	566
熱及熱力学	769
熱及熱力学通論	769
熱力学	769
熱力学と熱機関サイクル論	909
熱診断	820
人と教	46
人と人.全	300
人と人との間	72
人と細菌	836
人の使ひ方使はれ方:人間工学の提唱	887
人を動かす	73
人を動かす技術:人事の作戦	72
人格心理学原論	45
人格主義	37

題名	頁
人及び思想家としての高山樗牛	672
人及び芸術家としての国木田独歩	678
人及び芸術家としての尾崎紅葉	679
人及事業能率之心理	43
人間と社会	32
人間と言葉	442
人間のからだ	814
人間の土地	550
人間の学としての倫理学	35
人間の由来. 上	814
人間の由来. 下	814
人間は若返る	804
人間ナポレオン	520
人間即家國の説	22
人間生物学	815
人絹	945
人絹とセルロイド工業	942
人口問題と南方圏	77
人口問題批判	76
人口問題説話	76
人口学研究	76
人口増加の分析	77
人口政策	76
人類の大恩人世界の細菌学者たち	660
人類の進化	802, 803
人類の科学	814
人類の由来及び雌雄淘汰よりみたる男女の関係	814
人類学・先史学講座. 第二巻	815
人類学・先史学講座. 第六巻	815
人類学・先史学講座. 第七巻	815
人類学・先史学講座. 第三巻	815
人類学・先史学講座. 第十八巻	815
人類学・先史学講座. 第十九巻	815
人類学・先史学講座. 第四巻, 統計法, 骨学, 双生児の人類学, 朝鮮人骨格, 朝鮮人の生体計測	814
人類学・先史学講座. 第五巻	815
人類学・先史学講座. 第一巻	815
人類学汎論	73
人類学概論	814
人類学見たる上より我が上代の文化	627
人類学上より見たる西南支那	702
人類学研究	814
人力と能率	298
人倫の哲学	36
人麻呂抄	664
人肉果・前奏酒場の客	517
人蔘史. 第一巻, 人蔘編年紀. 人蔘思想篇	867
人生と榮養	845, 846
人生の路次	523
人生の意義と価値	39
人生は心で支配せよ:光明思想の哲学と神想観の實修法	37
人生達観	39
人生論	38, 39
人生論ノート	38
人生問答	39
人事事務篇	307
人体と結核	846
人体發生学	832
人体寄生蟲病診療 / 実際	836
人体名所遊覽記	833
人体胚胎学図譜	833
人体奇象	821
人文地理学	708
人文地学講話	708
人文科学思想	71
人物談義江戸の流行っ子	536
人形浄瑠璃史研究:人形浄瑠璃三百年史	574
人形芝居の研究	576
人形作者篇	956
人造絹絲	931
人造石油工業	891
人造石油講話	891
人造繊維	942
人造繊維の耐水性の改善に関する研究	942
人造繊維紡績	931
人造繊維工業	931
人造繊維要覽	931
人造液体燃料工業	892
人種・民族・戦争	117
人種の衝突	815
人種の問題	815
仁川開港二十五年史	649
妊産乳婦の栄養と献立	825
妊娠・安産・育児 性の寳典	74
認識論	750
日・満・支ブロック需給資源論	261
日ソ戦に備ふる書	116
日本. 支那. 欧米:對英関係を主題として	89
日本と金銀島	608
日本と支那の諸問題	135
日本に残存せる支那古韻の研究	459
日本に遺る印度系文物の研究	701
日本の城	966, 977

日本の大發明家 … 681	日本の政治 … 121
日本の大学 … 433	日本の子供 … 537
日本の地質構造 … 92	日本の子供たち … 536
日本の傳説と童話 … 536	日本の自画像 … 532
日本の綱領 … 162	日本はどんな國か … 114
日本の高山植物 … 809	日本は勝つ … 200
日本の國家建設 … 108	日本を観る … 712
日本の國語 … 456	日本を中心とせるばん近地理学発達史 … 708
日本の過去・現在及び將来 … 627	日本イデオロギー論 増補版:現代日本に於ける日本主義.フアッシズム.自由主義.思想の批判 … 28
日本の海運 … 362	
日本の機関車 … 986	日本ガラ紡史話 … 353
日本の祭 … 49	日本コンツェルン全書.II,三井コンツェルン読本 …… 313
日本の家と母 … 701	
日本の家族制度 … 121	日本コンツェルン全書.IV,住友コンツェルン読本 …… 313
日本の甲冑 … 700	
日本の金融 … 396	日本コンツェルン全書.VI,日産コンツェルン讀本 …… 313
日本の経済学者 … 676	
日本の決意 … 116	日本コンツェルン全書.XV,製糖コンツェルン讀本 …… 314
日本の軍歌 … 502	
日本の課題と世界史 … 586	日本コンツェルン全書.X,大倉・根津コンツェルン … 313
日本の歴史 … 622,623	
日本の歴史と思想戦 … 629	日本コンツェルン全書.I,日本財閥論 … 313
日本の陸軍 … 201	日本コンツェルン全書.III,三菱コンシェルン読本 …… 313
日本の美の精神 … 41	
日本の躾 … 435	日本コンツェルン全書.V,安田コンシェルン読本 …… 313
日本の名画 … 562	
日本の鳥 … 811	日本コンツェルン全書.VII,満鉄コンツェルン讀本 …… 313
日本の農家の話 … 744	
日本の女性文化 … 624	日本コンツェルン全書.IX,浅野.渋澤.大川.古河 … 313
日本の気象:気象中の一断面 … 790	
日本の前進 … 111	日本コンツェルン全書.XI,新興コンツェルン読本:日窒・森・日曹・理研 … 313
日本の染織 … 570	
日本の人的資源 … 299	日本コンツェルン全書.XIII,電力コンツェルン読本 … 314
日本の人生観 … 38	
日本の時計:徳川時代の和時計の研究 … 909	日本コンツェルン全書.XIII,生保コンツェルン讀本 … 314
日本の数学 … 754	
日本の思想文化 … 24	日本コンツェルン全書.XVI,紡績コンツェルン讀本 … 314
日本の外交 … 135	
日本の玩具 … 571	日本コンツェルン全書.XVII,川西.大原.伊藤.片倉コンツェルン讀本 … 314
日本の偉れた人々 … 500	
日本の舞踊 … 573	日本コンツェルン全書.XVIII,産業組合讀本 … 314
日本の新方向 … 115	日本ノ対北支貿易制限ノ影響ニ就テ。。。北支工業ノ見地ヨリ看タル。。。 … 385
日本の星 … 786	
日本の行くべき道 … 114	日本ペイント株式会社四十年史 … 315
日本の言葉 … 454	日本ラジオ通信講義録.第三巻,ラジオ受信機組立講座.上 … 919
日本の演劇 … 575	
日本の野球 … 438	日本ラジオ通信講義録.第五巻,ラジオ受信機組立講座.

上	919	日本地形誌	797
日本案内記.中国.四国篇	727	日本地政学	708,709
日本百科大辞典.第五卷	1014	日本帝國の一転機	113
日本版画の美	596	日本電氣通信史話	354,364
日本北方發展史	137	日本彫刻の美	565
日本標準機械工作便覽	900	日本彫刻史	566
日本標準製図の指針	907	日本彫刻史の研究	566
日本哺乳動物史	813	日本都市年鑑.12	316
日本財政.税制の構成	396	日本對支投資	409
日本財政の發展:日本財政と國防	396	日本二千六百年史	617,618
日本財政論.租税	391	日本発明発見物語	536
日本財政政策	395	日本法的精神の比較法的自覚	162
日本茶道論	957	日本法理の自覚的展開	163
日本禅籍史論.上,曹洞禅編	54	日本法律史話	188
日本産業機構研究	269	日本法人北支海運株式会社	362
日本産業論	269	日本法制史	188
日本産業組合	268	日本法制史大綱.下巻	188
日本臣道史	55	日本犯罪論	185
日本城郭考	663	日本紡績事業論	354
日本赤十字社發達史	121	日本紡織品便覽	388
日本船名録	362	日本風景の研究:名勝の自然科学の考察	726
日本傳説.上巻	536	日本風景論	726
日本叢書年表	1004	日本風景美論	978
日本大辞典言泉.第二巻しーち	467	日本風俗史	706
日本大辞典言泉.第一巻	467	日本風俗史.上巻	707
日本大科学者物語	681	日本風俗史.中巻	707
日本刀の話	901	日本風俗志.二	707
日本刀通観	701	日本風俗志.四	707
日本刀研究便覽	902	日本風俗志.下巻	705
日本道徳学	33	日本縫針考	945
日本的表現	556	日本佛教の研究	54
日本的反省	22	日本佛教史話	54
日本的歷史理念	581	日本佛教史要	54
日本的世界観	21	日本賦税史研究	397
日本的私法制度論考	162	日本概史	622
日本地方財政制度の成立	396	日本高僧伝	55
日本地理大系.別巻弐,満洲及南洋篇	725	日本各時代室内装飾法	970
日本地理大系.別巻四,海外發展地篇.下巻	725	日本工場管理の諸問題	311
日本地理大系.別巻五,富士山	725	日本工業概論.第一巻	352
日本地理大系.第九巻,九州篇	725	日本工業構成史	354
日本地理大系.第十二巻,朝鮮篇	725	日本工業文化史	354
日本地理大系.第一,二巻,總論篇	726	日本工藝美術史	567
日本地理風俗大系.第十八巻	725	日本工藝史概説	570
日本地理風俗大系.第十五巻	725	日本古代家族	115
日本地理風俗大系:第二巻	725	日本古代史	636
日本地理資料	725	日本古代史新研究	636
日本地名の研究	789	日本古代思想研究	25

日本古代文化	629
日本古代文化史論	631
日本古代文化序説	629
日本古代文化研究	479
日本古代語實燈	454
日本古典学の伝統	23
日本古刊書目	1025
日本古刻書史　国書刊行会出版目録	1024
日本古書大系解説	561
日本古陶磁支那古美術展覧会	567
日本古文化序説	631
日本古印刷文化史	952
日本国國防國家建設の史的考察	203
日本国勢地理	725
日本國法原論	163
日本國防思想史	203
日本國家科学大系.第二卷,哲学及社会学	109
日本國家科学大系.第九卷,經済学.2	110
日本國家科学大系.第六卷,法律学.2	110
日本國家科学大系.第七卷,法律学.3	110
日本國家科学大系.第三卷,國家学及政治学.1	110
日本國家科学大系.第四卷,國家学及政治学.2	110
日本國家科学大系.第一卷,肇國及日本精神	109
日本國家学	116
日本國家主義運動史	645
日本國交史論	137
日本國民教育史	425
日本國民性	110
日本國民運動の基本問題	117
日本國民運動年誌.第一輯	120
日本國勢図会	69
日本國勢図会:昭和十八年版	69
日本國勢図会:昭和十六年版	1009
日本國勢図会:昭和十年版	68
日本國体論	116
日本國体新論	111
日本海軍の支那沿岸閉鎖と其影響	247
日本海軍陸戦隊史	204
日本海外発展史	619
日本海運の建設者　岩崎彌太郎	681
日本海運の戦時編成	362
日本海運史綱要	362
日本漢字学史	459
日本合戦史話	202
日本乎英国乎:楊子江流域と日英の勢力	96
日本湖沼学文献目録.1	1026
日本化石図譜	806
日本化学の黎明	776
日本化学工業史	926
日本画大成.第二十一卷,明治篇.一	562
日本画大成.第七卷,狩野派.三	562
日本画大成.第三卷,北宗派.一	562
日本画大成.第十七卷,佛画.二	562
日本画大成.第十卷,南宗派.二	562
日本画大成.第一卷,大和絵.一	562
日本画人名辞典.一	680
日本絵画史の研究	559
日本絵卷物集成.第六卷	560
日本魂の研究	20
日本基督教の精神的伝統	48
日本及南支南洋の為替	400
日本及日本國民之起原	649
日本吉利支丹史鈔	59
日本疾病史	820
日本技術史話	741
日本檢察法論.上卷	187
日本建築の美:社寺建築を中心として	972
日本建築辞巢	966
日本建築史	965
日本建築史の研究	965
日本剣道史料	696
日本交通風土記	358
日本交通史	358
日本交通文化史	358
日本教育学の枢軸	425
日本近代史学史	581
日本近世百年史	643
日本近世繪畫攷	563
日本近世史.第一卷,社会分裂の時代	624
日本近世史の性格	614
日本近世史説	642
日本近世外交史	663
日本近世転換期の偉人	671
日本近世轉換期の偉人	670
日本経済と原料問題	269
日本経済の基本動向	267
日本経済の伸展性	269
日本経済の新体制:其の機構の基礎的研究	268
日本経済の再編成	266,267
日本経済叢書.卷七	265
日本経済叢書.卷十二	265
日本経済叢書.卷十七	265
日本経済叢書.卷十四	265
日本経済論	265

日本経済年報.第八輯:昭和七年第一四半期 ……… 271
日本経済年報.第二輯:昭和五年第三四半期 ……… 270
日本経済年報.第二十八輯:昭和十二年第二輯 …… 272
日本経済年報.第二十二輯:昭和十年第三四半期 … 272
日本経済年報.第二十九輯:昭和十二年第三輯 …… 272
日本経済年報.第二十六輯:昭和十一年第三四半期……
…………………………………………………………… 272
日本経済年報.第二十七輯:昭和十二年第一輯 …… 272
日本経済年報.第二十三輯:昭和十年第四四半期 … 272
日本経済年報.第二十四輯:昭和十一年第一四半期……
…………………………………………………………… 272
日本経済年報.第二十五輯:昭和十一年第二四半期……
…………………………………………………………… 272
日本経済年報.第二十一輯:昭和十年第二四半期 … 272
日本経済年報.第九輯:昭和七年第二四半期 ……… 271
日本経済年報.第六輯:昭和六年第三四半期 ……… 271
日本経済年報.第七輯:昭和六年第四四半期 ……… 271
日本経済年報.第三輯:昭和五年第四四半期 ……… 270
日本経済年報.第三十八輯:昭和十四年第三輯 …… 273
日本経済年報.第三十二輯:昭和十三年第二輯 …… 272
日本経済年報.第三十輯:昭和十二年第四輯 ……… 272
日本経済年報.第三十九輯:昭和十四年第四輯 …… 273
日本経済年報.第三十六輯:昭和十四年第二輯 …… 273
日本経済年報.第三十七輯:事変第三年記念特輯・臨時
増刊 ……………………………………………………… 273
日本経済年報.第三十三輯:昭和十三年第三輯 …… 272
日本経済年報.第三十四輯:昭和十三年第四輯 …… 272
日本経済年報.第三十五輯:昭和十四年第一輯 …… 273
日本経済年報.第三十一輯:昭和十三年第一輯 …… 272
日本経済年報.第十八輯:昭和九年第三四半期 …… 271
日本経済年報.第十二輯:昭和八年第一四半期 …… 271
日本経済年報.第十輯:昭和七年第三四半期 ……… 271
日本経済年報.第十九輯:昭和九年第四四半期 …… 271
日本経済年報.第十六輯:昭和九年第一四半期 …… 271
日本経済年報.第十七輯:昭和九年第二四半期 …… 271
日本経済年報.第十三輯:昭和八年第二四半期 …… 271
日本経済年報.第十四輯:昭和八年第三四半期 …… 271
日本経済年報.第十五輯:昭和八年第四四半期 …… 271
日本経済年報.第十一輯:昭和七年第四十四半期 … 271
日本経済年報.第四輯:昭和六年第一四半期 ……… 270
日本経済年報.第四十八輯:昭和十七年第一輯 …… 273
日本経済年報.第四十二輯:昭和十五年第三輯:新体制特
輯号 ……………………………………………………… 273
日本経済年報.第四十輯:昭和十五年第一輯 ……… 273
日本経済年報.第四十九輯:昭和十七年第二輯 …… 274
日本経済年報.第四十六輯:昭和十六年第三輯 …… 273
日本経済年報.第四十七輯:昭和十六年第四輯 …… 273

日本経済年報.第四十三輯:昭和十五年第四輯 …… 273
日本経済年報.第四十四輯:昭和十六年第一輯 …… 273
日本経済年報.第四十五輯:昭和十六年第二輯 …… 273
日本経済年報.第四十一輯:昭和十五年第二輯 …… 273
日本経済年報.第五輯:昭和六年第二四半期 ……… 270
日本経済年報.第五十輯:昭和十七年第三輯 ……… 274
日本経済年報.第五十三輯:昭和十八年第二輯 …… 274
日本経済年報.第五十四輯:昭和十八年第三輯 …… 274
日本経済年報.第一輯:昭和五年第一第二四半期 … 270
日本経済史 …………………………………………… 275,276
日本経済史.第九巻 …………………………………… 275
日本経済史.第六巻 …………………………………… 275
日本経済史.第七巻 …………………………………… 275
日本経済史.第十二巻 ………………………………… 275
日本経済史.第十巻 …………………………………… 275
日本経済史.経済学一般理論.支那経済論 ………… 275
日本経済史:徳川氏封建制度の経済的説明 ……… 274
日本経済史の研究.上 ………………………………… 276
日本経済史辞典.上巻 ………………………………… 276
日本経済史辞典.下巻 ………………………………… 276
日本経済史辞典:索引 ………………………………… 279
日本経済史概説 ……………………………………… 276
日本経済史概要 ……………………………………… 276
日本経済思想史研究 ………………………………… 276
日本経済頌 …………………………………………… 269
日本経済統制法論 …………………………………… 150
日本経済統制論:産業を中心として見たる ……… 267
日本経済文化史 ……………………………………… 274
日本経済新論.前編,近代日本の経済的発展 …… 264
日本経済学者の話 …………………………………… 232
日本経済沿革史 ……………………………………… 275
日本経済再建の目標 ………………………………… 265
日本経済政策 ………………………………………… 264
日本経済總動員体制 ………………………………… 265
日本精神と青年 ……………………………………… 23
日本精神と日本産業 ………………………………… 266
日本精神に基づく歯科医業経営 …………………… 853
日本精神の本義 ……………………………………… 24
日本精神の研究 ……………………………………… 22
日本精神発達史 ……………………………………… 20
日本精神講座.第九巻 ………………………………… 24
日本精神講座.第六巻 ………………………………… 24
日本精神講座.第三巻 ………………………………… 24
日本精神講座.第十二巻 ……………………………… 24
日本精神講座.第十巻 ………………………………… 24
日本精神講座.第十一巻 ……………………………… 24
日本精神入門 ………………………………………… 25

日本精神史研究 …… 21	日本美術史研究 …… 559
日本軍事法制要綱 …… 200	日本美術図譜 …… 560
日本考古学 …… 700	日本美術院史 …… 557
日本考古学論文 …… 700	日本棉花栽培法 …… 866
日本考古学研究 …… 700	日本綿花株式会社五十年史 …… 315
日本科学の建設者 …… 681	日本綿業發達史 …… 354
日本科学道 …… 741	日本民法.第三編,債権.第六卷 …… 176
日本科学古典全書.第九卷 …… 478	日本民法.第三編,債権.第三卷 …… 176
日本科学古典全書.第一卷 …… 478	日本民法.第三編,債権.第一卷 …… 176
日本科学史 …… 741	日本民法總論 …… 173,178
日本科学史私考.初輯 …… 443	日本民事訴訟法論.第二卷 …… 180
日本科学史物語 …… 741	日本民俗学辞典 …… 706
日本口語法講義 …… 461	日本民俗学入門 …… 705
日本鉱石学.第二卷,金篇 …… 893	日本民族 …… 649
日本鉱石学.第一卷,石炭篇 …… 893	日本民族と海洋思想 …… 649
日本鉱業政策 …… 351	日本民族と天然 …… 728
日本昆虫記 …… 782	日本民族と新世界観 …… 112
日本労働年鑑:昭和14年.20 …… 300	日本民族の大陸還元 …… 649
日本労働運動發達史 …… 86	日本民族の将来 …… 120
日本歴史 …… 621	日本民族の世界指導力 …… 115
日本歴史の根源 …… 625	日本民族の為めに …… 120
日本歴史の内省 …… 626	日本民族の文化 …… 649
日本歴史概説.上卷 …… 617	日本民族の信仰 …… 79
日本歴史概説.下卷 …… 617	日本民族海外發展史 …… 649
日本歴史人名辞典 …… 672	日本民族理想 …… 649
日本歴史日鑑 …… 630	日本民族論 …… 649,733
日本歴史入門 …… 620	日本名婦傳 …… 687
日本暦学史概説 …… 788	日本名實物語.第二輯 …… 440
日本領事館警察法 …… 168	日本名著全集.第十九卷,狂文狂歌集 …… 494
日本陸軍史研究.メッケル少佐 …… 201	日本名著全集.江戸文藝之部.第十八卷,南總里見八犬傳.下 …… 494
日本陸運史 …… 201	日本名著全集.江戸文藝之部第十六卷,南總里見八犬傳.上 …… 494
日本倫理思想史提要 …… 38	日本名著全集.江戸文芸.第十七卷:南総理見八犬傳.中 …… 494
日本論 …… 628	日本内科全書.五卷.第二冊,循環器病各論 …… 845
日本論理史綱 …… 40	日本農村経済の研究 …… 333
日本論理学 …… 23	日本農林審査総覧 …… 870
日本貿易の過去現在及将来 …… 377	日本農業と労働力 …… 332
日本貿易統制機構 …… 377	日本農業統制と産業組合 …… 862
日本美の創生 …… 557	日本女流文学評論 …… 481
日本美術の鑑賞.古代篇 …… 557	日本女子大学校四十年史 …… 433
日本美術の特質 …… 556	日本欧米石鹸製造法實践.上卷 …… 937
日本美術大系.第二卷,彫刻 …… 556	日本欧米石鹸製造法實践.下卷 …… 937
日本美術読本 …… 556	日本判例大成.第八卷,商法總則.商行為 …… 154
日本美術工藝史 …… 569	日本判例大成.第二十三卷,公法関係法規 …… 155
日本美術略史 …… 557	日本判例大成.第二十一卷,特殊制裁法規.I …… 155
日本美術論考 …… 560	
日本美術史講話 …… 557	
日本美術史図録:改訂版 …… 557	

題名	頁
日本判例大成.第九卷,商法.會社	154
日本判例大成.第十二卷,民事訴訟法.Ⅱ	155
日本判例大成.第十九卷,無体財産法規及産業法規	155
日本判例大成.第十六卷,民事訴訟法	155
日本判例大成.第十七卷,私法関係法規	155
日本判例大成.第十卷,海商.手形及小切手	154
日本判例大成.第十三卷,刑法總論	155
日本判例大成.第十四卷,刑法各論.Ⅰ	155
日本判例大成.第十一卷,民事訴訟法.Ⅰ	154
日本氣象史料綜覧	791
日本氣象学史	791
日本前史を終る	108
日本親族法	180
日本勤労管理論	300
日本全國諸会社役員録.下編	312
日本全國諸会社役員録府縣順序	312
日本全史.二,鎌倉時代史,足利時代史	613
日本全史.三,江戸時代史,明治時代史	616
日本全史.一,日本上代史日本中世史	613
日本人のこころ	533
日本人のハワイ	628
日本人の博愛	115
日本人の大使命と新機運	113
日本人の強さの研究	832
日本人の死生観	39
日本人の眼	852
日本人を主とした人間の遺伝	804
日本人口論	77
日本人口問題	77
日本人名辞典	665
日本人名選	672
日本人形史	956
日本人種論変遷史	814
日本儒学史	21
日本儒医研究	831
日本三代實録	636
日本山岳写真書:丹澤山塊	567
日本商標法	177
日本商工史	378
日本商人傳.上卷	687
日本商人傳.下卷	687
日本商業機構論	376,377
日本商業史	378
日本商業政策	376
日本上代の彫刻	566
日本少國民文庫.第八卷,人類の進歩につくした人々	1012
日本少國民文庫.第二卷,人間はどれだけの事をして来たか.二	1012
日本少國民文庫.第九卷,發明物語と科学手工	1012
日本少國民文庫.第六卷,これからの日本・これからの世界	1012
日本少國民文庫.第十五卷,世界名作選.2	1012
日本少國民文庫.第一卷,人間はどれだけの事をして来たか.一	1012
日本社会史	118
日本社会学原理	72
日本社会政策	112
日本社会政策的施設史	276
日本社会政策史	315
日本紳士録	665
日本神話の国家的世界観	49
日本神話傳説の研究	49
日本神話英雄譚實玉集.第1冊,天の浮橋	536
日本生化学会会報.第11卷 第5号	805
日本生化学会会報.第9卷 第4,5號	805
日本生物誌.第四卷,昆蟲.上卷	813
日本石炭讀本	792
日本石油史	354
日本食糧経済論	333
日本史参考	627
日本史概	626
日本史観	621
日本史蹟集覧	724
日本史講話	618,621
日本世界観	21
日本世界偉人画傳	669
日本書道	565
日本書道墮攷	565
日本書道新講	565
日本書画人名辞書	680
日本書紀の編纂に就いて:特に使用語句を通して見たる	415
日本書紀傳.第二卷	636
日本書紀傳.第四卷	636
日本書紀傳.第五卷	636
日本書紀傳.第一卷	636
日本書紀通釈.第二卷	630
日本書紀通釈.第六卷	631
日本書紀通釈.第三卷	631
日本書紀通釈.第五卷	631
日本書紀通釈.第一卷	630

日本書記神代卷.全	480
日本書誌学之研究	418
日本水産學	876
日本説話文学索引	1027
日本思想の将来性	23
日本思想讀本	23
日本思想史	21
日本思想史概観	21
日本思想史通論	25
日本随筆全集.第二卷	530
日本随筆全集.第八卷	530
日本随筆全集.第二十卷	531
日本随筆全集.第九卷	530
日本随筆全集.第六卷	530
日本随筆全集.第七卷	530
日本随筆全集.第三卷	530
日本随筆全集.第十八卷	531
日本随筆全集.第十二卷	531
日本随筆全集.第十九卷	531
日本随筆全集.第十六卷	531
日本随筆全集.第十七卷	531
日本随筆全集.第十卷	530
日本随筆全集.第十三卷	531
日本随筆全集.第十四卷	531
日本随筆全集.第十五卷	531
日本随筆全集.第十一卷	530
日本随筆全集.第四卷	530
日本随筆全集.第五卷	530
日本随筆全集.第一卷	530
日本鉄道史.下篇	359
日本鉄道新論	358
日本庭園歴覧	978
日本童話寶玉集	538
日本童話集.中	538
日本童話選集:一九三一年版.第六輯	538
日本統制経済法	169
日本外地経済	274
日本外交百年史.上卷	138
日本外交史話	137
日本外史.上	625
日本外史.下卷	621
日本外史の精神と釈義	630
日本外史論文新釈	630
日本玩具図篇	956
日本唯識思想史	53
日本偉人信仰實傳.上卷	663
日本偉人信仰實傳.下卷	664
日本衛生史	822
日本温泉案内:1920年	728
日本文法辞典.口語篇	462
日本文法辞典.文語篇	462
日本文法辭典:口語篇	464
日本文法機構論	461
日本文法講義	462
日本文法論	461
日本文法史	462
日本文法学概論	463
日本文化	629
日本文化の南漸	628
日本文化の推進	629
日本文化の支那への影響	415
日本文化の諸問題	415
日本文化論考	631
日本文化史.第一卷,古代	629
日本文化史の研究	631
日本文化史大系.第八卷,安土.桃山文化	632
日本文化史大系.第三卷,奈良文化	631
日本文化史概論	622
日本文化私観	415,631
日本文化最近二十年誌	645
日本文庫史	418
日本文庫史研究.上卷	418
日本文学大辞典.第一卷	479
日本文学全史.卷十,明治文学史.上卷	486
日本文学全史.卷十一,明治文学史.下卷	485
日本文学全史.卷八,江戸文学史.中卷	486
日本文学全史.卷二,上代文学史.下卷	485
日本文学全史.卷九,江戸文学史.下卷	485
日本文学全史.卷六,室町文学史	485
日本文学全史.卷七,江戸文学史.上卷	485
日本文学全史.卷三,平安朝文学史.上卷	485
日本文学全史.卷四,平安朝文学史.下卷	485
日本文学全史.卷一,上代文学史.上卷	485
日本文学史.第四卷,卷平安時代前期.上	486
日本文学史:社会学的に見たる.第二卷	486
日本文学史:社会学的に見たる.第三卷	486
日本文学史:社会学的に見たる.第一卷	486
日本文学史の構想	486
日本文学通史	485
日本武道史	660
日本武将伝	674
日本武器概説	208
日本物権法論	177
日本物価政策	377

日本系譜綜覽	659
日本現在支那名画目録	561
日本憲政史の研究	188
日本憲政史大綱.上卷	164
日本憲政史大綱.下卷	164
日本郷土学	705
日本消費組合史	269
日本心理学序説	43
日本新文化史.11,江戸時代後期	615
日本新文化史.3,平安朝初期	615
日本新文化史.5,平安朝末期	615
日本新文化史.6,鎌倉時代	615
日本新文化史.9,安土桃花時代	615
日本新興報徳の実行力	34
日本刑法	184
日本刑法總論	183
日本行政法.上卷	167
日本行政法.下卷	167
日本行政法講義	166
日本修養語録	40
日本学叢書.第八卷,正名論・及門遺範・弘道館記述義 上	623
日本学叢書.第七卷,創学校啓・歌意考・直毘霊・講本氣吹颷	623
日本学叢書.第十二卷,保健大記打聞(下)・保健大記(下)・弘道館記述義(下)	623
日本学叢書.第十一卷,中朝事實.下	623
日本学叢書.第五卷,神儒問答	623
日本学綱要	24
日本巡り.第七編	564
日本演劇論	575
日本羊歯類図鑑	810
日本陽明学.上卷	26
日本陽明学.下卷	26
日本陽明学.中卷	26
日本窯業大観	925
日本薬局方対照医薬学	855
日本一周旅行	728
日本衣服史	706
日本医科器械目録	822
日本疫史及防疫史	830
日本藝術論	557
日本音楽概論	425
日本音楽概説	426
日本音楽概説:学生文庫	426
日本音楽講話	573
日本英雄傳.第九卷	664
日本英雄傳.第六卷	664
日本英雄傳.第七卷	664
日本英雄傳.第三卷	664
日本英雄傳.第十卷	664
日本英雄傳.第四卷	664
日本英雄傳.第一卷	664
日本英学発達史	645
日本映画論	577
日本漁業史論考	335
日本語.II	458
日本語と支那語	442
日本語のアクセント	459
日本語の構造	454
日本語の精神	454
日本語の世界的進出	453
日本語の世界化:國語の発展と國語政策	454
日本語の特質	458
日本語の問題:國語問題と國語教育	455
日本語の言語理論的研究	455
日本語の研究	456
日本語の音声学的研究	459
日本語の姿	453
日本語大要	454
日本語讀本.卷二	427
日本語基本語彙	460
日本語教授の領域	455
日本語教授法原論	458
日本語原学	454,455
日本語源.上卷	461
日本語源.下卷	461
日本預言	117
日本原人之研究	815
日本原始文化	631
日本原始織維工芸史.土俗篇	931
日本原始織維工芸史.原始篇	931
日本芸道のこころ	556
日本債権法:總論	176
日本戰時産業統制論	266
日本戰時経済の進む途	267
日本戰時経済の諸問題	265
日本戰時経済讀本:封鎖経済と日本経済の前途	265
日本戰時貿易政策論	385
日本戰時外交史話	137
日本戰時中小工業論	352
日本戰史:大阪役	203
日本戰史:大阪役補傳	202
日本戰史:関原役	203,204

日本戦史:三方原役 附表 附図	203
日本戦史:小牧役	203
日本戦史:小田原役	202
日本戦史:中国役	203
日本戦史:姉川役	203
日本戦争経済の課題	266
日本戦争学	199
日本哲学及日本法理学.中巻	140
日本哲学入門	25
日本政党の現勢	120
日本政治	115
日本政治の構想	111
日本政治の規準	112
日本政治の再編成	114
日本政治年報.第三輯,昭和十八年度下期版	118
日本政治社会思想史	22
日本政治学の根柢	113
日本政治学大綱	162
日本証券史論.上巻	409
日本之古建築	966
日本植民地要覧	115
日本植民思想史	612
日本植物図譜	809
日本植物図説集	809
日本植物油脂	948
日本中世史の研究	642
日本中小産業の機構	312
日本中小工業研究	351
日本種痘はじめ	830
日本周囲民族の原始宗教:神話宗教の人種学的研究	49
日本朱子学派之哲学	21
日本諸学研究報告.第三篇,國語國文學	626
日本住宅建築構造図集.巻二	970
日本住宅建築構造図集.巻一	970
日本住宅史	966
日本資本主義發達史	275
日本資本主義發達史:改訂増補版	275
日本資本主義史上の指導者たち	676
日本宗教	48
日本總力戰の研究.上巻	200
日本總力戰経済論	269
日常礼法と整容	706
日常實驗料理.下巻	958
日出づる國と日暮るる処	629
日独は預言す	526
日独ソ大陸ブロシク論:その地政学的考察	708
日高進全集.第二巻,論説篇	66
日韓合邦秘史.下巻	648
日華辞典	467
日華大辞典	465,467
日華対訳現代日本語会話文法	461
日華對訳現代日本語会話文法	461
日華交友録	133
日華明治維新史	646
日華問題の全面的解決の爲めに	135
日連.釈迦	55
日蓮大士眞實傳	55
日蓮上人一代図会	52
日蓮主義戰士の伴侶	52
日露の戦聞書	522
日露陸戦新史	204
日露外交史	137
日露文化叢談	415
日露戦争ニ於ケル露軍ノ後方勤務	205
日満産業構造論.第一巻	274
日満関係の現在及将来	136
日満経済懇談会報告書	236
日満経済委員会ニ関スル諸問題	274
日満鉄鋼五箇年計画大鋼試案	355
日満支に於ける工業製品需給状況調査.第二巻	350
日満支の商品	387
日満支経済の基礎知識	234
日満支経済懇談会報告書	237
日満支経済論	260,274
日満支農業の基本問題	332
日満支雑穀(高粱、包米)需給調査	335
日米決戦必勝論	110
日米開戦の眞相	136
日米外交白書	135
日米外交史	137
日米問題	135
日米戦はゞ:太平洋戦争の理論と實際	588
日欧交渉文化論	585
日歐通交史	137
日清・日露戦争史話	198
日清汽船株式会社三十年史及追補	314
日糖最近二十五年史	354
日文満洲國公文作法解説	445
日向国史:古代史	635
日向國史.古代史	635
日伊文化交渉史	632
日印綿業論	350
日英交渉史概説:事業と経済	585

日英米佛露以外ノ各國及支那國間ノ條約 … 135	榮養知識發達史 … 824
日用漢字正解 … 465	熔接工学 … 899
日用化学 … 956	熔解及鑄造法 … 898
日用化学講義 … 925	熔解炉・熱処理炉 … 892
日用三萬語新辞典.ペン字行書入 … 467	熔解炉と加熱炉 … 896
日用支那語 … 447	熔鉱炉と共に四十年 … 671
日語寶典 … 457	融合問題の征服 … 430
日照及気象 … 968	鞣製工業實驗法 … 951
日支の将来 … 136	如何にして酪農を北満の農業に取るべきか … 326
日支大鑑 … 1019	如是経序品 … 51
日支對訳鉱業用語集 … 889	儒教と道教 … 46
日支佛教交渉史研究 … 55	儒教倫理概論 … 19
日支間並支那に関する;日本及他国間の条約 … 136	乳児の栄養及栄養障碍 … 826
日支交渉二千年譜 … 627	乳牛 … 872
日支交渉史話 … 137	乳肉衛生 … 949
日支交通の研究:中近世篇 … 358	乳学 … 949
日支交通の資料的考察 … 358	乳業寶典 … 949
日支交通史 … 362	乳幼児の養護 … 829
日支借款契約 … 136	乳幼児の医学 … 850
日支事変と次に来るもの … 98	乳幼児精神發達検査略説 … 851
日支事変経済史 … 276	乳幼児学 … 850
日支書翰文辞典 … 463	乳汁の化学及試験法 … 949
日支通商条約改訂準備調書.第15輯,国民政府ノ経済政策 … 170	入会の研究 … 332
	入満労働者素質調査 … 106
日支外交六十年史.第二巻 … 138	入門原価計算 … 293
日支外交六十年史.第三巻 … 137	入蜀記:入蜀記.呉船録　桟雲峡雨日記 … 477
日支外交六十年史.第一巻 … 136	潤滑読本 … 905
日支文化関係史 … 133	潤滑剤 … 905
日支政治経済讀本 … 108	潤滑油.切削油.熱処理油 … 891
栄養 … 824	潤滑油の正しき使用法 … 905
栄養とビタミンの化学 … 805,824	潤滑油及潤滑法入門 … 905
栄養と調理 … 824	若い人 … 517
栄養と食品の化学 … 825	若き精神病理学者の手記 … 45
栄養化学 … 825,860	若き女性の倫理 … 72
栄養料理 … 826	若き女医の手記 … 522
栄養企画書 … 825	若き日の戦記 … 478
栄養新説 … 824	若山牧水:傳記篇 … 677
栄養学上の蛋白質の問題 … 825	弱電測定器 … 918
栄養週期適期施肥論:科学的少肥多収の技術 … 861	洒落の精神分析 … 44
容堂公記傳 … 685	薩の海軍.長の陸軍 … 199
溶剤 … 781	三つの経済学.経済学の歴史と体系 … 217
溶液論 … 770	三銃士 … 550
榮花物語 … 512	三川採炭学.上巻 … 890
榮養と調理 … 824	三大國際会議と日本 … 130
榮養と貪餌療法 … 824	三島刷毛日 … 701
榮養食と治病食 … 825	三訂商事要項.下巻 … 212
榮養学 … 825	三訂銀行簿記提要 … 403

三訂增補國際法論	191
三訂增補西洋史概説	653
三訂最新代数学精義.上卷	755
三國干渉	519
三國志.巻の八	476
三江省綏濱縣農業調査報告書	331
三角法学び方考え方と解き方	760
三角最大速成法講義	756
三輪 安宅 東北 蝉丸 猩々:内十八	505
三民主義解説.上卷	105
三民主義解説.下卷	105
三浦按針	680
三浦梅園の哲学	26
三浦神経病学.1	851
三浦神経病学.2	851
三浦診断学.第二輯,消化器 糞便 生蟲	841
三浦診断学.第三輯,新陳代謝	841
三浦診断学.第四輯	841
三浦診断学.第一輯,汎論 血液循環器 呼吸	841
三曲 三讀物:番外三	504
三上於兎吉集.鴛鴦呪文.外三篇	519
三十坪以内理想の小住宅	972
三條實美公歌集:梨のかたえとその研究	502
三笑 鳥追舟 藤 水無月祓 歌占:別四	505
色染機械	945
色染科用・分析化学	781
色染要項綜覧	945
色素化学汎論	934
色素化学汎論.続編	934
色素製造化学	934
渋澤栄一傳	675
渋澤栄一傳記資料.第一巻	667
森恪	686
森林生活生の価値	532
砂漠の蒙彊路	720
山の地形図	789
山はどうして出来たか:地球の生ひたち	792
山本有三集	517
山本元帥を生んだ藩風	120
山本元帥傳	674
山本元帥言行録	529
山島地理研究録	727
山島民譚集	536
山東.第二号	1002
山東、河北両省ニ於ケル果樹栽培	869
山東と邦人の現勢	717
山東に在り	502
山東の畜牛	872
山東産蘭(生系)收買統制に対する暫定措置案	346
山東産業開発計画案	256
山東ニ於ケル主要事業ノ概況.第壹編	255
山東黄色葉煙草の生産並に収買機構の発展	328
山東機械工場	311
山東及膠州湾	717
山東経済事情:済南を主として	254
山東苦力参戦事情	102
山東労働者の移動状況	298
山東綿業調査報告	328
山東牛及山東之畜産物	328
山東農民暴動史概要	602
山東農畜産増産計画案(第二次案)	328
山東農業ノ概況	329
山東農業ノ概要	329
山東日支人信用秘録(1926)	686
山東日支人信用秘録(1933)	687
山東日支人信用秘録:1935	687
山東商工案内録	256
山東紳士録	661
山東省(青島)肥料配給調査報告	387
山東省に於ける邦人商社の経済的勢力	372
山東省に於ける甘藷の栽培並に需給に関する調査報告	318
山東省の一集市鎮の社会的構造	86
山東省ニ於ケル農業ト家畜.第一編,農業ト家畜トノ関係	331
山東省ノ窯業資源	349
山東省財政概況	394
山東省二於ケル燐寸工業	350
山東省二於ケル主要農産物(綿花、小麦、雑穀)ノ生産並出廻事情	384
山東省済寧縣城を中心とせる農産物流通に関する一考察	302
山東省膠済沿線地方農村の一研究:益都縣杜家莊及小田家莊調査	328
山東省農業概況	864
山東省商工案内録	256
山東省税収概況及条例	394
山東省税制調査報告書	394
山東省土壌ニ就テ	862
山東省土壌	863
山東省濰縣調査概要報告:占領地区農村ノ変化ト我方ノ工作状況	329
山東炭の対日役割と今後の需給状態	349
山東炭ノ採炭原価ト運賃諸掛	349

題名	頁
山東炭田の暁色と其合辧開発	348
山東鉄道会社ニ関スル調査報告	310
山東鉄道会社ニ関スル調査報告. 其二	310
山東鉄道会社ニ関スル調査報告. 其一	310
山東問題の回顧と展望	133
山東懸案細目協定	104
山東研究資料. 第二編	374
山東在住各国人(紳士録)人名録	661
山東政俗視察記. 上巻	715
山東之物産. 第二編	255
山東之物産. 第七編	255
山東之物産. 第壹編	255
山岡鉄舟先生正傳おれの師匠	684
山國の風土記	478
山林を語る	531
山鹿素行の國體觀	116
山鹿素行の精神	26
山鹿素行集. 第四巻	25
山上憶良;山部赤人	678
山田長政	515
山田長政と南進先駆者	670
山西機械制粉業ト磨坊トノ相関性	347
山西省の産業と貿易概況	253
山西省大観. 第一部, 中部地方(上)	716
山西省大観. 第一部, 中部地方(下)	716
山西省河川測量報告書:灌漑及水電ニ関スル資料	983
山西省金融事情	407
山西省経済政策ノ批判	253
山西省同蒲鉄道沿線井水ノ飲料水及汽罐用水トシテノ報告	982
山西省文教概況	424
山西省運城地区農村概況調査報告	327
山西学術探検記	720
山縣大貳正伝:柳子新論十三篇新釈	668
山懸大弐正傳:柳子新論十三篇新釈	667
山羊の飼ひ方	872
山洲根津先生傳	674
杉浦重剛	677
珊瑚礁の驚異	792
陝甘寧辺区實録	104
汕頭港	361
善の研究	28
善意の人々. 1, 十月六日	551
商. 工. 貿易組合制度に付て	241
商標法要論	142
商船十話	993
商店納税の知識商業實務法規の解説	397
商店企業合同の實際:日本商業の再編成	375
商店帳簿の作り方附け方	370
商法	181
商法. 3, 保険法, 海商法	181
商法の常識	182
商法大意	181
商法改正株主重役の権利義務	181
商法講話	172, 183
商法講義. 巻三, 海商	181
商法講義. 巻一, 總則・会社	181
商法論綱	182
商法判例批評録	187
商法体系. 總則編	182
商法中改正法律案理由書:總則. 会社	170
商法総則	142
商法総則. 1	180
商法總論	182
商法總則概論	182
商港論	991
商工経営	304
商工経営論. 完3	365
商工年鑑:昭和十五年興亜版	378
商工省第十六回工芸展覧会受賞品図録	569
商工省第十三回工芸展覧会受賞品図録	569
商工省第十四回工藝展覧会受賞品図録	569
商工業組合の定款:業務規程	182
商品の記帳と整理法　商品知識と其取扱方	365
商品の科学知識	387
商品辞典	387
商品読本	386
商品検験関係法規	146
商品学	387
商品学:必要品編	386
商品学教科書	387
商品学教科書:三訂版	387
商品学入門	375
商品要覧. 電話機・交換機及附属品	367
商取引の法律實務	170
商人通法、運送法、倉庫法	149
商事経営論	367
商事書式大全	464
商行為法	182
商行為法講義案	365
商行為法講義要領	182
商学研究の栞	365
商業の常識	368

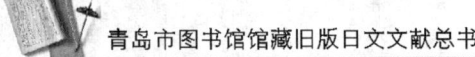

商業本質論	366
商業簿記	370,371
商業簿記概説	370
商業簿記提要	370
商業簿記図表解説	370
商業会計	370
商業交通編	366
商業教科経済学綱要.下巻,商工政策及財政学	225
商業経済辞典	364
商業經営論	369
商業論	368
商業実務講座.第七巻,相場欄と経済記事の解説商業地理と産業一般	396
商業實務講義.第二巻	364
商業實務講義.第六巻	364
商業實務講義.第三巻	364
商業数学	751
商業通論	376
商業通論:売買及関税共	368
商業統計の常識	367
商業文	463
商業文要訣	336
商業学	366
商業学の常識	365
商業英語通信軌範	450
商業政策.上巻	366
商業政策.下巻	366
商業組合運営法論	369
商業作法必携	371
商用法律講話	143
商用通信提要	464
上代佛教思想史	54
上代國民の精神生活	24
上代歴史地理新考:東山道	725
上代人の生活と歌	625
上代日支交通史の研究	357
上代支那法制の研究:刑事編	150
上代支那正楽考:孔子の音楽論	19
上方演劇史	575
上海	602
上海に於ける海関金単位に換算	382
上海に於ける外國為替及金融	408
上海の歴史:上海租界発達史	602
上海は起ち上る	104
上海ニ於ケル「アルゴール」状態ニ関スル概況	348
上海ニ於ケル銭荘業ノ動向(上、事、調財政金融叢書第十輯)	406
上海港対外貿易ノ解剖(三月分)[調査資料]	384
上海港対外貿易ノ解剖(四月分)[調査資料]	384
上海港対外貿易ノ解剖(五月分)[調査資料]	384
上海港対外貿易ノ解剖(一月分)[資料時報]	384
上海港封圓ブロック貿易ノ解剖:資料時報	384
上海港封圓域貿易ノ概況.八月分	384
上海港封圓域貿易ノ解剖:資料時報 10	384
上海港封圓域貿易ノ解剖:資料時報 11	384
上海共同租界と工部局:附.土地章程並附則	150
上海共同租界内国籍別業種別地区別工場一覧表	348
上海共同租界誌	150
上海経済年鑑:昭和十八年度	254
上海経済提要	254
上海霖語	534
上海棉業取引所創立一週年紀念号	258
上海人物印象記	661
上海商工録.昭和十六年版	254
上海生活	520
上海市行政組織ニ関スル法規	150
上海事変	597
上海通信	200
上海為替市場解説	407
上海要覧:昭和十四年改訂版	718
上海転口貿易統計半年報	254
上杉謙信伝	685
上杉鷹山	669
上杉鷹山の人間と生涯	671
上事.調.財政金融叢書.第十一輯,中支ニ於ケル信用合作社(秘)	406
上水の話	978
上水道	978
上下水道編	978
尚書正義.第1冊,虞の書	595
焼入読本	897
焼入作業	897
焼玉式発動機	992
焼酎と味淋及酢	949
少國民理科豆の一生	868
少國民日本の星の本	786
少年の性格と環境	75
少年マルコ.ポーロ大旅行記	713
少年白虎隊	523
少年船長.第一巻,錨	994
少年防諜讀本	422
少年防空兵	200
少年国史物語.第二巻,平安時代後期.鎌倉時代	635
少年国史物語.第七巻,東京時代	635

少年国史物語. 第四巻,室町.安土桃山時代	635
少年国史物語. 第五巻,江戸時代	635
少年國史物語. 第六巻,幕末維新時代	635
少年國史物語. 第三巻,鎌倉時代後期.吉野時代	635
少年國史物語. 第一巻,平安時代後期.神代.大和.奈良.平安時代	635
少年航空兵	517
少年吉田松陰伝	669
少年科学物語	742
少年明治天皇御傳	685
少年日本科学史.進歩の巻	741
少年少女科学理学篇	744
少年少女世界地理.下巻,欧米洲の巻	711
少年団と國防技術訓練	422
少年支那の地理	714
少年自然科学史六千萬年	739
少女のための生活論	76
少女群像	516
社会と経済	117
社会と新聞	416
社会と自分	72
社会に額づく女	76
社会の基本概念:共同社会と結合社会	70
社会保険入門	409
社会保険實務	410
社会本質論	72
社会常識問答読本	89
社会地理学の基礎問題	708
社会革命史論	585
社会化より見たる家事教授の新生面	960
社会化計画経済論:ソ聯計画経済の實證的批判	280
社会教育学	434
社会経済史研究序説	275
社会経済体系. 第八巻	218
社会経済体系. 第二巻	218
社会経済体系. 第二十巻	219
社会経済体系. 第九巻	218
社会経済体系. 第六巻	218
社会経済体系. 第七巻	218
社会経済体系. 第三巻	218
社会経済体系. 第十二巻	218
社会経済体系. 第十九巻	219
社会経済体系. 第十六巻	219
社会経済体系. 第十七巻	219
社会経済体系. 第十巻	218
社会経済体系. 第十三巻	219
社会経済体系. 第十四巻	219
社会経済体系. 第十五巻	219
社会経済体系. 第十一巻	218
社会経済体系. 第五巻	218
社会経済体系. 第一巻	218
社会科学の予備概念	64
社会科学大辞典	64
社会苦の研究	74
社会理論	71
社会倫理学	37
社会事業史	121
社会思想全集. 第三十巻,相互扶助論,田園.工場.仕事場	71
社会思想全集. 第十三巻,ベルンスタインの修正,経済制度と経済發展	71
社会思想全集. 第四十巻,社会問題辞典	71
社会問題と財政	391
社会問題管見	71
社会問題講座. 10	93
社会問題講座. 11	93
社会問題講座. 12	93
社会問題講座. 13	93
社会問題講座. 3	93
社会問題講座. 6	93
社会問題講座. 7	93
社会問題講座. 8	93
社会問題講座. 9	93
社会問題体系. 第二巻	73
社会問題体系. 第一巻	73
社会学	70,170
社会学. 二	71
社会学と政治理論	64
社会学辞典	72
社会学近世の問題	72
社会学入門	70
社会学徒の描く世界	729
社会学序講	71
社会移動の過程批判	72
社会哲学原理	11
社会政策と階級闘争	82
社会政策の基本問題	71
社会政策の理想	227
社会政策大系. 第八巻	71
社会政策大系. 第九巻	71
社会政策大系. 第七巻	71
社会政策大系. 第二巻	71
社会政策大系. 第四巻	71
社会政策大系. 第五巻	71

社会政策大系.第一巻	71	神社佛閣.巻二	967
社会政策学会論叢.第六巻,生計費問題	75	神武天皇紀	683
社会政策学会論叢.第七巻,労働争議	75	神習文庫図書目録	1023
社会主義抹殺論	84	沈み孔ぐり及びリーマ通し	906
社会主義者になった漱石の猫	113	腎臓病と糖尿病の新治療法	845
社会主義者の社会観	162	腎臓摘出術	849
社内扱試験分析及鑑定取手続	77	生きた反応:血清学史の一断面	834
社寺の庭園	978	生きている機械	744
社外船配船状況推移調.四,自昭和十五年十一月至昭和十六年一月	362	生きようとする姿.満洲料理のお話	536
社業調査彙報.第二号	261	生ける農民魂	523
社業調査彙報.第四号	261	生ける支那の姿	73
社業調査彙報.第五号	261	生としての経済:増補版	223
社業調査彙報.第一号	261	生の倫理	37
射影幾何学	763	生の論理	37
伸びる科学	738	生みの哲学:日本的世界の論理	39
伸びる満洲建国十年誌	601	生産フライス盤	902
伸びんとする人の道	533	生産管理	305
身分法の総則的課題:身分権及身分行為	173	生産拡充と利潤統制	230
身躯に及ぼす煙草の害毒	828	生産増強の方策	305
身体と食物	821	生花と茶の湯	706
深まりゆく日米の危機	131	生花に於ける美の性格	870
深海魚	515	生化学的微量定量法	805
神兵:大東亜陸戦記	525	生化学提要.1933	805
神兵隊事件の全貌	120	生化学提要.1972	805
神代史の研究	633	生活させる綴り方指導	472
神道大辞典.3	60	生活と科学の交渉	743
神道大辞典.第二巻	60	生活と数学	751
神道大辞典.第一巻	60	生活と文化	417
神典解説.上巻	484	生活と文化技術	414
神歌:番外一	504	生活の単位	803
神國日本の世界観	25	生活の精神	883
神戸市商工名鑑	314	生活の磨き	529
神戸税関新設備報告.全	118	生活の叡智	34
神戸税関新設備報告:附図	385	生活の思索	527
神話篇:日本文学論	485	生活の物理	743
神話学原論.上巻	49	生活の芸術化	41
神話学原論.下巻	49	生活の中の植物	808
神話哲学:随順の倫理	49	生活を医学する	827
神皇正統記	22	生活安定法	958
神皇正統記.梅松論.桜雲記.吉野拾遺.十訓抄.大和物語.唐物語.和泉式部日記.十六夜日記	493	生活弁証法的教授原論	421
		生活経済学研究	225
神皇正統記.上	21	生活数学研究	751
神皇正統記.下	21	生活文化と美術	554
神経衰弱はどうすれば全治するか	851	生活習慣北支那篇	702
神経衰弱及強迫観念の根治法	851	生活習慣南支那篇	702
神経症と児童教育	851	生活習慣中支那篇	703
		生活戦術	73

題名	頁
生理衛生学粋	822
生理学.上巻	804
生理学.下巻	804
生理学の常識	834
生理学粋	834
生理学概論	834
生理学要綱	833
生理植物学:一般植物学の生理学的解説	808
生命と進化	802
生命と科学	745
生命の讀方教育	38
生命の科学.第二巻	801
生命の科学.第九巻	801
生命の科学.第六巻	801
生命の科学.第七巻	802
生命の科学.第三巻	801
生命の科学.第十二巻	802
生命の科学.第十巻	802
生命の科学.第十一巻	802
生命の科学.第四巻	801
生命の科学.第五巻	801
生命の科学.第一巻	802
生命の力	822
生命の實相	59
生命の實相.第八巻,人生問答篇	58
生命の實相.第二巻,光明篇.生命篇	58
生命の實相.第二十巻,佛教篇.家庭教育篇	59
生命の實相.第九巻,宗教問答篇	58
生命の實相.第六巻,萬教帰一篇	58
生命の實相.第七巻,教育篇.論理篇	58
生命の實相.第三巻,聖霊篇.実証篇	58
生命の實相.第十二巻,常楽篇.経典篇.参考篇.質疑篇	58
生命の實相.第十九巻,幸福篇	59
生命の實相.第十六巻,神道篇.経済生活篇	59
生命の實相.第十七巻,随喜篇.道場篇	59
生命の實相.第十巻,神示を受くる迄	58
生命の實相.第十三巻,教育實踐篇	58
生命の實相.第十四巻,永遠佛性篇.真理体験篇	59
生命の實相.第十五巻,女性教育篇.児童光明篇.聖典講義篇	59
生命の實相.第十一巻,経典篇.参考篇.宗教問答続篇	58
生命の實相.第四巻,生活篇.観行篇	58
生命の實相.第五巻,霊界と死後の救ひ	58
生命の實相.第一巻,総説篇.實相篇	58
生命の世界	801
生命弁証法講義	28
生命力といふもの	39
生命論	800
生命神秘論	802
生命体操の實際	435
生絲概論附撚絲	945
生体計測人類學の基礎	815
生体物理化学	773
生物:高等女学校四年制用.3	801
生物の進化	802
生物の世界	800
生物電気	805
生物発達史	800
生物化学	805
生物紀行.前篇,日本からナポリまで	712
生物界之智嚢:動物篇	807
生物界之智嚢:植物篇	807
生物界之状態	803
生物手帖	801
生物統計学概論.下巻	800
生物物理化學叢書.第一編,分子運動論的物理化学通論.上巻	780
生物心理学概論	44
生物学	800
生物学と人生問題	39
生物学の進歩.第二輯	802
生物学の進歩.第一輯	802
生物学的臨床診断学	841
生物学讀書指針	801
生物学汎論.上巻	800
生物学概論	800
生物学講話	800
生物学精義:再増補版	800
生物学入門	800
生物学實驗	800
生物学通論	800
生鮮食糧品配給統制	302
生哲学	38
剰余価値説批判	229
勝つ條件	43
勝海舟.榎本武揚伝	668
勝海舟戊申日記	628
勝利への道	200
聖代四十五年史.後編	620
聖徳太子三経義疏.上	52
聖典講義持法華問答鈔	52
聖将東郷平八郎傳	673

聖上御盛德録	620,624
聖戦美術	561
聖戦完遂と女子教育	434
聖祖康熙帝	662
失楽園	548
施工法	976
施設中心虚弱児童の養護	423
施用本位肥料新説	861
師範出身の異彩ある人物	671
師範大学講座新編歴史教育.第六巻,日本特殊史.上 … 626	
湿度測定法	889
詩.美.自然	528
詩の形態学的研究:特に時間的要素に依る誘導的形態 … 482	
詩歌日本史	506
詩集みいくさの日	501
詩集春の岬	504
詩集信号地帯	504
詩人を通じての支那文化	475
十八史略	660
十二年新改正学校身体検査精義	424
十三世紀東西交渉史序説	132
十四年新規程学校職員身体検査精義	424
石川啄木:其生涯と芸術	677
石鹸の歴史	354
石鹸製造法	936
石鹸製造化学	937
石鹸製造講習要録(實驗応需)	937
石綿	891
石綿工業と其建築用途	929
石炭	794,933
石炭と鉄	794
石炭の溶解と膠質燃料	933
石炭の自然發火	890
石炭は世界を支配する	341
石炭採掘法	890
石炭及其試驗法	340
石炭節約と熱管理	909
石炭鉱業発達史	341
石炭乾溜工業	890
石炭取扱設備	890
石炭液化と代用燃料	933
石油	891
石油便覧	891
石油工業	353
石油経済論	340
石油鉱業	891
石油統制	353
石原血清学	836
石造美術	566
実際的洋裁の知識	954
実際検眼学	852
実践商業経営	366
実力錬成簿記の研究	296
実例特許局登録出願手続綜覧	419
実験により誰にも出来る国産奨励化学工業最新製造法 … 925	
実験化学講座.第13巻,トレーサー技術	773
実験化学講座.第18巻,有機化合物の反応.II(上)… 774	
実験活用肥料土壌宝典	860
実験實習電気工事	915
実験細菌免疫及傳染病学.上巻	819
実業法規実務	182
実用測量法講義	788
実用常識機械学	904
実用工業理科.物理編	767
実用海南島案内	721
実用鉱物学講義	793
実用耐震耐火家屋構造	971
食べられる野草	808
食酢醸造法	950
食道楽.秋之巻.冬之巻	513
食道楽.続々篇	513
食道楽統篇:春の巻 夏の巻	513
食餌療法.食品学之部	831
食餌療法綱要	824
食糧・榮養・ビタミン	805
食糧管理:農産物配給統制論	334
食糧管理と農業倉庫	334
食糧管理と食糧営団	333
食糧生産の経済的研究	333
食糧政策と罐詰科学	332
食糧作物の害蟲	864
食料工業	948
食料品工業	947
食料油脂	948
食品の選択.榮養価計算早見書	823
食品化学	947
食品衛生学雑誌:總索引 著者索引 事項索引	824
食人俗を探る	552
食肉衛生警察	826
食事で病気を治す 健康食療法全書	831

· 1134 ·

題名	頁
食物だけで病気が癒る新食養療法	831
食物と栄養	825
食物と心臟	532
食物による健康と幸福	831
食物の中毒とその豫防法	826
食物調理指導書	825
食物化學	948
食塩	950
食養療法	831
食養療法学	824
食用油脂	948
食用魚の味と營養	878
食用作物相談	865
時と教化	482
時と永遠	13
時の人永遠の人	625
時計の歴史	909
時間短縮能率増進最新工場経営及管理	303
時局と地理学	708
時局と社会政策.(1)	116
時局港湾都市経済事情ヲ紹介	261
時局國際法論	190
時局認識辞典	83
時局下に於ける土木材料	975
時事連想	89
時事年鑑:昭和十四年版	82
時戦家政学:戦ふ日本の家政教育	959
時宗と日蓮	52
實地測量学講義	788
實地調査中國商業習慣大全	371
實地工作法.I,基礎篇	900
實地工作術	902
實地機構学	905
實地経営採鉱法	890
實地踏査大震災火の東京	523
實地応用土木測量法	968
實地応用養魚の研究.鯉鮒鰻篇	878
實定法秩序論	140
實話教材必勝の信念	627
實際的防空指導	198
實際家庭園藝	867
實際支那語会話獨習:支那語辞典入	444
實践紡織学.第2卷	940
實践紡織学.第3卷	940
實践倫理要論	35
實践貿易の實務	376
實践数学	750
實践豚肉加工法	949
實践哲学としての西田哲学	29
實踐國民保健大則	827
實力練成算術解法の研究	430
實例仮差押及仮処分手続總覽:仮差押編	179
實例和議手続詳解	180
實例民事訴訟手続總覽	143
實例特許實用新案意匠商標手続總覽	881
實体飛行機模型の製作教書	438
實務を中心をしたる民事裁判手続総攬	187
實務本位商業簿記上達法	370
實務本位所得税法詳解	168
實務常識株主と重役	142
實習.受驗推考實力化学	775
實習塗工法	936
實習指導孔と平削作業	901
實驗測定法及び實驗器械	767
實驗観察より展開する中等學生の生物:植物篇	433
實驗果樹園藝.下巻	869
實驗果樹栽培講義	868
實驗航空讀本	996
實驗化学講座.9,応用化学編.1	776
實驗冷水摩擦法	842
實驗色染化学.後編	946
實驗色染化学.前篇	946
實驗生化学	805
實驗十五年鶉飼育法	874
實驗蔬菜栽培講義	868
實驗細菌学.各論.上巻	836
實驗血液病学.全	847
實驗養鶏法:附水禽	873
實驗薬物学	855
實驗医報:第八年	818
實驗医報:第二年	818
實驗医報:第二十二年	819
實驗医報:第二十六年	819
實驗医報:第二十年	818
實驗医報:第二十一年	819
實驗医報:第九年	818
實驗医報:第六年	818
實驗医報:第七年	818
實驗医報:第十二年	818
實驗医報:第十九年	818
實驗医報:第十六年	818
實驗医報:第十年	818
實驗医報:第十七年	818
實驗医報:第十三年	818

實驗医報:第十四年	818
實驗医報:第十五年	818
實驗医報:第四年	818
實驗医報:第五年	818
實驗医報:第一年	818
實業家の見たる現今の歐米	279
實業教育化学教科書	776
實業教育経済学要論.前篇	222
實業教育三角法教科書:改訂新版	432
實業教育算術代数:続篇	431
實業教育算術代数:正篇	431
實業教育西洋史教科書	654
實業教育新編西洋史	653
實業商略讀本	368
實業新算術代数.下巻	431
實業振興策:獨逸之実験	281
實用比色分析.Ⅰ	782
實用便覧手紙辞典	464
實用常識機械學	904
實用電話学.前編	920
實用電気磁気学並交流理論	769
實用法医学	144
實用放送工学.上巻	921
實用放送工学.中巻	921
實用婦人科学.後巻	849
實用婦人科学.前巻	849
實用各種土木工事設計實例集.第一輯	976
實用工業鉱物便覧	793
實用工具要覧	79
實用花壇	870
實用機械学	904
實用機織法.前編	943
實用簡明毒物鑑定,一名,実用裁判化学	857
實用解剖学.巻三,血管学神経学	833
實用金属学	896
實用経済講座.第八巻,商店社会計監査と吟味,原価計算と標準原価制度,工業記会計の一般	226
實用経済講座.第九巻,世界経済の大勢,我國貿易の趨勢,為替相場及び為替政策	226
實用経済講座.第六巻,産業地帯と重要商品,實用機械器具の常識,工業経営の實際	226
實用経済講座.第七巻,鉄道海運交通経済の一般,自動車運輸と倉庫業の一般,企業予算と経済統計の作り方	226
實用経済講座.第十巻,商業経営の實際,一般副業の現在及将来,徒弟教育の實際	226
實用経済講座.第五巻,所得税営業収益税資本利子の納税手続	226
實用緬羊の飼い方と加工法	872
實用取引用語辞典:株式.商品.金融.為替	467
實用色染学.続編	946
實用色染学:正篇	946
實用森林学.上巻	870
實用森林学.下巻	870
實用手形・小切手の知識	171
實用手芸と染色	570
實用受験船舶用発動機講義	992
實用数学.上	751
實用税務会計	391
實用速成北京話	447
實用速成海南語讀本	447
實用鉄道工学	986
實用鉄筋コンクリート工学.後編	974
實用鉄筋コンクリート工学.前編	974
實用図解地質学	791
實用土木建築設計例集:昭和十四年版	969
實用寫真術	888
實用油脂便覧	948
實用園藝学.果樹篇	867
實用助産学	850
實伝乃木大将.上巻	675
實伝乃木大将.下巻	675
史的唯物論略解	13
史的研究日本法の制度と精神	189
史歌南北作戦	502
史話北條時宗	685
史記.六	593
史記.五	593
史記列傳.三	593
史記列傳.一	593
史記列傳.二	593
史料採訪	624
史篇四顆	626
史学論叢.第二	580
矢田挿雲集.澤村田之助江戸から東京へ	519
矢野二郎先生記念事業記録	687
使徒行伝	516
世阿彌	680
世紀に輝くもの	23
世紀の科学	738
世界と日本:日本外交の再建	136
世界に比類なき天皇政治	116
世界に冠たる日本精神全講	25
世界に於ける明治天皇	628

題名	頁
世界に於ける日本人	135
世界の変局と日本の世界政策	89
世界の変貌	92
世界の動き:國際事情昭和十四年版	91
世界の動向と東亜問題	87
世界の見た日本の陸海軍	201
世界の將来	88
世界の旅	712
世界の名畫	555
世界の起り	789
世界の食物	957
世界の屋根	720
世界の言葉:何を学ぶべきか	442
世界の議事堂	972
世界の猶太勢力と秘密結社の解剖	91
世界の原始民族.上巻	78
世界の戦慄・赤化の陰謀:コミンテルン日本を襲ふなぜ日独は提携したか	91
世界は動く	89
世界は斯くして戦ヘリ	585
世界を脅威するアメリカニズム	129
世界を制覇する帝國海軍	201
世界コクテル百科辞典	958
世界変局に立つ支那	96
世界變革の大戦と海運	360
世界不景氣と我國民の覚悟	236
世界産業発達史研究	238
世界大革命史	585
世界大海戦史考	197
世界大思想全集.109,労働学校	9
世界大思想全集.10,エミイル	5
世界大思想全集.11,国富論.上巻	5
世界大思想全集.12,国富論.下巻	5
世界大思想全集.13,悟性論,人生論	5
世界大思想全集.15,純粋理性批判	5
世界大思想全集.16,社団的社会主義要綱,労働階級の政治的能力	5
世界大思想全集.17,政治の正義	5
世界大思想全集.18,全訳人口論	5
世界大思想全集.19,サータア.リザータス 英雄及英雄崇拝	5
世界大思想全集.1,国家,感情論	4
世界大思想全集.20,知識学,宗教学	5
世界大思想全集.21,代表偉人論,自然論.論文鈔	5
世界大思想全集.22,精神分析,論文集	5
世界大思想全集.23,人生論,我等何を為すべきか,芸術論	5
世界大思想全集.24,功利論,自由論,功利主義,婦人野隷従	6
世界大思想全集.25,實証哲学 上	6
世界大思想全集.26,實証哲学 下	6
世界大思想全集.27,種の起源	6
世界大思想全集.28,第一原理	6
世界大思想全集.29,唯一者とその所有,芸術と宗教,無政府主義と社会主義	6
世界大思想全集.2,メタフェジカ,モナッド論	4
世界大思想全集.30,経済学批判 賃銀労働及資本 価値価格及び利潤,空想的科学的社会主義,帝国主義論	6
世界大思想全集.31,ルネッサンス,論文集,アンツー.デスト	6
世界大思想全集.33,婦人論	6
世界大思想全集.34,田園工場及仕事場,相互扶助,近代科学と無政府主義	6
世界大思想全集.35,無政府主義思想史,マルクス説の崩壊	6
世界大思想全集.36,憂愁の哲学,意識に直接興,社会に就ての新見解	6
世界大思想全集.37,社会学原理,社会学要論	6
世界大思想全集.38,メンデルの遺伝原理	6
世界大思想全集.39,創造的統一,論文集,建説的文学革命論其他	6
世界大思想全集.3,語録,冥想録,幸福論	4
世界大思想全集.40,真理の意味,論理学,神と国家	7
世界大思想全集.41,科学概論	7
世界大思想全集.42,マルクス主義の國家観,カントとマルクス主義	7
世界大思想全集.43,エティカ,精神現象の分類に就て,カント純粋理性批判解説	7
世界大思想全集.44,力学対話,新キリスト教論,生命力の発展	7
世界大思想全集.45,社会理論,社会改造の原理,社会学的國家概念と法律的國家概念	7
世界大思想全集.47,マルキシズムの改造,マルキシズム修正の駁論	7
世界大思想全集.48,相対性理論,エネルギー恒在の原理,物理学的展望	7
世界大思想全集.49,ゲルトルード,人間の教育,哲学と教育学,民主主義と教育	7
世界大思想全集.50,太陽の都,ユートピア,無何有郷通信記,ニュー.アトランティス	7
世界大思想全集.51,浄土三部経 維摩経 勝鬘経,法華維 大日経,臨済録 碧巌集,円覚経	7
世界大思想全集.52,東西宗教文献篇	7

世界大思想全集.54,日本思想篇 … 7	世界大思想全集.92,性と文学 … 9
世界大思想全集.55,社会学上より見たる藝術 … 7	世界大思想全集.93,人生の意義と価値,中世思想より見たる美の哲学 … 9
世界大思想全集.57,イマネエル・カント,意志の自由 … 7	世界大思想全集.94,社会主義と資本主義.上 … 9
世界大思想全集.58,充足根拠の原理,理論の二つの根本問題 … 8	世界大思想全集.95,社会主義と資本主義 下 … 10
世界大思想全集.5,法の精神,君主論 … 4	世界大思想全集.96,新しさ社会,読書論 … 10
世界大思想全集.60,経済と社会 社会科学方法論,現代の國家と社会 … 8	世界大思想全集.97,過去と現在 … 10
世界大思想全集.61,ウェニスの石.上巻 … 8	世界大思想全集.98,偉大なる創造者ベートオエン … 10
世界大思想全集.62,ヴェニスの石.下 … 8	世界大思想全集.9,絵書論,詩と真実,素朴の文学と感傷の文学 … 5
世界大思想全集.63,経済学及び課税の諸原理 穀物の低き価格 農業保護論 … 8	世界大文化史.第一巻 … 585
世界大思想全集.64,政治学範典 … 8	世界大戦.第2巻 … 587
世界大思想全集.65,古代文明研究 上 太陽の子.上 … 8	世界大戦.第3巻 … 588
世界大思想全集.66,古代文明研究 下 太陽の子.下 … 8	世界大戦.第4巻 … 588
	世界大戦.第5巻 … 588
世界大思想全集.67,近世画家論 一 … 8	世界大戦.第6巻 … 588
世界大思想全集.68,近世画家論 二 … 8	世界大戦.第7巻 … 588
世界大思想全集.69,近世画家論.三 … 8	世界大戦.第9巻 … 588
世界大思想全集.70,ヴィコの哲学,西洋中世哲学概観,プラトン哲学体系 … 8	世界大戦ノ実験ニ基ク 機関銃之技術及其戦術 … 208
世界大思想全集.71,哲学辞典 … 8	世界大戦史 … 197
世界大思想全集.75,純正現象学的及現象学の哲学感 … 8	世界的な日本科学者 … 680
世界大思想全集.76,精神諸科学序説 上 … 8	世界的食糧の給源 … 318
世界大思想全集.77,純粋哲学概論 … 8	世界地理.第八巻,西北利亜 … 709
世界大思想全集.78,宗教論 … 9	世界地理.第二巻,満洲 … 709,710
世界大思想全集.79,音楽と音楽家,ショパンの生涯 … 9	世界地理.第六巻,外南洋.1 … 709
世界大思想全集.7,ノーヴム.オルガヌム,方法通説,民約論 … 5	世界地理.第六巻,外南洋Ⅰ … 710
世界大思想全集.80,プラトーとプラトー主義 ギリシヤの芸術 … 9	世界地理.第三巻,別冊附録 支那 統計資料.其一 … 68
世界大思想全集.81,近世画家論.四 … 9	世界地理.第三巻,支那,北支 … 710
世界大思想全集.82,悟性善導,本質意志と選択意志 … 9	世界地理.第十六巻,ラテン亜米利加 … 710
	世界地理.第十巻,豪洲.太平洋.南極 … 709
世界大思想全集.83,精神諸科学序説 下 … 9	世界地理.第十巻,濠洲・太平洋・南極 … 710
世界大思想全集.84,ルソオとロマンティシズム … 9	世界地理.第十三巻,中欧.西欧 … 710
世界大思想全集.86 … 9	世界地理.第十四巻,阿弗利加 … 710
世界大思想全集.87,物質創造史 … 9	世界地理.第十五巻,北亜米利加 … 710
世界大思想全集.88,反マルクス論.下 … 9	世界地理.第十一巻,欧州総論.北欧 … 710
世界大思想全集.89,文学的回想,黎明期の思想家 … 9	世界地理.第四巻,支那(中南支).2 … 709
世界大思想全集.8,ツァラトゥストラは斯く語る 此の人を見よ … 5	世界地理.第五巻,支那 … 709,710
	世界地理.第一巻,日本 … 709
	世界地理風俗大系.別巻,世界風景大観 … 711
	世界地理風俗大系.第二巻 … 711
	世界地理風俗大系.第二十巻,アメリカ合衆国 下 … 711
世界大思想全集.90,性と性格 … 9	世界地理風俗大系.第二十五巻 … 711
	世界地理風俗大系.第十八巻 … 711
	世界地理風俗大系.第十七巻 … 711

世界地理風俗大系.第十一巻	711
世界地理精義.上巻	710
世界地理精義.下巻	710
世界地理図集	711
世界地理政治大系.3,印度支那,佛印.タイ.ビルマ.英領マレー	730
世界地理政治大系.4,蘭領印度	730
世界動乱と新経済史観	235
世界風俗大観	702
世界各國の人形劇	576
世界各國の製鉄工業	341
世界観・國家観・人生観	25
世界観と國家観	34
世界観と政治	82
世界観人生観	39
世界国防の現勢	196
世界航空發達史	996
世界化学史	775
世界貨幣の前途	398,399
世界計画経済.第1巻,ドイツ計画経済	281,282
世界計画経済.第六巻,アメリカ計画経済	282
世界計画経済.第五巻,イギリス計画経済	281
世界交通史話	357
世界経済の常識	233
世界経済の体制	235
世界経済の現勢	235
世界経済の展開過程	233
世界経済の戦時編成	233
世界経済地理	239
世界経済地理講話	239
世界経済闘争史	238
世界経済恐慌史(1848—1935).第一巻　第一部	238
世界経済論	236
世界経済年報.1	233
世界経済年報.第三巻	233
世界鉱産統計:(1925-40)	792
世界立志物語	537
世界歴史.第八巻,欧米の帝国主義とアジア	584
世界歴史.第九巻,國際主義時代	584
世界歴史.第六巻,ヨーロッパ市民精神	584
世界歴史.第七巻,ヨーロッパ帝國主義の成立	584
世界歴史.第三巻,西洋精神の源流	584
世界歴史.第四巻,近代日本の黎明	584
世界歴史.第一巻	583
世界歴史大系.第八巻,東洋近世史.1	582
世界歴史大系.第二十巻,西洋近世史.3	582
世界歴史大系.第二十四巻,年表	583
世界歴史大系.第九巻,東洋近世史.2	582
世界歴史大系.第三巻,東洋古代史.1	582
世界歴史大系.第十八巻,西洋近世史.1	582
世界歴史大系.第十九巻,西洋近世史.二	582
世界歴史大系.第十六巻,西洋古代史.三	582
世界歴史大系.第十七巻,西洋中世史	582
世界歴史大系.第十三巻（B）,日本史.3	582
世界歴史大系.第十三巻(A),日本史.2	582
世界歴史大系.第十五巻,西洋古代史,二	582
世界歴史大系.第十一巻,朝鮮.満洲史	582
世界歴史大系.第四巻,東洋中世史.一	585
世界歴史大系.第五巻,東洋中世史.2	582
世界歴史大系.第一巻,史前史	582
世界歴史全集.第二巻,東亜文化の成立	584
世界歴史全集.第一巻,日本文化の生成	584
世界旅行奇譚史	712
世界貿易の再建	380
世界美術全集.第十三巻,ゴシック.上,元朝.上,鎌倉時代.上	555
世界美術全集:別巻.第七巻,西洋版画篇	555
世界美術全集:別巻.第十六巻,陶磁篇	555
世界美術全集:別巻.第十五巻,民族芸術篇	555
世界美術全集:別巻.第一巻,壁画篇	555
世界名画物語	660
世界名画巡礼	555
世界名著解題	491
世界名著解題.Ⅰ	1026
世界名著解題.Ⅱ	1027
世界名著解題.Ⅲ	1027
世界乃富源支那印象記	719
世界年鑑:昭和十八年版	1018
世界年鑑:昭和十六年版	1018
世界奇聞秘譚	1005
世界人名辞典	659
世界史の自然的基礎	712
世界史講座.二,日本世界史	584
世界史講座.一,世界史の理論	584
世界史入門	586
世界史新考	586
世界水産業の科学的改造	876
世界探検物語	521
世界鉄鋼資源	341
世界玩具図篇	956
世界維新論	91
世界文化地史大系.第　巻	711
世界文化史大系.23,大戦後の世界	586
世界文化史大系.5,ローマの興亡	586

世界文学全集.10,獨逸古典劇集 …………… 473	世界現狀大観.4,伊太利.西班牙篇 …………… 1002
世界文学全集.11,ポオ傑作集,緋文字其他 ………… 473	世界現狀大観.5,印度.濠洲.加奈陀篇 ………… 1002
世界文学全集.12,レ.ミゼラブル.第一巻 ……… 473	世界現狀大観.6,北欧諸國篇 …………………… 1002
世界文学全集.13,レ.ミゼラブル.第二巻 ……… 475	世界現狀大観.7,ソヴェ.ロシア篇 ……………… 1002
世界文学全集.14,レ.ミゼラブル.第三巻 ……… 475	世界現狀大観.8,土耳其.バルカン諸国篇 ………… 1002
世界文学全集.14,決闘.ヤーマ ………………… 473	世界現狀大観.9,新興國篇 ……………………… 1002
世界文学全集.15,モンテ.クリスト伯.第一巻 …… 473	世界新秩序の精神:日獨友好関係の形而上的基礎 … 10
世界文学全集.16,モンテ.クリスト伯.第二巻 …… 473	世界演劇史.第二巻 …………………………… 574
世界文学全集.17,ウージェニイ.グランデ,従妹ベット	世界演劇史.第六巻 …………………………… 574
…………………………………………… 473	世界演劇史.第三巻 …………………………… 574
世界文学全集.18,二都物語 ……………………… 473	世界演劇史.第四巻 …………………………… 574
世界文学全集.19,ナナ.夢.第三巻 ……………… 473	世界演劇史.第五巻 …………………………… 574
世界文学全集.1,神曲 …………………………… 472	世界演劇史.第一巻 …………………………… 574
世界文学全集.20,ボヴリイ夫人,女の一生 ……… 474	世界一の日本の電池 …………………………… 917
世界文学全集.21,父と子.処女地 ……………… 474	世界音楽全集.39,日本新歌曲集 ……………… 571
世界文学全集.22,罪と罰 ……………………… 474	世界音楽全集.第三巻 ………………………… 571
世界文学全集.23,復活 ………………………… 474	世界映画風俗史 ……………………………… 577
世界文学全集.24,露西亜三人集 ……………… 474	世界原料品・食糧品統計書 …………………… 863
世界文学全集.25,クォ.ヴディス ……………… 475	世界再建と物価.景氣 ………………………… 235
世界文学全集.26,世界短篇小説集 ……………… 474	世界戰と日本 ………………………………… 200
世界文学全集.27,北歐三人集 ………………… 474	世界戦争はもう始まつている ………………… 194
世界文学全集.28,痴人の告白.死の舞踏 其他 …… 474	世界戦争経済の構造.第一巻 ………………… 235
世界文学全集.29,テス,青春其他 ……………… 474	世界政治・経済日誌:昭和十一年度 …………… 92
世界文学全集.2,デカメロン …………………… 473	世界政治と東亜 ……………………………… 87
世界文学全集.30,椿姫.サフォ.死の勝利 ……… 474	世界政治と極東 ……………………………… 91
世界文学全集.31,寂しき人々,恋愛三昧,モンナ.ワンナ	世界政治学の必然 …………………………… 91
其他 ………………………………………… 474	世界植民地の資源と経済 …………………… 234
世界文学全集.33,英吉利及愛蘭戯曲集 ………… 474	世界植物油脂経済界に於ける棉實の地位と北支棉實利
世界文学全集.34,佛蘭西近代劇曲集 …………… 474	用問題 ……………………………………… 341
世界文学全集.35,近代戯曲集 ………………… 474	世界諸民族経済戰夜話 ……………………… 118
世界文学全集.36,近代短篇小説集 ……………… 474	世界資源分割論 ……………………………… 84
世界文学全集.37,近代詩人集 ………………… 475	世界資源論 …………………………………… 236
世界文学全集.38,新興文学集 ………………… 475	世界最終戰と東亜聯盟 ……………………… 108
世界文学全集.3,沙翁傑作集 …………………… 473	世界最終戰論 ………………………………… 194
世界文学全集.4,ドン・キホーテ ……………… 473	仕入と販賣の基礎販賣事務と接客法 ………… 365
世界文学全集.6,佛蘭西古典劇集 ……………… 473	仕樣書及工事監督者心得 …………………… 969
世界文学全集.7,アイヴンホー ………………… 473	市場建築 ……………………………………… 973
世界文学全集.8,懺悔録 ………………………… 473	市場配給論 …………………………………… 368
世界文学全集.9,フアウスト其他 ……………… 473	市場統制暖簾の価値研究 …………………… 376
世界文学物語 …………………………………… 472	市場組織論 …………………………………… 368
世界舞踊芸術史 ………………………………… 573	市民の科学.上巻.第一部,どうやって時間と空間とを測
世界現勢報告 …………………………………… 88	ってきたか ………………………………… 743
世界現狀大観.10,亜米利加和衆国篇 …………… 1002	市町村財政の實際と其理論 ………………… 397
世界現狀大観.12,中華民国篇 …………………… 1002	市町村條例 …………………………………… 187
世界現狀大観.1,英吉利篇 ……………………… 1002	式辞挨拶五分間演説大集 …………………… 459
世界現狀大観.2,独逸共和国篇 ………………… 1002	事変の知識:ソ支時局エンサイクロペディア …… 90
世界現狀大観.3,佛蘭西篇 ……………………… 1002	事変はどう片づくか …………………………… 114

事変ニ依ル天津工鉱業株変動状況	310
事変後に於ける武漢を中心とせる　長江沿岸政治経済事情	603
事変後に於ける中支占領地区商品流通事情	247
事変前ニ於ケル漢口ノ「猪行業」	330
事変前ニ於ケル支那関税収入ト其の使途ニ就テ	382
事変前事変後蒙彊ノ経済トソの性格	248
事務管理總論	77
事務能率十講	77
事業統制論	77
事業学. 人間学	72
柿の種	530
柿本人麿. 評訳篇. 巻之下	679
柿右衛門と色鍋嶋	570
室君　碇潜　身延　枕慈童　飛雲:別二	505
室町時代史	643
釈迦	55
視察所感大改造期の世界. 坤	90
視察所感大改造期の世界. 乾	89
試金術. 汎論	896
試験事業方案	860
収益本位桃. 梅栽培法. 完	868
手	521
手と機械	900
手工科に於ける工藝材料の着色と塗装	934
手工科新教材集成:簡易木工篇	428
手工資料学校家庭で出来る玩具	428
手軽に解かる測量の知識	788
手軽に解かる高等数学	757
手軽に寫せるフィルム寫真術	566
手形法	141, 171
手形法. 小切手法. 上巻	168
手形法・小切手法. 下巻	182
手形法に於ける基本理論	171
手形法概論	169
手紙講座. 第八巻	463
手紙講座. 第七巻	463
手紙講座. 第四巻	463
手紙講座. 第一巻	463
首都計画	977
受難の藝術	535
受験. 補習代数学の問題演習	758
受験の幾何学	762
受験の指針国文法の建設と完成	461
受験本位の博物通論	739
受験本位代数新指導	774, 775
受験参考答案式物理学粋	768
受験参考合類化学	432
受験参考和文華譯法	444
受験参考新制化学解義	776
受験幾何学の綜合整理	761
受験学習動物学の準備	810
受験学習力の化学	774
受験学習明徴新々植物	807
受験研究代数のあたま:新訂版	755
受験研究幾何のあたま	756
受験準備最も要領を得たる外国地理	710
獣人	550
獣医調剤学	875
獣医警察	172
獣医實用消毒学	874
獣医外科各論	875
獣医畜産関係文献集	874
枢軸必勝の布陣	648
書道精説と書方の新指導法	565
書道全集. 第六巻, 東晋・前秦　北涼・宋　梁・北魏. 一	564
書翰文辞書	464
書画骨董鑑賞及鑑定の仕方	555
書式手続總覽	464
書誌学辞典	418
蔬菜の科学	868
蔬菜根菜	868
蔬菜園十二月	868
蔬菜園芸学. 各論. 上巻	868
蔬菜栽培法附果樹園芸	868
輸出入貿易より見たる青島貿易概況	374
輸出入税率表:統計品目入. 康徳七年	381
輸出商品の解説	385
輸出雑貨工業論:時局と中小工業. IV	262
輸送戦と日本的指導精神	110
輸送戦争	199
輸血	843
熟語本位英和中辞典	450
数と計算	430
数と図形	754
数表. 度量衡. 力学単位換算表. 数学. 荷重. 材料強度	973
数寄屋趣味の料亭. 巻三	972
数理哲学	757
数学	751
数学 3	752
数学. 学習の友:初級向	751
数学とは何か	751

数学と兵隊	532	漱石全集.第五巻,彼岸過迄行人	493
数学と数学史	753	漱石全集.第一巻	494
数学茶話	752	數の博物館	427
数学読本	427	數學と數學史	750
数学発展の跡をたづねて	750	數學史物語	752
数学講義録:幾何学之部	752	樹水の世界	528
数学教育論	752	双解獨和大辞典	452
数学教育名著叢書.第二編,ボレル代数学	755	双解獨和小辞典	452,453
数学教育史:一つの文化形態に関する歴史的研究	752	霜晴	504
数学千一夜	752	誰にもできる不動産金融の仕方	402
数学史	753,754	誰にもわかるラジオ用電氣讀本	919
数学史:大数学者傳	753	誰にもわかるラヂオの原理と製作	920
数学思想史:数学者の科学的理想	753	誰にもわかる代数の初から	427
数学随筆 数とロマンス	751	誰にもわかる戸籍上改氏改名手続法早わかり	119
数学随筆数のシーズン	752	誰れでも直ぐ上手になれるペン字書方の秘訣	565
数学随筆数のユーモア	752	水の匂	478
数学通論	751	水の化學分析法	979
数学文化史	753	水の経済学	333
数学閑話	753	水の力と機械	911
数学小景	752	水の衛生	823
数学諸論大要	750	水を中心として見たる北支那の農業	319
数値積分法.上巻	763	水彩画の描き方	560
数値計算	763	水彩画法女性と趣味	560
漱石の芸術	481	水彩画指南	560
漱石全集.別冊	494	水産と化学	877
漱石全集.第八巻,文学論文学評論	493	水産の科学	877
漱石全集.第八巻,心道草	493	水産関係法規	172
漱石全集.第二巻,短篇小説集	494	水産皮革	951
漱石全集.第九巻,明暗	493	水産食糧配給統制論	332
漱石全集.第九巻,小品評論篇	494	水産物の腐敗及び腐敗細菌	949
漱石全集.第六巻,心道草	495	水産物増産と漁村対策	334
漱石全集.第七巻,明暗	495	水産細菌学	877
漱石全集.第三巻,虞美人灿 坑夫	494	水産学全集.第一回,魚類学	812
漱石全集.第十八巻,別冊	494	水産学全集總索引	877
漱石全集.第十二巻,書簡集	495	水産学通論	876
漱石全集.第十二巻,文学評論	494	水産増殖の知識	877
漱石全集.第十九巻,總索引	494	水産製造経済学講義.第一分冊,資本家的水産製造業.第一部	230
漱石全集.第十七巻,続書簡集	494	水産製造学	318
漱石全集.第十巻,初期の文章及詩歌俳句	495	水産資源学	876
漱石全集.第十巻,小品	494	水車とポンプ	909
漱石全集.第十三巻,評論雑篇	498	水道事業の諸問題	982
漱石全集.第十三巻,続書簡集	495	水道物語	978
漱石全集.第十四巻,詩歌俳句及初期の文章	494	水滸傳	476
漱石全集.第十一巻,日記及断片	495	水滸伝と支那民族	475
漱石全集.第十一巻,文学論	494	水戸の大砲	538
漱石全集.第四巻,三四郎それから門	495	水戸学辞典	27

題名	頁
水戸学大系.第八巻,青山掘斎.青山佩弦集:附鶴峰海西集	27
水戸学大系.第二巻,会澤正志斎集	27
水戸学大系.第六巻,安積淡泊集	27
水戸学大系.第七巻,三宅観瀾.栗山潜鋒集	27
水戸学大系.第四巻,立原翠軒.豊田天功集	27
水戸学大系.第五巻,水戸義公.烈公集	27
水戸学大系.第一巻,藤田東湖集	27
水戸学全集.第一編,藤田東湖集	27
水鏡大鏡今鏡増鏡	518
水力發電所工事設計施工例:例＝泰阜發電所	982
水力機械学.上巻	982
水陸交通事故判例	167
水路と溜地.全	976
水棲動物飼育法	871
水上瀧太郎全集.第八巻,戯曲・短歌・其他	498
水師営史考	198
水治療法及其他の物理的療法	842
水質の科学	979
税:昭和十九年版	397
税の實務	397
税関及倉庫論	267
税務会計	391
税務会計の實際.商店会社篇	391
税務論	391
順徳天皇	683
順列組合より確率まで:統計数学への道	763
私たちの呼吸	821
私たちの科学生活	743
私の唱歌教授	572
私の南極探検記	728
私の算術作園研究	428
私達の日常科学	742
私経済学研究.第一巻,貸借対照表論,貸借対照表の解釈と批判	220
思潮学芸新知識大系	67
思索と体験	33
思想.山水.人物	533
思想と生活.第二輯	35
思想の遍歴	549
思想の展開	33
思想非常時と現代教育の革新	421
思想家としてのマルクス	4
思想決戦記	113
思想戦:近代外國関係史研究	132
思想戦と国際秘密結社	87
思想戦と國際秘密結社	87
斯くして活路は開けたり	36
死線:日本海海戦以後	514
四川攷察報告書	257
四川省総覧　全	717
四訂最新石川女子生理衛生教科書	433
四季の草花園芸	869
四季の星座	787
四季趣味の風流園藝	869
四声標注:支那官話字典補遺.終	445
四十からの健康法	827
四十からの無病生活法	828
四十年.第二部	690
四十自述	477
寺田寅彦全集:文学篇.第六巻	500
価格変動の研究	378
価格調査品目	378
価格統制の研究:価格政策の経営経済学的考察	229
価格制度簡素化要領	870
価値の進化	229
飼料自給増産の研究	871
松本泰集.欺くべからず.外五篇	519
松田竹の嶋人集.黒駒の勝蔵	519
松下村塾の指導者	677
松下村塾之偉人久坂玄瑞	64
松陰先生の教育力	419
宋本書影	418
宋代茶法研究資料	147
宋元経済史	258
送電問題	917
蒐集機関ノ現態ト改善方向（荷馬車輸送ニ就テ）	360
蘇峰自傳	666
蘇聯の政治.経済と東亜	280
蘇聯邦大観	124
蘇聯邦年鑑	1020
蘇聯邦年鑑:九四三一四四年版	1020
蘇聯邦年鑑:一九四一版	1020
蘇聊邦年鑑:一九四三一四四年版	1020
俗語の考察	461
速成日本語読本.下巻	457
速習支那語講座.上巻	443
速修機械工業ドイツ語	903
宿命:詩集	502
宿命の芸術	41
訴訟法	185
訴訟法学の体系と訴訟改革理論	185
算法地方指南.量地図説	429
算術と数學の歴史	752

算術的作業構成の研究	423
算術教育の現代思潮	422
算術教育基礎知識高等数学の話	757
算術教育実践講座.4,事実算の指導	422
算術教育實践講座.1,数へ方の指導	422
算術教育實践講座.2,計算の指導	423
算術教育實践講座.3,度量衡の指導	423
算術教育實践講座.7,グラフの指導	423
算術四則問題.第二ノ二	755
算術四則問題.第二ノ一	755
算術四則問題.第一	755
算術応用問題ノ成績考査基準	428
绥化縣農村協同組合方針大綱	324
隋唐曆法史の研究	788
随筆.統船	991
随筆 某月某日	535
随筆船	992
随筆地質学	792
随筆集.続鉛筆書きいろいろ	535
随筆集地を泳ぐ	534
随筆科学魂	528
随筆美術帖	559
随筆染織考證	945
随記変る時世	626
綏芬河地方調査報告	602
綏遠省の交通	357
綏遠省分縣調査概要.其ノ一,五原縣	253
随筆美術誌	532
遂道工学.上卷	988
遂道工学.下卷	988
穗積八束博士論文集	164
孫六錢話	853
孫文と支那革命:附孫文年譜	661
孫文革命戰史	597
孫文全集.第二卷	105
孫文全集.第六卷,五権憲法,國民党政網,國民政府建國大綱,地方自治開始實行法,講演及び談話篇(上)	105
孫文全集.第七卷	105
孫文全集.第三卷,革命方略 大亜西亜主義 講演及び談話篇 中	105
孫文全集.第四卷,ロンドン遭難記 その他	105
孫文全集.第五卷,講演及談話篇 下	105
孫文全集.第一卷,三民主義	105
孫文主義.下卷	105
孫文主義.中卷	105
孫文主義國家論	105
孫子の兵学	207
孫子の新研究	208
損害賠償学説判決實例總攬.上卷	178
損害賠償学説判決實例總攬.下卷	179
損益計算論	295
縮訳一切経新訳佛教聖典:國民版	51
所得税及法人税	391
所得税及法人税:昭和十九年版	391
索引政治経済大年表.年表篇	630
塔の世界.Ⅰ,金字塔ご方尖碑	972
胎内児教化法	426
胎生学	849
台湾に於ける水産製造工業	877
台湾風物誌	717
台湾商工経済会報.第二卷第一号	365
台湾製糖株式会社史	310
太閤秀吉	671
太平記.上卷	512
太平記.下卷;曽我物語.全	512
太平天國革命	597
太平洋に於ける民族文化の交流	588
太平洋に於ける英帝國の衰亡:國際政治的概観	91
太平洋の發見	746
太平洋の海洋と陸水	796
太平洋の民族=政治学	610
太平洋の先駆者	626
太平洋を囲繞する諸洲の地理	711
太平洋地域の交通	357
太平洋地域の人口と土地利用	318
太平洋地政学	141
太平洋地政治学:地理歴史相互関係の研究.上	709
太平洋地政治学:地理歴史相互関係の研究.下	709
太平洋地誌	711
太平洋二千六百年史	583
太平洋経済戦争論	234
太平洋歴史物語	584
太平洋民族の原始経済:古制社会に於ける交換の形式と理由	238
太平洋民族学	78
太平洋民族誌	610
太平洋圏.上卷,民族と文化	585
太平洋上の制覇:次に来るものは何か	92
太平洋外交史	132
太平洋問題	131,234
太平洋問題:第六回太平洋会議報告	131
太平洋問題の再檢討	108
太平洋物語	711

太平洋医学論業.第一輯	821
太平洋諸島統計書	68
太平洋資源論	279
太陽と泥で育てる	533
太陽の子供たち	421
太宰春台の経済倫理	27
太宰佛蘭西語講話	450
泰の経済	277
泰ビルマ印度	520
泰安地区に於ける落花生取引機構	328
泰國及佛印の海運	990
弾巣;改訂版	526
弾性学	764
談話の文法	462
炭鉱用満語教本	447
炭水化物概論	779
炭水化物化学	779
探鉱から製錬まで	889
探険ものがたり南極と北極	746
唐の太宗と隋唐文化	596
唐代財政史	395
唐代経済史	258
唐詩選三体詩講義.全	475
唐招提寺論叢	52
堂々たる生活	34
塘沽連輸公司設立案	310
塘沽連輸公司設立案参考資料	310
糖尿病ノ療法	848
條蟲類	812
桃太郎の誕生	485
陶磁工芸	568
陶鑑	570
陶器を中心に	569
陶器大辞典.巻二	569
陶器大辞典.巻六	569
陶器大辞典.巻三	569
陶器大辞典.巻四	569
陶器大辞典.巻五	569
陶器大辞典.巻一	568
陶器講座.第八巻	697
陶器講座.第二巻	696
陶器講座.第二十二巻	697
陶器講座.第二十三巻,彌生式土器,頴川と亀祐,備前焼桂,日本陶工傳[九]	697
陶器講座.第二十四巻	698
陶器講座.第二十五巻,陶器講座索引	698
陶器講座.第九巻	697
陶器講座.第六巻	697
陶器講座.第七巻	697
陶器講座.第三巻	696
陶器講座.第十八巻	697
陶器講座.第十九巻	697
陶器講座.第十六巻	697
陶器講座.第十巻	697
陶器講座.第十三巻	697
陶器講座.第十四巻	697
陶器講座.第十五巻	697
陶器講座.第十一巻	697
陶器講座.第四巻	696
陶器講座.第五巻	697
陶器講座.第一巻	696
陶器図録.第八巻,支那篇.下	682
陶器図録.第二巻,近畿篇	682
陶器図録.第九巻,朝鮮篇	682
陶器図録.第六巻,九州篇	682
陶器図録.第七巻,支那篇.上	682
陶器図録.第三巻,東海篇	682
陶器図録.第十二巻,茶器篇(下)	683
陶器図録.第十巻,外邦篇	682
陶器図録.第十一巻,茶器篇(上)	682
陶器図録.第四巻,北陸・関東・奥羽篇	682
陶器図録.第五巻,中國,四國篇	682
陶器図録.第一巻,京都篇	700
陶器園録.第七巻:支那篇.上	567
陶淵明	662
特殊部落史	620
特殊抵當権の設定と實行手続	142
特殊鋼	897
特殊鋼の熔接	899
特殊鋼年鑑:2602	897
特殊会社法規の研究	147
特殊金属冶金学	893
特殊労務者の労務管理	300
特殊一般相対性原理	769
特殊印画法	953
特許のかぎ	419
特許を得たる農産物製造法	860
特許法	177
特許法原論	142,174
特許実用新案意匠商標審決判例要旨集	176
特用作物相談	866
特種会計.ホテル・病院・倶楽部・学校・同業組合・家計	294
藤本博士還暦祝賀論文集	67

 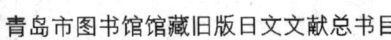

藤村文庫.第二篇,夜明け前.第二部	514
藤村文庫.第五篇,青年及壮年.下巻	514
藤井武及夫人の面影	670
藤樹先生全集.第1冊	26
藤樹先生全集.第二冊	26
藤樹先生全集.第三冊	27
藤樹先生全集.第四冊	27
藤樹先生全集.第五冊	26
藤田東湖の母	686
藤田小四郎	27
藤田幽谷集	27
藤田幽谷集:附　岡井蓮亭・國友善庵集	27
藤原定家	678
提琴奏法	573
体格と性格	815
体力の基礎科学	834
体力測定	436
体力測定計算表	826
体力管理と体力検査	436
体力向上と体育運動	436
体認の哲学	11
体験に立脚したる理化新實驗法精説	426
体験生活	74
体育ダンス	438
体育辞典	435
体育生理学要綱	436
体育学習の実際	435
体質人類学	815
天道と人道:二宮尊徳の哲学	40
天工開物	880
天津の銀号	407
天津ニ於ケル商品統制状況	387
天津ニ於ケル屠場並牛肉湧出概況	383
天津ノ毛織工業	346
天津ヲ中心トスル総動員関係資源調査	383
天津地区食糧対策調査委員会中間報告	324
天津都市計画会議事録.第一回	253
天津二於ケル硫安ノ概況	383
天津工業ノ企業条件[綜合資料]	348
天津梱包株式会社設立案	309
天津経済概況:附石門・済南農作概況	253
天津経済事情	253
天津民國十週年記念誌	120
天津商工案内	310
天津市場ヲ中心トスル羊毛ニ関スル資料	346
天津市概況[資料時報]	601
天津市区土地評価	323
天津市同業公会調査	86
天津市同業公会調査(改訂)	86
天津治安維持会庶民金融対策案綱要	407
天津誌	601
天氣図と天氣豫報	791
天然公園:森林公園　國立公園　高原保養地　海岸保養地(海水浴場)　農村山村の美化	978
天然資源の開発	237
天孫人種六千年史の研究	48
天体と宇宙	787
天体の話	785
天体の驚異	786
天体力学.三体問題	786
天体望遠鏡の作り方	909
天王山哀史	520
天文と地象	785
天文と宇宙	786
天文常識星の話	785
天文大觀	785
天文暦法と陰陽五行説	788
天文随筆星を語る	787
天文学概観	785
天佑神助の國日本	116
天災と國防	1000
添刪本位俳句の作り方	472
田安宗武	667
田邊先生還暦記念東亜音楽論叢	572
田園の霧	528
田中正造翁	686
田中智学の國体開顕	625
条約目録.國際法.第一篇:昭和十年八月	136
條文抜萃水産関係法令綜覧	172
條約彙纂.第一巻:日本國及各國間諸條約	132
鉄と鋼製造法及性質	897
鉄の話	892
鉄棒運動	437
鉄道	986
鉄道部成立後の支那鉄道	358
鉄道部隊	537
鉄道車輌實驗法	987
鉄道法規論	986
鉄道工学	986
鉄道貨物輸送原論	359
鉄道交通全書.15,道路行政	986
鉄道交通全書.Ⅷ.中,開拓鉄道論	986
鉄道交通全書.ⅩⅡ,國際海上運輸	986
鉄道統計研究:我国鉄道の経済的観察	359

· 1146 ·

題名	頁
鉄道信号の知識	987
鉄道要領交通政策	356
鉄鋼の加熱作業と焼減り	892
鉄鋼電気冶金学	892
鉄鋼讀本	892
鉄鋼経済読本	355
鉄鋼統制会の進路	312
鉄及鋼の壓延作業法	896
鉄筋コンクリート　ハンドブック	974
鉄筋コンクリート工法	974
鉄筋コンクリート家屋構造	974
鉄筋コンクリート結構と耐震的計算法	974
鉄筋コンクリート設計法	974
鉄筋混凝土ノ理論及其応用．上巻	975
鉄筋混凝土構造	974
鉄路自警村経営指導概要	335
鉄塔と其設計	917
鐵筋コンクリート計算法	974
鐵．鋼．鋼材	892
鐵骨構造	975
帖木児	688
帖木兒	663
町の民俗	704
町内会・部落会会計實務	294
庭の美	978
庭園の知識	978
囲碁讀本	439
通貨の種別と金融	397
通貨調節論	399
通貨管理研究	399
通貨現象と通貨原理	399
通解徒然草	484
通商上よりみたる各国現勢総覧	236
通説日本上代史	636
通説日本中世近代史	621
通俗財話	395,396
通俗産．婦人科の知識	849
通俗二十一史．第十巻	590
通俗二十一史．第一巻	590
通俗二十一史．九巻	590
通俗國際文庫．第三巻,最近の露西亜．全	124
通俗化学工業品製造法	928
通俗美学講話	41
通俗実経済の話	221
通俗世界全史．第九巻,十五世紀史	581
通俗世界全史．第十巻,十六世紀史	582
通俗世界全史．第十三巻,十八世紀史．下巻	582
通俗世界全史．第五巻,羅馬史．下巻	581
通俗図解家屋設計の順序と仕方	970
通俗医学講座．第二輯	819
通俗医学講座．第三輯	819
通俗医学講座．第五輯	819
通俗医学講座．第一輯	819
通信用変圧器	916
通信用絶縁電線及電纜附属品	916
通信運送全国市町村便覧	363
樋口一葉	669
同盟時事年鑑:昭和19年	118
同盟時事年鑑:昭和十七年版	118
同仁会三十年史	628
同業組合及準則組合	333
同志シュミーデケ	544
桐油:漢口の桐油と桐油業	350
童話日本國史．1,神代　大和時代　奈良時代　平安時代	538
童話日本國史．2,鎌倉時代　建武中興時代　室町時代　安土・桃山時代	538
童話童謡及音楽舞踊	536
童話学	538
童劇	440
童戯	426
銅・銅合金	893
銅合金の常識	893
銅鉱製錬法	893
統計グラフの書き方	67
統計法概要	67
統計法規．上巻	166
統計概論	67
統計年報	274
統計年報．入離満労働者	298
統計年報．下編	251
統計図表の書き方	67
統計学の本質と方法	67
統計学汎論	223
統計学古典選集．第五巻,確率理論に就手の書簡,理論家としてのケトレー,道徳統計に関する近時の見解,統計学の理論に就て	67
統計学史	67
統一付けられたる幾何の学習と解法の正しき途	761
統制的会計	295
統制法の課題	171
統制法令集	171
統制法全書	170
統制会と財閥	270

統制会必携	269
統制会年鑑:昭和18年版	377
統制会社論	263
統制会運営論	269
統制経済とカルテル.組合:経営集團論	237
統制経済と商工組合	377
統制経済の基礎知識	264
統制経済の理論:協同経済への道	264,265
統制経済の先覚者野中兼山良継:その思想と行実	676
統制経済法と厚生法	159
統制経済法規.物価編	172
統制経済講話	268
統制経済講座.4,配給統制篇,農業統制篇	292
統制経済理論:統制経済下の理論経済学	225
統制経済論	235
統制経済論総観	265
統制経済学	224
統制経済諸法規逐條解説	170
統制徑済理論:協同経済への道	236
統制価格論	369
統制下の商店経営	367
投影図法の基礎	763
投資物としての株式	311
突発性疾患と其処置	848
図画の学習	560
図計算及ビ図表	763,764
図解　建築材料金物	975
図解本位新住家の設計	971
図解力学	764
図解商品の科学	386
図解食卓生物学	959
図解説明自動車知識と操縦法	770
図解説明最新自動車精解	989
図解図案總説	564
図解写真術初歩	888
図南経済論	277
図南録	528
図書館研究叢書.第12篇,製本術	417
図書目録綱要	418
図説外國貿易	379
図学	887
図總覧	1023
徒歩旅行者の歴史学	729
徒党の地図	550
徒然草新講	484
塗料	935
塗料の知識	935
塗料辞典	935
塗料及塗装法	935
塗料製造と使用法	935
塗装工作法.中巻	935
土	862
土の上.水の上	531
土の聖者尊徳傳	669
土地なき民	544
土地なき民.第二巻	544
土地なき民.第三巻	544
土地経済論	317
土地区劃整理施行地価格の統制	317
土地資料	323
土耳其の現勢と近東問題	123
土圧及擁壁設計法	975
土木工事設計便覧	969
土木工事設計資料図譜.第一輯,説明之巻	970
土木工学.下巻,土質力学,土工.基礎工	963
土木工学.中巻,材料力学	963
土木工学ポケットブック.上巻	966
土木工学ポケットブック.下巻	966
土木工学論文抄録.第二輯	964
土木建築構造力学.中巻	973
土木建築応用高等数学	886
土木建築主要材料セメント概論	929
土木設計施工画報.橋梁編	988
土木施工法	976
土木實用アーチ設計法	969
土木行政要義.第一編,道路及道路交通	360
土壤	862
土壤と其利用の実際	862
土壤肥料相談	862
土壤侵蝕防止の研究	862
土壤實驗法	862
土壤学	862
土壤学講話	862
土師清二集:砂繪呪縛外三篇	518
土田杏村全集.第八巻,文明批評と社会問題	29
土田杏村全集.第二巻,社会哲学及び文化哲学	28
土田杏村全集.第六巻,教育と社会	28
土田杏村全集.第十二巻,日本精神史	29
土田杏村全集.第十巻,芸術史研究	29
土田杏村全集.第十三巻,文学論及び歌論	29
土田杏村全集.第十四巻,随筆随想	29
土田杏村全集.第十五巻,随筆随想	29
土田杏村全集.第十一巻	29

題名	頁
土田杏村全集. 第四巻, 日本支那現代思想研究	28
土田杏村全集. 第五巻, 宗教と道徳	29
土田杏村全集. 第一巻, 人生と哲学	28
土着資本動員ノ見地ヨリ観タル満洲国金融制度並金融機関経営ノ特徴	406
推理的. 新指導化学の真髄	432
退職積立金及退職手當法詳解	299
豚	873
豚の病氣とその豫防法	875
駄鶏淘汰と病鶏治療:養鶏新指針	873
拓務要覧	108
拓務要覧:昭和九年版. 拓務省	108
瓦斯の化学	890
瓦斯分析法	782
外部装飾. 巻一	970
外地邦人在留外人戸籍寄留訓令通牒實例類纂	192
外地統治機構の研究	111
外国から見た敗戦支那	93
外国の港湾. 第二巻	990
外国地理資料	712
外国地図	735
外国貿易の理論	380
外国租界ノ戦時関係ニ関スル一研究	134
外國の港湾. 第一巻	991
外國地理資料	712
外國歴史物語	537
外國貿易実践	379
外國人ノ対支経済活動ノ法的根拠. 第二巻	146
外國人ノ対支経済活動ノ法的根拠. 第六巻	146
外國人ノ対支経済活動ノ法的根拠. 第三巻	146
外國人ノ対支経済活動ノ法的根拠. 第四巻	146
外國人ノ対支経済活動ノ法的根拠. 第一巻	146
外國人関係取引取締規則	161
外國特許の調べ方と其出願手続	419
外國為替の常識	390, 404
外國為替管理法解説:第九改訂版	404
外國為替管理法實務　有為替と無為替:附輸出荷為替取組要項	404
外國為替換算法	402
外國為替講話	404
外國語の科学	442
外交と外交家	135
外交及外交史研究	130
外交余録	135
外科手術後療法	848
外科手術学	848
外科総論	848
外蒙の赤色地帯	724
外蒙古独立史	611
外人の観た明治の日本	647
外遊漫筆	528
外政家としての大久保利通	683
完璧日本地理	727
完璧外国地理	711
玩具の作り方:学校と家庭における工作教育	428
玩具叢書. 玩具教育篇	955
挽近代数学の展望	750
挽近商業珠算	754
挽近鉄鋼及特殊鋼	897
輓近独逸社会民主党運動史	128
輓近経済動向の研究	283
万葉動物. 写真と解説	507
万葉集代匠記. 第4輯	482
万葉集代匠記. 第一輯, 自巻一至巻四	482
萬病に効くお灸療法	831
萬國渡海年代記	629
萬世一系之日本	629
萬物流転	580
萬葉辞典	506
萬葉集	503
萬葉集の文化史的研究	631
萬葉集の藝術性	483
萬葉集大和地理辞典	507
萬葉集代匠記. 第二輯	503
萬葉集代匠記. 第三輯	503
萬葉集略解. 上巻	504
萬葉集略解. 下巻	503
萬葉集私見	483
萬葉集新辞典	507
萬葉女人像	483
萬葉五十年	483
萬葉植物:写真と解説	501
萬有科学大系:普及版. 第四巻	746
萬有科学大系:普及版. 第一巻	746
萬有科学大系:普及版. 続篇第十五巻	746
萬有科学大系:普及版. 続篇第四巻	746
萬有科学大系:普及版. 正篇第七巻	746
萬有科学大系:普及版. 正篇第十二巻	746
萬有科学大系:普及版. 正篇第十一巻	746
萬有科学大系:普及版. 正篇第四巻	746
汪精衛自叙	663
江兆銘と新支那	95
王安石	20
王道	550

王冠:夏子の巻	513
王陽明	660
王陽明全集.下	476
王政復古史	644
望都縣東陽邱村概況	327
危機切迫セル上海金融	408
威海衛海戦記	203
微分方程式要論	759
微分積分学	760
微分積分学の初歩	760
微分積分早わかり	759
微分幾何学	763
微積分学ノ基礎	759
微熱と其の鑑別診断	841
微生物を追ふ人々	660
為替の賣買と採算	407
為替清算協定概論	404
為替相場と物価	404
唯識心理学	52
唯物史観 欧洲古代史	590
唯物史観ドイツ史	655
唯物史観支那史	590
維新回天史の一面:久邇宮朝彦親王を中心としての考察	645
維新経済史	276
維新留魂録	669
維新前後	647
維新十傑傳	666
維新史.第二卷	643
維新史.第三卷	646
維新史.第四卷	646
維新史.第一卷	646
維新史:附録	646
維新史の片鱗	648
維新史大観	647
維新以後の社会経済思想概論	264
未開人の数学	751
未開社会に於ける文明の実験	88
位相数学	763
味噌醸造法	950
委員会制度の研究	118
胃腸病の新療法	847
胃潰瘍と胃病	847
偉い科学者	660
偉人処世録	663
偉人叢書.12,野口英世	682
偉人叢書.6,東郷平八郎	682
偉人伝文庫.5,西郷隆盛	685
葦火:歌集	503
衛生材料消耗品解説	823
衛生試験法	822
衛生試験法.後編	822
衛生試験法.前編,空気・水・土壌・飲食物	822
衛生陶器工事用図面	929
衛生学	822
衛生学的工場診査	340
衛生訓練の實際	429
魏晋南北朝経済史	257
魏晋南北朝租税の研究	395
温度の科学	790
温度測定法	770
温泉.氣候療法の理論と實際	842
温泉・気候転地療養	842
温泉と健康	831
文部省検定受験用 東洋通史	589
文國支那の建設	98
文化と技術	414
文化と政治	414
文化の省察	11
文化の様相	415
文化地理学	707
文化闘争の原理	415
文化感覚論	415
文化基調を成せる化学工業講話	926
文化人類学入門	73
文化社会学:日本の社会と文化	417
文化政治の諸問題	414
文科の数学	756
文楽首の研究	571
文明の救済	46
文明の没落	77
文書整理法の理論と實際	78
文五郎芸談	532
文武抗争史	624
文学.2	534
文学と技術	414
文学と美術	472
文学と文化:評論と随筆	535
文学の本質	472
文学より見たる上代文化	629
文学概論	480
文学論	472
文藝五十年史	486
文芸年鑑:二六〇三年版	479

題名	頁
文章心理学:日本語の表現価値	456
文章心理学の問題	43
文字の研究	444
蚊と蠅	814
問題とその歴史を中心としたる哲学綱要	11
問題解法代数学辞典	758
蝸牛考	456
我が闘争	690
我が國の國体	25
我が國體の本質	112
我が國憲法の獨自性	161
我が歴史観	623
我が囚はれの記	522
我が時代の歴史	655
我が統制策	128
我を救ふ者は何処にありや.中巻	512
我輩は電気であろ	915
我等の國土	726
我等の航空母艦	202
我等の偉人.第八輯	672
我等の先祖	617
我等は日本少年	113
我等世界に何を学ぶ可き乎.上巻	90
我国の土木建築事業	354
我国際金融の現状及改善策	408
我國の金融市場	396
我國の金融市場.続編	396
我國金融事情の解説	396
我國土.我國民	477
吾が闘争.上巻	692
吾が闘争.下巻	692
吾等の世界観	38
吾等の戦ひ	75
呉服　八島　鸚鵡小町　葛城　當麻:内十一	504
呉知郷村織布工業の一研究	944
無の形而上学	25
無産政党の辿るべき道	85
無産政党の研究	113
無湖米市慣行概況	388
無機化学	777
無機化学.I,非金属	776
無機化学の進歩.第一輯	777
無機化学概論.上	777
無機化学概論.下	776
無機化学各論	777
無機化学覧要	776,777
無機化学要論	776
無機化学要説	777
無機化学総論	776
無機化學.II,金属上	805
無機物理化学.上巻	780
無機物理化学.下巻	780
無機製造化学.上巻	928
無機製造化学.下巻	928
無尽金融の社会的基礎	402
無尽業法講話	163
無人島に生きる十六人	522
無錫ニ於ケル堆桟業	302
無錫ニ於ケル商業帳簿調査.其の一	306
無錫ニ於ケル商業帳簿調査	374
無錫米市ノ慣行概況:主トシテ米行ヲ中心ニ観タ	373
無限軌道　戦車.一	208
無線電信電話機器の調整及運用	921
無線工學實驗教科書	918
無線通信士検定試験問題解答集	917
無線通信士用實驗筆記解説	918
無線用数学	919
無医村報告書	335
無政府主義論	84
無字の参究	50
蕪村秀句鑑賞	526
蕪湖米市調査	329
五桁ノ對数表及三角函数表附用法	753
五人組法規集.続編　下	159
五人組帳の研究	276
五十音図の歴史	459
五台山	54
武蔵野	727
武漢・天長沙に於ける石炭運消状況	345
武漢地区工業調査報告書.第八号,手工繊維業	349
武漢地区工業調査報告書.第七号:化学工業、竹細工、木材、豚毛	349
武漢地区重要国防資源畜産物調査報告書	330
武家事紀.下巻	22
武士道	25
武田二十四将論	627
武田麟太郎集	513
武田新薬集	855
武田信玄の経綸と修養:日本文化名著選	684
武者小路實篤集	501
舞曲扇林:戯財録	574
舞台写真・天然色写真術・天然色活動写真	888
舞台装置の研究	574

戊辰戦役	519
戊戌政変史話	597
物とは何か	771
物と金	305
物理の基礎	766
物理地下探査法に就て	795
物理化学ハンドブック	780
物理化学概論	780
物理實験	767
物理数学.第二巻,球函数,圓壔函数,Fourierの級数	768
物理数学.第一巻,常微分方程式,Fourierの級数,圓壔函数	768
物理学	766
物理学に応用する数学.上	769
物理学に応用する数学.下	769
物理学の徹底的研究	804
物理学ノート	765
物理学本論.上巻	765
物理学本論.下巻	765
物理学的次元解析学	767
物理学概論	766
物理学概説.Ⅱ,熱学	766
物理学及び化学.物理学.1,科外特別題目.1	768
物理学及び化学.物理学.2,科外特別題目.1	768
物理学及び化学.物理学.3,科外特別題目	768
物理学及び化学.物理学.4,科外特別題目.1	768
物理学及び化学.物理学.6,科外特別題目.1	768
物理学及び化学.物理学.7,科外特別題目.1	768
物理学及び化学.物理学.BⅡ,流体力学,航空力学	768
物理学講演集.1	774
物理学講演集.2	774
物理学粋	765
物理学提要	766
物理学通論	767
物理学問題正解	768
物理学原論	766
物品購買の實務	302
物品会計監査	293
物権法	174
物権法:追補版	174
物権法概論	180
物権法提要.下巻	176
物価.通貨.民心:中国経済の動貌	399
物価とインフレーション	369
物価と生活	375
物価の常識	369
物価変動の測定:計量経済学の特殊問題	292
物価論	369
物価統計論	373
物価問題と世界経済	369
物価問題の応急策	373
物価問題の再検討	373
物象.3	771
物象:高等女学校四年制用.3.第一類	771
物象:高等女学校四年制用.4.第一類	771
物語シベリヤ征服史	746
物語東洋史.第八巻,元時代	606
物語東洋史.第二巻,春秋戦国時代	606
物語東洋史.第九巻,明時代	606
物語東洋史.第六巻,隋唐時代	606
物語東洋史.第七巻,五代及宋時代	606
物語東洋史.第三巻,両漢時代	606
物語東洋史.第十二巻,満蒙史	606
物語東洋史.第十六巻,南亜細亜	606
物語東洋史.第十巻,清時代	606
物語東洋史.第十三巻,印度	606
物語東洋史.第十四巻,中央亜細亜	606
物語東洋史.第十五巻,最近の亜細亜	606
物語東洋史.第十一巻,朝鮮	606
物語東洋史.第四巻,三国時代,両晋時代	606
物語東洋史.第五巻,南北朝時代	606
物語東洋史.第一巻,總説.傳説時代	605
物語日本史.第八巻,豊臣時代,松本彦次郎	617
物語日本史.第二巻,藤原時代 上,延喜.天暦の巻 久松潜一	616
物語日本史.第二巻,藤原時代 下,保元平治の巻 久松潜一	616
物語日本史.第二巻,藤原時代 中,栄華の巻 久松潜一	616
物語日本史.第六巻,室町戦国時代	617
物語日本史.第七巻,織田時代,松本彦次郎	617
物語日本史.第三巻,源平時代,龍肅	616
物語日本史.第十二巻,幕末明治時代.上,下村三四吉	617
物語日本史.第十二巻,幕末明治時代 下,下村三四吉	617
物語日本史.第十三巻,明治大正時代	617
物語日本史.第四巻,鎌倉時代	617
物語日本史.第五巻,吉野時代	617
物語日本史大系.第八巻,太閤記 上	616
物語日本史大系.第二巻,前太平記 保元平治	615

物語日本史大系.第九巻,太閤記 下,三河後風土記 上 …………………………………………………… 616
物語日本史大系.第六巻,太平記.下,後太平記.上 …………………………………………………… 616
物語日本史大系.第七巻,織田軍記,後太平記 下 …………………………………………………… 616
物語日本史大系.第十二巻,徳川太平志 …… 616
物語日本史大系.第十巻,三河後風土記 中 … 616
物語日本史大系.第十三巻,明治太平記 上 … 616
物語日本史大系.第十四巻,明治太平記 下 … 616
物語日本史大系.第四巻,源平盛衰記下 北條九代記 …………………………………………………… 615
物語日本史大系.第五巻,太平記,上 ………… 615
物語日本史大系.第一巻,神代志王朝史前々太平記 …………………………………………………… 615
物質と言葉 ……………………………………… 767
物質の構造 ……………………………………… 767
物質の究極 ……………………………………… 770
物質観の歴史:化学史を中心として ………… 775
物資の需給と径路 ……………………………… 392
物資の需給と經路 ……………………………… 301
物資活用生活の新体制 ………………………… 959
誤り易き英語の解釈 …………………………… 449
霧ケ峯の植物 …………………………………… 809
西アジア民族史 ………………………………… 610
西ヨーロッパ聯邦論 …………………………… 131
西班牙古文書を通じて見たる日本と比律賓 …… 628
西北支那の回教徒 ……………………………… 56
西比利の行政経済調査事情.上巻 …………… 281
西比利の行政経済事情.下巻 ………………… 281
西比利亜日記 …………………………………… 669
西部戦線 ………………………………………… 587
西蔵.過去と現在 ……………………………… 104
西蔵.印度の文化 ……………………………… 609
西蔵の民族と文化 ……………………………… 599
西蔵探検秘史 …………………………………… 718
西蔵文化の新研究 ……………………………… 415
西蔵英帝國の侵略過程 ………………………… 603
西蔵征旅記 ……………………………………… 722
西漢経済史 ……………………………………… 258
西力東漸本末 …………………………………… 583
西南アジアの趨勢 ……………………………… 108
西南太平洋 ……………………………………… 608
西南亜細亜の歴史と文化 ……………………… 609
西南支那の社會と經濟 ………………………… 256
西歐に於ける日本文学 ………………………… 480
西太后.後編 …………………………………… 663

西太后絵巻.上巻,奉天の巻 ………………… 596
西太后絵巻.下巻,北京の巻 ………………… 596
西太後総巻.上巻,奉天の巻 ………………… 663
西王母 道明寺 経政 箙 巴:外二 ………… 506
西郷隆盛.春草の巻 …………………………… 514
西郷隆盛.二巻,落花の巻 …………………… 514
西郷隆盛.七巻 ………………………………… 514
西郷隆盛.三巻,青葉の巻 …………………… 514
西郷隆盛.四巻 ………………………………… 514
西郷南洲先生傳 ………………………………… 670
西郷南洲先生伝 ………………………………… 668
西行 ……………………………………………… 668
西行研究録 ……………………………………… 671
西亜記:西アジアの歴史と文化 ……………… 652
西亜細亜民族 …………………………………… 588
西洋の没落.第一巻 …………………………… 653
西洋の追放:中華民国の歴史 ………………… 596
西洋草花の知識:園芸の科学第一篇 ………… 869
西洋古代論理学説研究 ………………………… 38
西洋古代史.二 ………………………………… 586
西洋古代史.三 ………………………………… 587
西洋古代史.一 ………………………………… 586
西洋建築史 ……………………………………… 966
西洋近代戰史 …………………………………… 206
西洋近世経済史.1 …………………………… 234
西洋近世史.三 ………………………………… 583
西洋近世史.四 ………………………………… 583
西洋近世史.一 ………………………………… 583
西洋近世哲学史:カントより現代まで ……… 31
西洋酒及日本酒 ………………………………… 949
西洋歴史集成.上巻 …………………………… 583
西洋歴史集成.中巻の上 ……………………… 583
西洋歴史集成.中巻の下 ……………………… 583
西洋料理精義.上巻 …………………………… 957
西洋料理一般 …………………………………… 957
西洋全史.現世史:自一九〇一年至現今 …… 587
西洋全史:古代史 自太古至三七五年.9 …… 586
西洋全史:近世史 自一七八九年至一八七八年 …… 586
西洋全史:最近正史 自一八七八年至一九〇〇年.9 …………………………………………………… 587
西洋上古史 ……………………………………… 587
西洋史新話.第八冊,北方の流星王 ………… 653
西洋通史 ………………………………………… 653
西洋通史.下巻 ………………………………… 653
西洋文化の支那への影響 ……………………… 593
西洋文化の支那侵略史 ………………………… 585
西洋五千年史 …………………………………… 653

西洋医術傳来史	820
西洋音楽の鑑賞法	572
西洋音楽史	426,572,573
西洋音楽史要	572
西洋音楽研究十四講	572
西洋印刷史	952
西洋又南洋	712
西洋哲学概論	30
西洋哲学批判	30
西洋哲学史概説	14
西洋哲学史要	30
西洋哲学物語.上巻	30
西洋中毒	112
西洋中世史	654
西洋宗教思想史:希蝋の巻.1	48
西洋最近世史.一	654
西医学東漸史話.上巻	820
西医学東漸史話.下巻	820
西域史研究.上	599
西域史研究.下	599
希臘羅馬の藝術	558
希臘羅馬史論	653
昔の火	537
稀土類元素	777
習字兼用手紙の書き方	462,463
洗筆余滴	530
洗炭理論	891
洗濯と衣類整理.4	960
洗濯の科学	958
洗濯色揚と整理法.全	940
喜多又蔵君傳	676
喜田博士追悼記念国史論集	634
細胞分裂誘起線	803
細菌	806
細菌の國	806
細菌の驚異	806
細菌の科学	806
細菌の歴史	806
細菌への闘争	806
細菌鑑別掌典	806
細菌学免疫学講本	832
細菌学血清学検査法	820
細菌學血清學検査法:増訂2版・挿図169個	836
戯曲原論入門	574
陝西省ニ於ケル林業組織及林業發展十年計画	325
下水道	977
夏の写真術	566
夏目漱石集	517
先帝と居家処世	684
先覚者 岡倉天心	679
先秦経済思想史論	232
先秦政治思想史	17
先駆者の道	513
先哲遺著漢籍國字解全書.第八巻,近思録	15
先哲遺著漢籍國字解全書.第二巻,孟子	14
先哲遺著漢籍國字解全書.第七巻,小学	15
先哲遺著漢籍國字解全書.第三巻	14
先哲遺著漢籍國字解全書.第十二巻	15
先哲遺著漢籍國字解全書.第十六巻,傳習録	15
先哲遺著漢籍國字解全書.第十一巻,古文真寶.前集	15
先哲遺著漢籍國字解全書.第四巻,易経.下	14
先哲遺著漢籍國字解全書.第一巻,孝経、大學、中庸、論語	14
先哲遺著追補漢籍國字解全書.第二十二巻,荀子.上	16
先哲遺著追補漢籍國字解全書.第二十九巻	16
先哲遺著追補漢籍國字解全書.第二十巻,墨子.上	16
先哲遺著追補漢籍國字解全書.第二十三巻,荀子.下	16
先哲遺著追補漢籍國字解全書.第二十四巻,韓非子.上	16
先哲遺著追補漢籍國字解全書.第二十一巻,墨子.下	16
先哲遺著追補漢籍國字解全書.第九巻,老子荘子列子	15
先哲遺著追補漢籍國字解全書.第六巻	15
先哲遺著追補漢籍國字解全書.第廿八巻	16
先哲遺著追補漢籍國字解全書.第三十二巻	16
先哲遺著追補漢籍國字解全書.第三十六巻	16
先哲遺著追補漢籍國字解全書.第三十三巻	16
先哲遺著追補漢籍國字解全書.第十八巻,管子.上	15
先哲遺著追補漢籍國字解全書.第十九巻,管子.下	16
先哲遺著追補漢籍國字解全書.第十七巻,楚辞	15
先哲遺著追補漢籍國字解全書.第十三巻,春秋左氏傳.上	15
先哲遺著追補漢籍國字解全書.第十五巻,春秋左氏伝.下	15
先哲遺著追補漢籍國字解全書.第五巻,詩経	15
先哲遺著追補漢籍國字解全書.易経 上	15
鮮満動物通鑑	811
鮮満支財界彙報:昭和十四年版 一月号	395
繊維防水防火加工法	941
繊維工業会社索引表	315

繊維工業経営	341	現代大都市論	115
繊維工業統制論	353	現代大支那	715
繊維化学	932	現代道徳思想:道徳の日本的性格	37
繊維科学と繊維工業:第一回繊維工業綜合講演集	940	現代道路論	987
		現代法令全集国際篇.第十七巻	190
繊維科學教室より	884	現代法学全集.第八巻	151,153
繊維年鑑:昭和十八年版	942	現代法学全集.第二巻	151
繊維年鑑:昭和十七年版	942	現代法学全集.第二十八巻	152
繊維素化学工業	932	現代法学全集.第二十二巻	152,154
繊維物理	950	現代法学全集.第二十九巻	152
繊維物理学	771	現代法学全集.第二十巻	152,153
繊維屑の現状と其の統制	931	現代法学全集.第二十六巻	152
繊維型蛋白質の化学	930	現代法学全集.第二十七巻	152,153
繊維需給調整総覧	164	現代法学全集.第二十三巻	152,153
繊維研究と繊維國策.第二回,繊維総合講演会	941	現代法学全集.第二十四巻	152
繊維再編成叢書.第二巻,羊毛工業再編成	942	現代法学全集.第二十五巻	152
繊維再編成叢書.第三巻,麻再編成	942	現代法学全集.第二十一巻	152
繊維再編成叢書.第一巻,繊維再編成	942	現代法学全集.第九巻	151,153
繊維植物	810	現代法学全集.第六巻	151,154
繊維作物「洋麻」	865	現代法学全集.第七巻	151
繊維作物精説	866	現代法学全集.第三巻	151
繊維需給調整總覽	302	現代法学全集.第三十八巻	153,154
顕色色染法	946	現代法学全集.第三十二巻	153,154
顕色色染法.第二巻:捺染篇	946	現代法学全集.第三十九巻	153
顕昭.寂蓮	60	現代法学全集.第三十六巻	153,154
限界ゲージ	902	現代法学全集.第三十七巻	153
限界ゲージ方式及工具	902	現代法学全集.第三十巻	152,153
県財務行政制度:山東省	394	現代法学全集.第三十三巻	153,154
現代に於ける理想主義の哲学	30	現代法学全集.第三十四巻	153
現代のおもちゃ	956	現代法学全集.第三十五巻	153,154
現代の八大強國	87	現代法学全集.第三十一巻	153,154
現代の反省	534	現代法学全集.第十八巻	152
現代の化学.第一輯	774	現代法学全集.第十二巻	151
現代の経済学	222,223	現代法学全集.第十九巻	152
現代の経済戦争	237	現代法学全集.第十巻	151,154
現代の貿易と貿易政策	379	現代法学全集.第十六巻	152,153
現代の南海:太平洋諸島	722	現代法学全集.第十七巻	152
現代の商業及商人	375	現代法学全集.第十三巻	151,153
現代の物理学	766	現代法学全集.第十四巻	152
現代の自然科学	739	現代法学全集.第十五巻	154
現代の自然科学:原子・地球・銀河系	739	現代法学全集.第十一巻	151
現代ドイツ法哲学	189	現代法学全集.第四巻	151
現代バルカン	128	現代法学全集.第五巻	151
現代ビルマの経済	277	現代法学全集.第一巻	151,154
現代ビルマの全貌	121	現代法学全集.第一巻	150
現代博物教科書	418	現代風俗	526
現代出版文化人総覽	676	現代佛蘭西の四つの顔	549

現代佛蘭西小説集.第二十五回 ………… 551	現代貿易政策 ……………………………… 366
現代婦人子供服洋裁.下巻 …………… 955	現代米國 ……………………………………… 130
現代工業政策論 …………………………… 337	現代農業.一月号 …………………………… 333
現代国家学説 ………………………………… 83	現代企業理論 ……………………………… 306
現代国語思潮 ……………………………… 454	現代人の新住家 …………………………… 968
現代國家学説 ………………………………… 83	現代人生講話:あさきゆめみし ………… 39
現代國民禮法の常識 ……………………… 707	現代日本の政治過程 ……………………… 113
現代海洋文学全集.第七巻,デリラ.上巻 … 552	現代日本工業全集.第22巻,製粉工業 …… 351
現代海洋文学全集.第五巻,北洋出漁 …… 552	現代日本工業全集.第3巻,日本工業政策 … 350
現代海運論 ………………………………… 361	現代日本工業全集.第三巻,日本工業政策 … 351
現代華僑問題 ……………………………… 119	現代日本工業全集.第三巻,日本工業政策 … 351
現代華語讀本詳解 ………………………… 443	現代日本工業全集.第十三巻,化学肥料 …… 351
現代活版術 ………………………………… 953	現代日本画家論 …………………………… 659
現代家事及裁縫の施設経営 …………… 959	現代日本科学史 …………………………… 741
現代家庭医学精典:増補 …………………… 822	現代日本詩集;現代日本漢詩集 ………… 501
現代建築.後篇 ……………………………… 967	現代日本史話 ……………………………… 625
現代教育の教授論 ………………………… 419	現代日本文明史.第二巻,政治史 ………… 644
現代金融経済全集.第八巻,金融統制論 … 390	現代日本文明史.第九巻,農村史 ………… 645
現代金融経済全集.第三十五巻,金融市場金利論 … 390	現代日本文明史.第六巻,財政史 ………… 644
現代金融経済全集.第十四巻,日本の季節金融 … 390	現代日本文明史.第三巻,外交史 ………… 644
現代経済学全集.第二十八巻,世界恐慌 …… 217	現代日本文明史.第十八巻,世相史 ……… 645
現代経済学全集.第二十二巻,土地経論,人口論,植民政策 …………………………… 217	現代日本文明史.第十六巻,宗教史 ……… 645
現代経済学全集.第二十六巻,世界經濟圖表 … 217	現代日本文明史.第十巻,殖民史 ………… 644
現代経済学全集.第二十七巻,本邦幣制制度改正論,限界効用学説史 ……………… 217	現代日本文明史.第十一巻,社会史 ……… 645
現代経済学全集.第二十巻,統計学 …… 217	現代日本文明史.第五巻,法律史 ………… 644
現代経済学全集.第二十四巻,経営経済学 …… 217	現代日本文明史.第一巻,一般史 ………… 644
現代経済学全集.第二十一巻,商業問題 …… 217	現代日本文学全集.10,二葉亭四迷集,嵯峨の屋御室集 …………………………………… 487
現代経済学全集.第六巻,日本経済史 …… 216	現代日本文学全集.11,正岡子規集 ……… 487
現代経済学全集.第七巻,経済学史 …… 216	現代日本文学全集.12,徳富蘆花集 ……… 488
現代経済学全集.第三巻,経済学原論 …… 216	現代日本文学全集.13,高山樗牛集,姉崎嘲風集,笹川臨風集 ……………………………… 488
現代経済学全集.第三十巻,企業財政論 …… 217	現代日本文学全集.14,泉鏡花集 ………… 488
現代経済学全集.第三十一巻:技術と経済 …… 217	現代日本文学全集.15,國木田獨歩集 …… 488
現代経済学全集.第十六巻,工業政策.交通政策 … 216	現代日本文学全集.16,島崎藤村集 ……… 488
現代経済学全集.第十七巻,商業政策 …… 216	現代日本文学全集.17,田山花袋集 ……… 488
現代経済学全集.第十三巻,景気変動論 …… 216	現代日本文学全集.18,徳田秋聲集 ……… 488
現代経済学全集.第十四巻,金融論 …… 216	現代日本文学全集.19,夏目漱石集 ……… 488
現代経済学全集.第十五巻,農業政策 …… 216	現代日本文学全集.1,明治開化期文学集 … 487
現代経済学全集.第十一巻,貨幣制度 …… 216	現代日本文学全集.20,阿部次郎集,上田敏集,厨川白村集 ……………………………… 488
現代経済学全集.第一巻,経済学總論 …… 216	現代日本文学全集.21,正宗白鳥集 ……… 488
現代経済学説 ……………………………… 224	現代日本文学全集.22,永井荷風集 ……… 488
現代倫理学の理念 ………………………… 37	現代日本文学全集.23,岩野泡鳴集,上司小剣集,小川未明集 ……………………………… 488
現代漫画大観.第3編,漫画明治大正史 … 564	
現代漫画大観.第6編,東西漫画集 ……… 564	現代日本文学全集.24,谷崎潤一郎集 …… 488
現代漫画大観.第二編,文藝名作漫画 … 564	現代日本文学全集.25,志賀直哉集 ……… 488
現代漫画大観.第一編,現代世相漫画 … 564	

現代日本文学全集.26,武者小路實篤集 …… 488	現代日本政治講座.第四卷,現代政治勢力の分析 … 109
現代日本文学全集.27,有島武郎集,有島生馬集 … 488	現代日本政治講座.第五卷,現代政治體制の再組織論…
現代日本文学全集.28,島村抱月集,生田長江集,中澤臨	…… 109
川集,片上伸集,吉江孤雁集 …………… 488	現代日本政治講座.第一卷,現代政治の展開過程 … 109
現代日本文学全集.29,佐藤春夫集,里見惇集 …… 489	現代日本政治論 …………………………… 117,162
現代日本文学全集.2,坪内逍遥集 …………… 487	現代日用電気学講話 ………………………… 914
現代日本文学全集.30,芥川龍之介集 ………… 489	現代商業の基本問題 …………………………… 367
現代日本文学全集.31,菊池寛集 ……………… 489	現代商業法規教科書.商法篇 …………………… 183
現代日本文学全集.32,近松秋江集,久米正雄集 … 489	現代商業美術全集.第八卷,電気応用広告集 …… 568
現代日本文学全集.33,少年文学集 …………… 489	現代商業美術全集.第二卷,実用ポスター圖案集 … 567
現代日本文学全集.34,歴史家庭小説集 ………… 489	現代商業美術全集.第二十卷,小印刷物及型物図案集…
現代日本文学全集.35,現代劇曲名作集 ………… 489	…… 568
現代日本文学全集.36,紀行随筆集 …………… 489	現代商業美術全集.第九卷,店頭店内設備集 …… 568
現代日本文学全集.37,現代日本詩集,現代日本漢詩集	現代商業美術全集.第七卷,實用看板意匠集 …… 568
…………… 489	現代商業美術全集.第十八卷,チラシ・レッテル図案集
現代日本文学全集.38,現代短歌集,現代俳句集 … 489	…… 568
現代日本文学全集.39,社会文学集 …………… 489	現代商業美術全集.第十二卷,包紙・容器・意匠図案集
現代日本文学全集.3,森鴎外集 ……………… 487	…… 568
現代日本文学全集.40,伊藤左千夫集,長塚節集,高浜虚	現代商業美術全集.第十卷,賣出し街頭装飾集 …… 568
子集 ………………………………………… 489	現代商業美術全集.第十三卷,新聞雑誌広告作例集……
現代日本文学全集.41,長谷川如是閑集,内田魯庵集,武	…… 568
林無想庵集 ………………………………… 489	現代商業美術全集.第十四卷,写真及漫画応用広告集…
現代日本文学全集.42,鈴木三重吉集,森田草平集	…… 568
………… 489	現代商業美術全集.第十一卷,出品陳列装飾集 …… 568
現代日本文学全集.43,岡本綺堂集,長田幹彦集 … 489	現代商業美術全集.第四卷,各種ショーウェソドー装置集
現代日本文学全集.44,久保田万太郎集,長與善郎集,室	…… 567
生犀星集 …………………………………… 489	現代商業美術全集.第五卷,各種ショーウェソドー背景集
現代日本文学全集.45,石川啄木集 …………… 490	…… 567
現代日本文学全集.46,山本有三集,倉田百三集 … 490	現代上海語 …………………………………… 447
現代日本文学全集.47,吉田絃二郎集,藤森成吉集 ……	現代生活群書 ………………………………… 827
…………………………………………… 490	現代詩人全集.第八卷,生田春月集,堀口大学集,佐藤春
現代日本文学全集.48,廣津和郎集,葛西善蔵集,宇野浩	夫集 ………………………………………… 507
二集 ………………………………………… 490	現代詩人全集.第二卷,島崎藤村集,土井晩翠集,薄田泣
現代日本文学全集.49,戦争文学集 …………… 490	菫集 ………………………………………… 507
現代日本文学全集.4,徳富蘇峰集 …………… 487	現代詩人全集.第九卷,高村光太郎集,室生犀星集,萩原
現代日本文学全集.50,新興文学集 …………… 490	朔太郎集 …………………………………… 507
現代日本文学全集.5,三宅雪嶺集 …………… 487	現代詩人全集.第六卷,石川啄木集,山村暮鳥集,三富朽
現代日本文学全集.6,尾崎紅葉集 …………… 487	葉集 ………………………………………… 507
現代日本文学全集.7,広津柳浪集,川上眉山集,齋藤緑雨	現代詩人全集.第七卷,日夏耿之介集,西條八十集,加藤
集 …………………………………………… 487	介春集 ……………………………………… 507
現代日本文学全集.8,幸田露伴集 …………… 487	現代詩人全集.第三卷,蒲原有明集,岩野泡鳴集,野口米
現代日本文学全集.9,北村透谷集,樋口一葉集 … 487	次郎集 ……………………………………… 507
現代日本研究.マルクシズムの立場より ………… 111	現代詩人全集.第十二卷,柳澤健集,富田砕花集,百田宗
現代日本語:日英対訳文法及教材 ……………… 461	治集 ………………………………………… 508
現代日本語法の研究 …………………………… 461	現代詩人全集.第十卷,福士幸次郎集,佐藤惣之助集,丁
現代日本政治講座.第六卷,現代政治の課題 …… 109	家元麿集 …………………………………… 507
現代日本政治講座.第三卷,現代政治機構の分析 … 109	現代詩人全集.第十一卷,白鳥省吾集,福田正夫集,野口

雨情集	508
現代詩人全集.第四卷,河井醉茗集,橫瀨夜雨集,伊良子清白集	507
現代詩人全集.第五卷,北原白秋集,三木露風集,川路柳虹集	507
現代詩人全集.第一卷,初期十二詩人集	507
現代實用支那語講座.1,基本篇	448
現代實用支那語講座.2:会話篇第一	448
現代實用支那語講座.4:会話篇第三	448
現代實用支那語講座.6,作文篇	448
現代實用支那語講座.7:俗諺篇	448
現代世界史概論	583
現代世界史概説	583
現代式辞と卓上演説	705
現代手紙大辞典	464
現代書翰文寶典	463
現代書画家名鑑	565
現代数学の基礎概念.上	751
現代文化の哲学的反省	414
現代物理学の基礎理論	766
現代戯曲全集.第二卷	508
現代戯曲全集.第八卷	508
現代戯曲全集.第二十卷	509
現代戯曲全集.第九卷	509
現代戯曲全集.第六卷	508
現代戯曲全集.第七卷	508
現代戯曲全集.第三卷	508
現代戯曲全集.第十二卷	509
現代戯曲全集.第十八卷	509
現代戯曲全集.第十九卷	509
現代戯曲全集.第十六卷	508
現代戯曲全集.第十七卷	509
現代戯曲全集.第十卷	508
現代戯曲全集.第十三卷	509
現代戯曲全集.第十四卷	509
現代戯曲全集.第十五卷	509
現代戯曲全集.第十一卷	509
現代戯曲全集.第四卷	508
現代戯曲全集.第五卷	508
現代戯曲全集.第一卷	508
現代憲政の運用	114
現代心理学.第九卷,産業心理学.Ⅱ	42
現代心理学.第七卷,國防心理学	42
現代心乳業	949
現代新約聖書註解全書.第九卷,パウロ書簡総論 ガラテヤ書	56
現代新約聖書註解全書.第十卷,コロサイ書・ピレモン書・エペソ書・ピリピ書・ヤコブ書	56
現代刑事法学の諸問題	143
現代学校教育学	420
現代学校体育全集.小学校篇.第三卷,尋常科一.二年の体育	429
現代学校体育全集:小学校体育篇.第四卷,尋常科三.四年の体育	428
現代演劇論	575
現代訳日本古典太平記	648
現代音楽概観	572
現代印度の諸問題	122
現代印度論:英.印.ビルマ関係の再檢討	122
現代英国の商業革命	129
現代英國論	129
現代英吉利経済の分析	282
現代英米哲学	30
現代用兵論	208
現代哲学概論	14
現代哲学全集.第九卷,現代の心理学	10
現代哲学全集.第十二卷,近代科学	10
現代哲学全集.第十卷,論理学	10
現代哲学者論	24
現代政治の動向	88
現代政治の革新論	112
現代政治の科学的観測	82
現代政治機構の分析	162
現代支那	97
現代支那の変革過程	99
現代支那の財政経済	392
現代支那の根本問題	95
現代支那の土地問題	242
現代支那の文化と藝術	415
現代支那の政党	95
現代支那の政治と人物	95
現代支那概論:動かざる支那	106
現代支那概論:動く支那	106
現代支那概論:働く支那	106
現代支那講座.1,地理・歴史	1004
現代支那講座.2,政治.法制.外交	1005
現代支那講座.3,財政.金融	1005
現代支那講座.4,産業(一)	1005
現代支那講座.5,産業 二 貿易	1005
現代支那講座.6,社会文化	1005
現代支那論	94
現代支那批判	94
現代支那人精神構造の研究	96
現代支那人物批判	662

題名	頁
現代支那社会研究	102
現代支那史	591
現代支那史.IV,世界變局に立つ支那	596
現代支那史.I,三民主義;孫文遺嘱	596
現代支那事情の研究	96
現代支那思想の諸問題	20
現代支那研究	98
現代支那語法入門	445
現代祝賀弔祭演説辞典	460
現地に支那を視る:最近支那時局の再検討	99
現今の資本	398
現時局下の防空	198
現下の経済問題	234
現下日本の三大問題	136
現行法規解釈の鍵法律の謎	164
現行海軍法令	188
現行海軍法令類聚	191
現行海事法令	191
現行外國為替管理通論	409
現在支那講座.第六講,社会文化	1002
線管及板金細工	898
縣(河北省)ニ於ケル省、縣収入卜其ノ使途	394
憲法.皇室法	164
憲法撮要	165
憲法大意	165
憲法読本	164
憲法関係法規集	166
憲法略説	165
憲法十七條の精神	165
憲法十七條序説	165
憲法述義	165
憲法学の基礎理論	165
憲法要覧	162
憲法真義	165
憲法制定とロエスレル:日本憲法法諸原案の起草経緯と其の根本精神	165
相對性原理	768
相律	780
相模國こゆるぎ考:小淘綾	625
相撲	439
相生久夫君の片影	670
相続法大意	178
相続法論.下	180
香道	705
香港に於ケル新聞事業「總合資料」	406
香港戦記抄	198
香料と化粧品製造法	937
香料の配合	937
香料化学	938
香料及香粧品	938
香料製造科学	937
郷村建設理論,一名,中国民族之前途	105
郷土の地理研究法	708
郷土博物館	418
郷土化の図画手工	560
郷土民謡舞踊辞典	706
郷土史は如何に研究すべきか	581
郷土史研究の調査と方法	581
郷土研究愛知縣史要	649
詳解古事記新考.下巻	480
詳解古事記新考.中巻	480
詳解計算尺の使ひ方	751
詳解全訳漢文叢書.第二巻,日本外史.下	625
詳解日本美術史	557
詳解歳時記	483
詳説東洋歴史.下巻	604
詳説日本歴史.上巻	625
詳註対訳初等満洲語会話	447
向上の道	34
項羽　橋辨慶　熊坂　小督　野守:外四	506
消費経済	229
消費組合発達史論:英国協同組合運動	368
消費組合論	367
消化不良症の検討	851
硝子の驚異	929
硝子の生長	929
硝子加工法.全	340
小さい物理学	765
小辞林	467
小村壽太郎	685
小村壽太郎.北京篇	525
小児肺炎の診療	851
小児痙攣の診断と治療	850
小児科学.下巻	850
小風土記	533
小歌論	502
小國民版ソロモン海戦	518
小解剖学	833
小解剖学図譜	833
小笠原流包結のしるべ.上巻	953
小笠原流包結のしるべ.下巻	953
小麦の生産・消費・販賣とその事変前後の変動:山東省高密縣・青島市膠縣農村調査成績を中心として	329

小麦の研究	865
小麦及び麺粉	324
小麦製粉と製麺	865
小賣業の再編制	376
小鳥の飼ひ方	876
小農に関する研究	317
小農保護問題	333
小清河の水運	361
小清河航路概況	994
小泉八雲全集. 別冊	498
小泉八雲全集. 第六巻	498
小泉八雲全集. 第十七巻	498
小泉八雲全集. 第十四巻	498
小泉八雲全集. 第十一巻	498
小泉八雲全集. 第四巻	498
小泉八雲全集. 第五巻	498
小説集富島松五郎傳	519
小説金属. 下巻, 軽金属篇	544
小田切文庫目録	1024
小外科操典	848
小外科総論	848
小衛生学	822
小細菌学	836
小形活動写真術. 上巻	577
小型レフの上手な使ひ方	888
小型電気製作設計及取扱法	915
小学地理書附図の観方と使ひ方	427
小学國語読本. 巻八	427
小学國語読本. 巻二	427
小学國語読本. 巻七	427
小学國語読本. 巻十一	427
小学國語読本. 巻四	427
小学日本語讀本教学法. 巻一	427
小学校に於ける競技之實際. 第壱編	437
小学校に於ける新(生命)体操の学習	437
小学校体操科解説:体操・教練	436
小学校武道要目柔道教授全書	438
小学自習用新修全科辞典	1017
小煙草学	353
小眼科学. 上巻	852
小医化学實習	832
小原流盛花瓶華の生け方	869
小沢太兵衛伝記	668
小澤太兵衛伝記	673
小組織学	833
効果的速成式標準日本語讀本. 巻一	455
校訂大日本歴史集成. 上巻	619
校訂大日本歴史集成. 下巻	619,626
校訂古事記傳. 前篇	536
校訂古語拾遺新註	630
校訂日本石器時代提要	635
校修三角法教科書	760
校正の研究	416
校注日本文学大系. 第23巻	493
校注日本文学大系. 第八巻, 今昔物語(上巻)	492
校注日本文学大系. 第二巻, 竹物語, 伊勢物語, 大和物語, 濱松中納言物語, 無名草子, とりかへばや物語, 堤中納言物語	491
校注日本文学大系. 第二十二巻, 狂言記	493
校注日本文学大系. 第二十巻, 謡曲(上巻)	492
校注日本文学大系. 第二十四巻, 懐風藻, 凌雲集, 文華秀麗集, 經國集, 本朝続本粋	491
校注日本文学大系. 第二十五巻, 國文学研究資料, 國文学研究書目, 索引. 総目録	493
校注日本文学大系. 第二十一巻, 謡曲(下巻)	493
校注日本文学大系. 第九巻, 今昔物語(下巻)	492
校注日本文学大系. 第六巻, 源氏物語(上巻)	492
校注日本文学大系. 第七巻, 源氏物語(下巻)	492
校注日本文学大系. 第三巻, 土佐日記, 蜻蛉日記, 和泉式部日記, 紫式部日記, 更級日記, 東関紀行, 十六夜日記, 清少納言枕草子, 方丈記, 徒然草	491
校注日本文学大系. 第十八巻, 太平記(下巻), 吉野拾遺, 神皇正統記	492
校注日本文学大系. 第十九巻, お伽草子, 鳴門中将物語, 松帆浦物語, 鳥部山物語, 秋の夜の長物語, 鴨鷺合戦物語	492
校注日本文学大系. 第十六巻, 源平盛衰記(下巻)	492
校注日本文学大系. 第十七巻, 太平記(上巻)	492
校注日本文学大系. 第十巻, 宇治拾遺物語, 古今著聞集	492
校注日本文学大系. 第十三巻, 月のゆくへ, 池の藻屑, 豊鑑, 義経記	492
校注日本文学大系. 第十四巻, 保元物語, 平治物語, 平家物語	492
校注日本文学大系. 第十五巻, 源平盛衰記(上巻)	492
校注日本文学大系. 第十一巻, 楽華物語	492
校注日本文学大系. 第四巻, 宇津保物語	491
校注日本文学大系. 第五巻, 落窪物語, 狭衣, 住吉物語, 石清水物語	491
校注日本文学大系. 第一巻, 古事記, 風地記, 祝詞附寿詞宣命, 高橋氏文, 日本書紀(神代巻)	491
校注諸国民俗問状答	704
校註大鏡	632
校註大鏡解釈	535

笑ひなき國	713
協同組合の理論	308
協同組合原論	334
写樂	560
写真の失敗とその原因	566
写真レンズ解説	888
写真化学	888
写真色素概論	566
寫實	556
寫眞	888
寫眞レンズ解説	888
寫眞及印刷材料化学	934
心の世界:心理学入門	43
心境の世界	729
心理の戦争	194
心理学	42
心理学と生活	42
心理学概論	42
心理学綱要	42
心理学講話	42,43
心霊哲学の現状	43
心身鍛錬深呼吸健康法	828
心身改造能力発現法	824
心学.第二巻,研究篇	26
心学.第七巻	26
心学.第四巻	26
心学.第五巻,心学の経済思想,心学と禅,小声尾額に関する文献	26
心学(研究学).第三巻	26
心学(研究学).第一巻	26
心臓機能不整診断立治療	847
新々露語獨習	453
新々日露会話	457
新しいゴルフ術	438
新しい生花の上達法	569
新しい物象の学び方	745
新しき植民地	545
新コンサイス英和辞典	450
新ドイツ偉人伝	690
新ドイツ語講座.第八号	451
新ドイツ語講座.第二号	451
新ドイツ語講座.第九号	451
新ドイツ語講座.第六号	451
新ドイツ語講座.第三号	451
新ドイツ語講座.第十二号	650
新ドイツ語講座.第十二巻	452
新ドイツ語講座.第十号	451
新ドイツ語講座.第十一号	451,452
新ドイツ語講座.第四号	451
新ドイツ語講座.第五号	452
新版大綱日本植物分類学	808
新版大日本人名辞典.上巻従ァ至ソ	666
新版広告の常識	369
新版廣告の常識	368
新版国際経済の理論と問題	233
新版國際経済の理論と問題	235
新版國民経済学	291
新版経営学概論	306
新版蒙古土産	530
新版民族日本歴史.1,建国編	620
新版民族日本歴史.2,王朝編	620
新版民族日本歴史.3,封建編	620
新版民族日本歴史.4,戦国編	620
新版民族日本歴史.5,近世編	620
新版民族日本歴史.建国編	621
新版食品の化学	947
新版刑法の常識	184
新編裁縫学全書	954
新編電気機械.第一編,直流機及交流発電機	916
新編電気機械.第一編,直流機及交流発發電機	916
新編電氣鉄道.第二編	986
新編法学通論	139
新編肥料学全書	860
新編工作機械.上巻	900
新編家畜生理学	874
新編鉱床地質学	794
新編女子東洋史.修正版	591
新編色染学.下巻,捺染篇	946
新編食用植物誌	810
新編實用機織学:手織機編	943
新編實用機織学:織物組織及製造編.後編	943
新編送電配電(改稿)	917
新編哲学概論	11
新兵器	208
新兵器と化学戦	208
新産業科学	235
新辞典	467
新村出選集.第三巻,史伝篇典籍篇	66
新村出選集.第一巻,南蛮篇.乾	66
新存在論	13
新刀古刀大鑑.上巻	700
新刀古刀大鑑.下巻	679
新島襄先生の生涯:教育報國篇	677
新地理教育原論	422

新地質学概論	792
新定商業簿記の常識	371
新訂ドイツ文学史	656
新訂版新聞語辞典	417
新訂簿記学	295
新訂財産法概論	175
新訂船用ボイラ	992
新訂工場経営論	303
新訂工場経営統計	352
新訂工業会計及原価計算	339,340
新訂工業金融	338
新訂陸運	360
新訂農用薬剤学	865
新訂企業形態論	303
新訂橋	987
新訂日本二千六百年史	612
新訂商況欄の見方	226
新訂商品学の常識	386
新訂商業概論	366
新訂商業通論	364
新訂商業組合解説	376
新訂数学公式	753
新訂司法警察實務要綱	186
新訂維新史考	646
新訂舞楽図説.右	573
新訂舞楽図説.左	573
新訂詳解漢和大辞典	446
新訂詳解漢和大字典	446
新訂小農経済と協同組合	317
新訂増補工場設備	338
新訂増補國語音韻論	459
新訂増補会計法規通論	168
新訂支那の経済と資源	258
新東の謎を解く:株價機構の新しい研究	318
新東亜.世界地理教授	239
新東亜建設と史観	607
新東亞建設を中心とせる帝國外交条約輯	136
新東亞経済地理	259
新都市の構成	977
新獨逸法令集	189
新獨逸國家大系.第八卷,法律篇.4,行政法.家族及び遺産法	125
新獨逸國家大系.第二卷,政治篇.2,教育.文化	126
新獨逸國家大系.第二卷,政治篇.2,教育・文化	125
新獨逸國家大系.第九卷,経済篇.1,経済の構成	125
新獨逸國家大系.第六卷,法律篇.2,商法.経済法.社会保險	126
新獨逸國家大系.第七卷,法律篇.1,刑法・民事訴訟法・労働法	125
新獨逸國家大系.第三卷,政治篇.3,國法的基礎.國防軍	125,126
新獨逸國家大系.第十二卷,経済篇.4,財政.金融	125,126
新獨逸國家大系.第十二卷,経済篇4 財政.金融	126
新獨逸國家大系.第十卷,経済篇2 経済政策	125
新獨逸國家大系.第十一卷,経済篇.3:社会政策.労働政策	125
新獨逸國家大系.第四卷,政治篇.4,ナチスの政治組織	125
新獨逸國家大系.第五卷,法律篇1 民法.強制執行	126
新獨逸國家大系.第一卷,政治篇.1	125
新獨逸國家大系.四卷,政治篇.4,ナチスの政治組織	126
新渡戸博士植民政策講義及論文集	92
新法に拠る会社重役の職務及責任	169
新法に据る会社重役の職務及責任	181
新法参照會社設立案内	304
新法学の課題:國防國家と法秩序	161
新法学辞典	164
新法学辞典.上卷	164
新法学辞典.下卷	164
新法学全集.12,民法Ⅵ,戸籍法及び寄留法	159
新法学全集.17,商法Ⅳ,手形法.小切手法,銀行法	159
新法学全集.17,商法Ⅴ,商行為法(1)	160
新法学全集.19,國際法,平時國際法.第1部	160
新法学全集.22,民事訴訟法Ⅱ	160
新法学全集.第八卷,民法.Ⅱ,物権法	161,175
新法学全集.第二卷,行政法.Ⅰ,行政法総則,行政組織法	159
新法学全集.第二十八卷	160
新法学全集.第二十九卷,諸法.Ⅱ,工業所有権法,鉱業法,漁業法,畜産法	160
新法学全集.第二十六卷,民事訴訟法,調停法,和議法	160
新法学全集.第二十七卷,國際法.Ⅲ,戦時國際法,国際共通法,国籍法	160
新法学全集.第二十七卷,強制執行法	160
新法学全集.第二十卷,保険法,海上保険法	160
新法学全集.第二十三卷,民事訴訟法.Ⅲ,特別訴訟手續,非訟事件手續法	160

新法学全集.第二十四卷,民事訴訟法.Ⅳ,破産法,和議法 …… 175
新法学全集.第二十四卷,刑法各論 …… 184
新法学全集.第二十五卷,刑事法.Ⅲ,刑事訴訟法,少年法,陪審法,軍法会議法 …… 188
新法学全集.第二十一卷,民事訴訟法.Ⅰ …… 160
新法学全集.第九卷,民法.Ⅲ,担保物権法.1 …… 159
新法学全集.第六卷,行政法.Ⅴ,文化行政法,社会行政法,租税法,専売法,地方税法,軍事行政法 …… 167
新法学全集.第七卷,民法.Ⅰ,民法総則 …… 175
新法学全集.第三卷,行政法.Ⅱ,官吏法,行政訴訟法,地方自治法,警察法 …… 159
新法学全集.第三卷,選擧法,議院法,會計法,外地法 …… 166
新法学全集.第三十卷,平時国際法.第一部 …… 160
新法学全集.第三十三卷,經濟統制法,山林法,漁業法 …… 161
新法学全集.第三十四卷,鑛業法,農業法,畜産法 …… 161
新法学全集.第三十一卷,諸法.Ⅳ,労働法,産業法,衛生法 …… 160
新法学全集.第十八卷,刑事法.Ⅰ,刑法総論,行刑法 …… 160
新法学全集.第十九卷,刑事法.2,刑法各論,軍刑法,治安維持法,刑事補償法 …… 160
新法学全集.第十七卷,商法総則,銀行法 …… 161
新法学全集.第十卷,民法總則.下卷 …… 159
新法学全集.第十三卷,民法.7,信託法,信託業法,無盡法,有價證券法,特別擔保法 …… 159
新法学全集.第十三卷,契約法,事務管理.不当利得.不法行為 …… 159
新法学全集.第十五卷,商法Ⅱⅰ会社法,社債法 …… 159
新法学全集.第十五卷,相続法,無尽法 …… 152
新法学全集.第十一卷,民法.Ⅴ,親族法,相続法 …… 159
新法学全集.第五卷,行政法.Ⅳ,公企業法,交通・通信法,外地法 …… 159
新法学全集.第五卷,行政争訟法 …… 161
新法学全集.第一卷,憲法,皇室法,議院法,選擧法,会計法 …… 159
新法学全集:新装版.第十九卷,商法.Ⅲ,會社法,社債法 …… 169
新法準據民事訴訟法判例集 …… 186
新汎米主義と米洲國際法 …… 189
新風土記叢書.4,出雲.石見 …… 704
新佛和辞典 …… 450
新稿貸借対照表論 上卷 …… 403
新稿有機化学.上下卷 …… 778
新稿戰時財政講話 …… 389

新共同海損法 …… 181
新共同海損要論 …… 131
新購買實務論 …… 302
新古今論抄 …… 481
新広東 …… 717
新規格に準據せる建築材料の研究 …… 975
新國際法建設の理論 …… 191
新國体論:国体の社会学的闡明 …… 116
新海上保險実務誌 …… 409
新漢和大字典 …… 466
新和英大辞典 …… 468
新会社法解説 …… 172
新会社法實務總説 …… 171
新吉林省概説 …… 716
新集團競技法 …… 436
新輯商業簿記.上卷 …… 371
新家相学 …… 965
新嘉坡と馬来半島 …… 650
新嘉坡と馬來半島 …… 723
新嘉坡根据地:英國の極東作戰 …… 207
新建築材料学 …… 975
新疆省ニ於ケル貿易.二 …… 374
新疆省ノ現状 …… 602
新疆省から印度へ …… 732
新疆遊紀 …… 721
新講大日本史.第8卷,明治時代史,大正昭和時代史 …… 624
新講鉱物資源の新研究 …… 794
新講實踐論理学 …… 37
新解ロシヤ語文法 …… 453
新解古事記 …… 481
新京ヲ中心トスル産業経済事情:資料時報 …… 328
新経済の理論と実際 …… 264
新経済の理論と實際 …… 268
新経済メモ:新聞経済語解説 …… 226
新経済辞典 …… 227
新経済論理 …… 223
新経済体制研究 …… 266
新経済学批判 …… 224
新経済学入門.上卷 …… 224
新経済知識 …… 229
新旧比照頭註挿入商法改正法 …… 182
新旧体制染織物解説 …… 940
新劇四十年 …… 575
新考地理通論 …… 429
新考地形学.第二卷 …… 797
新考地形学.第一卷 …… 797

新考地形学索引.第一卷,第二卷	150
新考日本地理:乙表準據	430
新利子論研究	398
新令工場法の運用	172
新論理学講義	34
新漫画の描き方	563
新民農業讀本	320
新民事訴訟法学説判例總覽.上卷	186
新民事訴訟法学説判例總覽.下卷	186
新民事訴訟法学説判例總覽.中卷	186
新民事訴訟實例書式手續總攬	173
新民訴人事非訴新書式全集	141
新民諸のアジア東北	79
新民主義の理論と其展開	100
新民主義ノ理論ト其展開	85
新民主義概論	105
新民族論	78
新南洋地誌	722
新女大學	76
新欧羅巴の誕生	88
新篇電気磁気測定.第一篇	918
新企業形態の理論	305
新企業形態論:統制会、国策会社、営団ノ比較的考察	306
新日本の財政経済	395
新日本の建設	114
新日本地図	735
新日本児童文庫.10,日本の海軍	1013
新日本児童文庫.7,發明と工業の日本	1013
新日本児童文庫.8,航空少年讀本	1013
新日本美論	40
新日本人物大系	664
新日本人物大系.満洲篇.朝鮮篇.在支篇	665
新日本史.第二卷	725
新日本史.第三卷	725
新日本史.第四卷	613
新日本史.第一卷	725
新日本体育	436
新日本圖帖	735
新日本外史	622
新日本文学全集.第八卷,林房雄集	490
新日本文学全集.第二十六卷,火野葦平集	491
新日本文学全集.第二十卷,石川達三集	491
新日本文学全集.第二十四卷,上田廣集,日比野士朗集	491
新日本文学全集.第二十五卷,岡本かの子集	491
新日本文学全集.第九卷,武田麟太郎集	490
新日本文学全集.第六卷,尾崎士郎集	490
新日本文学全集.第十八卷,丹羽文雄集	491
新日本文学全集.第十七卷,石坂洋次郎集	490
新日本文学全集.第十卷,井伏鱒二集	490
新日本文学全集.第十四卷,坪田譲治集	490
新日本文学全集.第十一卷,林芙美子集	490
新日本文学全集.第四卷,牧野信一集　嘉村礒多集　北條民雄集　梶井基次郎集	490
新日本文学全集.第一卷,横光利一集	490
新商法釈義	181
新商法書式正解	181
新商業組織論	364
新社会学要綱	71
新生活の建設	74
新生活美の方向	41
新生蒙古の首都:張家口風土記	721
新生命論	802
新生支那と明朗北支	95
新生支那経営論	242
新時代の商業文範	463
新示方書に依る橋梁工学	988
新世界の構想と現實	89
新世界の印象	729
新世界観の構想	37
新世界観講座.第二卷	115
新世界経済年報.5,世界新秩序とわが広域経済	234
新式獨和大辞典	452
新式獨文解釈法	452
新式商業簿記精義	371
新式商業大綱.下卷	366
新式算術教科書	431
新式珠算上達速成法	755
新事務必携	77
新釈近古史談	621
新手工科教材及教授法	428
新書太閣記.第八卷,秀吉篇.下.四	516
新書太閣記.第六卷,秀吉篇.下ノ二	516
新書太閣記.第三卷,秀吉篇.上	516
新税の話:昭和十四年度版	141
新説有機化学	778
新飼料の知識	871
新胎生学	850
新体皇国史:甲表準据　上級用前篇	617
新体支那時文綱要	444
新体制の基礎帝國憲法論	165
新体制の経済	235

新体制の理論:政治・経済・文化・東亞の新原理	116
新体制の指導原理:我國体に基く現代の革新	114
新体制辞典	83
新体制度日本有限会社設立案内:新体制必須機構たる小型株式会社設立の詳細	311
新体制講話	114
新体制下に於ける工場管理	338
新体制下に於ける日常禮儀作法全書	705
新体制下の経済	228
新体制下の新聞構想	416
新体制下の戦時経済問題	195
新体綜合註釈大六法全書	163
新天文講話	785
新外國地図	430
新外國爲替管理法講話	405
新外科学. 上巻	848
新外科学. 下巻	848
新外科学各論. 上巻	848
新萬葉集. 別巻:宮廷篇	503
新萬葉集. 補巻	506
新萬葉集. 巻八	503
新萬葉集. 巻二	503
新萬葉集. 巻九	503
新萬葉集. 巻六	503
新萬葉集. 巻七	503
新萬葉集. 巻三	503
新萬葉集. 巻四	503
新萬葉集. 巻五	503
新萬葉集. 巻一	503
新文化論講座. 第六巻,文化と経済	414
新文明再建の精神	10
新文学論全集. 第五巻,文芸思潮	480
新聞そのをりく	416
新聞とニュース	416
新聞とユダヤ人	416
新聞に見れた明治大事変記録集成	647
新聞記者と新聞	416
新聞経済面の読み方. 産業篇	435
新聞経済面の読み方. 相場篇	435
新聞経済面の讀み方. 為替.貿易篇	435
新聞五十年史	417
新聞語辞典	417
新聞展望台	416
新聞政治外交記事の基礎知識	109
新聞紙の内外	416
新聞紙講話	952
新物理学と量子	766
新西域記. 上巻	721
新西域記. 下巻	721
新顯色染料の研究	946
新現地型邦人生活讀本	98
新興産業の基礎知識. 2,アルミニウム	353
新興化学の常識	927
新興日本語研究	457
新興商品概説	367
新興寫眞術	566
新修シェークスピヤ全集. 第八巻,ヘンリー四世.第二部	546
新修シェークスピヤ全集. 第二巻,間ちがひつづき	545
新修シェークスピヤ全集. 第二十八巻,オセロー	547
新修シェークスピヤ全集. 第二十二巻,以尺報尺	547
新修シェークスピヤ全集. 第二十九巻,マクベス	547
新修シェークスピヤ全集. 第二十六巻,デュリヤス.シーザー	547
新修シェークスピヤ全集. 第二十七巻,ハムレット	547
新修シェークスピヤ全集. 第二十巻,十二夜	547
新修シェークスピヤ全集. 第二十三巻,トロイラスとクレシダ	547
新修シェークスピヤ全集. 第二十四巻,タイタス・アンドロニカス	547
新修シェークスピヤ全集. 第二十五巻,ロミオとジェリエット	547
新修シェークスピヤ全集. 第二十一巻,末よければ總てよし	547
新修シェークスピヤ全集. 第九巻,ヘンリー五世	546
新修シェークスピヤ全集. 第六巻,リチャード二世	546
新修シェークスピヤ全集. 第七巻,ヘンリー四世.第一部	546
新修シェークスピヤ全集. 第三巻,ヴェローナの二紳士	546
新修シェークスピヤ全集. 第三十八巻,詩篇.其一	548
新修シェークスピヤ全集. 第三十二巻,コリオレーナス	548
新修シェークスピヤ全集. 第三十九巻,詩篇.其二	548
新修シェークスピヤ全集. 第三十六巻,冬の夜はなし	548
新修シェークスピヤ全集. 第三十七巻,颶風(テムペスト)	548

新修シェークスピヤ全集. 第三十巻, リヤ王	547	新修支那省別全誌. 第五巻, 貴州省　下	599
新修シェークスピヤ全集. 第三十三巻, アセンズのタイモン	548	新修支那省別全誌. 第一巻, 四川省　上	599
新修シェークスピヤ全集. 第三十四巻, ペリクリーズ	548	新修総合日本史概説. 上巻	624
新修シェークスピヤ全集. 第三十五巻, シムベリン	548	新修総合日本史概説. 上巻	624
新修シェークスピヤ全集. 第三十一巻, アントニーとクレオパトラ	548	新修綜合日本史概説. 上	615
新修シェークスピヤ全集. 第十八巻, むだ騒ぎ	547	新修綜合日本史概説. 下巻	615
新修シェークスピヤ全集. 第十二巻, ヘンリー六世. 第三部	546	新選大地図. 外国篇	735
新修シェークスピヤ全集. 第十九巻, お氣に召すま	547	新選化学問題集	432
新修シェークスピヤ全集. 第十六巻, ぢゃく馬馴らし	546	新選童話二年生	538
新修シェークスピヤ全集. 第十七巻, ウィンザーの陽気な女房	547	新選物理問題集	768
新修シェークスピヤ全集. 第十巻, ヘンリー六世. 第一部	546	新学校体操	437
新修シェークスピヤ全集. 第十三巻, リチャード三世	546	新血清学及演習法	841
新修シェークスピヤ全集. 第十四巻, ヘンリー八世	546	新尋常小学國史挿画解説	427
新修シェークスピヤ全集. 第十五巻, ヴェニスの商人	546	新薬学	855
新修シェークスピヤ全集. 第十一巻, ヘンリー六世. 第二部	546	新医化学	832
新修シェークスピヤ全集. 第四巻, 眞夏の夜の夢	546	新医科学提綱	804
新修シェークスピヤ全集. 第四十巻, シェークスピヤ研究栞	548	新医学化学提綱	805
新修シェークスピヤ全集. 第五巻, ヂョン王	546	新訳ハノンピアノ練習書	573
新修シェークスピヤ全集. 第一巻, 恋の骨折損	545	新訳佛教聖典. 坤	49
新修百科大辞典	1014	新訳佛教聖典. 乾	49
新修東洋倫理綱要	34	新訳漢和大辞典	468
新修國民日本歴史	622	新訳露和大辞典	453
新修漢和大字典	446	新譯十八史略	592
新修科学百科大系	1014	新語常識辞典	468
新修女子日本史:初年級用:高等女学校用	630	新語新知識	1017
新修日本書道史	564	新約全書解題	57
新修徒然草評訳	484	新戦術論:對電撃作戦	1024
新修支那省別全誌. 第八巻, 新彊省	599	新支那	99
新修支那省別全誌. 第二巻, 四川省. 下	599	新支那と新生活運動	97
新修支那省別全誌. 第六巻, 陝西省	599	新支那の誕生	94
新修支那省別全誌. 第七巻, 甘粛省. 寧夏省	599	新支那の指導精神	100
新修支那省別全誌. 第三巻, 雲南省　下	599	新支那を観る	240
新修支那省別全誌. 第四巻, 貴州省(上)	599	新支那読本	95
		新支那分省基本大地図. 第一輯, 山東省・河北省・山西省	735
		新支那建国読本	1005
		新支那経済の基本動向	241
		新支那論	85
		新支那現勢要覧	100
		新制・染織物仕上法	945
		新制女子西洋歴史	630
		新制平面幾何教科書	431
		新制三角	431
		新制三角法教科書	432
		新制商業法規大要. 商法篇	181
		新制商業法規大要商法教授指導	182
		新制商業公民教科書. 上巻	377

題名	頁
新制数学.第二類,甲類.上巻	750
新制数学.第一類.上巻,甲類	750
新制算術代数学:1〜3学年用.下巻	431
新制物理学問題解法粋	767
新制修身の研究	110
新制原価計算指導	293
新制植物学粋	808
新制準拠学生の東洋歴史	591
新制準拠学生の日本地理	430
新中等数学.中巻	430
新中國の大指導者汪精衛	663
新中國の経済動向	245
新中國原理新民主主義概論	597
新撰 諸祭神名総覧	706
新撰標準裁縫書.前編	954
新撰大人名辞典.第八巻	666
新撰大人名辞典.第二巻	665
新撰大人名辞典.第九巻	666
新撰大人名辞典.第六巻	666
新撰大人名辞典.第七巻	666
新撰大人名辞典.第三巻	666
新撰大人名辞典.第四巻	666
新撰大人名辞典.第五巻	666
新撰大人名辞典.第一巻	665
新撰電気機械:遞試受験豫備新講	916
新撰動物学	810
新撰児科学	850
新撰佛教辞典	51
新撰婦人病学	849
新撰鋼船構造学	992
新撰古銭大鑑	696
新撰解析幾何学教科書	762
新撰満洲事情	601
新撰日本年中行事講話	705
新撰日本食品成分總覽	947
新撰商業簿記	370
新撰現代文集成	501
新装維新十傑.第六巻,大久保利通その一	684
新子供研究講座:兒童心理篇	45
新自由主義	265
新字鑑	465
新作法書	705
新作舞踊と児童劇	537
薪水貼	529
薪炭学考料	932
信長・秀吉・家康	684
信念と實踐	34
信玄と謙信	672
信仰物理 黄道吉日	61
信用理論と戰時金融の實際	402
信州中馬の研究:近世日本陸上運輸史の一駒	360
星とフォード	695
星の学者	786
星の宇宙	787
星條旗墜ちたり	525
星座の話	787
興安東省 莫力達瓦旗及巴彦旗地方未耕地調査報告	323
興亡	591
興亡の支那を凝視めて	526
興亡五千年支那歴史の話	592
興亜の理想及経論	623
興亜財界新人譜	676
興亜産業大鑑	260
興亜建設の基礎知識	97
興亜経済の前途	268
興亜経済の原理	107
興亜経済論:蒙疆・北支篇	246
興亜論	108
興亜貿易論	376
興亜一路	110
興亜院執務提要	118
興亜政治経済研究.第二輯	262
興亜政治経済研究.第一輯	262
刑法	143,154
刑法に於ける名誉の保護	143
刑法大意.第二分冊	184
刑法大意.第一分冊	184
刑法学概説	143
刑法学粋	185
刑法研究.第十巻	185
刑法總論	184,185
刑事判例	184
刑事訴訟法	143,184
刑事訴訟法綱要	143
刑事訴訟法講義	185
刑事訴訟法陪審法刑事補償法先例大鑑:陪審法施行規則:司法警察官吏ノ職務ヲ行フヘキ者ノ指定ニ関スル件	184
刑事訴訟法質疑.回答.通牒.協議並判例総覧	186
行の哲学	34
行の哲学:教行信証新釈	54
行動経済学の立場より	220
行動主義心理学	43

行詰つた現代の図書教育	419
行列式	758
行為の全体的構造	35
行為的世界	42
行刑考査法提要	144
行友李風集	519
行政法	167
行政法.Ⅰ	166
行政法撮要.上巻	167
行政法撮要.下巻	167
行政法總則	166
行政機構改革論	118
行政刑法概論	141
行政行為の瑕疵	167
行政執行法詳論	166
形而上学	31
形而上学への道	29
形而上学序論	33
形態学的漢詩作法要義	483
形象図画教育の新機構	419
型録	903
幸福を求める	75
性ホルモンの応用領域	805
性格学入門	45
性相学原理	52
性欲研究と精神分析学	75
姓氏と家系	659
姓氏家系大辞書.第三巻,コクサ—タケ	659
姓氏家系大辞書.第四巻,タケ—ニワカ	659
姓氏家系大辞書.第五巻	659
姓氏家系大辞書.第一巻,ア—オホク	659
熊谷登久平画集:絵と文	563
修訂大日本国語辞典.第二巻	466
修訂大日本国語辞典.第三巻	466
修訂大日本国語辞典.第四巻	466
修訂大日本国語辞典.第五巻	466
修訂大日本国語辞典.第一巻	466
修訂交通論.第一巻,海運	362
修訂日本教育史	425
修訂新編日本文典.上	462
修訂中等三角法新教科書	432
修改文楽の研究	576
修身教育	422
修身教育の新体系	40
修身例話辞典	40
修省論	35
修養全集.10,立志奮闘物語	40
修養全集.11,処世常識寶典	40
修養三百六十五日	40
修正増補書式大全	142
袖珍電気宝典	914
銹:鉄のさび	898
胥各荘ニ於ケル銭舗.胥各荘土着資本實態調査中間報告	408
虚心文集.第七	1018
虚子選雜詠選集.第二集	484
需給上ヨリ見タル我國肥料問題[綜合資料](極密)	303
徐大総統と其周囲	662
畜産関係法規	172
畜産関係法規:昭和七年版	172
畜産学原論	871
蓄電池及取扱法.全:改訂版	917
蓄音機とレコード通	769
続.映画と鑑賞	576
続・航空気象学	999
続長江三十年	529
続大陸文化研究	415
続大日本歴史集成.上巻.二	613
続大日本歴史集成.上巻.一	613
続大日本歴史集成.下巻.二	613
続東洋思想の研究	20
続工業経済地理.1,工業立地論を中心として	342
続國史美談.後篇	626
続國史美談.中篇	627
続急急如律令録	138
続技術家評伝	681
続解説吉田松陰遺文集	64
続経済学研究	221
続科学断想	528
続良寛さま	517
続名品手帖	560
続南方の民族経済	277
続俳句講座.第二巻,教科書句篇	482
続俳句講座.第六巻,俳諧書指導篇	482
続俳句講座.第四巻,俳諧書誌篇	482
続俳句講座.第一巻,俳人評傳篇	482
続日本絵卷物集成.第三卷,絵因果経	563
続日本絵卷物集成.第一卷,因幡堂縁起 大江山絵詞 北野本地	563
続日本精神史研究	22
続若い人	513
続生活の發見	477
続囲碁読本	439

続囲碁讀本	439	学術の日本	752
続文樂の研究	576	学術通俗講演集	746
続西田哲学	29	学術研究と技術計画	419
続小児科の検討	850	学説實例土地収用法要鑑	166
続続群書類従.15,歌文部二.2	1013	学童と結核	847
続続群書類従.第10巻	1012	学童用模型飛行機とグライダーの作り方	428
続続群書類従.第11巻	1012	学問と人生	36
続続群書類従.第14巻	1012	学問のすすめ	665
続続群書類従.第16巻	1013	学習と受験幾何の征服	761
続続群書類従.第1巻	1012	学習と研究新しい物象の学び方:初級用	738
続続群書類従.第2巻	1012	学習百科辞典	1013
続続群書類従.第3巻	1012	学習参考新制化学の講義	432
続続群書類従.第4巻	1012	学習教導基本物理学	767
続続群書類従.第5巻	1012	学習受験登龍算術.全	752
続続群書類従.第6巻	1012	学習受験英語の總力	449
続続群書類従.第7巻	1012	学習受験最新幾何学精義	756
続有閑法学	162	学校と結核豫防	424
続哲学ノート	29	学校児童精神検査法指針	45
続支那佛教の研究	53	学校児童衛生講話資料	424
続支那農村物語	86	学校滑空訓練用滑空機製作法	996
続織田信長.二,中原布武の巻	683	学校家庭模型航空機の製作法	956
続植物記	807	学校健康管理:栄養教育篇	423
續北京の市民	704	学校教育社會教育講話資料集成.全	421
續戰時經濟法令集:戰時經濟を實際に運用すべき令.規則.告示を最近迄綱羅す	171	学校劇の創作法と演出法	472
宣傳技術	417	学校禮法.儀式篇	421
宣傳技術と欧洲大戰	88	学校球技全集.第二編	438
宣傳戰	201	学校球技全集.第一編	438
宣伝と広告	369	学校体育と学校衛生	436
宣戰の大詔	626	学校衛生	424
玄関.巻二	972	学校衛生概論	423
玄洋社社史	315	学修獨逸語自由	452
旋盤に依る精密加工法:特に(ヤトヒ)について	901	學び方の科學	744
旋盤に依る精密加工法:特にヤイトについて	901	學習指導地理教材の有機的統合	726
旋盤ネジ切り	901	雪	790
選挙読本	166	雪國の春	523
選炭	891	血圧亢進ノ病理及び其療法	847
学の形成と自然的世界:西洋哲学の歴史的研究	30	血圧亢進症	847
学び方全集理科	428	血液の科学	834
学べ!獨逸國民生活	128	血液記	834
学的に見た日本刀	902	血液型と輸血	834
学界偉人南方熊楠	686	旬報.165:十二月八日号	118
学生と読書	435	巡禮	529
学生と教養	420	荀子	19
学生と歴史	581	尋常小学裁縫新教授書	953
学生版大字典	468	尋常小学國史新指導書.上巻	429
学生英和辞典	450	尋常小学新算術取扱の実際	428
		尋三私の手工教育指導	426

訓練及び管理の實際に応用したる児童心理学 ……… 45	炎の河 ……………………………………………… 544
鴨緑江岸の税関史 ……………………………… 383	沿海洲及黒龍洲産の小麦並ライ麦の穀粒研究 …… 865
亜麻工業 ………………………………………… 866	沿黒龍地方の農業 ……………………………… 336
亜炭 ……………………………………………… 933	研究の回顧 ……………………………………… 824
亜西亜建設者 …………………………………… 121	研究社英米文学辞典 …………………………… 472
亜細亜に生きるの途 …………………………… 107	研究所風景 ……………………………………… 745
亜細亜の反抗白人世界的跋扈の終焉 ………… 92	研削砥石 ………………………………………… 902
亜細亜の内幕 …………………………………… 106	研削砥石の性能と其の選択法 ………………… 902
亜細亜を睨む 時宗と秀吉 …………………… 668	塩と民族 ………………………………………… 950
亜細亜大観 ……………………………………… 723	塩蔵實際 ………………………………………… 878
亜細亜横断記 …………………………………… 520	塩素工業の重要性と最近の発展 ……………… 354
亜細亜建設者 …………………………………… 663	厳窟王. 上巻 …………………………………… 688
亜細亜露西亜の住民 …………………………… 589	顔の人類学 ……………………………………… 815
亜細亜史概論:中世篇 …………………………… 596	顔の形態美 ……………………………………… 41
亜細亜探訪記 …………………………………… 552	顔を洗ふ ………………………………………… 528
亜細亜主義. 第1冊 …………………………… 85	顔料:製法・應用及試驗法 ……………………… 935
亞細亞露西亜の交通 …………………………… 357	眼病風土記 ……………………………………… 852
煙草と健康 ……………………………………… 828	眼科診療ノ實際. 全 …………………………… 852
煙草の歴史 ……………………………………… 950	演劇年鑑 ………………………………………… 576
煙台礬土頁岩試錐第二号作業成績表:自昭和十二年六月	演能手記 ………………………………………… 531
二十日 至六月三十日 ……………………… 344	硯と筆 …………………………………………… 698
煙台礬土頁岩試錐第三号作業成績表:自昭和十二年七月	羊と山羊 ………………………………………… 871
一日 至七月七日 …………………………… 344	羊毛工業 ………………………………………… 944
煙台礬土頁岩試錐第一号作業成績表:自昭和十二年六月	洋車 ……………………………………………… 526
一日至六月十九日 …………………………… 344	洋風庭園の造り方 ……………………………… 978
煙台礬土頁岩試錐調査第一次中間報告 ……… 344	洋服裁縫基礎篇 ………………………………… 955
円筒・球・回転円盤 …………………………… 907	洋画技法全科の研究 …………………………… 559
円沢山塊:日本山岳写真書 …………………… 727	洋食と支那料理 ………………………………… 958
延喜式祝詞講義. 巻三 ………………………… 707	洋食の食べ方と洋服の着方 ……………… 956,959
言海 ………………………………………… 466,467	洋式建築構造雛形 ……………………………… 973
言文対照漢訳日本文典 ………………………… 461	陽子江開港地埠頭及船舶経営ノ事変前現在状態及開発
言葉:風土と思考 ………………………………… 442	後ニ處スル対策案. 後篇 …………………… 991
言葉と心:心理学の諸問題 ……………………… 43	揚子江 …………………………………………… 718
言葉の歴史 ……………………………………… 442	揚子江水路誌. 第1巻,水路航泊總記 ………… 983
言葉の躾 ………………………………………… 457	揚子江水路誌. 第2巻,下揚子江及漢水 ……… 983
言葉の文化 ……………………………………… 442	揚子江水路誌. 第3巻,中揚子江及上揚子江 … 983
言葉は伸びる …………………………………… 422	養蜂 ……………………………………………… 876
言語美の國語の教育 …………………………… 442	養蜂の原理と實際 ……………………………… 876
言語形象学:教育的国語学序説. 上巻 ………… 455	養鶏飼料と配合法 ……………………………… 873
言語学原論 ……………………………………… 442	養老 清経 采女 通小町 小袖曽我:内五 …… 504
言語学原論:改訳新版 …………………………… 442	養豚の實際. 下巻 ……………………………… 872
言苑 ……………………………………………… 466	養豚相談 ………………………………………… 873
岩波版露和辞典 ………………………………… 453	様式の美学 ……………………………………… 554
岩波法律学小辞典 ……………………………… 83	窯辺陶話 ………………………………………… 698
岩波哲学辞典 …………………………………… 13	謡曲辞典 ………………………………………… 507
岩崎文庫和漢書目録 …………………………… 1022	謡曲界 …………………………………………… 576
岩石地質学 ……………………………………… 794	要領を得てよくわかる 古事記新解 ………… 1014

題名	頁
要説無機工業化学	928
要説有機化学	779
要提運動生理衛生学	436
薬の功罪	857
薬草園	518
薬化学夜話	831
薬剤辞典:増補改訂再版	797
薬理学.上巻	856
薬理学.下巻	856
薬理学提要	856
薬品検索表	855
薬品滅菌法	856
薬品配伍禁忌	856
薬物.Ⅱ	831
薬物学	856
薬学叢書植物監基	832
薬学大全書.第10巻	854
薬学大全書.第11巻	854
薬学大全書.第12巻	854
薬学大全書.第13巻	854
薬学大全書.第15巻	855
薬学大全書.第16巻	855
薬学大全書.第16巻	854
薬学大全書.第17巻	854
薬学大全書.第1巻	854,855
薬学大全書.第2巻	854
薬学大全書.第3巻	854
薬学大全書.第4巻	854
薬学大全書.第5巻	854,855
薬学大全書.第6巻	854
薬学大全書.第7巻	854
薬学大全書.第8巻	854
薬学大全書.第9巻	855
薬学大全書.第9巻	854
薬学理論化学	855
薬用植物学	832
薬用植物栽培法	867
薬治学講義	857
耶蘇傳	60
冶金学通論	892
野の鳥の生態	812
野の鳥の生態.Ⅱ	812
野の鳥の生態.Ⅲ,自然観察叢書	812
野の子.花の子	513
野菜の栽培・調理.上巻	868
野村望東尼伝	685
野口彌太郎画集	563
野口英世	682
野口英世博士傳	681
野鳥と共に	813
野鳥襍記:生態観察	812
野球戦術と其の規則	438
野生動物記	810
野聖乞食桃水	49
野戦兵器	208
野中兼三	665
夜の太陽を掲ぐるもの	527
葉煙草	346
一愛國者の生涯.山鹿素行物語	673
一八一二年ロシア戦役史	206
一般地質学	784
一般電気理論の考へ方と解き方:逓試第三種並第二種受験参考	914
一般函数論	760
一般家庭看護学	843
一般経済史概論	238
一般力学	764
一般人の鉄の歴史	341
一般生物学の概略	801
一般心理学	42
一般育児学	826
一般哲学史.1	13
一般哲学史.第2巻	13
一般植物学	807
一般鋳造法:鋳鋼	899
一般鋳造法:鋳鉄	899
一茶の研究	678
一次函数.その応用	760
一党政治論	128
一化学者の想出	691
一九三六年北支国際収支推計	393
一九三七年各國対外貿易統計(其ノ二)	381
一九三一年國際関係通鑑	117
一九一四年ヨリ一九一八年ニ亘ル白國戦線ニ於ケル氾濫ノ研究	206
一九一四年一一九一九年世界大戦史.後篇	197
一九一四年一一九一九年世界大戦史.前篇	197
一軍人の思想	691
一覽博識漢字速成	444
一流の人妻.子を作る	74
一目小僧その他	701
一日の保健生活の営み方	827
一日一話三百六十五日子供に聞かせる発明発見の話	537

一商人の支那の旅	720
一生無病のプラン	827
一眼レフの使い方	888
一億人の法律:國家總動員法の総合的研究	162
一週間	543
伊能忠敬の測量日記	968
伊勢参宮名所図会	727
伊太利亜.1939	128
伊太利移民の研究	128
伊藤博文傳.中巻	683
伊藤博文秘録	686
伊藤博文伝.上巻	683
伊藤博文伝.下巻	683
伊藤痴遊全集.第八巻	66
伊藤痴遊全集.第二巻	65
伊藤痴遊全集.第六巻	66
伊藤痴遊全集.第三巻,陸奥宗光壮士物語続	65
伊藤痴遊全集.第十八巻,西郷南洲終篇・木戸孝允終篇	66
伊藤痴遊全集.第十二巻	66
伊藤痴遊全集.第十巻	66
伊藤痴遊全集.第十四巻	66
伊藤痴遊全集.第十五巻	66
伊藤痴遊全集.第四巻,続快傑傳.上	65
伊藤痴遊全集.第一巻	65
伊藤痴遊全集.続第二巻,佐幕派の傑人	65
伊藤痴遊全集.続第五巻,續快傑傳.下	65
伊藤公と山懸公	684
伊藤仁斎荻生徂徠教育説選集	420
伊藤左千夫	677
伊萬里染付大皿の研究	570
衣.食.住	532
衣服の科学	954
衣類更生家庭染色	955
衣類整理の実際	955
医の哲学	820
医化学	832
医化学實驗法	832
医化学提要	832
医家獨逸語獨修書	452
医科物理学	765
医師開業術	830
医学の進歩.第1輯	820
医学序説	820
医薬品要説	857
医用昆虫学.上巻	836
医用生理学.上巻,緒論.血液.循環	834
医用生理学.中巻,呼吸・消化・尿排泄・体熱	834
医者の黒焼	821
移り行く支那	94
移動演劇図誌	575
疑問の黒枠	513
疑問の理科僕等の動物界	810
遺傳.優生.胎教.保育母の為めに	850
遺傳子説	804
遺伝と素質と体質	815
遺伝の研究	804
遺伝学叢話	804
遺伝学概論	804
蟻の世界	814
蟻通　忠度　熊野　遊行柳　藤戸:内八	504
易:万有無双原理	19
異國船撃攘秘史	205
異民族の支那統治史	591
訳文大日本史.1	620
訳文大日本史.10	621
訳文大日本史.2	620
訳文大日本史.3	620
訳文大日本史.4	620
訳文大日本史.5	621
訳文大日本史.6	621
訳文大日本史.7	621
訳文大日本史.8	621
訳文大日本史.9	621
訳文大日本野史.一	624
訳註日本考	728
意識と生命	35
義経傳:日本文化名著選	18
義経記,承久記,北条九代記	512
藝術論集	528
翼随筆航空技術	996
藝道の構成	479
藝能科研究	557
藝術の國と自然の國	520
藝術概論	555
藝術幻想	524
藝術論	556
藝術論集:近世歌論篇	483
藝術舞踊の研究	573
藝談集	575
譯文大日本史.一	625
議会政治論	118
音と生活	526
音のさまざま	572

題名	頁
音の世界	572
音感教育教授法.第一卷	572
音楽と生活	571
音楽と文化	571
音楽の法則と進化	572
音楽の教育	434
音楽通論	571
音楽文化史	572
音訓引標準漢字表	459
音韻論	459
陰極線管及陰極線式テレビジョン	919
陰医禮讃	534
銀.通貨為替論.各国別一支那.満洲	399
銀価と銀為替	390
銀行の平面計画	972
銀行薄記計算法	402
銀行簿記	403
銀行簿記大綱	403
銀行簿記教科書	403
銀行読本	402
銀行法規提要	168
銀行会社職員録	676
銀行論	402
銀行實務講座.第八卷,銀行實務法規解説	399
銀行實務講座.第二卷,銀行貸付	398
銀行實務講座.第六卷,銀行監査	398
銀行實務講座.第七卷,銀行原価計算	398
銀行實務講座.第三卷,銀行為替	398
銀行實務講座.第五卷,銀行会計	398
銀行實務誌	401
銀行職能論	402
引取用語辞書:株式.商品.金融.為替	226
隠れたる事実日本裏面史	633
隠れたる事実明治裏面史:續編	648
隠花植物分類一覧	810
印度 支那:佛印.タイビルマ.英領マレー	730
印度・西亜に於ける英國の暴政	129
印度に於ける英佛争覇史	651
印度のカースト:事實と体系	123
印度の分析	122
印度の民族運動	652
印度の全貌	122
印度の英雄ラーマ	688
印度は叫ぶ	122
印度を語る	122
印度ルート	358
印度読本	731
印度獨立戦争	652
印度藩王國	122
印度古代精神史	30
印度古代史	652
印度海運史	362
印度及び東南亜細亜美術史	559
印度及建築	966
印度教	60
印度美術の主調と表現	558
印度美術史	558
印度民族運動史	652
印度史	651
印度史の分析	652
印度思想史	30
印度統治機構の史的概観	123
印度五千年史	651
印度洋	796
印度洋物語	549
印度語の研究と活用	469
印度哲学宗教史	48
印度支那:フランスの政策とその発展	650
印度支那の民族と文化	650
印度支那密教史	53
印紙税法登録税法逐條正解	168
応永外寇の前後:中世の日鮮交渉	137
応用初等力学	764
応用地質学	791
応用電氣学	918
応用函数論	760
応用化学精義	782
応用鉱山地質学	889
応用鉱物学	791
応用力学	765
応用力学.第二編,水力学及び水力機械	765
応用力学.卷二	886
応用力学.上卷,固体力学編	764
応用力学.下卷,土性力学並液体力学編	764
応用植物生理学大要	808
応用自在工業便覧	883
応用自在最新簿記獨修書	296
応用自在座談の秘訣	75
英、波相互援助條約ヲ巡ル諸問題	132
英、米、佛、露各國及支那國間ノ條約	133
英、米、佛、蘇、航空工業ノ現状	363
英・獨・和法律経済用語新辞典	140
英帝國敗るゝの日	129
英帝國崩壊の豫言者:トマス.カーライルー	693

英帝國崩潰の真因:英國の防衛	196
英帝國及英國人	129
英獨和工業用語新辞典	450
英国の経済的勢力	282
英国を中心として	732
英国ノ石炭業(ムノゴレット) 日本ノ戦時経済(アヴァリン)	340
英国産業革命史	283
英国東印度商会秘史	381
英国発展史論	657
英国近代傑作集.上巻	545
英国史.上巻	656,657
英国史.下巻	656,657
英国征服記	514
英国の労働党	129
英國の戦時財政経済	397
英國の總選挙	129
英国近代傑作集.下巻	549
英國経済の衰頽過程	282
英國労働党のイデオロギー	129
英国文学史.第三巻	545
英國植民史全	657
英和・和英 水産用語辞典	462
英和貿易要語便覧	365
英和商業経済辞典	365
英傑山本権兵衛	674
英聯邦と東洋	129
英領マレー篇	277
英文簿記	297
英文通信	449
英文学史:ドライデン時代よりヴィクトリア	545
英雄ナポレオン陣中物語	544
英雄及び英雄崇拝	549
英雄論	659
英雄天才史傳バイロン	693
英語	448
英語より獨語へ	448
英語発達史	449
英語科学論文用語辞典	746
英語商業通信	449
英語商業通信文詳解	449
英語学辞典	450
英語最重要単語と急速暗記法	449
英字署名の仕方	565
英作文の第一歩	449
應用自在なる新洋服裁縫書:東京裁縫研究會藏版	955
蛍燈記.第一部	523
営口開港前後	253
営團と統制会:統裁主義社団法理論の展開	311
営團経済の倫理	309
営業案内電線電纜.第二巻,附属品	916
営業案内電線電纜.第一巻,附属品	916
営業免許制に就て.二,主として国家總動員法第十六條ノ三に基く企業の趨勢	291
営業免許制に就て.一	291
営業型録	381
螢石及螢石鉱床	794
映画と鑑賞	577
映画の認識	576
映画王チヤツプリン:その小傳と旅行記	693
映画文化論	576
映画五十年史	577
映画戦	577
映画政策論	576
硬毛併用新しい書方学習法	565
用字用語必携:仮名遣.送仮名.同訓,異議.漢字正俗.文法便覧	465
幽霊船	538
幽冥界研究資料.1	704
幽顯哲学:日本的性格の基礎理論	24
憂國の科学者高野長英	681
優良工育てた母	522
優良図書一覧	1024
油槽船の経営と運航	993
油絵・水彩画・素描の描き方	559
油絵の實技.下	559
油類工業分析	891
油脂.石鹸.塗料	936
油脂工業	936
油脂工業化学	936
油脂工業試験法	936
油脂化学	936
油脂化学及油脂各論	936
油脂及其の製品	936
油脂及其製品	936
油脂科化学及試験法	936
油脂實験法	937
柚子の木	501
猶太と反猶太	131,132
猶太と日本の戦ひ	200
猶太と世界戦争	196
猶太シオン運動の實相	91
猶太禍の世界	588

猶太民族の對日攻勢	131
猶太民族の世界的活動	91
猶太人の世界征略運動	132
猶太世界聯邦の陰謀	610
遊擊戰記	524
遊星から恒星へ	787
遊佐馬術	439
友邦中華民国	714
有島武郎集	519
有島武郎全集. 第二巻	500
有島武郎全集. 第九巻	501
有島武郎全集. 第六巻	501
有島武郎全集. 第七巻	501
有島武郎全集. 第三巻	500
有島武郎全集. 第十巻	501
有島武郎全集. 第十一巻	501
有島武郎全集. 第四巻	500
有島武郎全集. 第五巻	500
有島武郎全集. 第一巻	500
有機電気化学	928
有機電氣化學	781
有機分子化合物	778
有機工業化学. 中巻(1)	930
有機工業薬品製法	933
有機化合物に於ける接触反応	930
有機化学	777, 778
有機化学. I	779
有機化学. 上巻	779
有機化学. 下巻	779
有機化学の進歩. 第二輯	778
有機化学の進歩. 第一輯	777
有機化学概論. 上	778
有機化学講義	779
有機化学教科書. 後編	779
有機化学教科書. 前編	779
有機化学覽要	778
有機化学實驗法	776, 779
有機化学要説	778
有機生物化学	805
有機微量小量定量分析法. 全	782
有機製造工業化学. 下巻	930
有色民族の大不平:白民族の大煩悶	84
有限会社法釈義	169
有限会社設立案内	303
有限会社設立経理清算實務必携	305
有用鉱物の産地及用途	793
有職故實図譜	633
誘導電動機の設計:理論と設計	916
余の尊敬する人物	659
娯楽と民間芸術	704
魚	812
魚の博物学	812
魚の生活	812
魚介類の大腸菌とチフス菌	877
魚雷	909
魚類研究室	876
魚粕及びフィッシュミールの化学	876
魚粕類の製造	878
愚禿譜:親鸞聖人とその歴史的背景	55
漁獲物処理	878
漁業協同組合簿記	336
漁業組合法概要	172
漁業組合年鑑:昭和十六年版	335
宇津保物語. 上巻	510
宇治拾遺物語. 池の藻屑松蔭日記. 全	512
宇宙	787
宇宙と光:超人間的尺度の話	787
宇宙旅行	786
宇宙線	771
宇宙之進化	785
雨月　土車　摂待　國栖　雷電:別五	505
玉葱・葱類栽培の實際	868
玉井　景清　杜若　二人静　安達原:内九	504
育児読本	829
育児日記	829
育児實習書	829
育種	864
御大典記念　大阪案内記	724
御朱印船の人々	521
獄中に於ける予の感想	675
獄中の記	524
豫後及ビ附随症状・合併症併發症・後貽症ノ治療	842
豫算統計の研究	393
豫言大東亞戰争	205
元寇	197
元寇物語 風神	517
元禄文学辞典	479
元帥公爵大山厳	671
元帥山本五十六	674
元帥山本五十六傳	673
元帥山本五十六伝	673
元素原料鉱物	794
元田永孚	677

元元集の研究	25
元主忽必烈が欧州に派遣したる景教僧の旅行誌	720
原案準據國民学校案の實踐的解説	425
原敬傳.上卷	679
原理教材遊戯及競技法精義	440
原料と精練漂白法.全	946
原料争奪の世界観	237
原料争奪の世界戦	237
原綿性能論	944
原色鉱石図譜	889
原始佛教之研究	53
原始民族の心性と習俗	702
原始刑法の探求:高砂族の刑制研究	610
原価会計概論	294
原価計算	294,295
原価計算と価格政策.上卷	295
原価計算と価格政策.下卷	295
原価計算の要領	295
原価計算講座.第二部,實務篇	294
原価計算講座.第一部,原理編	294
原価計算論研究	292
原価計算入門の栞	294
原価計算総論	293
原価価格計算	293,294
原田家祖先画相	688
原文對訳中朝事實:帝者の書として生前乃木大将より東宮殿下に奉獻せし書	1014
原子の話	770
原子の人工転換	911
原子核の一般的性質	770
原子核物理学	770
原子及び原子核	770
原子物理学	770
園藝果樹生態論	868
園藝家必携	867
園芸必携	867
園芸手引:花の作り方.春の卷	869
圓域向輸出数量指数ト単価指数	385
源平盛衰記.上卷	636
源平盛衰記.下卷	636
源泉課税と其の實務	405
源氏と平家	621
源氏物語.卷八	510
源氏物語.卷二	510,512
源氏物語.卷二十	511
源氏物語.卷二十二	511
源氏物語.卷二十六	512
源氏物語.卷二十三	511
源氏物語.卷二十四	511
源氏物語.卷二十五	511
源氏物語.卷二十一	511
源氏物語.卷九	511
源氏物語.卷六	510
源氏物語.卷七	510
源氏物語.卷三	510
源氏物語.卷十	511
源氏物語.卷十八	511
源氏物語.卷十二	511
源氏物語.卷十九	511
源氏物語.卷十六	511
源氏物語.卷十七	511
源氏物語.卷十三	511
源氏物語.卷十四	511
源氏物語.卷十五	511
源氏物語.卷十一	511
源氏物語.卷四	510
源氏物語.卷五	510
源氏物語.卷一	510,512
源氏物語.上卷	512
源氏物語.下卷	512
縁起の構造	50
約説日本東洋西洋論理学史	38
月の科学	787
月別近代日本軍事史	204
月経と作業能力:女子運動と健民運動への一資料	823
躍進ドイツ読本	127
躍進朝鮮之産業	262
躍進支那を診る:中支から南支へ	96
伝染病診療の實際	845
芸能科図画工作大系	434
芸能文化論	574
芸術と道徳	554
芸術の歴史.Ⅰ	554
芸術の歴史.Ⅱ	554
芸術の顔	535
芸術の支那.科学の支那	527
芸術観想	555
芸術論	554
芸術論.1,芸術哲学	554
芸術論.2,芸術方法論	554
芸術論.3,批評と鑑賞	554
芸術論.4,芸術史論	554
芸術学	556

雲表を行く	567
雲岡の石窟とその時代	699
雲岡石窟とその時代	699
雲水遍路	712
運動と競技	435
運動の生理学:筋の働きを中心として	436
運動場建築	972
運動会の準備法と練習遊戯	437
運河の話:運河はかうして作る	990
運賃論	357
運命の丘	550
運輸資料	864
雑草三百種	865
雑草学	864
雑穀の増産	865
雑貨染色法. 上巻	947
雑貨染色法. 下巻	947
雑繊維織物試織見本	944
雑誌綜合目録	1025
災害ニ依ル農民ノ離村帰村状況調査.於静海県東五里庄	101
栽培實驗蘭と萬年青	869
再編成過程の農業機構	332
再編成過程の日本経済	276
再編成過程の日本中小産業	311
再訂関税経済論	385
再訂増補大日本歴史. 上巻	618
再訂増補大日本歴史. 下巻	619
再生記	514
在りし日の東洋詩人たち	478
在外本邦実業者之調査	312
在支邦人企業の国籍ニ関スル意見書	192
在支列國權益概説	134
早わかりテスト式鉱物学	433
早稲田通俗講話. 第三編, 地文鉱物講話	784
早老を防ぐ條件	828
造船工場読本	991
造船物語	991
造船学	992
造林方法ニ就イテ	870
造形の論理	554
造型美論	555
澤庵	55
澤柳全集.2	67
澤柳全集.6	66
曽国藩	662
増補 支那及び満洲関係条約及公文集	145
増補訂正大字典	466
増補訂正農業と産業組合	318
増補東洋文化史概説	607
増補児童心理学	45
増補浮世絵の印象	561
増補改訂眼科学. 下巻	852
増補改訂眼科学. 中巻	852
増補購買管理及倉庫管理	301
増補古今傳授沿革史論	625
増補国文法問題選	461
増補国語研究	456
増補機械の経済学	903
増補力織準備機構学. 上巻	943
増補力織準備機構学. 下巻	943
増補明解珠算要訣	754
増補燃料工業	934
増補日本民家史	966
増補世界経済の基礎知識	235
増補縮刷大字典	467
増補詳解漢和大字典	446
増補新編電信イロハ暗号	921
増補修正憲法提要	161
増補薬物配伍禁忌註解.全	855
増補遺伝之研究	804
増補優生結婚	829
増補豫算統制の研究	293
増補元田先生進講録	677
増補昭和維新史	644
増補政治思想史. 上巻	84
増補支那及び満洲関係条約及公文集	133
増補紫外線療法:特に太陽燈療法	842
増産要訣肥料と施肥の実際	861
増訂　日本思想史研究	22
増訂担保物権法	174
増訂改版芳賀自習漢和辞典	468
増訂改版会社法概論	141
増訂改版論理学	36
増訂改版日本民法総論	178
増訂改版刑事政策汎論	185
増訂改版学術論文の書き方	464
増訂国民日本歴史	622
増訂化学通論	774
増訂教育辞典	422
増訂解析概論:微分積分法及初等函数論	758
増訂近代日本外国関係史	137
増訂経済原論	224
増訂満洲発達史	601

 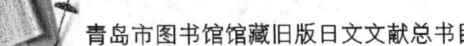

増訂民法大意	142
増訂民事責任論	142
増訂日本服飾史要	706
増訂日本國体の理論	115
増訂日本史学史	630
増訂日本思想史研究	24
増訂食物彙纂	947
増訂實習細菌学.各論.上	836
増訂天文学痛論	785
増訂土壌と肥料	860
増訂武江年表	634
増訂西洋全史	583
増訂心理学通義	42
増訂新修有識故宝	704
増訂行政法總論.上巻	167
増訂哲学辞典全	13
増加図書分類目録	1023
増修東洋史要	610
贈訂日本債権法各論.上巻	173
贈訂日本債権法各論.下巻	173
摘要西洋史地図	735
債権法概論:各論	178
債権法各論	179
債権法講義.総論	178
債権法講義案	142
債権法論.総論	142
債権法總論	179
債権各論	180
債権總論.上巻	176
債権總論.中巻之二	176
粘土細工と其楽焼の仕方	570
占領地統治ニ関スル若干ノ資料	100
戦ふ獨逸	127
戦ふ軍需企業:軍需省並に軍需会社法を繞りて	312
戦ふ木材	871
戦ふ日本の子供	109
戦ふ石油:石油の描く世界地図	341
戦車に見る獨ソ戦線	206
戦地から得た大陸の医学	820
戦闘の實相	203
戦費財政:戦時戦後の財政金融問題	131
戦國時代の武家法制	163
戦國時代史論	642
戦國式銅器の研究	699
戦後に於ける我國の経済及金融	268
戦後の独逸商業	379
戦後の経済に備へよ	236
戦後はどうなるか	96
戦捷の哲学的基礎知識.第一巻:戦力篇	194
戦局の現段階と航空戦	199
戦略と戦術	207
戦時.準戦時財政	391
戦時の家庭経済	959
戦時の金融と通貨	409
戦時の政治と公法	115
戦時ニ於ケル未国ノ中立ト其ノ経済的影響[綜合資料]	283
戦時産業施設考	270
戦時工場管理	312
戦時工業経営新講	351
戦時国際法論	191
戦時国民講座.上巻	23
戦時國際法	190
戦時國際法提要.上巻	191
戦時國際法提要.下巻	191
戦時國民講座.上巻	111
戦時海運研究	360
戦時化学産業讀本	340
戦時機械行政	903
戦時家庭経済料理	957
戦時家庭農園の實地指導	863
戦時家政学:戦ふ日本の家政教育	959
戦時金融	405
戦時経済と電力國策	351
戦時経済と新経済体制	195
戦時経済国策大系.第九巻,戦時経済と物価統制	264
戦時経済国策大系.第七巻,戦時経済と海運國策	264
戦時経済国策大系.第三巻,戦時経済と労務統制	264
戦時経済国策大系.第五巻,戦時経済と燃料國策	264
戦時経済国策大系.第一巻,戦時経済と物資調整	263
戦時経済講話	235
戦時経済論.3,現代配給統制政策	233
戦時経済論.4,現代貿易統制政策	233
戦時経済論.5,物価物資統制政策	233
戦時経済体制の基本問題	269
戦時経済統制の現段階と其前途	234
戦時労働政策の諸問題	300
戦時利潤統制論	313
戦時貿易實務の知識	379,380
戦時日本海運論	362
戦時日本政治の再編成	112
戦時商品科学	387
戦時社会常識百科事典	1013
戦時社会政策.上巻	300

戰時社会政策論	262
戰時社会最新百科事典:翼贊の新知識改題	1013
戰時生産論	233
戰時生活と物価統制	377
戰時石炭経済構造論	355
戰時食糧政策	319
戰時食生活入門	825
戰時時日本貿易論	375
戰時世界経済の物価.通貨.為替	390
戰時体制下のソ連	279
戰時統制経済論	238
戰時物価統制の諸問題	376
戰時物価統制論	377
戰時物価政策の研究	373
戰時下に於ける國民の税務	396
戰時下の國策会社	269
戰時下の日本外交	136
戰時下の山東経済界	255
戰時下の食糧と体位	333
戰時下の数学	754
戰時下漢口方面物資流通事情	302
戰時下健民と結核常識	845
戰時下日本婦人.子供服裁斷	954
戰時下傷者救急法	853
戰時下支那の貿易.金融	239
戰時刑事特別法解説	185
戰時宣伝論	119
戰時原料保障論	266
戰時再生資源:活用と回収	1000
戰時戰後の石炭問題	353
戰時戰後の中小商業	369
戰時支那経済と華僑送金	246
戰時支那農業建設の諸問題	321
戰時株式取引所論	404
戰時株式投資論:國民貯蓄形態としての株式	305
戰術学要綱	207
戰線・民家	525
戰線の博物学者.北支.蒙古篇	720
戰線詩集:附江上日記其他	484
戰陣医学	853
戰争.経済.生活	87
戰争.食糧.農業	317
戰争する石油	341
戰争とふたりの婦人	522
戰争と短歌	483
戰争と工業	352
戰争と古典物語	480
戰争と建設	200
戰争と経済	195
戰争と経済:大東亜戦の理論と評論	195
戰争と開発への科学	196
戰争と労働	300
戰争と平和.第一巻	542
戰争と人生	39
戰争と日本民族	649
戰争と日本語	454
戰争と生活の歴史	621
戰争と思想変革	35
戰争と文化	472
戰争と芸術の課題	472
戰争と造船	991
戰争と資源	237
戰争の犯罪に及ぼせる影響:第一次世界大戦時の独逸における	127
戰争の経済学	194,195
戰争の哲学	194
戰争本質論	194
戰争地理学研究	209
戰争法	191
戰争乎平和乎	194
戰争経済	237
戰争経済の動向	195
戰争経済の理論	195
戰争経済学入門	194
戰争類型史論	197
戰争史.世界現代篇.二	197
戰争史.世界現代篇.一	197
戰争史概観	196
戰争挑發責任者	91
戰争文学論	479
戰争哲学	194
戰争政記	108
戰の叫	196
戰ふ機械	904
戰亂の歐洲を行く	521
戰時必携救急手帖	848
張家口概況	716
張良　羅生門　鉄輪　藍染川　雲雀山:外五	506
彰德縣城附近二於ケル群小不在地主二就テ	330
昭和13年華北外國貿易第三國竝圓域對比統計年報.其ノ三,天津、青島、秦皇島、芝罘、龍口、威海衛(1938)	381
昭和15年度主要站貨物集散状況調査(膠縣、高密、濰縣站)	302

昭和16年上半期上海転口貿易統計半年報	382
昭和17年度第1次 北支農産物収穫高豫想調査報告	324
昭和二年度統計年報	70
昭和八年 拓務統計	67
昭和八年法律第五〇号に依る恩給法中改正の要点と改正後の恩給法	163
昭和版節付凡例観世流謡曲正本解説	484
昭和臣道實践読本	118
昭和風雲録	648
昭和国民讀本	119
昭和結び方研究	953
昭和九年 拓務統計	68
昭和九年度統計年報	70
昭和六年大連商工会議所統計年報.下編	68
昭和六年度統計年報	70
昭和模範書翰寶典	462
昭和七年度 統計年報	68
昭和三年度統計年報	69
昭和三年史	588
昭和十二年度ニ於ケル第二次移民団ノ予算及決算書	396
昭和十二年度ニ於ケル第二次移民団農事施設の決算報告	396
昭和十二年七月下旬ニ於ケル太原金融事情:山西省金融事情附録	408
昭和十二年統計年報	69
昭和十六度北支経済関係事業計画	248
昭和十六年版東亜経済年報	233
昭和十六年度業務功程	318
昭和十六年度中支産米豫想収穫高	324
昭和十六年運動年鑑	437
昭和十年度統計年報	70
昭和十年度統計年報.上編	68
昭和十年六月以降平津地方ニ於ケル日本勢力ノ動向	385
昭和十七年版労働年鑑	300
昭和十七年度収支決算書	393
昭和十三年 満洲農産物収穫高豫想	326
昭和十三年度ニ於ケル第二次移民団千振協拓組合ノ歳入歳出予算書	249
昭和十三年度統計年報	70
昭和十三年以降現行文部省例規總覽	164
昭和十四年 統計年報	68
昭和十四年の経営	264
昭和十四年朝日年鑑	1019
昭和十四年度統計年報	70
昭和十四年度羊毛工業統計年表	354
昭和十四年物価賃銀調査年報	374
昭和十五年朝日年鑑	1020
昭和十五年度満洲事業成績分析.第4回	246
昭和十五年中国二十九年 海州地区貿易統計表	374
昭和四年度統計年報	68
昭和維新:その経済的性格	269
昭和五年大連商工会議所統計年報.上編,貿易之部	372
昭和五年大連商工会議所統計年報.下編	68
昭和五年関東庁要覽	725
昭和五年統計年報	69
昭和新版物理学詳解講義	765
昭和新纂国訳大蔵経.第四部,経典部	51
昭和新纂国訳大蔵経.経典部.第九巻	51
昭和新纂国訳大蔵経.経典部.第七巻	51
昭和新纂国訳大蔵経.宗典部.第七巻	51
昭和一新論	108
昭和元年度統計年報	70
昭和製鋼所第四期増産計画書	352
昭南日本学園	425
肇国と建武中興との聖業	618
肇國と建武中興との聖業	636
肇國精神	23
肇國物語神武天皇の御東征	536
哲学と時代精神	10
哲学のこころ	10
哲学の話	10
哲学の一領域としての對象論の研究	13
哲学への道	33
哲学ノート	29
哲学的人間学	13
哲学読本	10
哲学汎論	10
哲学概論	11
哲学年鑑	11
哲学史箚記	14
哲学選輯	11
哲學的人間學	13
浙江財閥論:その基本的考察	309
浙江省杭江鉄路沿線ノ鉱産(抄訳)	793
枕草子	524
枕詞辞典	465
枕詞正解辞典.例歌引用	507
珍らしい裁判實話	143
珍本古今東西夢占ひ	45
真空管工学	919

真空管及び電球に於けるガラスと金属との熔封 …	929
真理の服装:子供服篇	955
真人横川省三伝	408
真如親王御傳	680
真實なる女性クラス・シュウマン	690
真行草三体ペン字辞典	565
真軒先生旧蔵書目録	1024
真珠湾潜航	524
真宗思想史	54
眞宮校長	508
眞實之道	46
眞珠湾	199
診断学的暗算の實踐体系	754
診療薄余白	746
征韓論の眞相と其の影響	645
蒸発,蒸溜及乾燥	927
蒸気	910
蒸気の力	910
蒸汽缶	910
蒸汽罐.上巻	910
蒸汽罐.下巻	910
蒸汽罐之設計	910
蒸汽機関	910
蒸汽原動機	910
蒸氣機関發達史	910
徴兵令制定史	203
整色写真術	888
正しい発音	459
正しい用語と用字基本語句 3100 語	460
正倉院考古記	700
正倉院御物特別展観目録	302
正法眼蔵訳意.第三巻	53
正食・正眠・正排	825
正太鉄道調査報告:運輸関係	359
正伝佐久間艇長	674
正則日本語講座.第十二巻,日本語教授法	456
政治.文化の新理念	111
政治・経済・民族	89
政治から倫理へ	82
政治の本質	82
政治の理論	88
政治地理学	708
政治経済講義.第十二号.第七十四回	64
政治経済講義.第十六号	64
政治経済講義.農業経済学	317
政治経済講義.現代社会思潮概観	72
政治経済講義.行政法要論	167
政治経済講義.植民政策	84
政治経済講義;政治史	93
政治経済学の方法	221
政治経済学の問題:生活原理と経済原理	232
政治経済語辞典	67
政治学	82
政治学研究.第一巻	82
政治哲学概論	82
政治政策学	82
証券市場の常識	409
証券市場改造論	404
鄭成功	662
鄭州ヲ中心トシタル工業	349
支那	534
支那.過去と現在	589
支那.満洲経済研究	241
支那.上海の経済的諸相	245
支那で成功する道	102
支那とフリーメーソン	60
支那と蒙古	106
支那と米國との関係	133
支那に於ける婚姻及び家族史	703
支那に於ける特殊通貨の研究:滙劃制度の研究	406
支那に於ける鉄道利権と列強の政策	358
支那に於ける外国銀行勢力の発展、公布及其の影響(翻訳)	406
支那に於ける言論の發達	416
支那に於ける租界の研究	134
支那に於け聚落(人口)分布の研究:山東省	77
支那に在りて思ふ	522
支那のユーモア	702
支那の奥地	95
支那の幣制.二	400
支那の幣制.三	400
支那の変局	99
支那の財政	388
支那の地方財政	392
支那の地理物語	715
支那の對外的国民運動	133
支那の發見	527
支那の反帝國主義運動	99
支那の紡績と織物	346
支那の佛塔	719
支那の工業と原料.第一巻.上	342
支那の工業と原料.第　巻.下	342
支那の工業機構	342
支那の國内闘争:共産党と國民党の相剋	99

支那の航行権問題	993	支那の天文学	786
支那の横顔	702	支那の鉄・石炭と東亜	794
支那の話	526	支那の鉄道	986
支那の幌子と風習	703	支那の鉄鉱と制鉄業:支那事変後の開発状態	344
支那の家族と村落	103	支那の通貨と貿易	392
支那の家族制	703	支那の通商史談	375
支那の解体と再統一	591	支那の土地と人	721
支那の戒克	993	支那の土匪と軍隊	106
支那の借款金融政策	406	支那の為替と金銀	392,405
支那の金融と通債	405	支那の文化と現代	414
支那の経済地理	258	支那の下層民	103
支那の経済機構	243	支那の現實.前編	97
支那の経済建設:事前と事後	246	支那の現實と理想	94
支那の経済心理	241	支那の現實と日本	97
支那の口語文学	475	支那の現状	94,1004
支那の労働運動	85	支那の心:続支那の人々	529
支那の歴史と文化	589	支那の新勢;支那の基督教;支那の民族性	94
支那の歴史と文化.別巻,参考文献	590	支那の性格	95
支那の歴史と文化.上巻	590	支那の洋鬼:米・英の支那侵略譚	552
支那の歴史と文化.下巻	590	支那の影絵芝居	574
支那の毛織工業	944	支那の原始文化	593
支那の貿易収支:第一調査委員会調査報告	376	支那の芝居	574
支那の謎	99	支那の製造工業	343
支那の秘密結社と慈善結社	106	支那の資源と日本	245
支那の民情風俗	702	支那の自然科学	740
支那の民族産業	348	支那の左翼戦線	93
支那の民族問題	101	支那は生存し得るか	98
支那の民族性と社会	79	支那は支那なり	95
支那の男と女:現代支那の生活相	703	支那をどうするか	98
支那の農民生活	86	支那を生す道:循分新書	100
支那の農民生活:揚子江流域に於ける田園生活の實態調査	86	支那を舞台とする列国資本戦	381
		支那を舞台の列強資本戦	240
支那の農業	319	支那を行く	719
支那の農業と工業	240	支那を支配するもの	98
支那の農業経済	319,320	支那ギルドの研究	246
支那の女	86	支那ギルド論	299
支那の人口と食糧問題	324	支那タングステン鉱誌	794
支那の砂糖貿易	347	支那ニ於ケル火腿(ハム)事情	347
支那の商人生活	703	支那ニ於ケル落花生ノ生産ト其ノ貿易(其一).1,總論	325
支那の商業経営	371		
支那の社会と経済	95	支那ニ於ケル鉄鋼資源ト銑鋼需給概要	344
支那の石炭:その資源と経営	890	支那ノ土地制度	322
支那の實際に触れて	96	支那ノ豫定鉄道(孫文實業計画 蒋介石五箇年計画)ノ概要	359
支那の水利問題.上巻	982		
支那の水利問題.下巻	982	支那幣制の性格的研究:銀問題を通じて見た支那の貨幣事情	400
支那の四季	527		
支那の陶磁	699	支那幣制の研究:米國銀政策に関連して	400

支那幣制改革の研究	400
支那幣制論:その興廃と再建	399
支那幣制沿革	400
支那邊疆視察記	477
支那邊区の研究	96
支那財政関係文献目録	1026
支那財政経済論	392
支那財政経済一斑	392
支那財政論	393
支那采訪	520
支那蚕書粋編	876
支那側ヨリ見タル上海ノ民族工業	348
支那側債務整理計画ト各国ノ意見	394
支那産駱駝の研究	872
支那長江貿易詳覧	371
支那大文学史:古代編	476
支那当代新人物	398
支那地方政制史	104
支那地理大系.自然環境篇	715
支那地理学	601
支那地名集成	714
支那地質調査報告類集	792
支那地質学発展史	792
支那典籍史談	418
支那都市不動産慣行調査資料:青島ニ関スル第一次調査報告書関係資料.8	315
支那読本	97
支那度量衡表	889
支那対外貿易ノ検討:自昭和十五年一月至昭和十五年十二月	382
支那ニ関スル條約(追補)	138
支那ニ於ケル落花生ノ生産ト其ノ貿易.其一.第一部,總論	328
支那法の根本問題	145
支那法令に於ける外國投資の制限	407
支那法制史論叢	150
支那紡績業	346
支那風俗.巻上	702
支那風俗.巻下	702
支那風俗.巻中	702
支那風俗の話	703
支那風土記	702
支那風物志.二,民芸篇	714
支那風物志.一,風景篇	714
支那佛蹟踏査 古賢の跡へ	719
支那佛教の研究.2	53
支那佛教史蹟探査記	54
支那佛教史網	54
支那佛教史研究:北魏	54
支那革命と孫文主義	105
支那革命外史	592
支那各地風俗叢談	703
支那各省経済事情	245
支那各省経済事情.上巻	240
支那各省経済事情.中巻	240
支那工業の発達	342
支那工業関係文献目録	1026
支那工業合作社運動	299
支那工業論.上巻,上海工業の發展	348
支那工業綜観.上巻	342
支那工業綜観.下巻	342
支那工業組織論	342
支那共和史	596
支那古代家族制度研究	103
支那古代史	594
支那古代史と天文学	595
支那古代哲学史	17
支那古今書道通史	564
支那古明器泥象図説	699
支那古陶磁研究の手引	698
支那古戦論:或は秦末戦及び漢楚分争論	595
支那骨董と美術工藝図説	597
支那固有名詞辞典	446
支那官制發達史.上,特に中央集権と地方分権との消長を中心として	104
支那関税会議	135
支那関税及釐金制度	393
支那関税特別会議ノ経過	383
支那関税制度論	383
支那関係欧米名著略解	1024
支那関係條約集:附、協定取極議定書交換公文宣言声明覚書契約章程報告書	135
支那関係主要会社法令及定款集	311
支那慣行調査資料:上海堆桟(倉庫)業ノ調査	302
支那慣用句例解	445
支那広告宣伝の技術	369
支那国際収支論叢	393
支那国民革命と馮玉祥	597
支那国民性と其の由来	79
支那国民運動の指導原理	104
支那國際関係概観	133
支那國民性と経済精神	96
支那海関總税務司訓令集	146
支那海関總税務司訓令集.第九輯	147

支那海関總税務司訓令集.第七輯	147
支那海関總税務司訓令集.第三輯	147
支那海関總税務司訓令集.第十輯	147
支那海関總税務司訓令集.第四輯	147
支那合作社政策の諸問題	323
支那化学工業史	345
支那画人研究	662
支那画学書解題	560
支那回教史	56
支那絵画史	560
支那絵画史研究	560
支那婚姻史	103
支那基本経済と灌漑	257
支那基督教の研究	58
支那及び支那人	526
支那及満蒙の建築	965
支那及満洲國現勢地理.上巻	714
支那及満洲國現勢地理.下	715
支那交通関係文献目録	1026
支那交通史論	358
支那教聖典	60
支那教育学史	424
支那金融関係資料目録	1026
支那金融機関	406
支那金融資本論	392,406
支那金石書談	699
支那近代百年史.上巻	590
支那近代百年史.下巻	590
支那近代工業發達史.上巻	350
支那近代工業發達史.下巻	350
支那近代農民経済史研究	257
支那近代文化史	593
支那近世史講話	589
支那近世学術史.上巻	20
支那近世学術史.下巻	20
支那近世哲学史考	20
支那近世政党史	106
支那経済の崩壊と日本	252
支那経済の地理的背景	259
支那経済の構造	239
支那経済の見方	251
支那経済の源流	257
支那経済地理	258
支那経済地理概論	258
支那経済地理誌:交通全編 増補編	258
支那経済地理誌:制度全編	258
支那経済地理誌交通全編	259
支那経済讀本	244
支那経済概観	239
支那経済記事解説	240
支那経済恐慌論	241
支那経済論	241
支那経済年報.北支那特輯	250
支那経済年報.第二輯,一九三八年下半期	250
支那経済年報.第一輯,一九三八年上半期	250
支那経済年報.昭和十三年版,支那事変号	250
支那経済年報:昭和十四年版.長期建設号	250
支那経済年報:昭和十五年版	250
支那経済年報:昭和十五年版.経済開発号	250
支那経済全書.第八輯	242
支那経済全書.第三輯	242
支那経済全書.第一輯	242
支那経済全書:在上海東亜同文書院調査.第一輯	242
支那経済史	257
支那経済史概説	257
支那経済史研究	257
支那経済事情講話	242
支那経済物語	239
支那経済小観	246
支那経済心理の研究	249
支那経済研究	240,244
支那経済夜話	246
支那経済戦	245
支那経済綜覧.第二巻	245
支那経済綜攬.5,長江航運と流域の富源	245
支那経済綜攬.第一巻	245
支那精神	14
支那舊式簿記ノ組織	296
支那劇の話	574
支那科学・経済史	719
支那鉱産地	793
支那鉱夫の生活	106
支那鉱山表	344
支那鉱業勞働論	340
支那鉱業論:支那及満洲國に於ける鉱富の研究	345
支那鉱業史	344
支那鉱業諸規定類纂	340
支那労働視察記:支那に於ける人間性と労働	299
支那労働問題	96
支那労働者研究	299
支那歴代風俗事物考	703
支那歴史地理	718
支那歴史地理研究	718
支那歴史地理研究.初集	718

支那歴史地理研究.續集	718
支那歴史研究法	594
支那林業経済建設論	331
支那陸軍改造論	198
支那旅行日記.上卷	719
支那倫理学史	38
支那論	94
支那論集	94
支那裸像	98
支那満洲風土記	714
支那貿易の實際知識	381
支那貿易概論	383
支那貿易事情	301
支那美術史.上卷	556
支那美術史論	556
支那棉花の問題	866
支那民間に流布さるる支那指導原理:日支合作に関する支那側の主張	133
支那民間の神々	49
支那民間の神神	49
支那民事慣習調査報告:上	150
支那民俗風景	703
支那民俗誌.第一卷	703
支那民族	599
支那民族發展史	598
支那民族構成史	598
支那民族論	598
支那民族生活史	598
支那民族史	598
支那民族史.上卷	598
支那民族史.下卷	598
支那民族性の研究	79
支那民族誌.第六卷	702
支那民族誌.上卷	702
支那民族資本の特質:支那経済的構造と民族資本の性格	408
支那南洋に対する企業貿易論	385
支那南洋交通史	358
支那農村厚生問題	323
支那農村経済と産業資本	320
支那農村経済の新動向	319
支那農村経済概論	319
支那農民戦争	592
支那農民戦争史	590
支那農業機構論	319
支那農業建設論	320
支那農業経済の諸問題	320

支那農業経済論	320
支那農業経済論.上	319,320
支那農業経済論.中	320
支那農業.上巻,支那に於ける土地利用	319
支那農業論.上巻:支那に於ける土地利用	319
支那農業論.下巻,支那に於ける土地利用	319
支那農業協同組合論	321
支那貧窮問題研究	103
支那破音字典:声音異同弁	444
支那千日史話	590
支那侵略者・英米財閥	282
支那青磁史稿	698
支那全土	715
支那全土:索引	716
支那人	94
支那人に接する心得	477
支那人の古典とその生活	475
支那人の魂を摑む	96
支那人の見た日本人	534
支那人の心を摑む	97
支那人及支那社会の研究	102
支那人名辞書.上卷	660
支那人名辞書.下卷	661
支那人名辞書.中卷	661
支那人気質	103
支那人氣質	103
支那絨毯考	945
支那三十年	597
支那商店と商慣習	372
支那商店と商習慣	372
支那商品叢書.第二輯,アンチモニー及びタングステン	344
支那商品叢書.第五輯,錫	344
支那商品業書.第15輯,米:安徽の米	330
支那商品業書.第十二輯,茶實及び茶油	330
支那商品業書.第十輯,米:無錫米市場を中心として	330
支那商品業書.第十一輯,其の一徽州茶	330
支那商業関係文献目録	1026
支那商業史	375
支那商業史概説	373
支那商業書翰文の讀み方	445
支那商業文の技術	445
支那商業政策論	372
支那上代文化史	593
支那上代之研究	593
支那上古史	594

支那社会の科学的研究 …………………… 96	支那事変に関連する商店関係法規集 ………… 148
支那社会の研究:社会学的考察 …………… 94	支那事変に於ける帝國海軍の行動.其の三,海南島攻略
支那社会の組織と展望:新支那建設の一指標 ……… 97	戦後より北海作戦まで …………………… 204
支那社会病理学:生活.保健.家族の諸問題に関する研究	支那事変従軍記蒐録.第二編 …………… 204
用資料書 ……………………………… 835	支那事変従軍記蒐録.第三編 …………… 204
支那社会構成 ……………………………… 102	支那事変従軍記蒐録.第一編 …………… 204
支那社会経済の研究 ……………………… 245	支那事変関係公表集.第一号 …………… 114
支那社会経済論 …………………………… 242	支那事変国際法論 ………………………… 189
支那社会経済史 …………………………… 259	支那事変皇國の精華 ……………………… 205
支那社会経済史分析 ……………………… 257	支那事変句集 ……………………………… 533
支那社会経済史研究 ……………………… 257	支那事変戦跡の栞.下巻 ………………… 597
支那社会史 …………………………… 590,592	支那事変戦跡の栞.中巻 ………………… 597
支那社会研究 ……………………………… 102	支那事典 ………………………………… 1005
支那社会政治思想史.上 ………………… 104	支那手形論 ………………………………… 147
支那社会政治思想史.下 ………………… 104	支那輸出入重要商品研究 ………………… 383
支那神話傳説の研究 ……………………… 49	支那庶民金融論 …………………………… 405
支那省別全誌.第八巻,河南省 …………… 600	支那水利地理史研究 ……………………… 982
支那省別全誌.第二巻,廣西省 ………… 600,601	支那水利史 ………………………………… 982
支那省別全誌.第九巻,湖北省 …………… 600	支那水運論附滿洲國水運 ………………… 361
支那省別全誌.第六巻,甘肅省 …………… 600	支那思想.文学史 …………………………… 17
支那省別全誌.第七巻,陝西省 …………… 600	支那思想と日本 …………………………… 17
支那省別全誌.第三巻,雲南省 …………… 600	支那思想と現代 …………………………… 15
支那省別全誌.第十八巻,直隸省 ………… 600	支那思想のフランス西漸 …………………… 17
支那省別全誌.第十二巻,安徽省 ………… 600	支那思想の研究 …………………………… 16
支那省別全誌.第十六巻,貴州省 ………… 600	支那思想の展開.第一巻 …………………… 16
支那省別全誌.第十七巻,山西省 ………… 600	支那思想篇 ………………………………… 17
支那省別全誌.第十巻,湖南省 …………… 600	支那思想史 …………………………… 14,17
支那省別全誌.第十三巻,浙江省 ………… 600	支那思想史概観 …………………………… 14
支那省別全誌.第十四巻,福建省 ………… 600	支那思想研究 ……………………………… 14
支那省別全誌.第十五巻,江蘇省 ………… 600	支那四千年史 ……………………………… 589
支那省別全誌.第十一巻,江西省 ………… 600	支那陶磁の時代的研究 ………………… 698,699
支那省別全誌.第四巻,山東省 …………… 601	支那陶磁の諸考察 ………………………… 568
支那省別全誌.第五巻,四川省 …………… 600	支那陶磁器史 ……………………………… 929
支那省別全誌.第一巻,廣東省 附香港澳門 ……… 600	支那陶磁源流図考 ………………………… 929
支那石炭調査報告書 ……………………… 794	支那天主公教会の實情 …………………… 57
支那石炭事情 ……………………………… 343	支那鉄道関係外国借款:附、内債立建設事業投資調……
支那食糧史 ………………………………… 331	………………………………………… 394
支那食糧政策史 ……………………… 325,331	支那鉄道史 ………………………………… 359
支那時事:大正十一年七月至大正十一年十一月 …… 82	支那庭園論 ………………………………… 978
支那時文講義全集 ………………………… 99	支那通貨の運命 …………………………… 400
支那時文教程 ……………………………… 444	支那通史 …………………………………… 592
支那時文新辞典 …………………………… 446	支那統制経済論 …………………………… 241
支那史概説.上 …………………………… 591	支那土地制度論:支那に於ける土地所有権の諸法律関係
支那史物語 ………………………………… 595	………………………………………… 331
支那史研究 ………………………………… 594	支那土地制度研究 ………………………… 322
支那事変:SINA JAPANESE HOSTILITY SHANGHAI	支那屯田兵制史 …………………………… 198
1937 …………………………………… 100	支那外交史論:特に米國の門戸開放政策と列強の勢力範

題名	頁
囲設定策を中心として	134
支那外交通史	134
支那外債史論	395
支那為替論	407
支那文法講話	445
支那文化と支那学の起源:支那思想のフランス西漸	593
支那文化の研究	721
支那文化論叢	415
支那文化史	593
支那文化談叢	415
支那文明の基礎知識	1005
支那文字解説	445
支那問題の解剖	98
支那問題辞典	100,1015
支那問題概論	245
支那問題文献辞典	1022
支那問題總論	99
支那物産綜覧:實地調査・統計的研究	245
支那物権慣習論	148
支那物権習慣論	148
支那西康事情	603
支那現代人名鑑	661
支那現代史	597
支那現行法律体系	145
支那現行関税制度概論	383
支那現状の解剖	93
支那縣政の一面観	594
支那郷鎮雑話	531
支那小史黄河の水	594
支那小説史	476
支那協同組合論	324
支那新人と黎明運動	97
支那新通貨工作論	399
支那新聞の読み方	448
支那新聞学史	416
支那行商人とその楽器	573
支那学.第10巻,小島本田二博士還暦記念号	16
支那学.第一卷	16
支那学論攷	698
支那学術文芸史	475
支那学藝大辞彙	475
支那言語学概論	443
支那言語学概説	445
支那言語組織論	443
支那研究	100,594
支那研究:支那研究及研究機関に関する調査	99
支那研究叢書.第八巻	246
支那研究叢書.第九巻	244
支那研究叢書.第六巻	244
支那研究叢書.第七巻	244
支那研究叢書.第三巻	244
支那研究叢書.第四巻	244
支那研究叢書.第五巻	244
支那研究叢書.第一巻,支那開市場全誌	246
支那研究共和以後	99
支那研究資料.第一年　第四輯	249
支那研究資料史.第一巻	591
支那塩税ノ研究.其ノ二,上事、調、財政金融叢書.第八種	394
支那鹽政史	350
支那医学史	820
支那游記	719
支那予定鉄道	359
支那語の発音と記号	444
支那語の要点	448
支那語叢話	443
支那語大辞典	446
支那語動詞形容詞用法	445
支那語獨習全書	444
支那語讀本	443
支那語発音篇	444
支那語發音要義	444
支那語繙訳篇.巻二	446
支那語講義	443
支那語教育の理論と実際	448
支那語教育の理論と實際	443
支那語旅行会話	447
支那語難語句例解	461
支那語四週間	444
支那語語法篇	445
支那語注音符号の発音	444
支那原始社会史考	594
支那原始社会形態	594
支那芸苑考	445
支那在留邦人人名録	665
支那在留邦人人名録:附邦人営業別	665
支那在留本邦人及外国人人口統計表.第二十二回	77
支那展望	597
支那戦場の経済と心理:経済学徒の出征記録	239
支那戦時経済論	240
支那戦時通貨問題一斑	302
支那戦争経済の研究	241
支那哲学講話	17

支那正史.2,儒教国家の成立	589
支那正史.第三卷,分立抗争の時代(両晋一南北朝時代)	589
支那正史.第一卷,古代の支那	589
支那政党史	106
支那政治地理誌.上卷	714
支那政治地理誌.下卷	714
支那政治経済年表	594
支那政治経済年史:一九三〇年 一九三一年	597
支那政治史.上卷	104
支那政治史.下卷	104
支那政治思想史	85
支那政治習俗論考	94
支那之書道	564
支那之鉄道	986
支那之小麦及製粉業:支那主要物産調査報告	324
支那知識人の動向	102
支那殖民史	591
支那制覇戦と太平洋.上卷	132
支那制覇戦と太平洋.下卷	133
支那製紙業	951
支那中世の軍閥	596
支那中世佛教の展開	54
支那重工業発達史	342
支那重要商品誌	387
支那重要資源の研究:支那商品解説	245
支那周辺史.上卷	603
支那周辺史.下卷	603
支那資本機構.財閥政権	392
支那資源及産業総覧.資源篇	243
支那資源及産業総覧:産業篇	247
支那自然科学思想史	740
支那宗教史	48
支那租界論	134
支那租借地論	134
支配人会計学:経営指針としての規範会計学	294
芝罘事情	717
知識哲學	29
隻手に生きる	680
脂肪油脂肪及蠟	937
脂質	806
織布工場の實際管理	307
織田信長	666
織維業ニ於ケル企業合同ノ動向	354
織物の出来上るまで	945
織物原料	942
植村全集.第四卷,教義篇	59
植民地農業:経済地理的研究	239
植民地奴隷売買史	587
植民地自治制度論	84
植民及植民政策	131
植民問題を語る	115
植民夜話	110
植民政策	238
植民政策の新基調	84
植物の雑種に関する實験:人為受精によって得たシャマコーゾリナ属の二三のく雑種について	807
植物ホルモン	808
植物分類学.第二卷,被子植物篇總論	809
植物分類学.第一卷,裸子植物篇	809
植物分類研究.上	809
植物分類研究.下	809
植物集説.上	807
植物集説.下	807
植物記	807
植物群落と其遷移	808
植物生理の研究	808
植物実験と観察の仕方	808
植物實驗と観察の仕方	808
植物随筆集	808
植物形態学汎論	808
植物学汎論	807
植物学各論:隠花部	809
植物学通論.完	807
植物学通論.下卷	807
植物塩基化学:アルカロイド化学	779
植物園での研究	808
職場の偉人:小林作太郎伝	75
職工養成	79
職業観の変革	75
職業指導と職業教育	75
職域の華小野さつき女史	671
職域講話集.鉄鋼篇.第一輯	892
指導能力と筋肉労働	4
指導者の話題街頭経済学	269
指導者論	78
指導者民族の優生的維新	828
指圧器及指圧図	992
紙	952
紙の統制實情	952
紙の種類と用途	952
紙は生きている	742
紙及加工紙	951
紙業界五十年	881

紙業提要　増訂版:紙と物の常識	951
至誠.鉄の人　東條英機傳	673
至聖父宣王	19
志賀直哉研究	677
志願手続警官試験問題答案	101
冶金学	892
治具	902
治療及処方.第八年.第八巻.第十二冊.第九十四号	841
治療及処方.第二十一年.第二十一巻.第1冊.第二百四十号	842
治療及処方.第九年.第九巻	841
治療及処方.第十三年.第十三巻.第1冊.第壱百四十四号	842
治療及処方.第十一年.第十一巻.第1冊.第一百十九号	842
治療及処方:第十二年.第十二巻.第1冊.第一百三十一号	842
治水	982
椊梏の印度	651
痔核.肛門周囲炎.痔瘻	849
製麻	944
製品管理の実務	301
製品型録	899
製糖及酒精	947
製鉄	892
製鉄用起重機	908
製鉄製鋼概論	892
製図.1	907
製図の手引	907
製図法	969
製圖工短期養成	907
製造化学図譜	907
製造業と原価計算法	339
製紙	951
製紙工業報告書	347
質点ノ力学	764
質点及び剛体の力学	764
質点及び剛体の力学.下	764
質疑応答製造工業原価計算要綱草案の解説	881
中.調.聯.交通通信分科会満鉄担当業務中ノ中支交通ニ対スル列国勢力調査	406
中・小商工農業者は没落か？更生か？	378
中アジアの風雪	123
中アジアの風雲	723
中部支那労働者の現状と全國労働争議	86
中朝事實.全	628
中朝事實.上	623
中川淳庵先生	665
中島廣足	677
中道思想及びその発達	54
中等化学機械	433
中等化学實驗三十題	432
中等幾何三角法教科書.基本課程.下巻	762
中等教育　裁縫教科書.Ⅱ	433
中等教育標準裁縫教科書.上巻	433
中等教育裁縫教科書.Ⅲ	432
中等教育家事新教科書.下巻	959
中等教育商算教科書.上巻	432
中等生理衛生教本	433
中等学生の日常の数学	430
中古日本文学の研究:資料と實證	486
中古文学史論	485
中国ニ於ケル既往ノ石炭研究ニ就テ	345
中国北方ノ兵差ト農民ニ就テ	303
中国標準度量衡表:附各国度量衡表	889
中国産石炭之化学的研究	795
中国工業合作社ノ抗日戦段階ニ於ケル展望(秘)	343
中国海関制度	382
中国鉱産調査	344
中国労働事情	297
中国棉産統計	317
中国民国鉱業法:事項見出及参照条文附	148
中国農村ニ於ケル借貸形態	403
中国農村社会学概論	73
中国農村問題	321
中国人の生活風景	703
中国最近金融史:支那の通貨.為替.金融	405
中國に於ける外国人の地位	192
中國の民謡と童謡	477
中國封建社会.上巻	595
中國封建社会.下巻	595
中國海関法規と通関手続:附中國海関概説	147
中國教育十年	424
中國経済座談会集	249
中國歴史理念の根源	594
中國農村問題	330
中國農書.上巻	320
中國農書.下巻	320
中國人口論	78
中國田賦史	395
中國田賦史:翻訳	895
中國土地問題の史的發展	331
中國新金融政策論	393

中國新経済政策論 …… 406	中江藤樹 …… 672
中國戦時経済論 …… 241	中南米の資源:米國抗戦力の統計的批判 …… 283
中國之財政経済海関制度研究 …… 392	中南支経済統計季報. 第3号 …… 251
中華の國字問題 …… 444	中南支経済総観 …… 246
中華民国・満洲國商工録. 昭和十五年版 …… 309	中年期の醫學 …… 826
中華民国に遊ぶ …… 719	中日對訳現行中華民國法令輯覧. 第一巻 …… 145
中華民国各省市単行法規集. 第一輯,河北省ノ部 … 149	中日会話集(三音版) …… 454
中華民国三十一年三月 華北海関進出口貿易統計月報 …… 380	中日實業株式会社三十年史 …… 314
中華民国三十一年四月 華北海関進出口貿易統計月報 …… 380	中世の社寺と芸術 …… 557
	中世歌論の性格 …… 478
中華民国実業名鑑 …… 252	中世國文学の研究 …… 480
中華民国手形法 …… 142	中世國文学研究 …… 480
中華民国維新政府概史 …… 597	中世紀の政治学 …… 82
中華民國. 満洲國商工録 …… 252	中世南島通交貿易史の研究 …… 642
中華民國と帝國日本:受難の日本=法滅の支那 … 105	中世日支通交貿易史の研究 …… 378
中華民國に於ける列國の條約権益 …… 134	中世文化史研究 …… 585
中華民國産業関係法規集. 第七輯,土地篇 …… 146	中世武家社会の構造 …… 72
中華民國産業関係法規集. 第四輯,財政篇 …… 146	中世英國農村 …… 657
中華民國産業関係法規集. 第五輯,鉱業篇 …… 146	中世哲学思想史研究 …… 14
中華民國産業関係法規集. 第一輯,工業編 …… 146	中小工業の将来性:時局と中小工業. Ⅲ …… 352
中華民國産業組合運動史 …… 310	中小商工金融論 …… 401
中華民國法制年鑑 …… 145	中小商工業者の大陸進出問題 …… 372
中華民國各省市単行法規集. 第一輯,河北省ノ部 … 149	中小住宅百撰集 …… 971
中華民國國民政府法令集. 第八輯,軍事法 …… 144	中心教材体操指導法 …… 437
中華民國海関輸出入税率表 …… 382	中学算術の話 …… 430
中華民國海商法. 上巻 …… 148	中央アジアの過去と現在 …… 652
中華民國海商法. 下巻 …… 148	中央アジア踏査記 …… 699
中華民國会社法 …… 147	中央経済会議ニ関スル件 …… 270
中華民國民法 …… 148	中央市場建営誌 …… 375
中華民國民法. 債権各則. 上 …… 149	中央亜細亜より亜拉比亜へ:福島将軍遺績続 …… 713
中華民國民法. 債権各則. 中 …… 149	中央亜細亜史;印度史 …… 603
中華民國民法. 債権總則 …… 148	中庸解義 …… 19
中華民國民事訴訟法. 第二編 …… 148	中支の民船業:蘇州民船實態調査報告 …… 992
中華民國民事訴訟法. 第三編及至第九編 …… 148	中支の資源と貿易 …… 252
中華民國民事訴訟法. 第一編 …… 148	中支より見たる香港金融市場と其の為替管理 …… 408
中華民國商標法 …… 149	中支ニ於ケル胡麻 …… 324
中華民國統税要論 …… 393	中支ニ於ケル機械工業ノ状況 …… 345
中華民國憲法確定草案 …… 145	中支ニ於ケル牛皮集散状況 …… 388
中華民國刑法;分則. 下 …… 149	中支ニ於ケル生牛及豚の流動:特ニ昭和十五年度ニ於ケル …… 326
中華民國刑事訴訟法. 下巻 …… 149	中支ヲ主トシタル肥料問題 …… 340
中華民族南洋開拓史 …… 101	中支産業要覧 …… 241
中華民族商標法 …… 149	中支風土記 …… 719
中華塩業事情 …… 348	中支関係資料目録 …… 1025
中級寫眞術 …… 566	中支慣行調査参考資料. 第二輯 …… 252
中堅技術者のための工業数学. 上巻 …… 886	中支慣行調査参考資料. 第三輯 …… 252
中間階級の研究 …… 120	中支那農業資料目録 …… 1026

中支那制糸業概況	346
中支農村経済の研究	320
中支三省対外収支推計	393
中支商工慣行資料.第二輯,牙行制度	372
中支商工取引総覧	309
中支占領地経済情勢概説	247
中支主要都市商品流通調査(蚌埠)	375
忠臣か逆臣か実在か伝説か 国史上疑問の人物	668
忠靈塔	510
重寶経済日用百科全書	1011
重訂日本刑法.上巻	184
重訂日本刑法.下巻	184
重量分析實驗指針:附電解分析法	781
重慶ヲ中心トセル物資運輸交通概況	363
重慶経済調査.上巻	257
重慶抗戦力調査日記	525
重慶政府戦時経済政策史	258
重水の化学.上	777
重要なる疾患の豫後	843
重要産業	354
重要産業五箇年計画要綱説明資料	261
重要疾患の早期診断と療法	840
重要商品地理学	386
重要商品学概論	387
重要物資ノ配給統制	301
重要業務月報	359
衆議院　貴族院	119
周波数変換機	919
周漢思想研究	17
周易十翼精義	20
軸流送風機	909
呪はれたロシア	124
朱印船貿易史	386
朱子	20
珠算の理論と方法	754
珠算講義教材	755
珠算応用の基礎知識	755
株式と相場の知識	375
株式会社の常識	226
株式会社定款論	307
株式会社讀本	304
株式会社法:設立論	171
株式会社会計	307
株式会社経済論	312
株式経済講話	311
株式鞘取の新研究	307
株式取引所論	404
株式市価の経済的研究	297
株式相場欄の見方	365
諸外國の対支投資.上巻:第一調査委員会報告書	297
竹	530
竹の本	870
竹柏園蔵書志	478
竹工教材とその取扱	424
竹内式部	684
竹崎順子	677
竹取物語.落窪物語.土佐日記.徒然草.伊勢物語.枕草子.紫式部日記	498
竹生島　朝長　姥捨　柏崎　阿漕:内六	504
竹頭	532
竹越與三郎南國記	729
逐次出版物並叢書目録	1024
逐条帝國憲法講義	165
逐條帝國憲法講義	166
逐條市制町村制提義.上巻	315
逐條憲法精義	165
主なる精神病の薬剤療法	851
主婦のソロバン	960
主婦の経済学	960
主婦之友新年号附録	1011
主婦之友洋裁全書.婦人服	954
主観道徳学要旨	37
主要商品配給図解	302
属領統治論	88
助詞と助動詞の研究	462
住吉詣　谷行　半蔀　禅師曽我　車僧:外六	506
住居と病氣	964
住居の科学:住みよいすまいのために	964
住宅と建築	970
住宅の外観.巻三	971
住宅の外観.巻一	971
住宅の知識	959
住宅を新築せんとする人の為に	971
住宅地の新体制原理と計画	977
住宅改良の諸問題	970
住宅建築:計量篇	971
住宅問題	823
注射薬と注射の常識	842
注校謠曲叢書.第三巻	508
注音対訳簡易支那語会話篇	447
注音符号の解説	460
注音訳解自修日本語讀本:正補	156
祝詞の研究	460
祝賀弔祭改った手紙と挨拶の仕方	463

祝賀弔祭演説は此調子	465	資本論.第一巻	3
祝祭式日講話新資料	633	資本論.第一巻.第二冊	3
著作権法概論	177	資本主義と社会主義.31巻	225
註解医事関係法令要覧:参照法令判例及行政實例附	830	資本主義と社会主義;今日の社会主義;社会主義とは何ぞや	229
註釈満洲会社法	147	資本主義の修正:アメリカの繁栄とドイツの復興	92
註訳叢書改正商法總則会社法	182	資本主義工業と科学主義工業	881
鋳鉄	899	資本主義経済理論	229
鋳鉄及び鋳鋼の熔接	899	資産凍結令解説	176
鋳鉄鋳物:配合.溶解	897	資金調整と経理統制	263
鋳物ノ強サ及一般性質	898	資金運用の仕方	391
鋳物便覧	898	資料分類目録.第一輯.第四分冊	1026
鋳物用木型工作法	896	資料分類目録.第一輯.第一分冊	1026
鋳物作業指針	898	資料彙報.第二号	1022
鋳型と其製作	898	資料彙報.第六号	1022
鋳造新研究と其の作業法	898	資料彙報.第四号	1022
築港.後編	990	資料彙報.第五号	1022
築港.前編	990	資料彙報.第一号	1022
爪哇	651	資料目録.第一輯	1025
爪哇の旅	731	資料摘録　日本経済史	275
転換期に立つ企業経営管理	312	資料摘録國史概観	633
転換期の佛教	52	資源と産業国の宝	1014
転換期の経済思想	234	資源と工業:南方篇	259
転換期の経済政策	235	資源と経済	237
転換期の農業問題	332	資源の戦争	237
転換期の食糧問題	332	資源開發と其経営南方事情	121
転換期の政治経済思想	88	資源科学研究叢書.第2巻	283
転換期日本の財政と経済	266	資源戦争	237
転換日本の針路	116	資源支那大観	259
転業と北支産業	241	子供のからだとその養育:教育家・両親・医者・芸術家に捧ぐ	426
荘子	20	子供のための戦陣訓物語	422
壮年.第一部	517	子供の見方と躾方	829
追想集 内村鑑三郎	667	子供の科学叢書:自動車の巻.第一巻	989
綴方と自然科学	743	子供の四季	512
綴方指導の組織と實際	426	子供の天文学	786
綴方指導系統案と其實践	462	子供の無線学	919
綴方子供風土記	704	子供研究講座.1	434
準契約及事務管理の研究	142	子供研究講座.10	434
準戦時統制経済	267	子供研究講座.2	434
卓球:其の本質と方法	438	子供研究講座.4	434
姿なき武器	417	子供研究講座.7	434
姿なき戦ひ.世界短波放送	417	子供研究講座.8	434
資本:MOUNTAIN CITY UPTON SINCLAIR	552	子供研究講座.9	434
資本論.第二巻	3	子規全集.第八巻	499
資本論.第三巻.上	3	子規全集.第二巻	499
資本論.第三巻.下	3	子規全集.第九巻	499
資本論.第一巻.第1冊	3		

子規全集. 第六巻	499
子規全集. 第七巻	499
子規全集. 第三巻	499
子規全集. 第十二巻	499
子規全集. 第十巻	499
子規全集. 第十三巻	499
子規全集. 第十四巻	499
子規全集. 第十五巻	499
子規全集. 第十一巻	499
子規全集. 第四巻	499
子規全集. 第一巻	499
自動車	988
自動車の保護と修理. 上巻	990
自動車の保護と修理. 下巻	990
自動車の電氣装置	989
自動車の構造と操法	989
自動車の話	989
自動車工業大百科. 第三巻, 自動車電氣装置. 中巻	989
自動車工業大百科. 第一巻	989
自動車及航空機燃料	999
自動車燃料	910
自動車三十年史	989
自動電話機械　附電話交換概論	920
自分でできる商標の出頭手続と誰にもわかる判例	176
自己改造精講. 下巻, 徹底の生活	37
自九月十九日至十一月十五日　東三省ニ於ケル官兵匪賊暴挙実例	104
自覚に於ける直観と反省	29
自律神経系. 完	834
自然と人	738
自然の名醫:醫術に應用されたる靜坐	826
自然地質学	784
自然観察の方法とその實例	742
自然観察の指導	428
自然健康法	830
自然界の化学現象	805
自然界の語. 第五編, 山. 川. 海	797
自然科学と経済価値:「新経済原論」建設へ	228
自然科学の最後:新しき世界観の誕生	738
自然科学發達史	740
自然科学概論	738
自然科学教本	801
自然科学南と北	745
自然科学思想	739
自然科学序論	738
自然暦	788
自我実現の心理学より観たる学習訓練	42
自叙傳	686
自叙伝	685
自選第二歌集 絵をゆく	502
自学自習と受験準備最も要領を得たる日本地理	726
自学自習と受験準備最も要領を得たる外国地理	710
自学自習論　個性尊重論	435
自学自習中等 参考趣味の日本歴史. 上巻	429
自学自習中等参考趣味の世界地理. 下巻	430
自由鍛造法	899
自由教育論. 上巻, 哲学的基礎に立てる教育論	421
自由支那へ	98
自転車運転免許証は斯くして得よ	989
字源	467
宗教の門	46
宗教的教育論	46
宗教的生活者	48
宗教教育講座. 第八巻	47
宗教教育講座. 第二巻	47
宗教教育講座. 第九巻	47
宗教教育講座. 第六巻	47
宗教教育講座. 第七巻	47
宗教教育講座. 第三巻	47
宗教教育講座. 第十八巻	48
宗教教育講座. 第十二巻	47
宗教教育講座. 第十六巻	47
宗教教育講座. 第十七巻	47
宗教教育講座. 第十巻	47
宗教教育講座. 第十三巻	47
宗教教育講座. 第十四巻	47
宗教教育講座. 第十五巻	47
宗教教育講座. 第十一巻	47
宗教教育講座. 第四巻	47
宗教教育講座. 第五巻	47
宗教教育講座. 第一巻	47
宗教團体法論. 上巻	46
宗教学	46
宗教哲学概論	46
宗良親王:御遺跡の研究	684
宗祇	678
惣菜料理全書	957
総合獨逸語講座. 第四巻	451
総合明治維新史. 第一巻	647
綜合保険学	110
綜合獨逸語講座. 第二巻	451
綜合獨逸語講座. 第六巻	451

綜合獨逸語講座.第三巻	451
綜合獨逸語講座.第五巻	451
綜合肥料学	861
綜合教育研究	420
綜合明治維新史.第二巻	644
綜合明治維新史.第一巻	644
綜合農産製造學:農産物加工編	864
綜合日本民法論.1	177
綜合日本民法論.2	177
綜合日本民法論.3	177
綜合日本民法論.4	177
綜合日本史大系.6,南北朝	619
綜合日本史大系.第八巻,安土桃山時代史	619
綜合日本史大系.第二巻,奈良朝	619
綜合日本史大系.第九巻,江戸時代.上	619
綜合日本史大系.第三巻,平安朝史.上	619
綜合日本史大系.第十二巻,明治時代史	619
綜合日本史大系.第十巻,江戸時代.下	619
綜合日本史大系.第四巻,平安朝.下	619
綜合数学提要	750
綜合新文学概論	480
綜合薬用植物	856
綜合支那語発音字典	444
總登記申請付属書書式全集	464
總力戦と科学	195
總力戦と輸送	358
總力戦教育の理論	425
總統ヒットラア	692
租税原則学説の構造と生成:租税政策原理	391
祖国の姿	79
祖國に還へる	523
祖國への愛と認識	117
祖先祭祀ト日本法律	163
組合せ式式辞演説大成	459
組織と技術の問題	223
組織の基本的性質:組織と技術第1冊	78
組織学講本.上巻	832
組織学講本.下巻	832
組織学実習図譜.下巻	833
組織學實習提要	833
最も理解し易い物理学要点の研究	432
最も實用的な木造.鉄骨.構造.新設計学	973
最も正しい名前の付け方	659
最高法院判決例.第三巻.第五号	186
最後の飛行	695
最後の將軍徳川慶喜	673
最近に於ける無線工学の進歩	918
最近に於ける注目すべき発明考案.第三輯	741
最近の北支金融事情	392
最近の船舶	992
最近の航空機	998
最近の内蒙古事情	103
最近の山東炭出炭事情	345
最近の文藝思想	32
最近の物質観	770
最近の研磨盤	901
最近の支那通貨事情:蒋政権の通貨政策と国際関係	399
最近の自然科学	740
最近ニ於ケル物価ノ特徴ト其ノ影響[綜合資料]	377
最近ノ電力事情[綜合資料]	914
最近ノ香港―佛印(海防ヲ主トス)貿易ト滇越鉄道(秘)	384
最近ノ支那対外貿易入超ノ激増及其ノ補填方法	382
最近病理組織検査法	841
最近産業地理通説	239
最近産業地理通説:三訂版	239
最近肥料問題	861
最近工業化学辞典	926
最近化学工業試験法.上巻	927
最近化学工業試験法.下巻	927
最近交通政策論	360
最近解説たまつき術	440
最近論理思潮	35
最近貿易實務誌	364
最近歐米都市の發達	315
最近趣味の発明界:現代文明の概観	741
最近日本の國際的地位	136
最近山鉄沿線事情	717
最近山西省財政概況	394
最近山西省財政概説	394
最近商業算術問題詳解	752
最近時代思潮論集	90
最近實驗養鶏法	873
最近實用製図便覽	887
最近世界地理新訂版挿画略解	711
最近世界歴史.上巻	584
最近世界歴史.下巻	584
最近世界歴史.中巻	584
最近世界外交史.中篇,世界大戦より戦後の欧洲まで	132
最近私の見て来た蘭印	731
最近体育心理学要論	436
最近微分積分學精義	760

題名	頁
最近薬局学摘要	856
最近支那の政治及文化	98
最近支那国際関係	133
最近支那経済	239
最近支那経済要論	239
最近支那麻事情	325
最近支那外交史.上巻	401
最近支那外交史.中巻	401
最近支那要人傳	661
最近支那政治制度史.上冊	104
最適工業経営論	351
最小自乗法及統計	763
最新.建築構造	973
最新ソウェート聯邦地図	735
最新タマツキ秘訣.後編:応用練習図解	440
最新ダットサン小型自動車取扱法	990
最新テレビジョン工学.第一巻	921
最新ペン字女子手紙宝典	463
最新ラヂオの實際知識	920
最新標準汽罐の設計	910
最新不動産登記手続	178
最新財政学綱要	389
最新常識百科事典	1014
最新代数学精義.上巻	755
最新代数学問題通解	431
最新道路工学設計及施工法	987
最新地文学精義	784
最新電気磁気学	769
最新東洋歴史辞典	609
最新対華経済資料.第五輯	247
最新対華経済資料.第一輯	247
最新對華経済資料.2	240
最新對華経済資料.第1輯	240
最新對華経済資料.第四輯	240
最新法学通論	139
最新飛行機講座.第4巻,飛行の原理	996
最新肥料学講義	861
最新浮遊選鉱法	891
最新工場用諸機械.上巻,起重機・圧縮機・冷凍機	903
最新工事請負便覧:CONTRACTOR'S HANDBOOK	976
最新工業大辞典.第八巻	882,883
最新工業大辞典.第二巻	881,883
最新工業大辞典.第九巻	882
最新工業大辞典.第六巻	882,883
最新工業大辞典.第七巻	882
最新工業大辞典.第三巻	881
最新工業大辞典.第十二巻	882
最新工業大辞典.第十六巻	882
最新工業大辞典.第十七巻	882,883
最新工業大辞典.第十巻	882,883
最新工業大辞典.第十三巻	882
最新工業大辞典.第十四巻	882
最新工業大辞典.第十五巻	882
最新工業大辞典.第十一巻	882,883
最新工業大辞典.第四巻	881
最新工業大辞典.第五巻	883
最新工業大辞典.第一巻	881,882
最新工業大辞典:索引	883
最新工業大意	880
最新工作機械	900
最新規範書翰教典	464
最新軌範書翰教典	457
最新国際商業政策	379
最新果樹栽培講義.下巻	869
最新航海科口述受験要項	993
最新航空兵器	209
最新化学工業辞典	926
最新化学工業大系.第10巻	924
最新化学工業大系.第11巻	924,925
最新化学工業大系.第12巻	925
最新化学工業大系.第13巻	924
最新化学工業大系.第14巻	925
最新化学工業大系.第1巻	924
最新化学工業大系.第2巻	924
最新化学工業大系.第3巻	924
最新化学工業大系.第4巻	924
最新化学工業大系.第5巻	924
最新化学工業大系.第6巻	924
最新化学工業大系.第7巻	924
最新化学工業大系.第8巻	924
最新化学工業大系.第9巻	924
最新化学工業大系:三訂増補.第13巻	925
最新化学通説	775
最新会社設立案内	170
最新機関車及運転理論	987
最新機械工業材料	908
最新機織法.第二巻:紋織篇	943
最新機織法.第一巻,組織篇	942
最新家具の實用工作法	951
最新家庭百科全書	1010
最新家庭管理	960
最新家畜病理解剖学	874

最新簡易製鉄術	892	最新手工趣味の厚紙建築	969
最新建築工事實費見積	968	最新書道教典	564
最新教授学精義	422	最新輸出入品分類表	387
最新経済商業辞典	227	最新速記術講義	459
最新精神病学	851	最新隧道工学	988
最新精説被服整理十二講	958	最新炭鉱工学	890
最新科学通説	773	最新天蚕及柞蚕論	876
最新鉱業智識	890	最新鉄骨構造計算法	973
最新樂典教本	571	最新鉄筋コンクリートの計算	975
最新理化学的療法	775	最新鉄筋コンクリート構造物設計計算法	975
最新力学及材料強弱学	764	最新鉄筋コンクリート建築構造	975
最新力織機学	943	最新鐵骨鐵筋計算圖表	974
最新林学講義. 上卷	870	最新図解實用電気玩具の作り方:並に日用家庭電機の製作法	918
最新臨床血液学	847		
最新馬来語速習	469	最新図解製図便覧	887
最新満洲國公文研究	445	最新図説模範日本住宅	971
最新毛系編物図解	953	最新塗工々作實習法	935
最新綿系紡績	943,944	最新土木構造物強度計算解説. 下卷	973
最新綿系紡績. 第三卷,粗紡機	940	最新外科手術ノ實際	848
最新綿系紡績計算法	942	最新味淋醸造法	950
最新綿系紡績術. 第二卷,梳棉練篠機	940	最新物理学問題集	767
最新内科診断学	845	最新物資配給図解	301
最新農機具講座. 作業機篇. 二	863	最新系統地理. 外國之部	429
最新農機具講座. 作業機篇. 一	863	最新心理学概論	42
最新俳句歳事記	484	最新学校体操精義	419
最新犬の飼い方と訓練法	873	最新亜細亜大観	1005
最新燃料工学大系. 第一卷,燃料総論,燃料理論,燃焼工学	933	最新研究代数学詳解講義:最新版	758
		最新研究國語漢文故事熟語の解釈	460
最新染料及顔料化学	934	最新研究化学の第一步	774
最新染色法. 第一卷,精練・漂白及浸染篇	946	最新研究日本歴史	614
最新日本工業通論	351	最新研究日本歴史. 全:附國史綜合課題	613
最新日本歴史辞典	630	最新研究西洋史論	653
最新日本語教授法精義	456	最新養兎法	873
最新色染学:捺染篇	946	最新医薬品類聚. 上卷	857
最新商学綱要. 下卷	228	最新遺伝論	804
最新商業簿記	371	最新印刷百科全書. 第一卷	952
最新商業概論	367	最新有線電話学	920
最新商業経済辞典	365	最新造花法	953
最新商業書簡文	464	最新増訂重要商品学	386
最新商業要項. 下卷	388	最新戦術要解	207
最新商業用文大成	464	最新支那大地理	716
最新食餌療法. 全	845	最新支那地理	714
最新實際新聞学	416	最新支那官紳録	660
最新實務電気工学	915	最新支那年鑑	1018
最新實業化学	775	最新支那商業書翰文:読み方と作り方	445
最新實業物理学教科書	767	最新支那通志	601
最新世界地理粹	430	最新支那要覧	1014,1015

最新支那要人傳	661
最新支那語大辞典	446
最新知識子供の科学叢書.10,星の巻	1013
最新知識子供の科学叢書.2,電車の巻	1013
最新知識子供の科学叢書.3,活動寫眞の巻	1013
最新知識子供の科学叢書.7,海の巻	1013
最新知識子供の科学叢書.9,飛行機の巻	1013
最新知識子供の聞きたがる話.発明発見の巻	744
最新知識子供の聞きたがる話.天文地文の巻	785
最新織物仕上法	940
最新指導新聞記事教材研究	416
最新製罐工作實習法	903
最新中華民國滿洲帝國人名地名便覧	659
最新重要商品教科書	387
最新株式売買	409
最新子供科学読本	743
最新子供科学讀本.続編	743
最新自宅吃音正法	442
最新租税学	391
罪と罰	543
尊い日本の女性	121
尊皇攘夷の血戦	203
尊皇史概説	617
尊経閣文庫国書分類目録	1023
尊経閣文庫漢籍分類目録索引;侯爵前田家尊経閣	1024
遵化縣芦家寨農村実態調査報告	327
左傳人名地名索引	595
左傳釋義	595
左千夫歌論抄	482
左右田喜一郎論文集.巻第一,経済哲学の諸問題	229
佐久間艇長	518
佐久良東雄	669
佐藤信淵	676
佐藤信淵:疑問の人物	676
佐藤信淵武学集.上巻:経國國防篇	25
佐藤雄能先生傳	667
佐藤悠次郎論文集	871
作詞家作曲家流行歌手レコード藝術入門	955
作法と禮式	705
作歌辞典	502
作歌新辞典	464
作歌用語辞典	479
作家の情熱	543
作家論	472
作家論.二	678
作文講話及文範	463
作業と音楽	571
作業國史教授の實際	580
作業研究	338
作業研究の方法及實例	900
作業主義算術指導系統的細案.尋五篇	428
「カラ.アザール」ニ関スル	847
「ヴィタミン」と疾病	848
「読み」野教育原理	419
「満鉄経済資料」	372
『調査報告内容梗概カード』の利用について	1025
『権田』基礎独逸語講話	452
D. H. ブカナン印度の近代工業	354
［名勝古跡写真］	719

附　录
旧版日文中有关青岛方面的文献提要

《中国图书馆分类法》类目

B　哲学、宗教
C　社会科学总论

B979.1/1
欧米人の支那に於ける文化事業/山口昇著.—上海：日本堂書店，大正10年[1921]

该书作者以欧、美人在中国的基督教为中心，记述了教会、学校、医院等状况。第一卷讲述教会，其中的第一章为基督教在世界的发展状况。第二章讲述景教以及罗马旧教传至中国、新教传至中国、天主教在中国的近况、关于传教士以及教会问题。第二卷介绍了为外国人开设的各种学校。例如：基督教齐鲁大学、北京、烟台、天津、上海、武昌以及汉口的各种学校、湖州主妇学校、九江同文书院、湖南雅礼学校、广东基督教大学、香港大学等。第三卷为在中国的为外国人开设的各种医院。例如北京养老院、保定府、天津、烟台、南京、九江四川省、广东地区的医院、济南德国医院。第四卷是其他的公益设施，例如救济院、养老院、感化院、救灾院等。其中特别介绍了位于山东龙家庄、芝罘的各种学校，青岛大学预备学校，位于芝罘的各种医院，天主教的公益设施等有关山东的情况。

C832/2(1926)
大正十年度統計年報/南満洲鉄道株式会社編.—大連：満洲日日新聞社，大正12年[1923]

该书是由南满洲铁路株式会社编写的大正十年（1921年）统计年报。书中从公司一般事务的状况、资本以及股份、土地、建筑、会计、费用支出、公务状况、工厂、铁路、船舶、港湾、矿山、制铁公司、电气、瓦斯、旅馆、地方事业、互助、就业情况、从事人员、设施事项、营业状况等方面对南满洲铁路株式会社的业务做了统计。在铁路方面，书中统计了线路、车辆、保险、运输、仓库、事故状况等。在港湾方面，统计了筑港、码头、营业收支等。在矿山方面，统计了煤炭的种类和生产、工厂业绩等。在地方事业方面，统计了产业、水道、医院、教育、中央实验所、地质调查等。特别在介绍雇佣轮船来源时，涉及大连和青岛港之间的各类商品的运输情况及有关山东和青岛的经济统计。

附录　旧版日文中有关青岛方面的文献提要

《中国图书馆分类法》类目

D　政治、法律

D5-61/1
　　世界政治・経済日誌：昭和十一年度/タイムス出版社編輯部編. —東京：タイムス出版社，昭和12年[1937]

　　该书以日志的形式收录编纂了1936年国际上发生的政治、经济方面的主要事件。书中叙述了美国、中南美诸国、英国、英殖民地、德国、法兰西、意大利、苏联、中国以及日本的政治和经济关系。同时还描述了发生在山东及青岛的各项事件，例如：青岛居留民大会关税纠纷，济南、聊城铁道的竣工，青岛纺织争议的恶化，青岛市长沈鸿烈辞职，施行青岛市长治安维持法，解雇在青岛的日本纺织工厂工人，关于"青岛事件"的第三舰队司令部的声明等内容。

D6/64（1）
　　支那の現實　前編/榎米吉編. —青岛：中國問題攻究会，昭和4年[1929]

　　该书为《青岛时事新报》记者榎米吉编纂并发行，分为七篇，介绍了中国现阶段各方面的情况。第一篇为革命的摇篮时代，描述了长江与长城的概况、清朝的衰退与革命的萌芽等内容。第二篇以北伐的完成与南北统一为主题，讲述了"国民革命"的理论基础、武汉、南京两政府的对立、国共两党的分裂、蒋介石的复职与北伐的发展、北伐的完成等内容。第三篇为"国民革命"的方向，内容有关于国民党的指导方针等内容。第四篇为针对中国人的法律及其实施的态度，租税征收、儒教等内容。第五篇为工业的发展，叙述了生活的标准与工业的发展、西洋工业的特征等。第六篇是对外贸易的增减情况。例如：对外贸易的沿革、各国的对外贸易、贸易衰退的原因。最后一章为国内运输情况，叙述了交易的必要性、畜力运输、水运的利用等内容。

D6/65
　　欧米人の支那観/東亞同文会調査編纂部編. —東京：東亞同文会調査編纂部，大正7年[1918]

　　该书以欧美人视角描述中国问题，即中国与西方列强的关系、中国的门户开放政策、中国与第一次世界大战、中日两国的关系、美国对中国的方针、英国对中国政策、德国对中国的经营。书中具体地阐述了青岛的未来与德国的远东政策，日美协商、日俄协约、1915年的中日交涉、中国的政治问题、中国的革命、借款问题、铁道权利等内容。书中特别提到了胶州湾与中国的铁路等内容。还详细地讲述了关于胶州湾沦陷后的问题，例如：在胶州湾问题上美国的态度、胶州湾问题与中国的中立、山东铁道问题与日本等。

D6/88
　　支那の謎/（英）ランソム著. —青岛：時事新報通信部，昭和3年[1928]

　　该书介绍了有关中国问题的事情。例如，上海防卫军、中国革命的性质、农民和国民党、外国人的特权和内乱、中国人和外国人、上海的地方社会心理等；也叙述了外国人在山东和青岛等沿海城市获得的租界地、传教等权利、沿海地区的外国人的增多等内容。该书还介绍了中国的历史、地位、地形和概况及外国对中国的评价及研究、中国人同外国人的关系等。

· 1199 ·

D6/92
　華中現勢/吉田済蔵編.—上海:上海毎日新聞社,昭和16年[1941]

　　该书是由上海每日报社编写的介绍华中地区时事的书。书中附有很多当时的照片,也刊登有广告,例如:同兴纺织公司在青岛的工厂、内外棉股份有限公司在青岛的支店、丰田纺织股份公司在青岛的公司、山东烟草公司等的广告。书中简要介绍了中华民国的概况、华中地区的民众运动、华中地区西方列国的权益、华中地区的资源状况、七七事变后中国共产党的状况、华中地区的开发状况、上海租界问题、华中地区的学术和文化、华中地区的交通、华中地区的风土人情、华中地区的自然景色等内容。

D6/95
　現代支那の変革過程/田中香苗著.—東京:時潮社,昭和13年[1938]

　　该书主要介绍了现代中国的变革过程和变革历史。包括抗日运动的政治任务、货币改革的作用、"西安事变"后的国民政府、中国经济建设、外交政策、《塘沽协定》、东北冀察政权的成立、绥远事件、华北地区的重大事件等内容。书中重点突出了把山东纳入中央的支配范围、山东的特殊地位、强化严防青岛附近和胶济铁路等要地的情节。

D6/97
　新支那/伊達源一郎編.—東京:民友社,大正3年[1914]

　　该书从各方面简明而清楚地介绍了中华民国的概况。其中,在"革命之前的中国和西方列强的情况"篇中,具体介绍了列强态度的转变、势力范围的划定、领土租借的意义、领土保全和外部诸国等内容,尤其描述了胶州湾,根据条约规定,德国获得了对胶州湾长达九十九年的租借权,并且德国也剥夺了从胶州湾、青州、淄川等地到济南的铁路开掘权利。在"革命时期的中国"篇中,详述了君主政治和民主政治、北京政府的成立、袁世凯的统一对策等。在"革命以后的中国和西方列强"篇中,介绍了中国和西方列强的未来、西方列强最后的竞争、日本的经济发展,其中涉及德国在中国的占领地——青岛、山东铁路及沿线状况、青岛的地理优势和政治地位等内容。

D6/100
　支那の変局/水野梅暁著.—東京:東方通信社調査部,大正10年[1921]

　　该书是作者到中国旅行环游之后,记述了当时中国的状态和局势变化的状况。作者同众多当地名人进行交谈后写成访谈录。书中主要详述了大冶的发展、铁山的近况和未来。文中作者还写了山东省的饥荒和美国红十字会的援助及与山东铁路相关的事宜。记述了作者滞留青岛期间,拜访青岛重要人物的访谈。

D6/103
　現地に支那を視る:最近支那時局の再検討/星野辰南編.—東京:東京朝日新聞発行所,昭和11年[1936]

　　该书记录了作者对中国进行实地考察后,对中国政治经济和社会情况的所见所闻,特别是写了中国的局势。其中,第一部分是对中国现势的展望,具体介绍了中国的对日态度的转变、英国和中国关系的增强、"南京政府"的财政状况、中俄关系的趋势等内容。第二部分是华北视察记,作者记录了对华北时局的研究、华北的印象。作者考察了绥远省(注:为中华民国时的塞北四省之一,在今内蒙古自治区中部)和山西省之后又到达了山东省。书中记叙了山东的农业、农村、经济状况、灾害状况及青岛的纺织工业等。

D6/105

北支の政情/姫野徳一著.—東京:日支問題研究会刊,昭和11年[1936]

该书介绍我国华北政情。第一部分是绪论,详细地介绍了"国民政府"对山东工作的开展、冀察政权和山东的关系、日本针对山东的策略、日本在华北的权益等内容。作者特别讲述了日本在青岛地区的权益、青岛和天津地区的纺织工厂情况。第二部分是华北概要,介绍了山东的人口、面积、风俗习惯、都市状况。在都市概况章节中,介绍了济南、青岛、烟台芝罘等地有名的城市的概况。第三部分为华北农民运动的爆发,讲述引发华北农民运动的经济原因、水灾旱灾战事的原因、政治方面的原因及民众自治运动的指导团体等。第七部分是资料和情报等,介绍了华北的走私问题、华北与日本的合作的第一步、苏联在华北的动态等。

D6/106

驀進三ヶ年/北支軍鉄道部編.—[不詳]:北支軍司令部,昭和15年[1940]

该书在作战和治安情况章节中介绍了1937年、1938年的日军作战情况等,书中提及山东德州、济南附近的作战状况和作战计划等内容。在政治建设章节中,具体介绍了"中华民国临时政府"、"中央政府"的成立、"华北政务委员会"的成立、新民会、兴亚院华北联络部等内容,并提到了设立北京、天津、青岛三个特别市的有关情况,及山东省的青州、济南、泰安、登州等地方的治安维持情况。在经济和资源章节中,具体介绍了金融通货工作、资源开发、最近贸易情况。在交通和都市计划章节中,详述了山东铁路、青岛港的概况。该书还涉及新文化的建设、共产党的状况及租界问题等内容。

D6/107

新支那現勢要覽/東亜同文会業務部編.—東京:東亜同文会業務部,昭和15年[1940]

该书是东亚同文馆编写的中国形势要览。其中写了日本近卫内阁的方针、兴亚院的创设、"东亚新秩序"的建设事业、西方列强的动向、西方列强之间的关系、"蒙疆联合自治政府"等内容。在"华北交通厅公司的创立"篇中,介绍了山东铁路公司的设立概况。在"日本侵略者对中国各个地方的扫荡战"篇中,涉及了日本对山东省的扫荡状况。在"日本占领中国沿岸诸岛"篇中,涉及了日军占领青岛港口的相关情况等。书中还详述了山东省地方制度的整备状况及其变化,特别介绍了青岛特别市的概况、山东地方的财政概况、铁路建设状况、山东省的农业发展等内容。

D6/108-2

支那研究/教育学術研究会編.—2版.—東京:同文館雜誌部,大正5年[1916]

《中国研究》是由教育学术研究会编写的,书中附有诸多名人照片和风景照片。书中具体介绍了当时中国的状况、中国的陆军、中国的海军、中国人的柔弱性和保守性、中国的经济发展、中国的法制状况、中国的通商情况、中国的哲学研究、中国近代文学的发展、中国的矿产资源、西方列强在中国的权利之争、中国的政治现状、中国的外交发展、中国的教育、中国的社会力量、中国的现状和未来等。书中还提及了山东地区的海军经费支出状况、山东省的孔孟文化、青岛被占领后的经济发展状况、山东省的铁矿资源、青岛的盐业资源、日本和山东铁路权益、胶济铁路的重要性、山东省的租界问题及山东地区以孔子文化为代表的齐鲁文化等。

D6/109
支那事变＝SINA JAPANESE HOSTILITY SHANGHAI 1937/玉川豊吉，西野好夫編. —上海：玉川写真館，昭和13年[1938]

该书是有关七七事变的图片集。书中附有诸多与七七事变相关人物的照片、战况记录的照片、题字、插图、日本军队动向的照片等，例如上海军军司令官的个人照片、日本军队打扫战场、战争中民众的慌乱、日本便衣队的搜查、八字桥附近的战线、海军航空队的活动、空中炸弹的威力、"中华民国临时政府"、日军占据中国南京、日陆战队登陆青岛、日军占领青岛飞机场、日军在青岛前方登陆作战、日本驻南京海军部、日军的陆军警戒装备、集合于黄浦江沿岸的各国军舰、东部战线的状况、战争负伤人员的救助、看护队的工作、滞留在上海的侨民等相关照片。

D66/5
山東苦力参戦事情/青島守備軍陸軍参謀部編. —青島：青島守備軍陸軍参謀部，大正3年[1914]

该书第一章是总论，介绍了山东苦力西渡欧洲、各国招募山东苦力状况等内容。第二章介绍苦力在欧洲的状况，例如在欧苦力的总数及其素质、劳动能力、苦力队伍的编成、监督苦力者、劳役的种类、苦力的生活状态、苦力的教育、基督教青年会的活动、苦力家族的状况、卫生状态及苦力专用医院、返回青岛的苦力、苦力归返者的感想等内容。最后一章是结言，叙述了归国苦力者的所产生的影响及其利用方法等。

D669/1-2
支那の下層民/後藤朝太郎著. —2版. —東京：高山書院，昭和14年[1939]

该书描述了中国下层社会的情况。主要介绍了以水、土、陋巷为生的有五千年历史的贫民生活状况，提及了北京、上海地区的下层贫民的状况。在中国贫民的衣食住方面，讲述了中国下层贫民的衣服、简陋房屋、饮食等，特别介绍了山东的牛羊市状况、山东地区青岛的农村、即墨县城的陋巷、济南泰安地区的偏远农村等，还介绍了来往攀登泰山顶峰之间的轿夫的生活情况。在叙述民众心理方面，涉及了孔子的《论语》。书中还介绍了七七事变的经过以及江南地区的农夫、中国农民的心境、北京贫民的庙会等情况。

D675.2/1
山東懸案細目協定/「不詳」. —青島：青島商業会議所，[不詳]

该书第一部分介绍了山东的土地、公有财产、电信电话和矿山开发，青岛海关的状况。在介绍青岛海关方面涉及青岛地区实行的保税制度、胶州湾租界问题和有关青岛海关的相关协定。第二部分是协定的附属部分及修正部分。第三部分介绍了山东悬案铁道细目协定，具体介绍了胶济铁路的交接和铁道补助金的相关情况。第四部分是中国和日本的邮政联络协定。第五部分是解决山东悬案的一些条约。第六部分记叙了解决山东问题的有关条约及中日两国委员的会议记录内容。

D681/1
北支事情総覧/南満洲鉄道株式会社総務部資料課編. —謄写版—[不詳]：[南満洲鉄道株式会社総

務部資料課],[不詳]

本书介绍了中国北部的地理、交通、社会、政治、财政、金融、产业、资源、贸易及西方列国在华的利益等方面的内容。其中，还介绍了山东省煤矿和煤矿公司，青岛的棉纺织业，青岛港的对日贸易，主要输出品等有关山东和青岛的内容。

D693/3
中華民國と帝國日本：受難の日本＝法滅の中國/小谷節夫著. —東京：隆文館，大正12年[1923]

该书阐述了中华民国与日本帝国在当时世界的地位、对待山东问题的观点等内容。其中涉及作为德国租借地的胶州湾附近的土地、在青岛的日本官吏、德国对青岛的改造、胶州湾铁道复线——济顺线的建成等内容。

D693.79/2
入滿劳働者素質調査/大東公司青岛事務所編. —謄寫版. —[青岛]：[大東公司青岛事務所]，昭和12年[1937]

本资料介绍的是劳工进入"伪满洲国"（注：1931年日本侵略者扶持前清皇帝爱新觉罗·溥仪在东北建立的傀儡政权）的原因、家庭数、本人与户主的关系、年龄，进入"伪满洲国"的方法、从事职业、所有耕地、教育程度、住房等方面的内容。

D73/23
日支政治経済讀本/大阪毎日.東京日日新聞社エコノミスト部著. —東京：一元社，昭和12年[1937]

该书记载了有关中日政治经济的内容。其中，在"七七事变的经济根据"篇中讲述了日本东亚政策的必然性、中日全面冲突的原因。在"中国统一运动和政治形势"篇中具体介绍了蒋介石的军队、国共两党合作史、中日之间的特殊协定、中国的重要人物等内容。介绍了根据中日在华北地区的特殊协定，日本归还中国胶州湾租地，日本在青岛的领事馆和居留权被保留的情况。在"中国的经济"篇中介绍了资源开发、资本主义工业的发展、政府财政、外国资本实力。同时书中还介绍了七七事变和日本的权益等内容。

D731.3/72
現代日本の政治過程/堀眞琴著. —東京：三笠書房，昭和18年[1943]

该书分为四篇，主要记载了第一次世界大战与日本的立场、大战中的日本外交、凡尔赛会议与日本、围绕胶州湾返还问题的纠纷、战后日本的动向、山东返还问题的斡旋及其代价、西方列强对中国活动的积极化、"九一八事变"的爆发、围绕着"事变"的国际压力、国内政情的转变等内容。

D731.3/129
濟南事件を中心として/小川雄三著. —濟南：山東新報社，昭和3年[1928]

该书是由山东新报社编写的有关"济南惨案"的概况。其中附有反映"济南惨案"前后概况及战时情况的照片，附有日本山东师团派往济南附近战斗及攻击济南配备的要图。书中具体介绍了日本和山东的关系,日本在山东的投资,日本对山东出兵问题的考察,日军从青岛地区的撤兵等情况。还介绍了"济南惨案"的发生及攻城战,"济南惨案"对世界的影响,日本在留人员以及战后处理问题。此外,书中还涉及青岛、济南特别市制问题以及山东铁路的保管和占领等内容。

D82/4
国際関係から見た支那/尾崎秀實著. ―東京:第二国民会出版部,昭和12年[1937]

作者从国际关系的角度看中国,具体介绍了各国对中国的政策、在中国西方列强的外交战、英国对中国的新政策、华北错综复杂的列强权利、东亚战争的危机。书中特别提到在西方列强权利方面,通过不平等条约,西方列强获得了胶州湾的租借地及铁道特权、济南、青岛、周村等地的居留权,青岛的采油权等利益。另外,在山东问题中,作者也做了相关胶济线的占领和归还以及日本在青岛获得的租借传教等权利的介绍。

D826/2-2
増補支那及び満洲関係条約及公文集/外交時報社編. ―東京:外交時報社,昭和11年[1936]

该书收录了与中国相关的条约和公文,包括很多中国参与在内的多国条约、中国没有参与的多国条约。中国没有参与在内的与中国相关的条约具体有日本和英国之间的、日本和美利坚合众国之间的、日本和俄国之间的。中国参与在内的条约具体有《天津条约》《烟台条约》《威海卫租借条约》、胶州湾委托相关的条约、山东铁道章程等。中国和日本之间签订的众多条约,具体有与山东省相关的条约公文、胶州湾租借交换公文、山东诸多问题处理的交换公文、山东悬案解决的条约、"济南惨案"的协定条约。书中还涉及威海卫的返还条约、"九一八事变"、"上海事变"的公文。

D829/1-2(1)
最近支那外交史. 上巻/田村幸策著. ―2版. ―東京:外交時報社,昭和13年[1938]

该书叙述当代中国的外交史,具体讲述了辛亥革命的情况和湖广铁路的借款、西方列强和权益的拥护、对外资本和涉外事件、鸦片战争、以及边境问题等内容。在第一次世界大战后的中国外交章节中,具体地介绍了中立时代的中国、交战时代的中国、巴黎和会上中国的外交等内容。书中特别详细地记叙了胶州湾租借地的直接返还问题、山东铁路的占领问题、山东的问题、日本和中国有关山东问题的协定、山东问题的经过、山东问题和美国、山东问题以外的事项等内容。

D829/5
極東外交史概観/青柳篤恒著. ―東京:世界堂書店,昭和13年[1938]

该书是描述远东地区外交历史的著作。介绍了鸦片战争、英国对长江流域的进攻、俄国对远东地区的进一步侵略、中法战争、中日甲午战争的概况、西方列强的在华势力范围等。书中特别提到了德国侵略山东半岛后获得对胶州湾地区长达99年的租借权,德国在山东的权益得到发展,除占领青岛外,还获得了对山东铁路的管辖权,德国的权益范围进一步扩大,英国占领威海地区并获得租借权等内容。

D829.12/5
支那租界論/植田捷雄著. ―東京:巖松堂書店,昭和9年[1934]

该书论述了中国租界的内容。具体讲述了中国租界经历的无条约时代、缔结条约的时代、租界回收的时代三个重要时期的历史。其中,提到了通过与西方列强签订的种种不平等条约,济南、周村等地成为开放的商业地区;通过中日不平等条约,中国内地的租界面积扩大、胶州湾开放、青岛成为日本的租借地、日本获得了在胶州湾地区的权利、胶州湾作为商业港口开放,除此之外,根据条约,山东开放了数个城市作为贸易开放港;同时还讲述了租界的本质,具体介绍了租界地的行政关系、司法关系、战时关系、上海、北京地区的租界问题,租界的价值,租界的未来等内容。

D829.15/1
中華民國に於ける列國の條約權益/英修道著.—東京:丸善株式会社,昭和14年[1939]

该书主要介绍了威海卫租借地的回收,西方列国通商关系权益,英国、美国、法国、日本、外国诸国之间的关系,西方列国共同的关系,俄国、德国、奥地利、匈牙利的关系,《芝罘协定条款》,在中国的治外法权,依赖裁判权以外的特权,在中国的各国租界,准外国租界地域,在中国的各个租借地、沿岸贸易以内航行权和军事权益等内容。在中国的租借地中,特别提到了芝罘第一区、青岛、威海卫地域、威海卫地域的旧英国租借地等内容。

D829.15/6-3
二十一ケ條と日本及支那/古賀元吉著.—3版.—東京:日支問題研究会,昭和3年[1928]

该书主要介绍《二十一条》以及中国和日本的关系。其中,介绍了《二十一条》的本体、日本对《二十一条》提案的动机和目的、《二十一条》的相关内容。例如:山东问题、汉冶萍问题、沿岸不割让问题、其他要求等;书中特别详细地提到了山东问题,根据山东问题的内容,日本获得了在青岛胶州湾地区的利益,并且享有胶州湾租界地的管辖权及关于胶州湾租界返还的争议;在附录中,附有中国政府的对策、与山东有关的条约、山东不割让交换公文、开放城市交换公文、胶州湾交换公文等。

D831.36/1
日支間並支那に關します日本及他國間の条約/外務省条約局編.—[不詳]:大正12年[1923]

该书辑录了中日甲午战争后的条约、协定、公文、备忘录等。在"日本和中国间的条约、协定及公文"篇中,收录了关于山东的条约和换文,关于设置青岛海关的德清协议,关于胶州湾租借地的换文,关于恢复青岛中国关税的事项,关于济顺及高徐铁道的换文,关于处理山东诸问题的换文,关于山东铁道的协议和解决山东悬案的条约等内容;在"中国和日本及同其他国之间的条约、协议及公文"篇中,收录了关于在清朝时期保全通商权利的日美间换文,关于太平洋的日美换文等内容;书中还涉及中国与各列国条约、协定及公文等内容。

D831.36/3
新東亞建設を中心とせる帝國外交条約輯/東京行政学会著.—東京:玄文社,昭和16年[1941]

该书辑录了日本帝国的外交条约,主要有《国际联盟条约》、与中国有关的《九国公约》、工业所有权保护权同盟条约、第一次鸦片会议的会议协定《万国邮政条约》、《万国电信条约》、与山东省铁路和矿山相关的换文、山东不割让文件、山东卅放地的文件、与胶州湾租借地相关的换文、关于山东省诸多问题处理方法等的换文、关于解决山东悬案的有关条约、有关"济南惨案"的公文、《芝罘条约》、关于我国对日输出青岛盐问题和日本之间的协定等内容。

D831.39/6
日米外交史/トリート著.—普及版.—東京:右文館,大正11年[1922]

该书主要介绍了日本和美国之间的外交关系与历史。其中涉及日美之间的通商往来、导致两国关系恶化的条约、条约的修正、日俄战争以后在美日本人等情况;同时还涉及日本和中国之间的外交关系和历史往来、外交事项等。例如:记载了日本在战争中进攻青岛,并通过《二十一条》,获得了山东青岛的做为租界的权力范围、胶济铁路沿线的权利以及青岛被迫对外开放市场,战后根据华盛顿条约,要求日本归还在山东的权益等内容。

D831.39/12(1)
D831.39/12-2(2)
対支回顧録.上下巻/対支功労者伝記編纂会編.—東京:対支功労者伝記編纂会,昭和11年[1926]

上卷记载了从明治初年到"九一八事变"时期中日之间发生的重大事件。有《马关条约》、《天津条约》以及日韩关系、中日甲午战争概记、义和团运动、日俄战役概记、中国政情的概观等。书中特别记录了山东问题的重大事件,例如:1914年日本出兵青岛、青岛陷落和胶州湾租借地问题、有关山东的铁道等权利之无条件转让等内容。

下卷记录了从明治初年至今的名人概况。

D831.39/16(1)
日本外交百年史.上巻/掘川武夫著.—東京:三教書院,昭和16年[1941]

该书记录了日本百年外交史,主要讲述了日本自从明治维新开放以来的百年间,与英美、俄国以及中国之间的外交关系和外交历史。书中记载了日本强迫中国签订不平等条约,并获得了山东胶州湾一带的权利、青岛的租界及居住权利等内容;还记载了西方列强开始了在中国的利益划分,即从胶州湾沿线铁道铺设权到矿山开采权以及在威海卫的权利等;同时也叙述了日本同英国之间的同盟关系的确立及发展,以及日本俄国之间的战争情况、"日韩合并"等内容。

D922.29/2
華北交通株式会社鉄道貨物運送規則竝同補則/華北交通株式会社編.—[不詳]:華北交通株式会社,昭和16年[1941]

该书是由华北交通股份有限公司编写的铁道货物运送规则及其补充规则。在华北交通股份有限公司铁道运送货物规则和补充规则章节中,具体介绍了总则,货物的提取通则、受托、运送、指定、事故、运费及收费、运费的计算,费用的计算,运费和费用的收受情况等的货物运送规则及其补充等内容;书后附有货物等级表、危险品包装表、货物运送率表、货物计费表、货物营运里程表等图表。在货物营运里程表中,附有从青岛到济南的胶济干线的货物营运里程的图表,详细标注了青岛、青岛码头、四方、城阳、胶东、蓝村、沧口等站的货物营运里程;另外,书中还附有"伪满洲国"的地图,图中可以清楚地看到山东铁路的主要干线部分。

D922.291.91/3
北支那開発株式会社及関係会社概要:別冊.法令・定款・規定集/北部中国那開発株式会社編.—

[不详]：北部中国那開発株式会社，昭和15年[1940]

该书收录了华北各开发股份公司的法规、章程、设立委员、职务分工制度、众多股份公司的公司关系等内容。例如：兴中股份有限公司、华北交通股份有限公司、华北电信电话股份有限公司、华北电业股份有限公司、济南电力股份有限公司、山东矿业股份有限公司、青岛码头股份有限公司等的概况；书中还详细介绍了青岛码头股份有限公司的公司总则、股份、股东大会、工作人员、预算等情况及青岛自来水股份有限公司、交通股份有限公司的章程，鲁大矿业股份有限公司、旭华矿业股份有限公司、章丘官庄矿业股份有限公司等的章程等。

D927.52/1
青島居留民團例規集/青島居留民團著．—青島：青島居留民團，[不詳]

该书辑录了在青岛居住的日本侨民团体——青岛日本居留民团的条例规定。书中的第一类是日本青岛居留民团的有关法规，记录了青岛居留民团的设立、团法施行细则。第二类是日本侨民的信息，记录了侨民会议的相关内容。第三类是有关职位制度、事务的处理情况等，其中介绍了青岛居留民团团长、助理、会计主任、雇员等相关的条例，还有青岛居留民团的章程、人事商谈规则。第四类教务教学方面，收录了青岛侨民小学、青岛日本中学、高等女校、青年学校等学校的规章制度和海外青年学校的制度等内容；此外还介绍了青岛居留民团的卫生、退休慰问金、旅费、职员工资等、物品的出纳等财务会计条例、低利率资金和警备状况；最后附有诸如领事官职务规则、解决山东悬案、山东铁道悬案问题协定细目等内容。

D99/13
領事館令集/大東亜省中国事務局司政課編．—[不詳]：[不詳]，[不詳]

该书辑录了北京、天津、山海关、石门、太原、芝罘、济南、青岛、徐州、上海、南京、九江、汉口、海口等地方的领事馆令。例如：居留民取缔规则、古物商取缔规则、北京日本商工会议所规则、出版物取缔规则、土木建设工事取缔规则、医师取缔规则、诊所取缔规则、暴力行为取缔规则、青岛日本商工会议所规则、警察处罚令、原动机取缔规则、在外指定学校职员、职务、服务及工资规程、物资取缔有关的规则、租金取缔规则、无线电信电话接收机取缔规则、传染病预防规则、枪支火药类取缔规则、在外指定学校校医规则、议会取缔规则、兵器弹药取缔规则、居留民会规则、法律事务所开设、护士规则、价格管制的规则。

《中国图书馆分类法》类目

E 军事类

E1/7-4
世界国防の現勢/西垣新七[等]編．—4版．—東京：国防思想普及協会，昭和14年[1939]

该书主要介绍世界国防的现状。书中附有各种有关军事、海军及船舶等的照片。介绍了日本的战舰、德国的豆型战舰、英国的各种战舰、美国的太平洋舰队、中日甲午战争之后的海军状况、海军的教育机关、海军军备、海军的制服、礼仪、各国的海军政策、西方列国海军的势力比较、海军存在的问题，青岛港和芝罘港被占领的概况；书中同时还介绍了各国的经济发展状况，涉及山东省的铁矿业、原料资源、还有青岛的海军状况等；附录为陆战的关系、条约、休战等内容。

E194.4/1(1)
一九一四年——一九一九年世界大戦史.前篇/箕作元八編.—東京:富士房,大正8年[1919]

该书是《一九一四年到一九一九年的第一次世界大战史》的前篇,介绍大战的由来、战前的外交状况、交战各国的内政、交战各国的经济以及财政、陆战史、交战各国的军备以及动员状况、第一次世界大战经过、海战的历史、东部战线的战况、远东方面的战况、亚洲土耳其方面的战况等内容;书中特别记叙了攻略青岛战、德国经营胶州湾的由来、占领胶州湾、胶州湾发展的概况、青岛要塞地区的陷落、青岛要塞的开城等内容;在插图中,附有攻占青岛军队的图表,并附有青岛附近的战略要图。

E194.4/1-4(2)
一九一四年——一九一九年世界大戦史.後篇/箕作元八編.—4版.—東京:富士房,大正8年[1919]

该书是《一九一四年到一九一九年的世界大战史》的后篇。书中附有欧洲和世界地图。主要介绍了交战各国的外交历史、交战各国的国内相关情况、交战各国的经济和财政情况、参战各国联合组成的协约国和同盟国、意大利等国家的国内情况同时还讲述了世界大战的陆战史、交战各国的军备状况、动员情况、兵器、海军的新式武器等内容。书中特别提及了德国进攻青岛,获得租借胶州湾的权利及拥有胶州湾铁路的权益和山东问题的讲和等内容。

E195/2-2(1)
戦争史.世界現代篇.一/伊藤政之助著.—2版.—東京:内外書房,昭和17年[1942]

该书为《战争史》的世界现代史部分。详细介绍了欧洲对亚洲地区的侵略,对太平洋地区的侵略,对美洲地区的侵略,英国独立战争,伊土战争,巴尔干战争,以及第二次世界大战的原因、作战计划、开战前的状况、美国的参战、日本的参战、海战、空战、西比利方面的作战等情况;书中还详细地介绍了日本参战的来龙去脉和经过、青岛战役以及对战争的评价、日本军队在山东半岛和胶州一带的活动、济南和青岛的战略地位和重要性等,该书附有青岛之战的参照图。

E274.009/1
航空五十年史/仁村俊著.—東京:鱒書房,昭和18年[1943]

该书记载了日本航空50年的历史。主要介绍了日本航空思想诞生、欧洲的鸟类仿生研究、气球部队的设立、明治中期与后期的航空状况、青岛战役以及日军陆海军的航空队、民间飞行家的活动;同时也讲述了日本出兵西伯利亚、访欧飞行、日本航空的飞跃、"九一八事变"爆发、"上海事变"爆发、航空兵团创立等内容。

E29/3
活機戦.第1部 満洲事変/佐藤庸也著.—東京:日本軍用図書株式会社,昭和18年[1943]

该书主要是介绍与"九一八事变"相联系的有关事件。附有战斗要图:北大营战斗要图、天津市区的一般地图、哈尔滨市附近的战斗经过要图等。同时也具体介绍了诸多的战斗和政治事件以及经济事件等。书中还特别介绍了青岛的问题和《二十一条》的签订、中国的南方的抗战和日军对山东的出兵等。书中也涉及青岛的租界地的问题、山东铁路问题、日本在山东的权益等内容。

E313/4-45
次の極東戰爭.帝國陸軍は何処へ行く/西野雄治著.—45版.—東京:朝風社,昭和6年[1931]

该书具体介绍了日本人口的激增及人口危机、日本国防的本质、苏联的陆军和现状、中国的陆军、中国军队的新式武装和战斗精神、排日运动、中国民族的特性;书中特别介绍了在《二十一条》中的规定:德国在山东的一切权益转交给日本,使日本获得了胶济铁路的铺设权等权益;此外,书中还涉及山东省等不同地方的中小学校的排日教材、青岛归还问题;第八章到第二十三章介绍了日本国防、太平洋防备问题、青年的训练等内容。

E313.9/3(7)
大日本戰史.第七卷/高柳光壽著.—東京:三教書院,昭和19年[1944]

该书为日本战史第七卷,收录了由日本发动的各个战争的概论,共分为三部分:第一部分为日俄战争,介绍了战前的内外政局、开战与争夺制海权、俄军东洋舰队毁灭、辽阳会战、沙河会战、旅顺攻略战、奉天会战等内容;第二部分为第一次世界大战中的青岛战役,介绍了青岛战役战况、关于《二十一条》中日之间的交涉、华盛顿会议、山东问题;第三部分为日军出兵西伯利亚,记述了尼港事件(注:又称尼古拉斯耶夫斯克事件。1920年,驻尼古拉斯耶夫斯克的日本占领军被苏俄游击队包围,日本兵700余人丧生、122人被俘)等内容。

E313.9/15
陸軍史談/金子空軒著.—東京:陸軍画報社,昭和18年[1943]

该书为日本陆军的历史。主要介绍了由德丸原创立的日本最初的洋式操练、构成新陆军基础的沼津兵学校、日本陆军建设时的教育状态、陆军阅兵式的起源、宪兵的设置、陆军大学校、《马关条约》的签订、日俄大战、陆军航空兵的摇篮时代、"九一八事变"等;作者还收录了各种报纸杂志中的军事随笔,讲述了日本军服的变更、军队番号的变化、明治十年的官员、关东大地震与军队等内容,其中也介绍了青岛攻略战。

E313.9/16
大日本対外戰爭史話/小川煙村著.—東京:良國民社,昭和18年[1943]

该书介绍了日本的对外战争史。第一编为上古时代至文禄庆长之役时期,介绍了日本对外战争;第二编讲述了中日甲午战争前后的经过等内容;第三编为日俄战争前后,介绍了八国联军侵华的起因与其经过等内容;第四编为对德战争,介绍了对德战争与出兵西伯利亚、"九一八事变"以及"上海事变"、七七事变与远东和太平洋战争等内容。书中提及了日军对山东和青岛的侵略和占领。

E313.9/22-2
海軍五十年史/佐藤市郎著.—2版.—東京:鱒書房,昭和18年[1943]

该书记录了日本海军50年以来的历史,全书共分为七部分。在绪论中,阐述了日本民族与海国日本历史概观;在"建设时代"篇中,介绍了日本海军的创立、舰船及航空机的发展、军备的军费、明治天皇与海军;在"中日甲午战争时代"篇中,讲述了黄海海战、威海卫的陷落等;在"日俄战争时代"篇中,讲述了开战以来的经过、开战当时的双方军队力量、日本海战等;在"世界大战时代"篇中,介绍了世界大战与帝国海军、青岛攻略战、地中海作战等;在"裁军时代"篇中,介绍了华盛顿会议、伦敦会议、军备费的变迁等;书中在最后的部分介绍了"上海事变"、七七事变、远东和太平洋战争等内容。

E313.9/25
支那事変に於ける帝國海軍の行動.其の三,海南島攻略戦後より北海作戦まで/海軍省海軍軍事普及部編.—東京:海軍省海軍軍事普及部,[不詳]

该书介绍了从海南岛攻略到北海战役日本帝国海军的行动,即:日本海军部队的作战经过、海军舰艇及陆战队的参战、日对华南作战——海南岛扫荡战、华中作战、华北作战、中国沿岸交通被阻断、占领海州、攻破汕头、攻破舟山岛——舟山群岛的扫荡、封锁华南沿岸、南昌战役和鄱阳湖的海军部队的奋斗、洞庭湖上海军部队的奋战、中山作战、北海作战及北海作战的意义、华南、华中与华北方面的海军航空部队的参战、七七事变海军作战经过等内容。书中提及了日本在山东和青岛作战的情况。

E313.9/26(2)
支那事変従軍記蒐録.第二編/宮居康太郎編.—東京:興亜協会,昭和16年[1941]

该书详细记载了七七事变时发生的重大战役:第一篇是南京攻略,包含了日军对苏州的进攻、无锡的激战、攻占江阴要塞、南京总攻击、进攻杭州等内容。第二篇为日军对山东的扫荡战,具体讲述了济南攻略战、山东的形势、青岛的战势等。第三篇为徐州会战,介绍了日军的全线进击徐州、台儿庄激战、快速袭击沂州城、黄河堤防爆破等内容。同时还记录了日军对汉口的攻略战,九江的立体战,占领湖口,攻破德安城外围线,攻击六安城,光州、商城的攻略战,田家镇要塞战,隘口城的血战,信阳总攻击,占领汉口,德安城的陷落,阳新城攻略战,武昌、汉口的陷落等内容。最后在广东突袭中,介绍了惠州城攻略、攻击博罗城等内容。

E313.9/42
近代日本軍事史/松下芳男著.—東京:紀元社,昭和16年[1941]

该书是关于近代日本的军事历史,附有日本近代军事年表。具体介绍了明治时期陆军的创立、征兵令的制定、西南战争、军政军令机关的设立等、中日甲午战争及战争的过程、第一次世界大战的过程和"九一八事变"。书中提及了攻占山东的威海卫、攻破虎山难关、日军参战、攻略具有特殊位置的青岛地区、日军与德军交战经过,占领青岛等内容。

E313.9/44
支那事変皇國の精華/長澤小輔編.—青島:山東毎日新聞社,昭和14年[1939]

该书主要为战争状况、人物肖像、山西战线、山东南部战线、徐州会战、徐州大会战、长江的进攻、空战史、大别山之战的相关照片,并且附有七七事变战局的地图。在记录陆军的章节中,详细介绍了山东南部方面的战况、山东南部的战事、台儿庄大战、青岛作战、芝罘攻略、海军航空战、上海附近的战役、长江沿岸的扫荡、北上军队的战况、占领太湖城、山西方面的事情、陆军军队的进攻等相关的战记。书中附有大量的题字和照片。

《中国图书馆分类法》类目

F　经济类

F11/1
日満支経済の基礎知識/木村増太郎著. ―東京:大阪屋号書店,昭和15年[1940]

　　该书阐述了东亚新经济体制的基本问题,中国东北部开发及移民问题,中国东北部的财政、工矿业和交通贸易,中国经济的地位,中国经济在流通和生产方面的质变,租界问题,中国的财政、金融、工商业、矿业和交通等内容。书中特别涉及山东、湖南等地的公债发放、山东证券、山东的众多银行、青岛港的贸易情况等内容。

F11/16
新体制の経済/高木友三郎著. ―東京:第一書房,昭和15年[1940]

　　该书主要是关于日本经济实力、经济问题的内容。书中讲述了第二次世界大战的转机、战后的经济现状、日本的再建、从统治经济到计划经济的转变。从世界五大经济区域到三大经济区域,货币价值的转向时代,南洋圈的经济价值,日本经济的高附加值,日本经济的重组,日本企业的重组论,中国的煤炭、钢铁、棉花、盐等内容。书中特别提到了山东地方的煤炭产出情况,山东的棉花,青岛棉花的质量、供求、输出和消费量及青岛盐的产量、出口量等内容。

F11/26
戦後の経済に備へよ/勝田貞次著. ―東京:千倉書房,昭和12年[1937]

　　该书主要讲述一战后的经济问题,书中具体介绍了世界各地的经济现状。主要叙述了财政膨胀的方向、战后的金融机构、战后经济的控制方向、战后的国际政局、战后经济新对策的出发点等内容。还介绍了战后的世界经济状况、中国经济状况、日本经济现况、欧美各国经济状况、战时战后的企业界的动向、进出口的限制、战后的股份市场、战后军需工业与和平工业、战后商品价格、战后的增税、战后的贸易、中日甲午战争后的经济状况和日俄战后的经济状况。同时书中还提到了山东、山西等地的棉产量,以天津青岛为中心的纺织业的发展,青岛纺织公司的状况,山东盐业的发展,山东河南的小麦集散状况等内容。

F119.9/4
南方共栄圏事情/松崎雄二郎著. ―青島:青島日本商工会議所,昭和17年[1942]

　　该书是由青岛日本商工会议所理事松崎雄二郎编著的有关"南方共荣圈"的内容,由青岛日本商工会议所发行。其中,介绍了印度、泰国、香港地区、澳大利亚、菲律宾、马来西亚等国家的人口状况、地理位置、自然条件、概观、国家历史、人民生活、同其他国家的贸易来往、对日的出口品、商业和工业的发展情况以及棉花等的农业发展。该书中还收录了香港的人口、位置、经济、政治以及贸易往来的情况。此外,书中也提及香港的变迁情况、自然条件、在住日本人口、工业品输出、近5年的贸易额等内容。

F12/25-2
北支八省の資源/馬場鍬太郎著. ―2版. ―東京:実業之日本社,昭和14年[1939]

该书叙述了含山东省、山西省等中国北部8个省份资源的内容,附有中国北部8个省份资源分布情况的明细图。在"中国北部的自然界"篇中,介绍了中国北部的位置、地势、河川、土壤、气候状况、植物和动物状况,书中提到了山东的自然状况,涉及山脉地带、泰山和崂山;在"地表和地下的资源"篇中,介绍了中国北部的煤炭、石油和水力资源、矿产资源、农产资源、水产资源,详细介绍了包括博山煤矿、坊子煤矿在内的山东省的煤炭产量和煤田,山东省的铁矿资源,植棉情况,山东青岛、即墨等地的渔业生产,山东盐业和长芦盐场,森林分布和树种等;在"人力资源的诸多要素"篇中,具体介绍了人种构成和民族性、劳动力和技术专家、工业资源、金融机关和交通现状,涉及青岛的工厂状况、山东省的纺织业、面粉制造业、化学工业、青岛的贸易、青岛港等。书中附有胶州铁路沿线的状况。

F12/30-2
　　転業と北支産業/石川市郎著.—2版.—東京:新興亜社,昭和16年[1941]

　　该书记述了华北一带地理、物产、金融情况。主要介绍了华北的概况、地势、气候、土壤、面积及人口、时事,华北的天津、北京、济南、青岛等重要都市,京汉、胶济等铁路的沿革与概要,水运与公路,航空与通信,华北贸易概况,华北的农业和重要物产,山东省、山西省、河北省的棉花、麻、羊毛、牛皮、马皮、铁、煤、盐,华北的金融与通货、银行、财政与金融界等内容。

F12/34(4)
　　大谷光瑞興亜計画.4/大谷光瑞著.—大阪:大乗社,昭和14年[1939]

　　该书为大谷光瑞兴亚计划之第四卷,书中附有地图。书中介绍了福建、浙江、新疆、甘肃、山东、云南等各个省份的水利状况。其中提到了山东省的水利状况,详细地记叙了小清河、新开的山东运河、新运河的价值和铁路铺设状况、青岛新港的筑造、天津港口筑造的不可行性、华北海港青岛港、大运河的航运等内容。书中论证了青岛港的优势、青岛港的地理位置和历史变迁、重要地位、工商业的发展等,也介绍了水利的重要性、运河和航海汽船、航运船舶及设备等内容。该书附有山东省的水利计划图、山东省的运河断面图等图表。

F12/39
　　北支蒙疆商工名鑑:昭和十四年版/川島信太郎著.—東京:日本商業通信社,昭和14年[1939]

　　该书介绍了中国北部五省的地理概况、文化概况、交通通信概况、政治行政概况、农业、畜牧业、水产业、矿业、工业、商业、通货金融与贸易等内容。同时对河北省、山东省、山西省、察哈尔省的物产名做了统计。在商工目录中,有河北省的天津、廊坊、香河、武清、杨村、唐山、安山等73个地区。山东省的青岛、威海、济南、辛庄、洪山、张店等83个地区。山西省的阳曲、太原、太谷、文水、平定、阳泉、浮山、高平、大同等74个地区。察哈尔省的万全、张家口、赤城、张北、武川、康保安保,绥远省的安北、陶林、集宁、阜资山、临河、包头地区的商工名录,并追加天津、北京、青岛、济南、大同、太原等10个地区名录。

F12/44
　　東亜ブロック讀本/大阪毎日・東京日日新聞社エコノミスト部著.—東京:一元社,昭和13年[1938]

　　该书以东亚同盟为中心,分四篇叙述了东亚同盟的扩大过程、东亚同盟的萌芽期、备战体制的必然

性、中国的反日运动、东亚同盟的必然性、华北经济的重农性、"蒙疆"社会经济的特质、朝鲜经济发展的意义、华北产业界的损失、华北产业的开发计划等内容。书中特别记述了青岛纺织业受到的损害、济南青岛的工业恢复。最后,书中叙述了同盟经营论,其中论述了华北、华中开发政策的基本问题、同盟经营机关等内容。

F12/47
北支经济の新動向/松崎雄二郎著. —東京:大日本雄弁会講談社,昭和17年[1942]

该书介绍了华北的经济动向。叙述了"东亚共荣圈"与当时中国的经济、大陆通货工作、汇率政策、中国北部六港贸易结构的变化、贸易机构重组与民族资本的动员问题、华北重要矿业的动向、华北农业经济的新课题、资源开发的新动向、远东和太平洋战争下的华北经济。书中还包括在青岛的日本企业的进入状况,也提及了日本对山东重心论的再认识。

F12/48(8)
経済時報. 第八号/青島日本工商会議所編. —青島:青島日本工商会議所,昭和11年[1936]

该书是青岛日本商工会议所出版的青岛经济时报。其中,报道了青岛盐的交易状况,例如:青岛盐的品质、青岛盐的生产费、青岛盐的价格、青岛盐的交易状况、青岛盐的输送及运出。同时,就山东的羊毛、当地的水泥供需概况、青岛港的贸易状况、中国关税高屏障的筑造和进口贸易的影响、1936年上半期的青岛港一般贸易概况、1936年上半期的青岛港对日贸易概况、1936年上半期的青岛市内批发零售物品物价表、1936年自五月至七月青岛经济市况、1936年自五月至八月商业交易介绍及调查委托事项、1936年自五月至八月的胶海关告示摘要、1936年自五月至八月的海关金单位对银元的换算率表等也作了报道。

F12/48(13-16)
経済時報. 第十三号—第十六号/青島日本工商会議所編. —青島:青島日本工商会議所昭和14年[1939]

该书由青岛日本工商会议所出版,是对金融界一年的回顾。例如:联银青岛分店开设的状况、联银青岛分店开设后的通货工作、青岛的汇兑工作、青岛的金融状况等内容。同时还回顾了青岛贸易的概况、产业界的复兴状况。作为调查资料,还叙述了胶济铁道的运输状态、七七事变后青岛进口各个商社的调查、最近5年青岛市批发零售物品一览表,及胶海关告示摘要、商业交易询问摘录、重要经济日志、海关黄金单位对银元的换算率等内容。

F12/48(21-27)
経済時報. 第廿一号—第廿七号/青島日本工商会議所編. —青島:青島日本工商会議所,昭和16年[1941]

该书由青岛日本商工会议所出版。书中介绍了进口组合的结成及当地新体制的基础问题。其中具体讲述了山东进口配给组合联合会的机构和作用、青岛经济界今后的动向问题。还介绍了华北棉丝布统制的现阶段的状况及其课题、山东的鸡蛋及鸡蛋加工、决战下的青岛贸易、德国的对华政策、中国买办制度的研究、以青岛为中心的产业经济的振兴政策、青岛的粮站机构和在流通面上所起的作用、山东省果实类的生产流通情况、青岛的机械业、青岛市电网设备的提倡、山东家蚕业的现状和今后的对策、山东省的特种商业等内容。

F12/50
　北支経済の開発/大阪毎日新聞社経済部編.—大阪:毎日新聞社,昭和13年[1938]

　　该书介绍了华北经济开发的内容,包括华北的资源、交通和金融、对外贸易的变化、工业的特异性、经济开发的目标、华北的农业资源、畜产资源、矿产资源、水产资源、铁道、汽车、通信、航空等内容。特别介绍了天津到徐州的津浦线、济南到青岛的胶济线。同时,作者还记述了华北金融通货膨胀、华北工业的特异性,例如:纤维、制绒、化学、制粉、电业、窑业等内容。

F12/51
　経済支那の開発/畝川鎮夫著.—東京:巌松堂書店,昭和13年[1938]

　　该书的内容包含错综复杂的西方列强的权益,华中华北的经济,中国的资源,华北的资源和开发状态,华北工业的现状,华中的资源及其开发状态,华中近代工业的现状,京汉铁路、北宁铁路、陇海铁路、津浦铁路、正太铁路等铁路状况,秦皇岛港、连云港、天津港等港口状况,以扬子江为中心的水路,铁道、公路、航空路、通信网等中国交通和通信,开发中国的要谛,建设的道路和根本政策,运输交通的整备,海运及港湾政策等内容。书中提到了胶济铁路、芝罘港、威海卫港、青岛港、龙口港等山东和青岛的港湾。

F12/56
　新支那の経済動向/支那通信社編著.—東京:啓明社,昭和19年[1944]

　　该书阐述了中国的经济趋势,对中国的政治形势、经济形势进行了说明。包括上海共同租界返还与经济动向,华北交易的现状,全国商业统制后的形势,华北棉业新体制的构想与推进,华南地区通货工作的发展,战时经济运用方针的明确化,华北地区、华中地区、华南地区的经济等内容。书中特别就山东省合作事业的发展、山东对华南和华中的贸易、青岛证券市场的创立、华中棉花增产计划的实行状况、华中农村的状况、华北的劳务者问题、华北铁道的运输状况做了说明。

F12/59(2)
　支那経済綜覧.第二巻/西川喜一著.—上海:上海経済日報社,大正11年[1922]

　　该书具体介绍了西方列强对中国的政策的倾向、中国财政、借款和借款团体、中国铁路的共同管理论、中国铁路的分类、经济性的借款、政治性的借款、外国银行和各地金融情况等相关内容。其中,详细地记叙了山东和山西两省份的关税问题、山东铁路的借款和山东以外的权利、中国的国民性和教育性之间的关系、中国的国民教育、关税的种类、海关、海关关税、常税、厘金制度及芝罘地区的特种税、青岛关税制度、山东省的厘金和子口半税的利害得失、青岛的金融关税、流通货币,以及济南和芝罘的金融机关。

F12/63-4
　支那各省経済事情/赤松裕之著.—4版.—東京:日本国際協会,昭和13年[1938]

　　该书主要收录了关于中国的河北、山西、陕西、甘肃、广西、湖北、湖南、四川、云南、广东、山东各个省份的经济状况。其中,讲了工业、农业、矿业、林业、交通、通信、农牧业以及水产业、产业及资源、财政及金融等行业。在"山东"篇中,具体讲述了山东的地理人口情况、交通、水产农业、工矿业以及日本和山东的关系、对日本出口青岛盐的问题等。

F12/69
  满蒙を新らしく见よ/藤冈启著.—东京：外交时报社,昭和3年[1928]

该书为"伪满洲国"和蒙古及日本的外交关系以及有关"伪满洲国"和蒙古的情况。主要介绍了"伪满洲国"和蒙古的历史、地理、资源、农业、矿业、林业和水产业的情况。书中还提到了山东的新形势、胶济铁路问题、青岛港的改善、山东盐业的未来、贸易障碍、纺织业的进展、济南的发展等内容。此外,还介绍了作为中国的重要港口青岛港的有利自然条件。

F12/71(1)
  经济调查资料.第一辑/北京日本大使馆经济部编.—北京：北京日本大使馆经济部,昭和14年[1939]

该书是由驻北京日本大使馆经济部编写的经济调查资料。书中涉及了华北棉花的生产和供给、生产关系、进出关系、价格关系、贸易关系、工业原料的供给地、华北工业分布、华北鸦片的事件、汽车交通事业、棉花政策的发展、海关等内容。还特别提到了山东省和济南地区的棉花面积和产量以及1930年山东的棉花产量和单位产量情况、济南和青岛的工业分布状况、山东省鲁大公司的钢铁经营、胶济线上的铁道工厂、青岛、济南等地的鸦片消费状况。除此之外,书中还对天津、青岛海关的贸易额、收入项目及外债情况也作了介绍。

F12/76-3(8)
  支那研究丛书.第八卷/东亚实进社编.—3版.—东京：东亚实进社,大正9年[1920]

该书是关于中国金融方面的书,叙述了中国货币流通,汇兑机关,老式的金融机构,新式的金融机构,北京、天津、香港、汉口、湖南、云南、上海、广州等中国各地的金融机构及货币市场的情况。其中介绍了烟台、青岛、济南、山东三大市场及其货币流通,金融机关,山东银行的相关情况、烟台的金融机关、汇兑情况、货币流通、在青岛的中日合办银行、新式银行等的通货情况。书中还涉及青岛的货币价值的变动、货币的流通、日本银行的纸币等。

F12/77-3
  支那研究丛书.第壹卷：支那开市场全志/东亚实进社编.—3版.—东京：东亚实进社,大正8年[1919]

该书是日本人编辑的中国研究丛书的第一卷,即中国市场全志,分为"华北"篇和"中国西部"篇。在"华北"篇中,具体介绍了天津、北京、京汉沿线城市、豫定地区、同蒲沿线城市、秦皇岛等华北城市的开放市场、商业、工业、贸易、人口及交通状况。书中还介绍了芝罘的人口及城市概况、贸易往来及未来、作为著名商社公司所在地青岛的沿革和位置、贸易状况及同国外的产品进出口等。同时还介绍了济南的位置、人口、交通,位于山东铁道沿线的泰安、张店、青州等地的开放市场的状况。在"中国西部"篇中,介绍了云南、四川省、贵州省等地的市场开放状况。

F12/78
  支那の经济建设：事前と事后/目崎宪司著.—东京：有斐阁,昭和16年[1941]

该书记叙了日本侵华前后中国的经济建设,分为七七事变之前和之后两部分:第一部分写七七事变后的时间段。主要介绍了中国的产业和通货状况,即介绍了中国经济建设的机构、华中的破坏及复兴、华南的经济事态、七七事变前后的通货状况;第二部分写七七事变前的时间段,介绍了天津的贸易、近代都市南京、北平的重要人物、武汉的三个县镇、中国与日本的关系等。书中特别介绍了有关青岛的工业布局,青岛作为一个特别市,借助良好的气候条件、有利的地理位置、便利的交通条件,有发展成为山东省著名工业基地的可能,并介绍了青岛的纺织工厂、工人等概况。书中附有烟台、青岛、张店、四方等中国诸城市在住日本人的统计表和烟台、胶州等地的生丝输出额图表等。

F12/80
中南支経済総観/景気研究所編.—東京:千倉書房,昭和13年[1938]

该书叙述中国中部和南部各省的经济概况,包含青岛、济南等大城市的近代工厂及博山、曲阜等地的治安等情况的介绍。书中还涉及山东的棉花和铁矿,山东经济的发展,四川省、福建省、江西省、河南省的概况及人口、城市、资源、矿业、交通状况、农业、林业、金融等各个地方的经济发展状况等内容。

F12/88
北支那経済総観/南満洲鉄道株式会社産業部編.—東京:日本評論社,昭和13年[1938]

该书是由南满洲铁道株式会社编写的有关中国经济发展的著作。主要叙述了中国的政治和社会、国际关系、中国和日本、中国的农业、畜产业、水产业、渔业、矿业、工业、交通、商业、贸易、金融和通货、财政等内容;在农业方面,书中涉及山东省的耕地面积、农家数量、还有烟台和济南的气温变化、山东地区的雨量、山东地区的轮作等内容;在水产业方面,涉及山东的盐田状况、山东省的渔业生产;在矿业方面,记录了山东省的煤炭产量、山东省内不同地区的煤炭埋藏量等。此外,该书还记录了山东的铁路状况、青岛港的概况和贸易、烟台港的贸易状况、山东省工商同业公会的统计,以及青岛港和烟台港的输入和输出量、济南棉花的进出流通情况。

F12/90(1941)
黄海経済要覧:昭和十六年版/大連商工会議所編.—大連:黄海経済聯盟,昭和16年[1941]

该书先是具体介绍了清水港、神户港、今治港、博多港、长崎港、关门港等海港的位置、面积、港湾、气候、关税、贸易、交通和运输、重要机关及其相关设施等内容。同时也详述了若松港、佐世保港、唐津港、釜山港、马山港、木浦港、群山港、仁川港、海州港等海港的位置、面积、港湾状况、贸易往来等情况。其后,作者讲述了中国境内的镇南浦港、天津港、青岛港、烟台芝罘港、大连港等的概况。书中特别提到了青岛港口的位置、地势、气象、变迁、港湾及码头、关税贸易状况、交通运输、重要机关及设施等相关情况。书中还附有青岛港码头进出口价格表和青岛港的贸易额,也介绍了烟台芝罘港口的位置、气候条件、交通状况、贸易形势和变迁等内容。

F12/94
支那資源及産業総覧:産業篇/呉承洛著.—東京:支那文化協会,昭和15年[1940]

该书为中国资源和产业的总览,其中主要介绍了中国的产业情况。包括中国的面粉工业、精米业、制油业、制糖业、食品制造业、酿造业、制茶业等多种工业的状况。特别在面粉工业方面,介绍了山东省地方的面粉工场,例如:青岛面粉公司,山东济丰制粉公司下属的济南、青岛、芝罘等地的山东面粉工厂,同时

介绍了使用山东、山西等地的大豆炼制的食用油及山东济南的溥益实业制糖公司;在酿造工业方面,介绍了青岛啤酒、山东省的葡萄酒;在制茶业方面,介绍了山东茶园的面积、茶叶产额等情况;最后,具体讲述了烟草工业、纺织工业、制革业、印刷业、化学工业等,还介绍了山东潍县一带的烟草生产、山东省的绢织业和棉花生产。

F12/98(1)
最新対華経済資料.第一輯/姫野徳一編.—東京:日支問題研究会刊,昭和11年[1936]

该书是对华经济的调查资料。其中,介绍了中国经济界的现状,金融界的形势、银行的业务、对外贸易状况、农业的概况、工业的状态、棉花行业、铁路建设、经济方面的情报信息和生产指数等的内容。同时还涉及山东省的棉花、麻、胡麻的生产状况、山东胶济铁路沿线的石炭资源、石炭资源的开采和炭种、青岛的对外贸易状况。

F12/98(5)
最新対華経済資料.第五輯/姫野徳一編.—東京:日支問題研究会刊,昭和12年[1937]

该书是日本对中国经济的研究资料。首先为对中国经济研究方法论的讨论,介绍了形而上学的研究方法、机械论者观察问题的方法、唯心论的见解、历史上唯心论的研究方法等;第二部分是山东省的工业全貌,具体介绍了山东省主要工业品的供给、主要工业品的生产、主要工厂的概况、进出口状况、政府的设施及相关政策。特别是在工业品供给方面,介绍了山东省的纺织品、机械用具、化学工业品、麦酒、金属制品等工业品的概况和供需。在主要工厂方面,介绍了青岛市的民染工厂、青岛的瑞丰染厂;第三部分是中国货币的统一;第四部分介绍了活跃在中国的外国经济;最后详细地介绍了中国农村经济、海南岛的经济价值、航空事业和航运事业的现状等。

F12/99
海州隴海鉄路沿線視察團報告書/青島日本商工会議所編.—青島:青島日本商工会議所,昭和10年[1935]

该书是由青岛商工会会议所编写的关于海州陇海铁路沿线视察报告。书中介绍了视察团所考察过的地方,海州陇海铁路开通,胶济铁路的开通和铺设,连云港筑港的状况,陇海铁路的状况,海州陇海铁路沿线的商品市场,河南省、山西省的棉花生产等内容。

F12/113
北支主要都市一般経済概況/満鉄北支事務局編.—謄写版.—[不詳]:満鉄北支事務局,[不詳]

本资料是由"满铁"华北事务局所写的中国北部主要城市的经济概况。主要就一般经济情况和商品流通情况进行了叙述。本资料在一般经济情况章节中,主要介绍了经济概况、商业机关、金融货币。在商品流通情况章节中,从棉花、羊毛、钢铁、鲜鸡蛋和鸡蛋加工、棉丝布、面粉、猪毛、核桃、石油、兽皮、麻、白糖、粮谷、盐、木材、汽车及其部件、自行车及其部件、护膜制品、纺织机械、人造染料、米及谷壳、棉花、捕获的鱼及其海产品、火柴、茶叶等方面进行了介绍。山东省的济南和青岛市为本书的第一次的调查地点。本书附有铁道及轨道资料、中国北部磨坊及其自家用的小麦消费量的推测、中国北部最多的制粉原料——小麦的供求、关于河北省东部的贸易等资料。

F12/114-6
　北支那経済綜観/南満洲鉄道株式会社産業部著.—東京:日本評論社,昭和15年[1940]

　　該书是由南满洲铁道股份公司产业部所写的关于华北经济的调查内容。主要就华北的概况和生产流通进行了调查。包括华北的政治社会,华北对日的经济关系,华北政局的发展及其特质,华北的政治社会机构,七七事变之前华北的政局,以华北为中心的中国国际关系概况,西方列国在华北的权益,华北同日本的经济关系,同日本的经济关系,华北的农业、畜产业、水产业、渔业、矿业、工业、交通、商业、贸易、金融通货、财政的概况等方面的内容。书中提及了有关山东省和青岛的盐田和渔业、青岛港的贸易和交通。附有华北经济统计和中华民国铁路全图。

F12-532/1
　支那経済座談会集/中支野田経済研究所著.—上海:中支野田経済研究所,昭和18年[1943]

　　该书辑录了中国经济座谈会的内容。主要有物价问题、商业机构的布局条件、现地铁工业、轻工业、中国金融通货问题、南京经济、青岛经济、青岛地区的经济问题、青岛地区的经济人问题、对华政策的转换和青岛经济人的动向、参战后的华北经济、华北的物价和粮食、华北纺织工业的重大课题、华北的粮食增产对策、华北交易的现状等。

F12-532/2
　第一次華北経済懇談会報告書/東亜経済懇談会華北本部編.—[不詳]:東亜経済懇談会華北本部,中華民国29年[1940]

　　该书是第一次华北经济恳谈会的报告书。主要有第一次华北经济恳谈会报告的议程、出席人员的名单、议题讨论、开幕词和闭幕词等。在出席会议名单中,有济南市商会会长苗兰亭、青岛市商会常务董事李淑周。在会议议题方面,讨论了含山东省在内的华北地区的物价问题、治安问题、农业综合计划、产业资源开发、资本技术等。会议期间,济南市商会会长苗兰亭、青岛市商会常务董事李淑周作为代表在会上发言,并向会议作了关于山东经济及青岛的物价指数和青岛港贸易状况的报告。

F12-54/1(1938)
　支那経済年報.昭和十三年版,支那事変号/東京商工会議所編.—東京:改造社,昭和12年[1937]

　　该书为昭和十三年(1938年)的中国经济年报,是有关七七事变前后中国经济的报道。具体地介绍了事变与中国经济、事变与中国的金融、事变与中国和外国之间的贸易等内容,在报道中国经济时,详细地介绍了经济建设、矿业和工业、外国贸易、国际收支状况等内容。其中记录了山东省的农业发展概况、山东省的大豆、小麦、落花生、棉花、烟草等农作物的丰产状况。在金融方面,记录了山东的银行数量、民间银元的发放等。中国的统治经济、农村经济的动向、中国工业的将来、七七事变和对华贸易、交通问题、事变和国际资本、日本和中国之间经济关系的调整、事变和人民战线运动,涉及"西安事件"、抗日运动等内容。这其中也涉及山东的实业公司、山东的盐税、天津、青岛、芝罘等地海关。

F12-54/6(1942)
　東亜経済年報:昭和十七年版:共栄圏の基本問題/山口高等商業学校東亜経済研究会編.—東京:改造社,昭和17年[1942]

附录 旧版日文中有关青岛方面的文献提要

该书是昭和十七年(1942年)的东亚经济年报,主要是关于日本侵略者建立的共荣圈的基本问题。即"东亚共荣圈"的概念、共荣圈和中国以及美国等第三国的关系;中国东北部经济的地位、资源和产业、交通的发展、财政等;华北、华中、华南各自的经济建设问题。书中特别在介绍华北经济开发时列举了中国开发股份公司、山东矿业股份公司、青岛码头股份公司等。在金融方面,涉及山东省、青岛、济南、烟台等地中国联合准备银行分行的相关情况。

F12-54/7(1940)
支那経済年報:昭和十五年版.経済開発号/山口高等商業学校東亜経済研究会編.—東京:改造社,昭和15年[1940]

该书是关于中国经济的内容,主要为中国经济的开发。介绍了中国经济开发和日本、中国工业和农业的开发目标、日本的生产力扩充和中国的开发、贸易状况和关税修改问题、中国经济开发和与其他国家的国际关系。在论述华北的经济时具体介绍了货币金融问题、华北经济建设的现状和未来、工业的新形势、农业的生产力、华北的交通状况。同时提到了作为华北的重要贸易港口——青岛港的基本情况。书中附有山东省包括青岛、济南、博山等地电力企业的事业表。在货币金融方面,涉及所谓的山东证券和山东银行的发展。在港湾方面,提到了烟台港、青岛港的仓库设备、系船能力等内容。同时书中也介绍了华中、华南的情况及其工业发展状况。

F12-54/8(1940)
支那経済年報:昭和十五年版/満鉄調査部編.—東京:改造社,昭和15年[1940]

该书是1940年的中国经济年报,主要介绍了中国经济。其中有华北政治和经济的再建设问题、日本侵华前后的经济政治状况、商业机构的再编成、华北政治和经济的基本动向、华北在建经济中的问题等。还介绍了山东的煤炭埋藏量、山东的农村问题、耕地面积、博山的炭坑、山东矿区、山东盐业股份公司等。后面附山东地方军阀和青岛工业劳动者数量等图表。

F12-61/2
支那経済の見方/武内文彬著.—東京:日本評論社,大正14年[1925]

该书叙述了作者对中国经济的观点、西方列国对中国权利的竞争、在中国的银行团体的变迁、中国的财政、外债和内债、贸易、货币、金融机构、交通机关、特别关税会议、中国的纺织业、日本对华政策更新等内容。其中书中也涉及青岛纺织工罢工等内容。

F12-66/4(5)
北支経済統計季報　第5號/押川一郎編.—北京:南満洲鐵道株式會社北支経済調査所,昭和14年[1939]

本书是中国北部经济统计季报,内容涉及了中国北部的金融、物价、贸易、劳动人口、主要经济指标统计等方面的统计。书中还包括了青岛批发物价指数,青岛棉丝、小麦粉、花生的贸易情况,青岛鱼类出产值,青岛的国际贸易等内容。

F12-66/4(9)
北支経済統計季報　第9號/押川一郎編.—北京:南満洲鉄道株式会社北支経済調査所,昭和15年

[1940]

　　本资料主要对中国北部的经济总况、金融、物价、交易、仓库、贸易、人口、劳务和日资公司等方面做的统计。资料在经济总况章节中，统计了中国北部经济主要指标，货币发行量，天津外汇交易行情，主要国家批发物价指数，天津批发物价指数，中国的贸易，天津贸易集团。在金融章节中，统计了纸币发行量、金银块汇率、外汇市价、"伪蒙疆"银行货币发行量、"伪蒙疆"银行主要账目、"伪蒙疆"内银行的存款及贷款。在物价统计章节中，重要城市不同批发物品的物价指数、重要城市不同零售品的物价指数、天津重要商品市价。在交易统计章节中，统计了天津股价，天津重要商品的交易量，青岛的棉纱、棉布、花生交易，青岛鲜鱼的营业额、青岛咸鱼的营业额。在仓库统计章节中，统计了天津主要商品的库存量，山东青岛的花生油、棉籽库存量，企业的仓库库存量，并详细介绍了作为中国北部的重要港口青岛港。在贸易统计章节中，统计了贸易的总概况、外国贸易、国内贸易、船舶。在人口统计章节中，介绍了中国北部的主要城市的在驻日本人，华北六大都市中的中国人户口。在中国北部各个主要城市的在华日本人章节中，提及了青岛市和青州市等地的日本人。在劳务统计章节中，统计了在东北沦陷区打工的劳动者数量，劳动者的不同职业、不同年龄、不同户籍、不同证书发放地、劳动者的不同去向，中国北部主要城市的工资，并以济南和青岛为例介绍了中国北部主要城市劳工的工资。在日资公司篇中，介绍了日资公司数量及现在的资本量、公司不同的资本业务总括、股份公司的不同的资本业务总括、公司新设的增加资金、公司的解散减资、公司的异动。本书还附有中国北部经济指标。

F12-66/3
　　北支資源統計図鑑/川江水峰編.—東京：大陸資源調査会，昭和 15 年[1940]

　　该书是关于中国北部资源的统计图鉴，书中附有大量的照片和地图，详细记录了中国北部资源的分布状况，包括矿业、农业、水产业、林业、产业、交通业、贸易行业、税收，以及金融行业等方面资源的分布。例如，在矿产方面，有山东省等 8 个省份的煤炭埋藏量表，大汶口、柳泉、胶济沿线等地区的炭矿的产出量图，山东招远的金矿；在农业方面，有山东省的棉花生产、水产表和青岛的盐产量、青岛盐的出口量；在产业方面，有山东和河北的纺织机数量；在交通方面，有山东省的胶济铁路的运营成绩表、青岛、烟台和龙口的汽船的入港比较以及三个港口的出口额等图表。在解说部分中，叙述了华北的地势、气候、居民、水产业、矿产业、交通行业的概况，书中特别提及到了青岛、烟台、龙口的概况。

F12-66/4(9)
　　北支経済統計季報 9/押川一郎編.—北京：南満洲鉄道株式会社，支経済調査所，昭和 15 年[1940]

　　该书为华北经济的统计。主要有华北的经济总括：金融、物价、交易、仓库、贸易、人口、劳务和日资公司等内容。介绍了华北经济主要指标：纸币发行量，天津外汇交易行情，主要国家批发物价指数，天津批发物价指数，华北、天津的贸易，纸币发行量，金银块汇率，外汇市价，重要城市不同批发物品的物价指数，重要城市不同零售品的物价指数，天津重要商品市价，天津股价，天津重要商品的交易量，青岛的棉纱、棉布、花生交易，青岛鲜鱼的营业额、青岛咸鱼的营业额，青岛的花生油，华北的重要港口青岛港，华北的贸易总括，华北主要城市的日本人，含青岛市和青州市等地的华北六大都市中的日本人户口，以济南和青岛为例的华北主要城市的工资，日资公司数量及现在的资本量，公司不同的资本业务总括，股份公司不同的资本业务总括，公司新设的增加资金，公司的解散减资，公司的异动等内容。该书附有华北经济指标。

F127/1(1940)
　　中華民國.滿洲國商工録/森良治著.—東京：亜細亜年鑑発行所，昭和 15 年[1940]

该书为中华民国和"伪满洲国"的商工名录。商工名录汇集了上海、苏州、南京、杭州、广东、厦门、汕头、北京、天津、青岛、济南、徐州、蚌埠、石门、大连、长春、沈阳、哈尔滨、丹东等地的各个商社,也涉及汉口、九江、芜湖等扬子江上游都市的各业界。书中提及青岛的有长洋行、永顺洋行、福成公司、银丁百货店、广岛商事株式会社、菱田洋行、伊藤公司、华丰洋行、华北烟草株式会社、光喜洋行、木下商店、兴和公司、极东公司、小笠原大药房、隆光公司、三信公司、青岛旅行社、青岛祥阳公司、科野米藏商店、新村洋行、铃木洋行、大青洋行、丰新洋行,济南的协华公司、红叶馆、白木公司、大信洋行等商社。

F127/4-2
北支経済案内/高木陸郎著.—増補改訂.—東京:今日の問題社,昭和14年[1939]

该书是关于华北经济的指南书。在华北的范围和经济建设章节中,讲述了山东移民问题,具体涉及山东省的人口变化、劳动移民、商业活动及劳动等。书中也描述了中国同日本的关系、华北的政治、华北经济开发以及资源问题、华北商业等内容。在产业的近况方面,具体介绍了在青岛的日本人工业和日本人企业。在华北的运输方面,具体讲述胶济沿线城市、华北第二大港青岛港。

F127/6
中華民国実業名鑑/天海謙三郎編.—東京:東亜同文会研究編纂部,昭和9年[1934]

该书为中华民国的商业名鉴。书中主要从金融行业、保险业、商业、买卖交易以及仓库行业、纺织染织行业、化学工业、机械工业、电器工业、矿业、杂货行业等诸多行业的角度,详细介绍了中国现有实业的相关概况。例如:在金融行业中,详述了中央银行、交通银行、中国银行等在济南和青岛等地设立的分行和支部,及其布局、变迁、备考以及业绩等。同时,还记录了山东民生银行、山东商业银行等的状况;在交通运输业中,涉及胶东轮船股份公司、山东轻便铁路公司的概况;在纺织染织行业中,书中提及青岛的华新纺织有限公司;在矿业方面,介绍了位于山东地区的中兴炭矿公司、坊子炭矿公司等的变迁和业绩等状况。

F127.25/3
青島都市竝港湾計画調査報告.二/満鉄・調査部編.—[不詳]:[満鉄・調査部],[不詳]

本书是由日本"满铁"调查部编写的关于青岛都市及港湾计划书的调查报告。调查报告主要介绍了青岛的未开垦耕地的总面积、农作物、畜产,青岛的渔港、矿产。在未开垦耕地的总面积篇中,分析了耕地面积增加的趋势。在农作物篇中,分别介绍了粮食作物和经济作物,也介绍了青岛出口的农作物和青岛的制粉工厂,其中特别介绍了青岛市消费及输送物资数量的预测和青岛的商品流通情况、青岛特产。在青岛的渔港篇中,分别介绍了青岛渔港的有利位置、青岛渔船的作业、青岛水产业的现状、青岛渔船的种类、青岛渔业的现状、腹地需求量增加的影响。在矿产篇中,介绍了青岛港输出矿产的预测、青岛工厂的复兴情况。

F127.51/1
青島行名録/島津忠勇著.—青島:青島山東日報有限公司,[不詳]

该书介绍了在青岛的中外公司概况,具体有亚当姆斯公司、美达洋行、亚洲火油公司、湛山公益会、安太保险公司、中国银行、交通银行、保罗洋行、金白戏院、礼合洋行、天主堂印书局、美国商会、麦加利银行、中央饭店、中华平安公司、国华银行、中美冷冰箱公司、湛山天主堂、法美保险公司、大来洋行、益林饭店、福柏医院、永丰洋行、吉昌商行、仁德汽车公司、福成公司、广濑儿科医院、新民药行、万国书局、伊藤忠洋行、胶东贸易行、怡和机械有限公司、大美汽车行、茂记有限公司、保宏保险公司、冈崎合资会社、东方建筑行、太平饭店、三成汽车修理工厂、昭和海运公司等。书中还提到了青岛天主教堂、青岛医院、鲁大矿业股份有限公司、华北交通青岛事务所、山东通用汽车公司、山东省民生银行等青岛和山东的公司。

F127.52/1
北支経済開發論：山東省の再認識/松崎雄二郎著．—東京：ダイヤモンド，昭和15年[1940]

该书论述华北经济的开发。主要围绕山东省的经济,详细介绍了华北开发港问题与对青岛港的再认识、铁道政策与青岛的未来、连云港的将来与青岛港、青岛的工业选址条件与企业内地进出口问题、有关青岛背后市场的日本国产品出口经路、胶济、津浦两铁路的运营比较等。在"产业"篇中,包含山东省的苦力、贸易地位、水产资源、畜产资源、农产资源、矿产资源、金融状况、交通状况、农业、电气状况、山东省的工业等内容。

F127.52/3(10)
調査資料．第十輯,南山東及江蘇沿岸諸港調査報告書/青島守備軍民政部鉄道部編．—青島守備軍民政部鉄道部,[不詳]

该书是由青岛守备军民政部铁道部编写的调查资料的第十辑,即有关山东南部以及江苏沿岸各个港口的调查报告。具体介绍了胶州湾的红石崖、云口两个港口城市的位置、地势以及市场状况、商店、制盐业、民船贸易、工业发展、港湾内的贸易状况和港湾外地贸易往来、陆地之间的贸易往来、林业、农业、货币、交通机关、货物的集散、水运状况、商业的发展、诸城码头与青岛之间的货物往来以及数量、诸城码头与胶州湾之间的船舶数量、附近的城市、交通状况、海州的位置、变迁改革、地势地形、气候气象、面积和人口、水运、交通现状、青岛海州之间的贸易往来等内容。

F127.52/3(20)
調査資料．第二十輯,周村德州間及德州石家莊間並石家莊滄州間調査報告/青島守備民政部鉄道部編．—青島：青島守備民政部鉄道部,大正9年[1920]

该书是青岛守备军民政部铁道部编写的调查资料第二十辑,是关于周村德州间及德州石家庄间和石家庄沧州间的调查报告。其中,第一编是周村德州之间的实地勘察,介绍了沿途的一些概况和沿途的主要县市及都市的情况、周村、邹平县、齐东县、临邑县、德县城、陵县等山东的部分县城的城市位置、地势、变革情况、交通、市街状况、重要物产、商业发展、金融情况等状况。也提及了周村附近地区的商业状况、工业和商业的发展状况;第二编是德州石家庄之间的实地勘察情况,详细介绍了其沿途的概况还有沿途主要城市县市的相关事情,同时涉及德州、衡水之间、大辛集、石家庄之间的位置、商业、交通、金融经济等的事情;第三编是石家庄、沧州之间的城市以及沿途经济和政治的情况。书中还附有以上城市和县城的地图。

F127.52/3(24)
調査資料．第二十四輯,徐州漢口間沿線經済事情踏査報告・小池口安慶間沿線経済事情踏査報告/青島守備民政部鉄道部編．—青島：青島守備軍民政部鉄道部,大正8年[1919]

该书是由青岛守备军民政部铁道部编写的调查资料的第二十四辑,即徐州、汉口之间沿线经济的实地考察报告,及小池口、安庆间铁路沿线经济情况的调查报告。在描述徐州经济情况中,具体介绍了徐州的位置、变革、气象状况、物产状况、农业发展、商业发展、工业、交通状况、语言情况、金融机关、输出输入的物品、风俗状况等;在描述萧县的经济状况时,写了萧县的气候、变革状况、市场概况、农业发展、交通、通货状况、金融发展、工业发展、教育及宗教的概况、卫生和饮料等、风俗人情等;在写蒙城县的经济情况时,具体介绍了蒙城县的地价状况、地租状况、商业机关、工业发展等内容。同时,书中还详细地介绍了颍州、光州、黄安、汉口、小池口等地的交通和商工业发展及变革的状况等内容。

F127.52/3(29)
調査資料. 第二十九輯,河南省鄭州事情/青島守備軍民政部鉄道部編. —青島:青島守備軍民政部鉄道部,大正11年[1922]

该书是由青岛守备军民政部铁道部编写的调查资料的第二十九辑,即河南省郑州的相关情况。在河南省的概说中,讲述了河南省郑州的位置、地势、沿革、气象气候、城市的市况等内容,也详细地介绍了居住在河南郑州的外国人、教育状况、宗教情况、医院、电话、自来水和饮料、生活状态、风俗人情、报刊、消防队、地价、交通等内容;在郑州的商业发展状况中,具体涉及郑州商务总会、著名的商店、大米行业、鲜花行业、皮革行业等;在介绍进出口主要货物时,具体介绍了山西省、河南省等地的棉花和花生的生产状况;最后,详述了物价、工业的发展、河南的煤炭业等状况。

F127.52/3(30)
調査資料. 第三十輯,金嶺鎮鉄鉱ノ処理ニ就テ/青島守備軍民政部鉄道部編. —青島:青島守備軍民政部鉄道部,大正11年[1922]

该书是由青岛守备军民政治部铁道部编写的调查资料的第三十辑,涉及山东省的益都县金岭镇铁山及铁矿。具体讲述了金岭镇的位置和变迁、地势,博山煤田、淄川煤田、新泰煤田、章丘煤田等山东煤田的概况及上述煤田的位置、变迁、煤质、税金、交通、矿区、煤炭量、制铁用的原料、铁粉矿的处理方法、动力和用水、铣铁制作费用、劳动者、制铁及其附带的事业发展所需要的建设经费等内容。

F127.52/4(1)
山東之物産. 第壹編/青島軍政署編. —訂正再版. —青島:青島軍政署,大正6年[1917]

该书主要介绍有关山东贸易、山东的物产以及交易关系的比较。例如:对于牛骨,具体介绍了牛骨的生产状况、品质以及用途、交易惯例、付款方法、集散地、出口状况以及出口地,青岛与日本之间的运费和当时的状况以及市场价格等。同时,还介绍了牛油、猪毛、羊毛、鸡蛋等的山东物产的各自生产额、集散状况以及集散地、出口状况以及输出地点、青岛至日本之间的运费、山东的羊毛、猪毛和青岛出口的未来、日德战争后青岛的羊毛和猪毛的出口状况、青岛地区的鸡蛋经销者等与山东物产相关的事情。此外,书中附有山东物产图,详细说明山东各个地区以及城市的物产的比较。通过图表可以明确在青岛出口的物产中,羊毛、猪毛、牛肉、牛皮、牛油、牛骨、鸡蛋、棉花、花生等的数量。

F127.52/4(2)
山東之物産. 第二編/青島軍政署編. —青島:青島軍政署,大正6年[1917]

该书为山东物产第二编,介绍了山东的草编制品、柞蚕、果实、小麦、石花菜、陶瓷器、玻璃等物产。

即:介绍了草编制品的产地、中国草编制品的改革、草编制品的编成及制作、草编制品的种类、青岛草编制品的出口状态、草编制品与青岛出口的将来;在"柞蚕"篇中,介绍了柞蚕的出口税率;在"小麦"篇中,介绍了青岛济南的面粉店、小麦粉的需求状态;在"玻璃"篇中,介绍了玻璃制品的进出口概况、青岛的玻璃制品的进出口概况、山东省的玻璃制造地及店铺、天津、芝罘的玻璃制品的进出口概况等。

F127.52/4(7)
　山東之物産. 第七編/青島軍政署編. —青島:青島軍政署,大正11年[1922]

　　该书是《山东物产》的第七编,详细介绍了小麦的种类、小麦的品质、小麦的产地和产额、小麦的出售方法以及交易的习惯和惯例,青岛地区的小麦出口状况、出口费用、青岛小麦的市价情况,山东机械制粉厂概况,青岛面粉的轮船输入数量,青岛面粉的市价比较,中国草编业的变革及其产地、种类、青岛地区的输出状态,山东的麻和棉花的种类、产地、栽培状况、贸易交易状况、青岛地区的输出和集散状况。书中同时还详细地介绍了山东地区米、棉的栽培、山东的甜菜和羊毛的产地、种类,特别是青岛的麦酒等内容。

F127.52/5
　青島經濟を語る:座談会速記録/青島日本商工会議所著. —青島:青島日本商工会議所,[不詳]

　　该书是由青岛日本商工会议所编写的六大都市经济座谈会的附录青岛经济部分。记录了会议中讨论的联银问题、物价问题、贸易问题、企业关系问题。其中青岛市内粮食不足、物价高涨为热论话题。书中也触及青岛难民的收容问题,青岛和日本、英国、美国、香港等地的贸易进出口形势,为华北的第二大对外出口港青岛港的重要作用和青岛港贸易方面和进口量方面的内容。

F127.52/6(27)
　調査資料. 第二十七輯:大運河及監運河沿岸都邑経済事情/青島守備軍民政部鉄道部編. —青島:青島守備軍民政部鉄道部,[不詳]

　　该书是由青岛守备军民政治部铁道部编写的大运河及其运河两岸城市的经济发展情况。书中附有含山东在内的运河沿线的地图。主要介绍了运河沿途的概况、城市以及产业。德州至临清段、临清至东阿段、东阿至济宁段等山东部分的概况;德州的位置、交通、贸易金融机关等的状况;东阿县的地理位置、交通、城市状况。运河沿线城市的农业、林业、工业、矿业,特别是枣庄煤矿、梁山煤矿、微山湖畔铁矿、枣庄中兴公司的概况,德州临清段、临清黄河段的交通状况,北部山东段的汽车行道,济宁商埠的开发、建设和发展等内容。附有海州同青岛之间货物运输的数量图表。

F127.52/7
　關東州塩業ト膠州灣塩業トノ比較研究/青島民政署編. —青島:青島民政署,大正10年[1921]

　　《关东州盐业和胶州湾盐业的比较研究》是由青岛民政署编写的。书中主要在对比了胶州湾地区的盐业后,记录了关东盐业的变迁和概况。首先,具体讲述了关东盐业的盐田面积、产盐量、盐田的生产能力、盐田的构造等。例如:大连管辖内、陆顺管辖内、金州管辖内的盐田与胶州湾的盐田面积、产盐量方面的比较及在气象方面关东州和胶州湾的比较区别。同时,介绍了关东盐田的经营、采制方法、盐的品质、盐的买卖交易、盐的搬运和装船、盐的输出手续、盐政的梗概、胶州湾盐田的比较。书中附有青岛测候所和东洋盐业股份公司发布的关东州和胶州湾的蒸发量和降水量的观察比较表。

附录　旧版日文中有关青岛方面的文献提要

F127.52/13
津浦铁道力山東ノ独逸商業二及ス影響：済南独逸領事ノ外務省二宛テタル報告/青岛守備軍陸軍参謀部編.—青岛：青岛守備軍陸軍参謀部，大正9年[1920]

该书是由青岛守备军陆军参谋部编写的在津浦铁路开通后，以青岛为中心和山东地区的商业状况。具体讲述了济南以南、济南地区、泺口地区的货物装卸和黄河地区的交通及青岛和济南的贸易关系、济南对青岛商业发展方面所具有的价值、作为山东省的中央集散地的济南的发展等内容。其中，还描述了由于青岛至济南之间经济方面商业和贸易的发展，进行山东铁路的建设后，可用以运输棉花等产品，同时也用于济南和青岛及其沿线的经济发展。

F127.52/14
戦時下の山東経済界/小山峻，北京経済研究所青岛支局編.—青岛：北京経済研究所青岛支局，昭和17年[1942]

该书是由北京经济研究青岛支局编写的，描述了日本侵华时的山东经济。书中前页附有青岛总领事、青岛特别市市长、青岛市商会常务董事等人的题字。书中在"青岛地区的经济统制机构的现阶段"篇中，介绍了青岛日本商工会议所的动向、贸易机构的再编成、山东地区的贸易机构等的相关状况。同时作者从地理的角度描述了山东地区开发资源有利的方面、山东炭矿资源的特殊性、当地日本人经营的新的出发点、山东地区电力事业的将来等相关内容。书中还详细地介绍了对青岛地区的纺织业的展望、青岛大都市计划、青岛和橡胶制造业、山东省的粮食问题、当地贸易的相关理论、青岛地区外国商社的现状等内容。

F127.52/15
山東二於ケル主要事業ノ概況．第壹編/青岛守備軍民政部編.—青岛：青岛守備軍民政部，大正7年[1918]

该书是由青岛守备军民政部编写的，介绍了山东地区的主要产业概况。具体介绍了山东的棉花生产情况、产额状况及棉花的品质，山东省的纺织现状、棉花公司的状况及青岛的纺织业的发展，山东地区丝的种类、品质，烟草的栽培方法、烟草的干燥方法以及烟草的高产方法，山东地区的落花生的生产状况、花生油的价格以及产额状况，水田的变迁情况、水稻的生产、山东地方的水田现状，山东的梧桐、蛋粉、兽皮等资源。同时也介绍了山东盐业的发展、地位、生产情况。

F127.52/18
経済都市大青岛ノ建設に就テ/姚作宾編.—謄写版.—[青岛]：[不详]，中華民国29年[1940]

本文是由姚作宾编写，主要介绍了经济都市青岛的建设及吸收本国资本情况等相关内容。

F127.52/19(2)
青岛都市計画経済調査書/興亞院青岛都市計画事務所編.—[青岛].—[興亞院青岛都市計画事務所]：[不详]，[不详]

本书是青岛计划经济调查书，其中介绍了青岛当时的经济状况，包括青岛港的概况、进出口状况、以青岛港为中心的海运情况，也涉及青岛港的重要性、青岛港的设施、入港船只等情况；此外，还介绍了以青

· 1225 ·

岛港为中心的海运状况、青岛海运情况、青岛小港的民船贸易情况、青岛的农业调查、青岛主要商品流通情况、青岛工业情况等方面的内容。

F127.52/19(3)
青島都市計画経済調査書 第三編/興亞院青島都市計画事務所編. —[不詳]：興亞院青島都市計画事務所，[不詳]

本书是由"兴亚院"青岛都市计划事务所编写的关于青岛市的计划经济的调查书。主要分为青岛腹地铁路的改良及建设、青岛港出口煤炭的状况两部分。在青岛腹地铁路的改良及建设中，介绍了青岛经济的基础要点、产业铁路的改良和建设、产业铁路的改良费和建设费、地方开发的铁路。在青岛经济基础要点中主要介绍了青岛腹地的开发和铁道网维护、输送量的预想、产业铁道的现状。在产业铁路的改良和建设中，主要介绍了已设线路的改良要领、新设线路的建设要领、第一至第四期计划概要。在产业铁路的改良费和建设费中，主要介绍了改良及建设费的计算根据、各期所需要的资金。在介绍地方开发的铁路中，主要介绍了一般事情、各铁路概要、各铁路的建设概要及建设费。本书附有已建铁路的改良图、已建铁路的改良图及新线路的建设图、青岛中心停车场的新建略图、第三期计划所需资金明细表（两张）、海州—上海间的第一比较线路、海州—上海间的第二比较线路、胶济线的纵剖面图、海州—上海间的纵剖面图、济丰线的纵剖面图、豫定线平面图和剖面图、石德线的纵剖面图、石太线和津浦线的纵剖面图、青岛腹地产业铁路的改良及建设工程一览表、胶济线支线图等图表。

F127.52-62/1
青島商工便覽/吉見正任編. —青島：博文堂書店，大正10年[1921]

该书的第一部分主要收录了青岛及青岛附近的日本工商业者以及青岛市内中华民国经营者的工商界人士名录。其中含印刷业、贸易商、土产物商、洋服裁缝商、烟草业、织物商、染物商、仓库业、银行业、木材商、砂糖商等各种工商业者；第二部分介绍了青岛交易及交易信托株式会社。例如，青岛交易所规则和规程、青岛交易所职员；第三部分为青岛守备军法规集，介绍了守备军司令部条例、民政部条令、居住到期搬出规则、在留者取缔规则、不动产证明手续、官舍居住者供电规则、青岛水道供水规则、官有土地租价规则、青岛民宅建筑规则、民政部管理的建筑租金规则、电话规则、领港费、水产组合规则等内容。

F127.52-62/2(1939)
青島商工案内：昭和十四年度版/松崎雄二郎編. —青島：青島日本商工会議所，昭和14年[1939]

该书为青岛地区商工业者名录。辑录了1938年末住在青岛的日本商工业者及各种同业组合、实业团体、主要的华人、外国商工业者、各种同业工会、商业团体。其中，有农业品、畜产品、矿产品、工业及手工艺品、海产品、纤维、饮食、和洋织物、化妆品、携带品、家庭用品、机械器具、建筑材料等各业种的商工业者。

F127.52-62/3
山東省商工案内錄/木村雄平編. —青島：杏城社，昭和10年[1935]

该书辑录了当时住在山东的日本人、中国人和外国人的商工业者及各同业组合、实业团体、商业集团等。在日本人部分中，有伊藤忠商事株式会社、伊东商会、石原商会支店、山东每日报社、青岛电气株式会社等。在中国人部分中，有中国银行、永泰公司、山东共合银行等。在外国人部分中有坊子日本人会、周村青年团、平田洋行、济南银行、中和公司、济南冷藏公司等。

F127.52-66/1(1939)
青岛经济统计月报.第一卷/松崎雄二郎编.—青岛:青岛日本商工会议所,昭和14年[1939]

该书主要为由青岛市商工会议所编写的1939年的青岛经济统计年报,共包括第一号到第十二号。即1939年间1月份到12月份的经济资料。书中详细统计了1939年各月青岛港口沿岸的贸易状况、青岛市货物的价格指数、青岛日侨生活费用的类别及指数、青岛交易定期的花生油市价及汇率、青岛市交易期间棉布的市场价格、山东企业营业仓库进出率比率、青岛商品检验统计、青岛华人劳动工资状况等。例如:在第一号中介绍了1月份的经济概况,简单介绍了青岛的金融状况、贸易状况、商品物价、花生、小麦、木材、海产品的买卖情况。在青岛物价指数表中,详细地用数字表示了12个月的蔬菜、肉类、衣服、食品类、调味类、建筑类、杂货类等的物价变动。

F127.52-66/1(1940)
青岛经济统计月报.第二卷/松崎雄二郎编.—青岛日本商工会议所,昭和15年[1940]

该书主要是由青岛日本商工会议所编写的1940年的青岛市经济统计年报,即由1940年的第一号到第十二号共12个月的经济资料。该书中详细地统计了青岛商品检验统计、青岛华人劳动工资状况、青岛法人商工业的资金变动状况、青岛水产组织市场情况、青岛市在住日本侨民的户口状况、青岛市不同国籍以及人口数目、青岛统税局所属工厂的生产情况、青岛小港沿岸的贸易等。在1940年6月的月报中,附有青岛港进出口贸易货物的品名表,其中含日本、朝鲜、德国、英国等国在青岛港口的贸易进出状况。在青岛管辖内的日本侨民户口调查中,介绍了青岛、胶州、蓝村等地的内地人数、朝鲜人、台湾人数量等。

F127.52-66/1(1941)
青岛经济统计月报.第三卷,第一号から第十二号まで/松崎雄二郎编.—青岛:青岛日本商工会议所,昭和16年[1941]

该书是由青岛日本商工会议所编写的1941年的青岛经济统计年报,从第一号到第十二号的经济资料。在12个月的月报中,详细地介绍了青岛的经济概况、中国的银行以及金融工作的营业状况、金银的汇率交易变化、青岛港口沿岸的贸易、青岛市货物的价格指数、青岛在住日本侨民的生活费用的类别及指数、青岛交易定期的花生油市价及汇率、青岛市交易期间棉布的市场价格、山东企业营业仓库进出率、青岛商品检验统计、青岛华人劳动工资状况、青岛法人商工业的资金变动状况、青岛水产组织市场情况、青岛市在住侨民的户口状况、青岛市不同国籍人口以及数目、青岛统税局所属工厂的生产情况等。该书中用大量的图表和数字详细地再现了青岛的经济状况。

F127.52-66/1(1941.3.2)
青岛经济统计月报.第三卷.第二号/松崎雄二郎编.—青岛:青岛日本商工会议所,昭和16年[1941]

该书作为青岛的经济统计月报,分析了青岛的经济状况、各行业的行情。其中有中国的银行与金融合作社营业状况、金银块及汇率行情、青岛四站出发与到达的货物吨数、青岛市批发物品价格类别指数、青岛市日商小商品价格类别指数、青岛市日本人生活计费费日类别指数、青岛市日商物价类别及指数、青岛市华商物价类别指数、青岛市华商物价及指数、青岛交易所定期花生油市场、青岛交易所定期花生油市场、青岛交易所定期棉市场、青岛交易所定期棉布市场,也报道了山东企业营业仓库入出库额、青岛商品检验统计、青岛华人劳动薪金、青岛法人商工业资金异动、青岛统税局所管工厂生产额、青岛水产组合鱼市场鱼类捕获量、青岛屠宰场屠宰额、青岛市在留日本人户口、青岛市各国籍人口及户数等内容。

F127.52-66/1(1943.4.1-12)
青島経済統計月報.第四巻.第一号から第十二号まで/松崎雄二郎編.—青島:青島日本商工会議所,昭和18年[1943]

该书是1943年度的青岛经济统计月报,具体内容有:青岛的经济概况、青岛华商金融机关经营状况。其中,详细介绍了青岛华商金融机关经营状况、外汇牌价、青岛批发物价类别指数、青岛主要商品批发价格、青岛日商小商品物价及指数、青岛日本人生活费不同费用指数、青岛华商物价类别指数、青岛交易所定期行情、青岛水产公司捕捞量、仓库出入库量、青岛华人劳动工资、在留日本人户口、青岛特别市不同国籍的人口及户口、青岛日本人营业资本本金变动等内容。

F129.9/3
支那経済地理/西山栄久著.—東京:大阪屋号書店,昭和16年[1941]

该书是由山口县高等学校的教授编写的有关中国经济地理知识的内容。第一编和第二编是概说部分及自然、居民、村落、城市社会部分的内容,详述了中国的具体位置、中国区域的划分、面积和人口、租界和租借地、山脉和水系、气候状况、城市和乡村等的事情。此编特别提及山东省的胶州湾地区及威海卫被西方列强租借。第三编为交通、资源、商业、货币、金融机关、国外贸易以及产业,涉及山东省的小清河、大运河、微山、泰山、青岛港、山东胶济铁路、耕地面积、重要的农作物、芝罘和青岛的水产业、山东的煤炭和矿产、山东的金岭镇的铁矿等。第四编是地方志,介绍了关于山东的事情。如,山东省的别名、山东省的位置、人口、面积、农业发展、产业发展状况、济南和青岛的城市概况、山东的特产等内容。

F129.9/15
新東亜経済地理/賀川英夫著.—東京:叢文閣,昭和15年[1940]

该书主要是关于新东亚经济地理的介绍。书中附有包括山东省在内的华北的主要矿物资源的地图。书中介绍了日本大陆政策历史性的发展和东亚共同体的建设、华北等地区的自然观、蒙古人及其他们的生活状况、中国人及其生活状况;书中涉及山东省的面积、人口、气温等气象条件,青岛市政府政务状况,山东的苦力等内容;同时书中还介绍了山东地区的耕地面积、山东地方的纺织工厂、青岛的盐业资源、山东的石炭资源及胶济铁路的状况等内容。

F13/27
日・満・支ブロック需給資源論/小濱重雄著.—東京:小濱資源研究所,昭和13年[1938]

该书分析了中国和日本的资源状况。书中在"中国、日本同盟的资源供需概况"篇中,介绍了中国、日本的贸易状况和资源进出口状况;在"保障煤炭资源的中国、日本的现状"篇中,具体介绍了日本现在和将来的煤炭资源的供需、中国的煤炭形势,此篇中提及了山东博山炭矿、坊子炭矿、淄川炭矿的概况和生产量等;在"铁矿资源的同盟经济"篇中,讲述了制铁的原料情况、铣铁供需,涉及山东金颠镇铁矿山的矿种和矿产量;在介绍棉花状况时,具体介绍了棉花的供需情况、棉制品的供需状况,讲到了以米棉为主要棉种的山东省的棉花生产状况;同时书中还介绍了盐的需求与供给、羊毛需求与供给状况,长芦盐、青岛盐的生产及消费状况。书后附有青岛盐的供需图表。

附录　旧版日文中有关青岛方面的文献提要

F130/1（1）
　　興亜政治経済研究.第一輯/興亜経済研究所編.—東京：千倉書房，昭和16年[1942]

　　该书研究的主题为对东亚协同体的政治考察和新经济秩序的研究。在东亚协同体的政治考察中，记述了东亚协同体的基本构成、东亚关系的历史性发展、东亚协同体的特点以及在世界上的地位；在新经济秩序的世界史观解释与经济理念的构想序说中，介绍了新秩序与理论的发展、经济秩序发展的世界展望、东亚经济秩序的发展、近代经济方式与理念的再认识、新秩序的发展与经济理念的拓展式构想；在华北配给机械研究中，记载了民船研究、以青岛为中心的华北民船活动、船行的研究，例如：青岛船行组合。最后附加了与山东苦力相关的调查资料。

F24/3
　　中国労働事情/パウル・アルント［等］著.—東京：生活社，昭和16年[1941]

　　该书主要介绍中国劳动情况。主要介绍中国的经济制度和赁银制度、欧美的经济制度和赁银法则，影响中国赁银制度形成的自然基础、心理基础、政治社会基础、技术基础，中国的劳资水平，以技术为基础的经济的生产、经济的发展和现状，劳动者情况；书中也介绍了山东省的耕地面积，农业人口，平均收入，主要农作物小麦、大豆、水稻等的产量，并以图表的形式表现出来；书中还附有作为华北具有代表性的城市——青岛的赁银制度的发展、青岛产业部门的最高劳动报酬、最低劳动报酬、平均劳动报酬等的图表；同时书中也介绍了青岛肥料、纺织、烟草等产业的相关情况。

F24/6
　　満支労働関係ト北支最近ノ労働諸問題/満鉄北支経済調査所編.—［不詳］：［不詳］，昭和15年[1940]

　　本资料主要介绍了中国劳动力流动情况和中国北部劳动统筹的各种问题。在劳动力流动方面，介绍了近年的趋势及其基本特性、劳动统筹的实施及其引起的各种问题，统筹对青岛在华日本纺织业的复兴产生的影响。在中国北部劳动统筹的各种问题中，介绍了中国北部劳动界的现阶段情况和中国北部劳动统筹的问题，其中还介绍了山东劳务公司、山东劳工服务局、大陆华工公司等部门。

F249.21/2
　　青島ヲ中心トシタ華工事情/満鉄北支経済調査所編.—［不詳］：［不詳］，昭和15年[1940]

　　本书是由"满铁"华北经济调查所编写的，主要介绍了青岛的劳工关系机关、中国工人的资质、统筹中国工人招募、中国工人的招募和输出情况、对未来中国劳工供需关系的预测、各种统计表及其对统计的考察等内容。在青岛的劳工关系机关篇中，介绍了机关名称及其所在地、各机关的概况。在中国工人的资质篇中，介绍了华北、华中地区的中国工人的比较及其特性、供需增加带来的影响。在中国工人的招募篇中，介绍了招募的种类、当地的招募机构、招募的手段和要领、招募所需经费和预支、为提高未来招募效率而进行的积极工作、招募工人的逃亡。在输出情况中，介绍了对劳工输出的综合考察和青岛的劳工输出情况。本书附有各发行处各月的团体及其身份证表、各年龄段表、青岛身份证的不同地区表、各发行处发行的团体及其身份证的不同地区表、各发行团体及其身份证发行处的入境地点、接受出入青岛身份证的中国工人统计表等图表。

F249.272/2
華北に於ける勞務動員の情況に就いて/北京、天津、濟南地方出張報社編. —謄寫版. —青島：青島日本商工業会議所,昭和19年[1944]

本书介绍了中国北部劳务动员的情况,包括在中国北部劳务动员发布经过情况和劳务动员实施要领,如各地的配额人员、被转业者的资格、股息处、训练、身份、家庭整理费、各地劳务动员情况的对策、济南劳务动员情况、天津劳务动员的情况、北京劳务动员情况,书中还介绍了在济南动员劳务人员的经过、选定基准、被转业者的婚姻情况、将来的动员对策等内容。

F259.2/1
北支那之物資藥物研究/近藤龍雄著. 青島：支那経済時報社,大正11年[1922]

该书主要介绍华北的物资和药材。分为总论、物资考、物资篇、药材观。介绍了山东省的舜时代、唐时代、清时代、民国时代的物资情况、各种类的动物物品、植物物品、矿物物品。最后附加中国的面积及人口、中国物产海路出口的十个年表、山东省各县产出物资一览表、山东省各县产出药材一览表、中国药材贸易表和药材价格表等附录。

F259.2/3
北中支における輸入配給統制/東亞経済資料室著. —東京：日本商工会議所,昭和16年[1941]

本书介绍了中国中北部的进口配给统制情况,包括中国北部输入组合总联合会章程、天津青果和蔬菜进口配给组合统制规程、天津各种进口配给组合一览、山东进口配给组合联合会章程、统制规定及所属组合、中国中部进口配给统制关系资料等内容。书中特别附有青岛等地进口配给组合对照表等有关山东青岛的内容。

F259.275.3/2
昭和15年度主要站貨物集散狀況調査（膠縣、高密、濰縣站）/濟南鉄路局青島事務所編. —謄寫版. —青島：[濟南鉄路局青島事務所],昭和16年[1941]

本资料介绍的是胶县、高密和潍县站1940年商用站点的货物集散的调查内容。其中,调查了这三个县的县势、站势、以该站为中心的物资集散状况及经济封锁的现状和对未来的预测。主要有县的位置、人口、面积,产业,交通经济的概况；站势范围、该站的一般的概况及增产计划；物资集散状况、铁道和汽车及其他小型工具运输数量的概况等内容。

F279.2/3(1933)
全支商工名鑑：昭和十八年版/中国通信社編. —上海：中国通信社,昭和18年[1943]

该书集中介绍了在中国的日本工商业者。分为中国华中工商业者、中国华北工商业者、"蒙疆"工商业者、中国华南工商业者四编。其中,第二编中的第二章介绍了青岛的日本工商业者,例如：永信洋行、华北矿业会社、胶东汽车商会、大丸青岛办事处等五百个左右驻青公司和商会的所在地、电话、设立时间、本金、营业种类等内容。

F279.2/4
北支開發企業の現勢/対満支問題研究所編. —東京:対満支時局史編纂所,昭和15年[1940]

该书介绍了日本侵华期间开发中国华北企业的情况。介绍了企业开发过程,中国开发公司的设立理论,公司旁系事业,公司人员管理、炭矿、电力、铁矿、制铁等。书中还涉及芝罘电业股份有限公司、齐鲁电业股份有限公司、兴中公司、华北电信电话株式会社、华北交通株式会社,华北盐业株式会社等,特别提到了青岛纺织公司的现状、军事管理下的济南纺织业等。

F279.2/5
全支組合総覧:昭和十八年版/中國通信社編. —上海:中國通信社,昭和18年[1943]

该书介绍了在中国内地的中日组合机构的现状。以组合制度相对比较发达的中国为中心,不仅介绍了中国的主要组合,还介绍了日本内地、朝鲜、台湾、"伪满洲国"与中国内地在贸易上的直接关系,组合制度不发达地区的香港、海南岛也有涉及。书中主要对中国大陆的组合制度和经济状况进行了总括性的解说,并对华中和华南,华北与"蒙疆"组合等进行了介绍,例如:山东进出口组合联合会、山东进口配给组合联合会、青岛工业组合联合会、芝罘组合、山东进出口组合联合会济南地方委员会等。附有组合系统图。

F279.2/7
中華民國·滿洲國商工録.昭和十五年版/森良治編. —東京:亞細亞年鑑發行所,昭和15年[1940]

该书是1940年出版的商工录,主要介绍了商业、工业、工厂的记录,例如:上海,江苏省的苏州、南京,浙江省的杭州,广东省,福建省的厦门,河北省的北京、天津,山东省的青岛、济南等地方的商业工业登记记录。还具体介绍了位于青岛的领事馆、青岛旅行社、华丰洋行、旅馆、铁路公司、纺织公司、青岛的进出口业、青岛的特产、海产品、青岛三和棉花洋行等,还有济南的东京商会,出口业方面的特产:石炭、肥料、矿物、棉花等,在进口物方面有罐头、麦酒、汽车等。书中附录中还有青岛和济南的电力事业、酒水饮料等的介绍。在插入的广告中有青岛的伊藤公司、鲁东公司等,济南的红叶馆、白木公司等。

F279.2/9
帝國実業商工録/松井正美編. —広島:帝國実業興信所,昭和16年[1941]

该书主要介绍日本的商会工商企业。第一部分是北京区域,主要介绍了北京的银行、北京的汽车行业、木材业、化妆品行业、贸易和电车行业、运送行业、银行金融等内容。同时介绍了山西省、河南省、河北省以及江苏省的相关状况。书中涉及山东省的青岛、胶县、高密、坊子、张店、周村、济南、泰安、潍县、芝罘以及兖州等城市的概况。有青岛特别市的广告、青岛的礼和银行、山东省长山县周村商会、山东洋纸股份公司、山东铁路股份公司、济南商会、烟台市花生业同业会、胶县商会、田中洋行、永丰棉行、三昌洋行股份公司济南支部等的设立、业绩、所在地及青岛市的青岛商会、中国银行青岛分行、青岛大陆银行等信息。

F279.21/1
華北工場名簿/北支工場調査委員會編. —謄写版. —[不詳]:[北支工場調査委員會],昭和14年[1939]

本书列出了1939年河北省、山东省、山西省、河南省,江苏省等的纺织工业、金属工业、机械器具工业、陶瓷、化工、食品工业、电气工业,木材加工及木制品工业、印刷及装订业、杂工业等的基本情况,特别

· 1231 ·

收录了当时在青岛的各行各业的工场名称、资本系统、企业形态、工厂所在地、代表者的姓名、开业年月、资本情况、职工人数、主要生产的产品等内容。

F279.275.2/1
山東鉄道会社ニ関スル調査報告/青島守備軍民政部鉄道部编. —青岛：青島守備軍民政部鉄道部，大正9年[1920]

该书为关于山东铁道公司的调查报告。具体记述了山东铁道公司沿革、山东铁道公司与德国政府的关系、山东铁道公司与中国官民之间的关系、铁道章程及矿务章程、铁道巡逻及矿务交涉员、山东铁道公司的组织、分科概要及职员、山东铁道公司的资本及股东、山东铁道公司最新章程及政府的认可书。另外，还记录了德国政府关于矿业的认可书、德国政府关于铁道的认可书、合并后山东铁道公司的章程、山东铁道公司铁道部最近年度预算、对山东铁道处分问题的研究、黄山炭矿、德国的铁道权及矿山权等内容。书中涉及坊子炭矿的状况、黄山炭矿的状况、济南延长线的终点和黄河铁桥问题、金岭镇铁矿、沧口制铁所的创立经过、铁道部事业概要、铁道全线改建的预想、山东铁道支线及延长问题等内容。

F279.29/1
魯大鉱業公司二十年史/佐藤時臣编. —青岛：魯大鉱業股分有限公司，昭和20年[1945]

该书为鲁大矿业公司二十年史。记录了鲁大矿业公司在德国人经营期间和日本人管理期间的基本情况，淄川、坊子煤矿和金岭铁矿的矿业情况，德占时期的山东矿山会社的设立情况，坊子煤矿经营的失败情况，淄川煤矿企业概况，金岭镇铁矿的开发情况，炼铁所的设立计划，各分矿坑的开凿，淄川煤矿分年度的产出情况，淄川煤炭的销售状况等内容。书中描述了日本人接管公司后对于三座矿山的接收，业务的增长，工人运动概况，管理者的更迭，编制机构的变更，产销公司的成立，治安及警备情况，淄川煤矿的矿区、地形、地质概况，煤层以及煤炭储量，主要设备概况，产出状况，煤炭质量以及用途，胶济铁路沿线的炭矿，青岛、高密、坊子、维县、益都、张店、博山、周村、济南等胶济铁路沿线的城市概况。

F279.3/2
ポッケト会社要覧/経済雑誌ダイヤモンド社编. —東京：経済雑誌ダイヤモンド社，昭和19年[1944]

该书是关于1944年版的公司要览。具体介绍了电灯电力、水道、铁路、纺织、麦酒、制糖、水产业、煤炭、石油、木材、造船、钢铁制造、电器机械、肥料、皮革、化学、土地建筑、生命保险、银行、报纸出版、印刷出版等诸多行业公司的概况。书中在铁矿方面，介绍了山东铁矿股份公司成立状况、资本状况、决算、投资状况、财产状况、股东状况等。在交易方面，详细地介绍了位于青岛地区的青岛交易所的概况。例如：公司的设立、营业项目、资本金、股东、财产、近年的成绩、重要作用、决算情况、固定设备费用等。在银行方面，还介绍了日本信托银行、昭和银行、中国银行、七十七银行、东海银行等多家银行。

F279.313/13
支那関係主要会社法令及定款集/岩村忍著. —[不详]：興亜院政務部，昭和15年[1940]

该书收录了中国主要的公司法和章程。其中有设立于中国华北和华中的公司的章程、职员、编制、分科规则、职员制、工资规则、营业状况等。书中也收录了华北青岛码头株式会社、齐鲁电业股份有限公司、胶澳电气股份有限公司、青岛水道株式会社、山东矿业株式会社、山东盐业株式会社等山东及青岛的公司法令和章程。

F299.275.2/1
支那都市不動產慣行調查資料：青島ニ関スル第一次調查報告書関係資料.8/南満洲鉄道株式会社編.—謄写版.—[不詳]：[不詳],昭和 17 年[1942]

本资料是由南满洲铁道股份公司调查部编写的中国城市不动产惯行的调查资料，是关于青岛的第一次调查报告书的资料，主要分为不动产登记、土地所有权登记两部分。在不动产注册方面的资料中，详细介绍了地上权的设定、七项建筑物的所有权保存、建筑物的地皮变更登记、建筑工程先取得的特权的转移登记、设定建筑物抵押权、所有权变更的登记。在土地所有权登记相关的资料中，详细介绍了五项保存登记、土地所有权登记。在建筑物所有权保存登记申请书里，还介绍了不动产的标识、登录的目的、手续费、添加资料。本书附有借地人关于地上权的设定实例。资料中附有很多向青岛的日本总领事馆提出的申请。

F32/31
農畜産物出廻調查報告：膠済線/満鉄・北支事務局調查部編.—[不詳]：満鉄・北支事務局調查部,昭和 13 年[1938]

该书是关于胶济铁路沿线主要城市农畜产品的调查报告。主要调查了胶济铁路沿线的青岛、潍县、张店、济南 4 个地方的农畜产品。具体介绍了青岛、张店、潍县、济南 4 个地区的棉花、小麦、花生、烟草、牲畜及畜产品，青岛、济南等地的气温、降雨量等自然条件，青岛、济南等地的棉花、小麦、花生等农畜产品的交易关系和机构，上述 4 个城市的农产品和畜产品的流通状况和生产状况。书中还附有青岛港主要的农畜产品的贸易统计和胶济铁路货物输送统计的图表等。

F321/1
青島ニ関スル第一次調查報告：支那都市不動產慣行調查資料第八輯其ノ一/満鉄・調查部編.—青島：満鉄・調查部,昭和 16 年[1941]

该书主要是由满铁调查部编写的有关青岛的第一次调查报告。主要为编者于 1941 年经过约一个月对青岛进行的实地考察后，获取的各种资料编成。主要内容有青岛涉外关系的变迁概况，德国经营期间的各种问题及其土地政策、土地制度、土地立法、不动产关系税，日本军管期间的官有土地、军管期间的侨民的土地所有权的取得等问题，山东未解决的土地问题、领土还付后的领事登陆制度，中国方面实行的土地行政，还有青岛地区土地政策的机关、土地的移转登陆、青岛地区的土地所有权、官有土地的租用等与青岛相关的事情。

F321/2
北支農業・合作社調查報告/支那駐屯軍司令部 乙嘱託經済班編.—[不詳]：[不詳],[不詳]

该资料是由乙嘱托班编写的关于华北农业合作社的调查报告。主要有华北农业实态调查计划书、华北农业对策提案、对华北农村贫穷情况的考察、华北农村合作社创建纲要、《华北农村合作社创建纲要》说明和参考资料等内容。书中在华北农业实态调查计划书中，介绍了农业实态调查的理论根据、农业实态调查方法、农业实态调查的样式和内容、农业实态调查所需要的人数和区间、农业实态调查的作用、河北省农业实态调查计划提案；在华北农业对策提案中，介绍了华北农业的方针、实施要领、目标等。其中，提到了河北、山东二省的棉花栽培,提及山东省的青岛市是农业试验场的分场;在对华北农村贫穷情况的考察中,介绍了1883年6月山东省济南等地受黄河泛滥的影响程度。该书附有农户家庭调查表、不同月份劳动力利用情况调查表、不同月份畜力利用情况调查表、不同农作物各月的分布状况表、不同所有地的调查表、不同经营地的调查表、建筑物调查表、不同种类农具的调查表、家畜调查表、耕地利用状况调查表、副业调查表、农户现金支出调查表、农户生计消耗品调查表等图表。

F321/2(2)
北支農業.合作社調査報告(続):河北.山東主張報告/支那駐屯軍司令部乙囑託班編.—[不詳]:[不詳],[不詳]

本资料为中国北部农业合作社的调查报告,主要介绍了合作社经营上的各问题。本次报告的调查地点是天津、北京以及山东省的济南和青岛。主要内容包括指导员、理事及其社员的教育训练,每个合作社的收支方面、运营资金的筹集方法、兼营主义是否得当、统一管理、社员的资格等内容。其中详细介绍了定县河北省县政建设研究院、邹平实验县山东乡村建设研究院、北京华洋义务赈灾救灾总会、北京华北农业合作事务委员会等。

F321.1/2
満洲支那の土地と人/クレッシイ著.—東京:偕成社,昭和15年[1940]

该书描述了"伪满洲国"的土地以及居民。其中,书中有华北平原、黄土高原、山东、热河地区、中央山地地带、东南海岸地、东满山地、四川红色盆地、江南丘陵地区、中央亚洲草原等的地理分区。在"地理的景观"篇中,具体介绍了中国自然景观的孤立性、人口的压力、交通状况等。同时介绍了中国的地形、气候变化的关键、四千年来的农民生活、中国的资源、中国与世界的接触等,书中涉及山东汽车公路的概况、青岛和济南之间的铁路线、山东的泰山、山东的农业发展和耕地面积等内容;在"华北平原"篇中,介绍了山东北部的河流、土地与水的共存、居民的生活、便利的运输、附近的城市等;在"山东的大部地区"篇中,详述了山东的气候、地形、矿产资源、农业活动等。最后是满洲平原、兴安山地、中央山地带等地理分区的内容介绍。

F321.1/4
支那ノ土地制度/[作者不詳].—[不詳],[不詳]

该书叙述中国地区的土地制度的管理情况。即介绍了中国土地所有权的发展,土地的公有,私有制以及共有制度的管理,中国的土地制度,土地国有时代,易田、区田以及开垦,山东的耕地面积、耕地种类,长山、济阳、平原、即墨、胶州、泰安等山东地方的耕田、山林等的面积和比率;在"中国财政界的外国管理和自开商埠"篇中,介绍了青岛和自开商埠地,有青岛的位置优势,地理条件,青岛的地方问题,贸易发展,经济利益等内容。并且还详细介绍了租借地、租借地的统治权、立法权、行政权、司法权等。同时也介绍了在中国的领事裁判所和德国对山东制铁所建立的计划。

F326.11/5
支那之小麦及製粉業/支那経済社編.—謄写.—支那経済社,[不詳]

该书主要内容为中国的小麦和面粉制造业的概况。具体写了小麦的进出口状况,原料小麦,华北以及"伪满洲国"地区小麦的生产状况,中国各个省份的面粉制造产业的发展状况,上海、河南省、湖北省、四川省等地区的小麦面粉制造业的发展情况,山东等地区的小麦以及面粉制造业的发展情况。书中也介绍了青岛地区小麦具体的生产状况及种植情况及山东省的小麦种类和耕作面积,生产地的条件,山东铁路沿线的小麦,青岛、胶州、青州、济南、周村等地区的小麦生产以及产量情况。

F326.12/5
民國三十年度華北棉產改進會事業概要/華北棉產改進會調查科著.—華北棉產改進會調查科,民國31年[1942]

该书是由中国华北棉产改进会调查科编写的、1941年华北棉产改进会的业绩概要报告。报告中对在1941年时,华北棉田面积的扩张、优良棉种的普及更新、销售以及栽培技术的指导、取得的业绩进行了介绍;调查了山东省棉田面积、缫丝棉的计划生产量、采种播种发芽状况、生长状况,青岛市高密区的诸城、平度、安丘的播种棉田面积、棉株高度、结果枝数等内容;对改进会的工作目标和机构概略、合作社指导融资及销售调解、种棉技术人员的培养和种棉农民的训练进行了说明。书中附有1941年华北四省棉田面积及缫丝棉计划生产表、华北棉花增产改良机构表等图表。

F326.3/1
北支の羊毛/青岛日本商工会議所資料課編.—青島:青島日本商工会議所,昭和15年[1940]

该书是由青岛日本商工会议所编写的关于华北所产羊毛的书籍。主要有华北的羊毛资源调查报告、羊毛的产地、羊毛的种类、羊毛的包装、羊毛的运输和集散情况、羊毛的贸易情况、国外市场的中国羊毛、周村的散抓羊毛等内容。同时,书中也介绍了内地的主要市场,提及到了山东省内的各个市场。例如:周村、济宁、青州、临清。同时也介绍了山东省内市场的上市交易数量、消费情况、贸易情况、洗毛设备等。

F327.52/5
山東綿業調査報告/境米市編.—大連:南満洲鉄道株式会社北支事務局調査部,昭和13年[1938]

该书是由满铁华北事务局调查部所撰写的关于山东棉业的调查报告。该书包含棉花生产、棉花的种类及质量、棉花的运输和销售、山东棉业的运输销售合作以及调查建议等方面。主要内容有调查经过、山东棉业的重要性、棉田面积、棉花产量、棉花的种类及质量、耕种情况、生产费及价格、棉花的承制、生产资本。书中提到了山东的两大棉花市场济南和青岛,青岛贩卖的棉花分为外国棉花和国产棉花,青岛的棉花多供应市内的纺织工厂,青岛的棉花经营大致分为经纪人经营、花行经营、洋行经营,在青岛设立并发展的日资纱厂,青岛的棉花在济南、张店、海州、上海以及大阪的销路,邹平米棉运销合作社、齐东米棉运销合作社等山东棉业运销合作社。该书附有山东省各地棉花产地分布图、山东省各县棉花运销路线等图表。

F327.52/7
青岛近郊に於ける農村實態調査報告:青島特別市李村区西韓哥莊/境米市編.[不詳]:満鉄.北支事務局調査部,昭和14年[1939]

本书是由"满铁"华北事务局调查部编写的关于青岛特别市李村区西韩哥庄农村实况调查报告,主要介绍了该地区的村庄概况、土地分配、佃户形态、农产品的种植面积及生产、农耕事情、家畜及家禽的饲养情况、农业劳动、农业以外的劳动、农产品以及一般物品的交易情况、税租、金融以及负债状况、农村社会经济状况等内容。资料中附有相关图表。

F327.52/8
青島ヲ中心トスル農業調査/満鉄・調査部編.—謄写版—青島:[満鉄・調査部],昭和14年[1939]

本书是由"满铁"调查部编写的介绍以青岛为中心的农业状况。主要包括了青岛周边土地的利用以及所有状况,如总面积以及耕地面积、农家户数以及农业人口、农民土地所有及经营面积。农业生产物,例如农产品、畜产品、农产品的分布情况。青岛市农产物上市状况,如小麦、棉花、花生、烟草、杂粮、牲畜以及畜产品。本资料附有华北农业开发九年计划的相关资料、中国北部的农产品的消费状况、山东省农产品剩余数量表以及济南农产品的流通状况等资料。

F327.52/10
山東黄色葉煙草の生産並に収買機構の発展/農業経済研究所編.—北京:農業経済研究所,昭和17年[1942]

该资料是由农村经济研究所编写的关于山东省黄色烟草产地和收购机构发展的内容。主要介绍了山东省黄色烟草产地的发展及其收购商行的发展、山东黄色烟草的生产过程、山东黄色烟草的收购过程、七七事变前烟草收购机构的演变、华北烟草公司烟草生产的指导奖励状况等内容。其中,在产地消费的激增中提到了青岛、天津、上海的烟草情况。该书附有胶济沿线黄色烟草产地和收购地地图。

F327.52/11
青島の水産概況/青島特別市社会局経済科編.—謄写版.—青島:[不詳],民国28年[1939]

该书是由青岛特别市社会局经济科编写的关于青岛水产概况的内容。主要介绍了青岛水产的沿革、青岛的地势、海洋状况、气象、渔业状况、水产组合、中国渔业、日本渔业、制盐业等内容。附有累年气象表、水产组合章程、水产组合经费分付收入规定、水产组合鱼市场规定。

F327.52/14
小麦の生産・消費・販賣とその事変前後の変動:山東省高密縣・青島市膠縣農村調査成績を中心として/北支経済調査所編.—[不詳]:南満洲鉄道株式会社,[不詳]

本书是由南满洲铁道股份公司编写的介绍以山东省高密、青岛市胶县农村为中心的小麦生产、消费、贩卖的概况。主要内容包括小麦的生产及其处理、影响小麦生产和商品化各外部条件前后的变化、小麦的生产及其商品化的前后变化。在小麦的生产及其处理篇中,介绍了小麦及其夏季作物的种植情况、小麦的产量、小麦的消费、小麦的贩卖等内容。在影响小麦生产和商品化各外部条件前后的变化篇中,介绍了治安及其影响、各物价间的失衡。在小麦的生产及其商品化的前后变化篇中,介绍了种植面积的变化、单位面积产量的变化、小麦的消费及其贩卖比例的变化、小麦市场出口情况的变化等内容。以山东的高密县和青岛胶县的农村为例,详细介绍了小麦及夏季作物的播种状况,小麦的产量、消费、贩卖治安及其影响,各个物价之间的失衡等,以及青岛胶县的小麦交易主要在附近村庄的市场进行,对胶县市场的依存度低等问题。

F327.52/15
青島ニ於ケル主要食糧ノ需給竝ニ出廻事情/青島事務所編.—[不詳]:青島事務所,昭和16年

[1941]

本资料分青岛市内关于小麦、高粱、粟等的供需情况以及腹地的出口情况、配给机构、交易惯例、各种对策等方面,介绍了青岛主要粮食产品的生产概况、胶济沿线的出口情况、青岛市内的供需情况、流通路线、积聚的货物及其配给机构、交易惯例、青岛市场价格、青岛的粮食对策等。对胶济沿线的出口情况中,介绍了"七七事变"前胶济沿线的消费情况及出口到青岛市场的情况、事变后胶济沿线各县的供需及其出口到青岛市场的情况。对青岛市内的供需情况中,从"七七事变"前后的消费情况、"七七事变"后所需消费量、"七七事变"后的供需情况方面进行了分析。对青岛市场价格,分批发价格和零售价格进行了介绍。在描述青岛的粮食对策中,介绍了生产对策、供需对策、机构对策、价格对策。本书附有青岛四站主要粮食产品通过各铁道输出地的统计表、青岛四站主要粮食产品通过各铁道输入地的统计表、青岛港主要粮食产品通过海路输出地表、青岛港主要粮食产品通过海路输入地表、发往胶济线各站主要粮食产品的吨数表诸图表。

F327.52/16
青岛オ中心トスル農業調査/北支調査部編.—[不詳]:[不詳],[不詳]

本书是由华北调查部编写的以青岛为中心的农业调查报告,主要介绍了青岛腹地的土地利用的情况、农业产品、青岛市农产品的出口情况。其中,详细介绍了土地总面积和耕地面积、农户数和人口、土地所有和经营面积、农产品和畜产品、小麦、棉花、花生、烟草、杂粮。也从治安状态、金融机构、运输机构方面分析了"七七事变"对青岛出口的影响。本书附有济南农作物的出口状况表、山东省农作物剩余量表、胶济沿线不同县的家畜家禽表、胶济铁路腹地不同县生产的畜产品剩余量表、胶济沿线不同林场表、农业开发九年计划(山东省)等。

F327.52/17
青岛市政府ノ郷村建設工作:中国郷村建設運動ノ一類型トシテ/満鉄.産業部編.—[不詳]:[不詳],昭和12年[1937]

本资料介绍了青岛市的乡村建设理论、青岛市的乡村建设组织概况、青岛市的乡村建设工作概况及青岛市开展的乡村建设运动的比较等情况。其中,在序言里,介绍了青岛市乡村建设运动的起始。在青岛市的乡村建设理论中,介绍了青岛市乡村建设运动的三种特殊形态。在青岛市的乡村建设组织概况中,介绍了青岛市乡村建设的全部组织机构。在青岛市的乡村建设工作概况中,介绍了青岛市各种乡村建设工作中制定的所属各局的计量,还介绍了青岛市李村区和沧口区的乡村建设工作概况。

F328/5
支那林業経済建設論/杉本壽著.—京都:教育図書株式会社,昭和17年[1942]

该书是论述中国林业经济建设的书籍。具体阐述了中国林业的位置,林业经济建设、中国北方的森林地带,森林布局以及林地布局,江苏、湖北、浙江、安徽等省份的林业状况,山东半岛的果树,青岛、烟台等地的针阔林,胶济沿线和泰山地区的造林,"蒙疆"林业的概观、历史、森林环境。中国森林历史和森林气象的研究方法等内容。

F416.8/2
世界植物油脂経済界に於ける棉實の地位と北支棉實利用問題/境米市編.—大連:満鉄.北支事務

局調査部,昭和 14 年[1939]

　　本资料主要介绍了世界棉花的利用概况各国棉业状况、中国北部棉花的利用现状及其未来。在世界棉花的利用概况中,介绍了棉花的生产、贸易及其用途、世界棉花油坊工业的过去及其现状、棉籽油的生产、贸易及其用途、棉花糟的生产、贸易及其用途、棉籽绒的生产和用途、皮壳的生产和用途。在利用各国棉花状态中,介绍了美国、英国、埃及、印度、中国、日本等国的棉花情况。在中国北部棉花的利用现状及其未来中,介绍了中国北部棉籽油的制造情况及华北棉花利用的相关考察;其中,在棉花的出口中介绍了青岛的棉花出口情况。

F42/3(1)
支那工業綜観　上巻/大塚令三訳. —東京:生活社,昭和 17 年[1942]

　　该书是对中国各省、市的含炼铁、炼钢工业在内的 24 类工业情况的统计。这 24 类有:钢铁工业、铁工业、砖瓦制造业、玻璃工业、水泥工业、磷制造业、纺织工业、棉纺织也、制纱业、毛织物工业、手工编织业、皮革工业、碾米工业、面粉工业、榨油工业、制茶业、烟草制造工业、卵粉工业、制纸工业、制酸工业、石油精炼工业、护膜工业、珐琅器工业。书中附有山东及青岛市的概况等统计表。

F42/6
北支の工業/青島日本商工会議所編. —青島:青島日本商工会議所,[不詳]

　　该书介绍了济南的制造工业,如:纤维工业、食料品工业、化学工业和杂工业、纺织业等。书中还介绍了山东棉花生产的状况,织布业、山东小麦、面粉业的优势,济南市场销售圈,染料业,造纸业等内容。

F426/2
支那石炭事情/久保山雄三著. —東京:公論社,昭和 19 年[1944]

　　该书分为煤炭矿业概要与各种煤矿的概要两部分。其中,叙述了胶济铁路沿线煤矿概要,主要有山东省概况、山东煤田概要、淄博煤田概况、坊子煤田、鲁大矿业公司、山东矿业会社成立的由来、山东煤的销售、胶济煤的销售管理等。还涉及鲁大矿业公司及其公司成立的由来、组织、同山东矿业公司的关系、矿区煤埋藏量、淄川煤矿及侵华战争后破坏程度等内容。

F426/4
北支資本制軽工業ノ発展樣相卜事変二依ル影響/満鉄. 北支事務局調査室編. —[不詳]:[不詳],昭和 13 年[1938]

　　本资料主要包括了对纺织工业、毛织品工业、洋灰工业、板硝子工业、火柴工业、护膜工业、染料工业、榨油工业、造纸工业、制粉工业、皮革工业、骨粉工业、制糖工业、烟草工业、麦酒工业、精盐工业、打包工业等中国北部工业的发展的调查内容。其中,在总论里,介绍了河北、山东两省各主要制造工厂的资本系统统计、中国北部的工业布局条件;在关于中国北部的工业布局条件中,分析了中国北部工业不景气的原因,在工业方面,从发展过程、"七七事变"前后的实际情况、事变带来的影响、中国北部工业布局的条件四方面进行了介绍,其中在华北工业布局的条件中,分析了市场方面和原料方面。特别在纺织工业中,"七七事变"带来的影响使青岛工业地带的工厂各设备和建筑物蒙受损害。

F426.1/3
博山石炭鑛業概要/東和公司編. —[不詳]：東和公司,昭和9年[1934]

  该书是关于博山地区的煤炭矿业的内容。其中,介绍了胶济煤炭的区域位置、煤田成因、煤层、输送机关、供需的推移,博山煤田的概要、沿革、位置和面积、地质和煤层、煤种、出煤量、博山煤炭各个矿区的概况、黑山煤矿的概要、博山煤炭各矿的工资薪金、博山煤炭各个矿区的雇佣工人、煤炭和焦炭的运费、博山的沿革、位置、气候条件、城市街况及人口、金融等内容。书中涉及胶济铁路的货运、青岛码头的概况等。附有青岛港进口煤量表、青岛港口对胶济煤炭输出发送表、山东省内煤田的分布图、博山煤田地图、博山县的地图等。

F426.1/4
北支の鑛業/青島日本商工会議所資料課編. —青島：青島日本商工会議所,昭和15年[1940]

  该书是由青岛日本商工会议所编写的关于华北的矿业情况的介绍,主要是华北矿业纪要和中国矿业关系法规。在介绍河北省时,具体讲述了河北省的沿革、产煤量、运费、采煤量、煤层和煤质、还有其他地方的煤田情况和产煤量等;在介绍察哈尔(注:中国旧省级行政区之一)、绥远省(注:为中华民国时塞北四省之一)时,讲述了煤田概况和矿业生产;在介绍山东省时,具体介绍了中兴煤矿公司的煤层、位置、矿夫、运输、华丰煤矿公司的概况、鲁大煤矿公司、博山煤田矿业、华东煤矿公司及山东其他煤矿情况;书中同时也介绍了山西省、陕西省、甘肃省、宁夏、青海省的矿业概况。附有山东省煤炭埋藏量、生产额表等。

F426.1/6(5)
支那商品叢書.第五輯,錫/伊藤武雄編. —謄写版. —上海：南満洲鉄道株式会社上海事務所,昭和14年[1939]

  本书介绍的是关于中国锡矿生产和贸易的内容。总共有五编。第一编是世界上锡矿的供求状况,详细地介绍了锡矿在世界上的生产数量和消费数量以及在美国锡的用途、在日本锡的供给量。第二编是国际上过去和现在的有关协定。第三编是关于中国锡矿的分布及生产的内容。介绍了重要产地是云南、广西、湖南、江西五省,而且记述了有关各省中锡的分布区域、采矿、精炼的内容。第四编是关于中国锡矿贸易的内容。分为了运输和销售机构、出口贸易、进口贸易、市场价格这四部分来讲述,其中,记录了通过山东省的青岛港和威海卫港的锡矿出口、进口的数量和价额等。

F426.6/1
北支那に於ける既存電気事業總括調査報告/北支経済調査所編. —[不詳]：南満洲鉄道株式会社調査部,昭和15年[1940]

  本书是中国电力事业概况书,介绍了"七七事变"前的状况,如"七七事变"前中国电力事业的开端、普及电力需求的障碍、电力需求分布及国内外资本、发电及供电、电线路、发电站等,"七七事变"爆发后的中国北部电力设施的被破坏、维修以及合理运营等电力情况,还介绍了中国北部电气事业的电力资源、设备状况概论,以及中国北部现有电力事业、日本及中国资本的自家用电事业、第三国家资本的电气事业等内容。书中特别提到了胶济沿线地区的青岛胶澳电气股份有限公司的电力供给事业等内容。

F426.8/3
葉煙草/伊藤武雄編. —上海：上海事務所,昭和14年[1939]

本书介绍了中国烟草的对外贸易、烟草的种类及其生产、主要烟草市场及其出口状态、烟草的交易情况、英美托拉斯的独占势力及其"七七事变"以来日商在华的扩张等内容。其中，在中国烟草的对外贸易篇中，分别介绍了出口贸易和进口贸易。在烟草的交易情况种类及其生产篇中，介绍了种类、产地和生产额、栽培、干燥。在主要烟草市场及其出口状态篇章中，分别介绍了美国烟草和本地烟草。在烟草的交易情况篇中，介绍了在产地采购方式的一般状况，产地交易的情况、上海等主要市场的交易、价格、税款、运输费、上海经营烟草的组织。在各省的情形篇中，介绍了美国烟草和本地烟草。在美国烟草中，特别介绍了山东省烟草的情况，介绍了山东省烟草栽培的发展、每段耕地的消长和日商、产地、产额及其出口情况等。山东省美国烟草的发展状态表出自青岛日本工商会议所。

F426.81/3
支那の紡績と織物/山崎長吉著.—東京：工政会出版部，昭和2年[1927]

该书阐述了有关中国纺织和纺织品的内容。介绍了中国各地纺织工业的现状和日本在中国纺织业发展的前途，各纺织公司的发展状况，中国的棉纺品中的细棉布类、绫木棉类、棉印花布等棉织品种类，中国内地的棉布类生产状况，即：上海棉布工业、湖北省棉布工业、四川棉布工业等的状况。书中提到了山东省潍县、济南、青州等地的棉布工业和纺织业及青岛港的出口和济南地区的织布工厂。

F426.81/6-5
北支棉花総覧/南満洲鉄道株式会社調査部編.—5版.—東京：日本評論社，昭和15年[1940]

本书中首先介绍了关于中国北部的地域范围的规定。其次介绍了中国北部棉花的地位、中国北部各港口棉花的贸易、中国北部棉花的分布、中国棉花的沿革、中国北部棉花产业设施和沿革、日本人对于中国北部棉花的改良事业、从棉花作物上看中国北部的各种自然条件、中国北部棉花的培养、中国北部棉花的栽培收支和生产费用、中国北部棉花的交易、中国纺织业的沿革和中国北部纺织的现状等。附有天津及青岛的棉花价格的变迁、中国棉花用语及注解等资料。

F426.82/2
青島塩と関東州塩の今後/佐田弘治郎編.—大連：南満洲鉄道株式会社，大正15年[1926]

本资料是由南满洲铁道股份公司总务部调查科编写的，介绍了青岛以及关东州（注：指日本占领的旅大租借地）盐的未来。主要内容包括绪言、沿革、盐政、盐田、盐田的构造、盐田的修建费、盐田的经营、生产、生产费用、品种和品质、采盐之后的处理、运出和输送、卸盐和青岛码头的存盐设备、海盐的品质鉴定、退还后的盐业的经营及其经营者、盐的买卖交易、销路及其出口、出口盐的装运情况、海盐的生产力及其供给力、青岛盐的重新出口及其关东州的盐等。本书附有地图"胶州湾盐田一览图"，照片"胶州湾阴岛附近的盐田场景"、"从存水沟里用水车向蒸发池中抽水的地方"、"从结晶池里采盐地点"、"盐田堆盐场存盐实景"、"青岛第四码头装船实景"等。

F426.82/3
北支ニ於ケル動物性油脂需給関係並加工消費状況/満鉄.北支経済調査所編.—謄写版.—[不詳]：満鉄.北支経済調査所，昭和15年[1940]

本书介绍了中国北部动物性油脂需给关系和加工消费状况,具体介绍了动物性油脂的种类和用途、中国北部动物性油脂的生产状况、流通情况以及加工消费状况,特别还包括了山东省和青岛市的动物油脂生产和流通等内容。

F426.82-66/1
青岛盐务局"民國"29年全年各項統計表/[不詳].—[不詳]:[不詳],[不詳]

本书汇集了青岛盐务局1940年全年各项统计表,其中包括小港工场精制盐进出数量按月的统计表、免税军用盐统计表、盐制检定分月统计表、税款收支分月统计表、盐田税已缴和未缴数目统计表、经费开支分月统计表、收发文件分月统计表的等各类统计表格。

F426.89/1
中華塩業事情/住吉信吾,加藤哲太郎著.—川崎:龍宿山房,昭和16年[1941]

该书介绍了中国盐业状况,即中国各个省份的产盐情况。在中国制盐的概述部分,具体介绍了中国主要产盐区、盐产量、运输营销、新盐法、出口国外状况。在重要产盐区的情况部分,介绍了各个产盐区的相关情况。如长芦盐的销盐制度、沿革、地理环境等,还有福建省盐的现状,山西盐的生产现状,以及四川、陕西、云南等地的产盐情况。书中讲述了山东的盐业,介绍了山东省及胶州湾地区的盐业政策,青岛盐场的面积、分布、经营及青岛盐场的现状,盐的质量、生产量和消费量、销售价格、消费状况、出口价格等内容。

F427/2
青岛塩/木村三郎著.—訪問雜誌社,大正10年[1921]

该书介绍了青岛的盐工业概况。介绍了德意志统治时代与现今的胶州湾盐业、青岛的盐碱工业、洗涤盐及洗涤粉碎盐、品质改善与木板式结晶池、混合保管仓库、胶州湾盐业统一的价值、美国的盐田与青岛盐田、日本所需的盐量、日本内地与青岛盐、天日制盐场各地优劣比较、山东东岸民盐及日本关东州盐。书中附有胶州湾盐业统计、松江地界的盐及中国盐业一览、山东问题、事业介绍、万国海盐产地比较说明表等。

F427/3
北支製粉工業立地調査:青岛/満鉄北支経済調査所編.—[不詳]:満鉄北支経済調査所,昭和16年[1941]

该书是青岛制粉工业布局现场的调查报告书。具体的内容有:制粉工业的历史性发展、资本关系、资本的源泉及系统、公司财政、生产状况、生产条件、原料关系、当地消费量、输送路径及租运的各种费用、各产地产品的品质及制粉手续费、小麦价格、交易价格、交易机构、材料关系、工厂的设备、工厂的位置、工厂的用地、建筑、机械、动力、燃料、用水、劳动力、各个作业场地的劳动者人数、劳动者的源泉及效率、制品贩卖关系、生产关系、麦粉生产量、生产费、质量、气象条件、气温、降水量、湿度、蒸发量、日照时数、风速、营业报告书、产地小麦出产量、薪金及劳动者人数。

F427.52/5
民国二十九年度監務報告/青岛監務局編.—謄写版—[青岛]:[青岛監務局],民国30年[1941]

本资料是由青岛盐务局编写的1940年度盐务报告。内容主要包括概论和青岛盐务局硝磺处报告。概论中具体包括十六部分，分别是产额、盐的地方耗费量、盐的进出口、盐的储存量、盐税收入、开支、本地盐务局管辖和名庄变更、盐税率、盐田开发案、盐田复兴救济和偿还处理、盐税获取及银行变更、计量器改定、生产费及盐价、馆内驿站的开设、盐警大队长的更替和对私盐的取缔、盐的质检。青岛盐务局硝磺处报告分为十部分，分别是硝磺行政处理概况、工商业者年度硝磺产品使用量报告、工商业者对硝磺商品运输护照的申请和审查、对硝磺产品进口护照的审查、当局经营销售所得进出口硝磺产品的数量、收入统计、支出统计、鲁东棉业改进会临时的硝磺进口量、硝磺产品种类运输护照的办理事项、取缔私盐运输等。

F427.52/7
青島紡績情況/北支事務局編.—[不詳]:[不詳],[不詳]

本资料是由华北事务局编写的关于青岛的纺织情况的调查资料，主要从发展过程及现状、生产条件、产品及其贩卖三方面来调查的。在发展过程及现状篇中，介绍了青岛纺织业的发展过程、现状等内容。在生产条件篇中，介绍了原棉、劳动、工厂设备、消耗品。在原棉篇中，分别介绍了国产棉花和外国棉花。在纺织业的劳动篇中，从职工数量、效率、工资、劳动力来源、迁移率、福利设施、劳动时间方面进行了介绍。在纺织业的工厂设备篇中，介绍了位置、用地、建筑、机械等。在纺织业的消耗品中，介绍了概况、各工厂消耗品情况、所需金额。在纺织产品及其贩卖篇中，分为生产和贩卖进行了介绍。生产中包括生产能力和连年生产额。贩卖中介绍了交易机构、销路、供需、进出口额。本书附有青岛棉丝仓库交易现货市价表和青岛棉布仓库交易现货市价表、青岛纺织厂分布图、各工厂混打棉机排列表等图表。

F427.52/8
山東炭ノ採炭原価ト運賃諸掛/満鉄.天津事務所調査課編.—謄写版.—[天津]:[満鉄.天津事務所調査課],昭和11年[1936]

本书收录了1936至1937年期间有关山东煤矿契约等属于各公司的极密事项，其中有旭华矿业公司、博东矿业公司、鲁大矿业公司、南定矿业所、善芳公司矿业所等矿业公司的矿区、沿革、现况、煤炭产量和开采成本、运费等方面的内容，特别是博山公司青岛码头胶济线杂费、鲁大公司线运费、青岛码头杂费、南定矿业所和善芳矿业所的胶济铁路的运费情况等方面的内容。

F427.61/1
鄭州ヲ中心トシタル工業/青島守備軍民政部編.—謄写版.—[青島]:[青島守備軍民政部],大正9年[1920]

本书介绍了以郑州为中心的工业情况，包括郑州的概况、商业上的郑州、作为工业地的郑州，如郑州的劳动力、原料资本、运费和运输状，郑州与汉口和天津的比较，郑州现今工业的概况、纺织事业、纺织工业，绢纺及丝绸织业、面粉事业、油料事业、肥皂工业、蜡烛事业、制革业等内容。书中还涉及青岛的纺织工业等内容

F428.68/2
青島紡績労働調査/水谷国一著.—大連:南満洲鉄道株式会社,昭和15年[1940]

该资料是由水谷国一编写的对青岛纺织工作的调查。主要调查了青岛的纺织业概况、劳动者数量、

工场的组织、劳动编成、轮换制、时间和休息日、工资、福利设施、生活费、劳动效率、生产成本中的劳动费用、劳动者的素质、劳务流动以及上班状态、劳动者的征募和培养、思想、结社以及劳动争议等方面。在"工资"篇中,介绍了不同工种的工资状态、工资的支付方法、基础工资等;在"福利设施"篇中,介绍了住宅设施、浴室设施、娱乐设施、保健体育设施等;在"劳动效率"篇中,介绍了对职工单人单位时间内生产量的探讨、对单位生产设备所需人员的探讨、工作环境以及效率和工资的关系等;在"劳动者的素质"篇中,介绍了教育程度的不同、年龄段的不同、有无配偶、家庭劳动关系、前职业调查、籍贯的不同。该书附有在青岛的日本各个纺织公司的操作状况图表、1939年1月之后青岛的纺织劳动者数量统计表、青岛各个纺织公司的工场组织一览表、在青岛从事纺织工作的日本人的编成调查表、青岛纺织作业中不同工种的劳动者数量一览表、青岛纺织业工资表、实习工的初薪表等诸多图表。

F427.81/1
北支紡績.製粉工業調査報告/支那駐屯軍司令部 乙嘱託班編.—[不詳]:[不詳],昭和12年[1937]

本书是由乙嘱托班编写的关于中国北部纺织、制粉工业的调查报告。在中国北部纺织工业调查报告中,介绍了关于天津纺织事业的对策、日本侵华时日本在中国建立的纺织业、天津的纺织工业;在关于日本侵华时日本在中国设立的纺织业篇中,还介绍了青岛和汉口的纺织。在中国北部制粉工业调查报告中,介绍了关于天津制粉工业的对策及其《关于天津制粉工业对策案》的参考资料,其中包括济南制粉工厂调查表、青岛制粉工厂调查表、青岛三个制粉厂近期的生产状况表、青岛及其附近的小麦供求表、青岛小麦粉输入、采购地统计、青岛制粉费用调查。本书附有"中华民国"贸易一览表、江苏省22个工厂一览表、河北省10个工厂一览表、其他各省25个工厂一览表、日商在上海的30个工厂一览表。

F428.68/2
青島紡績労働調査/水谷国一著.—大連:南満洲鉄道株式会社,昭和15年[1940]
附録が付け加わる

本资料主要介绍了青岛的纺织业概况,有劳动者数量,工厂的组织,劳动编成,轮换制,劳动时间和休息日,工资,福利设施,生活费,劳动效率,生产成本中的劳动费用,劳动者的素质,劳务流动以及上班状态,劳动者的征募和培养,思想,结社以及劳动争议等的调查内容。在工资篇中介绍了不同工种的工资状态、工资的支付方法、基础工资等。在福利设施篇中介绍了住宅设施、浴室设施、娱乐设施、保健体育设施等。在劳动效率篇中,介绍了对职工单人单位时间内生产量的探讨、对单位生产设备所需人员的探讨、工作环境以及效率和工资的关系等。在劳动者的素质篇中,介绍了教育程度的不同、年龄段的不同、有无配偶、家庭劳动关系、前职业调查、籍贯的不同。本书附有在青岛的日本各个纺织公司的操作状况图表、1939年之后青岛的纺织劳动者数量统计表,青岛各个纺织公司的工场组织一览表,在青岛从事纺织工作的日本人的编成调查表、青岛纺织作业中不同工种的劳动者数量一览表,实习工的初薪、熟练工、特殊工人以及全部工人的平均工资表,青岛各个纺织公司不同工种的最高工资和最低工资的调查表、青岛各个纺织公司所有工种的平均工资调查表,青岛纺织精纺工的劳动效率调查表,青岛纺织劳动者的年龄段调查表,不同工种劳动者的配偶关系调查表,青岛纺织劳动者的前职业调查表,青岛纺织劳动者的家庭劳动关系调查表,青岛纺织劳动者的籍贯调查表,青岛纺织工场的人员录用、离职以及流动率表,青岛纺织业新老从业人员的区别表,新从业人员中有无经验的工别表,纺织工场里各个工种的中文名字一览表。

F43/2
東亜重工業論/小島精一著.—東京:千倉書房,昭和十四年[1939]

该书介绍东亚的重工业。介绍了日本重工业的新现象、战时重工业企业的集中、机械工业机构的再编成、中国的重工业品进口的激增和日本产品的地位；中国经济建设的现在和未来、日本对山东省的开发掠夺、山东中心论的依据、对山东煤炭的开发、以青岛为中心的山东省的交通建设计划、青岛及济南的未来等山东及青岛的重工业的状况；同时也介绍了澳大利亚钢铁业的建设、印度钢铁业的现状等。

F431.3/27
青島邦人主要工業ノ被害及復興状況/満鉄・北支事務局調査室編.—[不詳]：[不詳],昭和 13 年[1938]

本书是由"满铁"华北事务局调查室编写的,介绍了在青岛的日本人经营的主要工业的情况,包括纺织工业、制粉工业、护膜工业、火柴工业、制油工业、烟草工业、麦酒工业、染料工业、制冰工业、冷冻工业、味精工业、酱油酿造业、罐头工业、机械工业、砖业、日中制丝股份公司、氧气工业、盐业、电气业等内容。资料以典型的公司为例进行介绍。其中在纺织业中,青岛是日本侵华后日本纺织业者获取利益最重要的地点。在制粉业中,中国北部唯一一个日资制粉厂位于青岛,本书围绕此公司介绍了其设置和停业情况。在护膜工业中,以日式布袜为中心进行了介绍。在制油业中,介绍了公司东和会。

F436/1
戦時石炭経済構造論/石炭経済調査会編.—東京：長門屋書房,昭和 19 年[1944]

该书介绍日本发动侵略战争时期的煤炭经济。主要有日本煤炭矿业的自然制约、日本煤炭矿业发展的历史条件、煤矿业资本的投入与其特点、煤矿劳动力再编的基础与方向、战时生产力扩充政策方向的展望、煤炭流通的特点与煤炭业中商业资本的发展与特点、煤炭供给结构的重整与推进、煤炭的输送与装卸、煤炭消费结构的转换、煤炭价格政策的各问题等内容。书中还介绍了山东煤炭矿中的博山、淄川、胶济煤田及其煤层和煤质。

F436.8/1-2
東亜共栄圏と繊維産業/大日本紡織聯合会編.—2 版.—大阪：文理書院,昭和 17 年[1942]

该书的内容是东亚经济和纤维资源,主要介绍了日本经济体的构造、"东亚共荣圈"的纤维资源、"东亚共荣圈"纤维资源的开发、中国的棉花生产、中国的棉花贸易、中国棉花的质量、中国棉花增产的诸多问题、中国纺织业的发展、西方列强的对华投资和纺织业、中日甲午战争时清朝的棉丝纺织业、《下关条约》、战时中国的纺织业的动态、重庆政府统治下的纺织业、上海租界的中国人以及英国人的纺织业等内容。书中还介绍了七七事变后中国的纺织业等。其中提到了泰安纺织的衰退、青岛设备的破坏及日本对青岛纺织工厂的操作状态等内容。

F512/1-2
満鮮北支の自動車運輸/菊池洋四郎著.—2 版.—東京：街頭社,昭和 12 年[1937]

该书主要叙述了中国的东北、华北及朝鲜一带的汽车运输业的状况。其中书中介绍了国道以及汽车车道、铁路交通的经营、汽车运输业等,也特别提到了青岛的汽车运输和济南的汽车运输,例如：普通的汽车业主和道路的状态。

F552.252/1
小清河の水運/島津忠勇編.—青岛:青岛日本商業会議所,[不詳]

该书介绍的是济南北部的小清河的水运状况。主要有小清河的概要、小清河的沿革、小清河的水系、小清河的民船、民船的大概构造及运载量、民船乘组人数及生活状态、民船的速度、各地民船雇佣的方法及船行、沿线课税状况、小清河运输货物及保险、河口的汽船的积换状况及羊角沟与青岛之间的汽船、修浚问题与汽船航行计划、河口修浚问题、小清河修浚问题与汽船航行计划、铁路运输的比较以及小清河的未来等内容。

F552.752/1
青島港経営現状ノ概要ト対策案/満鉄・調査部編.—[不詳]:[満鉄・調査部],昭和16年[1941]

本资料是由"满铁"调查部编写的青岛港的经营现状概要和对策计划,主要有青岛港设施的现状、该港的管理经营现状的概要、对策等内容。青岛港设施的现状中,介绍了交通设施方面、海上设施的现状、陆地设施的现状、小码头设施的现状、扩张计划概要。在该港的管理经营现状的概要篇中,介绍了该港码头的经营管理状态、各码头的运营状态、码头和船舶之间货物的授受状态、货物销售状态、码头劳工运营现状、装卸能力状态、设施的不完备状态、车船的联运现状、码头费用的考察、码头监视状态、该港腹地铁路运营的现状、青岛码头公司的业务和内容,其中,特别介绍了青岛码头股份公司及其职制、青岛—连云港的定期班轮、青岛—海州的定期班轮。在对策篇里,介绍了码头运营的目标和码头现场工作的调整、对策概要等内容。

F552.752/2
青島ヲ中心トスル海陸交通ノ概況/青島事務所編.—[不詳]:[不詳],昭和15年[1940]

本资料是由青岛事务所编写的以青岛为中心的海陆交通概况的调查资料。资料介绍了陆运方面和海运方面。陆运方面包含铁路、汽车、洋车及其他。在铁路方面,介绍了胶济线的变迁、设备概况、输送概况、沿线治安情况。汽车方面,分别介绍了市内出租车、市内及其近郊的公共汽车(青岛交通)、长途车、市内汽车种类明细表。在洋车及其他方面,介绍了洋车、客运马车、自行车、货运马车、人力车、独轮车。在海运方面,分别介绍了青岛港的变迁、青岛港的设备能力、青岛港的特殊性、青岛海运的变迁和列国势力的角逐,在海运方面,介绍了青岛港和内外诸港的关系、青岛港贸易的增长。在海运输送概要方面,分别介绍了输送成果的演变、主要货物的数量极其流动情况、煤炭的输送数量。

F552.8/1
北支港湾調査報告:第一隊/[支那駐屯軍司令部編].[不詳]:—支那駐屯軍司令部,[不詳]

该书为华北港湾调查报告。第一部分为华北港口调查报告:一为白河的地理概要、白河以及附近运河在华北运输系统的价值、河海工程局略史、华北水利委员会、天津入港船舶概要等内容;二为减水河口、太沽、道子口、黄河济南至清河镇段、黄河之水有关内容等各内容;三为港湾报告的要领、调查概要、由地质及潮流调查看海港建设的考察等内容;四为秦皇岛港口调查报告,有一般气象、附近地形、港湾状况、工程材料、码头装卸工、海上交通等内容。第二部分为资料,主要是白河结冰调查报告,收录了青岛连云港的观察报告,以及对山东商运的投资问题、胶济铁路延长问题、以青岛为中心的海运问题等内容。

F572.885.2/1
青島市内ニ於ケル交通整備ニ関スル考察:特ニ周辺無軌条電車計画ヲ中心トシテ/華北交通株式会社青島事務所編. —謄写版. —青島:華北交通株式会社,昭和17年[1942]

  本资料介绍的是关于青岛市内的以无轨电车计划为中心的与交通管理相关的考察内容,主要讲述了对青岛市街发展的历史、关于青岛市内交通供需的概况、青岛市街与交通整治的必要性、市街交通整治的方法等内容。特别介绍了对青岛市内相关的交通供给中的交通机关的配备状况和运输业、乘客的流量和交通需要的概况、交通机关的配备状况与运输业绩中的交通公司的关系、中国北部交通公司的关系以及其他交通机关的概况的考察。在市街交通整治的方法论中,介绍了与都市相关的交通机关适应性,青岛市内交通整治方法论。在相关无轨电车企业计划的诸多问题中,对关于过去的电车计划的概况、路线的选定和车辆配备计划、电力供给与材料获得的问题、与企业收入与支出相关的探讨、企业经营主体问题进行了说明,特别是对事业费的粗略计算、运输率与运输进口、与营业可能性相关的探讨进行了介绍。

F626.12/1
朝鮮満洲青島営業別電話名簿/竹林與吉編. —大阪:十字屋出版部,大正9年[1920]

  该书是朝鲜、"伪满洲国"、青岛地区的金融、贸易、运输等相关的营业电话名册的索引。其中,在金融相关的行业,有银行业、信托业等。在贸易的行业,有进出口商、贸易商等。在中介行业,有信托业、代理经纪人、委托买卖等。在运输相关行业,有海运业、汽车业等。与养殖产业相关的事业家、农林业等。属于动物材料的毛皮商、牛骨商等,与建筑相关的建筑材料商、木材商以及竹商等,属于金属以及机械工业的制铁工业、造船业等,属于电气的电气电灯业等,与矿业相关的矿山业、煤矿业、燃料相关的木炭商等,化学工业相关的染料商、染制品商等,工作用品中的文具商、印刷相关的印刷业、书籍商等,归属纺织的棉花商、制棉业、日用品相关的贵金属商、帽子商等,食品业相关的精米业、砂糖业、医疗行业相关的医生以及医院、药品种类及制药业、旅馆及料理业、娱乐业相关的和洋乐器商、娱乐用品商,公共事业相关的新闻杂志发行业、教会以及寺院,公司职员以及商店店员,理发业、洗涤液等。

F632/1
邦文支那郵便規則/永井一吉著. —青島:チンタオ・リーダー出版社,大正12年[1923]

  该书记录了有关中国邮政的相关规定。详细介绍了中国国内邮政管理局的职责和所在地,并提到了山东邮区邮务管理局的相关规定等。书中介绍了中国各地邮局的种类、邮票的种类、邮递禁品、书信类、明信片类、报纸类、印刷物类、商业用书类、广告邮递、商品样品、挂号邮件、保险书信、包裹类、保险包裹、邮局代收贷款包裹、汇兑、快递邮件、邮政厅的责任和赔偿、邮件的配送、拘押邮件、不能送达邮件、转送邮件、收回的邮件、注意事项、申告、邮政储蓄、邮件邮费表、国内包裹邮费表、与邮政有关的中日对照、邮件上的特定汉文、加入万国联合邮政国家名等内容。书后附有邮件法和日本度量衡比较表。

F72/7
中小商工業者の大陸進出問題/青島日本商工会議所編. —謄写版. —[不詳]:[不詳],昭和15年[1940]

  本资料的主要内容包括山东省内的日资商行的经济势力、"七七事变"后日资商行的发展状况、工业的现状和中小工商业者的发展界限三个方面。本书分析了日本侵华后日资商行在山东的经济势力。本书附有"七七事变"后日资商行的发展状况表、新建商行的不同营业状态的统计表、个人商行经营效率一览表、青岛工业状态一览表、在青岛的日本人经营工厂数量一览表等诸多图表。

F72-66/4(1940)
北支那内国贸易统计年报：秦皇岛·天津·龙口·芝罘·威海卫·青岛.昭和十五年/山内信雄著.—北京：北支那开发株式会社调查局，昭和15年[1940]

该书是由华北股份有限公司编写的1940年度华北贸易状况的统计年报，主要介绍秦皇岛、天津、龙口、芝罘、威海卫、青岛等华北6个港口。以图表的形式详细列举了华北6个港口相互之间以及对华中的贸易往来的总额状况、华北六港商品进出口的贸易总额、华北六港对中国的中部和南部的进出口的超额状况、华北六港主要商品的投入出口额、华北六港商品的分类以及不同类别的总额等。书中提及了山东省著名的港口龙口、芝罘、威海卫、青岛港，介绍了山东港口相互之间的贸易总额、商品种类、外国商品的投入进口状况、国内产品的出口状况、还有往中国的中部南部的出口等。书中也介绍了山东省的龙口、芝罘、威海卫、青岛港口的茶、烟草、砂糖、燃料、印刷制品、酒、豆类、油、纸张、木材等商品的进出口状况。

F724/2
青岛二於ケル主要商品流通事情/兴亚院青岛都市计画事务所编.—[不详]：[不详]，昭和14年[1939]

本书是由兴亚院青岛都市计划事务所编写的，介绍了青岛主要商品的流通情况，主要包括花生、棉花、生牛、小麦、面粉、盐、棉线棉布、砂糖、石油等的流通。关于花生，介绍了在济南集中后从青岛输出的路径、花生的包装打包、花生和花生油的贸易统筹、最近四年间青岛市花生的供需、青岛港各个种类的花生向第三国家的出口额、青岛花生出口业者和各国商人的势力范畴。关于砂糖，介绍了砂糖的税率、交易情况、青岛的供需情况等。关于棉花，介绍了出口路线、交易路线、附属机关、棉业公会营业条约、青岛市场的经办棉花业者、青岛棉花的供需情况。关于小麦，介绍了出口路线、济南的小麦、交易机关及交易方面、济南粮业公会营业条约。关于面粉，介绍了交易季节、主要产物、主要产地等。

F725.6/1
胶济铁道沿线主要驿货物集散状况.第三辑/青岛日本商业会议所编.—誊写.—青岛：青岛日本商业会议所，大正14年[1925]

该书主要是由青岛日本商业会议所编写的胶济铁路沿线的主要的驿站货物的集散状况，该书为其第三辑。书中详细介绍了周村的状况，即周村的位置、周村的人口、周村的变迁、交通状况、附近的城市、铁路经过状况以及地势等，此外，还有关于周村的棉花、大豆、羊毛等货物的输出、货物出口的状况、金融业的发展、羊毛商户、银行业的发展等与货商相关的事情；同时也具体介绍了济南的相关概况，即济南的位置、济南的水运、陆地运输、地势、铁路状况，胶济沿线货物的集散状况，牛油、牛骨、豆类、花生等物品的生产状况和集散状况，出口物品和进口物品以及往来商户等内容。

F726.2/1
青岛市ノ物价趋势卜对各主要都市比较/青岛事务所编.—[不详]：[不详]，昭和15年[1940]

本资料调查分析了最近青岛市的各物价趋势和概况，主要介绍了1939年4月以后青岛物价的趋势、青岛与各主要城市的零售品价格趋势比较、青岛与各主要城市的生活必需品零售价格比较、对在青岛的日本人生活费的研究。在与各主要城市的零售品价格趋势比较里，介绍了总的零售价格、食品材料、燃

料、杂物、衣料。比较的城市包括北京、天津、济南、上海、大连。资料中也分析了物价上涨原因,而且还提到了青岛日本工商会议所调查的在青岛日本人的生活费研究。本书附有1940年3月青岛市的主要零售商品价格指数表、青岛市主要零售商品的价格趋势表。

F727/2(2)
山東研究資料. 第二編/青島軍政署編. —青島:青島軍政署,大正6年[1917]

该书为山东研究资料第二编,主要研究青岛的经济状况。书中记载了青岛的贸易、青岛的民船贸易、建筑用品、1916年度的物价等内容。具体有青岛贸易发展的原因、青岛进出口额、青岛贸易的内容、青岛对各国的贸易、青岛民船贸易的趋势、青岛贸易的趋势、青岛重要进口品、青岛重要投入品、重要进口品沿线分布状态、青岛重要出口品、青岛重要迁出品、重要出口品沿线发送状态、商业习惯、日德开战前的状态、日德开战后的状态、民船贸易的未来、制钱的由来和成分、制钱买卖的状况、购买的方法、在山东铁道上青岛的输送数量、青岛的石材、青岛1916年度的物价概要、1916年度重要输出输入移出移入品数量表、砂糖、麦酒、花生油、豆油、白米、牛肉、麦粉、盐、棉花、日本酒、煤炭、棉丝每月平均价格表等内容。

F727.52/1
青島二於ケル物価動向並主要商品取引狀況/[不詳]. —謄寫版. —青島:[不詳],[不詳]

本资料介绍了青岛对所出售物品的概况,谷类、蔬菜、砂糖、棉花、花生、建筑材料等主要商品的价格和交易状况的调查内容。

F729-62/2
全支商工取引総覽/支那通信社編. —上海:支那通信社,[不詳]

该书是关于中国商工业交易总览的内容。前篇是当地的商工业名鉴,主要介绍了上海地区的日本工商业者之间的关系;华中日本工商业者之间的关系,即:南京地区、杭州、镇江周围、汉口周围地区的商工业者的关系;华北日本工商业者之间的关系,即:天津、北京、青岛、济南、太原、徐州、开封等地的商工业者之间的关系;"蒙疆"地区的日本工商业者之间和当地日本人各种组合之间的关系,各地管制的各种通令和当地官方公共机关的事情。

F75-66/1
昭和13年華北外國貿易第三國竝圓域对比統計年報. 其ノ三,天津、青島、秦皇島、芝罘、龍口、威海衛(1938)/興亞院華北連絡部編. —[不詳]:興亞院華北連絡部,昭和17年[1942]

本年报是1936年~1941年5年之间华北对第三国家贸易研究的资料。主要有综合表,例如:主要国家贸易表、出口商品国家及百分比表、进口商品国家及百分比表等;主要国家,例如:英国、香港、澳大利亚、加拿大、美国、法国、德国、意大利、荷兰、比利时、泰国、日本、朝鲜、台湾、关东州等地的商品输出表和商品输入表;同时,也列有皮革及毛皮、豆类、植物性染料、药材及香料、砂糖、茶、烟草、燃料、木材、纸、金属等商品的出口表;棉花、亚麻、机械及工具、车辆及船舶、煤、瓷器等商品的进口表;最后为华北六港,即:天津、青岛、秦皇岛、芝罘、龙口、威海卫六港的进口表和出口表。

F752/3(8)
全支對外貿易/解剖(八月分)/調查部資料課編. —謄寫版. —中國:調查部資料課,昭和16年[1941]

附录　旧版日文中有关青岛方面的文献提要

该资料主要包括全中国对外贸易概况、不同地区的贸易、不同港口的贸易、不同国家的贸易以及不同商品的贸易。在全中国对外贸易的概况中介绍了华北、华中以及重庆地区的贸易概况；不同地区的贸易中介绍了华中、华北、华南、重庆；在不同港口的贸易中，介绍了华中、华北、华南以及重庆地区；提到了山东青岛作为中国北部的重要港口贸易，而且附有中国北部地区的贸易额图表。

F752/4
青島牛ノ出回並本邦向輸出減退事情/滿鉄.北支事務局調査室編.—青岛：北支事務局調査室，昭和13 年[1938]

本资料介绍了青岛牛的上市及向日本出口缩减情况的调查内容。主要包括山东省在中国著名生牛集散地及其出口率年年高的原因、关于山东省内畜牛生产的目的、关于山东省内生牛的分布状况。其中畜牛生产目的是耕作的动力也就是用于劳作。另外还包括山东地区畜牛饲养最繁盛的西部及南部富裕农家及一般农家生牛的拥有状况、山东省内生牛的分布与农家分布的稠密程度关系，同时讲述了青岛牛的购入状况。本资料还具体叙述了畜牛的饲养费及汽车运送费以及劳动者雇佣费及牛的价格等。

F752/7
満，関，支向輸出承認制ノ大阪、大連、青島各市場二及ホス影響：綜合資料/資料課編.—[不詳]：[不詳]，昭和14 年[1939]

本资料介绍的是中国的出口承认制度对日本的大阪、中国的大连、青岛各市场的影响的调查内容，主要介绍了对中国出口承认制度的实行及其对大阪市场的影响、对中国市场的影响。在本资料的青岛商议报告和对青岛市场的影响中，主要从贸易的中断，当地物价的混乱、生活不安定，华人对日本信任度的降低和出口物资的减少，日本商权的丧失，青岛及其山东的特殊性方面进行了介绍。本书附有青岛港日本物品进口表。

F752.5/1
中華民國海関輸出入税率表/松崎雄二郎編.—青岛：青岛日本商工会議所，昭和13 年[1938]

该书为青岛日本商工会议所发行，记录了中华民国的棉、麻、毛、纱以及饮食制品、化学制品等海关进出口货物的税率。具体有以下16 种货品：棉花及棉制品，亚麻、大麻、黄麻及其制品，羊毛及毛制品，丝绸以及其制品，金属及金属制品，饮食类以及草药类，烟草类，化学制品级染料类，蜡烛、肥皂、油脂、蜡以及树脂，书籍、地图、纸以及纸浆，畜产品以及相关制品，木材、木、竹、藤、稻草以及相关制品，煤炭、燃料、焦油，陶瓷器、搪瓷铁器以及玻璃类，石材、泥土以及相关制品，杂货类。该税表是1938 年6 月日本外务省通商局发行，中华民国改正的进口税率表。税率表中详细记录了与各类货物的名称、分量、尺寸相对应税率的规定。

F752.62/1
支那輸出入重要商品研究/榎米吉，田村源四郎著.—青岛：山東経済時報社，大正13 年[1924]

该书研究中国进出口重要商品。主要是依据中华民国海关年报数据，并引用了以往胶奥商埠港政局埠头年报统计。全书共分为两部分：第一部分为农产物，介绍了对豆类、豆饼、麻类、高粱、粟、甘薯、干薯、米谷、其他谷类、菜籽、菜籽油、菜籽饼、棉籽、棉籽油、棉籽饼、各种麻油、其他植物油、胡麻、瓜子、瓜、西

· 1249 ·

瓜、野菜类、花生、花生油、花生饼、烟草叶、棉花的统计研究；第二部分为工业制品，介绍了对麦秆真田、头发、发绳、网眼针织品、伞、扇、团扇的统计研究。该书是重要研究资料，其中介绍了山东和青岛的商品进出口情况是其重要价值之一。

F752.852/1
青島港貿易の消長/青島守備軍民政部編.—青島：青島守備軍民政部，大正10年[1921]

该书主要是由青岛守备军民政部编写的青岛港口贸易的兴衰过程。书中附有各类图表。主要内容有：青岛贸易额的历年比较状况，从公历1900年至1910年青岛港口的贸易额，香港、芝罘、大连、天津等中国港口，日本、朝鲜等外国的港口。书中还以详细确切的数字说明了物品发送不同地区出口的重要商品的价格以及外送地区输出的重要商品的价格。同时，对于青岛、香港、芝罘、大连、天津等地的不同月份的贸易额、进出口地区的贸易额的价格也以图表的形式表现。

F752.852/2
青島を中心と戎克貿易事情/堀内清雄編.—謄写版.—[不詳]：[北支経済調査所]，昭和17年[1942]

本书是介绍以青岛为中心的帆船贸易的相关内容。主要介绍了山东沿岸一带帆船贸易种类以及形态，以青岛为中心的帆船贸易。在帆船的形态篇中，介绍了北方型和南方型。在关于以青岛为中心的帆船贸易篇中，主要介绍了以青岛为中心的帆船贸易的活动范围及根据地区差别来看的贸易品种等内容。

F753/1
大東亞貿易新論：共栄圏貿易の原理・構造・運営/中井三省著.—東京：共栄書房，昭和17年[1942]

该书叙述关于大东亚地区的贸易，主要是贸易的原理、构造、运营等。其中介绍了贸易理论、世界贸易的将来、国防资源的世界性分布及其自给性、纤维部门的自给性、东亚的生丝工业、棉工业、羊毛工业、麻工业、纤维统治会、绢织工业、日本贸易的构成、中小贸易业的再编成、贸易统治会、大陆通货等内容。书中还涉及山东省的棉花生产、山东省纸进口组合、青岛小麦粉进口组合、青岛砂糖进口组合等在内的华北进口组合总联合会等内容。

F76/11
北支商品綜覽/南満洲鉄道株式会社調査部編.—東京：日本評論社，昭和18年[1943]

该书介绍了华北重要商品的供需状况，并记述了以各重要市场为中心的交易状况、商业习惯、输送路线、价格构成等内容。在"石油流通的情况"篇中，介绍了中国的石油概况、华北石油需给状况。还介绍了山东、青岛的火柴供需状况，济南的火柴需求状况，山东的烟草的沿革、生产、交易机构、交易方法、价格，青岛的硫胺进口业者，青岛火柴的价格构成，青岛的生产状况，芝罘及威海的生产状况等内容。

F760.2/2
青島主要商品調査計画資料；其ノ一/青島調査機関聯合会商品調査分科委員会編.—謄写版.—[青島]：[青島調査機関聯合会商品調査分科委会]，昭和15年[1940]

附录　旧版日文中有关青岛方面的文献提要

　　本书是青岛主要商品调查计划资料，介绍了谷菽类、谷类、油料子实、饮食以及嗜好品，如酿造品、调味料、茶、香烟、海产品等、纺织原料及同等制品，例如：棉以及棉制品、麻以及同等制品、人造绢以及同等制品、毛制品、纤维废料等，工艺品、纸及同等制品、矿物金属以及同等制品、油类如矿物油、植物油和油脂产品等公司的情况。

F762.1/1
山東省（青島）肥料配給調査報告/満鉄.北支事務局調査部編.—謄写版.—青島：北支事務局調査部，昭和14年[1939]

　　本书介绍了对青岛肥料供给状况的调查内容。主要介绍了关于青岛肥料经办商的概况、进口量、价格构成、贩卖地区及组织、日本肥料商对中国北部的肥料进出口计划、肥料企业者的现状及将来、作物与肥料的关系等内容，特别说明了青岛肥料的概况及化学肥料的进口情况，并且列举了关于青岛的肥料代理店以及其他代理品种及制造公司名称。本资料也列出了青岛过去五年进口的数量，并对通过进口商向青岛代理店交付的运费及各项明细表进行了分析；还调查了施农家肥的作物，如小麦、高粱、谷子和蔬菜类等作物与肥料的关系。

F812/10
支那之財政経済海関制度研究/[不詳].—[不詳]：[不詳]，昭和二十年[1945]

　　该书作为中国经济资料，介绍了中国的经济状况、中国外债未偿还额度状况调查、国际联盟经济情报部眼中的中国财政状况、中国海关制度的历史性发展、关于中国海关制度、中国的财政机构及其运营的特殊性、中国的国家经济与社会经济的相克性、广东省的财政与经济、清朝经费的研究等内容；此外，还包括农畜产业、矿工业、金融、贸易、铁道、港湾、河川水运、汽车、列国的权益、济南的金融情况、济南金融机构的盛衰、天津和青岛两港出口贸易品的内容、胶济铁道、龙口港、威海卫港、青岛港、山东长途汽车的交通状况。

F812.752/1
山東省税制調査報告書/満鉄.天津事務所調査課編.—油印版.—天津：満鉄.天津事務所調査課，昭和12年[1937]

　　该书为山东省税制调查报告书。文中调查了国税关系与省税关系、国税关系法规与省税关系法规，例如：国税关系的棉系统税、火柴统税、小麦粉统税、监税的征收方法、现行税率、印花税、矿税、省税关系的田赋、契税、营业税、普通营业税、牙行、油类、牲畜营业税、屠宰营业税、烟酒营业照牌税、房捐、副业营业税、国税关系法规的统税、印花税、矿税关系、省税关系法规的田赋、营业税、房捐等。该书还介绍了青岛特别市的各种税务，例如：青岛的田赋、营业收入、关税补助款、屠宰税、车辆捐助、地方营业纯收益、营业税、卫生税、竞马税等内容。

F832/9
北支金融調査報告/支那駐屯軍司令部 乙嘱託班編.—謄写版—[不詳]：[支那駐屯軍司令部乙昭嘱託経済班]，昭和12年[1937]

　　本资料以表格的形式介绍了中国北部的金融状况。分别包括《关于中国币制改革的天津外籍人的意见表》、《天津币制改革的实行状况》、《芝阜通货金融调查报告》、《青岛各地的汇率行情表》、《天津金钱和

· 1251 ·

金块交易及市场对外汇率行情表》《青岛交易所金钱汇率表》《上海市场汇率关系统计表》。

F832.752/1
青岛市支那側銀行調查/調查部編. —謄写版. —[不詳]：[不詳]，昭和14年[1939]

本资料是由调查部编写的，介绍了青岛市内中国的银行情况。资料从所在地、经营形态、设立年月、银行职员数、资本基金、储蓄存款、要职、经理、同华中华南本店分店的资本关系、同政府机关的关系、业务内容、利益形态、固定资产、纸币发行量、借款、存款、定期存款、利息、存款种类、贷款、投资、外汇、同行存款明细等方面分别介绍了中国银行青岛支行，"七七事变"对青岛支行的影响、青岛交通银行、青岛大陆银行、东莱青岛分行、青岛中国实业银行、上海商业储蓄银行青岛支行、青岛山左银行、金城银行青岛支行、国华银行青岛支行等银行的经营情况。

F833.136/2
日本對支投資/樋口弘著. —東京：慶応書房，昭和15年[1940]

该书叙述了日本对中国的投资情况。讲述了对华投资的定义、调查的方法、投资金额的规定、日本对中国经济干预的各项指标、日本对华直接事业投资中的纺织业、杂工业、对华投资机关、贸易及商业、航运业、不动产投资；日本对华间接事业投资，即日华合办事业，还涉及面向中国企业的贷款、矿业、日本的借款、铁道、通信事业、电力事业，日本的对华借款问题，山东省的青岛、济南、北部山东，胶济铁路，山东省的矿山投资，山东实业借款，山东省投资额，华北、华南等地的情况。

《中国图书馆分类法》类目

G 文化、科学、教育、体育

G12/5
北支那文化便覧/安藤德器著. —東京：生活社，昭和13年[1938]

该书介绍了华北的文化，具体包括华北的政治、教育、社会、宗教、新闻通信及广播，还有报社杂志。北京的公园、剧场、书店以及杂技场。济南、泰山、曲阜等地的概况，详细介绍了位于山东半岛青岛、胶州地带曾被日本占领的情况，还介绍了山东临沂的文理大学。书后附有华北城市的相关介绍和中国五省的地图。

G219.313/2
社会と新聞/美土路昌一著. —東京：朝日新聞社，昭和12年[1937]

该书主要叙述作为公共机构的报纸对社会的贡献及弊端，提倡扩大报纸影响的同时，也要防止报纸的弊端。主要内容包括报道和批评的交叉作用、现代文化和报纸、报纸和国际关系、报纸与言论自由、报纸反道德的方面、报纸的营利化问题、报纸报道在法律上的限制、日本新闻法的缺陷、军事检阅与报纸、报纸的自发性伦理化、经营上的伦理化。在军事检阅与新闻的部分介绍了青岛沦陷后的报纸报道，书中附有新闻关系法则。

附录 旧版日文中有关青岛方面的文献提要

G52/1
北支に於ける文教の現状/興亞院華北連絡部編.—[不詳]:興亞院華北連絡部,昭和16年[1941]

该书介绍了华北的文教现状,主要内容包括:在"华北的概况"篇中,介绍了华北的气候、人口、行政、交通、通信、产业、治安状况、货币、关税等,其中提到了河北、山东、山西的人口统计、煤炭的生产、青岛至济南的山东铁路、山东省特别市青岛的人口等问题;在"华北教育的概观"篇中,写了七七事变前后的教育,详细描述了过渡教育时代、鸦片战争前的教育、"临时政府"教育部的时代教育。其中提到了位于济南的山东省日语专科学校,还涉及山东省的学校数量、学生人数、山东大学和齐鲁大学所设的学院等;在"日本人的教育"篇中,介绍了位于青岛特别市的东亚医科学校,也介绍了在青岛市、芝罘、坊子等地的国民学校、青年学校。书的最后简述了华北的社会教育、宗教的概况。

《中国图书馆分类法》类目

I 文学
K 历史、地理

I313.5/1
青島戦記/大版毎日新聞社編.—青島:合資会社戦記名著刊行会,昭和5年[1930]

该书记载了第一次世界大战期间日德的青岛之争。文中详述了第一次世界大战的起因,以致后来日德干戈相见于青岛,最后德军告败的历史过程。该书中还包含了《北清观战记》部分。《北清观战记》为明治庚子年夏秋之际,作者漫游中国和朝鲜两国所见之作。当时正值中国义和团运动、八国联军入侵北京时期,作者将所见之景、人、物、事全部记录下来。

K1/9-2
太平洋二千六百年史/廣瀬彦太著.—2版.—東京:海軍有終会,昭和16年[1941]

该书具体介绍了欧洲诸国在"东洋"的发展及欧洲诸国近代在太平洋的发展,还包括第一次世界大战后的太平洋附近地区的状况等内容。书上在叙述世界战争时,介绍了通过《芝罘条约》、《北京条约》和《天津条约》,西方列强获得了胶济铁路的铺设权利、租借胶州湾,以及山东省内的德国铁路工程项目等内容。同时也详述了德国对胶州湾的占领、山东问题和铁路的权益等内容;记载了关于中华民国、日本、泰国、英属殖民地、法属殖民地的概况。书后附有附表、附图、照片、地图等。

K101/3
各國植民史及植民地の研究/大監亀雄著.—東京:巖松堂書店,昭和14年[1939]

书中记载了古代殖民的起源和埃及、东方各国、腓尼基、迦太基、希腊、罗马的概况,以及中世纪北欧人的殖民政策、近代殖民的动机,葡萄牙人发现的印度航路,西班牙人发现美国。书中也介绍了西班牙、葡萄牙、荷兰、瑞典以及丹麦、法国、英国、俄国及德国、比利时及意大利、美国、日本的殖民政策与统治,日本明治维新以前的海外活动,日本北海道的开拓,日本占领台湾、朝鲜、关东州(注:指日本占领的旅顺、大连租借地)南洋诸岛等内容。书中还提及胶州湾被占领的概况。

K2/14(2)
　　支那近代百年史.下卷/佐野袈裟美著.—東京:白揚社,昭和15年[1940]

　　该书记录了中国近代百年的历史,该书为下卷部分。具体介绍了在中国的西方列强对铁路方面的权益、势力范围,中日甲午战争以前的铁路现状,由西方列强直接投资建设经营的铁路,由中国投资建设的铁路建设等内容。书中涉及由列强直接投资铺设的铁路中,含山东铁路在内的德国强占胶州湾之后,获得的铁路方面的权益、在中国铺设铁路线,胶济铁路的建设和在山东的矿山权益、商业方面的权益等内容。书中也介绍了西方列强的矿业、纺织业、其他工业,列强的通信机关,治水事业,发展农业,山东地区的义和团运动、辛亥革命、七七事变、山东的五四运动、青岛地区的游行事件等内容。

K208/1
　　支那政治経済年表/馬場明男著.—東京:慶応書房,昭和18年[1943]

　　该书主要是记录中国经济和政治的大事年表。书中记录了从1839年(道光十九年)到1940年大约100年间的中国政治和经济上的重大事件。主要介绍了1840年的鸦片战争、1851年开始的太平天国运动、1860年《北京条约》的签订、1876年《芝罘条约》的签订、1880年山东省内煤炭矿业的开采、1898年的戊戌变法、德国占领青岛抢占胶州湾并划为租界、1899年山东矿山公司成立、1904年山东铁路(济南—青岛)的全线贯通、1925年青岛地区的大罢工、1928年"济南惨案"的爆发、1940年青岛会议的召开等。

K295.2/1
　　膠縣事情/青岛特別市公署財政税務所編.—謄写版.—[青岛]:[青岛特別市公署財政税務所],中華民國28年[1943]

　　本资料通过图表的方式介绍了对青岛胶州的沿革、面积及地域、气象、户数及人口、行政组织、县公署象征区划及乡镇制度、财政、收入支出、税务、警察治安、农业、畜产业、林业、商业及金融、交通及通信、教育、宗教、卫生等方面情况的调查内容。

K3/18(2)
　　東洋歷史詳解.下卷/高桑駒吉著.—共立社,昭和3年[1928]

　　该书在近古篇中,主要内容包括蒙古的兴起,太祖的南征,世祖的统一,世祖的治理和"海都之乱",元朝的制度,明太祖的统一,高丽朝鲜,明朝的衰亡,明朝时期的文化、外国通商以及交通状况等;在近世篇中,主要内容有清朝的统一,清朝时期名人的学说、制度,鸦片战争,俄国对东方的侵略,日本、清朝、朝鲜三者的关系,中日甲午战争,日本、俄国和朝鲜的关系,八国联军侵华,清朝的灭亡等历史事件。在介绍中日甲午战争时,提及德国侵略山东省、强占胶州湾、并获得诸多利益。并记录了德国为争夺在胶州湾的利益与日本开战谈判的情况。

K313/126-15(3)
　　続國史美談.後篇/北垣恭次郎著.—15版.—東京:實業之日本社,大正14年[1925]

　　该书为日本历史。主要有大津的"湖南事件"、1894年的中日甲午战争、日本议会的形势、广岛的临时议会、平壤之战、黄海之战、山东作战军占领威海卫、三国干涉和辽东半岛的还附、日本占领台湾、英国租借威海卫、德国租借胶州湾、1904年的日俄战争、日英同盟的成立、黄海之战、奉天大会战、辽东半岛封锁的解除、日英同盟的更新等内容。

K313-61/6
日本歴史日鑑/小瀧淳著.—東京：天泉社,昭和18年[1943]

该书记载了日本在某些具体日期发生的重大事件。有一月一日的大化改新、丰臣秀吉的诞生,九日中华民国对英美宣战,十日占领青岛,二十七日国旗制定纪念日,二十九日"上海事变",二月一日"佐贺之乱",十日占领海南岛,十一日帝国宪法颁布、宪法颁布五十年纪念仪式、南洋神社创建,十七日占领威海卫,二十一日进驻广州湾租界地,三月十日占领奉天、三十日归还在中国的租界地,四月十七日《马关条约》的签订,五月归还辽东半岛、三十日八国联军侵华,六月九日"伪满洲国"、蒙古国境确定,七月八日七七事变一周年,八月一日中日甲午战役宣战,九月七日山东京传陷落,十月十日攻占石家庄,十一月七日青岛陷落,十二月八日远东和太平洋战争爆发、十三日攻占南京、二十五日攻占香港、二十六日占领济南等事件。

K313.09/1（7）
少年国史物語.第七卷,東京時代/前田晁著.—東京：早稲田大学出版部,昭和15年[1940]

该书是为少年撰写的日本历史读本,本卷为东京时代。主要介绍了明治时代的内政、明治初期的外交活动、地方的骚乱和西南战役、立宪政体的确立、文化的发达、《天津条约》和"朝鲜事变"、辽东半岛的归还、条约的修订和法典的编纂。侵略台湾、八国联军侵华、国际联盟的进展、大正天皇的即位、占领南洋诸岛、出击地中海、和谈会议等内容。书中提及了占领山东青岛一事。同时也介绍了华盛顿会议、当时的形势、大正末期的国内事情等内容。书中附有山东半岛的要图、胶州湾的插图。

K313.4/3
皇国暦日史談/舟橋茂著.—東京：成武堂,昭和19年[1944]

该书记载了日本每日历史,即从昭和十八年(1943年)的一月一日至十二月三十日一年间中发生的战争和政治事件。主要有一月八日的远东和太平洋战争下的阅兵式和战斗一个月的陆军战果的发表、十二日的日本、俄国交战前最后的会议、三十日的第一次"上海事变"、二月的神武天皇的即位和宪法的发布、二十六日的《安政条约》、日本清朝的和谈、大东亚海外诸岛的袭击战、迁都东京、第一次世界大战、日俄战役、英国、德国海军之战等战事和政事。书中还涉及七七事变中日本侵略青岛、济南的战事、中日甲午战役中攻略威海卫军港口、山东的还付问题、出兵山东省的济南、济南附近的中国日本军队的冲突、义和团运动登陆、山东省龙口及战事、青岛要塞的攻击战等内容。

K500/1-7
西洋通史/瀬川秀雄著.—7版.—東京：冨山房,明治40年[1907]

该书介绍了关于西洋历史的内容,包括西方国家的古代历史、中世历史、近代历史等。主要内容有古代东方诸国的兴亡概况、宗教改革的时期、国家主义的发生时期、罗马帝国时代、古代诸国的国民义化、近代文艺的概观、革命的经过、自由统一主义的诞生、当前趋势发展等内容。书中在介绍世界主义的发展时,涉及了鸦片战争、《北京条约》、《天津条约》、欧洲列强在中国沿岸的租借地及德国租借山东的胶州湾和威海卫地区、获得铁路铺设的权利、在中国的其他西方列强也获得了各自的权益和利益等内容。书的最后也介绍了美术、科学、科学的应用、文学等内容。

K820.85/1-4
山東紳士録/木村雄平著.—青島:杏城社,昭和12年[1937]

该书记载了在山东的开发进程中有着直接或者间接关系的日本人,同时介绍了在中国的22个省中,气候、风土、人情都有优势的山东省的重要港口——青岛。青岛被外国人称为东方天堂,绅士录中提到了日本人在青岛的经济、金融、药店、教育、交通、电力、医学、新闻、水产等相关领域的重要作用。并附加了中华民国18位在当时的青岛政治经济界担任重要职务的人物简略介绍。

K820.85/2
山東在住各國人(紳士録)人名録/木村雄平編.—青島:杏城社,昭和6年[1931]

该书是驻山东省的各个国家人名录,他们从事实业、产业各领域直接或者间接的工作。日本人姓氏按照假名区分,外国人与中华民国的部分,记录了对山东省有重要影响的个人与团体。书中还介绍了当时中国22省中在气候、风土、人情上都占优势的山东省的重要港口青岛及在青岛的日本人、中国人及外国人的概况。

K833.138/12(1926)
山東日支人信用秘録/青島興信所編.—青島:青島興信所,大正15年[1926]

该书介绍了设立在山东的日本公司的相关情况。有青木洋行、荒河组、青野元平、文英堂、中和公司、大青洋行、大祥洋行、第一洋行、藤井商店、藤田商店、富士商会、富士屋、藤木支店、不二商会、福吉洋行、福西洋行、福祥洋行、福成公司、五城洋行、林田洋行、早川洋行、花井商店、博文堂、井上洋行、金子商店、小泉商会、川南洋行、小山商店、恒和洋行、金正堂、香丁屋、松山衣服店、茂利洋行、丸二商会、明治洋行、中川商店、村上商店、峰村洋行、中井商店、中田商会、西山商店、中川洋行、吉利洋行、藤本洋行、森本洋行、小林洋行、三福洋行、文明公司、富信公司、青岛银行、青岛印刷株式会社、青岛冷藏株式会社、山东棉纺织株式会社、山东烟草株式会社、山东商业银行等。

K833.138/19-3
山東日支人信用秘録/青島興信所編.—3版.—青島:青島興信所,昭和10年[1935]

该书是由兴信所编写的山东省内的日本人和中国人经营者的相关情况,主要收录了在青岛的日本经营者和华人经营者,同时收录了青岛沿线和济南等地的各行业的信用人。具体来说,书的第一部分介绍了在青岛的日本经营者,有青木洋行、一良洋行、白杨商会、石桥洋行、金水商会、金木盛大堂、山东洋行、青岛乳业、山东大药房、青岛购买会、青岛旅行社等各位信用人的信用状况。第二部分则是华人经营者,其中有大中日报社、天兴和、亨得利、福顺德等的信用状况。书中还介绍了青岛金融组合、青岛水产组合、山东创业股份公司、山东烟草股份公司、青岛印刷株式会社等公司的信用状况和公司状况。

K892/12-2
改訂支那文明記/宇野哲人著.—東京:大同館書店,大正7年[1918]

该书是作者记录的在中国各地的见闻。作者首先介绍了北京城、北京杂观、戏剧与北京各地;其次是山东纪行,介绍了白河、青岛、山东铁路、济南府、历山、泰山、曲阜圣庙、孟子墓、运河、铁塔等名胜古城;在长安纪行中,介绍了鹿岛立、新乡的奇遇、新道铁道、光武陵、洛阳、龙门、新函谷、西岳庙、未央宫、金胜寺、大雁塔、小雁塔等内容;在长沙纪行中,讲述了江中沉浮、赤壁、岳阳楼、君山、渡洞庭、天心阁、开福寺等内容;作者在游览武汉的名胜后,描写了武汉的概况、汉口、黄鹤楼、大别山;游览南京的名胜后,描写了秦淮、桃叶渡、雨花台、方孝孺墓、北极阁等;在镇江纪行中,介绍了竹林寺、金山寺、扬州等;同时也介绍了苏州与杭州的名胜与自然风光;书中最后,谈到了中国的家族制度、结婚、中国的社会事业、革命与中国国民思想、中国国民性论等内容。

K91/5-26

受験準備最も要領を得たる外国地理/諏訪徳太郎著. —26 版. —東京:大修館書店,大正 13 年[1924]

该书是针对准备考试的自学者而编写的掌握外国地理知识的书籍。第一编是关于亚洲,具体地介绍了中国、中南半岛、亚洲区域的俄国、马来诸岛、印度等地区。在描述中国的地理时,提及了山东半岛、胶州湾海岸、山东省的省会所在地济南、西方列强强租威海卫、胶州湾等的租借地及权利、位于山东地区的金岭镇的中日合办的铁矿公司、青岛和芝罘港口的贸易状况、青岛——济南一线的山东铁路等内容。同时还介绍了山东省的芝罘、威海卫、胶州湾、曲阜、济南、泰安等地的位置、人口、产业、交通概况。书的第二编到结尾,介绍了大洋洲、两极地区、非洲、南美洲、北美洲等及加拿大、美利坚合众国、利比里亚共和国、美拉尼西亚等国家的概况、地理位置、地理常识等内容。

K91/18-11

教材研究改造世界地理精説/栗原寅治郎著. —11 版. —東京:大同館書店,大正 4 年[1915]

该书介绍了亚洲、大洋洲、欧洲、非洲、北美洲、南美洲等的位置、面积、地势、气候、人口、生物、产物、住民、宗教、区分、地势、产业、交通、居民、政治等内容。主要包括中国大陆、西伯利亚、中亚、西亚、伊朗、中南半岛、法属印度支那、海峡殖民地、马来联邦、大洋洲中的澳大利亚、大洋洲诸岛、瑞典、挪威、丹麦的位置、面积、欧洲的德国、奥地利、瑞士、法国、比利时、荷兰、英国、西班牙、葡萄牙、意大利、巴尔干半岛诸国、非洲、南美洲、北美洲的加拿大、美利坚合众国、墨西哥、西印度群岛的状况。在介绍中国大陆时,涉及芝罘、威海卫、胶州湾与青岛的沿革及现状等方面内容。

K92/3

全貌支那:地理.経済.社会/カザーニン著. —東京:白揚社,昭和 15 年[1940]

该书系统地介绍了中国的地理、经济及社会全貌。其中,在"地势概观"篇中,介绍了动植物的分布、水资源以及自然变化等内容;在"经济概观"篇中,具体讲述中国的人口、经济区划、工农业、还有交通运输以及商业。其中涉及山东的人口变化、耕地面积、农作物及工业的发展、手工业发展、交通、金融及含青岛港在内的贸易港对外贸易情况。在"政治概观"篇中,具体讲述了中国的国家秩序、保健、国民党的武力、国民教育、中国的农业问题、中国共产党、红军等内容。同时也介绍了中国共产党的成立时期、发展时期、成熟壮大时期。

K92/8

大東亜地理精説/栗原寅治郎著. —東京:大同館書店,昭和 16 年[1941]

该书主要是关于中国、东南亚、西伯利亚部分的东亚地理知识解说。第一章是"伪满洲国"概况,具体介绍了"伪满洲国"的位置、面积、地势和气候、居民和政治、产业、交通、城市等内容。主要内容有"伪满洲国"的山地、河川的特色、气候和气象、居民主体汉族、中央行政、农业的发展、农产物、铁路等的状况;第二章是中国概况,介绍了中国的位置和面积、中国的地势和气候、居民和政治、产业和交通,以及地方志等方面。其中,有山东地区的地势和气候状况、山东省知名的农产物、煤炭业、胶济铁路、山东的水产业。在"地方志"篇中,解说了山东省的概况、日本在山东的利益、山东的移民、济南、曲阜的孔子庙、青岛市的状况、日本人在青岛的活动,也介绍了芝罘、威海卫等方面的内容。

K92/23(1)
支那及满洲国现势地理.上卷/支那地理历史大系刊行会编.—东京:白扬社,昭和16年[1941]

该书以中国大陆复杂多样的地势及地理作为对象,介绍了中国的环境地势、气候、住民、资源等。具体写了华北的自然地理、华北的居民、华北的产业、交通、贸易,华中的地理环境、居民、资源和产业、交通,华南的自然环境、人的要素、社会环境等情况。同时也介绍了河北省、山东省、山西省、陕西省、甘肃省、江苏省、浙江省、安徽省、江西省、湖南省、湖北省、四川省、西康省、福建省、广东省、广西、贵州省、云南省、海南岛、香港及澳门等地的概况。书中附有山东半岛、泰山景色、青岛景色等插图。

K92/36
现代大支那/滨田纯一著.—东京:现代大支那刊行会,昭和6年[1931]

该书介绍了中国的地理。书中在"地理"篇中,介绍了中国的位置及疆域、面积及划分、地势、山岳地带、丘陵地带。在"行政"篇中,介绍了"三民主义"与国民党的政治纲领、行政组织、财政、兵制、外交、司法及警察等内容;在养殖产业中,介绍了农业、蚕业、林业、渔业、猎业、畜牧业、天然特产、工业、商业、金融、度量衡等;在"交通"篇中,介绍了主要陆路、陆路运输机构、驮运、主要水路、水路运输机关、铁道、通信机关;在"教育与文学"篇中,写了语言、文字、文学、书籍的出版、新闻及杂志等内容;在"宗教"篇中,介绍了佛教、道教、回回教、基督教、萨满教、庙堂及祭神、秘密结社等内容;在"风俗"篇中,介绍了社会组织、家庭制度、人民阶级划分、婚礼及葬礼、人情与风俗;在各省通志中,介绍了现行行政区划与各省特殊及一般形势。书中还介绍了各地的名胜古迹,提到了山东省等地的平原地区、沿海线、山东省的龙口、威海港、荣城湾、崂山湾、胶州湾、青岛港等港湾,荣城、文登、海阳、莱阳、即墨、胶州各县内的岛屿,山东芝罘等地的气象、居民地及居民等内容。

K92/38
北支那怀古の栞:山东篇/大场弥平编.—东京:裕光社,昭和16年[1941]

该书介绍了山东省的安丘、威海卫、荣城、恩县、冠县、馆陶、邱县、沂水、沂州、观城、嘉祥、夏津、曲阜、鱼台、黄河、胶州、胶州湾、高唐、高密、济南、周村、城武、青州、新泰、青岛、清平、泰安、大运河、泰山、朝城、长清、东阿、登州、东平、德州、德平、日照、博山、福山、武城、平度、博平、蒙阴、利津、龙口、高苑、济宁、淄川、寿光、寿张、商河、章邱、昌邑、昌乐、诸城、齐河、曹县、曹州、齐东、芝罘、定陶、东昌、堂邑、宁阳、博兴、滨县、武定、汶上、平原、肥城、费县、牟平、阳信、莱州、乐安、陵县、临淄、临清、临邑、琅琊山等地的概况。

K92/41-2
最新支那大地理/西山荣久著.—增订再版.—东京:大仓书店,大正7年[1918]

· 1258 ·

该书介绍中国地理。书中介绍了地球的形成及其变化、中国地域的划分、现在的中国区域、黄河上游的甘肃和陕西两省、黄河中游的陕西和河南两省、黄河下游的直隶、山东两省、华中的四川省、湖北省、江西省、华南的福建省、贵州省等地区的地理概况。其中在讲述山东省时,介绍了山东省的面积、人口、名称、疆域、山东的地质、山志、气候、动植物、矿物、山东省的居民、语言、农产品、工商业、交通、济东泰武临道、登莱清胶道、兖沂曹济道等内容。在"沿海志"篇中,介绍了山东沿岸的事情、青岛等贸易港口。

K92/44
管内沿線案内/済南鉄路局営業所編.—謄写版.—[済南]:[済南鉄路局営業所],昭和15年[1940]

本书介绍了济南铁路局管辖区域内沿线的基本情况,内容包括济南铁路局管辖区域和山东省的关系、胶济铁路沿线名胜古迹,如济南—青岛线、张店—博山线、淄川—簧山线以及包括青岛在内的沿线各站的名胜古迹,特别包括了青岛的市况、港湾的设备、海上交通、教育机关、宗教、公益机关、商工业、纺织业等方面的内容。除此之外,还介绍了津浦沿线的名胜古迹等内容。

K925.1/1-2
最近山鉄沿線事情/杉木五郎著.—2版.—青岛:有信洋行,大正6年[1917]

该书是关于山东铁路沿线的情况介绍。书中附有青岛军政署、青岛街市、山东铁路管理部、李村河、九水、大港栈桥、淄川煤矿、泰山全景、济南商业中心、大明湖、曲阜大成殿照片及山东省的交通路线图、山东的旅行指南。该书在"青岛"篇中,介绍了青岛的变迁、现状、近郊、崂山的绝色美景、九水的神奇美丽;在"山东铁路"篇中,介绍了铁路的起源、铁道所有权及路线等;在"山东铁路沿线城市的具体状况"篇中,详细地介绍了沿线各站的相关情况,例如:青岛站、四方及四方机厂、胶州、高密、周村、济南等站。同时也介绍了济南的概况及山东铁路沿线的矿业情况、博山的工业现状、山东铁路和小清河水道、津浦铁路、泰山和曲阜等内容。

K925.2/1
山東と邦人の現勢/岡伊太郎著.—青岛:山東と邦人の現勢発行所,昭和18年[1943]

该书描写了山东省的现状。主要介绍了山东省的地势、人口、产业,青岛的位置和地势,旧时的青岛,日本出兵山东,青岛市的胶州、即墨、崂山行政区内人口,七七事变前的青岛贸易,青岛的国债消化,华北日本教育会青岛分会,乡军青岛联合会,国妇青岛文部,青岛大日本体育会,青岛海军协会,青岛不动产协会,青岛救济会,青岛市内外名所,青岛工厂,青岛化学业,山东窑业,胶东汽车,山东药物研究,青岛证券交易等内容。还介绍了华北交易统制总会山东支部、胶州、即墨、潍县、青州、博山、周村、济南商工会议所、济南铁道局、济南神社、泰山、曲阜、临城等地的内容。书中附有山东省的地图。

K925.2/2
芝罘事情/航業聯合協会芝罘支部編.—青岛:航業聯合協会,昭和14年[1939]

该书写的是关于芝罘地区的概况。书中首先介绍了芝罘的位置与地势,气象与潮汐,人情与风俗,街市以及人口。其次介绍了芝罘的港湾,其中有仓库以及防波堤、突堤、码头、仓库以及露天存放地点、煤炭储藏场、港湾修筑配置、船舶供水、港内搬运工、泊船、舢板、海运以及各项费用、直达各港的货客运船、职能机关、芝罘港务局、东海、东海关等内容。书中在商业概况中,介绍了芝罘商人、商业习惯、批发商价钱、结算、华商日商外商、商业机关、贸易概况、以前的贸易、最近的对外贸易、国内贸易、进出口贸易、金融机关、金融市场、通货概况等内容。在农业生产中,介绍了果实、蔬菜、落花生的种植等。另外,还介绍了中华通信机构,有大日本帝国电信局、芝罘电报电话局与邮政局、公安司法、卫生、宗教、文艺等方面。

K925.2/4
リヒトホーフェン・山東覚え書/[不詳].—青岛:青岛日本商工会議所,[不詳]

该书主要是写德国地理、地质学家李希霍芬对山东进行考察后,对山东的地理概况的认识以及印象的记录,即通过描写山东的地质情况、气候、交通运输、城市的概况等各个方面,介绍了山东的概况。在地质学上的观察方面,详细地记录了山东的地理位置、地势、山脉、物产、城市分布等,其中涉及山东的盐业资源、水产品、青州城概况、泰安以及泰山、矿产等方面;在介绍气候和农产物时,提到了山东的气候气象条件、农业生产条件、农产物、农业地位等;在山东的矿产物方面中,介绍了博山和坊子的铁矿资源;在山东的居民和交通方面,介绍了当地的风俗民情、性格特征、交通方式。书中也介绍了作为重要城的威海卫、胶州、烟台芝罘等的相关情况。

K925.2/5
山東及膠州湾/東亜同文会調査部編.—東京:東亜同文会,大正3年[1914]

该书是由东亚同文会调查部编写的有关山东以及胶州湾概况。具体介绍了山东省的城市,山东省的位置和地势,地理概况,名胜古迹,黄河、泰山等景色,德国的经营概况,胶州湾,山东铁路公司的状况,胶州的租借情况,立法,教育,青岛与各国家之间的贸易往来,海运,铁路经营及矿场经营,山东芝罘、青岛、济南等主要的城市的状况,花生、盐业、小麦等主要的物产,矿山,工业发展,金融事业,大运河以及基督教传教等内容。

K928.5/5
満洲より北支へ/野村益三著.—東京:帝國水産会,昭和16年[1941]

该书介绍了"伪满洲国"和华北各地的概况。作者描述了与朝鲜接邻的地域、水之都吉林、在建中的新京(注:今吉林省长春市)、春天的公主岭、奉天(注:今辽宁省沈阳市)的今昔、抚顺的街道、承德、北京、石景山、大同、张家口、白河河畔、泉城济南、乐土青岛等地的概况。附有奉天的遗迹牌楼、故宫、文溯阁、承德的热河行宫、心水榭、普宁寺、大佛寺、颐和园、天坛、祈年殿、大和门、天安门等照片,及历年表,日本内地、朝鲜、华北、华中、华南、边疆的土地与人口表等图表。

K928.9/8
世界乃富源支那印象記/安本重治著.—東京:東洋タイムス社,[不詳]

该书是笔者对中国进行实地考察后,将其所见所闻整理而成。书中记录了上海租界的经营、上海存在的美国方式和德国方式、日用品的市场、上海的未来、日本人的地位和中国人对日的态度。作者也描述了"天堂圣地"苏州和杭州、南京、长江、武汉、汉口、北京和天津等城市状况,有苏州的日本租界、西湖、南京城风貌、长江,同时也记录了日本、北京地区的日本商品的行情等内容。作者还介绍了山东的济南地区日本人的发展状况、日本人经营的工厂工业、山东省内的教育系统、日本人的医疗事业等内容。在青岛,作者详细记录了实行日本化政策的青岛的概况以及山东沿线状况,青岛与内地城市的联系,青岛的海水浴场,山东有名的特产——花生,山东的矿山和煤田,山东发展的关键,德国人对占领青岛的回忆,山东沿

线的日本人等内容。

K928.9/10
イスラム巡禮白雲遊記/田中逸平著.—濟南:歷下書院,大正14年[1925]

该书是由济南历下书院发行的一本游记。在伊斯兰教巡礼白云游记的日程中,作者一日由东京出发,于二十八日到达青岛,参拜了青岛的神社。三十一日到达了济南,拜了济南的清真南大寺。三月到达芝罘、济南、青州。十二月份再次到达青岛和济南,之后出发到达泰山,五月份聚会于山东的济南历下书院。在正文的上篇部分,作者写了崂山道士、青岛概况、济南闲游、齐东冬夜、游记蓬莱、江南探春、世界见闻、回教的入门、明朝十三陵、香港趣闻、杭州西湖回堂等内容。同时作者也描述了麦加巡礼、星洲杂观、树胶园见闻、大正的浦岛子等内容。

K928.9/13-2
僕等の見たる滿洲南支/東京府立第一商業學校校友會.—2版.—東京:東京府立第一商業學校校友會,昭和7年[1933]

该书是作者记录的关于"伪满洲国"和中国南方的事情。主要内容有对奉天(注:今辽宁省沈阳市)的视察,"伪满洲国"北部的平原概况,大连、上海、南京、长崎、京都、西湖、安东等地的奇闻异事,青岛的观景台,青岛的大海,青岛宰畜股份有限公司,朝鲜南部的乡间的见闻、对上海的印象,上海的风景,中国的苦力,城市杂感,中国的歌曲,中国的人力车,中国的同乡的观念,中国的交通工具,青岛交易公司的概况等内容。从书中旅程的略图中可以看出山东的铁路和胶济线。在青岛,作者也记录了交易场所、码头、总领事馆等地方情况。

K928.9/14
一商人の支那の旅/服部源次郎著.—東京:東光會,大正14年[1925]

该书是日本商人对中国实地考察后,记录的所见所闻。作者由安东(注:今辽宁省丹东市)出发,考察了奉天(注:今辽宁省沈阳市)、长春、吉林、哈尔滨、"伪满洲国"南部铁路沿线、大连、天津等地,记录了当地的商业状况、当地人民的生活状况、交易所、经济的发展情况等。作者到达北京后,记录了关于国民会议、万寿山的景色、北京的自然美景等。在山东的济南、曲阜、泰山、青岛等地的行程中,笔者介绍了济南的民间团体和实业会、游览大明湖、孔子庙、孔子文化、登泰山、观大明庙、万世师表等内容。在青岛之行中,笔者介绍了青岛的寺庙、别墅地区、青岛的丝厂、中国日本合办的公司、青岛港、青岛的水产发展等概况。

K928.9/28
北支案内/布利秋著.—東京:北支研究會,昭和13年[1938]

该书为华北指南,附有兴中公司理事长的题字和华北五省的写真。详述了山东、山西、河北、绥远(注:中华民国时期塞北四省之一)、哈尔滨等中国的五省概况,中国的气候和红十字会的情况,陕西省的概况和"西安事变"及西安的重要性,甘肃省的道路及其主要城市,宁夏的宁夏城和主要城市,日本和列强的权益,青岛对日贸易、资源、工业和人民生活,中国的文化工作,学校教育和宗教问题,主要城市铁路建设以及概括,胶州——青州城——朱留店——潍县——张店驿——明水镇——周村一线的胶济沿线城市概况,山东省的概况、煤炭以及铁矿资源,日本对青岛的权益以及接收的日期,博山等六大产业城市及山西、河北以及北京与天津的概况。

K928.9/33
北支概観/真鍋五郎著.—大連：亚细亚出版協会,昭和11年[1936]

该书为华北各个省份的概观。首先,在华北各省份的概要中,介绍了山东省、河北省、山西省等地的状况。其中提到了山东省的别称(鲁)及位置,青岛等贸易港口及华北各省中的主要城市的概况,有北京、天津、塘沽、山海关、津浦沿线城市、胶济沿线城市、平绥沿线的张家口、同蒲沿线城市、陇海沿线城市等。在介绍津浦沿线城市中,涉及济南、泰安、曲阜、临城等城市,详述了济南的变迁、交通和名胜等。在介绍胶济沿线城市中,介绍了周村、张店、博山、青州、坊子、青岛等地的概况,有青岛的市街、码头、游览胜地、旅馆、银行公司、交通费用等内容。同时,还介绍了芝罘的变迁、气候、通货、名胜等内容。在写铁道时,涉及胶济铁路。

《中国图书馆分类法》类目

S 农业科学
T 工业技术
TU 建筑科学
U 交通运输

S823/1
山東の畜牛/野中時雄編.—天津：天津事務所,昭和11年[1936]
附録が付け加わる

本资料主要调查了山东省牛的头数及其分布、津浦线以西和以东的牛的饲养、管理及繁殖、交易状况、牛的外貌及能力、用途及价值等方面的内容。在山东省牛的头数及其分布篇中,介绍了牛的头数、分布状态。在调查津浦线以西的牛中,介绍了公母头数、成牛和仔牛头数,生产率,损耗率。在牛的饲养、管理及繁殖篇中,介绍了养牛的农户、一般的牛的饲养管理和繁殖、肥育牛的饲养管理、繁殖。在牛的外貌及能力篇中,介绍了牛的毛色、皮肤及被毛、一般体型、用途的不同其能力和价值等内容。在对山东省牛未来的考察篇中,介绍了包括河南省的牛及农村概况的对将来牛的头数增减的预测以及改良后情况的预测等内容。书中还提及了青岛是山东地区牛的重要分布地之一,山东地区的牛通过青岛港向海外大量出口等内容。本书还附有河南省牛及农村概况表、青岛港出口的每头牛的各项费用表、牛移动图等图表。

TS976.15/3
青島邦人生計費調査/[不詳].—謄写版.—青岛：[不詳],[不詳]

本资料是有关当时在青岛的日本人生活费的调查内容。主要包括了饮食费、居住费、照明取暖费、被服费、受教育费用、公共课的费用等。其中,在饮食费中,调查了大米、小麦、肉类及蛋奶类、鱼类和海产品、蔬菜、腌菜和水果、调味料、饮料以及爱好物品的费用。在居住费中,调查了房租、修理费用、管道费用和日常用具。在照明取暖费中,调查了燃料费和电费等费用。在被服费中,调查了衣服和日常用品的费用。另外，还记录了受教育费中的保健卫生、育儿教育、交通教育、娱乐等费用。公共课费是对生活费的总平均指数的说明。如调查了牛肉、猪肉、鸡蛋等的消费物价和指数。在使用的调味料中，介绍了酱料、酱油、食盐、砂糖、茶、清酒、麦酒等。在衣料中，具体介绍了棉布、布袜、鞋、木棉丝等。在燃料中，介绍了石油、挥发油、酒精、石炭、木炭、柴等。书中还介绍了青岛谷物中的白米、糯米、小米、黑大豆、小豆、马铃薯等的价格。

TU991.2/1
北支主要都市ニ於ケル上水道ニ就テ/满铁．北支经济调查所编．—誊写版．—[不详]：[满铁北支经济调查所广务课]，昭和16年[1941]
保 NO.125，北经化23 丁立分22

本资料主要包括北京、天津、济南、青岛等主要都市的上水道的精制、水量及水质，关于东阳制纸工业株式会社和电业股份有限公司等大水量需求的工业用水的精制、水量和水质等内容。

U675/5
北支那沿岸の航路网：昭和二年本邦涉外船の近海配船と市况の推移/佐田弘治郎编．—誊写版．—[大连]：南满洲铁道株式会社，昭和3年[1928]

本资料主要介绍了六个部分的调查内容，分别是华北地区沿岸航路的范围、华北地区航路沿岸各港口的航道、以华北各港为基点的航道、停泊在华北各港口的远洋航线及不定期船。附有1927年中国外部船只的分配情况以及市场的变迁情况。其中以华北各港口为基点的航道中，具体介绍了大连基点、营口基点、天津基点、青岛基点四部分内容。

《中国图书馆分类法》类目

Z 综合性图书

Z52/18
独逸胶州年报/青岛军政署编．—手写版．—[青岛]：[青岛军政署]，大正6年[1917]

本书为1917年胶州年报，介绍了胶州的商业以及交通、司法及行政、学制、学事、寺院以及教堂、卫生、工程、林业、农业以及畜产、税金以及缴款等内容。附有青岛港贸易表、外国重要产品进口表、中国重要产品出口表、山东矿业公司采煤炭表、山东铁路运输人员表、山东铁路运输货物表、胶州租借地直接收入表、胶州租借地经常收入比较表等表格。

Z88/3
北支经济调查所刊行物目录：昭和十八年三月末现在/满铁・北支经济调查所编．—[不详]：满铁・北支经济调查所，昭和18年[1943]

本书是由"满铁"华北经济调查所编写的华北经济调查所的刊行物目录。本目录中的资料集中收录了天津事务所和华北事务局的刊行资料。本目录包括与山东省有关的山东棉业调查报告，青岛近郊农村的实际状态调查报告,小麦的生产、消费、贩卖和"七七事变"后的变动(以山东省高密县和青岛市胶县为中心),以青岛为中心的舢板贸易,华北地区工厂实际状态调查报告之济南部分,青岛纺织劳动调查,山东省主要电气事业的调查报告,青岛主要工厂一览表,华北地区现有电气事业调查报告之青岛,有关山东省各县县志土地的目录,华北纺织业开发条件之青岛部分,山东省潍县调查概要报告,土地买卖篇第三号之山东省历城县冷水沟村,佃耕篇第四号之山东省历城县冷水沟村,家族制度篇之山东省历城县冷水沟村,中国共产党在山东省开展的农村工作的相关资料等。

Z88:F12/1
『調査報告内容梗概カード』の利用について/調査部綜合課編.—[不詳]:[不詳],[不詳]
満鉄調査彙報,第三卷第四号

本书是由调查部资料科编写的,介绍了利用《调查报告内容梗概》的有关问题。主要介绍了工业、流通、农业、法制、前苏联概况、青岛都市计划、交通、华侨、矿业等方面资料的梗概。

Z88:F512/1
支那交通関係文献目録/古山勝夫著.—[不詳]:[南満鉄鉄道株式会社],昭和12年[1937]

本资料分为图书、杂志、极密三部分的文献书目,主要有一般交通、铁路、汽车、水运、道路等类目的文献目录。其中,在青岛地区的文献中,有青岛商业及航业上的地位、关于青岛的海运状况、青岛第五码头筑造工事报告书等文献的书目。

附录题名索引

一日文假名一

イスラム巡礼白雲遊記 …………… 1261
ポッケト会社要覧 ………………… 1232
リヒトホーフェン・山東覚え書 …… 1260

一B一

邦文支那郵便規則 ………………… 1246
北支に於ける文教の現状 ………… 1253
北支の工業 ………………………… 1238
北支の鉱業 ………………………… 1239
北支の羊毛 ………………………… 1235
北支の政情 ………………………… 1201
北支案内 …………………………… 1261
北支八省の資源 …………………… 1211
北支二於ケル動物性油脂需給関係並加工消費状況……
 …………………………………… 1240
北支紡績.製粉工業調査報告 …… 1243
北支概観 …………………………… 1262
北支港湾調査報告：第一隊 ……… 1245
北支金融調査報告 ………………… 1251
北支経済の開発 …………………… 1214
北支経済の新動向 ………………… 1213
北支経済案内 ……………………… 1221
北支経済調査所刊行物目録：昭和十八年三月末現在 …
 …………………………………… 1263
北支経済開發論：山東省の再認識 ……… 1222
北支経済統計季報 9 ……………… 1220
北支経済統計季報　第 5 號 …… 1219
北支経済統計季報　第 9 號 …… 1219
北支開発企業の現勢 ……………… 1231
北支蒙彊商工名鑑：昭和十四年版 ……… 1212
北支棉花総覧 ……………………… 1240
北支那に於ける既存電気事業總括調査報告 …… 1239
北支那懷古の栞：山東篇 ………… 1258
北支那経済総観 …………………… 1216
北支那経済綜観 …………………… 1218
北支那開発株式会社及関係会社概要：別冊.法令・定款
 ・規定集 ………………………… 1206
北支那内国貿易統計年報：秦皇島・天津・龍口・芝罘・

威海衛・青島.昭和十五年 ………… 1247
北支那文化便覧 …………………… 1252
北支那沿岸の航路網：昭和二年本邦涉外船の近海配船と
 市況の推移 ……………………… 1263
北支那之物資薬物研究 …………… 1230
北支農業.合作社調査報告（続）：河北.山東主張報告 …
 …………………………………… 1234
北支農業・合作社調査報告 ……… 1233
北支商品綜覧 ……………………… 1250
北支事情総覧 ……………………… 1202
北支製粉工業立地調査：青島 …… 1241
北支主要都市二於ケル上水道二就テ ……… 1263
北支主要都市一般経済概況 ……… 1217
北支資本制軽工業ノ発展様相卜事変二依ル影響 ……
 …………………………………… 1238
北支資源統計図鑑 ………………… 1220
北中支における輸入配給統制 …… 1230
博山石炭鉱業概要 ………………… 1239

一CH一

朝鮮満洲青島営業別電話名簿 …… 1246

一C一

次の極東戦争.帝國陸軍は何処へ行く …… 1209

一D一

大東亜地理精説 …………………… 1257
大東亞貿易新論：共栄圏貿易の原理・構造・運営 ……
 …………………………………… 1250
大谷光瑞興亜計画.4 ……………… 1212
大日本対外戦争史話 ……………… 1209
大日本戦史.第七卷 ……………… 1209
大正十年度統計年報 ……………… 1198
帝國実業商工録 …………………… 1231
第一次華北経済懇談会報告書 …… 1218
調査資料.第二十輯,周村德州間及德州石家荘間並石家
 荘滄州間調査報告 ……………… 1222
調査資料.第二十九輯,河南省鄭州事情 ……… 1223
調査資料.第二十七輯：大運河及監運河沿岸都邑経済事
 情 ………………………………… 1224

青岛市图书馆馆藏旧版日文文献总书目

調査資料.第二十四輯,徐州漢口間沿線經濟事情踏査報告・小池口安慶間沿線經濟事情踏査報告 …… 1222
調査資料.第三十輯,金嶺鎮鉄鉱の處理二就テ …… 1223
調査資料.第十輯,南山東及江蘇沿岸諸港調査報告書 …………………………………………………… 1222
東亜ブロック讀本 …………………………… 1212
東亜共栄圏と繊維産業 ……………………… 1244
東亜経済年報:昭和十七年版:共栄圏の基本問題 …………………………………………………… 1218
東亜重工業論 ………………………………… 1243
東洋歴史詳解.下巻 …………………………… 1254
独逸膠州年報 ………………………………… 1263
対支回顧録.上下巻 …………………………… 1206

—E—
二十一ケ條と日本及支那 …………………… 1205

—G—
改訂支那文明記 ……………………………… 1256
各國植民史及植民地の研究 ………………… 1253

—W—
関東州塩業ト膠州湾塩業トノ比較研究 …… 1224

—G—
管内沿線案内 ………………………………… 1259
国際関係から見た支那 ……………………… 1204

—H—
海軍五十年史 ………………………………… 1209
海州隴海鉄路沿線視察團報告書 …………… 1217
航空五十年史 ………………………………… 1208
華北に於ける労務動員の情況に就いて …… 1230
華北工場名簿 ………………………………… 1231
華北交通株式会社鉄道貨物運送規則並同補則 …… 1206
華中現勢 ……………………………………… 1200
皇国暦日史談 ………………………………… 1255
黄海経済要覧:昭和十六年版 ………………… 1216
活機戦.第1部 満洲事変 …………………… 1208

—J—
極東外交史概観 ……………………………… 1204
済南事件を中心として ……………………… 1203
膠済鉄道沿線主要驛貨物集散状況.第三輯 …… 1247
膠縣事情 ……………………………………… 1254
教材研究改造世界地理精説 ………………… 1257

津浦鉄道力山東ノ独逸商業二及ス影響:済南独逸領事ノ外務省二宛テタル報告 …………………… 1225
近代日本軍事史 ……………………………… 1210
経済調査資料.第一輯 ………………………… 1215
経済都市大青島ノ建設に就テ ……………… 1225
経済時報.第八号 ……………………………… 1213
経済時報.第廿一号—第廿七号 ……………… 1213
経済時報.第十三号—第十六号 ……………… 1213
経済支那の開発 ……………………………… 1214

—L—
領事館令集 …………………………………… 1207
魯大鉱業公司二十年史 ……………………… 1232
陸軍史談 ……………………………………… 1209

—M—
満,関,支向輸出承認制ノ大阪、大連、青島各市場二及ホス影響:綜合資料 ………………………… 1249
満蒙を新らしく見よ ………………………… 1215
満鮮北支の自動車運輸 ……………………… 1244
満支労働関係ト北支最近ノ労働諸問題 …… 1229
満洲より北支へ ……………………………… 1260
満洲支那の土地と人 ………………………… 1234
民国二十九年度監務報告 …………………… 1241
民國三十年度華北棉産改進会事業概要 …… 1235
驀進三ヶ年 …………………………………… 1201

—N—
南方共栄圏事情 ……………………………… 1211
農畜産物出廻調査報告:膠済線 ……………… 1233

—O—
欧米人の支那に於ける文化事業 …………… 1198
欧米人の支那観 ……………………………… 1199

—P—
僕等の見たる満洲南支 ……………………… 1261

—Q—
青島の水産概況 ……………………………… 1236
青島を中心と戎克貿易事情 ………………… 1250
青島オ中心トシタ華工事情 ………………… 1229
青島オ中心トスル海陸交通ノ概況 ………… 1245
青島オ中心トスル農業調査 ………………… 1237
青島ニ関スル第一次調査報告:支那都市不動産慣行調査資料第八輯其ノ一 ………………………… 1233

· 1266 ·

青島ニ於ケル物価動向並主要商品取引状況 ……… 1248	日本對支投資 ……………………………………… 1252
青島ニ於ケル主要商品流通事情 ………………… 1247	日本歴史日鑑 ……………………………………… 1255
青島ニ於ケル主要食糧ノ需給並ニ出廻事情 …… 1236	日本外交百年史.上巻 ……………………………… 1206
青島ヲ中心トスル農業調査 ……………………… 1236	日満支経済の基礎知識 …………………………… 1211
青島邦人生計費調査 ……………………………… 1262	日米外交史 ………………………………………… 1206
青島邦人主要工業ノ被害及復興状況 …………… 1244	日支間並支那に関します日本及他国間の条約 …… 1205
青島都市並港湾計画調査報告.二 ……………… 1221	日支政治経済讀本 ………………………………… 1203
青島都市計画経済調査書 ………………………… 1225	入満労働者素質調査 ……………………………… 1203
青島都市計画経済調査書 第三編 ……………… 1226	
青島紡績労働調査 ……………………… 1242,1243	—SH—
青島紡績情況 ……………………………………… 1242	山東と邦人の現勢 ………………………………… 1259
青島港経営現状ノ概要ト対策案 ………………… 1245	山東の畜牛 ………………………………………… 1262
青島港貿易の消長 ………………………………… 1250	山東二於ケル主要事業ノ概況.第壹編 ………… 1225
青島監と関東州監の今後 ………………………… 1240	山東黄色葉煙草の生産並に収買機構の発展 …… 1236
青島近郊に於ける農村實態調査報告：青島特別市李村区	山東及膠州湾 ……………………………………… 1260
西韓哥荘 ……………………………………… 1235	山東苦力参戦事情 ………………………………… 1202
青島経済を語る：座談会速記録 ………………… 1224	山東綿業調査報告 ………………………………… 1235
青島経済統計月報.第二巻 ……………………… 1227	山東日支人信用秘録 ……………………………… 1256
青島経済統計月報.第三巻.第二号 …………… 1227	山東紳士録 ………………………………………… 1256
青島経済統計月報.第三巻,第一号から第十二号まで …	山東省（青島）肥料配給調査報告 ……………… 1251
……………………………………………… 1227	山東省商工案内録 ………………………………… 1226
青島経済統計月報.第四巻.第一号から第十二号まで …	山東省税制調査報告書 …………………………… 1251
……………………………………………… 1228	山東炭ノ採炭原価ト運賃諸掛 …………………… 1242
青島経済統計月報.第一巻 ……………………… 1227	山東鉄道会社ニ関スル調査報告 ………………… 1232
青島居留民團例規集 ……………………………… 1207	山東懸案細目協定 ………………………………… 1202
青島牛ノ出回並本邦向輸出減退事情 …………… 1249	山東研究資料.第二編 …………………………… 1248
青島商工案内：昭和十四年度版 ………………… 1226	山東在住各国人（紳士録）人名録 ……………… 1256
青島商工便覧 ……………………………………… 1226	山東之物産.第二編 ……………………………… 1223
青島市ノ物価趨勢ト対各主要都市比較 ………… 1247	山東之物産.第七編 ……………………………… 1224
青島市内ニ於ケル交通整備ニ関スル考察：特ニ周辺無軌	山東之物産.第壹編 ……………………………… 1223
条電車計画ヲ中心トシテ ………………… 1246	少年国史物語.第七巻,東京時代 ………………… 1255
青島市政府ノ郷村建設工作：中国郷村建設運動ノ一類型	社会と新聞 ………………………………………… 1252
トシテ ………………………………………… 1237	世界国防の現勢 …………………………………… 1207
青島市支那側銀行調査 …………………………… 1252	世界乃富源支那印象記 …………………………… 1260
青島行名録 ………………………………………… 1221	世界政治・経済日誌：昭和十一年度 …………… 1199
青島塩 ……………………………………………… 1241	世界植物油脂経済界に於ける棉實の地位と北支棉實利
青島塩務局"民國"29年全年各項統計表 ……… 1241	用問題 ………………………………………… 1237
青島戦記 …………………………………………… 1253	受験準備最も要領を得たる外国地理 …………… 1257
青島主要商品調査計画資料；其ノ一 …………… 1250	
全貌支那：地理.経済.社会 ……………………… 1257	—T—
全支對外貿易/解剖（八月分） …………………… 1248	太平洋二千六百年史 ……………………………… 1253
全支商工名鑑：昭和十八年版 …………………… 1230	
全支商工取引総覧 ………………………………… 1248	—X—
全支組合総覧：昭和十八年版 …………………… 1231	西洋通史 …………………………………………… 1255
	埦代大支那 ………………………………………… 1258
—R—	現代日本の政治過程 ……………………………… 1203
日・満・支ブロック需給資源論 ………………… 1228	現代支那の変革過程 ……………………………… 1200

· 1267 ·

青岛市图书馆馆藏旧版日文文献总书目

現地に支那を視る:最近支那時局の再檢討 ……… 1200
小麦の生産・消費・販賣とその事変前後の変動:山東省
　高密縣・青島市膠縣農村調査成績を中心として……
　……………………………………………………… 1236
小清河の水運 ……………………………………… 1245
新東亞建設を中心とせる帝國外交条約輯 ………… 1205
新東亞経済地理 …………………………………… 1228
新体制の経済 ……………………………………… 1211
新支那 ……………………………………………… 1200
新支那の経済動向 ………………………………… 1214
新支那現勢要覧 …………………………………… 1201
興亞政治経済研究.第一輯 ………………………… 1229
続國史美談.後篇 …………………………………… 1254

—Y—

葉煙草 ……………………………………………… 1239
一九一四年—一九一九年世界大戰史.後篇 ……… 1208
一九一四年—一九一九年世界大戰史.前篇 ……… 1208
一商人の支那の旅 ………………………………… 1261

—Z—

増補支那及び満洲関係条約及公文集 …………… 1204

—ZH—

戦後の経済に備へよ ……………………………… 1211
戦時石炭経済構造論 ……………………………… 1244
戦時下の山東経済界 ……………………………… 1225
戦争史.世界現代篇.一 …………………………… 1208
昭和13年華北外國貿易第三國立圓域对比統計年報.其
　ノ三,天津,青島,秦皇島,芝罘,龍口,威海衛(1938)…
　……………………………………………………… 1248
昭和15年度主要站貨物集散状況調査(膠縣、高密、濰縣
　站） ………………………………………………… 1230
鄭州ヲ中心トシタル工業 ………………………… 1242
支那の変局 ………………………………………… 1200
支那の紡績と織物 ………………………………… 1240
支那の経済建設:事前と事後 ……………………… 1215
支那の謎 …………………………………………… 1199
支那の下層民 ……………………………………… 1202
支那の現實 前編 …………………………………… 1199
支那ノ土地制度 …………………………………… 1234
支那都市不動産慣行調査資料:青島ニ関スル第一次調査
　報告書関係資料.8 ………………………………… 1233
支那各省経済事情 ………………………………… 1214
支那工業綜観　上巻 ……………………………… 1238
支那関係主要会社法令及定款集 ………………… 1232
支那及満洲國現勢地理.上巻 ……………………… 1258

支那交通関係文献目録 …………………………… 1264
支那近代百年史.下巻 ……………………………… 1254
支那経済の見方 …………………………………… 1219
支那経済地理 ……………………………………… 1228
支那経済年報.昭和十三年版,支那事変号 ………… 1218
支那経済年報:昭和十五年版 ……………………… 1219
支那経済年報:昭和十五年版.経済開発号 ………… 1219
支那経済綜覧.第二巻 ……………………………… 1214
支那経済座談会集 ………………………………… 1218
支那林業経済建設論 ……………………………… 1237
支那商品叢書.第五輯,錫 …………………………… 1239
支那石炭事情 ……………………………………… 1238
支那事変＝SINA JAPANESE HOSTILITY SHANGHAI
　1937 ……………………………………………… 1202
支那事変に於ける帝國海軍の行動.其の三,海南島攻略
　戰後より北海作戰まで …………………………… 1210
支那事変従軍記蒐録.第二編 ……………………… 1210
支那事変皇國の精華 ……………………………… 1210
支那輸出入重要商品研究 ………………………… 1249
支那研究 …………………………………………… 1201
支那研究叢書.第八巻 ……………………………… 1215
支那研究叢書.第壹巻:支那開市場全誌 …………… 1215
支那政治経済年表 ………………………………… 1254
支那之財政経済海関制度研究 …………………… 1251
支那之小麦及製粉業 ……………………………… 1234
支那資源及産業総覧:産業篇 ……………………… 1216
支那租界論 ………………………………………… 1204
芝罘事情 …………………………………………… 1259
中国労働事情 ……………………………………… 1229
中華民国・満洲國商工録.昭和十五年版 ………… 1231
中華民国実業名鑑 ………………………………… 1221
中華民國.満洲國商工録 …………………………… 1220
中華民國と帝國日本:受難の日本＝法滅の中國 … 1203
中華民國に於ける列國の條約権益 ……………… 1205
中華民國海関輸出入税率表 ……………………… 1249
中華塩業事情 ……………………………………… 1241
中南支経済総観 …………………………………… 1216
中小商工業者の大陸進出問題 …………………… 1246
転業と北支産業 …………………………………… 1212

—Z—

最近山鉄沿線事情 ………………………………… 1259
最近支那外交史.上巻 ……………………………… 1204
最新対華経済資料.第五輯 ………………………… 1217
最新対華経済資料.第一輯 ………………………… 1217
最新支那大地理 …………………………………… 1258
『調査報告内容梗概カード』の利用について …… 1264